# 水浒传

◎施耐庵 原著
◎向荣华 改编

水

湖南大学出版社·长沙

**图书在版编目（CIP）数据**

俗话四大名著. 水浒传/向荣华改编 .—长沙：湖南大学出版社，2022. 4
ISBN 978-7-5667-2367-3

Ⅰ. ①俗… Ⅱ. ①向… Ⅲ. ①阅读课—中小学—教学参考资料
Ⅳ. ①G634. 333

中国版本图书馆 CIP 数据核字（2022）第 027141 号

# 俗话四大名著 · 水浒传

SUHUA SI DA MINGZHU · SHUI HU ZHUAN

**改　　编**：向荣华
**责任编辑**：饶红霞
**印　　装**：长沙市宏发印刷有限公司
**开　　本**：710 mm×1000 mm　1/16　　**印　　张**：41. 25　　**字　　数**：780 千字
**版　　次**：2022 年 4 月第 1 版　　**印　　次**：2022 年 4 月第 1 次印刷
**书　　号**：ISBN 978-7-5667-2367-3
**定　　价**：158. 00 元（全四册）

**出 版 人**：李文邦
**出版发行**：湖南大学出版社
**社　　址**：湖南 · 长沙 · 岳麓山　　**邮　　编**：410082
**电　　话**：0731-88822559（营销部），88821343（编辑室），88821006（出版部）
**传　　真**：0731-88822264（总编室）
**网　　址**：http：//www. hnupress. com
**电子邮箱**：749901404@ qq. com

# 说说四大名著中的俗话

俗话，又称俗语。一般是指流行通俗的语句，它不但包括群众喜闻乐见的民间谚语、词语，还包括流传下来通俗易懂的古代圣人君子所说的及经典著作中所蕴含的富有哲理的话，比如，孔子、孟子、老子等人所说的广为流传的话语，《孙子兵法》中大家熟知的兵法策略，以及《增广贤文》等传统蒙学中经典的语句，等等。

俗话之所以能流传下来，是因为它不仅揭示了一定的人生哲理和客观规律，而且还具有通俗易懂的特性，使老百姓一听就能明白，并且运用起来方便易行，往往能脱口而出。

我在阅读四大名著时，发现其中引用了大量的俗话，读起来特别亲切，感觉打通了我与历史的脉络。经过较长时间的整理后，我发现四大名著中引用的俗话，主要有以下三种形式：

其一，用“自古云”“自古道”“自古说”等方式，引出一句俗话，以告知他人自古以来就有这样一句话来表明事理，言下之意就是这样的事理早有古人说清楚了。比如，《西游记》中描写唐太宗“死”后，朝廷大臣魏征说太宗还会活过来，但有一个叫许敬宗的大臣则引用俗话“自古云，泼水难收，人逝不返”，告诉他人死了是不能复生的。《红楼梦》中贾府私塾老师贾代儒提醒贾宝玉要认真读书时，说：“自古道：成人不自在，自在不成人。”贾代儒引用俗话告诫贾宝玉读书需要勤奋，成长是需要付出的。这句俗话在《水浒传》中，宋江也

曾引用过。

其二，用“常言道”“兵书云”等形式来引用。比如，《西游记》中，唐僧师徒遭遇红孩儿一难后，唐僧面对黑水河，心中不免泛起一丝思乡之情。孙悟空笑着对唐僧说：“常言道，功到自然成哩！”劝唐僧继续前行，不要怕苦难，待取经后，就可以回到大唐了。《三国演义》中，单福初次帮助刘备在新野大败曹军，杀死吕旷、吕翔二将。曹军部将曹仁找李典商量应对之策，李典认为虽然要报“二吕”被杀之仇，但还不知对方虚实，此时只能按兵不动，等禀报曹操后，再奏请曹操兴兵才能战胜刘备。曹仁则认为新野是小地方，无须曹操带兵相助。李典听后，连忙引用兵法策略，告诉曹仁“兵法云，知彼知己，百战百胜”。李典担心自己不知道对手实力，就难确保胜利。

其三，直接引用俗话。比如，《红楼梦》里，薛蟠从林黛玉的家乡带了一些土特产。林黛玉见后告诉薛宝钗，以前在家时根本不理会它们，如今则不同了，这些是稀罕物了。薛宝钗笑着说：“这就是俗话说的‘物离乡贵’。”《三国演义》中，孙权刚掌管江东之事，问周瑜如何守护江东，周瑜说：“自古得人者昌，失人者亡。”周瑜借用俗话告诉孙权应邀请高明有远见的人来辅佐，并向他推荐了鲁肃。《三国演义》中也有多处用“岂不闻”的句式直接引用兵书兵法之言。

据初步统计，四大名著的作者在名著中，通过各种形式共引用俗话四百六十条以上，其中有的俗话出现在人物的语言里，有的以作者自述的方式引用。不管是哪一种方式，都十分恰当地展示了人物个性，达到了渲染的目的。

四大名著中引用俗话数量最多的是《西游记》，其中孙悟空是引用俗话最多的人物，他引用俗话六十条以上。孙悟空机智勇敢，聪明伶俐，善于表达。他不仅说“圣人言”“常言道”，还说“古人云”

“俗语云”，以及直接在语言中引用俗话内容，等等。孙悟空有时对师父说，“山高自有客行路，水深自有渡船人”“欲求生富贵，须下死功夫”“好处安身，苦处用钱”“望山走倒马”等等。有时提醒师弟，其中又以说给八戒听为多，如，“物有几等物，人有几等人”“放屁添风”“穷寇勿追”“瓜熟蒂落”等。有时他也对其他人物说，另外他还在自言自语时引用。引用的这些俗话不仅符合对话时的情景，还增添了故事的趣味性。

《水浒传》中的阎婆惜虽在书中的故事情节不多，但她引用了五条俗语。阎婆惜的父亲去世后，家里没有钱买棺材，她母亲找到宋江求助。后来她母亲为了感谢宋江，请宋江将阎婆惜纳为小妾。一次，阎婆惜将梁山晁盖给宋江的一封感谢信藏起来，准备要挟宋江。她心里想“井落在吊桶里”，认为抓住了宋江私通梁山贼寇的证据就能将宋江治罪，从而她也就可以与私通的张三公开地做夫妻了。阎婆惜在和宋江的争吵中，为了伤害宋江，她连珠炮似的，一口气说出了四条俗话。如“公人见钱，如蝇子见血”“哪个猫儿不吃腥”“阎罗王面前，须没放回的鬼”“棺材出了，讨挽歌郎钱”等，把及时雨宋江说成了贪钱不讲信用的小人。最后宋江一怒之下，将阎婆惜杀了。

诸葛亮被誉为《三国演义》中的“智慧之神”，是三国时期著名的政治家、谋略家、军事家。自刘备三顾茅庐，诸葛亮出卧龙冈后，他们共同缔造了川蜀政权，与曹魏、孙吴形成了鼎足之势。如此聪慧之人，说话时引经据典是非常自然的。《三国演义》中诸葛亮引用俗话十条以上。纵观诸葛亮引用的俗话，不仅有圣人君子之言，也有“兵法”常用之策，还有民间谚语，等等。

《红楼梦》里的王熙凤被大观园里的人称为“凤辣子”，她有着火辣的性格，不见其人先闻其声。她在《红楼梦》里引用俗话约十三

条，是《红楼梦》里引用俗话最多的人。王熙凤没读过什么书，不会吟诗作对，每次参加大观园里的聚会，表演的都是说笑话。不过，大观园里的人都喜欢听她说笑话。她说笑话时，门内门外常挤满了人，连旁边做事的人都会停下来听她说笑话。她不但管理才能突出，而且语言表达能力也令人叹服。

有的俗话还分别出现在多部名著中，分别被不同的人物引用。比如“兔死狐悲，物伤其类”之类的俗话，就先后在四大名著中被引用。“天有不测风云，人有旦夕祸福”分别被《三国演义》《红楼梦》所引用，《西游记》则引用过“福无双降，祸不单行”等俗话。另外，《西游记》中孙悟空对猪八戒说：“温柔天下去得，刚强寸步难移。”《水浒传》中的潘金莲对西门庆也说：“柔软是立身之本，刚强是惹祸之胎。”这两句话的含义都是指待人处世应柔软一些，不要刚强，因为柔软能立身，刚强易惹灾祸。

一句俗话就是一个故事。本套书就是从四大名著中挑选出部分有趣的俗话，将名著中的内容情节各自串起来，以俗话为每一章节的标题，通过故事改编，让读者既能理解俗话，又能了解名著中的故事。

《俗话四大名著·西游记》《俗话四大名著·水浒传》《俗话四大名著·三国演义》三册书中的每个章节既独立，又相连。每个章节的最后“欲知后事如何，且听下回分解”，将内容完整地连成一个整体，使故事一环套一环。《俗话四大名著·红楼梦》则是通过聚焦几个有个性的主要人物，采取“以一带多”的方式，让读者来感知其中的人物与故事。

**向荣华**

# 目次

# 一　日远日疏，日亲日近

主要人物：高俅、驸马、端王
主要地点：端王府
主要事件：高俅因球发迹

## 1 俗话记忆

“日远日疏，日亲日近。”这句话的意思是人与人不经常在一起，关系会越来越疏远，反之则会越来越亲近。

《水浒传》中，作者为了表达高俅(qiú)同王都太尉一家的关系越来越好，就引用了这句俗话，说“日远日疏，日亲日近”。此时，高俅已经成为王都太尉府家的亲信，进出他家如同家人一般。

## 2 破落户高俅

高俅，一个破落户子弟，在家排行第二，自小不务正业，只喜欢舞枪弄棒，擅长踢脚气球。脚气球相当于现代的足球。当时京城的人不叫他的本名，只叫他为高俅。

另外，他在吹拉弹唱、相扑玩耍、诗词歌赋等方面也有过人之处，但他不讲“仁义礼智信”，整日游手好闲，在城里城外与一些纨绔(wán kù)子弟混在一起，总喜欢惹是生非。

一次，一个整天和高俅待在一起的王姓青年惹火了自己的父亲王员外。王员外忍无可忍，将高俅告到开封府。开封府将高俅责打二十法杖后，赶出了京城。

京城里的百姓早已不喜欢这个不务正业的高俅，他们借这个机会不准他回家吃住。

物以类聚，人以群分。游手好闲的高俅，只好投奔到一个开赌坊的柳世权名下。柳世权人称柳大郎，平生喜欢收留一些闲人，不过收留的大都是不干不净、不三不四的人。高俅在这里一住就是三年。

后来，朝廷大赦（shè）天下，对高俅这样的罪犯给予了宽大处理。柳大郎就把高俅介绍给京城开生药铺的亲戚董将士。

尽管董将士与柳大郎是亲戚，但他是一个做正经生意的本分人。他看到柳大郎的推荐信，望着高俅，心想：我该怎么安排高俅呢？如果他是个有志气、老实的人，还可以让家人接受，可是他是一个品行不端的人，并且还犯过罪。如果把他留在家中，可能会把孩子们带坏。如果一下子拒绝他，又没有顾及亲戚柳大郎的面子。

无可奈何的董将士只好先假装高高兴兴地让高俅在家住着，一边用好酒好肉招待，一边想办法让高俅离开。大约十几天后，董将士终于想出了一个办法。

一天，他对高俅说："小人家里的萤火之光，照人不亮，恐怕耽误了足下。我现在把你推荐给小苏学士，日后也得个出身。足下意为如何？"

高俅一听有更好的去处，自然非常高兴，连忙感恩道谢。

第二天，董将士就派人带着他的书信，陪着高俅，直接去了学士府。

小苏学士出来见了高俅，又看了董将士的来信，知道高俅原本是一个游手好闲之人，他心里的想法与董将士一样，不愿意收留高俅。因此，小苏学士准备将高俅推荐给当朝驸马王晋卿府。

高俅在小苏学士家，只住了一夜，第二天就来到了驸马府中。

## 3 高俅与驸马

当朝驸马王晋卿，也称为王都太尉。这里的都太尉是一个虚职，没有权力。京城里的人都知道这个驸马喜欢像高俅这样的人。

高俅的为人处事，在京城也早已家喻户晓。王都太尉一见高俅及小苏学士送来的介绍信，就十分高兴，马上写了一封回信，将高俅留在了府内。

"日远日疏，日亲日近。"驸马与高俅每天混在一起，越来越亲密无间。高俅也成了驸马的心腹之人。驸马经常带着他出入王公贵族之家。

一天，驸马过生日，在家安排宴席。他没有请朝廷高官，只请了小舅子端王。这个端王掌管着“东驾”，虽然排号九大王，但也是一个聪明俊俏的人物。

两人对饮之间，端王来到都太尉的书房，发现了一对镇纸用的小狮子。这对小狮子是羊脂玉雕刻而成，做工极好，小巧玲珑。

端王拿起小狮子，爱不释手，连连说好。这一切都被王都太尉捕捉到了。深知端王心思的王都太尉赶紧笑着说道：我还有一个玉龙笔架，也是出自雕刻这对小狮子之人，明日一并相送。其言下之意，小狮子还不足以表达他对端王的敬意。

真是酒逢知己千杯少。这里的酒席不醉不散，端王不醉不归。

## 4 高俅展露球技

第二天，驸马就将玉龙笔架和镇纸狮子用一个小金盒子装好，放在黄罗包袱里，派高俅送往端王府。

喜欢踢球的高俅来到端王府，正好看见端王与几个“球友”在高兴地踢球，旁边还有几个人在观看。端王身穿紫绣龙袍，腰系文武双穗绦(suìtāo)，足穿一双嵌(qiàn)金线飞凤靴(xuē)，在院子里显得格外耀眼。

要是在以前，若这里是平民百姓踢球，高俅会冲过去，强行参与踢球，并且会想方设法赢球。可是今天他不敢冲撞了，只是站在那里看他们踢球。

忽然，球滚到高俅面前。高俅见球滚过来，也不知哪来的胆量，竟然使了一个“鸳鸯(yuānyāng)拐”，把球踢还给了端王。

端王发现这个人球踢得好，就连忙问道：“你是什么人？”

高俅连忙下跪道：“小的是王都太尉的亲随，前来进献玉器给大王。”

端王一听，笑着说道：“姐夫真是如此用心。”

端王接过盒子，揭开盖子，看了一眼玉器，顺手给了旁边的堂侯官。随后，他望了望高俅，问道：“你会踢球，你叫什么？”

高俅重新跪下，回答道：“小的叫高俅，胡乱踢几脚。”

“好！你先来踢一回，耍一下！”

“不敢！”高俅有点心虚。

端王见他如此，仍然要他踢。高俅只好先叩(kòu)头谢罪，再上场踢球。上场后，高俅还没踢几次，端王就开始喝彩了。

高俅见端王高兴，也就大胆地把平生的踢球本事全部使出来，表现给端王看。只见那球就像是高俅身体的一部分，随他而动。

端王越发喜欢他了，当时就把他留在府中，第二天才告诉王都太尉。就这样，高俅成为端王府中的一名亲随。

所谓“日远日疏，日亲日近”，端王将高俅留在宫中，日日做伴，高俅每日跟随，寸步不离。

两个月后，幸运的端王成为天子，号称徽宗。

半年后，徽宗下旨，令高俅为殿帅府的太尉。

曾是游手好闲之人高俅，如今成为统领军马的长官。这样的人做官后会有怎样的言行呢？他新官上任，会如何烧三把火呢？欲知后事如何，且听下回分解。

# 二　三十六着，走为上着

主要人物：高俅、王进

主要地点：太尉府

主要事件：王进母子逃难

## 1 俗话记忆

“三十六着，走为上着”这句话也有“三十六计，走为上计”一说，指的是在战争中，一方看到形势对自己不利时就逃走，后来也指遇到强敌或陷于困境时，采取回避、离开的方式。

《水浒传》中，八十万禁军教头王进因病未能及时拜见新上任的高太尉，高太尉以此为借口对其进行羞辱。王进母亲得知情况后，劝王进离开京城时引用了这句古话。他们母子俩随后连夜离开京城，投奔远处的延安府去了。

另外，晁盖和吴用等人智取生辰纲后，朝廷派人来缉拿他们时，吴用也劝告晁盖：“三十六计，走为上计。”就这样，他们被逼上了梁山。

## 2 高俅发难王进

话说端王成为天子，高俅也因此发达，成为统帅军马的殿帅府太尉。在宋代，殿帅府太尉负责军队事务，官职不仅高，而且比禁军教头的职务要高很多。

高俅在一个良辰吉日就职太尉，各部门的大官小吏都来参拜。高俅拿着花名册逐一清点，发现只有一个人没有来参拜。这人就是八十万禁军教头王进。

当时的禁军是负责京城及京城附近城市的防卫，是负责保护朝廷和保卫皇帝安全的军队。八十万只是虚指，形容兵士较多。八十万禁军教头指的是操练士兵武艺的军官。

王进不是不想来参拜，只因疾病在家卧床已有半个月。他将自己生病的情况通过“手本”的方式已向高俅呈报，也算是请假吧。

高俅见王进没有来，非常生气，骂道：“胡说八道！既然能写手本文书，为什么不能来殿帅府，难道是抗拒上级，瞧不起本人吗？岂有此理，赶紧去把他抓来！”

王进无妻无子，只有六十多岁的老母亲，他敢违抗命令吗？他可以不顾自己，但不会不管老母亲。

奉命来抓王进的“牌头”，知道王进是无辜(gū)的，但也毫无办法，只能遵照执行。

“牌头”告诉王进：“新来的高殿帅，新官上任三把火，尽管军政司为你说明了情况，说你已经卧病在床半个月了，但高殿帅不相信，只说你是装病在家，抗拒上级。”

王进听后，不想连累其他人，也不愿得罪上级，只好硬撑着来到殿帅府，参拜太尉。

王进一来到殿帅府，就低着头颤巍巍地走向太尉，埋头向太尉拜了四拜，再躬身向太尉打了个招呼，就老老实实站在一旁接受太尉训话，他的头始终不曾抬起，也不敢看新上任的太尉。

高俅拖着话音问道：“你那厮便是都军教头王升的儿子？”

“小人便是。”王进赶紧答道，不敢延误。

“这厮，你爷爷是街上使花棒卖药的，”高俅喝道，“你知道什么武艺？前任太尉没眼睛，让你做教头，你怎么敢小瞧我，不服我的管理。你仗谁的势，要托病在家，享受快乐？”

“小人怎敢呀，是我病还没有好，不能来。”

高太尉一听，开始骂了起来：“贼配军，你既然害病，怎么又能来了呢？”

王进一听，吓了一跳，赶紧说：“太尉呼唤，安敢不来！”

高殿帅见他如此说，非常生气，立即喝令左右：“拿下，使劲给我打！”

王进平时待人不错，同事关系也好，大家都不愿打他。

他们赶紧对高太尉说：“今日太尉上任第一天，是好日子，就暂时免他一次吧？”

高太尉听后，想了想，说道：“你这贼配军，且看众将之面，饶你今日，明日再处理你。”

## ③ 王进母子逃难

王进连忙谢罪。此时他才抬起头来看这位新上任的太尉。他一看，发现是高俅，心中不禁咯噔（gē dēng）了一下，不免又担心起来。

王进艰难地走出衙门后深深地叹了一口气，自言自语道：“我的性命，今番难保了。我以为是什么高殿帅，没想到是小混混高二。”

原来，高俅以前曾被王进父亲教训过一次，那次让高俅卧床休息了四个月，也怪不得王进爷爷的事情他都知道。

高太尉今天要公报私仇。不怕官，只怕管。王进父亲得罪过的人，现在担任了王进的上司，并且这个上司不讲“仁义礼智信”，从他上任第一天就已经开始公报私仇了。

王进回家后，把这个情况告诉了母亲。

母子二人能有什么办法呢？只有抱头痛哭。王进母亲不愧为老都军教头的夫人，有自己的主见，面对孤独害怕郁闷的儿子王进，她果断地说：“三十六着，走为上着！”

俗话说，“惹不起，躲得起”，王进和母亲当即决定当夜离开京城，投奔远处的延安府老种经略相公处。

王进母子能逃出高俅的手掌心吗？能顺利到达延安府吗？欲知后事如何，且听下回分解。

# 三　大虫不吃伏肉

主要人物：史进、王进、陈达、朱武、杨春
主要地点：史家庄
主要事件：火烧史家庄

## ❶ 俗话记忆

“大虫不吃伏肉”的本意是说老虎不吃动物的尸体，“伏肉”就是死尸的肉。这句俗话还可解释为：老虎不吃因畏惧而屈服的动物。其寓意为真正的强者不欺负已经服输的弱者，对于已经投降的人，不应该赶尽杀绝。

《水浒传》中，朱武、杨春为了救兄弟陈达，主动到史家庄求死。史进见他们兄弟情深，为了情义甘愿同死，就想起了俗话“大虫不吃伏肉”。史进就是当时的“大虫”，“伏肉”就是朱武、杨春和陈达。

史进是史家庄的少爷，自幼学习武术，十八般武艺样样精通，梁山好汉中排名第二十三位，因身上文有九条青龙，人称“九纹龙”。后来梁山好汉征讨方腊时，他中箭而死。

史进成为王进的徒弟，练就一身好本领要从下面的故事说起。

## ❷ 史太公救治王母

话说王进为了逃避高太尉，他们母子二人连夜出走，不敢耽误（dānwù）半点时间。

一天，他们在路上只顾走，忘记了及时住店。在夜色朦胧（ménglóng）中，他们来到史家庄，只好向史家庄投宿。

史家庄地处华阴县，村中有三四百户人家。这里的人比较纯朴。庄主史太公听了王进母子的诉说，慷（kāng）慨（kǎi）地留下了他们。

史太公风趣地说道："如今的人没有顶着房屋走的。"意思是借宿是正常的。

待王进母子二人吃完饭后，史太公安排他们洗脚歇息。此时他们已经奔走一个多月了，长时间的劳累与担惊受怕，王进母亲的心痛病又犯了。

史太公心想好人应做到底。于是，他不仅劝王进留下来，而且还派人到县城去给他母亲抓药治病。

## ③ 史进拜师

王进母子在庄上调养了几天。王进见其母亲稍有好转，就收拾行李准备继续前往延安府，投奔老种经略相公。

史进是史太公的儿子。他喜欢舞枪弄棒，虽然拜了很多武术师父，但都只学了一些皮毛，学的都是一些好看不好用的花架子。

王进是京城里八十万禁军的教头，是武术行家，也是一个直性子的人。正当王进从史家庄后院牵马准备离开时，无意中看到了史进在舞棒。他一看史进的架势，就说出了其中的破绽。

史进一听，不高兴了，在自己的庄园里，竟然有人说自己的武术有破绽，胜不了别人。

史进为什么这么自负呢？他是官家子弟、少爷，家里有钱有势，从小就骄横惯了。史进的母亲就是被他气死的。史太公也没办法能管得住他，再加上他跟了七八个师父学武术，自认为武术了得。

他何曾受过这样直截了当的点评呢？

史进听后，非常生气，厉声喝道："你是什么人？敢笑话我的本事？"

"不得无礼！"还没等王进解释，史太公就来到了这里。

王进知道史进的身份后，表示愿意点拨史进武艺。王进肯教，史进不一定肯学。王进不露点真功夫，史进肯定会不依不饶。王进在史太公面前也不好交代。

在史太公的默认下，王进准备与史进切磋（cuō）切磋。

王进在武器架上取一条棒，走到空地上，双手抱拳亮了一个相。

史进看了一看，一句话也不说，迅速挥舞着棒子冲向王进。

王进避开后，史进又挥舞着追赶过来。王进虚晃一棒，史进连忙用棒来挡，没想到王进以迅雷不及掩耳之势收回棒子往史进胸前一插，然后往上一挑，史进的棒子就飞到一边去了。史进向后一仰，倒在了地上。王进赶紧上前扶起史进。

这样，史进认赌服输，赶紧找条凳子，让王进坐下，要拜他为师。

王进见史家父子心诚，加上在史家得到史家上下人等的照顾，他感恩不尽，就把自己的经历和困境告诉了他们，同时接受了史进的参拜，教史家公子十八般武艺，算是回报。

不知不觉，半年时光就过去了，王进见史进十八般武艺学得十分熟练，就辞别他们，继续前往延安府，投奔老种经略相公去了。

## 4 陈达被捉

世事变化总是很快。半年后，史太公不幸去世，少华山上又出现了朱武、陈达、杨春三人为首的强盗。他们手下还有六七百小喽啰(lóuluo)兵。这些强盗，打家劫舍，与官军做对。

一次，少华山寨准备去攻打华阴县，为山寨弄些钱粮。朱武、陈达、杨春三头领商议道，他们去打华阴县，必须从史家庄过，怎么办？

那时，史进的父亲是里正，吃县衙俸禄(yáfèng lù)，属于官员；山寨里的人是匪。官怎么会放过匪呢？何况史进是一条不好对付的大虫。这让朱武和杨春为难了，不好抉择，想去华阴县弄点钱粮，又难经过史家庄，思来想去，他们俩决定放弃。

可是陈达就不同了，他认为这是长他人志气，灭自己威风。他不信史进有三头六臂。第二天他就不顾一切地披挂上马，喊了一百五十人，鸣锣下山，直奔史家庄。

要是在一年前，陈达要灭史进可能会成功。现在却不行了，史进在王进的指导下，十八般武艺样样精通。如今他是一条真正的大虫，能顶替父亲成为史家庄主了。父亲死后，他开始为史家庄深谋远虑了。

他听说少华山上的强盗可能要来庄上打劫，就立马召集村子里的人，商量对策。如今，史家庄在史进的管理下，任何一个角落受到侵犯，都会立即得到全庄人的救应。

陈达的人马一出现，史家庄的人就做好了迎战的准备。三四百史家庄的村民簇拥(cùyōng)着史进，在村北路口一字摆开。

只见史进跨在火炭赤马上，头戴一字巾，身披朱红甲，上穿青锦袄，下着抹绿靴，腰系皮搭膊，前后铁掩心，一张弓，一壶箭，手里拿一把三尖两刃四窍八环刀。其威武程度不亚于官府的一员虎将。

陈达一看史进和他的队伍，只好说道：山寨里少了粮食，要去华阴县借粮，希望史进能放他们过去。并且再三说明，他们只想借路经过，不愿与史家为敌。

史进义正辞严地说道：“我们是里正世家，是官，官和匪不是兄弟。”说完，就抡起手中的大刀砍向陈达。

陈达与史进斗了很久，不分胜负。正是“好手中间呈好手，红心里面夺红心”，魔高一尺，道高一丈，见此情景，史进卖了个破绽（zhàn），让陈达举枪过来，史进却一闪，让陈达扑了个空，然后伸手将他揪住，顺手丢在地上。

陈达就这样被抓了。

## 5 大虫不吃伏肉

朱武和杨春在山寨里听说陈达被抓焦急万分，不知所措。最后，他们想了一条苦肉计，认为史进最终不会抓他们。因为他们知道有句俗话叫“大虫不吃伏肉”，在他们的心中，史进就是大虫。

他们两人步行来到史家庄前，双双跪下，用“桃园三结义”的情谊来求同生同死。他们认为史进是英雄，是陈达冒犯了英雄，他们甘愿接受英雄的处理，所谓死在英雄手里也值了。

他们预测对了，史进确实是一条讲义气的大虫。史进听后，就想：他们这么讲义气，我如果拿他们去见官请赏，反而会叫天下好汉们耻笑自己不英雄，俗话说“大虫不吃伏肉”。正是惺惺惜惺惺，好汉惜好汉。朱武和杨春的胆识和勇气得到了史进的认可。

史进不但没有抓他们送官，而且还与他们成为兄弟。

一个中秋的夜晚，少华山三头领与史进正在史家庄后院饮酒，赏玩中秋。忽然墙外传来一阵喊抓人的声音，院外也被火把照得通明。原来是有人偷走了史进请少华山三头领来赏月的书信，官府派人来捉拿他们。

史进一看，赶紧先给自己的院子烧一把火，然后带领朱武三头领等人在火光照映下往外冲。他们一冲一撞，奋力杀出了重围。

在路上，遇到了来抓他们的两个都头和告密者，史进怒火中烧，迅速冲了上去，手起刀落，结果了他们的性命。从此，史进也只好和他师父王进一样，投奔延安府去了。

史进后来是否能顺利地和师父王进会面呢？欲知后事如何，且听下回分解。

# 四　饥不择食，寒不择衣；慌不择路，贫不择妻

主要人物：鲁提辖、史进、卖唱父女、镇关西

主要地点：渭(wèi)州

主要事件：鲁提辖拳打镇关西

## 1 俗话记忆

“饥不择食，寒不择衣；慌不择路，贫不择妻。”其本意为，人在饥饿状态下，不会选择食物，只要能吃就行；在寒冷的情况下，不会选择衣服，只要能保暖，什么都可以；在逃荒逃难、遇到紧急情况，无路可选择时，只要能走就会不计后果地走下去；贫穷的男人没有资格选择妻子。

谁会遇到这般情况，如此无路可走？《水浒传》中的鲁提辖就曾出现了这种情况。他把镇关西打死后，东奔西逃，如失群的孤雁、漏网的活鱼，所谓“逃生不避路，到处便为家”，他已经到了古人所说“饥不择食，寒不择衣；慌不择路，贫不择妻”的境地。

## 2 史进与鲁提辖初遇

话说史进离开史家庄和少华山，也踏上了投奔延安经略府与师父王进的会合之路。

史进夜住晓行半个月后来到了渭洲，在一家经略府前，他想：师父王进会不会在这里呢？他正准备打听时，遇到了经略府的提辖(xiá)。

这位提辖面圆耳大，鼻直口方，络腮(luò sāi)胡子，身长八尺，腰阔十围，身穿一领绿絛丝战袍，腰系一条文武双股鸦青絛，足穿一双鹰爪皮四缝干黄靴。

史进赶紧向前施礼道：“小人大胆，敢问官人高姓大名？”

“洒家是经略府提辖，姓鲁，名达。敢问阿哥，你姓什么？”提辖回答道。

“小人是华阴县人氏，姓史，名进。请问官人，小人有个师父，是东京八十万禁军教头，姓王名进，不知是否在此经略府？”史进迫不及待地问道。

鲁提辖一听，连忙问道：“阿哥，你莫不是史家村的九纹龙史大郎？”

“小人便是。”一见这人竟然知道自己的名字，史进就高兴地赶紧拜倒在地。

鲁提辖兴奋地说道：“闻名不如见面，见面胜似闻名。”

鲁提辖把王进的去向详细地告诉了史进后，邀请他去喝酒。原来鲁提辖所在的经略府是小种经略府，王教头是去延安老种经略府。北宋的“经略”是“掌管边疆军民大事”的官儿。这里一老一小是兄弟俩，老种经略叫种师道，小种经略叫种师中。

## ❸ 提辖救助金家父女

在去喝酒的路上，史进偶遇到他的武术启蒙师父李忠。李忠的武艺比王进差多了，现如今只在街头卖点膏药，赚点饭钱。

他们三人在酒馆喝酒聊天，聊着聊着，就被隔壁的哭声干扰了。鲁提辖是个急躁的人，认为这个哭声影响了兄弟们喝酒聊天的兴致，责怪酒家。

酒家的店小二连忙解释：隔壁的哭声是在酒家卖唱的父女所为，唱到情深处，那女子就忍不住哭起来了。

卖唱父女被店小二带到了鲁提辖面前。

那哭的女子擦干眼泪，向三位好汉深深地道了三个万福，女子的父亲也向各位一一作揖(yī)。女子把自己在渭洲的遭遇告诉给了鲁提辖。

原来这位女子是东京人，她和父母亲一起来渭州投奔亲戚。没想到他们要投靠的亲戚已经搬到南京去了，母亲又在酒店病故了。父女两人只好开始流浪。

财主镇关西看见这个女子后，强媒硬娶，将她纳为家妾。令父女俩没想到的是，镇关西还要她写一张借三千贯钱的文书。

不到三个月，镇关西的老婆就将女子赶了出去，还要父女俩退回那三千贯钱。可是，父女俩并没有从镇关西处拿那三千贯钱，现在反而要他们退还这钱。这事谁听了都会生气。但镇关西有钱有势，父女俩人生地不熟，只好委屈自己卖唱还钱。

焦躁的鲁提辖听后，气得当时就要冲出去杀了镇关西。幸亏史进、李忠俩及时劝住。不过，鲁提辖决定要替这父女俩报仇。

鲁提辖从史进那里借了十两银子并自己的五两共十五两银子，给了这父女俩。

喝完酒后，史进离开渭州去找师父王进，李忠继续在街上卖膏药。鲁提辖回到经略府，晚饭也不吃，就恼火地睡了。

## 4 提辖打死郑屠夫

第二天，鲁提辖一早就来到父女俩住的酒店，教训了那里受镇关西指使监视父女的店小二，然后来到镇关西的肉铺，几拳就将他打得只有出的气，没有进的气，倒在地上不动弹了。

鲁提辖见把他打死了，为了不吃官司只好逃命去了。即使鲁提辖经过好几处州府，来到代州雁门县，这里仍然张贴有捉拿他的榜文。

鲁提辖心慌，也不知怎么办了，正是“饥不择食，寒不择衣；慌不择路，贫不择妻”，鲁提辖不知走向何方。

就在这时，他被一个人横拖倒拽（zhuài），拖到了那个人家里。这个人到底是谁？把鲁提辖怎么样了？欲知后事如何，且听下回分解。

# 五　天子尚且避醉汉

主要人物：鲁智深、智真长老

主要地点：五台山

主要事件：鲁智深大闹文殊寺

## ① 俗话记忆

“天子尚且避醉汉”的本意是帝王碰到喝醉酒的人也要躲开。一般来说，喝醉酒的人可能会失去理智，正常人不能和他计较，以免引发冲突，造成不必要的损失。

《水浒传》中，这句话是五台山主持智真长老说给寺内其他人听的。当时鲁智深喝醉后，在五台山半山亭及寺庙的山门处闹事，寺内人等前往方丈室禀(bǐng)报。智真长老说：“自古天子尚且避醉汉，何况老僧乎？”劝告大家不要与鲁智深直接发生冲突，要回避。

## ② 金家父女招待提辖

话说鲁提辖被一个人横拖倒拽走了。这个人不是别人，是鲁提辖为他家吃人命官司，曾救过的人。他姓金，在家排行第二，大家称其金二，他女儿叫金翠莲。他们就是被镇关西欺负的卖唱父女。

当时金翠莲父女二人逃离渭洲后，转到代州。在走投无路时，遇到了以前的一个邻居，把金翠莲介绍给了当地的一个大财主赵员外。赵员外对金翠莲父女很好，管吃管喝，日子过得不错。

赵员外看到金翠莲的救命恩人来了，也非常客气，好酒好肉地招待，还安排好住处。赵员外对鲁提辖所犯之事也不计较，还说“四海之内，皆兄弟也”。

为了确保鲁提辖的安全，赵员外将鲁提辖安排到五台山做和尚。鲁提辖反复思考后，认为只有做和尚这条路了，否则也难逃官府的追拿。

五台山文殊寺是佛门圣地，原本也不是一般的人能在此出家当和尚。这是因为赵员外多次给文殊寺捐赠钱物，赵员外也曾许下“剃度一僧”的心愿，只是还没找到合适的人选。

就这样，鲁提辖以赵员外表弟的身份成为五台山文殊寺的一名剃度和尚。

## ③ 提辖剃度为僧

剃度是寺庙里一项严肃庄重的仪式。

一个良辰吉日，文殊寺全体僧众汇集在法堂内，鸣钟击鼓，身披袈裟（jiā shā），五六百人分成两路纵队，在法座下合掌做礼。

开场后，行童引着鲁提辖来到法座下，除掉鲁提辖的包头巾，把头发分作九束捆好。净发人先把这九束头发按顺序全部剃掉。

正准备剃胡须时，鲁提辖说：“把胡子留起来，我喜欢。”本来严肃的仪式，被鲁提辖这样一说，大家都忍不住笑了起来。

“寸草不留，六根清净。”长老在法座上威严地说道。

净发人一听，只一刀，就把鲁提辖的胡子全部剃掉了。

首座僧人把度牒（dié）文书送到法座前，请长老赐（cì）名字。智真长老在文书上写下了智深的法名，从此鲁提辖就叫鲁智深了。

鲁提辖虽然当了和尚，但脾气性格却没变一点。当天晚上，就不顾寺庙的规定，睡觉不打坐，倒头就睡；晚上随地大小便，根本没有出家人的体面。智真长老碍（ài）于赵员外的情面，也对他网开一面。不过，智真长老认为他命中注定会修成正果，比寺内人都强一些。

## ④ 智深饮酒违规

就这样，在长老的关照下，鲁智深在文殊寺生活了四五个月。大家也都懒得提醒、告诫（jiè）他，甚至不跟他说话。可是鲁智深自己憋（biē）不住了，他想喝酒想吃肉。

一天，一个卖酒的挑着一担酒，经过文殊寺门口。鲁智深发现后，冲到他面前，全然不顾他的反抗，双手拿住扁担，一脚踢向他的要害部位。那人疼得蹲(dūn)在地上，半天起不来。鲁智深乘机把两桶酒提到半山亭，打开桶盖，瞬(shùn)间就喝完了一桶酒。那卖酒的人知道遇到麻烦了，也不问他要酒钱了，只把另外一桶分作两桶，挑着酒，飞跑下山去了。

和尚是不能喝酒的，喝酒的和尚要受罚，严重的甚至要被赶出寺庙。如果守门的和尚让喝酒的僧人入寺也要受罚。

那天，守门的和尚见鲁智深喝了酒，自然不允许他进入山门。守门的和尚挡住了喝得醉醺(xūn)醺的鲁智深。守门的和尚怎么能挡得住呢？没几下，就被鲁智深打得踉(liàng)踉跄(qiàng)跄，倒在山门下叫苦不迭(dié)。其他和尚赶紧跑过来协同阻止鲁智深。

鲁智深见一下子来了这么多和尚，就开始大吼起来，要对大家行凶。就在鲁智深要再次举起手中的棒子动手打人的时候，智真长老及时赶到了。这时他才收回手中的棒子，口里还不依不饶(ráo)地说道："如果我不看长老的面子，我会把你们几个打死。"

第二天，智真长老狠狠地教训了鲁智深。鲁智深也认识到自己犯了错。从此，他也收敛(liǎn)了三四个月，老老实实地呆在寺庙里。

## 5 智深离开文殊寺

好景不长。

一天，鲁智深又偷偷下山去了。在山下的小镇上，他不仅打造了禅(chán)杖和大刀，还喝酒吃狗肉。走的时候，他还把没吃完的一腿狗肉揣(chuāi)在怀里，摇摇晃晃地往文殊寺走去。

走到半山亭时，酒劲开始上来了，他的头脑开始发热。只见他把两只袖子拿在手心里，上下左右挥舞了一番。忽然，他一巴掌扇在半山亭的柱子上，只听

“啪啦”一声响，没想到柱子被他拍断了。接着，“哗啦啦——”，亭子倒向了一边。

守门的和尚听见响声赶紧出来看：原先好好的亭子，现在已经歪倒在一边了；鲁智深在旁边若无其事的舞来舞去。守门的和尚吓得赶紧把山门关上，从门缝里张望半山亭。

没多久，鲁智深也来到山门前，看见门紧紧地关着，就使劲地捶（chuí）。鲁智深捶了一阵后，门仍然没有开。他转头看了看两边，发现大门两边各立着一个龇（zī）牙瞪（dèng）眼，手握拳头的金刚，于是对着金刚吼道：“你这个鸟大汉，不替俺敲门，却拿拳头吓我，我不怕你。”说着，就找来一根木头，使劲往左边的金刚腿上打，只打得那金刚泥灰四溅。

打完左边的金刚，又打右边的金刚，打得右边的金刚“哗啦”一声从台基上倒了下去。

鲁智深望着倒下去的金刚一个劲地傻笑。

守门的和尚等都跑去方丈室里向长老告状。长老摇了摇头，望了望众和尚，无可奈何地说道：“自古天子尚且避醉汉，何况老僧乎？”长老告诉大家，面对这样的鲁智深最好的办法是让他去砸。他现在失去了理智，跟他讲道理是没有用的。他砸坏的东西要让赵员外赔，然后请他离开这里，大家不要去管他了。

鲁智深在文殊寺砸坏了金刚，惹（rě）下祸（huò）事后，不得不离开了这里。鲁智深按照智真长老的推荐，前往东京大相国寺智清禅师处。

鲁智深带着他自己打造的禅杖和大刀一路前行。依他的性格，这一路上会发生什么事呢？欲知后事如何，且听下回分解。

# 六　不怕官，只怕管

主要人物：林冲、鲁智深
主要地点：东京
主要事件：林冲受陷害

## ① 俗话记忆

“不怕官，只怕管”与“县官不如现管”有异曲同工之妙，都是指遇到问题，找高层领导，不如找直接负责管事的人更实际。一般来说，命令是一级一级地往下传，下级执行直接上级的命令。

《水浒传》中，这句话是林冲对鲁智深说的。林冲的妻子被高太尉的义子高衙内所欺负，鲁智深忍无可忍，要去教训高衙内。林冲一想到高太尉是他的上级，就忍气吞声，并告诉鲁智深，“不怕官，只怕管”，不如让他这一次。

## ② 智深初遇林冲

话说鲁智深被智真长老推荐到东京大相国寺后，一路前行，先后在桃花山、赤松林遇到了李忠、周通和史进。鲁智深与他们分开后，独自一人来到东京大相国寺，在那里遇到了林冲。

一天，鲁智深在大相国寺的菜园子里为几个“破落户”青年表演禅杖。这个禅杖是在五台山寺下的小镇上打造的，长五尺，重六十二斤。那些“破落户”青年看了鲁智深的禅杖，都非常吃惊，赞叹道：“这个没有水牛一般的气力，怎么舞得动呀！”

鲁智深举起禅杖，开始舞动起来。禅杖随着他的身体在菜园子里画出了优美的线条，随风发出了“呜呜”的声音，令那几个“破落户”青年不觉胆寒。舞了一阵后，鲁智深停了下来，气不喘，汗不出。大家见了，情不自禁地鼓起掌来。

“舞得好，好武艺!”忽然从旁边传来一声喝彩。大家循(xún)声望去，原来墙边站着一位官人，身穿一领单绿罗团花战袍，腰系一条双搭尾龟背银带，脚穿一对磕(kē)瓜头朝样皂(zào)靴，手中执一把折叠纸西川扇子。这个人长得豹头环眼，燕颔(hàn)虎须，八尺长的身材，看上去年龄约三十五岁。这个人正是林冲。

林冲是八十万禁军教头，前面说的王进也是八十万禁军教头，当初王进因病不能参加高太尉就职的召见会，而被无辜责骂，逼着王进带着年迈体弱的母亲连夜投奔他乡。林冲对高太尉为人处事的态度是看在眼里，记在心里，对高太尉也有些惧怕。

高太尉膝(xī)下无子，把自己的堂兄弟纳为干儿子，人称高衙内。高衙内在京城仰仗高太尉的宠爱，到处抢占别家妻女，京城的人叫他花花太岁。

## ③ 陆虞候陷害林冲

一天，高衙内看见烧香回来的一个女子有几分姿色，就开始调戏她。林冲赶到时，高衙内还趾高气扬地说：“林冲，干你什么事？你不要多管闲事。”而林冲看见是高衙内，他也就手软了，不敢动手。后来高衙内知道这女子是林冲的妻子后，也就走了。

高衙内回到太尉府后，心焦难耐，整日心中不乐。他身边的人见此情况，知道他犯了想念林冲妻子的心病，就给他出了个主意：要门下心腹之人陆虞(yú)候陆谦出面，将林冲约出来喝酒，然后高衙内再派人用计将林冲的妻子骗到陆虞候家，强行霸(bà)占她。

陆虞候与林冲是好朋友，由他出面邀请，不会引起林冲的猜疑，更不会提防。

林冲的妻子在陆虞候家发现不对劲，赶紧喊“杀人”“救命”。幸亏林冲家的侍女锦儿机灵，当听到娘子喊“杀人”后，赶紧找到林冲。林冲一听，火速赶到陆虞候家，才没让自己的妻子受到高衙内的欺负。

从此，林冲视陆虞候为仇人。陆虞候整天待在太尉家不敢出来。高衙内也卧床一病不起，甚至性命难保。高衙内虽然是高太尉的命根子，但这件事他又不敢跟太尉明说。高衙内身边的人认为只有高太尉才能救他，于是就向高太尉说出了实情，并且告诉他怎样才能治好高衙内的病。这个治病的方案就是要林冲死，然后再霸占他妻子。

## 4 林冲买刀陷计

第二天，街头上就出现了一个头戴抓角头巾，身穿一领旧战袍的大汉，手里拿着一口宝刀，刀上插着一个草标，沿街叫喊着“卖宝刀”。

有趣的是这个大汉径直来到林冲家门口，待林冲出门后，就一直跟着他。林冲走到哪儿，他就跟到哪儿，不停地说着“好宝刀，可惜不遇识者”“不遇识者，我不卖这口宝刀”“偌（ruò）大一个东京，没一个识得军器的”等等。这些话似乎都是说给林冲听的。

林冲是一个军人，是一个懂得兵器的人，更是喜爱宝刀之人。当大汉说到“偌大一个东京，没一个识得军器的”时，林冲立马回过头来。大汉也不失时机地把那口刀抽出来。那宝刀明晃晃的，在空中画出一条白线，夺人眼目。

“好刀！你卖多少钱？”林冲眼睛一亮，几乎是脱口而出。

大汉说的也不贵：“三千贯，实际只要两千贯。”

林冲也实在，肯定了这位大汉没有乱喊价，大声说道：“一千贯。”

大汉也假惺（xīng）惺地说道：“自己急着要钱用，只能少五百，一千五百贯。”

也许林冲见没有人赏识这口刀，似乎更没有人买，就咬定自己给的价格“一千贯”。就在林冲准备转身离开时，没想到那人同意了。

林冲反复看后，谨慎（jǐn shèn）地问道：“你这口刀从哪里来的？”

那汉子道：“小人祖上留下。因为家里情况不好了，只好把它拿出来卖了。”

林冲将信将疑，接着问道：“你祖上是谁？”

那汉子想了想，有些惭愧地说：“如果说出来，怕羞死人了！就不说了吧。”

林冲也就不再问了。等那汉子拿钱离开后，林冲自言自语道：“高太尉府中也有一把这样的好刀。他总是不肯让人随便看。我几次想借来看看，他都不肯。现在我买了这样的好刀，以后有机会慢慢和他比试。”

“这确实是一把好刀。”宝刀到手后，林冲翻来覆去，欣赏到夜深人困。第二天一起床，他又去看刀。

## 5 林冲受陷害

没想到，坏事情第二天就来了。

吃过早餐，林冲竟然接到了太尉府传来的口令，要他把昨天买到的刀带到太尉府比试比试。

两个公人把林冲带到太尉府白虎节堂前。林冲拿着刀，立在那儿，那两个公人随即走开了，去了很久也不见他们回来。林冲觉得奇怪，就往前走了几步，忽然抬头看见“白虎节堂”四个字，林冲猛然醒悟过来了：作为军人怎能带刀进入白虎节堂呢？然而为时已晚，高太尉已经出现在他的面前。

高太尉大喝：“林冲，我没有呼唤你来，你怎么能擅（shàn）自进入白虎节堂？你知法吗？你手里拿着刀，难道是要刺杀本官？有人对我说，两三天前，你就有歹心了。”不容林冲辩解，高太尉就喊人将他拿下，定的罪名就是“身为禁军教头，手执利刃，故入白虎节堂，欲杀高太尉”。

林冲所犯之罪成立，被刺配沧州。怪不得林冲此前告诉鲁智深，“不怕官，只怕管”。高太尉就是利用职权，让林冲误入白虎节堂，背上欲杀高太尉的罪名。

林冲被刺字后，送往沧州大牢。林冲后来会有怎样的遭遇呢？欲知后事如何，且听下回分解。

# 七　有钱可以通神

主要人物：林冲、王伦、杨志
主要地点：梁山
主要事件：林冲逼上梁山

## 1 俗话记忆

“有钱可以通神”这句话与“有钱能使鬼推磨”相似，意思是钱能让“鬼”做事，形容钱是万能的。这是封建社会里显示出来的落后腐朽思想——金钱是万能的。

《水浒传》中，林冲来到沧州牢房后，看见差拨见钱眼开的现象，叹了一口气说道：“有钱可以通神。”监牢里的差拨收钱之前对林冲虎视眈眈，恨不得吃了他，收了他的银子后，就截然相反。

## 2 智深救林冲

话说林冲被高太尉拿下，送到开封府，被判刺配沧州坐牢。林冲一路上可谓受尽高太尉的折磨。高太尉暗地里派陆虞候指使押送林冲的差役(yì)故意伤害林冲。他们让林冲睡不好觉，吃不好饭，晚上用开水洗脚。

一天，他们来到野猪林。这里地势险要，常年烟笼雾锁，不知有多少好汉冤死在这里。

“我实在太困了，让我睡一睡可以不？”林冲实在是走不动了，说完这句话，就倒下睡着了。

差役见他睡着了，就把他从地上提起来，叫道：“我们俩也要睡一下，可又担心你会逃跑。因此，要把你捆在树上我们才放心。”

林冲能跑吗？他跑得动吗？他要跑早就跑了，凭他的本事，这两个差役根本不是对手。林冲听后，有气无力地说道：“我是一个好汉，既然吃了官司，我就一辈子不跑。”

两个差役根本不管不顾，把林冲紧紧地绑(bǎng)在树上后，拿着水火棍，对林冲恶狠狠地说：“不是我们要杀你，是陆虞候传高太尉的话，要杀你。”

差役说完，就举起手中的水火棍朝林冲的脑袋打来。说时迟那时快，只听一棵松树背后传来雷鸣般的吼声，一条铁禅杖随声就飞了过来。水火棍被打掉了，一个胖大和尚猛然出现在他们面前。

差役只见那和尚，挎着一口大刀，提起铁禅杖就开始打他们两人。这和尚不是别人，正是林冲的兄弟鲁智深。

林冲见鲁智深要打这两个差役，怕出人命，赶紧劝他别打了，说这件事与他们俩无关。

鲁智深听了林冲的话，只好留下差役俩的性命，嘱咐他们好好护送林冲去沧州。

有了鲁智深的帮助，林冲再也没有受到差役的伤害了。在路过柴进庄园时，他们一行三人还拜见了柴进大官人。柴进盛情招待了林冲，并且给了一封请沧州大牢管营关照林冲的信和十两银子。

## ③ 柴进书信救林冲

到了沧州大牢，还没等林冲拿出信件和银子，那里的差拨就开始训斥起林冲来。差拨故意找茬(chá)，说林冲为什么见他不跪拜。甚至声称要林冲粉身碎骨等等。

幸亏此前林冲听其他犯人告诉他：进牢后，要交钱物给差拨等人，否则在牢里的日子不好过。

林冲见差拨骂得差不多了，赶紧取出五两银子，赔着笑脸，说道：“差拨哥哥，这里一点薄礼，望笑纳。”

差拨看了看，说：“这是送给我和管营的？”

“这些只是送给你的，”林冲说道，“再请你转交十两银子给管营。”林冲说完，把柴进大官人的信件送给差拨。

差拨看见柴进的信件，又收到了银子，瞬间就笑了，说道：“林教头，我们都知道你的为人。你是受高太尉陷害的。你以后一定还会东山再起，飞黄腾达，必做大官。”差拨还告诉其免除一百杀威棒的方法。古代犯人进监牢后，每人都要被打一百棍，这叫作杀威棒。

林冲见差拨离开后，叹了口气，说道：“有钱可以通神。”

按照差拨的方法，林冲不仅免除了一百杀威棒，还在管营和差拨的关照下，在沧州大牢里的生活比较自由。

不过好景不长，高太尉就派陆虞候来到了沧州，指使沧州大牢的人要将林冲置于死地。

## 4 林冲被逼上梁山

一天，林冲被陆虞候指使的人安排驻守大军草场，他们想在那里烧死林冲。当他们点燃柴火，在一座庙前暗自得意时，没想到林冲早已在旁边的庙里休息。他们在寺庙门外的谈话都被林冲听见了。这样，他们的计谋就全被林冲知道了。

林冲听完后，立刻火冒三丈，右手挺着花枪，左手拽开庙门，大喝一声：“泼贼哪里去?”陆虞候他们被这突然而来的喝声吓得半死，呆呆地站在那里，欲走不能。

林冲举起手，咔嚓（kāchā）一枪，先刺向监牢差拨。陆虞候跪在地上使劲地叫“饶命”，与陆虞候同来的富安还没跑出十米，就被林冲赶上，一枪就把他搠（shuò）倒了。

林冲最后抓住陆虞候，把自己受冤以来的怒气全部数落出来。说完，满腔愤怒的林冲一刀割下了陆虞候的头，连夜来到柴进庄园。

第二天，经柴进的介绍，林冲来到了梁山。

## 5 林冲梁山被拒

在梁山上，王伦（lún）等人热情款待了林冲。不过没多久，王伦就心里犯嘀咕（dī gu）了：“我是个不及第的秀才，又没什么本事，合伙人杜迁、宋万武艺也只一般。这个林冲是京师禁军教头，武艺肯定超群。如果他留在这里，看穿我们的本事后，他会不会占山为王？那时，我们怎么办呢？”

王伦想来想去，决定不收留他，打发他下山为好。

一天，王伦再次宴(yàn)请林冲，众好汉一起陪同。快到宴席结束时，王伦教小喽啰端来一个盘子，盘子上放着五十两白银、两匹苎(zhù)麻丝布。

王伦站起来，走到林冲面前，一脸的笑容，说道：“柴大官人举荐(jiàn)你到鄙(bǐ)寨入伙，可惜我小寨粮食缺少，房屋不整，人力寡薄(guǎbó)，恐日后耽误了足下。现在备一些薄礼，望你笑纳。你今后自己寻找一个大寨安身歇马，请原谅我们的不是。”

“小人来这里，千里投名，万里投主，靠柴大官人推荐，来此入伙，我不是为钱而来。尽管林冲不才，还是希望你们能收留我。我一定以死相报，并无虚言。”林冲也听出了王伦的话意。

王伦脸色一沉，说道：“我这里是小地方，如何安得下你？不要见怪，不要见怪。”

朱贵看见王伦要拒绝林冲，赶紧劝道：“哥哥在上，莫怪小弟多言。山寨中粮食虽然少了些，但可以去借；房屋不够，我们这里多的是树木，可以盖。柴大官人推荐的人，怎能拒绝呢？”其他兄弟杜迁、宋万也劝王伦，把林冲留下。

王伦只好说道：“我们都不知道，他是不是官府派来打探虚实的呢？我们怎么留呢？”

“小人犯的是死罪，走投无路才入伙的，为什么要怀疑呢？”林冲有些激动了。

王伦假意想了想，说道：“既然如此，你真心入伙，就交一个‘投名状’来吧。”所谓投名状就是王伦说的，入伙前要下山杀一个人，提人头来见他。王伦给林冲三天时间，如果交不上“投名状”，就自动离开梁山。

林冲只好答应，闷闷不乐地回到房间休息。

连续两天，林冲在山下连一个人影都没碰到，就更不用说交“投名状”了。

## 6 林冲杨志不打不相识

第三天吃过早饭后，林冲把离开梁山的行装准备好，暂时放在房间里，然后挎一把腰刀，提着朴（pō）刀，下山去准备“投名状”。

林冲边走边想，今天如果还取不到“投名状”，只好到别处安身去了。中午过去了，林冲正准备回梁山取东西离开时，忽然发现有一个汉子挑着担子往这边走。林冲待那汉子走近时，突然冲了上去。

那汉子一见林冲，吓得“啊呀”一声，撇下担子就跑，瞬间闪过山坡，不见了。

林冲懊恼（ào nǎo）地说：“我命真苦！三天碰到这一个人，可还是让他跑了。”正当林冲郁闷时，那汉子从山坡下过来了。林冲看了，喜不胜收，说道：“天赐我也。”

这时，那汉子也不怕他，挺着一把朴刀，喊声如雷，喝道：“破贼，我来取行李的，赶快把行李给我。”说着就向林冲扑过来。

两个人斗了几十个回合，正当快要见胜负时，只听到山高处传来声音：“两位好汉不要斗了！”

两人见有人来，都往后面一跳，收住手上的朴刀，看那山顶上，一位白衣秀士打扮的人和几个随从走下山来。原来是王伦他们来了。

王伦高兴地问道：“两位好汉，都把朴刀舞得神出鬼没。这个是俺的兄弟豹子头林冲。青面汉，你是谁？愿通报姓名吗？”

那汉子大声说道：“我是三代将门之后，五侯杨令公之孙，姓杨，名志。”

“你就是那个叫作青面兽的？”王伦越发高兴了。

杨志说道：“洒家便是。”

王伦一听，兴奋地说道：“杨制使，我数年前在东京应举时，就闻制使大名。今日幸得相见，请到山寨一聚如何？”

杨志随王伦的人一起上山。原来王伦见杨志是一个能够制衡林冲的人，所以有心要留杨志入伙，同时把林冲留下，也好给柴进大官人面子。不过，此时的杨志并不想入伙。

林冲勉强留在了梁山，王伦安排他坐第四把交椅。杨志离开梁山后，又经历了哪些呢？欲知后事如何，且听下回分解。

# 八　当取不取，过后莫悔

主要人物：杨志、刘唐、吴用、晁盖

主要地点：黄泥岗

主要事件：杨志卖刀

## 1 俗话记忆

“当取不取，过后莫悔。”这句话是说，本应该属于自己或者应得到的东西，就要力争得到，否则会后悔的。

《水浒传》中梁中书再次给其岳父准备的生日礼物，被公孙胜、晁(cháo)盖、吴用等人劫走了。这些礼物都是梁中书搜刮百姓而来，不仅数量多，而且价值达十万贯。公孙胜在劫取之前对晁盖说：“当取不取，过后莫悔。”希望晁盖等人不要犹豫。

最先想到劫取这批礼物的是刘唐。刘唐绰号赤发鬼。他与晁盖、吴用等七人结义，一同劫取生辰纲，是晁盖的心腹，在梁山排第二十一位，征方腊时战死于杭州。

## 2 刘唐投奔晁盖

话说有一天，刘唐打听到梁中书将再次组织人马给其岳父送生辰纲后，他就到郓(yùn)城东溪村投奔晁盖，想请晁盖一同劫取生辰纲，却因酒醉睡在灵官庙中，被巡察的都头雷横当贼人抓了起来。

雷横巡夜结束后，顺路到晁盖庄中暂歇，并将刘唐吊在门房中。晁盖安排酒食款待，听说捉得一个贼人，便偷偷到门房去看。这个贼人就是来投奔晁盖的刘唐。

正如刘唐所言：“有缘千里来相会，无缘对面不相逢。”晁盖听刘唐自我介绍后，便让他在雷横面前称自己为舅舅，假称刘唐是自己多年未见的外甥。雷横并不怀疑，接受了晁盖的银两后，将刘唐释放。

晁盖安排好刘唐休息后，也率众人离开了。刘唐待晁盖等人离开后，便偷偷出庄，追上雷横，要索回晁盖所赠银子。雷横不肯。两人随后恶斗五十回合不分胜败。

这时，碰巧被吴用看见，他见雷横稍落下风，便用铜<ruby>链<rt>liàn</rt></ruby>将二人隔开。晁盖也及时赶来，终将此事化解。

晁盖将刘唐来意告知吴用后，吴用又独自到济州石<ruby>碣<rt>jié</rt></ruby>村，劝说<ruby>阮<rt>ruǎn</rt></ruby>小二、阮小五、阮小七三兄弟，一起到晁盖家中，谋划劫取生辰纲。

阮氏兄弟想到“人生一世，草生一秋”，人要利用好自己的时光，过一些安生快乐的日子，也就非常爽快地答应了吴用。

## ③ 公孙胜来见晁盖

第二天，公孙胜也前来寻找晁盖，目的和刘唐一样，都是要请晁盖同去劫取生辰纲。

“你说的莫不是梁中书给他岳父的生辰纲？”公孙胜描述完那批十万贯的金珠宝贝，晁盖就大笑起来。

公孙胜大吃一惊，说：“你怎么知道的？”

晁盖笑着说，这是他随便猜的，反问公孙胜道：“你是怎么想的？”

公孙胜说，这批生辰纲不能错过，“当取不取，过后莫悔”。随后，晁盖、吴用、公孙胜、刘唐、阮氏三雄因此“七星聚义”，并定下劫生辰纲的计策。他们认为这些都是搜刮老百姓而来的财物，是不义之财，他们可以劫下来，否则会后悔莫及的。

他们定计策时，为了安全，吴用强调“隔墙须有耳，窗外岂无人”，要求大家做好保密工作。

吴用等人在密谋夺取生辰纲的同时，梁中书也在想由谁来送今年的生辰纲，才能保证不被劫走。

## ④ 杨志卖刀

上一回说到杨志不愿入伙梁山，他还想此生应能博个封妻荫子、光宗耀祖的待遇。没想到高太尉并不给这个机会，逼着杨志走投无路，只好变卖祖传宝刀。

一天，杨志在街上出卖祖传宝刀凑盘缠时，被街头小混混牛二所逼。牛二缠着杨志，不依不饶地要试刀。

牛二歪着脑袋，故意说道："我不信你的刀厉害，你用这把刀杀一个人试试。"

杨志耐心地解释说："禁城之中，如何敢杀人？你若不信，可以找一只狗来试一试。"

"我要见识这把刀杀人不见血，又不是杀狗。"

杨志有些生气了，说道："你不买就算了，干吗缠着不放呢！"

"你杀一个看看。"牛二紧逼道。

杨志瞪了一眼牛二，喝道："你这样没完没了，洒家又不是你撩(liáo)拨(bō)的。"

"你敢杀我？"牛二继续追问。

杨志见他如此纠缠，就边走边道："我和你往日无冤，昔日无仇，现在没理由杀你！"

牛二紧追上去，揪住杨志的衣服道："我偏要买你这口刀。"

"你要买，就给钱呀。"杨志边走边说，目不斜视。

牛二阴阳怪气地说道："我没钱。"

杨志看了他一眼，停下脚步，控制了一下自己的情绪，说道："你没钱，揪住我干吗？"

牛二两眼一瞪，吼道："我要你这口刀。"

"我不给你！"杨志发怒了。

"你厉害，有本事剁(duò)我一刀！"

杨志大怒，用力将牛二推开。牛二摔倒在地上。不甘心的牛二爬起来，冲到杨志面前。这时旁边聚集了一些人。

杨志望了望周围的人，大声叫道："各位街坊邻居，大家给俺(ǎn)做个见证，俺杨志因无盘缠，自卖这口刀，这个泼(pō)皮要抢夺我的刀，还要打俺。”

这个牛二经常欺负百姓，街坊(jiē fang)的人即使听了，也不敢来劝，只是在旁边看着。

“你说我打你，就算是把你杀死，也没人管。”牛二一面挥拳向杨志打来，一面叫道。

杨志躲过牛二的拳，一时兴起，怒从心来，往牛二脖子上就是一刀。霎(shà)时，牛二脖子上喷出一股鲜血，一声不吭(kēng)地倒了下去。

后来杨志因杀牛二被官府发配到北京城。北京城大名府的留守司就是梁中书，他是东京当朝太师蔡京的女婿(xù)。梁中书以前在东京就认识杨志。他一听完杨志讲述杀牛二的经过后，就当即打开了杨志的枷(jiā)锁，把他留在府中做事。

## 5 晁盖劫生辰纲

那天，梁中书正发愁派谁去护送今年的生辰纲时，突然想到了杨志。

经过精心策划，杨志率领队伍一路非常谨慎地护送着生辰纲。他们出行大概半个月后，正值六月天气，红日当头，没有一丝凉风，天气十分炎热。杨志等人饥渴难耐，只好在一处树林里停下来休息。

没多久，树林里出现了一支队伍，共有七辆车，七个打着赤膊的人。这七个人不是别人，正是晁盖、吴用等人。他们化装成贩(fàn)卖红枣的商人，也在此歇息。

就在杨志与晁盖等人寒暄(xuān)，打探情况时，白胜挑着一担酒来到了他们面前。古时候的人往往喜欢用酒解渴。护送生辰纲的人看见后，特别想喝，但被杨志制止了。杨志想，如果酒里有蒙汗药的话，喝了这种酒，就会让人睡着。他担心此时会有人乘机将生辰纲抢走，他们只好打消了喝酒的念头。

晁盖等人见他们不喝酒，于是他们调整了策略。他们去抢酒喝，这样能让杨志的人羡慕(xiàn mù)和放心。这一招还真管用。杨志的人见他们喝了后并没事，于是也抢着喝。不过，这正中了晁盖等人的计策。原来他们等杨志的人来抢时，早利用机会，在酒里下了蒙汗药。就这样晁盖等人乘机将生辰纲劫走了。

晁盖等人将生辰纲劫走后，就万事大吉了吗？梁中书及其岳父就不闻不问了吗？欲知后事如何，且听下回分解。

## 九　瓮中捉鳖，手到拿来

主要人物：何涛、何清、宋江

主要地点：济州

主要事件：何清助兄破案

### 1 俗话记忆

“瓮中捉鳖，手到拿来。”其本意是在陶罐里捉鳖(biē)，能够轻松地拿到。这句话也可说成“瓮中捉鳖，手到擒来”，形容事情简单、容易。

《水浒传》中，这句话是宋江对上级派来捉拿晁盖的人说的。当时办案的何涛将案情告诉宋江后，宋江表面上说捉拿晁盖是“瓮中捉鳖，手到拿来”，这是非常容易的一件事，可心里却想着怎样给晁盖通风报信。后来，晁盖等人在宋江的提示下，投奔到梁山上去了。

### 2 蔡太师催案

话说晁盖等人顺利地按照计划劫走了价值十万贯的生辰纲。这批生辰纲是梁中书送给其岳父蔡太师的生日礼物。

梁中书派杨志和十几个军士，乔(qiáo)装打扮而行。杨志虽然尽力了，但丢失了这批生辰纲仍然无法向梁中书交代。于是，他乘机逃走了。后来他与鲁智深一起抢占了二龙山，成为二龙山的寨主。

梁中书听逃回去的军士汇报生辰纲被劫的情况后，非常不高兴。生辰纲虽然丢了，但对岳父的生日祝福还是要告知的。梁中书连夜派人告诉岳父蔡太师，说给他准备的生辰纲又被劫了。

蔡太师看了女婿送来的书信，大吃一惊，说：“去年送的礼物被打劫了，今年又如此，这还了得。”他立即下一道公文，派专人马不停蹄地前往济(jì)州，要求济州府尹立刻查办此事，捉拿贼人。

府尹早就接到梁中书查案捉拿贼人的指示，正着急不知从何查起呢。现在又来了京城蔡太师的来信，限十天内破案，并把贼人全部捉拿归案。这位府尹大人真是急上加急，急得像热锅上的蚂蚁了。

## 3 何涛戴罪办案

再急也要有线索呀！这也急坏了直接办案的缉(jī)捕使臣何涛。俗话说，“上不紧则下慢”，如果上面又催又逼，下面就不敢不快了。反之，上面如果不急不慢的，下面做事的人就会更加不急了。

府尹大人非常清楚这个规律，他赶紧把任务和压力直接给了何涛，告诉他：“你是专门抓人的，如果不用心，导致案子破不了，影响到我的前途，我会先将你发配边疆，发配到那鸟都到不了的地方。”说完，还让文笔匠在何涛的脸上先刻下“迭(dié)配……州”。

显然，这是府尹让他戴罪破案，如果不能按时破案，就在脸上直接加上那个发配的地名。即使破了案，脸上也会留下这几个字。如此看来，破案与否，何涛都会破相。这说明此案非常重要，并且成功破案的概率很低，毕竟去年的案子都还在那里摆着呢。

何涛作为当时的一个公务人员，是多么的可怜呀！其他同事看了，都不知用什么话来安慰何涛，他们面面相觑(qù)，如箭穿雁嘴，钩搭鱼鳃，都无话可说。

何涛带着文刺，一脸的无奈，默默地回到家里。何涛的夫人见此情景，吃惊地问道：“您脸上怎么刺了字？”是啊，早上上班还挺好的，下午下班就是罪人。

何涛把情况一五一十地告诉夫人后，夫妻两人不停地唉声叹气，不知所措。这时，何涛的弟弟何清来看哥哥。

## ④ 何清助兄破案

虽然何清平常不务正业，时常赌博，不过，正如古人言："上阵父子兵，打仗亲兄弟。"关键之时何清给他哥哥带来了一个重要信息。

何涛见有些希望，赶紧掏出十两银子，并且许诺(nuò)破案后还有重奖。没想到爱赌博的弟弟笑他哥哥"急来抱佛脚，闲时不烧香"。这是说他哥哥平时没有给这么多钱，遇有急难时就给钱，来请求帮忙了。

弟弟何清告诉哥哥，今后不要批评他就好了，兄弟之间不用说钱。

何清自信地告诉何涛，这些贼人都在他的口袋里。

何涛一听，越发奇怪了，说："兄弟，你别说大话，那些人怎么会在你的口袋里呢?"目前官府追查生辰纲被劫毫无头绪，还不知道任何信息。一个不务正业的、爱赌博的弟弟怎么会知道呢?

原来，何清前些日子赌博输钱后，一个朋友带他到安乐村一酒店做事换些碎银，店小二须将每日住店客人的姓名等资料抄写下来，但店小二不会写字，何清就替他写字。在抄写过程中，知道晁盖等人化装成贩枣的商人住在这个小店里。他们推着七辆车，车上都装着红枣。

后一日，何清和店主在去赌博的路上，又碰见一个叫白胜的汉子，他挑了一担酒去卖。白胜和店主都互相认识，他们还打了招呼。事后，就听说贩枣子的客人在黄泥岗上用蒙汗药麻翻了人，劫走了生辰纲。

"到底是不是他们，只要抓住白胜就知道了。"据何清的分析，这应该是晁盖等人所为。何涛听后，高兴极了，连忙带了弟弟何清去见府尹。府尹一听，迅速派人去抓白胜。经过严刑拷(kǎo)打，白胜终于承认劫生辰纲为首的正是东溪村的晁盖。

## ⑤ 宋江泄密

得到了白胜的供词，何涛亲自带领二十个眼明手快的公人来到了郓城县。

在郓城县，正好碰上宋江值班。宋江因面黑身矮，人称黑宋江，又因有孝心，加上为人仗义疏财，大家又称他为孝义黑三郎。宋江还因喜欢结识江湖好汉，时常资助他人，在山东、河北都是闻名遐迩（xiá ěr），大家称他为及时雨。

何涛听完宋江的自我介绍后，立即跪地便拜，说道：“久闻大名，无缘不曾拜识。”

随后，他们俩来到一茶楼，宋江坐主位，何涛坐客席。当宋江知道何涛的来意后，吃了一惊，心想，晁盖和他是心腹弟兄，如果被抓去，这可是死罪呀。

为了不引起何涛怀疑，他表面上应付道：“这个人非常坏，我们这里很多人都不喜欢他，如今犯下这件事，应该抓起来！”然后宋江信誓旦旦地告诉何涛：这件事很容易，就像是“瓮中捉鳖，手到拿来”，不过这件事很重要，不可轻视，更不能轻易地告诉其他人。宋江说完这些后，立即找了一个借口离开茶座，自称先要回家处理一下家事，然后再过来陪何涛处理公务。

宋江从茶楼出来，立刻安排随从陪好何涛，并嘱咐随从一定要等他回来，再去衙门。话还没说完就快马加鞭奔向晁盖家。

宋江一见到晁盖，就抓住他的手来到一间小房子里，告诉他生辰纲被劫一案已破，现在官府已经派人来抓他了，对他说：“三十六计，走为上计。”

晁盖和吴用等人一合计，决定逃往梁山。梁山寨主是王伦，当时林冲上梁山，王伦并没有爽快地接纳他。如今晁盖、吴用等人去梁山，王伦能接受吗？欲知后事如何，且听下回分解。

# 一〇　量大福也大，机深祸亦深

主要人物：林冲、王伦、晁盖、吴用
主要地点：梁山
主要事件：林冲火并王伦

## 1 俗话记忆

“量大福也大，机深祸亦深。”这句话的意思是，一个人的度量越大，他的福气也会大，而心机深的人，他遇到的祸事也常深。它告诉我们要做海量之人，心胸要开阔，要学会包容，切不可让嫉妒（jí dù）之火攻心，见不得人家的好。所谓“有容乃大”，容得下比自己强的事物，方可为人上之人，方可为大福之人。

《水浒传》中，这句话是林冲杀了当时梁山寨主王伦后，《水浒传》作者引用的一句俗话。言下之意就是，王伦因为心胸狭小，容不下比自己强的人，所以最终被害。

## 2 晁盖初上梁山

话说晁盖等人带着劫来的生辰纲及家中钱财来到梁山脚下，王伦率领其他山寨头领出关迎接。

王伦拱手说道：“小可王伦，久闻晁天王大名，如雷贯耳。今日很高兴你们能光临草寨。”

晁盖慌忙还礼道：“晁某是个不读书之人，非常粗鲁。今日来，甘心在头领下做一小卒。如果头领收留，我们不胜感激。”

王伦不失大礼，回道：“休如此说，先请到小寨一聚，再来商量。”

王伦与晁盖等人一起来到大寨的聚义厅，分宾主坐下。山寨依王伦吩咐，杀牛宰羊，大摆宴席，款待晁盖等人。喝酒时，晁盖把他们以前的所作所为，从头到尾都告诉了王伦等人。王伦听完，吓得脸色苍白，心里不知如何应对。

## 3 吴用密谋

散席后，晁盖心中十分欢喜。他对吴用等人说：“我们犯下了弥(mí)天大罪，没有地方去的时候，幸亏有王伦如此错爱。我们以后要记住这份恩情。”

吴用听后，冷笑了几声。

晁盖奇怪地问：“先生为何冷笑？”

“兄长你太直率了，王伦真肯收留我们吗？”吴用摇了摇头，叹了口气说，“兄长没看透王伦的心思。他脸上的表情已经告诉我们，他不会让我们留下来的。”

“林冲是八十万禁军教头，在这里只坐了第四把交椅。王伦与兄长说话时，林冲似乎有一些怨气，他心里肯定有些想法。他对王伦有些不满了。”吴用继续说道。

晁盖听了后，仔细想了想，似乎有道理。

吴用看了看四周，轻声说道：“我看林冲现在是迫不得已留在这里。我可以和林冲聊一下，让他火并王伦。”

晁盖听完吴用的想法后，频(pín)频点头，说道：“全仗先生妙策良谋，我们可以安身在此。”

## 4 吴用设计

次日，天刚亮，林冲就来到晁盖等人的房前。吴用对晁盖笑了笑，说：“这人来看我们，我们可以利用一下。”

林冲走到晁盖等人的面前，说道：“小可有失恭敬。我虽有奉承之心，但不在其位，也就不想多说，望乞恕(qǐ shù)罪。”

吴用拱手说道：“我等虽是不才，非为草木，头领对我们的错爱之心，顾盼之意，我们感恩不尽。”

晁盖再三谦让请林冲上坐，林冲哪里肯坐，推搡(sǎng)着让晁盖在上首坐了，林冲方才在下首坐定。吴用等人依次坐下。

晁盖首先说道："久闻教头大名，不想今日得会。"

林冲道："小人在东京时，与朋友交，有礼有节，不曾有误。我现在特地来赔话。"

双方说了些闲话后，林冲说出了自己的想法："王伦心术不佳，不好说话，难以相聚。"

吴用故意说道："王头领待人接物，一团和气，心地如何狭隘(xiá ài)了呢?"

"王伦心胸狭窄，嫉贤妒能，担心众豪杰会欺负他。"林冲把自己入伙及他所了解的情况，一一告诉吴用等人，并且说道："如果王伦今天要拒绝你们入伙的话，我会妥(tuǒ)善处理。"

吴用等人听后，不好意思地说道："教头为了我兄弟，反让教头与旧兄弟闹得不愉快。如果王头领能容得下我们，我们就留下来；如果不能容，我们就离开。"

"先生此言差矣！古人有言：'惺惺惜惺惺，好汉惜好汉。'如果他们不留你们，我不会留他们，请众豪杰放心。"林冲说完，就起身离开了。

## 5 王伦被杀

没多久，王伦请晁盖等人聚集用餐。酒过几巡后，晁盖主动提及入伙的事情，都被王伦用其他的话语支吾开了。吴用只好给林冲使眼色。林冲会意后，就一直把眼神聚焦在王伦身上。

又喝了几杯酒后，王伦叫人取了些银两来，走到晁盖面前，说道："敢蒙众豪杰到此聚义，只恨敝(bì)山小寨是一洼之水，安排不了你们这些真龙好汉。现备了些薄礼，望笑纳。麻烦你们另投大寨。"

晁盖一听，心里明白了，只好说："既然如此，我们就自行告退。"

"前番我来入伙时，你也借各种借口拒绝。今日又是如此。"只见林冲双眉皱起，两眼圆睁，坐在交椅上大喝道："你这是什么意思?"

吴用见此，故意说道："头领息怒。是我们不该来此地。"

林冲继续喝道："我今日不能容他。"

"你看这畜生，又不曾醉，倒用语言来伤害我，没有一点规矩。"王伦见林冲如此说，他也有些生气了。

林冲这时有些控制不住了，继续骂道：“你虽是一个落第穷书生，可是又没什么文化，心胸不开阔，容不下别人，你怎么做得山寨之主?”

就在晁盖等人准备起身离开时，林冲突然把桌子一踢，冲到王伦面前，从衣服下面抽出一把明晃晃的尖刀来。

吴用摸了摸胡子，晁盖和刘唐走上前假意拦住王伦，说道：“不要火并。”

吴用再走到林冲身边，说了声：“头领不可造次。”公孙胜也站在旁边，假惺惺地劝道：“不要为我们坏了大义。”

此时林冲已经走到王伦身边，一边骂一边手起刀落，将王伦杀死了。正应古人言：“量大福也大，机深祸亦深。”杜迁、宋万、朱贵也没有任何还击之力，只好跪下不动了。

## 6 晁盖成新寨主

吴用从血泊中搬出头把交椅，大声说道：“如有不服者，以王伦为例，今日扶林教头为山寨寨主。”

林冲一听，连忙喊道：“先生此言差矣，我今日之为以众豪杰义气为重，火并了这个不仁之贼，无心要谋此位。”

“今有晁兄，仗义疏财，天下人皆知。我立他为山寨之主。”林冲继续说道。

众人纷纷应和。

“不可，自古‘强后不压主’。我是新来之人，怎么敢做山寨寨主呢?”晁盖赶紧说道。

林冲可不管这些，直接就将晁盖推在首把交椅上，并且说道：“今日事已到此，请勿推却。若不从者，以王伦为例。”林冲与晁盖再三再四地推来推去后，晁盖只好坐在首把交椅上，让大家参拜了。

林冲安排吴用为军师，掌握兵权，坐第二把交椅，公孙胜坐第三把交椅。前三把交椅如同鼎(dǐng)之三足，缺一不可。最后，晁盖等人坚决要林冲坐在第四把交椅上。

晁盖安排好其他豪杰的位置后开始操练人马。当有人报官军将至时，吴用笑道：“自古道：水来土掩，兵到将迎。我们已经做好了充分的准备迎接官府的追剿了。”

晁盖等人如何面对官军的围剿呢？他们当初是在宋江的安排下，才逃脱官府的追查，他们还记得宋江吗？欲知后事如何，且听下回分解。

# 一一　知恩不报，非为人也

主要人物：晁盖、宋江、刘唐、阎（yán）婆惜
主要地点：郓城
主要事件：宋江怒杀阎婆惜

## ① 俗话记忆

“知恩不报，非为人也。”这句话的本意是知道别人对自己有恩而不报答，这样的人算不得真正的人，是人就应该讲究知恩图报。它告诉我们做人要知恩图报，要懂得感恩。

《水浒传》中，晁盖成为梁山新寨主后与吴用商量，表示要感谢宋江和朱都头两人。他认为，他们的荣华富贵、安逸享乐，是与这两人分不开的。他们商量时，晁盖就借用了这句古来表达他们应该知恩图报，否则不是英雄好汉，甚至连人都不是。他说：“知恩不报，非为人也。”

## ② 知恩不报，非为人也

话说晁盖积极组织山寨里的喽啰们操练，打退了黄安率领的官兵进剿（jiǎo），不仅山寨的人员没有受损失，还获得了一批财物。众头领与喽啰们都非常高兴。

一天，晁盖对吴用说：“俺们弟兄七人的性命，都是宋押司和朱都头两个救的。古人道：‘知恩不报，非为人也。’今日富贵安乐，从何而来？我们可以派人去郓城县，一是感谢他们俩，二是营救白胜。”

吴用点头称是，并派刘唐去面谢宋江，另派人想方设法营救白胜。

## ③ 刘唐冒死感恩

一个傍晚，宋江从县衙出来后，到对面的茶坊里喝茶。

忽然，一个大汉，头戴毡笠(zhān lì)儿，身穿一领黑绿罗袄(ǎo)，挎着一口腰刀，背着一个大包，下面绑着护膝，穿着一双八塔麻鞋，满头大汗，气喘吁吁(chuǎn xū xū)地来到县衙门口，慌慌张张地向衙门里张望。

宋江觉得这个人有些面熟，心里想：应该在哪里见过他。宋江看他行走的样子和穿着打扮，有些蹊(qī)跷，赶紧起身走出茶坊。

那汉子发现了宋江在看他。那汉子再仔细一看，似曾见过，但又不敢问，只好往前面走，离开县衙门口。宋江也不敢问，只是跟在他后面。

那汉子走到拐角处一家篦(bì)头铺，向小二打听："大哥，我后面那个押(yā)司是谁呀?"

小二望了望汉子身后的宋江，悄悄地告诉他："宋押司。"

那汉子听后，赶紧提着朴刀，走到宋江面前，唱了个大喏(nuò)，说道："押司认得小弟吗?"

"有些面熟。"

那汉子低声说道："借一步说话。"

于是两人来到一个僻静的小巷子里，找到一家酒楼，在一个角落里坐下。

那汉子摆好朴刀，解下包裹，撇在桌子底下，然后翻身便拜。原来那汉子就是吴用派来谢恩的刘唐。

宋江一听，吓了一跳，说道："贤弟，你好大胆子，幸亏没有被衙门其他人看见，否则又会惹出事来。"

刘唐若无其事地说道："为了报你的大恩大德，我们必须冒死来酬(chóu)谢。"

宋江向酒店外面望了望，然后靠近刘唐，轻轻地问道："晁盖和弟兄们现在如何？是谁叫你来的?"

刘唐把梁山上的情况及这次下山的用意一一告诉宋江后，打开包裹，取出书信和黄金递给了他。

宋江看完信后，把信放进随身带的公文袋，黄金退还给他，并且表示朱都头那里也不必酬谢。宋江真诚地对刘唐说："你们七个弟兄刚到山寨，需要使用金银，我自己家里也还有些余钱，朱仝(tóng)兄弟也有些家底，雷横是不能给他的。现在这里的风声很紧，不能让人认出你来。"

宋江说的都是实情。此前的生辰纲被劫，最近发生的黄安被擒(qín)，再加上前面何涛因追查生辰纲失利，被上级官府追究责任，他的两个耳朵也被割掉了，现在官场上真是谈梁山色变。

## 4 宋江怒杀阎婆惜

宋江家里最近也传出了一些风言风语，让宋江恼火。

宋江人称及时雨，喜欢帮助他人。前不久，一个叫阎婆的妇女找到宋江，说她丈夫去世了，没有钱买棺材，希望宋江能给点钱买口棺材。宋江毫不犹豫(yóu yù)地帮助了她。后来阎婆为了感恩，就请媒人将其女儿阎婆惜嫁给宋江。

可是阎婆惜遇见宋江同事张文远后，就喜欢上了他，并且经常私下里来往。阎婆惜就开始对宋江不理不睬(cǎi)了。《水浒传》作者在写这一段时，借用了三句古人言："风不来，树不动；船不摇，水不浑""一不将，二不带""风流茶说合，酒是色媒人"。这三句话说的都与阎婆惜有关，是令宋江羞于启齿的事情。

那天宋江与刘唐分开后，回到阎婆惜那里。第二天宋江离开时，忘记把公文袋带走了。袋子里装着梁山寨主晁盖的感谢信和黄金。如此一来，本来就不愿意与宋江过日子的阎婆惜抓住了宋江和梁山来往的凭证。阎婆惜想借此断送宋江的前程，并想象着从此可以与张文远在一起生活了。

没多久，宋江回来取公文袋。阎婆惜听到宋江回来了，赶紧把公文袋和公文袋里的东西都藏在被子里，自己假装睡着了。

宋江找了一会儿公文袋，没有找到，就问阎婆惜要。那阎婆惜竟然比宋江还有理，只见她柳眉踢竖，杏眼圆睁，气势汹汹(xiōng xiōng)地说道："是老娘拿了，就是不还你，你派人来抓我，我们到官府里去说。"

宋江知道事情闹大了，对他也不利，就祈(qí)求阎婆惜还给他。

阎婆惜借机提了三件事要宋江答应：第一件是要答应阎婆惜改嫁张文远；第二件是家里的东西都归阎婆惜；第三件是梁山这次给的一百两金子也要给她。

宋江听后，告诉她：前两件都可以答应，但第三件中的黄金是他准备退还给梁山的，以后有了黄金再给阎婆惜。

没想到阎婆惜也借用了一句古话："公人见钱，如蝇子见血。"还说了一连串的俗话："哪个猫儿不吃腥""阎罗王面前，须没放回的鬼""棺材出了，讨挽歌郎钱"。这些话说的都是宋江要贪这些钱物。

无论宋江怎么说，阎婆惜就是不给书信。

宋江气愤至极，扯开被子找到了那些重要的东西。一个不给，一个要抢，就这样两人一来二抢，阎婆惜死也不放手。

宋江一用劲，阎婆惜藏在被子里的刀子掉了出来。

"黑三郎杀人啦!"阎婆惜乘机大叫起来。这下可好，当阎婆惜喊杀人时，宋江正窝了一肚子火没地方出，他一气之下顺手就将阎婆惜杀死了。

宋江杀了阎婆惜后，被官府通缉。官府派朱仝、雷横两名都头率队到宋家庄抓宋江。宋江能逃脱吗？他会像其他人一样上梁山去吗？欲知后事如何，且听下回分解。

# 一二　送君千里，终须一别

主要人物：武松、宋江
主要地点：郓城县
主要事件：武松打虎

## ❶ 俗话记忆

“送君千里，终须一别。”这句俗话的本意是，与朋友送别，送得再远，也要分别。它体现了朋友间的深情厚谊。

《水浒传》中，这句话是武松引用的。宋江送武松离开柴进庄园时，送了一程又一程，武松说，送君千里，终须一别，他们才依依不舍地分开。

## ❷ 都头奉命抓宋江

话说朱仝、雷横奉命率领官兵四十余人，直接奔向宋家庄。宋太公慌忙出来迎接。

朱仝、雷横拱手道：“太公休怪我们。上司差遣(chāi qiǎn)，不能由己。你儿子押司现在何处？”

宋太公淡淡地说：“两位都头在上，我那逆(nì)子宋江不在家。他以前早就写了一份公文，与我脱离了父子、亲情关系。”

“话虽如此，但你还是让我们搜一下，我们也好回去交代。”朱仝笑着说完后，就叫士兵围住庄院。

雷横将院子里外都搜了一遍后，告诉朱仝：“宋押司真的不在庄里。”

宋太公说道：“我是守法之人，怎么敢私藏罪犯呢？”

“这个是人命关天的案子，你也不要怪我们。雷都头，你看着太公别动，我进去搜一遍。”朱仝边说边往庄里走去。

## ③ 朱仝密会宋江

朱仝独自走进庄里后，立即关上大门，把朴刀靠在墙壁上，走到佛堂把供桌轻轻地挪(nuó)开，揭(jiē)起下面的地板，拽了一下旁边的绳索。

“铃铃”，只听几声铃响，宋江从地窖(jiào)里钻了出来。宋江一看是朱仝，吓了一跳。

朱仝先开口说道：“公明哥哥，不要怪小弟来捉你。你平时对我最好，什么事都告诉我。以前，你有一次喝酒时告诉我，你家里有这样的藏身之处，并告诉我如果我有危险，也可以躲藏在这里的。我担心别人终究会找到这个藏身处，所以我就一个人来告诉你这些情况。兄长还需另外找个安身之处。”

宋江说道：“小可寻思有三个安身之处，分别是小旋风柴进庄上、清风寨小李广花荣处和白虎山孔太公庄上。我现在也不知往哪里去更好？”

朱仝焦急地说道：“兄长要迅速决策，早做决定。今晚就要动身，不可犹豫，否则会耽误了前程。官司之事，我来应付。”

宋江称谢后，再次躲进了地窖。朱仝依旧把地板盖好，挪回供桌，拿起朴刀，走出庄门后，在众人面前大声地说道：“宋押司不在里面，我们走吧！”

## ④ 武松偶遇宋江

当晚，宋江和弟弟宋清各挎一口腰刀、提一把朴刀离开了宋家庄。

走了数天后，他们来到柴进庄，在庄上得到了柴进大官人的热情款待。此时，武松已经在柴进庄上住了约一年的时光，正准备去清河县找自己的大哥时，又犯了病，因此再次住了些时日。

武松与宋江同住一段时间后，武松的病好了，该回清河县看望他哥哥武大郎了。他告诉热情挽留的柴进和宋江：“小弟有很长时间没有见到哥哥了，因此要去看望他。”武松穿上柴进送的红绸(chóu)袄，戴着白范阳毡笠儿，背上包裹(guǒ)，提了一根棒子，向柴进、宋江告别。

柴进、宋江见武松执意要走，各自取了些银两送给武松。宋江与宋清兄弟俩陪同武松走了七里路后，武松双手作揖道："尊兄，我们已经走了很远了，请回吧！"

宋江说："再送几步吧！"一路上边走边聊，不知不觉又走了三里路。

武松挽（wǎn）住宋江的手，说道："尊兄不必远送。常言道'送君千里，终须一别'。兄长请回吧！"

宋江指着前行的方向说："前面有个小酒馆，我们在那里喝三杯酒后再告别吧。"随后，他们三人来到酒馆，宋江先在主席位上坐好，武松放好哨棒，与宋清依次坐好。

三人饮了几杯酒后，武松真诚地说道："如果尊兄不嫌弃（xián qì）武松，我想拜尊兄为义兄。"

宋江听后，非常高兴。武松连忙拜了三拜。宋江叫宋清取出十两银子，送给武松。

## 5 武松打虎

三人分别后，武松一路欢喜，没走几天，就来到阳谷县。

一天中午，武松来到一家名为"三碗不过冈"的酒馆。武松坐下来开始要酒要肉了。店家很快在武松面前放了三只碗，一双筷子，一碟热菜，把前面的一只碗倒满了酒。

武松拿起碗，一饮而尽，叫道："这酒好有气力！主人家，再切两三斤熟牛肉。"

很快牛肉上来了，武松喝了三碗酒后，店家却不再筛（shāi）酒了。武松奇怪地问道："为什么不添（tiān）酒，难道不肯卖酒与我？"

店家耐心地说："客官，你看见我的招牌上写的是什么了吧，'三碗不过冈'。我们家的酒劲足，只要是来我店的客人，喝了三碗就会醉。酒醉了的人不能通过前面的山冈。"

武松自信地说道："我不会醉的。"

店家赶紧说："我店的酒叫透瓶香，又叫出门倒。"

武松有些生气了，说道："不要胡说，我不差你的钱，你赶紧再筛三碗酒给我喝。"

店家见武松喝下后并没醉，又说不过他，就只好再筛给他三碗酒。就这样，武松一连喝了十五碗酒。

武松拿起哨棒，站起来，边走边说："这里还说什么三碗不过冈，我一点都没有醉，我偏要过冈。"

店家见武松要离开酒家，前往山冈去，连忙拦住，并着急地问："你要去哪里？前面山冈上有老虎！"

武松笑着说："我就是清河县人，景阳冈上我少说也走了一二十回，从没听说过有老虎。即使有老虎，我也不怕。"

店家见武松不理解，就只好由他去了。

武松提着哨棒，大步向景阳冈走去。走了几里路，沿路看到几处告示，他才相信山中确实有老虎。他寻思着：如果此时回去，必定遭他人笑话，自己就不是好汉了。武松只好硬着头皮走上了景阳冈。

在景阳冈上，武松遇到了那只伤人的老虎。他尽显平时的神威，使出浑身武艺，很快就揪（jiū）住了老虎的顶花皮，用他那铁拳般的拳头猛打六七十拳，打得老虎眼里、口里、鼻子里、耳朵里，都迸（bèng）出鲜血来。

那只老虎被打死后，武松也成了阳谷县的打虎英雄，还担任了县里的都尉一职，负责县里的治安工作。

后来，武松竟在阳谷县遇到了自己的哥哥。也是在这里，武松杀死了谋害他哥哥的西门庆、潘金莲，从而成为罪犯。欲知武松在监牢里遇到了谁，又发生了什么事，且听下回分解。

# 一三　兔死狐悲，物伤其类

主要人物：武松、施恩、蒋门神、张督监

主要地点：孟州

主要事件：武松醉打蒋门神

## 1 俗话记忆

“兔死狐悲，物伤其类。”这句话的本意是，兔子死了，狐狸感到悲伤；同类死亡后，一般会因联想到自己将来的下场而感到悲伤。比喻因同伙的失败或死亡而感到悲伤。

《水浒传》中，这句话是武松被押送到孟州监牢里后，关押在那里的犯人为了表明对武松的关心而说的。

这句话在《三国演义》中也曾出现过，孟获（huò）被迤（yí）西银冶（yě）洞二十一洞主杨锋设计擒住后，对洞主杨锋说：“兔死狐悲，物伤其类。我和你都是洞主，往日无冤（yuān）无仇，为什么要害我，将我送给诸葛亮呢？”杨锋说，这是为了感恩诸葛丞相的不杀之恩。后来，诸葛亮又一次释放了孟获。

## 2 兔死狐悲，物伤其类

话说武松来到孟州监牢。一进牢房，就有十几个囚（qiú）徒来看武松，他们纷纷告诉武松：你包裹里有关照信吗？有没有银两？如果没有这两样东西，你会吃杀威棒，会被打得很惨（cǎn）。有人还说道：“岂不闻‘兔死狐悲，物伤其类’？我们只怕你初来不知道，才告诉你。”

武松笑着说："感谢你们的指教。小人身边有些东西，如果他们问我讨，我就送一些给他们。如果强行要，我就不给。"

众囚徒一听，赶紧劝道："好汉，休说这话，古人说：'不怕官，只怕管。'在人矮檐下，怎敢不低头？一定要小心呀。"话还没说完，忽然有人喊道："差拨官人来了。"大家听后赶紧散开了。

差拨官人来之后，问了一些问题，武松最后说道："你指望老爷送人情给你，半文都没有。我可以送你一双拳头，我身上有钱，但那是留给自己买酒喝的。"

那差拨官人听了后，气愤地走了。

众囚徒看得呆了，等差拨官人走了，迅速走过来，对武松说："好汉，你这样说话，他会告诉管营相公，说不定会害了你的性命。"

武松大笑了两声，说道："不怕，随他们来，文来文对，武来武对！"

没过多久，又来了三四个人，把武松带到点视厅，管营相公正在厅上坐着，旁边站着一个青年，二十四五岁，白净面皮，头上缠着白手帕，身穿一领青纱上衣。

武松依然没有畏(wèi)惧(jù)，说道："要打要杀随你们，我若叫一声，都不是好汉。"

旁边的那个青年竟替武松说情，希望不要打他一百杀威棒。可是武松说："打了倒干净，我不要留着一顿棒子。"

两边的人听武松说这样的话，都忍不住笑了，他们从没见过这样的人。管营相公也笑着说："不要听他的，先把他关在单身牢房里吧！"

武松在这里住单间，每餐有酒有肉有点心，不仅吃饭有人侍(shì)候，就连洗澡也有人服侍。这哪像是坐牢呀？武松自己也觉得奇怪。

原来，这里的管营父子认为武松是一位好汉，能帮他们家出恶气。因此，武松一来到这里，就得到了他们父子的关照。

## ③ 武松初显本领

没过多久，管营相公之子施恩说出了他的想法：他以前在快活林经营了一家酒店，买卖还不错，后来被一个称作蒋门神的人霸占去了。如今，他想请武松帮他夺回酒店。

武松听后，哈哈大笑起来，风趣地说：“那蒋门神有几颗脑袋，几条胳膊？”

施恩似懂非懂地回答道：“他只有一颗头，两条胳膊。”

武松笑道：“我以为他有三头六臂，有哪吒(né zhā)的本事呢！既然没有哪吒的模样，只有一颗脑袋，两条胳膊，我就不怕他。”

施恩小心地问：“兄长远路到此，不知你的力气恢(huī)复了没有，如果没有恢复，就再休息几个月。”

“可以试一试，”武松看了看周围，指了指门口的石墩(dūn)，说道，“门口那个石墩有多重？”

施恩想了想，说道：“怕有四五百斤重吧。”

武松走到石墩前，摇了摇，大笑道：“这么重的石墩，哪里拨得动呀？”

施恩见武松如此说，就附和道：“几百斤的石头，确实不可轻视。”

武松见施恩相信他前面的话，就笑着说：“小管营，你还真相信我拿不起呀。你们躲开，看我拿一拿。”

只见武松把上半截衣裳脱下来，拴(shuān)在腰里，把那个石墩只一抱，轻轻地就抱了起来。双手把石墩往旁边一扔，“扑”的一声，地下就砸出一尺来深的坑。

众囚徒见了，脸都吓白了。

武松再去用右手将石墩一提，竟然把它提了起来，然后往上面一抛(pāo)，抛出地面一丈来高。在下落的时候，武松双手又轻松地接住，再轻轻地放回原地，转过身来笑着扫视了大家一眼。

大家半天没回过神来。

武松拍了拍手，脸不红，气不喘。

施恩冲上前，一把抱住武松后，立即拜倒在地：“兄长非凡人也，真天神！”

众囚徒也一起拜倒，直呼：“真神人也！”

## 4 武松醉打蒋门神

第二天，施恩就带着武松前往快活林，准备夺回酒店。

武松一边走一边告诉施恩，在去快活林的路上要喝酒，要每看见一个酒店就进去喝三碗。施恩心中一愣，默默地算了一下，一路上有十四五里地，共有酒家十二三家，岂不是要喝三十多碗酒，这样一来喝醉了，不知还能不能打蒋门神？

武松似乎看出了施恩的担心，就大笑道：“我不喝酒，就没本事，有一分酒，就有一分力，五分酒，就有五分力。若吃了十分酒，这气力就大得不得了。当初若不是喝醉酒胆子大，我还打不了景阳冈上的老虎呢。”

施恩父子将信将疑，陪同武松一路喝酒，一路前行。好汉就是好汉，武松轻松地就把蒋门神赶跑了，替施恩夺回了快活林的酒店。

## ⑤ 武松血溅鸳鸯楼

武松自此得罪了蒋门神、张团练等人。

张团练与张都监故意将武松调到身边，然后栽(zāi)赃(zāng)嫁(jià)祸武松，说他偷盗张家的钱物，并且还借用“众生好度人难度”这样的古话来嘲笑武松，说武松外貌像人，可是里面却是贼心贼肝。就这样，武松被冤枉杖(zhàng)打二十，刺配恩州牢城。

更气愤的是，张都监私下里要押送武松的四个公差在飞云浦杀害武松。武松发现后，这四个公差反被他杀了。

随后，武松来到鸳鸯楼，他听见张都监、张团练、蒋门神在一块喝酒，正说着要杀害自己的事情。他心头那股三千丈高的怒火，冲破了青天，他迅速冲进房内，右手持刀，左手叉开五指，手起刀落，将三人的脑袋割了下来。

怒火中烧的武松，为了解恨，在鸳鸯楼将所遇见之人，无论男女老少，都一一杀死。武松手持利刃，一下子杀死了十多个人，心满意足后才往东边的小路走去。

走到天快亮时，他来到了一处树林里的小古庙休息。正待合眼时，被四个男女捆绑了起来。这四个男女原来是武松此前认识的张青和孙二娘的手下。

幸亏张青和孙二娘及时赶到，否则武松就被做成人肉包子了。武松在张青和孙二娘的帮助下，装扮成行者，投奔二龙山去了。

武松从此被称为武行者，他在投奔二龙山的路上又碰到了一个人。这个人是谁呢？欲知后事如何，且听下回分解。

# 一四　冤仇可解不可结

主要人物：宋江、花荣、王矮虎、刘知寨夫人

主要地点：清风寨

主要事件：宋江救刘知寨夫人

## 1 俗话记忆

“冤仇可解不可结”，本意是有仇恨的双方应该解除旧仇，不要继续结仇。比喻对人对事应该化解冤仇矛盾，而不是深化矛盾。这句话常用来规劝人要善待他人，化干戈（gē）为玉帛（bó）。这句话也有“冤家宜解不宜结”的说法。

《水浒传》中，这句话是宋江劝花荣不要杀害刘知寨的夫人时说的。宋江认为“冤仇可解不可结”，花荣和刘知寨是同事，他们之间虽有些过节，但可以隐恶扬善，求同存异，互相沟通，解除矛盾。

## 2 武松再遇宋江

话说武松在投奔二龙山的路上碰到一个人，这个人就是宋江。

武松行走了数日后，来到孔太公庄上，在那里的一个酒店吃饭喝酒，引发了一场争斗。武松酒醉后将孔太公的小儿子孔亮打到溪水里。孔亮上岸后，召集了二三十人将武松捉了起来，脱掉他的衣裳，夺了他的戒刀，揪到一所大庄院里，绑在一棵大柳树上，用一束藤（téng）条抽打起他来。

武松紧闭双眼，任由他们抽打。在孔家庄的宋江听见院子里有动静，就走了出来，见被抽打的人像是一条好汉，就喝令不要打了，往前走几步后，再仔细一看，大吃一惊：“这个不是我兄弟武二郎吗？”

武松这时才睁开双眼，一看，也喊道："你不是我哥哥吗?"

在场的人都诧(chà)异地望着这两位，慌忙松绑，并拿来几件衣服给武松穿了，然后一起走进草堂里来。

两人在孔家庄住了一些日子，一起向孔太公告别后就各奔东西了：武松继续投奔二龙山，宋江投奔清风山。

分开时，宋江说：送君千里，终有一别。他告诉武松："如果得到朝廷招安，你就要劝鲁智深、杨志投降，归顺朝廷，以后博得个封妻荫子，在历史上留一个好名，也不白走了一世。"

这个时候，宋江想到的是现在虽然上山为匪，但最后都还是应该归顺朝廷，做一个为朝廷效力的好人。武松也没有反对。

## ③ 宋江幸遇燕顺

武松顺利地在二龙山处入伙了。宋江就没那么顺利了。

在临近清风山的路上，宋江望着清风山，见那山上树木稠(chóu)密，心中欢喜，边走边观景，走着走着，就错过了酒店。看着天色晚了，宋江内心不由得恐慌起来。

忽然，树林里一阵铜铃响过后，宋江被一条绊(bàn)脚索绊倒在地，一群小喽啰把他捆了起来，捉到了锦毛虎燕顺的寨子里来了。

燕顺和矮脚虎王英、白面郎君郑天寿是这个清风山寨的头领，他们三人准备把宋江的心挖出来吃。一个小喽啰把水往宋江的脸上一泼，宋江醒了过来。

宋江见他们要挖自己的心吃，不由自主地叹了一口气："可惜宋江要死在这里!"

"住手!"燕顺一听"宋江"两个字，便喝住小喽啰，"刚才他说什么?"

"他说，'可惜宋江要死在这里'。"

燕顺走过来问宋江："你认得宋江?"

"我便是宋江。"宋江答道。

"你是哪里的宋江?"

"我是济州郓城县做押司的宋江。"

燕顺将信将疑："你莫不是山东及时雨宋公明，杀了阎婆惜，逃在江湖上的宋江？”

“你怎么得知？我正是宋三郎。”

燕顺听完，吃了一惊，连忙夺过小喽啰手里的尖刀，把麻索都割断了，取下自己身上的枣红朱斯纳袄，裹在宋江身上，把他抱起来，走向中间虎皮交椅上。同时呼喊王英和郑天寿赶紧过来，一起纳头便拜。

## 4 宋江救刘知寨夫人

古时，山东人有腊月初旬上坟（fén）的习俗。

一天，王矮虎听说有妇人去坟头化纸，于是就下山把那个妇人抢上山来。

宋江对燕顺说道：“贪恋女色不是好汉的勾当。我们一起去劝劝王英兄弟。”

那妇人告诉宋江：“我是清风寨知寨的夫人。请大王垂救性命。”

宋江一听，吓了一跳，暗自寻思：“我正要去投奔花知寨，难道她就是花荣的夫人？我为何不救？”于是，赶紧问道：“你丈夫花知寨，为何不同你一起出来上坟？”

那妇人解释道：“我不是花知寨的夫人，是刘知寨家的。清风寨有两个知寨，一文一武。武是花荣知寨，文是我的丈夫刘高知寨。”

宋江心里想：“她丈夫与花荣是同僚（liáo），我如果不救她，以后会不好意思见面。”于是，对王矮虎说道：“小人有句话说，不知你肯吗？”

王矮虎虽然一心想要找个压寨夫人，但也不能不顾宋江的情面。燕顺见宋江一心想救这个妇人，也就不管王矮虎肯与不肯，直接下令让轿夫把这个妇人抬走。妇人听了这话，像插蜡烛一般，拜谢宋江，不停地叫道：“谢大王！”

宋江回道：“你不用谢我，我不是山寨大王，我是来自郓城县的客人。”

两个轿夫抬着那妇人，飞跑下山了。

王矮虎又羞又恼，只是不敢作声。

宋江赶紧走过去劝道：“兄弟，不要焦躁。宋江日后一定帮你娶一个。小人并不失信。”

后来宋江打祝家庄时，王矮虎活捉了扈（hù）三娘。宋江要扈三娘拜宋太公为义父，然后让宋太公将扈三娘以义女的身份许给王矮虎为妻，实现了对王矮虎的承诺。

## 5 花荣款待宋江

几天后，宋江独自一人从清风山寨离开，来到了清风镇。

清风武知寨小李广花荣热情地招待了宋江。宋江把在清风山寨遇到刘知寨夫人一事告诉了花荣。

没想到花荣皱了皱双眉说：“救那妇人做什么！”原来刘知寨在花知寨眼中是个没本事的人，还经常乱行法度。那妇人也常挑拨她丈夫行不仁之事，残害良民，贪图贿赂（huì lù）。

宋江一听就劝道：“贤弟差矣！自古道：‘冤仇可解不可结。’他和你一起效力朝廷，虽有些不对之处，但你可隐恶而扬善。贤弟休如此浅见。”

花荣听后，对宋江点了点头，赞道：“兄长说得极是。”

宋江把刘知寨的夫人救下来了，也劝花知寨要念同朝为官之情，隐恶扬善。刘知寨也这么想吗？刘知寨的夫人会如实告诉刘知寨她的遭遇吗？欲知后事如何，且听下回分解。

# 一五　吃饭防噎，行路防跌

主要人物：宋江、花荣、刘知寨

主要地点：清风镇

主要事件：宋江元宵被打

## ❶ 俗话记忆

“吃饭防噎(yē)，行路防跌。”这句话的本意是，吃饭时要防备食物卡住喉咙，走路时要防备摔跤。此话还常用于比喻处世办事时必须小心谨慎(jǐn shèn)，时时注意安全，以防不测。

《水浒传》中，宋江在清风寨中看元宵花灯时，被刘知寨以清风山匪首的名义扣押。花知寨武力救回宋江后，宋江借用这一句古话告诉花荣做人做事都要小心谨慎。

## ❷ 宋江遭难

那天正值元宵节，清风镇上家家门前扎(zhā)起灯棚，挂起灯火，街上还有杂技艺人在表演。这里虽然比不上京城，但也算得上是天上人间。

宋江和花荣家的三个随从缓(huǎn)步徐行，来到清风镇街上看花灯。花灯上画着许多故事，有剪彩飞白牡丹(mǔ dān)花灯，也有芙蓉(fú róng)荷花灯。

他们四人来到一处大墙院门前。这里灯火辉煌(huī huáng)，锣声阵阵，喝彩声声，很多人围聚在那里观看。宋江个子矮，站在后面看不见，随从就把前面的人分开，让宋江走到前面尽情欣赏。

宋江看后，乐得哈哈大笑起来。

没想到这个墙院里住的是刘知寨。此时他和夫人也正在里面看这些精彩的演出，忽然听到宋江的笑声，他们把眼光聚集到宋江这里。

刘知寨的夫人认出了宋江，于是她告诉刘知寨，说这个黑矮汉子就是抢劫她的匪首。

刘知寨听了，吃了一惊，心想这个匪首胆子还真大，连忙喊道："把那个大笑的黑汉子抓起来。"

宋江听到要抓人的喊声，感觉是要抓自己，于是连忙回身离开。可是没走多远，就被十来个军汉赶上来。这些人把宋江用四条绳索绑了起来，押送到刘知寨面前。

跟随宋江的随从赶紧跑回花知寨处，把宋江被抓一事告诉了花荣。

刘知寨叫人将宋江押至厅堂，让其跪下，大喝道："你一个在清风山打劫的强盗，胆子不小，竟然敢擅自来看灯。"

"小人是郓城县客人张三，与花知寨是好友，来这里有多日了，从不曾在清风山打劫。"宋江辩解道。

"你还要赖，"刘知寨的夫人从屏风后面走了出来，说道，"你还记得我叫你大王吗？"

宋江说："夫人差矣(yǐ)，当时我不是说我是郓城县的客人，也是被掳掠(lǔ lüè)到山上的吗？"

刘知寨的夫人根本不理会，坚持称宋江是匪首，说他当初就是坐在中间的那把交椅上。

"夫人，你完全忘记了是我要救你下山的？"宋江显然有些生气了，"你现在为什么要把我说成是贼呢？"

刘知寨的夫人一听，大怒，指着宋江骂道："你这赖皮赖骨的人，不打你，你是不会招的。"

宋江就这样被打得皮开肉绽，鲜血迸流。

花知寨知道宋江被抓后，赶紧给刘知寨写了一封信，连夜派人送到刘知寨府中。

## ③ 花荣营救宋江

刘知寨接到来信，不但不给面子，反而大发雷霆（léi tíng），把来信扯得粉碎，大骂道："花荣真是太无礼了！你是朝廷命官，为何与强盗勾结？还欺骗我，说这人是刘丈。我不是你能欺负的。不要以为写他和我一个姓，我就会放他。"骂完后，喝令左右把送信的人推了出去。

那送信人被赶出寨门后，急忙回到花荣处告诉实情。

花荣一听，只叫道："苦了哥哥！快备我的马来。"

花荣迅速穿好战袍，挂好弓箭，绰（chāo）枪上马，带了四五十个全副武装的军汉，直奔刘高寨。守门的人见花知寨带人过来，哪里敢挡，加上花荣一脸的怒气，守门的士兵早就躲开了。

花荣首先冲到刘高的住处，提着枪，径直走到他家的客厅上，大声喊道："请刘知寨出来说话。"

刘高在里面听到花荣带着人到了，早就吓得魂魄（hún pò）散了，哪敢出来见花荣呀！

花荣见刘高不敢出来，于是命令军汉四处搜寻宋江。军汉们很快就在一处耳房里找到了宋江。只见宋江还被麻索高高地吊在梁上，并且被铁索锁着，两腿的肉都被打得开裂了。几个军汉连忙把绳索割断，打开铁锁，救出宋江。

花荣在厅里说了一通刘知寨后，见宋江已被救出，也就带众人回寨去了。

刘知寨见花荣把人救走了，也点起一二百人去花荣寨夺人。

这些人来到花荣家门前，见花荣在厅中坐着，左手拿着弓，右手拿着箭，谁都不敢进去。他们都知道花荣的武艺高强，特别是弓箭射得又准又狠。

花荣知道这些军士都是被刘高所逼的。他就只在这些人面前表现了一下他的箭术。他连发两箭，一箭射向大门左边门神的骨朵头，一箭射向右边门神头上的朱缨（yīng）。大家看着还在摇晃的两支箭，都不由得后退起来。

花荣见他们的队伍开始有些乱了，就用第三支箭指着他们，大声喝道："你们看我第三支箭，要射你们队里穿白色衣服的教头心窝。"

那教头大叫了一声"哎呀"便转身先走了。

顿时，队伍大乱，纷纷逃回去了。

## ④ 文官状告武官

宋江知道刘知寨与花知寨两人关系不好，刘知寨肯定不会善罢甘休，他劝花知寨要从长计议。

花荣一听，说："就算我舍弃官职，也要和他斗到底。"

宋江耐心地告诉花荣，凡事要三思，俗话说"吃饭防噎，行路防跌"。为了花荣不受连累，宋江连夜离开花知寨，前往清风山。

正如宋江所言，刘知寨不会放过这次机会，他也想到了宋江会连夜离开清风镇。于是他派人埋伏在宋江必经的路上，将宋江又悄悄地绑了回来。

同时，刘知寨还将花荣通匪的事情向上级州府报告，并与上级派来的黄信设计顺势拿下花荣，来个"瓮中捉鳖，手到拿来"。

宋江和花荣被刘知寨和黄信押往青州府。宋江和花荣能否逃脱呢？欲知后事如何，请听下回分解。

# 一六　蛇无头而不行

主要人物：秦明、宋江、花荣
主要地点：清风山
主要事件：宋江“奔丧”

## 1 俗话记忆

“蛇无头而不行”，这句话的本意是蛇没有头会死掉，更不会行走了。它用来比喻一个团队如果没有首领，就做不成事情。它有时也与“鸟无翅而不飞”连在一起，意思就是一个团队必须要有核心、关键的力量。

《三国演义》第一一八回中也有引用：“蛇无头不行，兵无主自乱，大部分军士弃城逃生，各走各路。”

《水浒传》中，宋江和燕顺等人一起行走在投奔梁山的路上时，宋江接到宋清要他回家为父亲守灵的信后，立刻要连夜赶回去。燕顺等人劝他先将兄弟们送到梁山后再回去，燕顺说：自古道，蛇无头而不行。他们认为，若没有宋江，梁山人是不会收留他们的。

## 2 秦明被擒

话说宋江和花荣被刘知寨、黄信押送往青州府，离开清风寨，行走不到五十里路，来到一处大树林子里。

“铛，铛，铛——”，二三十面大锣一起从林子深处响了起来，三五百小喽啰从四面八方涌（yǒng）了出来，把黄信等人团团围住。原来是燕顺、王英、郑天寿等好汉来救他们了。

刘知寨是文官，没有武艺。黄信一人怎敌得过三位好汉呢？黄信见此情况，一溜烟就跑了。刘知寨被三好汉绑上梁山杀死了。

黄信逃回去后，将清风寨的情况告知慕容知府。知府派霹雳(pī lì)火秦明前来清剿清风山，支援黄信。

秦明是个急性子，性格焦躁，声若雷霆，使一条狼牙棒，有万夫不当之勇。

清风山下，花荣和秦明斗了四五十回合不分胜负。花荣故意卖了个破绽，调转马头往山下小路走了。秦明大怒，追赶过来。

花荣收好红缨枪，左手拿起弓，右手拔箭，拉弓射箭。那支箭飞向秦明，“嗖”的一声，正中秦明头盔的顶，顶上红缨应声倒了下来。凭花荣的箭法，他完全可以一箭致命，显然这不是花荣射不中打不赢他，而是花荣和宋江有计谋，要让秦明跟他们一起上梁山，拉他入伙。

花荣和宋江先让小喽啰一时在东，一时在西，引诱得秦明人马困乏，不知所措。另外又叫人堵住溪水，等到夜深时，把秦明的人马都逼赶到小溪里，然后再从上面放水下来。这样，急流的溪水结果了许多军马。

最后秦明率领军马全部进入花荣、宋江的圈套，他带来的五百人马，大半淹死在水中，另外被花荣生擒活捉了一百五十七人，夺得了七八十匹好马。秦明也被活捉了。

把秦明捉到山寨时，已是天明时分。宋江、花荣等五位好汉坐在聚义厅上，正等着秦明呢。花荣见秦明进来后，连忙跳下交椅，走到秦明跟前，亲自解开绳索，扶他到上方，纳头便拜。

秦明此时仍然火气十足，说：“我是被擒之人，由你们碎尸，何故拜我？”花荣把自己的遭遇告诉了秦明。

秦明听说宋江也在此，连忙下拜，道：“久闻大名，今日荣幸见到义士。”

宋江也把自己被刘知寨拷打一事跟秦明说了。秦明听了，摇了摇头，感慨地说：“若只听一面之词，不知会耽误多少事呀？”秦明心想，刘知寨也太不近人情了。

在清风山上，众好汉尽管都劝秦明入伙，但他仍不为所动，不愿为匪。众好汉只好轮流敬酒，让秦明开怀畅饮。秦明最终烂醉如泥，一觉睡到天亮。

## 3 秦明入伙

就在秦明睡觉后，宋江派人穿着秦明的服装，拿着他的狼牙棒，乔装成秦明等人直奔青州城杀人放火。

第二天，秦明醒来后，率领旧部下回到青州城。只见城内外到处一片狼藉(jí)，数百人家被火烧成白地。瓦砾(wǎ lì)场上，横七竖八躺着不计其数被杀死的男子妇人。秦明自己的家人也被青州城守卫的军士杀了。

无家可回的秦明被迫背上了背叛朝廷的罪名，走投无路的他只好回到清风山上。

后来，秦明劝自己的部下、徒弟、好友黄信入伙清风山。

## 4 宋江连夜“奔丧”

宋江率领秦明、花荣、黄信、燕顺、王矮虎、郑天寿等一路前往梁山，在经过对影山时又结识了郭盛等人。此时跟他一起上梁山的有三五百人。

为了让这些人顺利入伙梁山，宋江决定自己和燕顺带领十几个人骑快马先行联络(luò)。

两天后，宋江和燕顺在一个酒店里遇到了一个汉子。这个汉子说，他今生只认两人，一是小旋风柴进大官人，二是郓城县押司山东及时雨宋公明。汉子告诉宋江：他受宋清的委托，要送一封信给宋江。

宋江一听，弟弟有信给自己，连忙告诉他自己就是宋江。汉子把信交给宋江后，宋江一看信封没有“平安”二字就紧张了起来，赶紧扯开封皮，抽出信件，迅速浏览了一遍。

还没等那汉子反应过来，宋江大叫一声“苦呀”，就开始使劲地捶胸顿足，开始骂自己了：不孝逆子，老父身亡，都不尽人子之道，这与畜生有什么区别呀？哭着哭着，还把头往墙上撞，大哭起来。燕顺和那汉子赶紧把他抱住。

宋江伤心过度，哭得晕(yūn)了过去，许久才醒过来。

“哥哥先不要烦恼。世上没有不死的父母，要宽心些。现在回去也见不到父亲的面了，不如先把我们送到梁山，哥哥再回去吧。”燕顺劝道。

宋江哭泣(qì)着说：“不是我寡情薄义，我只有这个老父挂念，现在没有了，我必须赶回去。”

燕顺说："自古道，'蛇无头而不行'。若没有仁(rén)兄陪我们去，梁山人是不会收留我们的。"

"如果等我送你们上山，得耽误我多少时间呀？我写封信，把情况都写在里面，你们先去，在梁山上等其他人一起入伙。我要一个人连夜赶回去。"

宋江一边哭一边写信。信一写完，饭也不吃，就独自一个人往回走了。

宋江赶回去，能给父亲送终吗？官府里的人还会抓他吗？欲知后事如何，且听下回分解。

# 一七　福无双至，祸不单行

主要人物：宋江、李俊

主要地点：去江州的路上

主要事件：宋江遇险

## ❶ 俗话记忆

“福无双至，祸不单行。”这句话的意思是指，幸运不会连续到来，祸事却会接踵(zhǒng)而至。这句话形容某人运气不好，连续遇到不幸的事情。

《水浒传》中，这句话是宋江对送他去监牢的两名公差说的。当时他和公差刚经历被人剁成包子馅的危险，又不幸遇到打劫。当时，他们在被一伙打劫人追击时，一位姓张的艄(shāo)公用船救了他们。没想到这个艄公也是打劫的，宋江无可奈何地对两名公差说：“却是苦也，真是‘福无双至，祸不单行’！”

## ❷ 宋江被抓

话说宋江接到弟弟宋清的书信后，独自连夜赶往家中。

回到家后，他看见父亲宋太公出现在面前时，纳头便拜，一家人尽享天伦之乐。夜深后，月光下的宋家庄显得特别安静。

“不要走了宋江！”午夜后，墙外突然传来几声喊叫，四下里随之出现了许多火把，一群捕快手团团围住了宋太公家。

原来官府知道宋江回家后，就派赵能和赵得带一百多人来抓他。面对这么多官府来的人，宋江只好跟着他们走了。

临行时，宋太公对宋江嘱咐道：“如果梁山的人来救你，你也不能跟他们去，不能做不忠不孝之人。”

宋江一边擦拭眼泪，一边点头。

路上，正如宋太公所预料的，晁盖等人前来营救宋江。宋江泪如雨下，拜倒在地，说道：“我不能辜负父亲，不能做不忠不孝之人，不能随你们上梁山去了。”

## ③ 宋江被麻翻

宋江和押送他的两名公差张千、李万三人与晁盖等人分别后，来到一家酒店。

三个人一边喝酒，一边说：“如今江湖上有坏人在酒和菜里下蒙汗药，等人麻醉不省(xǐng)人事后，不但劫走财物，还会把人剁成馅，包人肉包子。”

“既然如此，你们三个就不要吃了，”店家听后，笑着说，“我这酒和肉里面都有麻药呢！”

宋江笑着说：“这个大哥见我们说麻药，他就来取笑了。”

张千和李万也忍不住笑了，说：“我们试着吃一碗热的。”

“你们要吃，我就热一碗来。”店家说着就去热酒去了。

宋江三人正在饥渴之中，看见酒肉，怎能忍住不吃呀？他们三人每人喝了一碗酒。一会儿，张千和李万两眼发直，口角流下许多口水白沫，两人你看我，我看你，你抓我，我抓你，瞬间就倒下了。

“你们怎么就醉了？”宋江大吃一惊，赶紧走过去扶他们。还没走到他们身边，自己就头晕眼花，光瞪着眼，手脚也开始麻木了，不知不觉也倒下去了。

他们三人被店家用蒙汗药麻翻在地了。

## ④ 李俊救宋江

正当店家准备将他们三人开膛(táng)剖(pōu)肚时，混江龙李俊出现了。

“快讨解药来，他是我大哥，先救我大哥。”李俊一看，三人中有宋江在此，赶紧叫道。

宋江、张千、李万就这样在这里躲过了一劫。

宋江和张千、李万行走到揭阳镇时，看见一个教头在街上耍枪棒，情不自禁地赞叹了几句，没想到得罪了当地的一个地痞（pǐ）。

这个地痞寻机报复宋江，他告知当地所有的酒家不得给宋江等人提供吃住。宋江等人只好继续前行，走着走着，天就黑了。

“怎么办呢？现在我们走在这前不巴村，后不着店的地方，去哪里住宿和吃东西呢？”他们三人犯起愁来。

忽然，他们看到前方的小路上隐隐约约出现一点灯光。宋江兴奋地说道：“那里有灯光，必定有人家，我们无论如何都要多说几句好话，让我们休息一晚，吃点东西。”

他们来到庄院，庄主人给他们吃了东西后，就安排好休息的房间。正当他们准备睡觉时，庄院里来了一些人。宋江一看，其中为头的就是白天要打他们的那个地痞。

宋江三人见此情况，只好连夜逃走。星光下，他们三人，朝着林木深处疾走，走着走着，就被一条大河拦住了去路，河边到处都是芦苇（lú wěi）花。还没等他们回过神来，身后传来了喊杀声，火把照亮了原野。宋江三人只好躲进芦苇丛中，看着那些越来越近的火把，他们三人心里越来越慌。他们想，待在这里不动，就是坐以待毙（bì）。正当他们走投无路时，芦苇丛中悄悄地摇出了一条船来。

“艄公，救救我们三个吧！”宋江看见了，把他当成了救命稻草。

那艄公在船上问道：“你们三个是什么人，为什么走到这里？”

“背后有地痞想抢劫我们，”宋江着急地说道，“我们一慌乱，就跑到这里来了。你救下我们，我们会报答你的。”

那艄公听后，就让他们上了船。上船时，艄公发现他们三人的包裹落舱时，发出清脆的银两声响，心里暗暗欢喜，把船很快就摇到河中间。

“喂，艄公，把船摇过来。”岸上的地痞已经追过来了。

“你不把船摇过来，我们会让你死的。”地痞见船越摇越远，开始大喝起来。

艄公边摇边说：“我好不容易才等到这样的人，我不会让你们得手的。”

宋江见自己离地痞越来越远，以为自己安全了，悄悄地对张千、李万说：“真是‘好人相逢，恶人远离’。我们今后要感谢这位艄公，是他救了我们。”

## 5 李俊再救宋江

正当他们暗自庆幸免除了这场灾难时，那位艄公唱起一首湖州歌来。这一唱，唱得宋江三人骨头都软了。原来这个艄公也是一个强盗，他要宋江交出他们的钱物，如果不给钱物就要杀死他们。

宋江无可奈何地对张千和李万说：“却是苦也，真是‘福无双至，祸不单行’。”三人只好留下钱财，准备跳水求生。

“前面是什么艄公，敢在这里抢劫！”就在宋江三人准备抱成一团往下跳时，一只快船飞一般地冲过来——混江龙李俊到了。后来一问，这个抢劫的艄公名叫张横，后来他也入伙梁山了。

自此，宋江和张千、李万顺利地来到江州府，宋江被关押在单身牢房。

在监牢里，众囚徒听说他是宋江，都买酒给他。宋江也买酒给众囚徒，给差拨牌头。管营处的人也常常送礼物给他。

住了不到半个月，监牢里没有不喜欢宋江的。正如古人说的“世情看冷暖，人面逐高低”。这句话就是说能从别人对他的态度中看出来这个人的特点，从对方地位的高低看出一个人的品位。

宋江在监牢里，还结识了一个只服宋江，又被宋江毒死的好汉。这个好汉是谁呢？他们又是怎样认识的呢？欲知后事如何，且听下回分解。

# 一八　不打不成相识

主要人物：李逵、张顺、宋江、戴宗

主要地点：江州

主要事件：李逵抢鱼

## 1 俗话记忆

“不打不成相识”与“不打不相识”意思相同，都是指经过交手及彼此了解后，双方成为很好的朋友，也就是“一打就成朋友”。

《水浒传》中，宋江因犯案被发配到江州，遇到江湖上的戴宗与李逵（kuí）。三人到江边的琵琶亭酒馆，宋江要喝鲜鱼汤，李逵到江边去取时，与负责管理鱼市交易的张顺发生争执后就打了起来。戴宗知道后去劝架，对张顺与李逵说：“你们两个做个至交的兄弟，常言道：不打不成相识。”

## 2 李逵见宋江

话说宋江在监牢里日子过得不错，有酒喝，有肉吃，大家都喜欢他。在监牢里，他认识了吴用介绍的监牢小头目戴宗。

戴宗的职务是江州两院押牢节级，也称为“院长”。他有一日行八百里的法术，人称神行太保戴宗。他和宋江互相都有所耳闻，只是不曾见面。在江洲，他们有了这样的见面机会。

一天，戴宗请宋江到酒楼喝酒。畅饮间，宋江把在路上遇到的英雄好汉及众人相会的事，一一告诉戴宗；戴宗也把与吴用交往的事，尽情倾诉给宋江。

两人聊着聊着，楼下忽然传来一阵喧（xuān）闹声。戴宗赶紧下楼去了解情况。

一会儿，戴宗就领着一个黑脸大汉上来了。这个大汉黑熊般的身躯，一字横眉，两眼圆睁，头发像铁刷，凶神恶煞(shà)般地跟在戴宗的后面。

“他就是黑旋风李逵，”戴宗向宋江介绍道，“他因为在自己的乡里打死了人，流落在江州，能使两把板斧(fǔ)，会弄拳术棍棒，如今在我的监狱(jiānyù)里做点事。”

“哥哥，这黑汉子是谁?”还没等戴宗介绍，李逵就向戴宗打听起宋江来。

李逵一听眼前的这位黑汉子是宋江，赶紧翻身拜见：“我的爷呀，你为什么不早说? 也叫铁牛高兴高兴。”

李逵说的铁牛就是他自己，他向宋江和戴宗解释前面吵闹是因为他赌钱借钱的事。宋江听说后，从身上立刻取出十两银子给李逵。李逵说完谢谢就拿起银子去还钱了。

## ❸ 李逵喝汤

戴宗和宋江喝了两杯酒后，就往城外走，去看江州的风景。

路上，他们又碰到了惹事的李逵。李逵把宋江给他用来还钱的银子输掉后，就顺手抢走了别人的钱，惹得大家都追着李逵要钱。宋江要李逵把钱还给人家，李逵只好照做了。

宋江、戴宗带上李逵来到了浔(xún)阳江畔(pàn)的琵(pí)琶亭酒馆。这是一处唐朝古迹，适合观看江景。

宋江站在窗前，只见这里的风景非常别致。远处翠兰叠嶂(dié zhàng)，江上波光粼粼(lín lín)，几行白鹭(lù)在江上翻飞。夕阳西下，几艘渔船在江中摇曳(yè)。江边，几位白发苍苍的老人在垂钓，牧童在放牧。一阵微风拂(fú)来，让人心旷神怡(yí)。

三人坐下后，李逵就喊道：“酒用大碗筛，不用小杯喝。”宋江笑道：“李大哥用大碗，我和戴院长用小杯。”

几杯酒后，宋江忽然想吃鱼汤，便问戴宗：“这里有鲜鱼吗? 弄点鱼汤醒酒最好了。”

没过多久，鱼汤就端上来了。三人每人都舀(yǎo)了一点鱼汤盛在碗里。

李逵连筷(kuài)子也不用，用手直接捞起碗里的鱼吃，然后连骨头带汤就全部吃完了。

宋江看见李逵如此吃相，忍不住笑了。宋江喝了两口汤后，放下筷子不吃了。原来鱼汤里的鱼不是新鲜的，是腌(yān)过之后的，宋江和戴宗都吃不下去。

李逵见他们不吃，说道："两位哥哥不吃，我替你们吃了。"说完，就把他们碗里的鱼、汤全部吃掉了。

## ④ 李逵抢鱼

"刚才的鱼汤不新鲜，麻烦再用更好的新鲜鱼，再做一些鱼汤来醒酒。"戴宗对店小二说道。

店小二惭(cán)愧(kuì)地说道："刚才的鱼是昨夜的，今天的鱼还在船上，打渔的人还没有开始卖。"

李逵一听，跳将起来，吼道："我现在就去讨两尾活鱼来给哥哥吃，他们不敢不给我！"

李逵来到江边，只见那里渔船一字儿排开，约有八九十只，都系在江边的柳树下。船上的人，有的斜枕着船艄睡觉，有的在船头上结网，也有的在水里洗浴(yù)。此时正是五月半的天气，一轮红日即将西沉，他们在等鱼牙主人来开仓卖鱼。鱼牙主人就是这里负责管理买卖鲜鱼的。鱼牙主人不来，打渔的人就不能进行交易。

李逵见他们都不肯卖鱼给他，便跳上一只船，渔人怎么能拦得住身如铁牛的李逵。李逵冲到船上，将挡鱼的竹篾(miè)网提起来，鱼没抓到，反而将舱里的鱼全放跑了。

当李逵跑到第二只船上继续抓鱼放鱼时，那周围打渔的人都围了过来，用竹篙(gāo)打李逵。

李逵大怒，也跳将起来，脱下布衫，两只手一架，抢走了五六根竹篙，放在手里，如葱(cōng)一般扭(niǔ)断了。

打渔的人见情况不妙，赶紧都解开缆(lǎn)绳，把船撑(chēng)走了。

李逵越发愤怒了，拿着两截折断了的竹篙，跑上岸，追打前来贩鱼的人。贩鱼的人见李逵凶猛，就挑着空担子跑了。

“鱼牙主人来了，”旁边看热闹的人看见一个人从一条小路上走了出来，赶紧叫道，“主人快来，这黑大汉在此抢鱼，把渔船都赶散了。”

那主人一边走，一边骂道：“什么样的黑大汉，吃了豹子心、老虎胆了，竟敢在此捣(dǎo)乱！”

李逵见那主人三十多岁的模样，中等身材，头上裹着轻纱万字巾，上穿一件白布衫，脚穿一双多耳布鞋，手里提着一杆秤。

那主人见李逵在这里横七竖八地打人，便把秤递给贩鱼的人，冲到李逵面前，大声喝道：“你还要打谁？”

李逵也不回话，抡起竹篙就朝那主人打。那主人顺手夺过竹篙。李逵也顺势揪住那主人的头发。那主人更不示弱，挥起拳头便往李逵肋下猛打几拳。

李逵忍痛用劲按住那主人的头，提起铁锤般的拳头，在他的脊梁上捣鼓似的一阵乱打。那主人怎奈得李逵的气力，只好弯着腰任由李逵捣鼓。

“使不得，使不得！”正当李逵打得起劲时，随着话音，一双大手从李逵的身后伸过来，把李逵拦腰抱住，另外一个人把李逵的手掰开。

李逵寻声往后一看，原来是宋江和戴宗赶来了。李逵连忙松开手，那主人趁机一溜烟儿地跑了。

“我叫你来买鱼，你怎么和人打起架来？”戴宗埋怨李逵道，“如果一拳打死了人，难道不会要你偿命坐牢？”

李逵应道：“如果我打死了人，我自己承担责任。”

宋江见他俩又争执起来，赶忙劝道：“兄弟不要争论了，穿好衣服，我们继续喝酒去。”

李逵穿好衣服，跟在宋江和戴宗的后面，往酒店走。

## 5 不打不相识

没走几步，只听得背后有人骂道：“等一等，今天我要和你比个输赢。”李逵转过来一看，还是那个鱼牙主人。此时他脱下了衣服，露出雪莲似的白肉，一个人站在一只渔船上，口里骂道：“老爷怕你就不是好汉，逃走的就不是好男子。”

李逵一听，心中再次升起怒火，吼了一声，脱了衣服，转过身来。鱼牙主人见把李逵激怒了，把船靠向岸边，用竹篙把船停稳，口里继续大骂。

李逵在岸上也骂了起来：“是好汉的，就上岸来打。”

鱼牙主人用竹篙不停地往李逵的腿上戳（chuō），李逵被撩拨得火起，腾的一声跳到了船上。说时迟，那时快，鱼牙主人用竹篙把船往岸边一点，双脚一蹬（dēng），那只渔船像枯叶被狂风吹起，箭一般地往江心飞去。

李逵虽然识一点水性，但不多，这时他也慌了手脚。主人此时也不骂了，丢下竹篙，叫道：“你来，今天我和你见个输赢（shū yíng）。”鱼牙主人冲过去，把李逵胳膊拿住，口里说道：“我不和你打，先叫你吃些水。”两只脚把船只一晃，船底就朝天了，两个人立刻都掉到江里去了。

等宋江和戴宗赶到时，他们两个已经在水里争斗起来。岸边上也早已聚集了几百人观看。他们都说：这个黑大汉要吃亏了，即使能保住性命，也要喝一肚子的水。

宋江、戴宗在岸边只得叫苦：只见江面处，鱼牙主人把李逵提将起来，又按下水去。在江心处，只见一个浑身黑肉，一个肌肤雪白，两个打作一团，绞作一块。

李逵被鱼牙主人在水里揪住，提起又按下，来来回回好多次，岸上的人纷纷喝彩。

宋江见李逵吃亏不少，便叫戴宗求人去救。戴宗问岸上的人：“这白大汉是谁?”大家说这个白大汉是本处的卖鱼主人，叫张顺。

“莫不是绰（chuò）号浪里白条的张顺?”宋江一听，猛然醒悟。

“正是，正是。”众人回道。

“我有他哥哥张横的家书一封，”宋江连忙对戴宗说道，“赶紧叫他住手，我们都是一家人。”

戴宗听了，慌忙向江中喊道：“张二哥不要动手，我这里有令兄张横的家书，黑大汉是我们的兄弟。”

张顺在江心见是戴宗叫他，便放了李逵，迅速来到岸上。李逵在水里挣（zhēng）

扎(zhá)着往岸边游，那样子怪可怜的。张顺只好又返回江中，将李逵带到岸上。

上岸后，李逵已喘作一团，口里只吐白水。江边看的人个个喝彩。宋江也看得呆了。

在戴宗的介绍下，张顺和李逵握手言和，一个说："你淹得我够呛(qiàng)了。"一个说："你打得我够狠了。"一个说："你在路上不要撞着我。"一个说："我只在水里等着你。"戴宗笑着说："你们两个做个至交的兄弟，常言道：'不打不成相识。'"

张顺、李逵、宋江听完和戴宗都哈哈大笑起来。

与张顺"不打不成相识"的李逵，后来又做了哪些离奇的事呢？欲知李逵故事，且听下回分解。

# 一九　云生从龙，风生从虎

主要人物：李逵、李鬼、李逵母亲

主要地点：沂(yí)岭

主要事件：李逵杀虎

## 1 俗话记忆

“云生从龙，风生从虎。”这句话的字面意思是龙来的时候，会伴随着云雾，它是腾云驾雾而来；老虎来时，动静比较大，树木作响，如同是老虎带来的一阵风。这句话比喻事物之间相互感应，互相关联。这句话也有“云从龙，风从虎”一说。

《水浒传》中，这句话是在李逵杀死三只老虎后，第四只吊睛白额(é)虎出现在他面前时，作者引用的一句古话。

## 2 宋江上梁山

话说宋江、李逵、戴宗、张顺在一起喝酒聊天，酒喝了不少，新鲜鱼也吃了很多。

第二天，宋江拉肚子拉到昏倒在地，一拉就是六七天。好不容易不拉了，他立刻去找戴宗等人，不知什么原因，一个人都没找到。于是，宋江就独自一个人闷闷(mènmèn)不乐地来到浔阳楼喝酒。

宋江喝酒后，乘着酒性在浔阳楼墙壁上题写了几首诗。这几首诗被官府认定为反朝廷。因此，朝廷判他罪加一等。戴宗也因私通宋江受到牵连，两人都被处以死刑。

本对朝廷忠贞不贰，讲究忠孝两全的宋江这次被梁山的人救下来后，不但自己决定上梁山入伙，而且把自己的父亲也接到梁山上享福去了。

李逵见宋太公到此享福，就想起了自己的母亲，提出也想把自己的母亲接上山来。

## ③ 真假李逵

李逵得到宋江的许可后，戴上毡笠儿，提了朴刀，挎了腰刀，独自离开了梁山，来到了沂州沂水县界，遇到了暗中保护他的朱贵。

宋江虽然同意李逵一个人回家接母亲，但还是不放心，怕他滋(zī)事，引来杀身之祸，就暗中派朱贵保护。

在朱贵家，朱贵嘱咐道："不要从小路走，要走大路。接了母亲就赶紧回来，我在这里等你一起回梁山。"

李逵奇怪地问："走小路要近一些，为什么不走？我不耐烦走大路。"

朱贵耐心地说："走小路，不但有老虎，还有抢夺钱物的强盗。"

李逵自信地说："我不怕他们！"说完，就伴着五更星星，一轮残月，迎着霞光，沿着小路往百丈村的家走去。

走了几十里，天色渐渐亮了起来。忽然，从草丛中窜(cuàn)出一只白兔子，向前跑开了。李逵正准备往前追时，只见前面出现了一个枫(fēng)树林。时值金秋，枫叶都红了，在晨光中，枫叶煞是好看。李逵边走边看，忽然，一条大汉冲到了眼前。

"识相的留下买路钱，免得抢夺，伤了性命。"

李逵仔细看那人，只见他带着一块红色头巾，穿一件粗布袄，手里拿着两把板斧，脸上涂抹(mǒ)了很多黑墨(mò)。

"你是什么人，敢在这里抢劫？"李逵见后，大喝一声。

那汉子似乎也不怕，说："若问我的名字，说出来会吓死你，我叫黑旋风。你留下买路钱和身上的包裹，就饶你不死，放你过去。"

"哈哈，"李逵一听，大笑起来，"你是什么人，敢称我的名号？"说着，举起朴刀就奔向那汉子。

那汉子哪里抵挡得住，正准备要逃走，早就被李逵在腿上砍了一朴刀。那汉子立刻倒翻在地上，李逵冲上去，用脚踏(tà)着他的胸脯(xiōng pú)，大声喝道：“你认得老爷吗？”

“爷爷饶孩儿性命。”那汉子在地上求道。

李逵看见那汉子求饶，并且还说自己有一个九十多岁的老母亲要赡(shàn)养。一下子就想到自己的老母亲，认为不能伤害这位有些孝心的汉子。于是，李逵就饶了他一命，并且给了那汉子十两银子，要他做点小生意养活家人。

李逵收了朴刀，见那汉子走远了，也高兴地一步步继续往前走。

## 4 李鬼活该致死

很快就到了中午时分了，李逵感觉又饥又渴，可是四下里都是山间小路，没有一个酒家饭店。李逵只好继续往前走。

走着走着，他远远地看见山坳(ào)里露出两间茅(máo)草屋。李逵迅速跑到这户人家门口，要这家妇人做三升米饭吃。饭还没熟，李逵就听见隔壁一个男人和一个女人在对话。

那女的问：“大哥，你的腿怎么受伤了？”

“大嫂，我差点就不能见到你了。我好不容易等到一个单身的客人经过，没想到这个人竟然是真正的黑旋风。我打不赢他，被他砍了一刀，把我掀(xiān)翻在地后，还要杀我，”那个男的气恼地说道，“我骗他说，家里有九十岁的老娘要赡养，他居然相信了我，不但没有杀我，还给我十两银子做生意。”

“声音小一点，刚才一个黑大汉来家中，要我做饭，”那女的降低了声音，悄悄地说道，“如今在家中的黑大汉可能就是他。如果是他，我们就在菜中放些麻药，麻翻他。”

李逵一听，心想：“这个汉子，我不但给他银子，还饶了他性命，现在他们竟然想害我。”他趁那汉子出门之际，一把揪住他，按在地上，抽出腰刀，将他杀死。那个妇人见了，早就溜走了。

原来这个汉子的本名叫李鬼，想借用李逵的名号在山间打劫营生。遇到了真正的李逵后，不仅不感恩，反而还要趁机杀李逵。

李逵在他家弄了些吃的后，一把火烧掉了李鬼家，提着朴刀继续沿山路回家。

## 5 李逵到家

傍晚时分，李逵终于来到了百丈村。他不敢停留，直接就往家中奔去。

“是谁来了？”李逵刚推开门，从里间就传来一个妇女的声音。

“娘，铁牛回家了。”李逵赶忙喊道。李逵知道这是他娘的声音，就迅速朝里间走去。

娘听得是铁牛回来了，赶紧问：“我儿呀，你去了这么久，都去哪里了？我时常想你，眼泪都流干了，双眼也哭瞎了。你过得好吗？……”

李逵推开门走了进去，只见娘正坐在床上念佛。李逵发现娘的眼睛睁着，但一动不动，并且黯(àn)淡无光。原来她的眼睛已经看不见了。李逵心里想，我不能再让娘担心和生气，不能说自己落草为寇。如果直接说是带她去梁山，即使是去享福，她也肯定不会去的。

李逵看了看娘的眼睛，灵机一动，说：“铁牛如今做了官，今天特意来请娘享福去的。”

李逵的母亲高兴地说：“这就好，只是你和我怎么去呢？我又看不见。”

“铁牛背娘去，”李逵见娘答应了，赶紧说道，“背过了山路后，就可以坐车了。”

李逵的母亲有些兴奋了，摸着铁牛说：“等你大哥回来，和他商量一下就去。”

“不用等他了，”李逵担心地说，“我自己背你去就好了。”

正准备出门时，李逵的哥哥李达提着一罐子饭过来了。李逵赶紧拜倒在地，说：“哥哥，多年不见。”

“你这时来干什么？又要连累我们吗？”李达一见李逵就骂道。

李逵的母亲在旁边高兴地解释道：“铁牛如今做了官，特意回家来请我过去享福的。”

李达一听，赶紧说道：“娘呀，不要听他放屁(pì)。他当初杀了人，一个人跑了，让我受到连累，吃了不少的苦。现在他和梁山贼寇(zéi kòu)在一起，劫法场，闹江州，现在官府正在抓他呢。”

李达越说越气，恨不得要动手打李逵，却又担心打不过他。于是，他放下饭罐，跑着搬救兵去了。

李逵见大哥走了，赶紧放下五十两银子，走到床前，背起娘，提了朴刀，出门就往小路走去。

## 6 李逵怒杀四虎

李逵担心哥哥会带人追赶过来，就背着娘只往乱山深处僻(pì)静小路上走。

天色渐渐暗了下来，李逵背着老娘到了沂岭山下。李逵知道，必须翻过沂岭才有人家可以歇息。于是娘俩乘着星明月朗，一步一步走上山岭。

这时，李逵的母亲在他的背上说道：“我想喝口水。”

李逵看看周围，对娘说：“老娘，只有过了山岭，找了歇息的人家才有水。”

“我中午吃了些干饭，现在口渴得不行了。”

“我喉咙(hóu lóng)里也干出火来了，”李逵转过头，看了看娘口渴的样子，只好对她说，“我把你放到岭上，就去找水给你喝。”

李逵好不容易走到山岭，把娘放在一棵松树旁边的一块大青石上，把朴刀插在旁边，对娘说：“你耐心坐一下，我去找水来。”

李逵站在原地四处望了望，听到溪涧(xī jiàn)里有水响，于是循声去寻水。

李逵走过两三处山脚，来到溪边，捧起水自己先喝了几口，然后在附近的一个小山顶上找到一个石香炉(lú)，将它连座拔出后洗干净，盛了半香炉水，双手托着，按原路返回山岭。

李逵回到山岭，来到松树边，发现石头上的娘不见了。李逵一下子紧张了起来，连喊叫了几声“娘，水来了”。山谷里只有回声，不见娘的踪影。李逵心慌了，丢下香炉，四下里寻找起来。

忽然，李逵在不到三十步的草地上发现了一滩血迹。他越发慌乱起来，沿着血迹寻找起来。没多远，李逵就发现了一个大洞，洞里有两只小老虎在争抢一条人腿。

李逵心头火起，怒发冲冠，将手中的朴刀挺起来就朝那两只小老虎捅。小老虎发现了李逵后，也张牙舞爪地扑向李逵。李逵手起刀落，捅死一只。另一只往洞里一钻，李逵赶到洞口，也一下子捅死了它。

李逵钻到老虎窝里等待母老虎来。一会儿，听到小老虎惨叫的母老虎很快就来到窝边。李逵心想，一定就是这只母老虎吃了他娘。

李逵两眼喷射出无限怒火，他放下朴刀，扯出腰刀，等那母老虎用尾巴来打他时，李逵用尽平生气力舍命一戳(chuō)母老虎的屁股。李逵用力过猛，竟然连刀把也送到母老虎的肚子里去了。那母老虎大吼一声，带着刀子，逃向溪涧。李逵拿了朴刀追赶过去，那母老虎迅速跳下石岩(yán)。

李逵正准备追赶时，只见身旁的树林里卷起一阵狂风，吹得树木的叶子如同下雨一般，打将下来。自古道："云生从龙，风生从虎。"那一阵风起，星月光辉下，忽地跳出一只吊睛白额虎来。

那老虎，往李逵身上猛扑过来。李逵趁着那老虎扑过来的时机，手起一刀，正中那老虎的下巴和气管。那老虎不再扑，也不再战了，倒退了几步，只听一声响，它退到悬崖下，摔死了。

就这样李逵一怒之下连杀四虎，也成了这里的打虎英雄。不过，还没等到领赏，就被曹太公捆住交官府了，因为他被人认出了真实身份——朝廷要犯。

在曹太公送李逵去官府的途中，朱贵等人迅速赶到救下了李逵，回到了梁山。

后来有几位欲投奔梁山的好汉，惹恼了祝家庄，让梁山与祝家庄结了怨(yuàn)。这些人是谁呢？他们与祝家庄的怨有多深，结果怎样呢？欲知后事如何，且听下回分解。

# 二〇　近火先焦

主要人物：顾大嫂子、孙立、宋江、祝家三杰

主要地点：祝家庄

主要事件：三打祝家庄

## ❶ 俗话记忆

“近火先焦”字面意思是靠近火的地方会先被烤焦，比喻跟祸事最接近或直接相关的人或事首先遭殃，或者受害最严重。

《水浒传》中，这句话是孙提辖的婶子顾大嫂子说给他听的。顾大嫂子要劫狱救解珍、解宝两人。顾大嫂子告诉孙提辖，官府一旦知道这件事，肯定会让他吃官司。所以，顾大嫂子引用这句“近火先焦”，劝孙提辖和他们一起救解珍、解宝，然后投奔梁山。

## ❷ 二打祝家庄

话说因投奔梁山的时迁一时兴起，把祝家庄的一个酒店用火烧掉了。祝家庄的人把他抓了起来。与他同行的杨雄与石秀营救无效后，他们俩来到梁山，请求梁山众好汉去营救。

宋江听了他们的诉说后，决定攻打祝家庄。可是，很遗憾（yí hàn），宋江第一次攻打失利，并且锦（jǐn）豹子杨林和镇三山黄信反被祝家庄的人抓起来了。

宋江在杜兴的帮助下，开始第二次攻打祝家庄。

这次，宋江亲自做先锋，攻打头阵，一面大红帅字旗迎风招展，四位头领在其身后一字排开，头领身后又各有一百五十骑马军，骑马军后面还有一千名步军

队伍压阵。

宋江在马上观察祝家庄。只见墙上布满剑戟(jǐ)，门前竖立着一排排刀枪，飘扬的旗帜震撼(hàn)了鸟雀，强弩(nǔ)硬弓守住了要道，站在前面的都是少年英才，守卫们个个强壮。宋江看后，不禁赞叹。

忽然，宋江看见城墙上的两面旗帜后，心中大怒，对旁边的人说："我若打不下祝家庄，永不回梁山泊。"原来旗帜上写着"填平水泊擒晁盖，踏破梁山捉宋江"。众头领看到这两面旗帜后，也都非常生气。

宋江带领一部分人马迅速察看地形后，还没等他派人出战，祝家庄旁边就冲出一队军马，为头的是一丈青扈三娘，骑着一匹青棕(zōng)马，抡着日月双刀，带领四五百庄客来策应支援祝家庄。

宋江军中的王矮虎是一个好色之徒，听说来了一个女将，自以为能轻松取胜，当时只喊了一声，就策马上前，提起手中的枪，迎战扈三娘。扈三娘拍马舞刀也奔向王矮虎。一个有娴(xián)熟的双刀刀法，一个有出众的枪法，两个人斗了几十回合，王矮虎最终不敌扈三娘，被她活捉去了。

宋江军中见王矮虎被抓，欧鹏、秦明、马麟(lín)、穆(mù)弘(hóng)、李逵、林冲、杨雄、石秀等人也先后冲出队伍。祝家庄怕扈三娘吃亏，也早已派祝龙、栾(luán)廷玉、祝彪(biāo)接应扈三娘。混战中，扈三娘在追赶宋江时，被林冲活捉了。祝家庄的人也捉了秦明、邓飞，打伤了欧鹏。

这样一来，宋江第二次攻打祝家庄又失败了，并且损失惨重。

## 3 吴用献策

正当宋江在营帐内愁苦不堪(kān)，找不到战胜祝家庄的方法难以入睡时，军师吴用带了人马赶了过来，并且带来了攻破祝家庄的良策。

孙新的夫人顾大嫂子为了救解珍、解宝两人，逼着孙新的哥哥孙立一起合作。孙立作为当地的军官，不愿意参与救人行动，顾大嫂子就直言相告："这解珍、解宝是被登云山下毛太公设计陷害的，他们兄弟俩的性命早晚会被害的。我如今要去监牢救他们，救出他们俩后，都会投奔梁山。我们担心事情发生后，官府追究起来会连累你。如果你不肯一起救人，留在这里，一定会吃官司。常言道：近火先焦。你坐牢了，到时连个送饭的人也没有。”

孙立说：“我是登州的军官，怎么能做这事呢?”

顾大嫂子说：“你如果不肯一起做，我们就先和你拼个你死我活。”说着，顾大嫂子抽出两把刀来。

孙立见此情况，只好叹了一口气，说道：“我们一起做这件事吧。”就这样他们顺利地救出了解珍、解宝兄弟，并且一同投奔了梁山。

他们一行十多位好汉在梁山的酒店与梁山人石勇相见。

孙立听说宋江两次攻打祝家庄失利后，就说道：“我献一条计策可以战胜祝家庄。”

石勇一听，双手一拱，说道：“愿闻其详。”

孙立说：“祝家庄的栾廷玉和我是一个师傅教的武艺，我们都互相熟悉。我们以调到郓州守卫为名，假称经过此地，顺便来看望他，借此进入祝家庄，然后来个里应外合，这样一定能攻破它。”

于是，孙立等人打着“登州兵马提辖孙立”的旗号，顺利进入了祝家庄。祝家父子见他是栾廷玉的师兄弟，加上又带了许多家眷(juàn)人等，就放心让他们住了下来。

宋江听了吴用的介绍后，立即同意他们的计策。

## 4 三打祝家庄

等到约定的第三日时，宋江依照计策来攻打祝家庄。

小李广花荣首先出战，祝彪应战。两人斗了十几个回合后，花荣卖了个破绽，调转马头，往回走。祝彪正要追赶，不知什么人提醒道：“小心他的弓箭暗器。”祝彪赶紧勒(lè)住马，不再追赶。两人都各自回去了。

第四日，宋江再次来到庄前。林冲与祝龙大战三十多回合，不分胜负。祝虎与穆弘又斗了三十多回合，也没有决出胜负。祝彪见此，大怒，绰枪上马，引两百人马，奔到阵前，欲杀宋江。病关索杨雄立即单枪匹马来战祝彪。

孙立看见两队在阵前厮(sī)杀，心中忍耐不住，骑上自己的乌稚(zhì)马，拿了护眼钢鞭，绰枪上马，大喊一声："看我去捉他们。"

宋江阵中拼命三郎石秀出马应战孙立。两马相交，双枪并举，两人斗到五十回合处，孙立卖了个破绽，让石秀扑了个空。孙立轻松地把石秀从马上活捉了过来，夹到庄前，喝道："绑起来。"

祝家三父子见了，都非常佩服孙立。此时，祝家庄一共活捉了时迁、杨林、黄信、王矮虎、秦明、邓飞和石秀七人。孙立吩咐道："用七辆囚车装了，多给些酒饭吃，不要饿坏了他们。等拿了宋江，一起送到东京去，让祝家庄三杰的英名传遍天下。"祝家父子听了，更是欢喜得不得了。

这七人看到邹渊(zōu yuān)、邹润(rùn)等人都在祝家庄里，非常高兴，眼看里应外合的计策很快就要实现了。

第五日吃完早饭后，孙立等人在祝家庄内闲走散步，忽然有人报告："宋江兵分四路来攻打本庄。"孙立故作镇定地说："不要怕，不要慌，早做准备就好，多安排些捞(lāo)钩套索，必须捉活的，不要死的。"栾廷玉、祝龙、祝虎、祝彪各自领兵前去应战。

祝家庄三通战鼓后，各路人马冲出庄门，四下里分开与宋江的人马厮杀。孙立等人见时机成熟，由乐和发出号令，邹润、邹渊抡动大斧，砍翻看守囚车的庄兵，放出前面抓的七人，里应外合，没多久就把祝家三杰砍翻在地，祝太公投井而亡，栾廷玉也不知被谁杀死了。

就这样宋江战胜了祝家父子，俘虏了扈三娘，并且将扈三娘变为宋太公的义女，许配给王矮虎为妻。

自此，梁山又自在安稳起来。不过雷横与朱仝两位昔日有恩于宋江的捕头发生了一件尴尬(gān gà)的事情，欲知后事如何，且听下回分解。

# 二一　望梅止渴，画饼充饥

主要人物：朱仝、雷横、白秀英、白天乔
主要地点：郓城县
主要事件：雷横怒打白家父女

## ① 俗话记忆

“望梅止渴，画饼充饥。”其原意是由于梅子给人的印象是酸的，人们一想到吃梅子时的感受，口腔里就会产生唾液（tuò yè），从而起到止渴的效果。它与“画饼充饥”大意相同，都是比喻空有虚名，不实用，用空想来安慰自己。

在《三国演义》中，“望梅止渴”的故事与曹操有关，“画饼充饥”与曹操的孙子曹睿（ruì）有关。

《水浒传》中，“望梅止渴，画饼充饥”这两个成语是白秀英引用的。她当时希望雷横能给她几个赏钱，雷横没有带，无法给，白秀英就当着众人的面说：“今日你连一文钱都没有，还说什么三五两银子。你这不是叫我‘望梅止渴，画饼充饥’吗?”雷横当时听后，非常生气。

## ② 雷横看戏

雷横与朱仝本是宋江的同事、朋友，当初宋江杀了阎婆惜，惹上人命官司后，是在雷横与朱仝俩人的关照下逃离郓城县的。如今雷横是郓城县的都头，朱仝是郓城县节级，新知县特别喜欢朱仝。

雷横出差回到郓城县。有一天，闲得无事，就去看白秀英唱戏。白秀英色艺双全，能歌善舞，吹拉弹唱，样样精通，还深得知县喜欢，与知县的交情很深。

白秀英唱完一曲后，托着盘子向各位观众要赏钱。她首先就来到坐在正中间位置上的雷横面前。

雷横站立起来，摸了摸身边的口袋，这时他才发现没有带钱。雷横不好意思地说道："今日忘记带钱了，明日一起给你。"

白秀英笑了笑，说道："头醋不酽（cù yàn）彻底薄。你坐在中间位置，应该出个最高的赏钱。你不给，其他人不好给。""头醋不酽彻底薄"的意思是酿醋如果第一批出来的醋酸味不浓，第二批、第三批就更淡了。比喻事情起点很低，往后也高不起来，泛指事情开头不好，以后只会越来越差。白秀英的意思是第一个不给赏钱，后面就要不到赏钱了。

雷横涨（zhàng）红了脸，说："我一时忘记带钱出来，不是我舍不得。"

白秀英冷冷地说道："既然你是来听唱戏的，为什么不记得带钱出来呢？"

雷横有些急了，说："如果我带钱了，赏你三五两银子都没问题，只是怪我今天确实没带钱来。"

白秀英冷笑道："今日你连一文钱都没有，还说什么三五两银子。你这不是叫我'望梅止渴，画饼充饥'吗？"

这时，白秀英的父亲白玉乔走过来，站在戏台上，怪里怪气地对白秀英说道："我儿，你也不看看这是城里人，还是乡里人，就只管问他要赏钱了。你去问一个懂事的人要赏钱，弄个最高的赏钱来。"

"我怎么就不懂事了？"雷横一听白玉乔的话，有些激动了。

## ③ 雷横无钱惹祸

白玉乔缓缓地对白秀英说道："你如果知道这个人的家庭背景，就会知道，那是不可能的，就像狗嘴里吐不出象牙一样，狗头上自然也长不出牛角。"

其他看客发现气氛（fēn）有些不对了，赶紧过来劝解。

雷横此时已经很生气了，喝道："你竟然敢侮辱（wǔ rǔ）我！"

白玉乔大声地说道："就是要骂你这样的乡里人，你还能把我怎么样？"

这时，旁边有认得雷横的人，就说道："他是本县的雷都头。"

"只怕是驴筋头吧！"白玉乔继续阴阳怪气地说。

雷横哪能受得了这样的话，只见他从椅子上跳到戏台上，揪住白玉乔，一阵拳脚就将白玉乔打得唇裂齿落。众人见如此，赶紧把他们扯开，劝雷横回家。

## 4 雷横上梁山

白秀英见父亲被打成这样，就到知县那里把雷横告了。雷横本来就不受知县喜欢，知县这次借机判他有罪。

正当雷横受罚的时候，雷横母亲赶了过来，奇怪地问是怎么回事。

问着问着，白秀英与雷横母亲起了争执，互相骂了起来。没想到白秀英竟然向前一步，使劲打了雷横母亲一巴掌。雷横母亲被打得摔了个跟头，倒在地上站不起来了。白秀英还不放过，跟了过去，继续不停地扇雷横母亲耳光。

这雷横是个大孝子，宋江喊他上梁山，他都是因为母亲没人照顾而舍弃梁山。现如今白秀英竟然公开不停地扇打他母亲。雷横顿时火冒三丈，怒从心头爆发，一下子就扯断了枷板，将枷板朝白秀英的脑袋上砸了过来。

只听“啪”的一声，白秀英的脑袋就被砸开了花。众人看时，只见白秀英脑浆(jiāng)迸流，眼珠突出，躺在地上不动弹了。

白秀英被打死后，朱仝当堂受命，只得再次将雷横抓捕在案。

几天后，朱仝带着十几个人奉命押送雷横去济州。

朱仝心想，就这样把雷横送到济州，那将是死罪难逃。朱仝想明白后，悄悄地把雷横独自带到一僻静处，将枷打开，对雷横说：“贤弟现在赶紧回家，带上老母亲，连夜去别处逃难，我在这里替你顶着。”

雷横说：“我这样走了，会连累哥哥呀！”

朱仝说：“兄弟，你难道不知道啊？知县这是要你偿(cháng)命呀。我把你放了，我也犯不上是死罪。何况我又无父母牵(qiān)挂，你则不同。”

雷横拜谢后，从小路奔回家里，带上老母亲连夜投奔梁山入伙去了。

## 5 朱仝上梁山

朱仝估计雷横走远了，就连忙招呼其他随行人员过来，故意着急地说：“雷横逃走了，我们怎么办？”

大家连忙赶到雷横家里，可是人走屋空了。朱仝只好假惺惺地领着众人回到知县那里，说：“小人不小心，让雷横在路上逃走了，我们没有追到，我情愿领罪。”

知县喜欢朱仝，有心开脱他，不愿降罪于他。可是白玉乔说要往上状告朱仝故意释放雷横，知县只好将朱仝押送到济州。

后来，朱仝被刺配到了沧州，沧州知府知道朱仝的事情后，将朱仝留在府中使唤。知府家的小儿子也特别喜欢朱仝，时常和朱仝一起玩耍。

雷横到了梁山后，将朱仝救他一事告诉宋江等人。宋江念及当年恩情，派雷横劝朱仝也上梁山来。宋江下令，如果朱仝不听劝告来梁山，就逼他上梁山。

朱仝果然不从，执意不上梁山。然而，让朱仝没想到的是，李逵竟把知府的小儿子骗出来杀死了。

就这样，朱仝没脸见知府了，只好答应雷横上梁山。不过，朱仝提出必须把李逵杀死，有李逵在梁山，他就不去。最后柴进采取了一个折中的办法，李逵先不回，朱仝随雷横等人上梁山。

留下来的李逵在柴进庄上住了下来。一天，李逵随柴进去其叔叔家，路见不平，将高廉(lián)夫人的弟弟殷(yīn)天赐打死了，得罪了高廉。

高廉纠集了几百神兵，去攻打柴家庄。梁山知道信息后，要去帮助柴进。高廉手下是怎样的神兵？又有何神术？梁山好汉能打赢他们吗？欲知后事如何，且听下回分解。

# 二二　踏破铁鞋无觅处，得来全不费功夫

主要人物：高廉、公孙胜、宋江
主要地点：梁山
主要事件：公孙胜大败高廉

## 1 俗话记忆

“踏破铁鞋无觅处，得来全不费工夫。”这句话的大意是，为了寻找某个东西，把穿的铁鞋都磨破了，仍没有找到，没想到后来不花一分力气竟然找着了。

在《水浒传》里，戴宗和李逵寻找公孙胜多日，未见任何踪迹。一日他们俩在吃饭时遇到了公孙胜的邻居老汉，老汉把他知道的关于公孙胜的很多情况都告诉了他们。戴宗听后，不禁感叹道：“正是‘踏破铁鞋无觅处，得来全不费功夫’。”

## 2 高廉大败宋江

话说梁山泊的队伍与高廉在高唐州城外相遇。

高廉手下的三百飞天神兵，个个身挂葫芦，背上藏着若干能喷射火焰的火器；人人戴着铜面具，前胸后背上还有青铜铠(kǎi)甲保护，看上去如同天兵天将下凡一般。高廉自己也披着铠甲，背着利剑立在飞天神兵的最前面。飞天神兵的两边还有若干士兵，他们摇旗呐(nà)喊，擂(léi)鼓鸣金，专等宋江人等。

林冲、花荣、秦明带领五千人马如约而至。两军相迎，旗鼓相望。

第一回合，两军对阵，高廉连折两将，林冲、秦明获得首次胜利。

高廉此时有些着急了，便从背上取出宝剑，右手高高举起，剑尖朝上，口中

念念有词。忽然，他手中宝剑向前方一指，大喝一声：“疾!”说时迟那时快，只见神兵阵中卷起一道黑气。待那道气升至半空后，两阵间霎时飞沙走石，一阵怪风将沙土吹向林冲阵上。

林冲、花荣、秦明等人近在咫(zhǐ)尺却不能相见，座下的战马也被惊吓得咆(páo)哮(xiào)乱窜(cuàn)起来，其他好汉只好纷纷往后撤(chè)。

高廉这时再次把剑往前一挥，那三百神兵立马从阵中杀出，其他军士随同跟上。一阵喊杀声后，林冲等人已经溃(kuì)不成军，七零八落，喊爹叫娘，五千军马损失了一千多人。林冲等人只好撤退五十里后才安营扎寨。

宋江和吴用听说后，也大吃一惊，宋江惊奇地叹道：“是何神术，如此利害?”吴用揣(chuǎi)测道：“可能是一种妖术，如果有会风返火之法，也可以破除高廉的妖术。”

“我有办法对付高廉的妖术了。”忽然，宋江兴奋地对吴用说。宋江回忆起他曾阅读的一本天书上有关于此法的记载。

第二天，高廉和宋江各自率队在城外摆成阵势。高廉的三百神兵立在中军，成为两军对阵的焦点。吴用看见高廉军中的三百神兵，心中开始有些担心了，他轻轻地对宋江说：“如果高廉又使妖法，如何是好?”

“军师放心，我自有破阵之法。”宋江笑着说。

没多久，高廉首先高举利剑，口中念念有词，大喝一声后，只见黑气又腾空而起，随即卷起一阵怪风来。

宋江不等那风过来，口中也念念有词，右手提剑向那怪风一指，也说声“疾”，说来也怪，那风竟调转方向，反朝高廉神兵队吹去。宋江随后立即下令让兵马杀将过去。

高廉见风朝自己吹过来，赶紧取下一铜牌，一边敲自己的宝剑，一边把宝剑指向神兵队。这时神兵队中迅速升腾起一阵黄沙，在黄沙中冲出一群猛兽。

这些猛兽张牙舞爪，有狮子，有貔貅(pí xiū)，有豺(chái)狼虎豹，有野猪野狗，它们连冲带撞，如龙蟒(mǎng)铺天一般。

宋江的人马从没见过这个场面，都惊呆了，任由这群猛兽践(jiàn)踏，撕咬。众头领各自夺路逃命。

高廉再次大获全胜。

宋江又损失了众多兵马后，不得不回梁山休整。

## ③ 公孙胜重返梁山

“高廉这个妖法破不了，如何是好呀？”宋江心中郁闷。

“破高廉妖法，有一人可以一试，”吴用若有所思地对宋江说，“我们可以派人去请公孙胜协助破之。”

宋江听完吴用的介绍后，连夜派神行太保戴宗和李逵去寻找公孙胜。

戴宗和李逵边走边寻访。几天后，在一家素面店吃面条时，遇到了一位老人。这位老人正好是公孙胜的邻居。老人将公孙胜的家庭情况及名号都告诉了戴宗。戴宗情不自禁地说道：“正是‘踏破铁鞋无觅处，得来全不费功夫’。”

戴宗在老人及其他人的帮助下，很快就找到了公孙胜的家。

戴宗在他家门口对李逵说：“你先去树背后躲一躲，等我进去后，见到公孙胜了，再来叫你。”

李逵刚躲好，一位白发老太太开门了。

“禀(bǐng)告老娘，小可欲求青岛人相见一面。”戴宗施礼道。

“孩儿出外云游，不曾还(huán)家，”老太太淡淡地说道，“你有什么话，可以留下来。”说完就走了。

戴宗这时对李逵喊道：“你现在可以出场了，你再去问问老太太。如果她还说不在，你就做出要打她的样子。”

李逵连忙从包里取出他的两只板斧，插在腰上，大摇大摆地走了进去。“有人吗？有人就出来。”李逵睁着双眼，大喝道。

老太太见李逵如此威风，赶紧说：“我儿出外云游未归……”

李逵没等她说完，直接走到墙角，用板斧将一墙壁砍破。老太太冲上来想拦住，李逵吼道：“你不叫你儿子出来，我就杀了你。”说着就举起板斧做出要杀她的样子。

老太太一看，吓得瘫(tān)倒在地上。

“住手，不得无礼!”忽然，一个声音从里面传了出来。随后，公孙胜从里面走了出来。

李逵赶紧丢下板斧，赔罪道：“哥哥别怪，如果不这样，你不肯出来呀。”公孙胜将其老娘扶起来坐好，然后拜请戴宗和李逵进屋叙旧。

最后，公孙胜经其师父的同意，回到了梁山。

## 4 公孙胜大败高廉

宋江和高廉两军再次对阵。

高廉故伎(jì)重演，只见神兵队里卷起一阵黄沙，映得天昏地暗，日色无光，喊声起处，豺狼虎豹、怪兽毒虫，随着黄沙卷将出来。

公孙胜在马上，早就掣(chè)出那把松纹金剑来，指着敌军，口中念念有词，然后喝声“疾”，只见一道金光射去，那伙怪兽毒虫，竟然在黄沙中纷纷落下。

众军人仔细看时，却是些白纸剪成的虎豹走兽，黄沙也不见了。宋江见此时正是出击的最好时机，立刻用鞭子往前一指，三军一起掩杀过去。

高廉连忙收兵回城。宋江此次大获全胜。

白纸剪成的虎豹走兽被公孙胜破除后，高廉的三百神兵也被公孙胜仗剑做法一一破除，不曾走得一个，尽被杀死。

尽管后来高廉再次做法，但都被公孙胜一一破之。高廉自己从云中倒摔下来时，被插翅虎雷横一朴刀劈成两段。随后，宋江率领众人冲进高唐城内，杀死高廉一家老小。

高廉的兄弟高太尉知道情况后，面呈皇上，从此开始了高太尉亲自剿灭梁山的行动。

梁山泊面对朝廷的再次行动，其结局如何？能否抵挡得住朝廷三番五次的绞杀呢？欲知后事如何，且听下回分解。

# 二三　国一日不可无君，家一日不可无主

主要人物：晁盖、林冲、曾家五虎
主要地点：曾头市
主要事件：晁盖中毒而亡

## ①俗话记忆

“国一日不可无君，家一日不可无主。”这句话的大意是指无论国家或家庭每一天都不能没有一个做主的人。同时，也强调了一家之主的重要性。这句话与“天无二日，民无二主”相辅（fǔ）相成，无论是君还是主，既不能没有，也不能有多个。

《水浒传》中，这句话是吴用和林冲劝宋江坐梁山第一把交椅时，吴用引用的一句话，他说：“‘国一日不可无君，家一日不可无主。’晁头领是归天去了，山寨中事业岂可无主?”

## ②“曾五虎”抢狮子马

话说高太尉得令攻打梁山后，大兴三路兵马，亲率一万多人马浩浩荡荡进剿梁山。不过一仗下来，只剩下呼延灼（zhuó）的连环马策略，让宋江等人心焦脑灼。最后，经过梁山好汉的努力，将呼延灼活捉，并将他成功地留在了梁山。

一天，宋江等人战胜芒砀（máng dàng）山，刚回到梁山泊边上时，一位赤发黄须的大汉跑到宋江面前，倒地便拜。宋江慌忙下马扶住。

原来这位大汉叫段景住，人称金毛犬。他以盗马为生，近日盗得一匹好马准备入伙梁山时，将它献给宋江。可是，半路上被曾头市的曾家五虎抢去了。

这匹马浑身雪白，没有一根杂毛，身长一丈，高八尺，一日能行千里，名叫“千里玉狮子马”，曾是大金王子的坐骑。曾家五虎听说这马是给宋江的，不但不还，还说了很多难听的话。

几天后，宋江派神行太保戴宗前往曾头市打听那匹马的下落。戴宗回来后，把了解到的情况一一禀报给众头领听。

“曾头市有三千多户人家，其头领叫曾长者，他有五个孩儿，人称曾家五虎。他们聚集了六七千人马，安营扎寨，发誓与我们势不两立，要把我们的头领全部拿下，”戴宗激动地说道，“他们还说，要剿除晁盖上东京，生擒及时雨，活捉智多星！”

“这畜生怎敢如此无礼！我必须亲自走一遭，不捉住他，誓不回山！”晁盖一听，就忍不住大怒道。

宋江赶紧劝住，对晁盖说：“哥哥是山寨之主，不可轻动，小弟愿往。”

“不是我要夺你的功劳，”晁盖动情地说，“你下山多次了，厮杀劳苦，我今天替你走一遭。下次有事，就是贤弟你去。”

宋江多次相劝，也没有平息晁盖的怒火。晁盖随后立即点起五千人马，带领二十个头领准备下山。

临行前，忽然一阵狂风，竟然把晁盖新制作的军旗吹断了。大家看后，刹(chà)那间所有人脸色都变了。

吴用再次劝道：“此乃不祥之兆(zhào)，兄长改日出军。”

宋江也劝晁盖，说：“风吹折军旗，于军不利。不如休息几天，以后再去攻打。”

晁盖决心已下，仍然坚持领军攻打曾头市。

## ③ 晁盖力战“曾五虎”

次日，晁盖等人来到曾头市。只见曾头市三面环山，一条河流将曾头市包围在怀中，河边柳树成林，绿树成荫，从远处看，根本看不见人家，四周栅栏林立，深不可测。

忽然，柳树林中飞出一队人马，约有七八百人。当先一个好汉，骑着一匹快马，头戴铜盔，身披铠甲，挥舞着一条长矛，高喊：“梁山泊草寇，赶快下马受缚(fù)。”原来这是曾家第四子曾魁(kuí)出马。

林冲一见，也早就冲出阵去。两马相交，斗了二十余回合，不分胜负。曾魁见斗不过林冲，赶紧提枪回马，返回林中不见了。林冲不知深浅，也撤回不战。

第二天，晁盖再战，擂鼓呐喊。曾头市炮声响处，一大队人马随后迅速出战，只见七个好汉一字排开：曾家五虎、曾家武师史文恭和苏定。他们全副武装，史文恭坐下那匹马正是千里玉狮子马。

三通鼓后，两军大战。林冲见阵势不利于晁盖，就迅速收兵。晁盖出战未果，回到帐中闷闷不乐。后来一连三日，晁盖在曾家市营寨外叫阵，也不见曾家五虎出来应战，心中越发郁闷。

## 4 晁盖受骗大败

第四日，正当晁盖郁闷之时，有两个自称是曾家市法华寺的和尚前来告密。

“曾家五虎经常到我们寺庙来索要钱财，他们无恶不作，”两个和尚跪在晁盖面前说道，“我们知道他的隐藏处，我们来引导你们去劫寨。如果能剿灭他们，我们万分感激。”

晁盖听后，非常高兴。

林冲连忙提醒道：“哥哥不要随意相信，这其中可能有诈。”

“出家人怎敢说谎？”和尚赶紧说道，“我们早就听说梁山泊替天行道，讲究仁义，不扰民。为什么要怀疑我们呢？”

晁盖笑着说：“兄弟休生疑心，否则会坏了大事。我今晚自己去走一遭。”

“哥哥不要去。由我率领一部分人马去劫寨，哥哥在外面接应就好了。”

晁盖坚定地说：“我自己去，你带部分军马在外面接应。”

天色暗下来后，晁盖令马摘銮(luán)铃，军士衔(xián)枚(méi)，跟在两和尚身后，悄悄地奔向曾家市内。大概走了五里多路后，这两个和尚忽然消失在黑暗中，不见了踪影。四周黑洞洞的，不见任何光影，军士们慌张了起来。

就在呼延灼下令往回走时，四下里金鼓齐鸣，喊声震地，四周已经被火把包围了。晁盖连忙引军夺路而逃，才转两个弯，头上就出现了一阵乱箭。晁盖不幸被其中一箭射中，跌下马来。

呼延灼、燕顺拼死抵挡，刘唐、白胜将晁盖救上马，杀出村寨。幸亏林冲及时接应，方才将晁盖救回。

这一仗，晁盖损失一千多人。

## 5 晁盖中毒而亡

众头领来看晁盖时，只见那支箭稳稳地插在晁盖的面颊(jiá)上，箭尾上写着“史文恭”三字。箭一拔出来，晁盖就晕倒了。林冲仔细一看，原来这是一支毒箭，毒液已深入体内。

众头领此时已无再战之心，人人都有回山之意。正是“蛇无头而不行，鸟无翅而不飞”，大家面对曾家军马的乘胜追击，只好且战且退，最后大败，不得不回到梁山。

晁盖回到梁山的当夜，就身体沉重，看着宋江说出了他最后的一句话：“贤弟保重。若哪个捉得射死我的人，便叫他做梁山泊主。”

晁盖死后，林冲与公孙胜、吴用等头领商议，立宋公明为梁山泊主。吴用说道：“‘国一日不可无君，家一日不可无主。’晁头领是归天去了，山寨中事业岂可无主？四海之内，皆闻哥哥大名，来日吉日良辰请哥哥就位山寨主，其他人拱听号令。”

宋江听后，含泪道：“晁天王临死时嘱咐：如有人捉得史文恭，便列为梁山泊主。此话众头领皆知，今骨肉未寒，岂可忘了？又不曾报得仇，雪得恨，如何便居得此位？”

吴用一听，只好说道：“哥哥权且尊临此位，待日后再做安排。”就这样宋江暂时坐上了第一把交椅。

宋江坐上了第一把交椅后，对山寨各项事务都进行了调整和重新安排。众好汉都各自欢喜，服从安排。

一日，宋江提出要为晁盖报仇，又担心没有人能战胜曾家五虎。在一高僧的提示下，他们迫切想请一个人来协助梁山为晁盖报仇雪恨。这个人是谁呢？能不能请上梁山呢？欲知后事如何，且听下回分解。

# 二四　出外一里，不如屋里

主要人物：吴用、卢员外、李逵
主要地点：北京城
主要事件：卢员外中吴用之计

## 1 俗话记忆

“出外一里，不如屋里。”它的意思是离开家即使不远，也不如待在家里好。一般形容出门在外，生活做事都不容易。也有“在家千般好，出门万事难”的说法。

《水浒传》中，卢员外按照算命先生所说的，要去泰安州烧香消灾灭罪，才能保住平安。他娘子贾氏（jiǎ shì）听说后，引用了这句话，要他不要听信算命先生的胡说，希望他清心寡欲，坐享（yù xiǎng）清福。

## 2 吴用乔装算命先生

话说宋江和吴用想起了一个人能帮助梁山破曾头市。这个人就是北京城里的卢大员外，名叫俊义，绰号玉麒麟。他是河北三绝之一，一身好武艺，棍棒天下无双，北京大名府第一等的长者。

这样的人能来梁山吗？大家都在想这个问题。

这时，军师吴用不慌不忙地告诉宋江：“我略施小计，就可叫他本人上山来。”

吴用和李逵两人行了四五天后，来到了北京城，准备把卢员外引上梁山。

“算命啦！知生、知死、知贵、知贱，若要问前程，先赐银一两。”天一亮，京城里就出现了一个算命先生的吆喝(yāo hè)声。

这个算命先生头戴着一顶乌纱头巾，上穿一件皂边白绢道袍，下穿一双方头青布鞋，手里拿着一副黄铜铃杵(chǔ)，旁边跟着一位外貌怪异的道童。道童绾(wǎn)着两个粗辫子，两眼虎睁，黑虎一般的身躯外套着一件粗布短褐(hè)色的道袍，黑熊般粗的短腰上系着一条杂色腰带，穿一双登山布鞋，用一根一人高的木拐(guǎi)棍挑着一个招牌，招牌上写着“诰(gào)命谈天，卦(guà)金一两”。

原来这两个人就是吴用和李逵装扮的。

吴用在前面一边摇着铃杵，一边口里念着诸(zhū)如“范丹贫穷石崇富，八字生来各有时”之类的口诀。李逵则一脚高一脚低地跟在他身旁。

## ③ 吴用给卢员外算命

两人行走在北京城的大街小巷里。没多久，身后就跟来看热闹的五六十个小儿。待他们俩来到卢员外家门前时，就只在那里走过来又走过去，自歌自笑，神仙一般。他们怪异的言行，让跟着看热闹的孩子哄(hōng)笑不已。

孩子们的哄笑声飘到了卢员外耳朵里。卢员外一打听是一个好笑的算命先生在吆喝，并且要先交一两银子才算一个命，旁边还有一个相貌举止怪异的道童，就对此也产生了好奇，说道：“既然能说大话，就一定有学问，赶紧去请到家来看看。”

一会儿，吴用和李逵就来到卢员外面前。吴用以前没有见过卢员外，今天见了，顿生敬意。只见卢员外双眼炯炯(jiǒng jiǒng)有神，八字眉，高九尺，威风凛凛(lǐn lǐn)似天神，真是一个能冲开万马，扫退千军的人物。吴用赶紧向前施礼。

一阵寒暄后，卢员外告诉了吴用生辰八字。吴用取出一把铁算子，摆在桌上，算了一回。“啪——”，忽然，吴用拿起算子在桌上一拍，大叫一声：“怪哉(zāi)！”

“我凶吉如何?”这一拍一叫，吓得卢员外大吃一惊。

吴用此时故意犹豫起来，缓缓地说道：“员外若不见怪，我能否直说?”

“我正要先生指点迷津(jīn)，直说无妨(fáng)。”

吴用若有所思地说：“员外这命，眼下不出一百天，就有血光之灾，家人也不能保，都将死于刀剑之下。”

“先生差矣。我生在北京，长在富豪之家，家里也没有犯法之人，我们做事小心谨慎，怎会有血光之灾呢?”卢员外笑着说道。

吴用一听卢员外的话，顿时脸色变了，迅速退回员外给的算命银子，一边起身准备走，一边叹了一口气，说道：“原来天下人都喜欢听奉承话，不愿听真话。”

卢员外见吴用要走，连忙说道：“先生息怒，我前面说着玩的，我愿意听你讲真话。”吴用见卢员外愿意听，并且求问怎么避免。他就再次把铁算子往桌上一放，不紧不慢地说道：“只有一个办法，在东南方，有一个地方可以让你免此大难。虽然可能让你受到惊恐，但是不会伤及你的性命。”随即在其房间的墙壁上写下四句话：“卢花丛里一扁舟，俊杰俄从此地游。义士若能知此理，反躬逃难可无忧。”写完后，就起身与李逵一同告辞了。

在路上，吴用高兴地对李逵说：“大事办好了，我们连夜赶回山寨，安排圈套，准备好迎接卢员外。我相信他早晚会来的。”

## 4 卢员外听信吴用之言

卢员外自从算卦之后，寸心如割，坐立不安。

一天，他召集众人商议，把自己算命的结果及自己的想法告诉大家。卢员外的两个得力干将李固和燕青一左一右地站在卢员外身边。

李固一听完卢员外的安排，就立即说道：“常言说：‘卖卜卖卦，转回说话。’不听那算命的胡言乱语，在家中，就不会出事。”

燕青也说道：“这一趟路，要从梁山泊边经过。听说宋江一伙强人在那里打家劫舍，官兵都奈何不了他们，要烧香也要等太平后再说。另外不要轻信那算命的胡讲，说不定是梁山泊的强盗蛊惑(gǔhuò)的。”

卢员外听后很不高兴，怒道：“你们不要胡说，哪个敢来骗我?就算是梁山泊那些贼男女，我也不怕。我视他们为一介草民，我还要用我所学去抓他们，我也有机会名扬天下。”

这时，卢员外的娘子从屏风后面走出来，说道：“自古道：‘出外一里，不如屋里。’不要听那算命的胡说，撇（piě）下这么一个富有的家业，去担惊受怕。你只管在家里，清心寡欲，高举静坐，就不会有事。”

卢员外说自己主意已定，坚持外出，并安排李固随同。李固一听，连忙说：“我脚有些毛病，不能走远路。”

卢员外一听就生气了，大怒道：“‘养兵千日，用在一朝。’如果你们再劝我，我就让他知道我拳头的厉害。”

李固吓得面如土色，众人都不说了。

次日五更，卢员外一行出发了。

## 5 卢员外中计

数日后，卢员外一行来到了一条崎岖（qí qū）的山路上，远远地看见一处树林。林中有千百棵一人不能合抱的大树。

还没走到林子边，只听到一声哨响，李固和两个随从吓得赶紧找地方躲。卢员外安慰道：“别怕，有我呢，等一下我放倒他们后，你们就直接捆起来。……”

卢员外的话还没说完，林子里就冲出了四五百小喽啰。随着一声锣（luó）响，又冒出四五百小喽啰，接着又是一声炮响，一个大汉手持板斧出现在卢员外面前。

“卢员外，还认得道童不？”这一喊让卢员外猛然醒悟（wù）了，原来他们是一帮强盗，道童就是眼前这个大汉。卢员外正要拼杀时，眼前的大汉大笑起来：“员外，你中了我们军师的妙计了，你快来我们这里坐一把交椅吧。”

卢员外大怒，绰起朴刀就来斗李逵。李逵抡起板斧来迎敌，战不到三回合，李逵就往林子里跑去了。卢员外赶紧去追。

两人在树林里追跑了一阵后，只听得松林旁边传出一个声音：“员外不要走，还记得俺不？”原来鲁智深又过来了，卢员外又去追鲁智深。正追赶之间，武松也出现了。

卢员外笑道：“我不追赶了，你们这些人怎么了？”

话音未落，只听山坡下一个人叫道："你难道没听过，'人怕落荡，铁怕落炉'？哥哥定下的妙计，你还往哪里走？"

在树林里，卢员外被梁山好汉们折腾了好一番。他最终能否成功摆脱他们的围困，顺利走出树林呢？欲知后事如何，且听下回分解。

# 二五　砖儿何厚，瓦儿何薄

主要人物：卢员外、李固、燕青、吴用
主要地点：梁山
主要事件：卢员外被逼上梁山

## ❶ 俗话记忆

“砖儿何厚，瓦儿何薄。”这句话的大意就是砖和瓦都是建房子所需要的，厚砖有厚砖的作用，薄瓦有薄瓦的用处，一般用来比喻待人要公平，不能厚此薄彼。

《水浒传》中，这句话是梁山众头领对卢员外说的。当时吴用引卢员外上梁山后，为了挽留他，大家争着请他吃饭。因卢员外不愿在梁山久住，一些没有时间和机会请他吃饭的头领就引用了这句话，说：我们大家都尊敬员外，员外不能只吃宋江哥哥的。他们认为卢员外不能厚此薄彼，要多住几日，让大家都能宴请到卢员外。

## ❷ 卢员外被请上梁山

话说卢员外在树林里遇到李逵、鲁智深、武松、刘唐、穆弘、朱仝、雷横等人，这些人都只是和他斗战不到三回合就撤走了。

卢员外追到山顶上后，远远地看见一面杏黄旗，旗上写着“替天行道”四个字。旗下有宋江、吴用和公孙胜及带领的二百多军士。他们看见卢员外后，就一起大声喊道：“员外，别来无恙！”

卢员外见了，越发怒火上升，指着他们开始叫骂。

吴用立刻劝道：“员外且请息怒。宋公明久慕威名，特令吴某迎员外上山，一同替天行道，请不要见怪。”

卢员外怒气未消，继续骂道："无端草贼，怎敢抓我?"

这时，宋江身后的花荣取弓上箭，喝道："员外不要逞能，先教你吃我一箭。"话音未落，箭已离弓。"嗖"的一声，箭正中卢员外头上毡笠儿的红缨。

卢员外大吃一惊，回身便走。这时山上鼓声震地，只见秦明、林冲、呼延灼、徐宁分别从东西两路杀将过来。吓得卢员外走投无路，又值天色已晚，脚疼肚饥，只好朝一条偏僻的小路走去，走着走着，就到了路的尽头。

正在卢员外孤立无援时，一只小船向他驶来。等卢员外上船后，没走多远，三只小船先后飞也似的冲过来。原来这四只船都是军师吴用事先安排的。说时迟那时快，没等卢员外弄明白怎么回事，就被他们掀翻到水里了。

## 3 梁山款待卢员外

卢员外上岸换好衣服后，坐上了八个小喽啰抬的一顶轿。轿子还没到梁山，就看见二三十对红纱灯笼下，映着一队人马，敲锣打鼓地来迎接他们了。

卢员外慌忙下轿。宋江率领众人跪拜在卢员外面前。卢员外不知所措，也赶紧下跪还礼，说道："既然被擒住了，就只求早死。"

宋江大笑道："请员外上轿。"

一行人马重新集合，敲锣打鼓来到梁山忠义堂前。

宋江请卢员外坐第一把交椅。

卢员外还礼道："不才无识无能，误犯虎威，万死尚轻，何故相戏?"

宋江赔笑道："怎敢相戏？实慕员外威德，希望能成为山寨之主。"

卢员外说："宁可死，也实难从命。"

吴用见如此僵(jiāng)持不下，也不是办法，就赶紧说道："以后再说这事吧，先去吃饭。"

卢员外早已饥肠辘(lù)辘，也无计可施，只好随同去喝几杯。

第二天，宋江杀羊宰(zǎi)马，大排筵(yán)席，继续招待卢员外。其他人等也一起劝卢员外入伙梁山。卢员外并不为所动，坚持不肯落草为寇。

军师吴用只好悄悄地告诉卢员外的随从李固，说："你的主人，已和我们商议好了，他坐我们的第二把交椅。他在上山来之前，就有反心，并在家里的墙壁上写下了反诗。每一句前面的第一个字连起来就是"卢俊义反"。如果这时我们把你们杀了，也显得梁山小气。今日放你们连夜回去，你们就不要再指望主人回来了。”

李固一听，赶紧带领几个随从回北京去了。

一连几日，梁山好汉轮流请卢员外喝酒吃饭，不知不觉卢员外就在梁山上住了一个多月。

一天，卢员外又提出要离开梁山回家。众头领说道：“俺哥哥敬员外十分，俺等众人当敬员外十二分！为什么只有俺哥哥请的筵席能吃？岂不是‘砖儿何厚，瓦儿何薄’。”

李逵也跟着叫起来，说道：“我从北京舍命请你来，你却不吃我弟兄们的筵席，我和你眉尾相结，性命相扑！”说完就摆出一副要和他拼命的样子。

吴用大笑道：“不曾见这般请客的，甚是粗鲁。员外休怪，既然他们如此盛情好意，你就再住几天吧！”

不知不觉，卢员外在梁山上又住了四五天后，再次提出要回家去。

神机军师朱武听说后，又领着一班头领来到忠义堂上，似笑非笑地说道：“我们这些人，也曾为哥哥出气力，偏偏我们的酒中藏着毒药？卢员外若是见怪，不肯吃我们的，我自不妨，只怕小兄弟们做出事来，悔之晚矣。”

吴用连忙起身，安慰道：“你们都不要烦恼，我与你劝劝卢员外，再住几日。常言道：‘讲究劝人，终无恶意。’”

卢员外说不过大家，只得又住了几天，

就这样，卢员外在梁山上一住就是近两个月。宋江见卢员外思乡苦切，也就只好恭送他回家。

## ④ 卢员外回到京城

卢员外拽开脚步，星夜奔波，行了数日，终于回到北京。就在离家约一里多路时，只见一个人头巾破碎，衣衫褴褛(lán lǚ)，迎着卢员外就拜。卢员外抬眼一看，竟然是浪子燕青。

“你这是怎么了，怎么变成这样了？”卢员外吃惊地问道。

燕青扯住卢员外的衣服来到一僻静处，把员外家发生的情况一一禀告给他。原来李固回来后，把卢员外写反诗的事告诉他夫人。他夫人贾氏后来竟与李固做了夫妻。李固也将燕青等人驱逐(qū zhú)出门。

卢员外一听，不敢也不愿相信，一脚将燕青踢翻后，大踏步回到家里。家中大小人等看见员外回来，都惊呆了。

“燕青何在？”卢员外大声问道。

“一言难尽呀。我如果现在说，会担心你发火，伤你身体。等你歇息好后，再说吧。”李固慌慌张张地说道。

这时娘子贾氏也哭哭啼啼地出来了，叫员外不要问，以后慢慢地说。卢员外心中疑虑，非要问燕青在哪里。李固只好说：“主人先换了衣服，吃了饭再说不迟。”

员外还没举筷子吃饭，就听得前后门一阵喊声，随后二三百官府的人冲进了房间，不由分说就把卢员外绑了起来，并且一边打一边往衙门方向走去。

原来李固早已将卢员外私通梁山的情况告知了官府。贾氏担心会株连九族，于是让李固用钱买通官府，撇清了自己与卢员外的关系，并且与李固做了夫妻。这次卢员外回来，李固悄悄派人向官府告了密。

官府将卢员外打得皮开肉绽，鲜血迸流，昏晕了三四次。没多久，卢员外就要被押送刑场处死。

燕青知道消息后，迅速告诉了石秀与杨雄。杨雄和燕青连夜向梁山报告了情况，请求梁山好汉前来营救。石秀则独自一人进城再了解情况。

石秀进城后，正好遇到官府要处死卢员外。石秀想，此时要等梁山来人已经来不及了，他只好一个人将卢员外救了下来。不过遗憾的是石秀不熟悉北京城的路，没走多远，两人都被官府抓了起来。

宋江得知情况后，迅速组织人员营救。经过周密的安排，梁山好汉利用元宵节，火烧翠云楼，将石秀、卢员外救了出来。

随后，卢员外带领石秀等五个兄弟回到家中，寻找李固和贾氏雪耻不成，就叫众人将家里的金银财宝都装进车子，一同前往梁山。

就这样卢员外终于上了梁山。上了梁山的卢员外能否接受宋江的请求，担任寨主呢？欲知后事如何，且听下回分解。

# 二六 大厦将倾，非一木可支

主要人物：卢员外、宋江、吴用、董平
主要地点：东平府
主要事件：宋江终成寨主

## 1 俗话记忆

“大厦将倾，非一木可支。”这句话的本意是将要倒塌的房子，不是一根树木能撑得住的，比喻一个人或孤独的力量难以胜任艰巨的事业。

《水浒传》中，宋江在攻打东平府时，在阵前对董平说：“量你这个寡将，怎敢挡吾？岂不闻古人曾有言：‘大厦将倾，非一木可支。’”宋江认为仅凭董平一个人的力量是无法保护东平府的。

## 2 晁盖之仇已报

话说宋江多次拜请卢员外坐头把交椅，卢员外仍不肯坐。两人你推我往，惹得武松、李逵大喊大叫。宋江当着大家的面怒骂他们俩，场面火药味十足。

吴用见让来让去，骂来骂去，一时也定夺不了，于是就劝道：先让卢员外安歇，以宾客相待，待日后有功，再议让位一事。

一天，段景住告诉宋江，自己买了二百匹好马，被一伙人全部劫走到曾头市去了。宋江听后大怒道：“前者夺我马匹，今又如此无礼。晁天王的冤仇未曾报得，我一直耿(gěng)耿于怀，今若不去报此仇，恐被人笑话。”

大家也不禁想起晁天王在临死时，留下的遗言：谁能为他报仇，杀得史文恭，谁就担任梁山寨主。

宋江、吴用召集梁山众好汉一同商议：“曾头市有五虎五个营寨，我们就分作五支军马，作五路去攻打它。”

卢员外首先站起来说道：“卢某得蒙救命上山，未能报效，今愿尽命向前，未知尊意如何?”

宋江听后大喜，便道：“员外如肯下山，变为前部。”

“员外初到山寨，未经战争，山路崎岖，乘马不便，不可为前部先锋，”吴用一听，赶紧提出自己的意见，“可以另外带领一支军马，在外围埋伏好，接应前部即可。”

吴用担心卢员外捉到史文恭，抢了头功。依据晁盖遗言，卢员外因此就会成为寨主。宋江肯定会不负晁盖遗言，让位给他。这是梁山兄弟不愿看到的。

而宋江心想，只要卢员外建功，抓了史文恭，就借此机会让他成为山寨之主。

吴用不容宋江推辞，继续安排其他攻打五寨的五路人马。根据戴宗了解到的情况，曾头市正中的总寨是曾家第五子曾升和其父亲曾弄驻守，杀害晁天王的史文恭也在这里。吴用毫不犹豫地将攻打正中总寨的任务交给了宋江，并且安排自己和公孙胜一起协助。

经过一番较量厮杀，梁山五路都大获全胜，在曾头市卷杀八面残兵，掳掠财物若干。不过，史文恭因座下是一匹千里马，跑得快，从西门逃出去了。

此时曾头市黑雾遮天，分不清东西南北，史文恭跑了二十余里，来到一个树林里。忽然一声锣响，从树林中跑出了四五百军士来。当先一将，手提一根杆棒，朝马脚猛打。那匹马是千里龙驹(jū)，见杆棒打来时，从棒头上跳了过去。

就在史文恭要走之际，只见阴云升起，冷气嗖嗖，黑雾漫漫，狂风瑟瑟(sè)，虚空中一人挡住去路。史文恭疑是神兵，迅速勒住马，往回走。这时他的四周，似乎都是晁盖的阴魂。史文恭再回到旧路上时，遇到了玉麒麟卢员外。

只听卢员外大喝一声：“强贼哪里去!”一朴刀下去，就把史文恭搠下马来，用绳索绑了起来。宋江看了，心中又喜又怒。喜的是卢员外建功了，怒的是史文恭射杀晁天王。

## ❸ 宋江就任新寨主

晁盖之仇已报，大家开始商议新寨主一事。

宋江仍然力荐卢员外担任寨主，卢员外宁死不从，加上李逵、武松、吴用皆不情愿。宋江只好想了一个办法，说：梁山泊东面有两个州府，一个是东平府，一个是东昌府，他和卢员外谁能先拿下一城，谁就做寨主。

吴用听后，连忙说："好，听从天命。"

通过抓阄(jiū)，宋江率军攻打东平府，卢员外去打东昌府。东平府守将是程太守，兵马都监为董平。

程太守收到宋江下的战书后，对董平说："宋江等人要向本府借钱粮，此事如何处理?"

董平一听，大怒，叫嚣着要把送信的人推出去斩首。

程太守连忙说道："不可以，自古两国相战，不斩来使。此于礼不当。"

不久，宋江与董平在阵上相遇了。宋江在阵前看到董平一表人才，一见就喜欢。

董平不愧是英雄盖世，三教九流无所不通，品竹调弦无一不会，山东、河北都称他为风流双枪将。他佩戴的箭壶中插一面小旗，上面写着一副对联："英雄双枪将，风流万户侯。"

宋江在阵前门旗下对董平喝道："量你这个寡将，怎敢挡吾？岂不闻古人曾有言：'大厦将倾，非一木可支。'你看我手下雄兵十万，猛将千员，替天行道，济困扶危，早来就降，免你一死。"

董平大怒，回道："纹面小吏(lì)，该死狂徒，怎敢乱言?"说罢，举起双枪，直奔宋江。

林冲、花荣各使兵器一起冲出，杀向董平，三人斗了数个回合，两将佯(yáng)败，宋江四散而走。

董平急着要功劳，乘胜追击，拍马赶来。没多久，就陷入了吴用设计的埋伏圈，马倒人落。董平被绑着来见宋江。

宋江立马在绿杨树下，见董平过来，立即慌忙下马，走过来亲自为董平解开绳索，把护甲锦袍给董平穿上，纳头便拜。董平也慌忙回礼。

宋江邀请董平上山后，董平感激不杀之恩，又见梁山不肯伤害百姓，只为借粮，也就愿意为梁山效劳。就这样，宋江率先拿下东平府，顺利担任梁山泊寨主。

宋江担任寨主后，梁山泊排定一百零八将的座次后，又经历了一段相安无事的时光。

一次菊花会上，众兄弟大摆筵席，席上宋江大醉，取出纸笔，乘着酒兴，作《满江红》词一首，词中写道："望天王降诏(zhào)早招安，心方足。"继而开始了寻求朝廷的招安之路。

朝廷会招安吗？招安又能否遂宋江等人的心愿呢？欲知后事如何，且听下回分解。

# 二七　相扑的有力使力，无力斗智

主要人物：燕青、任原、李逵
主要地点：京城
主要事件：燕青大胜相扑高手

## ❶ 俗话记忆

“相扑的有力使力，无力斗智。”这句话的大意是，在相扑运动中，互相争斗、较量时，有力量优势就拼力量，没有力量优势就拼智慧。

《水浒传》中，燕青要与相扑高手擎(qíng)天柱比赛，宋江担心燕青身材瘦小，会吃亏。燕青因此引用了这句俗话，请宋江放心，说“相扑的有力使力，无力斗智”，他会随机应变，灵活处理，擎天柱不一定能赢他。

## ❷ 相扑手燕青

话说宋江坐了梁山的头把交椅后，一边过着太平日子，一边开始想着怎样让朝廷招安。此时皇帝和朝廷大臣们也想依惯例将宋江等人收编。

在梁山太平的日子里，其实也不太平。李逵和燕青又出来惹事了。

一个春天，梁山泊岸边柳树发芽，桃树开花。山前山后，树木萌芽，春回大地。燕青打听到京城庙(miào)会上有相扑比赛，往届(jiè)高手在那里口出狂言：“相扑世间无对手，争交天下我为魁(kuí)。”这个高手姓任名原，身高一丈，自号擎天柱。

燕青告诉宋江：“我从小就跟卢员外学了一身相扑技术，在江湖上还没有遇到过对手。今天有这样的机会，我想独自一人去台上与任原争斗一番(fān)，若是输了，被打死了，我也心甘情愿。如果赢了，也能给哥哥争些光彩。哥哥到时派人接应就可以了。”

宋江担心地说：“贤弟，我听说那人身高一丈，貌若金刚，有千百斤的气力。你这般瘦小身材，即使再有本事，也奈何不了他呀！”

燕青笑了笑，坚定地说道：“我不怕他身高力大，只担心他不进我的圈套。常言道：‘相扑的有力使力，无力斗智。’不是燕青敢夸口，我能临机应变，看景生智，不见得会输给他。”

在一旁的卢员外也笑着说道：“燕青，从小学得一身好相扑，可以随他去，到时，我自己去接应他回来。”

## ③ 燕青摸底

第二天，燕青打扮成一个山东货郎，腰里插着一把拨浪鼓，挑着高肩杂货担子。一手转着拨浪鼓，一手打着板，边走边唱货郎的太平歌。

夜幕降临，燕青正准备寻店安歇时，忽然听到后面有人喊他。他扭头一看，原来是黑旋风李逵。

“你曾陪我去荆(jīng)门镇走了两次，我见你一个人走，放心不下，就偷偷地跟着过来帮你。”李逵笑着说道。

燕青听后，说道：“我不要你帮忙，你快早早回去吧。”

“你真了不起，我好意来帮你，你不但不领情，还认为我有恶意，我这次偏要去。”李逵焦躁起来。

燕青想了想，怕影响了兄弟情义，就对李逵说道：“你可以去，不过庙会上人多，认得你的也多，你要依我三件事，便可以同去。”

“可以，可以！”李逵连忙答应。

燕青一一说道：“第一件，我们一前一后地走，进店后，你就不要出来了；第二件，到店后，你要用布包着脸、装病、假睡，不能做声；第三件，就是到庙会上，你在人群中看相扑比赛时，不能大惊小怪。”

李逵为了跟着燕青，全都答应了。

第二天，燕青和李逵在酒店吃完早餐后，李逵就在酒店里假装生病睡觉，燕青独自前往任原的住处。

燕青在英恩桥下远远地就看见一个人在教二三百人相扑，桥边的栏杆上，二三十人在那里举着金旗牌。

燕青迅速走进一个店子，在那里远远地观察，只见任原坐在一个亭子的中间，金刚相貌，敞(chǎng)开胸脯，有打虎之威，有霸王拔山之势，端坐在那里看徒弟们训练。

燕青看了一会儿，只见一个人悄悄地走向任原，在他耳边嘀咕了一下。忽然，任原跳将起来，叉腰，大声说道："今年哪个想死的，就把命交到我手里来。"

原来，有人认得燕青，知道燕青要来与他相扑。任原一听有人来与他比拼，故意叫嚣了一声。燕青一听，赶紧低着头走了出来。他刚离开店门，就听见里面传来哈哈大笑声。

燕青回到住处，与李逵说道："只有今日一晚，明日便要见雌雄。"

## 4 燕青战胜对手

第三天一早，燕青和李逵就随众人来到庙会。这里人如潮涌，连屋脊梁上都坐满了看热闹的人。嘉宁殿(jiā níng diàn)前扎起一个棚子，棚子里放满了金银器皿(mǐn)、锦绣缎(xiù duàn)匹，门外还拴着五匹骏(jùn)马，这些都是相扑争斗后的奖品利物。

说话间，任原坐着大轿来到了现场，轿前轿后有二三十对花胳膊的好汉，任原被前呼后拥地走到争交台上。任原头绾一窝穿心红角子，腰系一条绛(jiàng)罗翠袖，穿着有数对金鸳鸯的对襟短褂(jīn guà)，铜裆(dāng)铜裤、铁片铁环护佑(yòu)其身，一步一步迈(mài)入争交台中间。

任原拱起双手，向众人说道："感谢圣帝和各位香客，你们帮助我白拿了两年的奖品利物，今年我获胜后，就辞了圣帝，不再来了。今天还有敢出来和我争奖品利物的吗？"

话音未落，只见燕青借两边人的肩膀，大喝一声："有，有！"随着声音腾空而起，飞身到台上。

众人一看齐声说好。主持人一见，连忙问是否有保人，是否知道有生命危险。燕青利落地回答："我就是保人，死了不需要偿命。"

燕青边说边除去头巾，脱下草鞋，赤着双脚，解开绑腿护膝，把布衫也脱将下来，拱手向众人亮了个相。

众人一见，台下如搅(jiǎo)海翻江一般，齐声喝彩。

任原见他浑身刺有文身，身体矫(jiǎo)健(jiàn)轻盈(yíng)，心里倒生出几分害怕。

太守见了他，也心生怜(lián)意，说："我抬举你在我身边，你不用打了，直接分一部分奖品利物。"

太守也请主持人劝燕青："不必争交，死了可惜了。留个性命，分了这些奖品利物。"

燕青一听，也急了，说道："你们好不晓事，知道是我赢还是我输！"

众人也跟着起哄(hòng)，要看争交。

任原此时恨不得把燕青丢到九霄(xiāo)云外去，狠(hěn)狠地摔死他。

随着主持人一声令下，说时迟，那时快，正如空中星移电掣(chè)，只见燕青闪开后蹲(dūn)在右边，任原在左边立一个门户。燕青在台上两眼紧盯着任原，只是不动。任原见燕青不动，慢慢地朝他移过来。

燕青只瞅(chǒu)着他下方。任原想，你是要朝我下面动手呀，你看我不动手，待会儿我就一脚把你踢下去。

任原见快要靠近燕青时，虚将左脚卖了一个破绽，燕青大叫一声："不要来。"任原仍然向他奔来。燕青从任原的左边斜将过去。任原转身又来拿燕青，被燕青虚跃一跃，又从右边钻了过去。

任原这下脚步乱了，燕青乘机过去，用右手扭(niǔ)住任原，伸左手插入任原的裆下，用肩胛(jiǎ)顶住他的胸脯，把任原托举起来，借力旋转四五圈，旋转到台边时，大叫一声："下去！"把任原头朝下，脚朝上，直接丢了下去。

台下的香客观众看了，齐声喝彩。

任原的徒弟见师父被打下争交台，连忙把山棚拽倒，乱抢奖品利物了。现场一片混乱。

## 5 燕青逃回梁山

李逵看见了，怪眼圆睁，虎须倒竖，绰起两条杉(shā)木棒，直接开打。香客中，有许多人认得李逵，他们大声地喊出了李逵的名姓来。这样一喊，外面做公的人赶紧跑到庙里大叫“休教走了梁山泊黑旋风”。

那知府听见这话，早已吓得人不见了三魂，脚底下遗失了七魄，便往后殿溜(liū)走了。四下里的人朝李逵、燕青围过来。燕青和李逵只得赶紧爬上屋顶。

就在这时，只听庙门前传来一阵喊杀声。原来卢员外带领梁山好汉过来接应了。燕青和李逵赶紧从屋顶上下来，跟着卢员外等人逃走了。

他们回到梁山后，宋江等人接到了朝廷招安的诏书。诏书中朝廷只是免除好汉们原来的罪过，同时要求将钱粮军器马匹船只全部上交，还要拆毁巢穴。

梁山好汉们除了宋江外，其他人等皆不同意。李逵当时就从梁上跳下来，一把抢过诏书，扯得粉碎，揪住前来招安的陈太尉就要打。

尽管第一次招安失败，但正如吴用说的，要给朝廷一点颜色看看，朝廷才会礼待梁山。后来，朝廷多次派兵来攻打梁山，梁山好汉都让朝廷大败而回。最后一次虽然是高太尉亲自率兵，并且有大小船只若干，但仍然以他自己被俘，船只尽损，军士伤亡惨重为代价，让梁山人心满意足地得到朝廷的招安。

招安后，梁山好汉们都去做了些什么呢？欲知后事如何，且听下回分解。

# 二八 杀鸡焉用牛刀

主要人物：公孙胜、卢员外、吴用、宋江、贺统军

主要地点：幽州

主要事件：吴用破辽

## 1 俗话记忆

“杀鸡焉用牛刀”，它的意思是杀鸡不需要用杀牛的刀子，比喻办小事情，不必花费大力气，不要小题大做。这句话也有“割鸡焉用牛刀”一说。

《水浒传》中，辽主连失三城后，辽国的一个副统军贺重宝对辽主说：“‘杀鸡焉用牛刀。’只要我施一小计，就能让宋江等人死无葬(zàng)身之地。”他是借此表达战胜宋江等人不需要辽主亲自出战。

## 2 宋江不战自胜

话说梁山好汉接受招安后，宋朝皇帝安排他们去对抗辽兵。

梁山好汉顺利拿下檀州、蓟州和霸州三城后，又准备攻打下一城——幽(yōu)州。

辽主非常恼怒，决定亲自兴兵攻打宋江。副统军贺重宝一听，赶紧对辽主说：“‘杀鸡焉用牛刀。’只要我施小计，就能让宋江等人死无葬身之地。”然后把自己的计策逐一告诉辽主。

辽主听完副统军贺重宝的计策后，非常高兴地说道：“就按你的妙计来！”

贺重宝身高一丈，使一口三尖两刃刀，力敌万人，会使妖法，是辽国兀(wū)颜统军部下的副统军，负责守卫幽州。

贺统军得令后，带了盔(kuī)甲刀马，引了一些步从兵卒，回到幽州城内。他把军马分作三队，一队守住幽州，另外两队由贺拆、贺云分别率领去攻打霸州和荆州。临行前，贺统军吩咐道："你们都不必赢他们，要佯输诈败，把他们引到幽州地界，我自有良策。"

贺拆、贺云兄弟二人，依照贺统军指令，均不战自退。

## ③ 卢员外中计

吴用、朱武向宋江、卢员外说道："幽州分兵两路而来，此必是诱(yòu)引之计。"

"军师错了，他们连输了多次，怎么会有诱敌计策呢？"卢员外说道，"当取不取，过后难取，现在不去攻打幽州，更待何时？"

宋江点了点头，也说道："他们势穷力屈(qū)，难道还会有什么良策？我们可以乘机攻打幽州。"

这样，宋江和卢员外都没有听取军师吴用和朱武的意见，继续向幽州进军，并且将队伍分成三路进发。

没多久，辽军就如黑云一般从山坡后涌出千百万人马。率先的军官，头戴铁盔，身披闪亮的连环甲，手执一根铁杆狼牙棒，坐在一匹千里马上，身后一面大旗上印着"大辽副统军贺重宝"。

宋江看了看，大声说道："辽国统军，必是上将，谁敢出马？"

话音未落，大刀关胜就舞起青龙偃(yǎn)月刀，骑着赤兔马，飞出阵了。他也不说话，冲到贺统军面前就开打。斗到三十多回合，贺统军气力明显跟不上了，拨开刀，就往自己的阵前走。关胜拍马追赶，贺统军赶紧引了败兵，转向山坡。

宋江立即下令追赶。大概追了四五十里，忽然，四下里战鼓齐响，宋江感觉不对，急忙下令回撤，可是已经来不及了，山坡的左边早已冲过来一队辽兵拦住了去路。宋江急忙分兵迎敌。这时，让宋江没想到的是右边又来了一队辽兵。前面刚撤退的贺统军也早已掉转马头回来进攻。这样宋江的兵马被截成两段，让辽兵厮杀。

卢员外在宋江的后面，走着走着，就不见了宋江的军马。当他想往回杀时，旁边竟冲出来一队辽兵。辽兵喊杀声震天响，把卢员外的军马围了起来。

卢员外临危不惧，赶紧指挥军士左冲右突，拼命厮杀，想杀出重围。拼杀中，忽然一团阴云遮天盖地，战场如同进入了黑夜一般，分不清东西南北。卢员外此时心慌意乱，只好率领一小队人马，死命杀出。

昏暗中，只听得前面的马铃响，卢员外纵马杀到一个山口，只听得里面人语马嘶，飞沙走石伴着狂风在这里怒吼，伸手不见五指。

卢员外在狂风中厮杀到二更天，方才风静云开，看见一点点星光。这时，大家才发现，他们来到了一个四面是高山的洼地，高山陡峭(dǒuqiào)，无法攀(pān)登。

卢员外清点好人马后，安抚大家："军士们厮杀了一日，神思困倦(juàn)，就在这里歇息一宿(xiǔ)，明日再寻归路。"

## ④ 公孙胜破敌

再说前面的宋江厮杀时，也突然遇到黑云四起，到处飞沙走石，军士们近在咫尺也不能相见。

幸亏公孙胜在此，他知道这一定是妖法所为。于是他急忙拔出宝剑，口中念念有词，大喝一声："疾!"然后把宝剑往前方一指，这时才阴云四散，狂风顿息，辽军不战自退。

宋江迅速指挥军士杀出重围，退到一座高山脚下，扎营立寨。

这时，宋江发现卢员外及其他军士将领均不在寨中，于是派呼延灼、林冲、关胜各带人马去寻找。他们找了许久，也没有找到。

天快黑了，宋江放心不下，于是派解珍、解宝扮作猎户，披上虎皮袍，拿了钢叉，到深山里去寻找。

他们俩来到山里，四下一望，不见任何人烟。到处都是乱山叠嶂(zhàng)，他们走了几个山头，夜色越来越浓。走着走着，忽然一点点灯光在对面山脚显现。

"那里有灯光，必有人家。"他们兴奋地叫了起来。

他们朝着灯光大概走了一里多路，就来到灯光处。只见树林中，三间草屋，一点灯光在草屋里摇晃。解珍、解宝两人推开门，见灯光下一个老婆婆，约有60岁了。他们俩赶紧放下钢叉，拜倒在她面前。

那婆婆道："我以为是我孩子回来了，没想到是客人到了。你们是哪里的猎户？怎么到这里了？“

解珍说道："我们是山东人，做买卖亏本了，想在山里打一些野味充饥。现在迷路了，想在这里借宿(sù)一晚，请老奶奶收留。"

那婆婆看了看，说道："古人云，谁人顶着房子走呢！客人稍等一下，我去做饭，等我儿子回来一起吃。"

没多久，老婆婆的两个儿子回来了。四人寒暄一阵后，解珍、解宝说出了实情。老婆婆的儿子一听是宋江的军马被辽军冲散，二话不说，就把这里的地势、山路及贺统军会妖术等等都告诉了解珍、解宝。

解珍、解宝回到宋江的营帐里，把了解到的情况都原原本本地告诉了宋江。宋江知道后连夜起兵，很快就将被困的卢员外等救出。

"若不是仁兄相救，差点就要了我们兄弟的命！"卢员外一见到宋江，就放声大哭。

第二天，军师吴用说道："现在可以趁此机会，夺取幽州了。"

贺统军的计策被吴用、公孙胜等人一一识破后，没战几回合，幽州就被宋江等人不动声色地一鼓而收。

失去幽州的辽兵会善罢甘休吗？辽主听说计策失败后，会有怎样的反应呢？欲知后事如何，且听下回分解。

# 二九　成人不自在，自在不成人

主要人物：孙立、公孙胜、琼先锋、寇先锋
主要地点：幽州
主要事件：梁山大胜辽军

## ① 俗话记忆

“成人不自在，自在不成人。”这句话的意思是，人要有所成就，就必须刻苦努力，不能安逸自在。如果只图安逸自在，就难以成功。

《水浒传》中，吴用与宋江闲聊时，吴用说朝廷针对他们这些兄弟们，定了一条“无故不得入城”的禁令，大家都很不高兴。宋江听后就引用了这句“成人不自在，自在不成人”，说梁山好汉从山里出来，鲁莽（mǎng）之人很多，有了禁令就会少些是非。梁山下来的人也需要一些约束和付出，今后才能适应在朝廷做官。

## ② 孙立大胜辽军

话说辽主再失幽州后，统军兀颜的儿子延寿小将军率领三万五千军马来夺幽州。

延寿小将军先后设置太乙三才阵、河洛四象阵、循环八卦阵、武侯八阵图等阵法向宋江发起挑战，但都被朱武等人一一识破，最后宋江利用九宫八卦阵和公孙胜施妖法将延寿等人打败，活捉了延寿小将军。

兀颜听闻后，大吃一惊，立刻再派二十万精兵强将，还请辽国辽主御（yù）驾亲征，督战。

秋尽冬来的一天，宋江与兀颜的先遣军马相遇了。兀颜的先遣军马由两员大将率领，一个是琼先锋，一个是寇先锋。

九纹龙史进与琼先锋首先开战。两马相交，军器并举。二将斗到二三十回合时，史进一刀砍了个空，吓了自己一跳，掉转马头就往回撤，琼先锋纵马来追。

花荣见史进撤回来了，赶紧拿起弓，迅速抽出一支箭，搭上后，立马射出。只听“嗖”的一声，箭正中琼先锋面门，琼先锋翻身落马。

史进听得有人坠(zhuì)下马来，回头一看，原来是琼先锋，立即勒住马，往后一转，冲上去，给了琼先锋一刀。

寇先锋看见琼先锋被杀，怒从心起，跃马提枪，冲出阵来，高声骂道：“你们怎么暗算我老兄！”

还没等他话音落下来，宋江阵中的孙立就飞马跑出，直奔寇先锋。

两军立即战鼓喧天，喊声不绝。那孙立的金枪，可谓神出鬼没。寇先锋与他斗不过二十回合，就被迫逃向远处。

孙立一心要立功，哪里肯放他走呢？孙立在马上收好长枪，左手拿弓，右手取箭，搭箭拉弓，朝寇先锋的后背射去。“嗖”，弓响，箭到。

寇先锋也不愧是好汉，他在前面听到身后弓响，把身子往前一扑，那支箭正好从上面过来，他顺手一抓，竟然抓住了这支箭。

孙立见了，暗暗喝彩。

“你想在我面前卖弄弓箭！”寇先锋冷笑道。他说完顺手取出自己的硬弓来，右手把那支箭搭到弦上，扭过身来，朝孙立前心窝猛地一射。

孙立早已发现，在马上左右一晃，那支箭快到胸前时，他把上身往后一仰，箭从身上飞了过去，马驮着他仍往前跑。

寇先锋见孙立仰卧在马背上，以为他被射中了，赶紧掉转马头，准备去捉孙立。两马相遇，就在寇先锋准备伸手去抓孙立时，孙立立即跳将起来，大喝一声，把寇先锋吓了一跳。

寇先锋说道：“你只躲得我的箭，可躲不过我的枪。”话还没说完，就朝孙立胸前用力刺去。

孙立不但不躲，反而挺起胸脯，迎接他的枪。就在枪尖快要碰到盔甲时，孙立一侧身，拿枪朝他臂下刺去。寇先锋也迅速朝他这边扑过来。

孙立眼疾手快，拿起他的护眼钢鞭，朝寇先锋脑袋上使劲打过来，竟把寇先锋的天灵骨给劈(pī)了下来。

宋江率大军乘机杀向辽军。辽军无主，东西乱窜，各自逃生，就这样，兀颜的先遣军马就如此溃败了。

## 3 宋江梦中得法

没多久，兀颜的大部队来到了宋江的阵前。

此次宋江的九宫八卦阵和公孙胜的妖术，在兀颜面前都不奏效，加上兀颜有二十万军马，宋江连连溃败。

宋江在寨中百般寻思，都无计可施。那时正值严冬，天气非常寒冷，宋江独自在帐房内，秉(bǐng)烛沉吟(yín)，闷坐在那里，坐着坐着，就睡着了。他做了一个梦，梦中又来到玄(xuán)女娘娘那里。梦中得到玄女娘娘的提示，宋江迅速找到了破辽的办法。

第二天他就开始准备。只一仗，就把兀颜在阵上杀死了。最后辽主不得不求和，立誓不再侵犯宋朝。

宋江等人凯旋(kǎi xuán)，得到了大宋皇帝的嘉奖。

## 4 梁山好汉受辱

没多久他们就迎来了元旦节，依惯例，官员应该互相祝贺。

蔡太师担心宋江等人都去朝贺天子后会得到重用。于是编造各种理由，让皇帝下了一道圣旨，只允许宋江和卢员外两人随大家一起朝贺天子，其余的人不能上朝，怕惊吓到皇帝。宋江和卢员外上朝后，深感委屈，回来后闷闷不乐，说："我们破辽受了多少劳苦，现在连累各位弟兄连功名都没有，我自己也是职小官微。"

蔡太师不允许梁山好汉拜见皇帝，好汉们就自行到宿太尉、赵枢密处拜访祝贺。他们在城中往来穿梭(suō)，引来许多人的观看。

没想到第二天，就传出了一条禁令：凡是出征过的官员将军头目，都在城外安营扎寨，听候调(diào)遣，没有上级的明文命令，不许擅自入城。如有违者，军法论处。原来是有人向蔡太师告了密，说梁山好汉私自拜访宿太尉等人。

宋江知道后，又多了一股烦恼。众好汉听了也越发焦躁。除了宋江外，其他好汉都想重回梁山去。

一天，吴用对宋江说道：“仁兄往常有千自由，百自由，众多弟兄也都十分快活。受了招安，成为国家臣子，不想倒受拘束，不能任用，弟兄们都有怨心。”

宋江听罢，大吃一惊，说道：“你是不是听到什么了吧？”

“弟兄们说些什么也是人之常情，不用明说，”吴用望了望门外，说道，“古人云，富与贵，人之所欲；贫与贱，人之所恶。观形察色，见貌知情。”

宋江说：“军师，若是有弟兄们存有异心，那是我该死于九泉，但我的忠心是不会改的。”

第二天，宋江把弟兄们召集起来，说道：“我是郓城小吏出身，又犯了大罪，靠兄弟们扶持，尊我为头，现在我们是臣子了。自古道：成人不自在，自在不成人。虽然朝廷有禁令，诸位将士不得无故进城。但这些都是为了我们好，我们应该感谢，我们都是从山里来的，鲁莽之人很多，稍有不慎就会惹是生非，坏了我们的名声。你们如果要有异心，就先把我杀了，你们再去行事。或者，我自杀，让你们自由行事。”

众人听了宋江之言，都各自垂泪，立誓效忠后也就散开了。

这些兄弟都甘愿随宋江忍气吞声吗？性情暴躁的李逵还会犯事吗？欲知后事如何，且听下回分解。

# 三〇 太平本是将军定，不许将军见太平

主要人物：关胜、宋江、方貌、费保、李俊
主要地点：苏州
主要事件：宋江斩杀方貌

## ① 俗话记忆

“太平本是将军定，不许将军见太平。”这句话是指太平的局面本来是由将军奠定的，但太平之后，功臣即被除掉，不允许立过功的将军享受太平时光。

《水浒传》中，费保协助归顺朝廷后的宋江等人攻打方腊，拿下苏州后，他借用古话“太平本是将军定，不许将军见太平”，建议李俊等人找个地方，安身养命，不必为官。费保是李俊在寻找攻打苏州策略时新结拜的兄弟。他曾拒绝做方腊的官，也拒绝了宋江的邀请，仍回榆柳庄逍遥（xiāoyáo）度日。

## ② 李逵险误事

话说宋江要求梁山众将严格按朝廷要求行事后，大家只好垂泪散去，无事不得进城。

不过也有几位好汉在天子与民同乐的上元节那天，偷偷地去城内看灯火戏。其中就有李逵。

他们在一处看戏时，正好戏中说的是《三国志》中关云长刮骨疗毒的一段。“这个真是好汉子！”看到精彩处，李逵突然喊道。

这一喊，让现场的观众大吃一惊，都把目光射向李逵。随同李逵来的燕青，也吓了一跳，赶紧拦住李逵，说了一句“你怎么在这里大惊小怪地乱叫?”后，就拖起李逵往外面走去。

两人转过一个街道，看见一个汉子在打人。黑旋风李逵一见，又准备拔刀相助。燕青只好紧紧地抱住他，才避免了一场争斗厮杀。不过他们也从这里知道了征方腊的信息。

从此宋江等人踏上了替朝廷铲(chǎn)平方腊的征途。

## ③ 关胜险胜方腊

没多久，宋江等人奉召征剿方腊，并很快拿下方腊据守江南的第一个险隘州郡(jùn)——润州。随后，宋江和卢员外兵分两路，宋江带领一路兵马攻打常州、苏州，卢员外带领一支队伍征剿宣州、湖州两处。

常州守将钱振鹏，其手下有两员副将，一个是钱振鹏的心腹许定，一个叫金节。不过，金节素有降(xiáng)宋之心。

为宋江打头阵的是关胜。一天，他带领十员将领，军马三千来到常州城下，摇旗呐喊，擂(léi)鼓搦(nuò)战。转眼间，钱振鹏骑着一匹卷毛赤兔马，挥舞着一口泼风刀，率领一支五千军马的队伍穿过城门，从吊桥上冲了出来。

关胜立马横刀，厉声高叫："反贼听着，你们帮方腊匹夫造反，残害生灵，人神共怒。今天我不把你们杀绝，誓不回兵。"

钱振鹏一听，大怒道："你们也是梁山的草寇，不知天高地厚，去帮助无道昏君。我要把你们杀得片甲不留！"

关胜大怒，舞起青龙偃月刀直冲过来。钱振鹏也挥舞着泼风刀迎着杀将过去。只见寒光闪灼，杀气弥漫。两匹战马腾空咆哮，泼风刀起，似半空飞下流星；青龙刀抡，如平地奔驰闪电。

他们俩连续斗了三十回合，钱振鹏渐渐抵挡不住。其手下两员大将立即提着两条枪，一起出马，迎上前，前后夹击关胜。关胜手下也不甘示弱，黄信和孙立迅速出马相助。阵前六员大将成三对厮杀一会儿后，又增加到十员大将成五对在阵前厮杀。

厮杀中，尽管金节故意败退，有心成就关胜等人，但关胜还是损失了韩(hán)滔、彭兕(sì)两员大将，自己险些被捉。

第二天，李逵等人赶到后，才报了关胜损失两将的仇恨。

## 4 金节献常州

金节回到家中，闷闷不乐。

其妻秦玉兰说道："你素有忠孝之心，归降之意，你又和朝廷没有什么旧怨，不如改邪(xié)归正，擒住吕枢密献给宋先锋。这才是正确的。"

金节说道："吕枢密手下人马多，其手下许定又是他们的心腹之人。我怕孤掌难鸣，怕事情没做好，反而惹祸上身呀。"

"你可以悄悄地写一封密信，拴在箭上，射出城外，让宋先锋知道，然后里应外合，攻下城池，"秦玉兰看了看四周，继续说道，"你来日出战，诈败佯输，引诱入城，可以立功。"

金节连连点头，对秦玉兰说道："贤妻此言极是，就按照你的方法做。"

次日，宋江看到密信后，非常高兴。宋江按照计划顺利入城，吕枢密带领许定夺路而逃。如此，宋江等人顺利拿下了常州。

## 5 宋江苏州遇阻

吕枢密等人逃到苏州，苏州守将是方腊的兄弟方貌。

方貌听闻吕枢密汇报后，亲自披挂，手持方天画戟，率领八员大将和五万大军前来支援吕枢密。

吕枢密则带着许定等人率先冲到宋江阵前。吕枢密先与宋江手下金枪手徐宁战到不足二十回合，就露出了破绽，让徐宁一枪挑下马来。

许定带着军士迅速后撤。宋江立即驱兵追赶，正好碰到方貌的大队人马。

两军各自稳住阵脚，排成阵势。方貌阵前八员大将一字摆开，方貌立在阵前中央，大声骂道："你们只是梁山打家劫舍的草贼，宋朝封你为先锋，领兵侵入吾地。我势将你们诛(zhū)尽杀绝，方才罢兵！"

宋江在马上指着他，也骂道："你们只是睦州一伙村夫，哪有那福气图王霸业？那是痴心妄想，不如及早投降，免你一死。天兵到此，不要巧言抗拒，我若不把你杀尽，誓不回军。"

方貌喝道：“且休与你争论。我手下有八员猛将在此，你敢拨八个出来厮杀吗？”

宋江笑道：“若是我两个并你一个，也不算好汉。你使八个出来，我使八员首将和你比试本事，便见输赢。但是杀下马的，各自抬回本阵，不许暗箭伤人，也不许抢掳尸首。如若不见输赢，不得混战，明日再约厮杀。”

方貌听了，便叫八将出来，各执兵器，骤(zhòu)马向前。

宋江也喊道：“诸将谁先出战？”话音未落，八将齐出。

顿时，两军中花腔鼓擂，杂彩旗摇，各家放了一个号炮，两军助着喊声，十六员大将飞奔向前，各自寻着敌手，捉对儿开始厮杀。那十六员将领，个个都是英雄好汉、猛将，用心杀敌，斗到三十回合后，忽然其中一将翻身落马，赢了的人是谁？谁落下马去了？

原来是美髯(rán)公朱仝一枪把对方的苟(gǒu)正刺下马来了。两军见此情况，各自鸣金收兵，七对将军也分开，两下各自回本阵。

方貌见损失了一员大将，寻思不利，退回苏州城后，坚守不出战。宋江见方貌坚守不出，只得另寻办法。

## 6 宋江夺下苏州城

宋江见苏州城外水面辽阔，准备利用水军船只进行厮杀，夺取苏州城。

宋江派水军头领李俊及童威、童猛一起去太湖了解情况。在太湖，他们幸得榆柳庄费保等好汉相助。在他们的协助下，方貌被杀，宋江等人顺利地攻下了苏州。

宋江希望费保等人留下来，与他们一起为朝廷效力。费保等人执意不肯。

费保回榆柳庄前，真诚地对李俊说道：“小弟虽是愚(yú)鲁匹夫，曾闻聪明人道，世事有成必有败，为人有兴必有衰。为何小弟不愿为官？因为日子太平后，有人必然来侵害你的姓名。自古道，太平本是将军定，不许将军见太平。此言极妙。”

李俊听后，倒地便拜，说道：“仁兄，承蒙教导，你说得非常有道理。”

李俊认为费保所言极有道理，他是否会随费保离开宋江，到一个环境优美的地方度过余生呢？欲知后事如何，且听下回分解。

# 三一　得之易，失之易；得之难，失之难

主要人物：张顺、宋江、李俊、方天定、方腊、柴进

主要地点：杭州

主要事件：张顺附身张横

## ① 俗话记忆

“得之易，失之易；得之难，失之难。”这句话是指事物得来容易，失去也容易，反之得来困难，则失去也困难。生活中，容易得到的东西，往往不会去珍惜，经过努力才得到的，一般都会格外珍惜。

《水浒传》中，梁山好汉为了能最后解决方腊的问题，柴进化名柯引与燕青一起到方腊的身边。方腊告诉柴进，近日宋江接连夺走了他几个城池，快要打到他身边了，不知如何对付。柴进告诉他，“得之易，失之易；得之难，失之难”，宋江轻松取得的城池，失去得也会快。以后所有的中原大地都将是方腊的。方腊听后高兴万分。

## ② 张顺水中遇险

话说费保反劝李俊等人放弃官职，去找一个清净的地方打渔为生，怡享天年。

李俊虽有同感，但仍念及宋江兄弟情谊，和童威、童猛回到了宋江身边，继续攻打方腊。

没多久，宋江与卢员外兵分三路攻打杭州。杭州当时的守将是方腊太子方天定。方天定也分三路人马，各引军三万迎敌。

杭州城外，宋江损失了郝(hǎo)思文和徐宁两员大将后，也不敢轻易搦战，只是

按兵不动。两军对峙(zhì)了半个月。

一天，张顺与李俊商议道："小弟欲从湖里钻水过去，从水门中暗入城去，放火为号，哥哥便可进兵，取他水门。然后告诉主将先锋，叫三路一齐攻城。"

李俊想了想，说道："此计虽好，只恐兄弟独立难成。"

张顺沉着地说道："即使难成，也算可以报答先锋哥哥这些年对我的情分。"

当晚，张顺带了一把柳叶尖刀，饱吃了一顿酒食，来到西湖岸边，看那三面青山，一湖绿水，非常美丽。再看远处城郭，四座禁门临着湖水。

张顺自言自语道："我虽生在浔阳江上，大风巨浪经历万千，何曾见这一湖好水，便死在这里，也要做个快活鬼。"说完，就脱下布衫，放在桥下，腰间挂一把尖刀，赤着脚钻下湖水，从水底摸将过去。

此时是初更天气，天上还有一点月光。张顺摸到涌金门边，抬起头，正好听到城上鼓更打到一更四点。城外静悄悄的，没有一个人，城墙上有四五个人在那里探望。

张顺又把头埋进水里，等了一会儿，再抬头看时，城墙上没有人影。于是，张顺摸到城下面，发现这里都是铁窗隔着，里面是水帘保护，帘子上有绳索，绳索上绑着一串铜铃。

"铃铃铃"，忽然铜铃响了几下，打破了夜空的宁静。原来这铃声是张顺不小心碰到了水帘，与之相连的绳索上的铃铛响了几下。

城墙上的军士听到了铃声赶紧探出头来看湖面。张顺不得不再次钻进水里。

只听到城墙上的军士自言自语道："铃子响得蹊跷，不会是一条大鱼游过来碰到了水帘吧?"众军汉看了一阵，没有发现异常情况后，又各自去睡了。

## ③ 张顺身死水中

张顺估计城墙上的军士都睡觉了，慢慢地再钻向城边，爬上岸来，抬头见城上无人，正准备往城墙上爬时，他又寻思起来："倘(tǎng)或城上有人，岂不白丢了性命，我且试探试探。"于是他摸到一石块，往城墙上一投。

"谁?"有一个不曾睡着的军士喊了一句，走到城墙口上看了一下水面。其他的人听他一喊，也都起来了。他们朝湖面搜寻了一番，没发现任何动静，纷纷说道："真是奇了怪了!""说不定是个鬼，我们还是去睡觉吧，不要理睬他。"

他们口里虽然这样说，却并没有去睡觉，而是躲在墙角里。

张顺在墙下听见他们说去睡觉了，就悄悄地走到城下。他仔细听一会儿，发现上面没动静，又往上抛一些土石试探。只听到土石落地的声音，没有其他任何反应。张顺心想：“已是四更天了，快要天亮了。此时不上城，更待何时！”于是他开始往上爬了，可刚爬到一半，就只听到一阵棒子响，城墙上出现了许多军士。

张顺只好跳下水，还没潜到水里，城上的弓箭、竹枪、鹅卵石就一起射打下来。可怜的张顺就这样惨死在水中了。

## 4 张顺附身张横

宋江听闻后，伤心欲绝，一怒之下，拿下了杭州的四个守将之头，活捉了守将茅迪(dí)。后来，宋江等人再次攻打杭州城。方天定在宫中听见喊杀声，大吃一惊，迅速披挂上马。由于这次宋江采取了内外夹击的方式，城内的大部分军士早已投降，城上军士也都逃命去了。

方天定上马后，四下里找不着一员将领，只有几个随从跟着，就往南门逃走了。方天定逃到五云山下时，发现前面走来一个人，口里闲着一把刀。方天定见来人不善，便拍马而走。奇怪的是，那匹马怎么打也不动，却似有人拉住嚼环一般。那汉子抢到马前，把方天定扯下马来，一刀便割了他的头，骑上他的马，一手提头，一手执刀，飞奔至杭州城。

来到城中，正好遇到林冲、呼延灼，二将一看是张横，吃了一惊。呼延灼问道：“贤弟哪里来？”张横不应声，骑马只奔宋江面前。大家都觉得非常奇怪。

张横来到宋江面前，滚鞍(ān)下马，把头和刀撇在地下，纳头便拜了两拜，哭了起来。

宋江慌忙抱住张横道：“兄弟，你从哪里来？”

张横道：“我不是张横。”

宋江吃惊地问：“你不是张横，是谁？”

张横道：“我是张顺。我死后，我的魂魄一直在水里飘荡。近日哥哥打破了城池，我的魂魄缠住方天定，半夜里随他出城，然后见哥哥张横在大江里，就借张横的身体飞奔上岸，跟着方天定来到五云山脚下。杀了方天定后，就一路奔来见哥哥。”说罢，就蓦(mò)然倒地。

宋江赶紧扶起来，张横此时睁开眼睛，看了看宋江及众人，说道：“我是不是在黄泉见哥哥了。”

宋江哭道：“刚才是你兄弟张顺附体，杀了方天定那贼。”

张横一听，大哭起来：“难道我的兄弟已死了？”

宋江难过地点点头。此次宋江以九位兄弟的性命为代价，夺得了杭州城。

## 5 柴进“投身”方腊

此时杭州城内瘟疫(wēn yì)盛行，又病倒了六位佐(zuǒ)将，除留下两位头领负责照看病人外，其余各将随着宋江攻取睦州。

柴进和燕青此时也按照宋江的部署来到睦州。柴进化名珂(kē)引，身份为贤士达人，前往清溪帝都投奔方腊，燕青假扮为他的仆人。

方腊见柴进仪表非凡，已有八分喜欢，于是问他：“贤士说是朝着天子气色而来，这天子气色在哪里呢？”

柴进故意恭恭敬敬地说道：“我拥有祖传之密法，日夜观察，帝王之星就在睦州，我才不辞千里之劳苦来到这里。今天终于见到了天子圣颜，十分荣幸。”说完就拜倒在地。

方腊一听，心中已有十分喜欢柴进了。

没多久，方腊忽然脸色一沉，忧郁之色，骤然上脸。他低沉地说道：“我原来拥有众多城池，可是最近被宋江等人连夺多地，也让我损失很多大将，其中还有不少是我的子侄。现在他们又快打到我这里来了，不知怎么办才好？”

柴进笑着说道：“臣闻古人言，得之易，失之易；得之难，失之难。有朝一日，中原大地都将属于陛(bì)下，即使以前的盛汉、盛唐都无法与陛下相比。”

方腊听了这样的话，越发喜欢柴进，并且把金芝公主嫁给他。

有一天，宋江等人开始攻打方腊的最后居住地——清溪帝都。柴进和燕青虽然顺利深入虎穴，但能否助宋江一臂之力，彻底清除方腊呢？卢员外那一路军马又能否及时与宋江汇(huì)合，一起夺取方腊老巢呢？欲知后事如何，且听下回分解。

# 三二　天时不如地利，地利不如人和

主要人物：方腊、卢员外、柴进、宋江
主要地点：清溪县
主要事件：方腊被剿

## ❶ 俗话记忆

“天时不如地利，地利不如人和。”这句话本意是指在作战胜利的条件中，有利的天气条件不如有利的地理优势，而有利的地理优势，又不如人心所向和内部团结。这句话凸显出了人的重要性。

《水浒传》中，卢员外在昱（yù）岭关遇到劲敌，连损六将，为此郁闷不止。神机军师朱武劝他说，他们都是中原人，不习惯水战，没有“地利”条件，也没有当地人的支持，所以必须要得到当地人的指引，了解这里的地理环境，才能最终获胜。

## ❷ 卢先锋拿下钦（qīn）州城

话说宋江虽然拿下了杭州、睦州，但也付出了不小的代价。柴进和燕青在方腊身边也日夜想着怎样配合宋江所率领的大军。卢员外所带领的人马情况如何，又能如约一起攻打方腊老巢——清溪帝都吗？

卢员外与宋江分开后，来到临安镇昱岭关，就遇到了方腊手下的一员大将庞（páng）万春。

庞万春，绰号小养由基，是江南方腊国中弓箭高手。手下两员副将也是绝技在身，能使用七八百斤的劲弩。

首战中，史进就被庞万春的神箭射下马。当石秀等六将一起骑马合力营救史进时，也都没有逃过庞万春等人的弩箭，全部被射死在关下。三千步兵，最后只剩下一百多个逃回寨中。

卢员外听后，呆在那里半天都没有说话。神机军师朱武擦干眼泪，便向卢员外谏言道："卢先锋如此烦恼会误大事，我们还是商量一个计策，去夺关斩将，报此仇恨。"

卢员外伤心地说："宋公明兄长特分许多将相与我，今番不曾赢得一仗，反而首先就折了七将，还有三千步兵只回一百多人。到了钦州后，我怎么见他呀?"

朱武安慰道："古人有云，天时不如地利，地利不如人和。我们都是中原山东河北人氏，不擅长水战，因此失了地利。须获得本处乡民指引路径，知道此处地形特点，方能获胜。"

卢员外听后，点头称是："军师言之极当，差谁去探路好呢?"

朱武赶紧说："依我愚意，可差鼓上蚤时迁。他是个飞檐走壁的人，好去山中寻路。"

时迁听令后带上干粮，挎一口腰刀，离开营寨，往深山深处走去。时迁在深山中，遇到一位老和尚，老和尚把去昱岭关的小路一一告诉时迁。

终于，卢员外采用火烧和内外夹攻之策拿下了昱岭关，直逼钦州城下。

次日，卢先锋来到钦州城下，见城门不关，城上也没有军士和军旗。单廷(shàn tíng)眭(suī)和魏(wèi)定国两将一心想夺头功，见此无人把守，不等卢先锋下令，便引军杀入城去。后面卢先锋刚叫一声"苦啊"，冲进去的人都掉入城门后面的陷阱(xiàn jǐng)里了。埋伏在两边的人立即冲向前，用长枪和弓箭，把陷阱里的人全部杀死了。

卢员外见又折了二将，怒火中烧，即令前部军士带土块入城，一边填塞陷阱，一边与敌人厮杀。顿时，杀死的人和带来的土石埋在一起，很快就填平了陷阱。

卢先锋率先杀入城中，与方腊的叔叔方坤(kūn)正好相遇。两马相交，卢员外心头之火骤起，平生之威立现，只一朴刀就把方坤砍于马下。宋兵奋力厮杀，没多久，钦州城就在卢员外掌控之中。

最终，卢员外与宋江相约进兵，向方腊老巢清溪帝都进发。

## 3 柯驸马阵上说计

一天，两军在清溪县界相遇。

方腊御驾亲征，九曲黄罗伞下，他头戴一顶冲天转角名金璞(pú)头，身穿一领日月云间九龙绣袍，腰系一条金镶(xiāng)宝嵌(qiàn)玲(líng)珑(lóng)玉带，足踏一双金显缝(fèng)云根朝靴。

忽然，两军还没开打，清溪城内喊声连天，火光遍布，兵马交加。原来是刚借献粮投诚之计进城的李俊等人在城内放起火来。

方腊一见，赶紧下令御林军回城救火。

宋江见方腊军马混乱，立即随后追杀。此时，卢先锋的军马也已赶到，两下接应，宋兵从四面八方围攻清溪城。方腊在方杰的保护下，往老巢帮源洞中逃去。

宋江、卢员外率军马团团围住帮源洞后，也无计可入。方腊在洞中如坐针毡，更无计可施。两军相困，已有多日。

就在方腊忧郁苦闷间，忽然一位锦衣绣袄的大臣，俯伏在金阶殿下："启奏我王，臣虽不才，愿借主上一支军马，立退宋兵。"方腊一看，原来是驸马柯引，立即传令，召集洞内所有兵马，由驸马领兵出洞，与宋兵一战。

"你那厮是何人，敢助反贼与吾天兵敌对？"花荣横枪立马，在阵前高声喝问。

柯驸马答道："吾乃山东柯引，谁不闻我大名？量你们是梁山一伙的强徒草寇，何足道哉。我把你们杀尽，收复城池，是我的心愿。"

宋江和卢员外在马上听柴进说话，寻思着他说话的意思，想他心里是要干什么。原来他把"柴"字改成"柯"字，"进"字改成"引"字。吴用轻轻地对他们俩说："先看看花荣与他对打的情况吧。"

花荣挺枪跃马来战柯引，两马相交，两人各举兵器斗到一边，搅在一起，打成一团。柴进低声对花荣说："兄长可且诈败，来日议事。"花荣听后，再随意战了几个回合，就拨转马头往回走。柯引故意大声说道："败将，我不追你。你们如果有厉害的，就叫他来和我交战。"

花荣回到阵中把柴进的话说给他们听。吴用一听就知道柴进的用意了，连忙下令道："关胜出战。"关胜舞起青龙偃月刀，飞马出战，柯驸马挺枪迎敌，两个交锋，全无惧怯，二将斗不到五回合，关胜也诈败佯输，走回本阵。朱仝再战，也诈败弃马而回。

柯驸马随即下令军马一齐掩杀过去。宋江即令退兵十里。柯驸马追赶了一程后，收兵返回洞中。方腊大喜，安排御宴，款待驸马。

## 4 方腊被擒

次日，方腊在洞顶观看，柯引与方杰领兵出洞。柯引立在门旗下，正要出战，只见皇侄方杰立马横戟道："驸马且停住，等我方某先斩宋兵一将，驸马再出马对敌。"

皇侄方杰争先纵马搦战。方杰虽有万夫不当之勇，但也难敌宋江四将联手。在回撤时，被柴进一枪戳下马，燕青冲上去一刀结果了方杰的性命。方腊及方腊的军士们看得呆了，醒悟过来后，都各自逃生去了。

方腊把身上所穿戴的皇帝装扮全部去掉，穿上普通老百姓的装束，爬山奔走，连夜逃命，在一间草庵内被鲁智深用绳索绑了起来。

自此，朝廷的方腊之患已没有了。宋江、卢员外、柴进三路人马完成了最后歼灭方腊的任务。这些得胜之人，后来如何呢？朝廷又会如何对待他们呢？欲知后事如何，且听下回分解。

# 三三　贫富贵贱，宿生所载；寿夭短长，人生分定

主要人物：鲁智深、宋江

主要地点：杭州

主要事件：鲁智深圆寂

## ❶ 俗话记忆

“贫富贵贱，宿生所载；寿夭短长，人生分定。”这句话的意思如同“生死有命，富贵在天”一般，是说封建旧社会里人的生死等一切人生现象，都是命中注定的。现在偶(ǒu)尔用来抚慰突发事件中存在重大财产损失的人或生命消逝的人的亲属。

《水浒传》中，宋江获得征讨方腊的最后胜利后，哭着感叹：原有一百零八将，破辽时没有损伤，如今却损伤七成。他认为自己没有脸面回见山东父老。张招讨就借用这句话安慰宋江不要以损失将佐为羞为耻，他说，那些在征战中死去的好汉兄弟都是命中注定的，不是人力所能改的。

## ❷ 鲁智深圆寂

话说以宋江为先锋，卢员外为副先锋的大宋军队取得了征讨方腊的最后胜利后，在杭州集合待命。宋江不禁感叹一路走来，同生共死的兄弟伤者颇多。这时张招讨劝慰道：“自古道：‘贫富贵贱，宿生所载；寿夭短长，人生分定。’”杭州城这时欢迎宋江队伍的锣鼓声响彻云霄，大小街道插满了得胜旗。宋先锋率领队伍在杭州城外的六和塔驻扎待命，诸将在六和寺安歇。

杭州城外日和风清，水天同碧。鲁智深与武松站在寺墙外，放眼望去，江山秀丽，景物非常，心中甚是欢喜。晚上，二人正在僧房睡觉，睡到半夜时，忽然

听到江上潮声雷响。鲁智深是关西汉子，不知道这里的潮信。他以为是战鼓响，有贼人出现，连忙跳将起来，摸到禅杖，大喝一声，就往外面跑。

“师父为什么如此慌张，准备干什么去？”众僧吓了一跳。

“战鼓响了，准备去厮杀。”鲁智深急切地说。

众僧笑了起来，说道：“师父错听了，这不是战鼓响，是钱塘江潮信响。”

鲁智深摸了摸脑袋，问：“师父，什么叫潮信响？”

众僧推开窗户，指着钱塘江的潮头给鲁智深看，说道：“这两夜是潮信来的时间。今天是八月十五日，每年的这个时候，潮都会来。因为守信，所以称之为潮信。”

鲁智深仔细一看，拍掌大笑后，忽然想起师父智真长老的话，恍然大悟道：“俺师父智真长老曾嘱咐，说‘逢夏而擒’，我就在万松林厮杀后，活捉了夏侯成；‘遇腊而执’，俺就生擒了方腊。今日正应了‘听潮而圆，见信而寂(jì)’。俺想既逢潮信，合当圆寂。众和尚，什么是圆寂？”

众僧笑道：“你是出家人，难道不知道圆寂？佛门中说的圆寂就是死。”

鲁智深若有所思地说道：“既然如此，我今天就应该要圆寂了。麻烦给我热水，我要洗澡。”

众僧认为他只是开玩笑而已，可是又见他认真的样子，加上他的性格，大家还是不敢不依他。

鲁智深沐浴后，换了一身干净的僧衣，写下一篇颂(sòng)子纸，在法堂上搬了一把禅椅，放在房子中间，焚(fén)起一炉好香，把写好的颂子纸放在禅床上，自己盘起两只脚，在禅椅上坐好。

宋公明知道后，立即带领众头领来看。待他们到时，发现鲁智深已经在禅椅上不动了。鲁智深就这样离开了众兄弟。

## ❸ 好汉只剩二十七

宋江离开鲁智深圆寂的地方，再来探视武松。

武松对宋江说：“我已经残疾了，不必去京城朝见皇帝了，就在这里做一个清闲道人吧。”武松自此在六和寺出家，后至八十善终。

在杭州，先后有林冲、杨雄、时迁、杨志病亡。燕青隐姓埋名，离开宋江、卢员外后，就不知去向。李俊、童威、童猛前往榆柳庄，与费保一起另寻快活去了。

宋江等人离开杭州到京城造名册时，原来的一百零八将只剩下二十七员。其中正将十二人，偏将十五人。皇帝下旨，对生死的正偏将士均各授爵（shòu jué）名爵。参加朝见的正偏将中，除宋江、卢员外另外安排职务外，其他正将授武杰将军，诸州统制；偏将十五人各授武奕（yì）郎，诸路都统领。

当日，宋江等谢完恩后，天子命设太平筵宴，文武百官、九卿（qīng）四相都来庆贺功臣。

## ④ 宋江安葬父亲

一天，宋江奏请了圣旨，回乡探亲。

宋江和兄弟宋清离了京城，一路默默地回到郓城县宋家村。宋江兄弟回到家后，没想到迎接他们的是父亲的一具冷冰冰的灵柩（jiù）。宋江兄弟俩不胜哀戚（āi qī），痛哭流涕（tì）。安葬好父亲后，宋清留在宋家村，在乡中务农，奉祀（fèng sì）宗亲香火，宋江回到京城。

宋江等人被朝廷逐一论功行赏，安排好工作后，是不是就可以怡享天年了呢？那四个身居要职，视宋江为仇人的官僚能放过宋江等人吗？欲知后事如何，且听下回分解。

# 三四　恨小非君子，无毒不丈夫

主要人物：宋江、卢员外、李逵、高俅、蔡京、童贯
主要地点：楚州、庐州
主要事件：梁山好汉冤死

## ❶ 俗话记忆

“恨小非君子，无毒不丈夫。”这句话由“无度不丈夫，量小非君子”而来，原句本意是心胸狭窄、缺乏度量的人，不配做丈夫和君子。这里的“丈夫”，是指有远见卓识、胸怀宽广的“大丈夫”。后来这句话演变成“恨小非君子，无毒不丈夫”，意思是，人不狠毒就干不成大事。也有“不能心狠手辣，便不能成为大丈夫”一说，这句话为那些狠毒之人找了一个借口。

《水浒传》中，太尉高俅和杨戬(jiǎn)看见天子重(zhòng)礼厚待宋江等人，心里十分不舒服，就私下里商议。商议时借用了这句古话“恨小非君子，无毒不丈夫”。他们想方设法地要残害宋江等人。

## ❷ 梁山寨主受陷

话说宋江和卢员外安顿落实好梁山兄弟后，就各自去庐州和楚州任职。蔡京、童贯、高俅、杨戬四大贼臣眼看这些昔日的仇人个个得到皇帝的赏赐，如今还同朝为官，他们有些坐不住了。

高俅和杨戬商议时说：“恨小非君子，无毒不丈夫。”他们准备先对付卢员外，再治宋江。

一天，高俅叫其心腹之人找到两个庐州人，要他们向枢(shū)密院交一份状告卢

员外预谋造反的状纸，说卢员外在庐州招兵买马，集草屯(tún)粮，预谋造反，并且经常到楚州去联络宋江，互通情报。

其实，卢员外被皇帝派到庐州担任安抚使，当时他是孤(gū)身一人任职，没有任何家眷，只带了几个随行之人。

枢密院的负责人是童贯。童贯看到状告卢员外的状纸，高兴极了，心中想：你们这些梁山来的贼寇，我让你们有来无回。一边想着，一边迅速来到太师府禀(bǐng)报，唯恐耽误时间。

太师府蔡京看了状纸后，迅速召集官员开会商议。这些官员中，就有高俅和杨戬。很快，蔡京、童贯、高俅、杨戬四人就定好了计策，带领原告去向天子启奏。

"朕(zhèn)想宋江、卢员外，破大辽，收方腊，掌握十万兵权，尚且不生歹(dǎi)心。现在已经去邪归正，怎么会再造反呢?"皇帝反复看了看状纸，若有所思地说道，"寡人不曾亏负他，如何敢叛逆朝廷?"

"其中有诈(zhà)，未经审核，难以准信。"皇帝思考片刻后，坚定地说道。

"圣上虽是忠爱，但人心难测，想必是卢员外嫌(xián)官卑(bēi)职小，没有满足他的想法，于是心怀反意，不幸被人知觉。"高俅和杨戬连忙解释。

皇帝说道："可把他唤来，让寡人亲自问问，听听他怎么说。"

"卢员外是一猛兽，未保其心。倘若惊动了他，必致走漏风声，深为不便，今后也难以收捕，"蔡京、童贯连忙谏言道，"只可让他一人来京师，陛(bì)下钦赐御膳(shàn)御酒，将圣言抚谕(yù)之，窥(kuī)其虚实动静。若无，不必究问，亦显陛下不负功臣之念。"

皇帝听后，答应下一道圣旨，派人去庐州宣卢员外还朝(huán cháo)，说有委用的事情相托。

## ③ 卢员外冤死淮(huái)河

卢员外接旨来到京师后，在太师府蔡京、枢密院童贯、太尉府高俅及杨戬的引领下到偏殿朝见皇帝。

“寡人欲见卿一面，”皇帝想了想，问道，“你在庐州还好不?”

卢员外再拜，启奏道：“托赖(lài)圣上洪福齐天，庐州军民安泰无恙(yàng)。”

皇帝又问了一些闲话后，就开始让卢员外享用御膳御酒。此时高俅、杨戬早已将水银暗地里放在酒食里面了。不知情的皇帝当面把放有水银的御膳御酒赐给卢员外。卢员外将御酒一饮而尽，御膳也拜食了些。

高俅、杨戬见卢员外毫无防范，互相对望了一下，口角透出一丝得意。

卢员外吃完御膳后便回庐州，走着走着，就觉得腰肾(shèn)疼痛，不能再骑马了，于是赶紧改为乘船回。夜已经深了，船还没有到庐州，中午喝的御酒，酒劲较大，现在已经上头了。有些醉意的卢员外立在船头，眺望远方黑黑的夜空。没想到水银下沉，并深入到骨髓(suǐ)，卢员外没站稳，加上有些醉意，只听“咚”的一声，就落入淮河而死。

## ④ 宋江携李逵而亡

卢员外死后，蔡京等四贼臣担心宋江怀疑他们，于是又巧言让皇上下了一道圣旨，赐宋江御酒一坛。

宋江自饮御酒后，觉得头部疼痛，心中疑虑(lǜ)。后来发现御酒中已下毒药，于是他连夜叫李逵到楚州议事。

李逵来到宋江面前，急切地问：“哥哥，什么大事?”

宋江对李逵说：“你且饮酒。”宋江把剩下的御酒给李逵喝了。酒后，宋江说道：“贤弟不知，朝廷派人赐我药酒，如果我死了，你怎么办?”

“哥哥，反了罢!”李逵大叫一声。

宋江摇了摇头，说：“兄弟，军马都没有了，兄弟们也都散了，如何反得成呀?”

李逵听后，激动地说："我镇江有三千军马，哥哥这里也有军马，我们还可以招兵买马，完全可以再聚集在一起，然后杀将过去。我们继续上梁山快活去，在奸臣手下受气，太难受了！"

宋江说道："兄弟且慢着，再有计较。"随后，两人各自睡下。

第二日，李逵离开时，问宋江："我们几时起兵？我那里也好接应。"

宋江扶着李逵，说道："兄弟，请不要怪我。我喝了药酒注定要死。我为人一世，只主张忠义二字。我宁可朝廷负我，我忠心不负朝廷。我死后，担心你造反，坏我梁山替天行道忠义之名，我请你来，昨天也让你喝了毒酒，你回到润州也会死。死后，到我这里来，我们兄弟葬在一起，和你阴魂相聚。"说罢，泪如雨下。

李逵也满脸是泪，道："罢！罢！罢！生时服侍哥哥，死了也只是哥哥部下一个小鬼。"

## 5 吴用花荣自缢而死

宋江、李逵两人死后，葬在与梁山泊相似的蓼(liǎo)儿洼。

吴用、花荣闻讯也随后赶到蓼儿洼。吴用悲痛地对花荣说："我死后，你把我葬在他们俩旁边，让我的魂魄与仁兄同聚一处，以表忠义之心。"花荣表示，要死就一起死。

花荣和吴用两人大哭一场后，双双悬于树上，自缢(yì)而死。花荣的从人赶来后，将他们俩安葬在宋江旁边。

此后，道君皇帝梦及宋江。梦中，宋江尽说忠义。皇帝追责高俅、杨戬，奸臣互相袒(tǎn)护，将罪责追究到送御酒的使臣身上。经查，这个使臣离开楚州后，就不见踪影，不知什么时候死在了回京的路上。

皇帝恩准了宿太尉的启奏：宋清承袭宋江名爵，待有子嗣(sì)，朝廷录用。在梁山盖庙宇，大建祠堂，供奉宋江等人神像，牌匾(biǎn)上御笔亲书"靖忠之庙"。

至此，水浒一百零八将忠义故事完结。

# 参考文献

[1] 金圣叹. 水浒传的政治与谋略 [M]. 海口：三环出版社，1992.
[2] 罗贯中. 三国演义 [M]. 长沙：岳麓书社，2016.
[3] 吴承恩. 西游记 [M]. 长沙：岳麓书社，2016.
[4] 施耐庵. 水浒传 [M]. 长沙：岳麓书社，2016.
[5] 曹雪芹，高鹗. 红楼梦 [M]. 长沙：岳麓书社，2016.
[6] 刘仁圣，陈信陵，吴晓龙. 水浒文化大观 [M]. 南昌：百花洲文艺出版社，1997.
[7] 杨子华. 水浒民俗文化 [M]. 北京：华艺出版社，1998.
[8] 贺淮城. 解读三国话诸葛 [M]. 苏州：苏州大学出版社，2004.
[9] 金圣叹（批评），施耐庵（著）. 金圣叹批评本《水浒传》：上 [M]. 长沙. 岳麓书社，2006.
[10] 金圣叹（批评），施耐庵（著）. 金圣叹批评本《水浒传》：下 [M]. 长沙. 岳麓书社，2006.
[11] 毛宗岗（批评），罗贯中（著）. 毛宗岗批评本《三国演义》：上 [M]. 长沙：岳麓书社，2006.
[12] 毛宗岗（批评），罗贯中（著）. 毛宗岗批评本《三国演义》：下 [M]. 长沙：岳麓书社，2006.
[13] 易中天. 品三国：上 [M]. 上海：上海文艺出版社，2006.
[14] 易中天. 品三国：下 [M]. 上海：上海文艺出版社，2007.
[15] 邹晓丽. 解语析言说红楼 [M]. 沈阳：沈阳出版社，2007.
[16] 吴越. 品水浒：品人篇 [M]. 北京：东方出版社，2007.
[17] 吴越. 品水浒：品事篇 [M]. 北京：东方出版社，2007.
[18] 薛国安. 正说军师 [M]. 北京：华艺出版社，2007.
[19] 曹雪芹，高鹗. 红楼梦 [M]. 北京：中华书局，2007.
[20] 盛巽昌，李子迟. 水浒传：毛泽东品读版 [M]. 北京：中央编译出版社，2013.
[21] 罗贯中. 三国演义 [M]. 北京：中华书局，2007.
[22] 吴承恩. 西游记 [M]. 北京：中华书局，2007.
[23] 施耐庵. 水浒传 [M]. 北京：中华书局，2007.

［24］陈建平. 水浒戏与中国侠义文化［M］. 北京：文化艺术出版社，2008.
［25］十年砍柴. 闲看水浒：字缝里的梁山规则与江湖世界［M］. 太原：山西人民出版社，2010.
［26］董志新. 毛泽东读《红楼梦》［M］. 沈阳：万卷出版公司，2011.
［27］董志新. 毛泽东读《西游记》［M］. 沈阳：万卷出版公司，2011.
［28］高语罕.《红楼梦》宝藏六讲［M］. 北京：首都经济贸易大学出版社，2012.
［29］柯继红. 换种方式品水浒：水浒传里的那些人［M］. 北京：农村读物出版社，2013.
［30］李奇. 和孩子一起成长：《西游记》中的家教智慧［M］. 北京：中国轻工业出版社，2013.
［31］完颜亮. 毛泽东读古典名著［M］. 北京：当代中国出版社，2014.
［32］沈家仁，沈忱. 趣味水浒：江湖社会众生相［M］. 郑州：河南文艺出版社，2014.
［33］蒋勋. 微尘众：《红楼梦》小人物（1）［M］. 北京：中信出版社，2014.
［34］蒋勋. 微尘众：《红楼梦》小人物（2）［M］. 北京：中信出版社，2015.
［35］蒋勋. 微尘众：《红楼梦》小人物（3）［M］. 北京：中信出版社，2015.
［36］向荣华. 趣读生慧：与你分享“西游”“三国”［M］. 南宁：广西师范大学出版社，2017.
［37］罗贯中. 三国演义［M］. 北京：人民文学出版社，2018.
［38］吴承恩. 西游记［M］. 北京：人民文学出版社，2018.
［39］施耐庵，罗贯中. 水浒传［M］. 北京：人民文学出版社，2018.
［40］曹雪芹，无名氏. 红楼梦［M］. 北京：人民文学出版社，2018.
［41］亦舒. 红楼梦里人［M］. 长沙：湖南文艺出版社，2018.
［42］向喆，向荣华，刘勇. 闲读鉴美：与你分享“水浒”“红楼”［M］. 长沙：湖南大学出版社，2018.

# 附　录

**《水浒传》中引用的部分俗话**

1. 鲁智深对林冲说：杀人须见血，救人须救彻。
2. 吴用对晁盖说：水来土掩，兵到将迎。
3. 作者引用：风不来，树不动；船不摇，水不浑。
4. 作者引用：一不将，二不带。
5. 作者引用：风流茶说合，酒是色媒人。
6. 阎婆惜对宋江说：鲁班手里调大斧。
7. 作者引用：佳人有意村夫俏，红粉无心浪子村。
8. 阎婆对唐牛儿说：杀人可恕，情理难容。
9. 张青对武松说：有眼不识泰山。
10. 阎婆惜自言自语道：吊桶落在井里。
11. 阎婆惜对宋江说：公人见钱，如蝇子见血。
12. 阎婆惜对宋江说：哪个猫儿不吃腥。
13. 阎婆惜对宋江说：阎罗王面前，须没放回的鬼。
14. 阎婆惜对宋江说：棺材出了，讨挽歌郎钱。
15. 史太公对王进说：有眼不识泰山。
16. 武松对宋江说：有眼不识泰山。
17. 武松对庄客说：人无千日好，花无百日红。
18. 石秀暗自思考：人无千日好，花无百日红。
19. 潘金莲对武松说：人无刚骨，安身不牢。
20. 潘金莲对武松说：花木瓜空好看。
21. 武松对潘金莲说：篱牢犬不入。
22. 武松对潘金莲说：表壮不如里壮。
23. 王婆对西门庆说：入门休问荣枯事，观着容颜便得知。
24. 作者引用：没巧不成话。

25. 西门庆对王婆说：但得一片橘皮吃，莫便忘了洞庭湖。
26. 西门庆对潘金莲说：万丈水无涓滴漏。
27. 王婆对西门庆说：骏马却驮痴汉走，美妻常伴拙夫眠。
28. 西门庆对潘金莲说：柔软是立身之本，刚强是惹祸之胎。
29. 作者引用：开言欺陆贾，出口胜隋何。
30. 王婆对西门庆说：一客不烦二主。
31. 王婆对西门庆说：眼望旌节至，专等好消息。
32. 王婆对西门庆说：棺材出了讨挽歌郎钱。
33. 作者引用：好事不出门，恶事传千里。
34. 吴用对众好汉说：蛇无头而不行。
35. 王婆对西门庆说：嫂叔不通问。
36. 王婆对西门庆说：初嫁从亲，再嫁由身。
37. 西门庆对王婆说：欲求生快活，须下死功夫。
38. 武松对何九叔说：冤各有头，债各有主。
39. 孙二娘寻思道：灯蛾扑火，惹焰烧身。
40. 众囚徒对武松说：不怕官，只怕管。
41. 众囚徒对武松说：在人矮檐下，怎敢不低头。
42. 众囚徒对武松说：兔死狐悲，物伤其类。
43. 孔明、孔亮对武松说：有眼不识泰山。
44. 宋江对公差说：福无双至，祸不单行。
45. 作者引用：世情看冷暖，人面逐高低。
46. 宋江对戴宗说：人情人情，在人情愿。
47. 宋江对戴宗说：不打不成相识。
48. 作者引用：云生从龙，风生从虎。
49. 石秀心理活动：那得长远心的人。
50. 作者引用：莫说欢娱嫌夜短，只要金鸡报晓迟。
51. 作者引用：人家女使，谓之奴才。
52. 作者引用：醉是醒时言。
53. 作者引用：酒乱性，色迷人。
54. 杨雄骂石秀：画龙画虎难画骨，知人知面不知心。
55. 程太守对董平说：两国相战，不斩来使。
56. 虔婆对李公说：蜂刺入怀，解衣去赶。

57. 吴用对宋江说：富与贵，人之所欲；贫与贱，人之所恶。

58. 作者引用：将酒劝人，终无恶意。

59. 贾氏对卢员外说：一人造反，九族全诛。

60. 蔡福对李固说：下民易虐，上苍难欺。

61. 宋江对众好汉说：成人不自在，自在不成人。

62. 张招讨对宋江等人说：贫富贵贱，宿生所载；寿夭短长，人生分定。

# 后　记

我的书柜里不仅有六套以上各出版社的四大名著版本，还有若干本关于四大名著研究成果的著作。其中大部分著作，都留下了我阅读的痕迹，或圈点，或批注，有的著作因阅读多次，而“伤痕累累”。

每读一次，就收获一次新的感受，我乐此不疲。在读的过程中，我也一直在思考怎样才能让孩子们喜欢四大名著的文字，怎样传承好其中所承载的中国传统文化。

我感谢广西师范大学出版社及湖南大学出版社的编辑老师，让我出版了四大名著的读写系列之《趣读生慧——与你分享“西游”“三国”》《闲读鉴美——与你分享“水浒”“红楼”》。该系列书籍通过“读名著，学作文”的方式，引领广大青少年感受名著的文字魅力，学习写作技巧，体会表达乐趣。

现在，我又用四大名著中的“俗话”，串起一个个名著故事，完成了“知俗话，悟名著”的名著阅读欣赏系列图书。这里再次感谢湖南大学出版社编辑朋友，让我有机会用独特的方式与大家分享名著故事，感受俗话的能量，享受阅读名著的乐趣。

在“俗话”四大名著的过程中，我经常被其中的文字所感染，被其中的人物形象所吸引，与其中部分事件中的人物产生了些许情感共鸣。

为了让本套书更符合当前读者的阅读习惯，我将篇幅缩短，精减长篇大段，将众多人物语言改编成了教科书式的多种表达形式，利于中小学生学习。编写时，我仍少量地保留了原著的语言句式及文风，让学生能够适当了解文言文及感受原著的魅力。在此基础上，还丰富了原著的人物描写、环境描写、事件描写的形式与内容，以使文本更加贴近中小学生的实际。

回顾过往，我彷徨过，迷茫过，但最终在领导、朋友、同仁、家人的鼓励与

帮助下走了过来，收获了许多，并且感到很充实，很快乐。这也为自己的教师职业生涯增添了许多色彩，在此向所有关心、支持我的各位表示衷心的感谢。

本套书成稿后，熊英、黄利婷、徐美娟、邓萍丽、刘勇、钟红娜、陈学军等老师完成了试读，并及时发现了一些问题，提出了一些宝贵的意见，在此一并感谢！

我衷心希望能有更多的人喜爱四大名著，常读常悟，一起守护和传承好中华民族优秀传统文化。

感恩，一路有你！

**向荣华**

2022 年 1 月 22 日

# 三国演义

◎罗贯中　原著
◎向荣华　改编

湖南大学出版社·长沙

图书在版编目（CIP）数据

俗话四大名著. 三国演义/向荣华改编 .—长沙：湖南大学出版社，2022. 4
ISBN 978-7-5667-2367-3

Ⅰ. ①俗…　Ⅱ. ①向…　Ⅲ. ①阅读课—中小学—教学参考资料
Ⅳ. ①G634. 333

中国版本图书馆 CIP 数据核字（2022）第 027140 号

# 俗话四大名著 · 三国演义

SUHUA SI DA MINGZHU · SAN GUO YAN YI

**改　　编**：向荣华
**责任编辑**：饶红霞
**印　　装**：长沙市宏发印刷有限公司
**开　　本**：710 mm×1000 mm　1/16　**印　　张**：41. 25　**字　　数**：780 千字
**版　　次**：2022 年 4 月第 1 版　**印　　次**：2022 年 4 月第 1 次印刷
**书　　号**：ISBN 978-7-5667-2367-3
**定　　价**：158. 00 元（全四册）

**出 版 人**：李文邦
**出版发行**：湖南大学出版社
**社　　址**：湖南 · 长沙 · 岳麓山　**邮　　编**：410082
**电　　话**：0731-88822559（营销部），88821343（编辑室），88821006（出版部）
**传　　真**：0731-88822264（总编室）
**网　　址**：http：//www. hnupress. com
**电子邮箱**：749901404@qq. com

# 说说四大名著中的俗话

俗话，又称俗语。一般是指流行通俗的语句，它不但包括群众喜闻乐见的民间谚语、词语，还包括流传下来通俗易懂的古代圣人君子所说的及经典著作中所蕴含的富有哲理的话，比如，孔子、孟子、老子等人所说的广为流传的话语，《孙子兵法》中大家熟知的兵法策略，以及《增广贤文》等传统蒙学中经典的语句，等等。

俗话之所以能流传下来，是因为它不仅揭示了一定的人生哲理和客观规律，而且还具有通俗易懂的特性，使老百姓一听就能明白，并且运用起来方便易行，往往能脱口而出。

我在阅读四大名著时，发现其中引用了大量的俗话，读起来特别亲切，感觉打通了我与历史的脉络。经过较长时间的整理后，我发现四大名著中引用的俗话，主要有以下三种形式：

其一，用“自古云”“自古道”“自古说”等方式，引出一句俗话，以告知他人自古以来就有这样一句话来表明事理，言下之意就是这样的事理早有古人说清楚了。比如，《西游记》中描写唐太宗“死”后，朝廷大臣魏征说太宗还会活过来，但有一个叫许敬宗的大臣则引用俗话“自古云，泼水难收，人逝不返”，告诉他人死了是不能复生的。《红楼梦》中贾府私塾老师贾代儒提醒贾宝玉要认真读书时，说：“自古道：成人不自在，自在不成人。”贾代儒引用俗话告诫贾宝玉读书需要勤奋，成长是需要付出的。这句俗话在《水浒传》中，宋江也

曾引用过。

其二，用“常言道”“兵书云”等形式来引用。比如，《西游记》中，唐僧师徒遭遇红孩儿一难后，唐僧面对黑水河，心中不免泛起一丝思乡之情。孙悟空笑着对唐僧说：“常言道，功到自然成哩！”劝唐僧继续前行，不要怕苦难，待取经后，就可以回到大唐了。《三国演义》中，单福初次帮助刘备在新野大败曹军，杀死吕旷、吕翔二将。曹军部将曹仁找李典商量应对之策，李典认为虽然要报“二吕”被杀之仇，但还不知对方虚实，此时只能按兵不动，等禀报曹操后，再奏请曹操兴兵才能战胜刘备。曹仁则认为新野是小地方，无须曹操带兵相助。李典听后，连忙引用兵法策略，告诉曹仁“兵法云，知彼知己，百战百胜”。李典担心自己不知道对手实力，就难确保胜利。

其三，直接引用俗话。比如，《红楼梦》里，薛蟠从林黛玉的家乡带了一些土特产。林黛玉见后告诉薛宝钗，以前在家时根本不理会它们，如今则不同了，这些是稀罕物了。薛宝钗笑着说：“这就是俗话说的‘物离乡贵’。”《三国演义》中，孙权刚掌管江东之事，问周瑜如何守护江东，周瑜说：“自古得人者昌，失人者亡。”周瑜借用俗话告诉孙权应邀请高明有远见的人来辅佐，并向他推荐了鲁肃。《三国演义》中也有多处用“岂不闻”的句式直接引用兵书兵法之言。

据初步统计，四大名著的作者在名著中，通过各种形式共引用俗话四百六十条以上，其中有的俗话出现在人物的语言里，有的以作者自述的方式引用。不管是哪一种方式，都十分恰当地展示了人物个性，达到了渲染的目的。

四大名著中引用俗话数量最多的是《西游记》，其中孙悟空是引用俗话最多的人物，他引用俗话六十条以上。孙悟空机智勇敢，聪明伶俐，善于表达。他不仅说“圣人言”“常言道”，还说“古人云”

“俗语云”，以及直接在语言中引用俗话内容，等等。孙悟空有时对师父说，“山高自有客行路，水深自有渡船人”“欲求生富贵，须下死功夫”“好处安身，苦处用钱”“望山走倒马”等等。有时提醒师弟，其中又以说给八戒听为多，如，“物有几等物，人有几等人”“放屁添风”“穷寇勿追”“瓜熟蒂落”等。有时他也对其他人物说，另外他还在自言自语时引用。引用的这些俗话不仅符合对话时的情景，还增添了故事的趣味性。

《水浒传》中的阎婆惜虽在书中的故事情节不多，但她引用了五条俗语。阎婆惜的父亲去世后，家里没有钱买棺材，她母亲找到宋江求助。后来她母亲为了感谢宋江，请宋江将阎婆惜纳为小妾。一次，阎婆惜将梁山晁盖给宋江的一封感谢信藏起来，准备要挟宋江。她心里想“井落在吊桶里”，认为抓住了宋江私通梁山贼寇的证据就能将宋江治罪，从而她也就可以与私通的张三公开地做夫妻了。阎婆惜在和宋江的争吵中，为了伤害宋江，她连珠炮似的，一口气说出了四条俗话。如“公人见钱，如蝇子见血”“哪个猫儿不吃腥”“阎罗王面前，须没放回的鬼”“棺材出了，讨挽歌郎钱”等，把及时雨宋江说成了贪钱不讲信用的小人。最后宋江一怒之下，将阎婆惜杀了。

诸葛亮被誉为《三国演义》中的“智慧之神”，是三国时期著名的政治家、谋略家、军事家。自刘备三顾茅庐，诸葛亮出卧龙冈后，他们共同缔造了川蜀政权，与曹魏、孙吴形成了鼎足之势。如此聪慧之人，说话时引经据典是非常自然的。《三国演义》中诸葛亮引用俗话十条以上。纵观诸葛亮引用的俗话，不仅有圣人君子之言，也有“兵法”常用之策，还有民间谚语，等等。

《红楼梦》里的王熙凤被大观园里的人称为“凤辣子”，她有着火辣的性格，不见其人先闻其声。她在《红楼梦》里引用俗话约十三

条，是《红楼梦》里引用俗话最多的人。王熙凤没读过什么书，不会吟诗作对，每次参加大观园里的聚会，表演的都是说笑话。不过，大观园里的人都喜欢听她说笑话。她说笑话时，门内门外常挤满了人，连旁边做事的人都会停下来听她说笑话。她不但管理才能突出，而且语言表达能力也令人叹服。

有的俗话还分别出现在多部名著中，分别被不同的人物引用。比如“兔死狐悲，物伤其类”之类的俗话，就先后在四大名著中被引用。“天有不测风云，人有旦夕祸福”分别被《三国演义》《红楼梦》所引用，《西游记》则引用过“福无双降，祸不单行”等俗话。另外，《西游记》中孙悟空对猪八戒说：“温柔天下去得，刚强寸步难移。”《水浒传》中的潘金莲对西门庆也说：“柔软是立身之本，刚强是惹祸之胎。”这两句话的含义都是指待人处世应柔软一些，不要刚强，因为柔软能立身，刚强易惹灾祸。

一句俗话就是一个故事。本套书就是从四大名著中挑选出部分有趣的俗话，将名著中的内容情节各自串起来，以俗话为每一章节的标题，通过故事改编，让读者既能理解俗话，又能了解名著中的故事。

《俗话四大名著·西游记》《俗话四大名著·水浒传》《俗话四大名著·三国演义》三册书中的每个章节既独立，又相连。每个章节的最后“欲知后事如何，且听下回分解”，将内容完整地连成一个整体，使故事一环套一环。《俗话四大名著·红楼梦》则是通过聚焦几个有个性的主要人物，采取“以一带多”的方式，让读者来感知其中的人物与故事。

向荣华

# 目次

# 一　天下大势，分久必合，合久必分

主要人物：刘备、关羽、张飞

主要地点：涿(zhuō)县

主要事件：桃园三结义

## ❶ 俗话记忆

“天下大势，分久必合，合久必分。”这句话是《三国演义》开篇第一句话。它的意思是天下历经长时间的分裂后，就会统一。反之，统一的时间长了，又会出现分裂。合，就是合在一起，统一起来的意思。后来人们也常用这句话来说明社会局面或人际关系不是一成不变的，有分就有合，有合就有分。

《三国演义》的故事源于《三国志》。《三国志》是关于魏(wèi)、蜀(shǔ)、吴(wú)三国的历史记载。后来在说书人的演绎(yì)下，最后由罗贯中写成了关于“三国故事”的小说《三国演义》。

“三国”之前是汉高祖刘邦(bāng)建立的汉朝。汉之前的秦朝始皇帝统一了七国，建立起中国历史上第一个大一统的封建国家。秦始皇在中央设“三公九卿(qīng)”管理国家大事，实行书同文、车同轨(guǐ)，统一度量衡(héng)；对内废除分封制，实行郡(jùn)县制，凿(záo)灵渠以通水系；对外北击匈奴(xiōng nú)，南征百越，筑长城以拒外敌，等等。

汉朝分西汉和东汉。《三国演义》的故事是从东汉末年开始，最后由司马懿(yì)之孙司马炎统一为晋结束。

## ② 黄巾军起义

东汉末年，桓(huán)、灵二帝崇(chóng)信宦(huàn)官，群臣激愤，朝政不稳，天下人心涣(huàn)散，盗贼蜂起。鹿郡有张角、张宝、张梁三兄弟兴起四五十万之众的黄巾军反抗朝廷。

黄巾军所到之处，官军望风而逃，四处告急。大将军何进奏请灵帝火速降诏(zhào)，令各地积极防御(yù)，讨贼立功。幽州太守刘焉(yān)听说黄巾军将至，苦于无兵御敌，只好出榜招募(mù)义兵。

## ③ 桃园三结义

榜文发至涿县后，引出一位英雄。他身高七尺五寸，两耳垂肩，双手过膝(xī)，自己的双眼能看到自己的耳朵，面如冠玉，唇若涂脂，性格宽和，寡(guǎ)言少语，喜怒不形于色，心中素有大志，喜欢结交天下豪杰。他就是汉中山靖(jìng)王刘胜的后代，汉景帝玄孙，姓刘名备，字玄德。

刘备年幼时父亲去世，跟随母亲居住在涿县，家境贫寒，以贩(fàn)卖鞋子和织草席为生。十五岁时，其母亲要他向郑玄、卢植等人学习，与公孙瓒(zàn)等为友，如今已有二十八岁。

那日，刘备读完榜文后，长叹一声。

“大丈夫不与国家出力，何故长叹？”这时，从刘备的身后传来呵斥声。

刘备回头一看，这人身高八尺，豹头环眼，燕颔(hàn)虎须，气势非凡。

“我姓张名飞，字翼(yì)德，家住涿郡，卖酒杀猪，喜欢结交天下豪杰。刚才见你看榜长叹，才问你一声。”那人双手抱拳自我介绍道。

两人似乎相见恨晚，交流几句后，就一同走进旁边的一家酒店。

正当两人饮酒正酣(hān)时，店门外走进来一个推车的汉子。“快上酒来，我喝完酒后要入城投军。”那汉子一进店，就嚷(rǎng)了起来。

刘备看见来人，气度不凡：身高九尺，髯(rán)长二尺；面如重枣，唇若涂脂；丹凤眼，卧蚕眉，相貌堂堂，威风凛(lǐn)凛。

“来者可否一起同坐？”刘备热情地邀(yāo)请道。

“我姓关名羽，字长生，后改为云长，河东解良人。我因杀了仗势欺人之人，在江湖上逃难有五六年了。如今看到朝廷招兵破贼，特来投军。”那汉子见刘备邀请，就坐在他身边的凳子上说道。

刘备和张飞一听，非常高兴。三人一起喝完酒就来到张飞的庄上继续商议。

第二天，他们如约来到张飞庄上的桃园。此时正值桃花盛开，园内春意正浓，他们三人摆好乌牛白马等祭(jì)礼物品，焚(fén)香立誓，结为生死兄弟：刘备为兄，关羽次之，张飞为弟。他们祭拜后，很快就招募了三百余勇士，集结成伍。

刘备兄弟三人一边组织训练，一边请人打造兵器。刘备打造一对双股剑。关羽锻造了一把青龙偃(yǎn)月刀，又名“冷艳锯(jù)”，重八十二斤。张飞则打制了一把长一丈八的点钢矛。随后，又有两百余人加入了他们的队伍。

## 4 首战告捷

一天，刘备三兄弟率领五百余人的队伍来到刘焉处，听从他的调遣(qiǎn)。刘焉听刘备介绍完身世后，非常高兴，认刘备为侄儿，与之共同抵御黄巾贼军。

刘备首战以五百人对黄巾贼军五万人，竟然大获全胜。随后，刘焉再派刘备与邹靖(zōu jìng)救援青州时，因兵少，不得不退后三十里驻扎。

“贼众我寡，必须出奇兵，方可取胜。”刘备与关羽、张飞商量道。

第二天，由关羽、张飞从侧翼包抄黄巾贼军，形成三路夹击之势，终于战胜贼兵。没多久，刘备三兄弟率兵遇到被贼兵张角追杀的董卓(zhuó)，于是三人飞马而出，救下了他。

另一路黄巾贼兵遇到了一员虎将，他身高七尺，细眼长髯，官拜骑都尉，沛(pèi)国谯(qiáo)郡人，姓曹名操，字孟德。他本姓夏侯氏，其父亲曹嵩(sōng)为中常侍曹腾的养子，故改姓曹。曹操小名阿瞒(mán)，幼时喜欢打猎、歌舞，自小就显示出权谋智慧，灵活多变。他二十岁举孝廉，任洛阳北部尉，并对此地治理有方。曾有人评说他是“安天下者”“治世之能臣，乱世之奸雄也”。

黄巾贼兵被剿(jiǎo)灭后，刘备三兄弟因功被授(shòu)定州中山府安喜县尉(wèi)。刘备听令后将所带兵士遣散回乡，与关羽、张飞来到安喜县任职。到任后，与民秋毫无犯，老百姓非常感恩。自己则与关羽、张飞食则同桌，寝则同床，形影不离，正如结义所言，有福同享，有难同当。

## 5 张飞鞭打督邮

这样的生活，还没到四个月，就遇到了一贪财的督邮(dū yóu)。该督邮百般刁(diāo)难刘备等人，欺压百姓，凌辱(líng rǔ)官员。

一天，张飞喝了几杯闷酒后，听说督邮逼县吏陷害刘备，一时怒从心起，睁圆环眼，咬碎钢牙，滚鞍(ān)下马，径(jìng)入馆驿(guǎn yì)，直奔后堂，见督邮正坐在厅上，地上绑着一个县吏。

“害民贼！你认得我不?”张飞不顾一切地冲上去，大喝一声，还未等督邮开口，张飞早就揪(jiū)住了他的头发，将他拉出馆驿，绑到县衙门前的马桩上，折下一枝柳条，使劲地抽打督邮的双腿，一连打折十多根柳条。

刘备知道这件事的来龙去脉后，十分生气，迅速取出官印，来到县衙门前，将官印挂在督邮的脖子上，与关羽、张飞扬长而去。

## ❻ 各路英雄进京

后来，在刘虞(yú)、公孙瓒的帮助下，朝廷免除了刘备三兄弟鞭打督邮之罪，另派刘备任平原县令。不久灵帝驾崩(bēng)，十常侍立皇子协为帝，董太后与何太后两宫互相争斗。何太后的哥哥何进知晓后，联合众臣遣董太后出汉，逼董太后的兄弟自刎(wěn)。何进随后暗中派人杀死董太后。

一日，为了铲除宦官十常侍，袁绍根据何进的计划，建议召四方英雄带兵来京，尽杀宦官。

陈琳听后，第一个就反对。他说各路英雄来京，各怀一心，容易生乱。曹操也反对，他说除掉那些罪大恶极者就可以了，不必召外来之兵。曹操在离开时，还遗憾(yí hàn)地叹道："乱天下者，必定是何进。"

可是，何进全然不顾大家的反对，暗中派兵，传令各路诸(zhū)侯来京，待命。

何进召集各路英雄来京，他的目的是要处理朝廷专权的宦官及十常侍，但这么多人反对他的具体做法，他能达到这个目的吗？欲知后事如何，且听下回分解。

# 二　良禽择木而栖，贤臣择主而事

主要人物：董卓、吕布、李儒(rú)

主要地点：汉都京城

主要事件：吕布认贼作父

## 1 俗话记忆

“良禽择木而栖，贤臣择主而事。”本意是指优秀的禽(qín)鸟会选择理想的树木作为自己栖(qī)息的地方，比喻优秀的人才应该选择能发挥自己才能的好单位和善用自己的好领导。

与之相应的成语是“良禽择木”，比喻贤臣选择明主而事。一般人们常说“良禽择木而栖，贤臣择主而事”，也有说“良禽择木而栖，士为知己而搏”。

《三国演义》中，董卓与荆(jīng)州刺史丁原义子吕布一战，败得很惨，不得不退兵三十里。董卓在此战中发现吕布勇猛异常，就表示“若得此人，何虑天下”，希望能得到吕布。吕布同乡、董卓的虎贲(bēn)中郎将李肃听说后，主动去劝降吕布，他说“良禽择木而栖，贤臣择主而事”。他称吕布是有抱负、有才华之人，应该跟随董卓。

除此外，满宠(chǒng)对徐晃也说过这句话。满宠希望徐晃杀其主杨奉、韩暹(hánqú)，投到曹操名下。不过，徐晃说“以臣弑(shì)主，大不义也。我绝对不做这样大不义的事”。后来，徐晃虽然带帐下数十骑连夜投曹操，但没有杀其主杨奉、韩暹。

## ②陈留王护驾

话说何进宣召董卓等人进京铲除宦官十常侍。可是还没等董卓等人进京，固执己见的何进就被十常侍先斩(zhǎn)杀成两段了。袁绍、袁术、曹操等见何进被杀，于是冲进宫中怒杀十常侍。十常侍知道后纷纷逃命。常侍张让带着少帝及陈留王，连夜逃至北邙(máng)山。

少帝及随从没逃多久，眼看追兵将至，张让投河而死。最后只留下少帝与陈留王在河边乱草中相拥潜伏。此时，他们腹中饥饿，既害怕又不敢哭出声来。陈留王见这样下去也不是办法，就带少帝爬上河岸。

此时是四更天，伸手不见五指，到处漆黑一片，岸边又全是荆棘(jīng jí)。少帝与陈留王兄弟两人辨不清方向。正当两人着急时，忽然出现了成百上千只萤(yíng)火虫聚集在他们的眼前。顿时，眼前亮了许多，陈留王忍不住叹道："真是天助我兄弟也!"他俩随着萤火虫行至五更天后，来到先朝司徒崔(cuī)烈的弟弟崔毅(yì)家。

天亮后，随后赶来的闵贡(mǐn gòng)等人来到崔毅家，君臣相见痛哭一番后，往帝宫走去。

"何人?"忽然前方出现一队人马，闵贡等人大惊失色，少帝也惶恐(huáng kǒng)不已。袁绍挺马而出，大喝一声。

"天子何在?"只见绣旗影中，一将飞出，厉声问道。

少帝见来人众多，声色皆(jiē)厉，早已吓得哆嗦(duō suo)不已。陈留王却毫无惧(jù)色，勒(lēi)马向前，斥(chì)责道："来者何人?"

"西凉刺史董卓也。"

"你来保驾，还是劫(jié)驾?"陈留王继续喝道。

"特来保驾。"董卓应声答道。

“既然来保驾，现天子在此，为何不下马？”陈留王指着董卓骂道。

董卓望了望马上的少帝，又望了望陈留王，慌忙下马，在路旁跪下。董卓心想眼前的少帝远不如陈留王，今后要废掉这位哆哆嗦嗦的少帝。

董卓护送少帝、陈留王回到京城后，屯(tún)兵在城外。不过，他每天都会带着精兵强将，横行街市，百姓惶惶不安。董卓出入宫廷也是肆(sì)无忌(jì)惮(dàn)，并且把原来何进兄弟遗(yí)留下的士兵全部收归己有。此时，朝廷内外大臣都已看出董卓的心思。

## ③ 董卓欲立陈留王

一次，董卓对属下李儒说：“我想废掉少帝，立陈留王为新帝。如何？”

李儒早就知道董卓的想法，于是献计道：“此事宜早不宜迟，迟则有变。”

第二天，董卓在温明园大摆宴席，邀请朝中百官，准备说废立之事。百官虽知董卓之意，但谁也不敢拒绝。百官到席后，董卓才慢悠(yōu)悠地来到园门外下马，佩(pèi)带着剑走到宴席之上。园内音乐渐起，舞女开始轻歌曼(màn)舞。酒过几巡后，董卓喝令歌舞音乐撤(chè)下，厉声喊道：“我有一句话，请各位听好！”

霎(shà)时，园内鸦雀无声，大家都侧耳凝(níng)听。

“天子为万民之主，无威仪不可以封宗庙社稷(jì)。今上懦(nuò)弱(ruò)，不如陈留王聪明好学。吾欲废帝，立陈留王。诸位大臣以为如何？”董卓说完，现场一片死寂(jì)。

“不可！不可！”忽然，席中有一人站了起来，大声喊道，“你是何人，敢说此大话？天子乃先帝嫡(dí)子，并无过错，为何废立！难道你想篡(cuàn)逆(nì)谋反吗？”

董卓循(xún)声望去，原来是荆州刺史丁原。

“顺我者生，逆我者死！”董卓见此，立刻怒吼起来，拔出佩剑准备斩他。

“今日饮宴，不谈国政，来日再说！”李儒赶紧拦住董卓说道。原来李儒发现丁原身后站着一位气宇轩(xuān)昂、威风凛凛的人，手持方天画戟(jǐ)，正恶狠狠地盯着董卓。李儒担心，如果董卓前行，他一定会保护丁原。

大家见气氛更加紧张起来，也纷纷劝丁原赶紧离开为好。

待丁原走后，董卓继续问其他人：“我刚才所说的话，大家认为有道理吗？”

这时，卢植站了起来，拱手说道：“明公差矣。以前因商国国君太甲昏庸无能，所以才有其宰(zǎi)相伊尹(yī yǐn)把他囚(qiú)禁在桐(tóng)宫；昌邑(yì)王刘贺虽然登基才二十七天，但作恶多达三千多条，才有霍(huò)光告祭太庙，把他废除了。如今的圣上虽然年幼，但也聪明仁智，并无分毫过失。明公是外郡官员，从没参加过国政，又没有伊尹、霍光之大才，为什么要强行废立呢？圣人云，有伊尹之志则可，无伊尹之志则篡也。”

董卓听后，非常生气，拔出宝剑冲向卢植。

“且慢！卢尚书在全国上下都有很高的威望，你今天若杀了他，恐怕天下的人都不服呀！”蔡邕、彭伯连忙劝谏(jiàn)道。

司徒王允趁机说道：“废立之事，不可酒后相商，还是另外找时间再议吧！”

百官走后，董卓在园门口按剑怒视着大家离开。忽然，一个人举着一柄(bǐng)方天画戟，冲到园门外，来回奔驰。

李儒告诉董卓，这是丁原的义子吕布，字奉先。李儒见吕布气势汹汹，似乎要替其义父丁原鸣不平来了，赶紧劝董卓入园回避。

## 4 李肃策反吕布

第二天，丁原在董卓军外叫阵。董卓协同李儒领军出战。只见吕布头戴束发金冠，身披百花战袍(páo)，外披铠(kǎi)甲，腰系狮蛮(mán)宝带，纵马挺戟。

丁原在阵前大叫：“国家不幸，宦官弄权，万民涂炭。你无尺寸之功，怎敢妄(wàng)言废立，欲乱朝廷！”

董卓还没回答，说时迟那时快，吕布就飞马杀向董卓。董卓吓得慌忙撤退。

随后丁原也率队追杀过来。董卓大败，只好退后三十余里驻扎。

“我观吕布非常人也，我若得此人，何虑天下！”董卓召集众人商议道。

“主公不要担心。”旁边的李肃走向前，拱手说道，“我与吕布同乡，他是一个有勇无谋，见利忘义的人。凭我三寸不烂之舌，让吕布拱手来降。如何？”

董卓奇怪地问道：“你怎么说呢？”

“我听说主公有一匹赤兔马，日行千里。我想借此马和黄金珠宝，劝说他过来。”

第二天，李肃带着这些礼物来到吕布面前。两人互相聊了一些家常话后，李肃牵出赤兔马，说道：“此马日行千里，渡水登山，如履(lǚ)平地，名叫赤兔。我意欲献与贤弟。”

吕布是一位爱马之人，见这匹马浑身上下如同火炭，无半根杂毛，长一丈，高八尺。听其音，嘶(sī)喊咆(páo)哮(xiào)，有腾空入海之威。吕布见了此马，非常高兴，连忙致谢道：“兄赐(cì)我如此龙驹(jū)，我将何以为报？”

李肃笑了笑，说道：“我为义气而来，难道需要你回报吗？”

吕布高兴地以酒相待。两人喝了几巡酒后，吕布低声说道：“我在丁原处，是出于无奈。”

“贤弟有擎(qíng)天驾海之才，天下无不钦(qīn)佩，”李肃笑了笑，说道，“你要想得功名富贵，如探囊(náng)取物，怎是无奈呢？”

吕布叹道：“恨不逢主呀！”

李肃朝四周望了望，说道：“良禽择木而栖，贤臣择主而事。有机会不早做的话，就会后悔了。”

“依兄看，何人为世之英雄？”吕布压低了声音问道。

“依我看，群臣都不如董卓。董卓敬贤礼士，赏(shǎng)罚(fá)分明，必定能成就大业。”

吕布若有所思地说道：“我想跟随他，可是恨无人引荐(jiàn)呀！”

李肃见时机成熟，心中大喜，连忙取出黄金珠宝、玉带等礼物，送到吕布面前，告诉他这些礼物和赤兔马都是董卓久慕(mù)吕布大名送的。

吕布沉思良久，说道：“我杀了丁原，然后投奔董卓，这样可以吗？”

“贤弟若能如此，那是大功一件。但事不宜迟，在于速决。”

李肃喝完酒就离开了。当晚二更天时分，吕布提刀进入丁原帐中，丁原正在秉（bǐng）烛读书。

“我堂堂大丈夫，怎么会是你的儿子呢？”吕布边走边说，冲到丁原面前，还没等他反应过来，就一刀砍下了他的首级。

## 5 吕布认贼作父

天亮后，吕布提着丁原的首级来到董卓处。董卓先下拜道：“我今得将军，如旱苗得甘雨也。”

吕布连忙扶董卓坐下，随即跪下，拜道：“公若不弃，布想拜你为义父。”

从此，董卓文有李儒，武有吕布，其势大增。在李儒的建议下，董卓再次设宴商议废立之事。

“今上暗弱，不可以奉宗庙；我将依伊尹、霍光故事，废帝为弘（hóng）农王，立陈留王为帝。有不从者斩！”董卓在数巡酒后，按剑喝道。群臣皆不敢言，唯袁绍挺身而出。

董卓怒道：“天下事在我！我今为之，谁敢不从！难道你想试一试我的剑是否锋利吗？”说完就拔出宝剑。袁绍也拔出佩剑。

两人都拔出了利剑，他们会打起来吗？董卓会杀了袁绍吗？欲知后事如何，且听下回分解。

# 三　自古皆有死，人无信不立

主要人物：孔融、陶（táo）谦（qiān）、刘备

主要地点：徐州

主要事件：刘备借兵解围徐州

## 1 俗话记忆

“自古皆有死，人无信不立。”其大意为每个人都会死，关键要看是怎么死的，不讲信用的人，也是难以在世上立足的。“人无信不立”后来引申为，如果统治者失去了信用，那么统治者也将不复存在了。

这句话同“人而无信，不知其可也”“言必行，行必果”“人无信不立，业无信不兴”一样，都是强调诚信的重要性。

《三国演义》中，刘备借用这句话，表达自己是一个讲诚信的人。他对孔融说：“公认为备是怎样的人呢？圣人云：‘自古皆有死，人无信不立。’”刘备的意思是无论自己能不能从公孙瓒处借到军士，他都会来支援陶谦。

## 2 董卓被杀

话说董卓欲废少帝，立陈留王协为新帝，众臣皆不敢言语，只有袁绍挺身而出，拔剑相向。董卓也拔出佩剑欲杀袁绍时，李儒立刻劝道：“事情还没有定下来，不能随意杀人。”袁绍借机离开，奔回冀州了。

九月的一天，董卓在嘉（jiā）德殿召集众臣，废少帝为弘农王，请奉九岁的陈留王为新帝，史称汉献帝。董卓自己封为丞（chéng）相，从此在朝廷内外作威作福。董卓每天晚上入宫，将汉献帝驱赶于外，自己睡在龙床之上。更让人愤怒的是一次他

趁村民社赛，令军士杀死聚在那里的村民，抢掠(lüè)妇女财物，将他们一千多个人头悬在车上，对外称是杀贼大获全胜。

多行不义必自毙。司徒王允用貂蝉(diāo chán)施美人计，诱(yòu)使吕布将董卓杀死。

王允计成之后，董卓余党李傕(jué)、郭汜(guō sì)、张济、樊稠(fán chóu)与董卓城内的余党李蒙、王方里应外合，冲至内廷，来到汉献帝面前。李傕、郭汜带领贼军虽然口呼“万岁”，却个个拔剑而立，大声说道：“董太师乃陛(bì)下社稷(jì)功臣，无端被王允杀死，我们是替太师报仇，不是造反，我们也不敢造反。”

王允在旁边见此情景，只好走到二贼面前，大喝一声：“王允在此！”

“为什么要杀董太师？即使太师有罪，我们又有何罪？”二贼也大声质问道。

王允镇定自若，坚定地说道：“逆贼何必多言，我死不足惜！”

二贼挥起手中的宝剑，将王允杀于汉献帝面前，随后威逼汉献帝给董卓的余党李傕、郭汜等人委以重任，厚葬(zàng)董卓尸首。自此，李傕、郭汜掌握朝廷大权，群臣迫于李傕等人的凶残，不敢多言，各路诸侯也无可奈何。

## ③ 曹操杀戮(lù)无辜(gū)

正当朝廷趋于安稳之时，没想到青州又出现黄巾叛贼，聚众数十万，抢掠良民。曹操受命清剿。

曹操一边清剿，一边用降兵做前驱，所到之处，无不降顺。不到一百天，曹操招降兵三十余万，百姓百余万。曹操择其精锐组成“青州兵”，其余则遣回归农去了。

曹操的名望越来越高，先后有十多位贤士猛将加入他的队伍。勇力过人的典韦(wéi)就是其中一员。典韦挥舞八十斤的铁戟，依然行动如飞；许多人扶不住的旗杆，他一只手就能轻松扶住，旗杆在狂风中岿(kuī)然不动。

自此，曹操部下文有谋臣，武有猛将，威震山东。

一天，曹操的父亲曹嵩(sōng)等老小应曹操的书信，到兖(yǎn)州安居。途径徐州时，其太守陶谦热情相待，派张闿(kǎi)率领五百兵士护送。时值夏末秋初，大雨骤(zhòu)至，曹嵩等人在路旁一古寺歇息。半夜，没想到张闿等人将曹嵩一行人全部杀死。原来张闿是黄巾旧部，他们见曹嵩随行有许多财物，就生杀人劫财之心。

曹操听说后，哭倒在地，晕了过去。

“陶谦纵兵杀吾父，此仇不共戴天！吾今悉起大军，荡平徐州，方雪吾恨!”曹操被救醒后，咬牙切齿道。

陈宫听说后，连夜前来见曹操。曹操心想，他是来做陶谦的说(shuì)客的，还是不见的好，但是一想到陈宫曾经救过他，只好请他进来。

“陶谦乃仁人君子，不是好利忘义之人。尊父遇害，是张闿所为，不是陶谦所做。”陈宫提醒道。

“公昔(xī)日弃我而去，今有何脸面来见我？我一定要报此仇。”

曹操率军所到之处杀戮人民，挖掘(jué)他们的祖坟，以卸(xiè)仇恨。

陶谦在徐州，闻曹军如此报仇，仰天恸哭：“我获罪于天，致使徐州人民受此大难！我今自缚(fù)前往曹营，任其剖割，以救徐州百姓之命。”在场之人无不伤感。

“府君不用担心，”正当陶谦不知所措时，门外进来一人，他向陶谦说道，“府君久镇徐州，人民感恩府君。我有一计，能教曹操死无葬身之地。”

大家一听，都把目光投向他。原来他就是声名显赫、广舍家财、济贫拔苦的糜竺(mízhú)。

“我愿亲往北海郡，求孔融起兵救援。另请一人往青州田楷处求救。两处军马汇集，操必退。”糜竺说道。

孔融鲁国曲阜(fù)人，字文举，自小聪明，十岁时就被人称为奇童。在北海六年，深得民心。

糜竺刚把来意告诉孔融，门外就传报黄巾余党管亥(hài)率领数万军马过来借粮。孔融派出宗宝出战，没有拼几回合，就被管亥一刀劈于马下。孔融心中郁闷，糜竺更不敢多言。

## 4 孔融的回报

管亥没有借到粮，就继续在城外叫阵。孔融在城墙上望着管亥的军马愁眉苦脸。

“开门！开门！”忽然，城墙下传来几声呼喊。孔融循声望去，只见一个汉子挺枪跃马，左冲右突，穿过贼众，如入无人之境。贼兵追赶过来，那汉子回身就连搠(shuò)十多人下马。孔融虽然不认识这个汉子，但见他如此英勇，连忙吩咐开门，让他进来。

那汉子名叫太史慈，其母亲感恩孔融经常资助过她，当知晓贼寇(kòu)围城后，立即派太史慈过来相救。

太史慈意欲借兵出城杀贼。孔融说，贼势甚盛，不可轻出。随后孔融派太史慈去请刘备相救。

没多久，刘备率领关羽、张飞、太史慈来到管亥阵前。管亥见刘备人少，就不以为然了，没想到数十回合间，管亥就被关羽砍下马，贼兵被刘备等人掩(yǎn)杀大败。

孔融大摆宴席欢迎刘备等人。席间，糜竺将曹操围剿徐州一事告知刘备后，刘备有些为难了，他说：“我兵微将寡，实在是难以担当重任。”

“融欲救陶谦，虽然是因为过去的情谊，但如今也是大义。”孔融望了望糜竺，又转向刘备，说道，“公难道就没有仗义之心？”

“既然如此，请文举先行，容我去公孙瓒处，借三五千人马，随后便来。”刘备说道。

孔融将信将疑，说道：“公切勿失信。”

“公认为备是怎样的人呢？”刘备直起腰来，说道，“圣人云：‘自古皆有死，人无信不立。’刘备无论借到军士与否，都会亲自过来。”

孔融见刘备如此说，也就不勉强了，吩咐糜竺向徐州禀报，随后便收拾启程。

## 5 陈宫诱敌深入

刘备从公孙瓒处借得赵子龙和马步军两千人，与自己的三千人一起，如约来到徐州城外。

曹操见徐州的援军已到，也不敢向前攻城。刘备担心久拖不决不利于徐州解困，于是主动袭扰曹营，首战击败于禁。

陶谦迎接刘备后，见刘备仪表轩昂，言语豁(huò)达，心中大喜，便命糜竺取来徐州牌印，让与刘备。刘备推让多次，因战事重要，此事只得再议。

曹操正准备商议继续攻打徐州报仇雪恨时，张邈派吕布进攻兖州。曹操顿时大呼不好：兖州如果失去了，我们就无家可归了，必须回去。

曹操回军时，兖州和濮(pú)阳均已被吕布控制。曹操兵近濮阳时，兵士被吕布掩杀击溃(kuì)，退后三四十里。当天黄昏时分，曹操再次率兵攻打吕布的西寨，被如骤雨般的箭矢(shǐ)射击，幸亏典韦相救，曹操才得以逃脱。

曹操回寨后，被陈宫诱敌深入之计所害。城内到处火光一片，他只好慌忙往北门逃去。

“曹操何在?”火光中，吕布挺戟跃马从后面向曹操追来，朝他喊道。

曹操赶紧用手遮住脸，快马加鞭。吕布从后面赶上来后，用戟往曹操头盔上一拍，大声吼道：“曹操何在?”

“前面骑黄马的是他。”曹操头也不抬，用手指了指前方说道。

吕布听后，从曹操身边跃过，抽打坐骑几鞭后，往前追去。曹操立即拨转马头，往东门逃去。

曹操此次能顺利逃脱吗？又会遇到怎样的情况呢？欲知后事如何，且听下回分解。

# 四　兄弟如手足，妻子如衣服

主要人物：刘备、张飞、曹豹

主要地点：徐州

主要事件：张飞鞭打曹豹

## ❶ 俗话记忆

“兄弟如手足，妻子如衣服。”这句话的本意是兄弟如同自己身体的一部分，不可更换；而妻子则不同，是穿着的衣服，可以更换，这句话一般形容兄弟情深。我国历代都有对手足情的赞美，如成语“亲如手足”“情同手足”等。

《三国演义》中，这句话是刘备对张飞说的。刘备说完这句话后，继续说道：“衣服破，尚可缝；手足断，安可续？”从字面上可以理解为：衣服破了可以缝起了。由此可见情如手足的兄弟，情有多深了。

刘备把张飞、关羽视同手足，他们是桃园结义的兄弟，不求同年同月同日生，但求同年同月同日死。妻子如同衣服，可弃可换。兄弟则如手足，断了，少了，则没有了。在当时刘备看来，与关羽、张飞的兄弟情份重于妻儿。

《红楼梦》中，贾宝玉在《紫菱洲歌》一诗中叹道：“古人惜别怜朋友，况我今当手足情。”以此表达对其堂姐迎春出嫁后的思念之情。

## ❷ 吕布屈居小沛

话说夜光下，吕布没有认出曹操，与曹操擦肩而过。曹操往吕布追杀的另外一个方向逃走了。路上正好遇到自己的部将典韦，在典韦掩护下，他们杀出了一条血路。

经过城门时，曹操的坐骑被城门上一条燃烧的木梁砸中，马扑地倒下。曹操用手托起火梁，大火引燃了曹操的胡须、头发，烧伤了他的手臂。危急中，典韦和夏侯渊(yuān)一起赶到，将曹操救了出去。

曹操回营后，将计就计，全营挂起白布，宣称自己已死。吕布果然中计。曹操随后夺兖州，取濮阳，继而得山东全境，其名再升。

吕布落荒而逃，败走海滨，后来遭袁绍唾(tuò)弃，张飞不容，只好受刘备安排，暂居小沛。

## ③ 曹操独揽大权

一天，受尽贼臣凌(líng)辱的汉献帝回到洛阳，目光所及之处都是茅草丛生，原来的宫廷只有颓(tuí)墙坏壁，街市荒芜(huāng wú)，洛阳城早已被贼臣烧毁殆(dài)尽。

汉献帝欲哭无泪，只好命杨奉暂时盖一间小宫室居住。百官都站在荆棘之中朝贺。剩下不多的洛阳居民，因没有吃的，都出城去剥树皮，掘草根为食。

没多久，贼兵又至洛阳，太尉杨彪(biāo)奏帝道："今曹操在山东，兵强将盛，可宣入朝，以辅王室。"

曹操受天命率大队人马来到洛阳城外，驱散贼众后，与众谋士密商迁都之事。

次日，曹操入朝觐(jìn)见汉献帝，奏道："东都洛阳已经荒废，难以修建，加上转运粮食难度很大。许都有现成的城郭宫室，钱粮民物都足够使用。臣斗胆请驾幸临许都，惟陛下从之。"汉献帝不敢不从，群臣也都惧怕曹操，不敢提出异议。

自此，朝中大权都归于曹操。他封自己为大将军武平侯，荀彧(xún yù)为侍中尚书令，荀攸(yōu)为军师，其他各员封将封官。朝廷重大事情，都先禀(bǐng)报曹操，然后再奏明天子。

## ④ 张飞鞭打曹豹

曹操安定朝廷后，开始清除心腹之患了。

“可暗中令人往袁术处，说刘备准备攻打他。”荀彧献计道，“又明令刘备讨伐袁术。两者一战，吕布必生异心。这叫做‘驱虎吞狼之计’。”曹操听后十分高兴。

刘备领命后，无可奈何地对关羽、张飞说道：“虽是曹操的计谋，但王命不可违。”刘备只好带着关羽及马步军三万，离开徐州往袁术驻地南阳进发，留下张飞守徐州。

一天，张飞处理完军机大事后，宴请众官。待众人坐好后，张飞举起盛满酒的杯子，大声地说道：“我兄长去征剿袁术时，嘱咐（zhǔ fù）我少饮酒，担心我误事。今日请各位一起和我醉一次，明天起，就全部戒酒，帮我守城。今天都必须满饮而归。”说完，张飞就端起酒杯一个个碰杯喝酒。

“我早就戒了酒，从不饮酒。”当张飞来到曹豹面前时，曹豹如实说道。

“为何不饮酒？”张飞愣了一下，说道，“我要你吃一杯。”

曹豹只好饮了一杯。

张飞与每一位官员碰杯，一连喝了几十杯酒。待他摇摇晃晃地回到座位上后，又斟（zhēn）满酒，起身与众官碰杯喝了起来。

“我真不能喝了！”曹豹见张飞又过来劝酒，连忙站起来拱手说道。

“你刚才吃了，现在为什么要推辞？”张飞拖着腔调问道。

曹豹拱手再三，不再饮酒。

张飞红着脸，吹着胡子，怒道：“我要你喝酒，就是将令。你现在不喝，就是违令，该打一百！”便喝令军士拿下曹豹。

“玄德公临去时，吩咐你什么来着？”旁边的陈登见此情景，连忙过来提醒道。

张飞望了望陈登，斜着眼睛说道：“你是文官，只管文官事，不要来管我。”

曹豹再次拱手请求道：“翼德公，看在我女婿（xù）吕布的情面上，请暂且饶恕（ráo shù）我吧！”

张飞一听“吕布”二字，立刻圆睁环眼，大怒道：“我本不想打你，你现在拿吕布来吓我，我偏要打你，打你就是打吕布！”

张飞让军士鞭打曹豹至五十下后，众人再次苦苦劝告，他才让军士停下来。

## 5 刘备栖身小沛

曹豹回去后，连夜写信告诉吕布自己所受的侮辱(wǔ rǔ)，并表示愿意做内应，配合吕布夜袭徐州。

吕布接信后，立即率军来到徐州城下。此时才四更天，月色下的徐州城还是一片宁静。曹豹打开城门，吕布率军乘着张飞酒醉未醒杀进城来。

张飞醉意中忽然听见帐外传来阵阵喊杀声，慌忙披挂一番，绰(chāo)起丈八蛇矛，夺路而出。混乱中，他来不及顾及刘备的家眷(juàn)，一个人在护卫的保护下，从东门杀出。

曹豹见张飞只带了十几个人，并且还处在醉酒中，就大胆地追了过去。张飞见曹豹追来，心中涌起万分怒火，拨转马头，迎了上去。才战三回合，曹豹就败走河边。张飞追上去，一枪正中曹豹后心。曹豹连人带马，死于河中。

吕布入城后安抚居民，同时派一百军士保护刘备家眷。

张飞见到刘备后，说曹豹与吕布里应外合，已夺取徐州。众人听后，无不惊骇(hài)。张飞说完后，拔出宝剑，准备自刎(wěn)。

刘备立即上前一把抱住张飞，夺下宝剑，丢在地上，怒斥道："古人云，'兄弟如手足，妻子如衣服。衣服破，尚可缝；手足断，安可续？'我们三人桃园结义，不求同生，但愿同死。今天虽然失去了徐州及家小，怎能让兄弟半路而亡？况且徐州本不是我们的，家眷虽然被陷其中，吕布一定不会谋害他们，我们还可以想办法营救。贤弟一时粗心大意，何至于要自刎呢！"说完痛哭起来。关羽、张飞也跟着痛哭起来。

不久，刘备出兵不利，被袁术劫寨，折兵大半。吕布邀请刘备进入徐州城，说道："我不是要夺徐州，是因为令弟张飞在此恃酒杀人，我担心徐州有失，就过来守护，今还给贤弟。"

刘备说道："我欲把徐州让给兄的想法已经有很久了。"

吕布再次假意让刘备留任徐州，刘备执意不肯，只是前往小沛驻扎。

## 6 曹操借人头

一天，刘备在招兵买马时，张飞盗走了吕布一百五十匹好马。吕布听从陈宫谏言，攻打小沛城。刘备不得不前往许都，投奔曹操去了。

曹操根据自己的想法，先安抚刘备在豫(yù)州任职，又为吕布加官加赏，令其与刘备讲和。

袁术素有称帝之心，意欲先图刘备，再图江东孙策。如今见吕布跟了曹操，于是决定先夺徐州。不过，袁术在攻打徐州时，被吕布、关羽等打得大败而回。

曹操回许都后，听说袁术缺粮，宜乘虚攻之，于是亲率大军十七万，与吕布、刘备一起在寿春界口与袁术相遇。袁术拥兵十万，坚守寿春，以逸(yì)待劳，不与曹军交战，等待曹军粮尽生变后再攻击。

十七万曹军，粮食消耗(hào)很大，加上各个地方发生了旱灾，粮食供应不上了。曹军欲速战速决，可是袁术就是闭门不出，如此持续了一个多月。虽然曹军向孙策借粮十万石(dàn)，但仍然不够。

“兵多粮少，坚持不了几天了，怎么办？”曹军管粮官王垕(hòu)向曹操禀报道。

曹操仔细询问了一番后，缓缓地说道：“你可以将大斗改成小斗发放，暂且应一时之急吧。”

“兵士有怨言，怎么办？”

“我自有办法。”曹操低声说道。

王垕遵命执行后，曹操暗中派人到各处打听，各处都在抱怨，都说曹丞相欺负大家，克扣粮食。

“我想问你借一样东西，用来平息大家的怨恨，你不必吝啬(lìn sè)。”一天，曹操召王垕进帐说道。

王垕战战兢(jīng)兢地问道：“丞相想借用什么东西呀？”

“想借你的人头示众。”曹操两眼直视着王垕说道。

王垕大吃一惊，喊道：“我有什么罪？”

“我知道你没有罪过，但不杀你，军中一定生变。”曹操站了起来，继续说道，“你死后，你的妻儿老小我都会抚养，你不要担心。”说完，曹操喝令早就准备好的刀斧手将王垕推出去，斩首示众，并张榜公示道：“王垕故意用小斗发粮，偷窃官粮，已按军法处置。”

众军士看见了，也就没有怨言了。

次日，曹操下令：“如三日内不尽力破城者，皆斩！”并亲自到袁术城下搬土运石，与将士们一起填壕(háo)沟，堵塞沟堑(qiàn)。将士们见曹操如此不怕城墙上如雨一般的矢石，都一鼓作气，终于很快拿下了寿春城。袁术不得不弃城而逃。

曹操班师回许都后，听闻张绣作乱，于是奏帝后，又兴兵讨伐他。

张绣与刘表联合抗曹，加上有贾诩(jiǎ xǔ)辅佐，曹操能否战胜他们呢？欲知后事如何，且听下回分解。

# 五　一日纵敌，万世之患

主要人物：曹操、刘备、郭嘉、袁术
主要地点：徐州
主要事件：刘备大胜袁术

## 1 俗话记忆

“一日纵敌，万世之患。”这句话的意思是，放过敌人一次，会留下长期的隐患，甚至带来祸害。

《三国演义》中，曹操、刘备“煮酒论英雄”的次日，曹操又宴请刘备。喝酒间，忽有人报袁绍已击败公孙瓒。刘备听罢，要求率军前往徐州拦截袁术。曹操没来得及细想就让刘备统军五万人马前往拦截。

谋士郭嘉(jiā)知道这一消息后对曹操说：“丞相即使不杀刘备，也不应该派他出去。古人云：‘一日纵敌，万世之患。’望丞相明察。”曹操觉得言之有理，于是立即派许褚(chǔ)领兵追赶刘备。

曹操早知刘备有称霸(bà)天下之心，所以一直未放他，可这次疏(shū)忽大意竟造成“放虎归山”的情况，给曹操的统一大业带来了麻烦，也是曹操的终生憾(hàn)事，可谓“智者千虑，必有一失”。

## 2 曹操谋大局

话说曹操奉旨兴兵讨伐(fá)张绣，张绣首战失利后，闭门不出，坚守南阳城。曹操亲自围绕南阳城观察三天后，定下计谋，反而中了张绣、贾诩之计，曹军大败，损兵折将五万人。

随后，刘表又起兵截住曹操后路，张绣赶到与刘表合力出击时，遇到曹操早已安排的伏兵。此次曹操出其不意地大破张绣、刘表之兵。张绣只好回守襄(xiāng)城，刘表回守荆州，互为唇齿防守。

曹操回许都后，与众官商议当今局势。

“徐州吕布，实为心腹大患。现在我们趁袁绍攻打公孙瓒之际，先取吕布，然后破袁绍。”谋士郭嘉建议道。

荀彧补充道：“可以先派人去约刘备，随时待命。”

曹操听从了他们的建议。吕布得知后，令高顺、张辽前往与曹军、刘备相会。

## 3 夏侯惇(dūn)吞眼球再战

一日，曹军大将夏侯惇与高顺相遇，便挺枪出战。两马相交，战五十回合后，高顺抵挡不住，败下阵来。夏侯惇纵马追了过来，高顺在阵前疾走，夏侯惇紧追不舍。吕布部将曹性偷偷地拿出弓箭，瞄准夏侯惇的头部，手松箭到。

“哎哟！”只听夏侯惇大叫一声，原来箭已稳稳地插进他的左眼。夏侯惇右手握枪，左手用力将眼中的箭拔了出来。他一看箭头，没想到箭把眼球带了出来，迅速大喊一声：“父精母血，不可弃也！”立刻把箭头上的眼球塞入口中，一口吞了下去。

夏侯惇重新挺枪纵马，向曹性杀将过来。两边军士见了，都吓得直哆嗦，曹性也被惊呆了，猝(cuì)不及防，夏侯惇马到枪到，说时迟那时快，夏侯惇的枪就已经穿透了曹性的面门。曹性立刻倒马而亡。

夏侯惇杀死曹性后，又纵马而回。高顺乘机从后面追赶过来，高顺的军士也齐拥而上，曹兵大败，夏侯渊赶紧将其兄夏侯惇救走。

高顺得胜而回，与吕布、张辽兵分三路攻打刘备。刘备见情势紧急，只得弃家室，只身逃向许都，关张二人也被吕布打散。

吕布得胜回到徐州后，令陈珪(guī)守徐州，自己同陈登救小沛。没想到，这陈珪与陈登两父子早已归曹。曹操率军轻松得了徐州和小沛。吕布只好退守下邳(pī)。

吕布坚守下邳不出，曹军两个月久攻不下，袁绍在北，刘表、张绣在东，都视曹操为敌。一日，曹操又聚众将商议：“我想舍弃吕布回许都，暂且停战，大家认为如何呀?”

“不可。吕布屡(lǚ)败，锐(ruì)气已堕，军以将(jiàng)为主，将衰(shuāi)则军无战心。陈宫虽然有谋略，但往往优柔寡断。现在吕布的元气还没有恢复，陈宫的计谋还没确定，我们迅速攻击，可顺利取胜。”荀攸急忙制止道。

谋士郭嘉也说道：“我有一计，下邳城可立破，此计胜于二十万兵士。”

“莫非决沂(yí)、泗(sì)之水乎?”荀彧笑着说道。

“正是此意。”

曹操听后，非常高兴，马上令军士决两河之水。时值五月，江河之水高涨。没多久，决堤的沂、泗之水很快将下邳城淹得只剩下东门无水了。

## 4 吕布被杀

一天后，吕布部将宋宪(xiàn)、魏续(wèi xù)、侯成在城内作曹兵内应，生擒(qín)吕布，大开东城门，曹兵一拥而入。高顺、张辽、陈宫无路可逃，均被曹兵所获。曹操随即传令，退所决之水，出榜安民。

“捆得太急太紧了，能不能松一点!”没多久，五花大绑(bǎng)的吕布被曹军推到曹操面前。

“捆老虎不能不急呀!”曹操冷笑道。

吕布抬头一看，发现宋宪、魏续、侯成都站在旁边，怒火中烧，问道：“我待你们都不薄，为何背叛我?”

宋宪冷冷地说道：“你宁可听女人之言，不肯听我们的计谋，我们就不必谈什么薄不薄的了。”

吕布不说话了。不一会儿，高顺也被押解了过来。曹操大声问高顺：“你有话说吗?”高顺闭口不答。曹操只好立即下令处斩。

“公台别来无恙(yàng)?”曹操看到军士押解过来的陈宫，想起了当初陈宫不仅义无反顾地救他，而且还坚定地脱掉官服与他一起逃离的情景，于是问道。

陈宫看了看曹操，不屑(xiè)地说道：“你心术不正，我才离开你的！”

“我心不正？”曹操有些生气了，说道，“公又为何帮助吕布呢？”

陈宫望了望吕布，说道：“布虽无谋，不似你诡诈(guǐ zhà)奸险。”

“公自谓(wèi)足智多谋，今天又为何到了如此地步？”曹操冷笑一声，说道。

陈宫看了看吕布道：“恨此人不听我的话，若听我的话，就不一定会被擒了。”

“今天怎么办呢？”曹操故意问道。

“今天只是一死而已。”陈宫大声说道。

“公可以死，公之老母妻子如何？”曹操继续说道，似乎有劝诫(jiè)之意。

“我听说以孝治天下者，不害人之亲；施仁政于天下者，不绝人之祀(sì)。”陈宫长叹一声，继续说道，“老母妻子之存亡，亦在于明公耳。我既然被擒，请立即送死，并无挂念。”

曹操动了动嘴唇，似乎仍有留念之意，还想说些什么。陈宫竟然扭头就走向受刑(xíng)台。曹操站立起来，两行眼泪不禁流了下来，说道：“立即送公台老母妻子回许都养老。怠(dài)慢者斩。”陈宫听见后，仍旧头也不回，一言不发，直接把脖子伸到刑台之上。

众人见此，都流泪惋惜(wǎn xī)。曹操命以棺椁(guān guǒ)盛其尸，葬于许都。

“明公所担心的，不过是吕布。现在吕布愿随公定天下。”吕布朝曹操喊道。

“拖下去，斩首！”曹操怒视着吕布，坚定地下令道。

刀斧手冲上去立马将吕布绞死，并斩头示众。

## 5 煮酒论英雄

曹操与刘备会合后，来到许都。汉献帝认刘备为皇叔。

一天，曹操见后花园梅子树上梅子青青，想起当初征讨张绣时，路上缺水，将士们口渴难耐，自己灵机一动，用马鞭往前一指，说前面有梅林，军士们听后，立即口生唾液，顿时不感到饥渴了。今天曹操见到这些梅子，想邀请刘备煮酒畅谈一番。

刘备到来后，曹操与他谈论起英雄来。聊着聊着，曹操最后用手一指刘备，说道："天下英雄，只有君和我啦！"

刘备一听，大吃一惊，他手中的筷(kuài)子忽然掉到了地上。此时，正好天上出现一声巨雷。稍后，刘备缓过神来，立刻拾起筷子，自言自语道："这雷声也太大了，竟然吓掉了我的筷子。"

"大丈夫还怕雷声吗？"曹操笑着说道。

刘备强装自然地说道："圣人迅雷风烈必变，怎能不怕呢？"

刘备回到住所后，把刚才在曹操处饮酒论英雄的事说给关羽、张飞听。

关张二人听后情不自禁地说道："兄真高见！"

第二天，曹操又请刘备饮酒。饮酒间，刘备听说公孙瓒已死，不胜伤感，又不知赵子龙下落，心中倍感焦虑，想：此时必须寻个脱身之计。

刘备不动声色地对曹操说道："袁术投靠袁绍，必定从徐州经过，备请一军半路拦截，必擒袁术。"

曹操笑着答应道："来日向天子奏明，即刻起兵。"

## 6 袁术身亡

次日，曹操令刘备总督五万人马，与朱灵、路昭(zhāo)一起往徐州进发。

郭嘉、程昱(yù)听说曹操令刘备带兵离开许都，慌忙向曹操谏言道："丞相为何令刘备督军往徐州而去。"

曹操不以为然地说道："去截取袁术。"

程昱在一旁也谏言道："今日给刘备五万人马，离开许都，就像是放龙入海，纵虎归山。今后就难以制服了。"

郭嘉接着说道："丞相即使不杀刘备，也不应该派他出去。古人云：'一日纵敌，万世之患。'望丞相明察。"

曹操仔细一听，连忙令许褚(chǔ)带五百军士去追刘备，务必要把他们追回来。

刘备走着走着，忽然看见后面扬起若干尘土，对关、张说道："此必是曹兵追来了。"

刘备问许褚："公来此何干?"

许褚说道："奉丞相命，特请将军回去，另有商议。"

"将在外，君命有所不受。"刘备回头看了看关羽、张飞，说道，"我知道了，公可以回去了。"

许褚心想，丞相并没有让他抓刘备回去，也就不必生事了，于是回许都复命去了。

刘备兵致徐州后不久，就遇到袁术之兵。刘备兵分三路，将袁术军士杀得尸横遍野，血流成河。袁术剩下的千余人，多有饿死者。一天，袁术自己也饥渴难耐，坐于床上，大叫一声，吐血而亡。

刘备写表奏明朝廷，书呈曹操，令朱灵、路昭回许都，自己留下守徐州。自此，刘备就像鱼入大海，鸟上蓝天一般，不受曹操的牢笼之围了。

朱灵、路昭二人回许都后，曹操非常生气，派人暗示徐州守将车胄除掉刘备。刘备能否逃过这一劫呢?欲知后事如何，且听下回分解。

# 六　知子莫若父

主要人物：关羽、曹操、刘备、郭常
主要地点：郭家庄院
主要事件：关羽饶恕郭常之子

## 1 俗话记忆

“知子莫若父”，这句话的大意是没有比父亲更了解自己儿子的人，一般指最了解儿子的是父母亲。它的下一句往往是“知臣莫若君”，意思是了解大臣的人是君王。

《三国演义》中，关羽探听到刘备的消息后，离开曹操与等候他的孙乾(qián)相遇，他们一起来到一所庄院避雨借宿。该庄院主郭常告诉关羽，自己的儿子不务正业，整日游猎，是家门之不幸。晚上，郭常的儿子欲盗窃关羽的赤兔马，关羽知道后，对郭常说：“此子果然不肖，正如老翁所言，此子为非作歹(dǎi)，真是知子莫若父呀！”关羽看在郭常的面子上，暂且饶恕(ráo shù)了他。

## 2 张飞计破曹军

话说曹操见刘备派回了朱灵与路昭二人，却留下五万军士守徐州，心中升起一股强烈的怒火，暗中派人要求徐州守将车胄(zhòu)除掉刘备。幸亏关羽、张飞提前知道了这个信息，冒充曹军进入徐州城，抢先杀死了车胄及其一家老小。

刘备知道后懊悔(ào huǐ)不已，他相信曹操一定会复仇，夺取徐州。刘备只好兵分三路，分别驻守徐州、小沛、下邳，形成犄(jǐ)角之势，以防曹操。

一天，曹操果然兴二十万大军，兵分五路下徐州，往小沛直奔过来。

刘备听说后，惊慌失措地对张飞说："这该如何是好呀？"

张飞不以为然地说道："兄长不用担心，曹兵远道而来，必定困乏，我们乘机劫寨，一定可以破曹。"

刘备听后，脸上情不自禁地露出了笑容，说道："我一直以为你是一介武夫，有勇无谋。如今看来你也是有勇有谋之人。这个想法符合用兵之计。"在这之前，张飞还曾用计成功活捉过刘岱(dài)。

## ③ 刘备兵败小沛

二十万曹军在曹操的率领下，浩浩荡荡地向小沛进发，快到小沛时，突然狂风大作，瞬(shùn)间将曹操旁边的一面牙旗折断。曹操立即命令大军停止了行进，聚集众谋士商议，问此现象的凶吉征兆如何。

荀彧首先着急地问道："风是从哪个方向吹来的？吹断的是什么颜色的旗？"

"风自东南方吹来，吹断的是青红二色的牙旗。"曹操回答道。

"这告诉我们今夜刘备必定来劫寨。"荀彧若有所思地说道。

曹操点了点头。这时，毛玠(jiè)也从外面进来了，拱手告诉曹操："今夜必定有人来劫寨。"

曹操听后，立即兵分九路，只留一路在前方虚扎营寨，其他八路分三面埋伏好。

天渐渐暗下来了，月亮若隐若现，曹军营地一片寂静。刘备与张飞一左一右，兵分两路向曹营靠近。

张飞一路轻骑，神不知鬼不觉地冲进曹营，正当张飞得意之时，曹营四周火光骤起，喊杀声一阵高过一阵。张飞大叫一声，"不好，中计了！"急忙往寨外退去。

刘备刚到寨口，就被前面的火光及喊杀声吓住了，等回过神来往后撤时，从其后面早已冲出一路人马，将刘备的退路截断了。

张飞从里面左突右冲，前遮(zhē)后挡，令张飞没想到的是，他所率的兵士原本是曹操手下的，如今见势不妙，都早已向曹操投降了。

张飞杀出一条血路，好不容易突围出去时，身后只剩下数十骑跟着。张飞想回小沛，路却早已被曹军所断，去徐州、下邳的路也恐被曹兵截住。张飞只好朝芒砀(mángdàng)山奔去。

刘备也无路可逃，只好率领拼杀出来的三十余骑投靠了袁绍。

## 4 美髯公关羽

曹操率兵占领小沛和徐州后，来到关羽把守的下邳。关羽为了两位嫂夫人，与曹操定了“三约”，即一是降汉帝不降曹操；二是按皇叔标准给予二位嫂夫人俸禄(fèng lù)与保护待遇；三是一旦知道刘皇叔去向，自己就立即前往其处。

曹操见到关羽后，笑着说道：“一直仰慕(yǎng mù)云长忠义，今日得见，足慰平生。”曹操答应了关羽的条件，并每日礼待关羽。

一天，曹操见关羽所穿的绿锦战袍已破旧，就用上等锦布为他量身定做了一件战袍。人在屋檐下，不得不低头，关羽只好收下这件战袍。不过，他将这件新战袍穿在里面，外面依旧穿着旧战袍。

曹操奇怪地笑着问道：“云长为什么如此节俭呀?”

“我不是节俭呢。这件旧战袍是刘皇叔所赐，穿上它，就像与兄长相见，不敢因为有了新战袍，就忘了兄长相赐之物。”

“真义士也!”曹操深情地望了一下关羽，然后笑着说道，“云长的胡须约有多少根呀?”

“约有数百根吧。每到秋冬时，胡须总会掉三五根，因此我每到冬天，就用皂纱(zào shā)囊将其包裹(guǒ)起来，防止胡须被弄断。”关羽用手轻轻地抚摸着须囊道。

曹操当日令人用纱绵做一个须囊送给关羽。

次日，汉献帝召见关羽时，见关羽胸前有一纱绵囊，好奇地问道：“这是何物?”

关羽摸了摸须囊，奏道：“臣的胡须很长，丞相送一纱绵囊保护它们。”

汉献帝令关羽取下纱绵囊，展示胡须一看。看后，汉献帝情不自禁地叹道："真美髯公也！"自此，关羽有了美髯公的称号。

## 5 关羽斩颜良

不知不觉，又一个春天到了。袁绍认为此时是兴兵的好时机，也顾不得众人反对，就派遣颜良做先锋，进攻白马。

曹操亲自率领十五万军士迎袁绍。曹军首战以两员大将被颜良所杀而大败。

"我推荐一人，可敌颜良。"正当曹操郁闷不已时，程昱献计道，"该人非关公莫属。"

"我担心他立功后便走。"曹操犹豫片刻说道。

"刘备若在，必投袁绍。今天派关公杀袁绍之兵，袁绍必定怀疑刘备而杀之。刘备一死，关公岂不安心在此了？"程昱继续分析道。

曹操听后，连忙下令请关羽出战。

关羽手提青龙刀，跨上赤兔马，引从者数人，来到阵前。

曹操用手指着山下颜良排的阵势，对关羽说："河北人马，旗帜鲜明，枪刀林立，阵势空前，真是雄壮，云长要小心呀！"

关羽一看，冷冷地说道："依我看，这不算什么？"

曹操看了看关羽，再指着中间的颜良说道："麾(huī)盖之下，绣袍金甲，持刀立马者，乃颜良也。"

关羽顺着曹操的手指看了一眼，转过身来，向曹操拱了拱手，说道："我看颜良，好像是插了草标卖头的一般。我这就去取他人头，献给丞相。"说完，凤目圆睁，蚕(cán)眉直竖，倒提着青龙刀，拍马下山，直奔颜良。

颜良正在麾盖之下，见关羽冲来，正要问话，不料关羽赤兔马快，瞬间就被关羽手起刀落，砍下马去。

关羽跳下赤兔马，割了颜良的首级，拴(shuān)于马颈之下，再飞身上马，提刀出阵，如入无人之境。

河北兵将大惊，不战自乱。曹军乘势攻击，死者不可胜数。

关羽纵马上山，献颜良首级到曹操面前。曹操点点头，赞道："将军真神人也！"

“我这不值得一提！”关羽冷冷地说道，“我弟弟张飞于百万军中取上将之头，如同探囊取物呢！”

曹操一听，心中一惊，看了看左右人等，严肃地说道：“今后如遇见张飞，不可轻敌！”说完，还要求大家把这句话写在衣服上，时刻提醒自己。

## 6 关羽寻义兄

关羽斩杀颜良后，又杀袁绍部将文丑。

袁绍谋士纷纷谏言要杀刘备。袁绍知道情况后也十分恼火，意欲杀刘备。

刘备申(shēn)诉道，这是曹操的计谋，就是要借袁绍之手除掉刘备。刘备最后还说道，他可以给关羽去信，要他离开曹操，投奔袁绍来。

袁绍一听，转怒为喜道：“我若得云长，胜颜良、文丑十倍也！”当时就要刘备写下书信。

关羽得到刘备消息后，立即向曹操告辞，留下曹操所赠之物，带领二位嫂夫人等，离开曹营，向袁绍处进发。

曹操知道后，派张辽快马加鞭先行拦住关羽，自己要亲自为关羽送行。

因没有得到曹操签发的通关文书，关羽一路走来处处受到曹军守将的阻拦，不得已杀掉守将。这就是后人广为传诵的“关羽千里走单骑，过五关斩六将”。

关羽在过五关斩六将之后，遇到了刘备派来等候的孙乾。孙乾告诉关羽，刘备今已离开袁绍，去汝南等待会合。

关羽与孙乾并马行了数日，忽遇大雨滂(pāng)沱(tuó)，行装全部打湿了。关羽只好下令暂时借宿到旁边的庄院。庄院主叫郭常，世居于此，早闻关羽大名，于是宰羊置酒相待。郭常告诉关羽，他有一子，不务正业，不学无术，只喜欢游猎，实乃其家门不幸。

关羽听后，说道：“方今乱世，若武艺精通娴(xián)熟，也可以取功名，怎么说是家门不幸呢？”

当天晚上，夜深人静时，郭常之子竟然想偷关羽的赤兔马。事发后，关羽非常生气，说道：“你竟敢偷我的赤兔马！”说完就举起手，准备打他。

“不肖子做此歹事，罪该万死！奈老妻最怜爱此子，乞(qǐ)求将军仁慈宽恕！”

郭常跑过来祈求道。

关羽摇了摇头，说道："此子果然不肖，正如老翁所言，此子为非作歹，真是知子莫若父呀。我今天就看老翁之面，且饶恕他吧！"

第二天，天放晴了，关羽和孙乾护拥着二位嫂夫人继续寻找刘备去了。他们能找到刘备吗？中间还会遇到什么挫（cuò）折（zhé）吗？欲知后事如何，且听下回分解。

# 七　得人者昌　失人者亡

主要人物：孙策、孙权、周瑜

主要地点：江东

主要事件：孙策中毒箭而亡

## 1 俗话记忆

“得人者昌，失人者亡。”其本意是得人心的人，其办事就能成功，不得人心的就会消亡或失败。其中“人”指人心。它的喻义是告诉统治者或管理者要尊重人心，不能失信于民，否则会失去天下或难以开展工作。

《三国演义》中，孙策中毒箭而死，把江东大地交给其弟弟孙权，并嘱咐张昭与周瑜(yú)尽心辅佐。后来，孙权问周瑜今后可以用什么策略来守住江东，守住父兄创建的家业。周瑜说：“自古得人者昌，失人者亡。”周瑜建议孙权统治江东时，不仅要得人心，不可失人心，还应寻求高明人士辅佐。

## 2 两兄弟相见

话说关羽一行人往汝南进发，继续寻找刘备。他们行了数日后，来到一座山城前。这里的人告诉关羽：数月前来了一位叫张飞的将军，将这里的县官赶走后，占领了山城。关羽一听非常高兴，自从徐州一战，兄弟失散后，一直不知张飞下落，没想到竟在这里遇到了。

张飞听说关羽到了城外，随即披挂，持矛上马，引一千余人直奔关羽。

孙乾看见后惊讶不已，又不敢说话。关羽远远望见张飞疾驰而来，喜不自胜，激动不已，把刀交给旁边的周仓后，拍马上前。

张飞圆睁环眼，倒竖虎须，吼声如雷，冲向关羽，挥矛就向关羽刺来。

关羽大吃一惊，连忙闪过，叫道："贤弟为何如此！难道忘了桃园结义？"

"你这个无义之人，有何脸面来见我！"张飞吼道。

"我如何无义了？"

"你背弃兄长，降了曹操，封侯赐爵(cì jué)，现在又来抓我！今天我与你拼个你死我活。"

关羽恍(huǎng)然大悟(wù)，说道："原来如此。你若不相信我，可以问两位嫂嫂。"

这时二位夫人听他兄弟争吵，就揭开车帘劝了起来。甘夫人说道："二叔不知你们的下落，为了我们才委曲求全的，三叔错怪了。"糜夫人也说道："二叔留在许都，实在出于无奈。"

张飞仍一脸怒色，指着关羽说："你为何又带兵来抓我！"

关羽莫名其妙地说道："我的兵在哪儿呢？"

张飞用手往关羽身后一指，大声喝道："那不是兵吗？"

关羽顺着他手指的方向回头一看，果然身后尘埃(chén āi)四起，一队人马裹着风尘朝这边飞跑过来。从旗号来看，正是曹军。

"你如果还有兄弟情，在曹操处实属无奈的话，我打三通鼓，你就斩来将。"张飞说完，就准备擂(léi)鼓去了。

一会儿，曹军就赶到了他们的面前，为首的是蔡阳。原来关羽在过五关斩六将时，杀了他的外甥秦琪，他这是报仇来了。

咚！咚！咚！——张飞开始擂鼓了。蔡阳纵马向关羽冲来，关羽也不说话，立马挥刀，张飞一通鼓还没擂完，关羽刀起处，蔡阳头已落地。众军士四散而逃。

张飞最终还是承认自己错怪了关羽。关羽和孙乾请二位嫂嫂入城后，次日就往汝南找刘备去了。

不过待关羽到汝南时，刘备因汝南兵少，又重新回到袁绍那里去了。

## ③ 三兄弟重逢

关羽和孙乾不得已又往袁绍处找寻刘备。关羽和孙乾临近冀州时，歇宿在关定老翁庄院里。

第二天，孙乾入冀州见刘备，向刘备说明了关羽、张飞及二位嫂夫人的情况后，一起商议如何从袁绍处脱身的计策。

“刘景升镇守荆襄九郡，兵精粮足，我们可以和他相约，共同攻打曹操。”刘备与孙乾商议好计策后，立刻向袁绍禀报。

袁绍点了点头，说道：“我曾想约他，他一直不肯。”

“此人与备同宗，备去说，他一定会同意的。”刘备自信地说道。

袁绍不急不慢地说道：“如果能得到刘表，他比刘辟(pì)强多了。”袁绍沉思片刻后，同意了刘备的想法。

“近闻云长离开了曹操，欲来河北。”袁绍突然说道，“我应当杀他，以雪颜良、文丑之仇恨。”

刘备一听，心中一惊，连忙说道：“明公前面说要用他，我才召他过来。如今为何又要杀他呢？况且颜良、文丑是两只鹿，而云长是一只虎。明公失去两只鹿，却得到一只虎，这不更好吗？”

“我非常喜爱云长，刚才是故意戏弄一下你。”袁绍笑着说道，“公可以再派人召他速来。”

刘备一听，心中自然欢喜，说道：“立即派孙乾去召他速来。”随即走了出去。

待刘备出来，简雍(yōng)赶紧走了进去，向袁绍谏言道：“刘备此去，一定不会回来了。我愿一同前往：一是与刘备一起说服刘表，二是监督刘备。”袁绍听后，连连点头称是。

简雍刚走，谋士郭图也发现不妙，赶紧来到袁绍处。

“刘备上次去劝说刘辟，一事无成。今天又派他与简雍一起去荆州，他们一定不会再回来了。”郭图谏言道。

袁绍看了看郭图，说道：“你勿多疑，简雍自有决断。”

刘备、简雍就这样顺利地离开袁绍，与关羽等人在关定家会合了。关定的儿子关平乃习武之人，年方十八岁，刘备提议关羽将其收为义子。

在离开关定庭院后，刘备遇到了前来投奔的赵子龙。赵子龙自公孙瓒兵败自焚后，袁绍也多次想招他，但赵子龙认为袁绍是不会用人之人。赵子龙告诉刘备，他奔走四方，择主而事，没有遇到过像刘备这样的人，如果能跟随刘备，是平生之幸。今后，即使肝脑涂地，也不后悔。

刘备、关羽、孙乾、简雍与张飞等人会合后，聚齐四五千人，应刘辟、龚都的邀请，去汝南驻扎，招兵买马，徐图征进。

## ④ 孙策中毒箭

建安四年（199），孙策自霸江东，兵精粮足，引来了曹操的警惕。曹操想以曹仁之女许配给孙策幼弟孙匡(kuāng)，两家结亲以求和平。

吴郡太守许贡暗自上书曹操，建议把孙策召在京师，让他离开江东，否则将是后患。

孙策知晓后，非常生气，假意请许贡来商议事情，并立刻将他杀死。许贡的家客则利用孙策在丹徒打猎之机，为许贡报仇，用毒箭射杀孙策。

孙策中箭后，神医华佗(huà tuó)的徒弟见后告诉他，箭头有药，毒已入骨。

一日，孙策自知将不久于人世，于是召张昭等人与其弟孙权一起来到病榻前，嘱咐道："天下方乱，以吴越之众，三江之固，大有可为。子布（张昭）等要善待吾弟。"

孙策喘了一口气，令人取来印绶(shòu)，交给孙权，对他说道："举江东之众，决断于两阵之间，与天下争衡，你不如我；举贤任能，使大家各尽所能保江东，我不如你。你要念父兄创业之艰难，好自为之！"

孙权听后一边大哭，一边拜受印绶。

孙策又转向母亲说道："儿天年已尽，不能孝奉慈母。今将印绶给弟，望母亲早晚训导他，让他记住不能怠慢那些跟随父兄创业的人。"

孙策的母亲也一边抽泣，一边说道："我担心你弟年幼，不能担当大任，到时该怎么办呀？"

孙策望了望张昭等人，说道："弟的才能比我强十倍，足可以担当重任。如果内事不知如何决断时，可以问张昭；外事可以问周瑜。"说完，孙策又望了望诸弟，继续说道："我死之后，你们一并辅佐吾弟。如果宗族中有异心的，大家共诛(zhū)之；有骨肉叛逆的，死后不得入祖坟安葬。"

诸弟听后，无不掩泣受命。

孙策看了看眼前的人，又唤其妻子乔夫人说道："我与你不幸中途分开，你须遵守孝道，好好侍奉母亲。今后让你妹妹嫁给周郎，让其尽心辅佐我弟。"

说完后，瞑(míng)目而逝，终年二十六岁。

## ⑤ 孙权问计

周瑜听说孙策死后，连夜赶到孙策灵柩(jiù)前，哭拜于地。

孙策母亲吴太夫人把孙策的遗嘱告知周瑜后，周瑜哭道：“敢不肖犬马之力，继之以死。愿以肝脑涂地，报知己之恩。”

孙权在一旁说道：“今承父兄之业，有什么策略守护呀！”

周瑜说道：“自古得人者昌，失人者亡。为今之计，需求高明远见之人来辅佐，然后江东可定也。”

“先兄遗言：内事托张昭，外事全赖周瑜。”孙权轻轻地说道。

周瑜连忙说道：“子布贤达之士，足当大任。瑜不才，恐负依托之重，愿荐一人以辅将军。”

周瑜推荐的是谁呢？他又能否担当大任？曹操知道孙策死后，他又会有什么举措呢？欲知后事如何，且听下回分解。

# 八　忠言逆耳

主要人物：袁绍、许攸、曹操
主要地点：官渡
主要事件：官渡之战

## 1 俗话记忆

“忠言逆耳”的本意是正直、中肯的劝告直接说出来有时会让人听起来不顺耳，不舒服。它强调人们应该虚心并勇敢地接受批评或建议。人们也常说“忠言逆耳利于行，良药苦口利于病”。

《三国演义》中，时任袁绍谋士的许攸给袁绍献计，说曹操在官渡屯兵已久，许都已空虚，建议派一路人马星夜袭击许都，曹操必败。袁绍却认为许攸是曹操的旧友，认为这是曹操的诡(guǐ)计。许攸听后，仰天长叹道：“忠言逆耳”。这样的人不值得为他出谋划策！许攸对袁绍非常失望，加上他的子侄被审配所害，伤心至极，幸亏有左右相劝，他才没有自刎。

## 2 孙权任太守

话说孙策中毒箭而亡，将江东大地交给他弟弟孙权，并嘱咐张昭、周瑜等人予以辅佐。周瑜推荐了鲁肃。

鲁肃告诉孙权：汉室不可复兴，曹操不可去除，将军可以鼎(dǐng)足江东以观天下，乘北方战乱，可以剿除黄祖，进伐刘表，依靠长江天险而占据江东，今后还可以称帝，以图天下。

鲁肃又推荐诸葛瑾(zhūgějǐn)来江东。诸葛瑾也劝孙权不要与袁绍联系，暂且顺着曹操，今后有机会再乘机图之。

曹操听说孙策已死，欲起兵下江南。其御史张纮(hóng)谏言道：“乘人之丧而伐之，非义举也，若一时攻克不了，反而成仇，不如善待之。”曹操听后，连忙点头。于是上报天子，奉孙权为将军并领会稽(kuài jī)太守。

孙权大喜，从此行太守事，深得民心，威震江东。

袁绍听说孙策死了，曹操又封孙权为将军，大怒，兴起冀州、青州、幽州、并州等处七十余万人马攻打许昌。

## ❸ 许攸离绍

曹操率领七万人马与袁绍在官渡相遇。时值八月，天气逐渐转凉，两军对峙(zhì)，转眼间就过了一个多月。官渡的秋天，早已是秋风瑟(sè)瑟，寒气逼人，曹军兵力明显下降，粮草也供应不上了。曹操只好派人携(xié)带书信回许昌令荀彧迅速筹(chóu)集粮草。

不过，很遗憾，曹操派去的使者没走出三十里，就被袁军抓获，人和书信都被送到袁绍谋士许攸处。

“曹操屯军官渡，与我相持已久，今不仅许昌空虚，而且曹军已无粮草，如果兵分两路突袭许昌和曹操，一定能抓获曹操。”许攸带着催粮书信向袁绍谏言道。

袁绍听后，沉思了一会儿，说道：“曹操诡计多端，这封信或许就是诱敌之计。”

许攸叹道：“现在若不取，一定会反受其害。”

说话间，忽然门外进来一使者，向袁绍呈(chéng)上审配的一封书信，信中先说补充粮食的事情，再说许攸在冀州时，不仅自己搜刮民间财物，还纵容子侄辈为了自己的私利，多收苛捐(kējuān)杂税。最后说现已将许攸的子侄辈们收进监牢了。

袁绍一看，大吼一声，骂道：“无耻匹夫！你还有脸在我面前献计！你和曹操有旧，是不是今天受他贿赂(huì lù)，为他当奸细，设计害我！本应斩首，今天暂时把头寄存起来，马上出去，今后不再相见！”

许攸痛心而出，仰天长叹道：“忠言逆耳，竖子不足与谋！我子侄已遭审配陷害，我有何颜面见冀州之人？”

许攸对袁绍非常失望，加上其子侄被审配所害，伤心至极，幸亏左右相劝，他才没有自刎。左右人劝他：“你何必轻生至此呢？袁绍不纳(nà)直言，后必为曹操所擒。你既与曹公有旧，何不弃暗投明？”

## 4 老友相见

许攸一听，言之有理，就暗步出营，来到曹寨。

曹操刚解衣歇息，听说许攸来了，高兴得连鞋子也不穿就迎了出来。曹操远远地看见许攸，兴奋地拍手欢笑，随后牵着他的手，一起步入帐内。曹操先行跪拜礼，慌得许攸连忙扶起他，说道：“你乃汉相，我乃布衣，何谦(qiān)恭如此呀！”

曹操说道：“你是我的故友，岂敢以名爵相上下乎！”

许攸不好意思地说道：“我不能择主，屈身袁绍，言不听，计不从，今特弃之来见故人，愿赐收录。”

“子远肯来，我的事就有救了！希望你立即教我破绍之计。”

许攸建议道：“我曾教袁绍以轻骑乘虚袭许都，首尾相攻。”

“若袁绍用你的计策，我就失败了。”曹操一听，脸色煞(shà)白。

许攸见曹操如此惊吓，笑着问道：“你今军粮尚有几何？”

“可支一年。”

许攸继续笑道：“恐怕不是这样吧。”

“有半年耳。”

许攸听完，立即拂袖(fú xiù)而起，一边走一边说道：“我以诚相投，而你还欺骗我！”

曹操追了上去，一边拉着他的手，一边说道：“子远勿怪，尚容我实说，军中粮食可支三月耳。”

许攸冷笑一声，说道：“世人皆言孟德奸雄，今果然也。”

曹操也情不自禁地笑了起来，说道：“岂不闻兵不厌诈！”于是，贴着许攸的耳朵，低声说道：“军中只有这个月的粮草了。”

许攸又冷笑了一声，故意大声说道：“休瞒我！粮已尽矣！”

曹操瞪了许攸一眼，说道：“你怎么知道的？”

于是，许攸拿出曹操写给荀彧的书信问道：“此书何人所写？”

“何处得之？”曹操诧异（chà yì）地问道。

许攸把这封书信的来历告诉了曹操。曹操立即拉着他的手说道：“子远既念旧交而来，愿有计教我。”

许攸重新坐下来，向曹操说道：“明公以孤军抗大敌，而不求急胜之方，此取死之道也。攸有一策，不过三日，使袁绍百万之众，不战自破。明公还肯听否？”

“愿闻良策。”曹操有些兴奋了。

“袁绍军粮辎（zī）重，尽积乌巢，现守将淳于琼（chún yú qióng）常嗜（shì）酒坏事。公可选精兵诈称袁将蒋（jiǎng）奇领兵到那护粮，乘机烧其粮草辎重，则绍军不三日将自乱矣。”许攸轻声说道。

曹操听后高兴极了，将许攸留于寨中厚待。

## 5 火烧袁绍

次日，曹操依计自选马步军士五千，乘天黑打着袁军旗号前往乌巢截粮。当天夜里星光满天，所有军士皆束草负薪（xīn），人衔枚（xián méi），马勒口，一路悄无声息地行进在去乌巢的路上。

袁绍寨兵问是何处军马时，曹操使人应答道：“蒋奇奉命往乌巢护粮。”袁军见是自家旗号，遂（suì）不疑惑（yí huò），也无阻碍（zǔ ài）。

到乌巢时已是五更天了。曹操令军士迅速到粮草周围点火，众将校敲锣打鼓冲了进去。淳于琼刚与众将饮了酒，醉卧帐中，突然听到锣鼓声，连忙跳起问：“何故喧闹？”话还没有说完，他就被挠（náo）钩拖翻。袁军眭（suī）元进、赵睿（ruì）运粮方回，见屯上火起，急来救应。

曹军飞报曹操，说："贼兵在后，请分军拒之。"

曹操沉着指挥道："诸将只顾奋力向前，待贼至背后，方可回战！"于是众军将无不争先掩杀。霎时间，火焰四起，烟迷太空。

待眭、赵二将驱兵快靠近曹军时，曹操勒马回战。二将抵敌不住，皆被曹军所杀，粮草尽行烧绝。淳于琼被捉来见曹操。曹操虽没有杀害他，但割掉了他的耳鼻手指，缚(fù)于马上，放回绍营以辱之。

却说袁绍在帐中，听说正北方向火光满天，知道是乌巢有失，急出帐召文武各官，商议遣兵去救。

张郃(hé)向前一步，拱手道："我与高览(lǎn)同往救之。"

郭图立即表示不同意见，他说："不可。曹军劫粮，曹操必然亲往；曹操既自己出来了，寨必空虚，可纵兵先击曹操之寨；曹操知道营寨被劫，必速还：此孙膑(bìn)围魏救赵之计也。"

张郃坚持自己意见，说道："非也。曹操多谋，外出必为内备，以防不虞(yú)。"

"曹操只顾劫粮，岂留兵在寨！"郭图再三建议可以劫曹营。

袁绍于是派张郃、高览引军五千，往官渡击曹营；遣蒋奇领兵一万，去救乌巢。

张郃、高览率部攻打曹营兵败后，被郭图所陷害，袁绍准备杀他俩。他俩知晓后走投无路，只好带领本部兵马向曹操投降。

## 6 曹操焚书

却说袁绍既失去了许攸、张郃、高览等人，又失了乌巢粮草，军心惶惶(huáng)。

许攸见曹操大获全胜，又劝曹操迅速进兵。当夜三更时分，曹军分三路劫寨。两军混战到天亮后，才各自收兵。袁绍军士折了大半，损失惨重。

荀攸再次向曹操献计道："今可扬言调拨人马，一路取酸枣，攻邺郡(yèjùn)；一路取黎(lí)阳，断袁兵归路。袁绍闻之，必然惊惶，分兵拒我；我乘其兵动时击之，绍可破也。”

曹操听后，决定用其计策，派大小三军，四处传扬荀攸等的计策。绍军闻此信后，大惊，急派袁谭率兵五万救邺郡，辛明率兵五万救黎阳，两部连夜起行。

曹操探知袁绍兵动，便分大队军马，八路齐出，直冲绍营。袁军俱(jù)无斗志，四散奔走，溃不成军。袁绍披甲不迭(dié)，单衣幅巾上马；幼子袁尚后随。曹部张辽、许褚、徐晃、于禁四员大将引军追赶袁绍。袁绍急忙渡河，尽弃图书车仗金帛(bó)，只引随行八百余骑而去。

袁军被杀八万余人，血流盈(yíng)沟，溺(nì)水死者也不计其数，袁绍再次溃败而逃。

曹操又一次大胜袁绍，将所得金宝缎(duàn)匹，赏给军士。曹军从袁绍遗弃的图书中检出书信一束，都是许都及军中诸人与袁绍暗通之书。曹操左右之人看后，非常生气，纷纷建议道：“可逐一点对姓名，收而杀之。”

“当袁绍强盛，我都不能自保，何况他们呢?”曹操见此，平静地说道。然后，命人将书信全部烧掉，并且要求不要再提起此事。

袁绍虽然大败而逃，但并没有被消灭。七十万大军，损失十万，其势力依然比较强。失败后的袁绍会就此罢休吗？欲知后事如何，且听下回分解。

# 九　知己知彼　百战百胜

主要人物：曹仁、李典、单福(shàn fú)、刘备

主要地点：新野

主要事件：单福首战大捷

## ① 俗话记忆

“知己知彼，百战百胜。”这句话本意是如果能清楚地了解敌我双方的情况，打起仗来就可以立于不败之地。知己知彼，也有“知彼知己”一说，形容对自己和敌方都了解得很透彻；“百战百胜”中，“百”是虚指，形容次数多，“百战百胜”指每次战斗都会取得胜利，形容善战。

《三国演义》中，刘备在单福的指导下，大胜曹军。曹操部将李典与曹仁商议道：“兵法云知己知彼，百战百胜。”李典认为曹军此次失败的原因，是他们对刘备当前的情况不了解。没有做到知己知彼。曹仁猜想刘备军中一定有一个能人在辅佐。这个能人会是谁呢？

## ② 袁绍大败

话说曹操在官渡一战，创下了以少胜多，以弱胜强的经典战例。袁绍回到冀州后，其子袁熙(xī)、袁谭、外甥高干分别从幽州、青州、并州赶来助战。袁绍再次聚集三十万大军，在仓亭安营下寨，与曹军对峙。

袁绍三子袁尚想在父亲及两位兄长面前逞(chěng)能，希望能让父亲传位于自己，就率先出战。只见他飞舞着双刀，疾驰出阵，在双方阵前来回奔跑。

曹军徐晃部将史涣(huàn)见此，提枪冲出，与袁尚两马相交，没打上几回合，袁尚就拨转马头，虚晃一枪，从史涣身边穿过。史涣也调转马头，追了过来。袁尚拈(niān)弓搭箭，翻身背射，“嗖”的一声，箭直插史涣左眼，坠马而亡。

袁绍见三子袁尚得胜，立即挥鞭一指，大队人马蜂拥向前，混战一场后，双方鸣金收兵。

曹操回帐后，立即与众将商议破绍之策。程昱献上“十面埋伏”之计，兵分十路，埋伏起来，诱敌深入后，全面攻击。

果然，袁绍中计。袁熙、高干都被箭射伤，军马死亡得差不多了。袁绍抱着三个儿子痛哭一场后，不觉伤心过度，吐血不止，叹道：“我自历战数十场，没想到今日狼狈(bèi)至此！此天丧我也！你等先各自回去，今后再与曹贼决一雌雄！”

曹操正与众将商议是否继续追击袁绍之际，听说刘备在汝南得刘辟、龚都数万之众，现正亲自引兵想乘虚来进攻许昌。曹操立即令曹洪在仓亭虚张声势，屯兵守卫，自己亲率大军去迎击刘备。

刘备不堪(kān)一击，众将再次被击散，汝南也被曹军占领，刘备只好前往荆州，投靠刘表去了。

## 3 袁绍病亡

建安七年（202），又是一个春暖花开的季节，曹操认为这是出兵的好时机，就亲率大军开始进攻冀州，想彻底歼(jiān)灭袁绍。

袁绍大病初愈，袁尚仍自以为是，未等袁谭等兵马赶到，就擅(shàn)自引兵数万迎战曹军。

曹军先锋张辽首先出马，袁尚挺枪来战，不到三回合，袁尚就招架不住了，引军逃回冀州。

袁绍听袁尚大败而回，吃惊不小，旧病复发，吐血数斗后，又昏倒在地。迷迷糊糊中，袁绍用手指定袁尚为继承人后，翻身大叫一声，吐血而亡。

曹操依谋士郭嘉计策，以静制动，静待袁绍之子互相争斗后，最终将袁绍的三个儿子袁谭、袁熙、袁尚尽数杀之。从此，北方安定，都归属曹操。

## 4 的卢马救刘备

建安十二年（207），刘备甘夫人在新野生下刘禅（chán rǔ），乳名阿斗。刘表派刘备在荆州襄阳所属新野驻扎，军民皆大欢喜。然而刘表妻舅蔡瑁（mào）及刘表夫人等却认为刘备会祸害荆州，多次设计陷害刘备。

一日，蔡瑁请刘备到荆州赴宴，准备在席间杀死刘备。宴席上，刘备幸得刘表部将尹籍提示，他来不及告知随行保护的赵子龙，独自一人骑马从西门逃了出去。

跑着跑着，前面一条大溪挡住了去路。那溪宽数丈，水流湍（tuān）急。刘备来到溪边，见无法蹚过去，就调转马头，准备往回走，另外找条路奔走。

刘备刚调转马头，就远远地看见城西方向尘土飞扬，追兵眼看就要到了。“今天死定了！”刘备心想。他只好又连忙回马到溪边。再回头时，追兵近在咫（zhǐ）尺了。

刘备不禁慌乱起来，只好纵马下溪。马没走几步，忽然前蹄（tí）往下一沉，那马的身子立刻浸入水里，刘备吓得使劲抽打坐骑，大声喊道：“的卢（dí lú），的卢！今日误我！”话音刚落，那马忽然从水中奔腾而起，一跃三丈多高，飞向对岸。刘备只知道紧紧地抓住马鞍（ān）。瞬间的卢马驮（tuó）着刘备就到了对岸。的卢马在岸边摆了摆头，抖落身上的溪水，回过头来，朝溪对岸嘶鸣了几声。

蔡瑁见此情景，也大吃一惊，对旁边的军士说道：“是何神助他也？”

“使君何故逃席而去？”蔡瑁故意大声问刘备。

刘备气愤地反问道：“我与你无冤无仇，何故相害？”

蔡瑁故作镇定地说道：“我并无此心，使君休听人言。”说完拈弓取箭。刘备见此，连忙拨转马头，往西南而去。

## 5 刘备得单福

刘备一个人往南漳(zhāng)策马而行，天近黄昏，这时，一牧童跨骑在牛背上，吹着短笛，来到刘备面前。

“将军莫非是破黄巾的刘玄德吗?”牧童停牛罢笛，上下打量了一下刘备后，问道。

刘备非常吃惊，这里竟然有小孩认识他，于是问道：“你是一小童，怎么知道我的姓名?”

牧童笑着说道：“我本不知，是我师父说的。他说刘玄德身高七尺五寸，双手垂下来能过膝，眼睛能看到自己的大耳朵，是当世之英雄呢。”

刘备笑呵呵地问道：“你师父是何人呀?”

“我师父复姓司马，名徽(huī)，道号水镜先生。常与好友襄阳庞德公、庞统聊天下大事。”

在牧童的指引下，刘备来到水镜先生住处。刘备见水镜先生松形鹤(hè)骨，器宇不凡，慌忙走上前施礼。水镜先生见他衣襟(jīn)还是湿漉(lù)漉的，笑道：“你今日幸免大难!”

刘备听后惊讶不已，再看其书架上堆满书卷，琴横卧于石床，窗外盛栽松竹，室内外透出一股清新淡雅之气。刘备欲请水镜先生出山相助，同扶汉室，安定天下。

水镜先生笑着说道：“我是山野闲散之人，不堪世用。你自有胜我十倍的人来相助。”

正谈论间，赵子龙寻访至此。随后关羽、张飞也赶到，四人遂一起回到新野。

刘备回到新野后，见街市上有一人，葛巾布袍，皂绦(tāo)乌履(lǚ)，长歌而来。歌曰：“天地反覆兮(fù xī)，火欲殂(cú)；大厦将崩(bēng)兮，一木难扶。山谷有贤兮，欲投明主；明主求贤兮，却不知吾。”

刘备听后，暗想："此人莫非水镜先生所说的伏龙、凤雏(chú)乎？"遂下马相见，邀入县衙。问其姓名，答曰："某姓单，名福。久闻使君纳士招贤，欲来投托，不敢擅自进入，只好在街上歌唱，希望使君能听到。"

刘备大喜，待为上宾，随后拜单福为军师，请单福调练本部人马。从此，新野军士士气高涨，百姓粮食丰足。

## 6 知己知彼　百战百胜

一天，本意要攻打荆州的曹仁，听说刘备招兵买马，积草储粮，其志不小时，立刻派吕旷(kuàng)、吕翔(xiáng)率精兵五千，前往新野厮杀。

单福建议刘备兵分三路与曹军拼杀。没多久，曹军二吕被杀，军士多被活捉，曹军大败。曹仁获悉后，大吃一惊，于是赶紧与李典商议对策。

李典思考片刻后，说道："刘备人中豪杰也，不可轻视，须报丞相，兴大兵来征剿。"

曹仁摇摇头说道："新野弹丸之地，何劳丞相大军？"

"兵法云知己知彼，百战百胜。"李典提醒道，曹仁不听。

曹仁后又再次鸣鼓进军，布成一个阵势。单福一看，说道："这是八门金锁阵也。"然后告诉刘备如何破阵。

刘备等人依计破阵，果然曹兵大败而回。单福下令不得追赶。

曹仁败后请李典商议时，感叹道："刘备军中必有能者，我布的阵竟被他破了。"

李典却担心地说道："我此时还非常担忧樊(fán)城的安危。"

曹仁自信地说道："今晚去劫寨，如果不胜，我们就立马退守樊城。"

李典再次提醒道："不可。刘备必有准备。"

曹仁有些生气了，说道："如此多疑，如何用兵！"于是自己引军为前队，李典为后应，当夜就去劫寨。

曹仁率队刚靠近营寨，就见寨中火起，赵子龙、张飞等人相继杀将出来。曹军又大败，往北河而走，过河时又淹死大半。没想到等曹仁李典回到樊城时，城墙上传来刘备军士的呐喊声："我已取樊城多时了！"

随后，城中一声鼓响，关羽率一队人马冲了出来。曹仁等人惊慌失措地调转马头，连夜回许昌去了。

曹操见曹仁、李典回来，安慰道：“胜败乃兵家常事。但不知是谁为刘备出谋划策？”

“单福所献也。”曹仁说道。

“单福何人？”曹操奇怪地问道。

这个单福到底是谁呢？曹操听说后，会采取什么措施呢？欲知后事如何，且听下回分解。

# 一〇　忠孝不能两全

主要人物：徐庶、徐母、曹操、刘备

主要地点：许昌

主要事件：徐母教子

## ① 俗话记忆

“忠孝不能两全”，旧时指效忠国家和孝敬父母不能同时兼顾。引用这句话时，一般指选择的是效忠国家，所谓舍小家为大家。

《三国演义》中，曹操将徐庶(shù)及其母亲骗至曹营，徐庶母亲看见徐庶后，勃(bó)然大怒，训斥道：“你既然读过书，须知忠孝不能两全。难道你不知道曹操是欺君罔(wǎng)上之贼吗？”骂得徐庶拜服在地，不敢看她。

## ② 徐母不屈曹操

话说曹操询问帮助刘备的单福为何人时，曹操谋士程昱笑着说道：这个单福原名叫徐庶，字元直。他自幼学过剑术，年轻时帮人报仇杀了人，尽管后来披发涂面，但还是被抓获。同伴将他救出后，他就改名换姓，到处拜师学习，常与司马徽畅谈。

曹操笑着说道：“徐庶之才，和你相比如何？”

“十倍于我。”程昱不好意思地笑着说道。

曹操沉默了一会儿，说道：“可惜这位贤士已归刘备。”

“徐庶虽在他那里，丞相要用，召来也容易。”程昱拱手道。

“怎样才能让他来呢？”曹操半信半疑地问道。

程昱说道："徐庶为人至孝，只有老母在堂。他弟弟徐康已死，老母无人侍养。丞相可派人将他的母亲骗至许昌，令她写封信要徐庶过来，徐庶见信后一定来这里。"

曹操连夜依计将徐庶母亲"请"到曹营，威逼徐母修书给徐庶。徐母不容曹操多说，拿起石砚(yàn)就朝曹操扔去。曹操大怒，欲杀徐母。

"徐母迁怒丞相，是求死呀。丞相若杀之，则成全了徐母，反而让丞相也落了一个不义之名。"程昱听说后，赶紧过来，说道，"徐母一死，徐庶一定会死心塌地地帮助刘备。不如留下她，再议计策。"

事后，程昱偷偷地模仿徐母的笔迹，以她的名义给徐庶修书一封。

## 3 徐庶推荐诸葛亮

徐庶接到母亲的家书后，泪如泉涌，拿着家书来到刘备处，对刘备说道："我叫徐庶，字元直，为了逃难才自称单福，受水镜先生提示，来到使君处。近来老母被曹操设计囚禁许昌，欲将加害。现老母手书家书一封，庶不得不去。"

刘备听后大哭道："子母之情比天高，元直不用多虑。等你与老夫人相见后，再来我这里指教。"

孙乾听说后，悄悄地告诉刘备，说应该留住徐庶，让曹操杀其母。只要他母亲一死，徐庶就会为母亲报仇，从而全心帮助刘备攻曹操。

刘备叹了一口气，说道："不可。使人杀其母，而我又用其子，不仁也；留下他，不让他母子相见，不义也。我宁死，也不做不仁不义之事。"众人听后，无不感叹。

刘备与徐庶并马而行。刘备送了一程又一程，两人难舍难分。最后，徐庶不得不说道："不劳使君远送，徐庶就此告别。"

刘备拿起徐庶的手说道："先生此去，天各一方，不知何时能再相见。"说完，泪如雨下。

徐庶也泪湿衣襟，抽泣而去。

望着徐庶远去的背影，刘备忽然大声喊道："元直去了，我怎么办？"话音未落，眼泪又流了下来。

忽然，徐庶调转马头，拍马向刘备飞奔而来。刘备赶紧勒马冲了上去，大声地喊道："元直莫非没有去意了！"

徐庶快马加鞭，很快就来到刘备面前，说道："我因心乱如麻，忘记了一句话——现特向使君推荐一位奇士。他在襄阳城外的隆中，使君可去请他。"

"敢烦元直为备请来相见？"

"此人不可屈致，使君可亲往求之。若得此人，无异于周得吕望，汉得张良。"

"此人与先生相比，才德何如？"

"我和他相比，就像驽(nú)马并麒麟(qí lín)、寒鸦配鸾凤(luán fèng)。此人每次都是自比管仲、乐毅；依我看，管仲、乐毅二人都不及此人。此人有经天纬(wěi)地之才，他是天下数一的人物！"

刘备一听，十分欢喜，迫不及待地说道："很想知道此人的姓名。"

"此人复姓诸葛，名亮，字孔明，是汉司隶校尉诸葛丰之后。他与弟弟诸葛均在南阳务农，因他居住的地方有一冈叫卧龙冈，所以自称为'卧龙先生'。你若能得到他的辅佐，何愁天下不安定呀！"

刘备回忆道："以前水镜先生曾对我说，'伏龙、凤雏，两人得一，可安天下。'今所云莫非就是'伏龙、凤雏'乎？"

"凤雏乃襄阳庞统也。伏龙正是诸葛孔明。"

刘备仰天长叹一声后，高兴地说道："今日方知伏龙、凤雏之语。谁能想到大贤大智之人就在眼前呀！幸得先生之言，否则我是有眼如盲(máng)也！"

## 4 徐母自缢(yì)

徐庶推荐了孔明后，再别刘备，策马而去。刘备听徐庶之语，方悟(wù)司马徽所言，似醉方醒，如梦初觉。

徐庶来到许昌，见过曹操后，急忙去见其母。徐母大吃一惊，问道："你为什么到此？"

徐庶一愣，连忙解释道："我看到母亲的家书，才星夜赶来。"

徐母勃然大怒，拍案骂道："你飘荡江湖数年，我以为你学业进步，为何反不如初了呢？你既然读过书，须知忠孝不能两全。"

徐母在徐庶面前大骂一通曹操后，又说徐庶不该离开刘备，骂得徐庶不敢抬头。其母骂完后，就直接走进内室去了。一会儿，家人出来说：“老夫人自缢于梁间。”

徐庶慌忙入内，可是徐母早已断气。瞬间，徐庶悲痛不已，哭绝于地，很久才苏醒过来。徐庶在曹营里恍恍惚(hū)惚，不思不想，凡曹操所赐的物品，均不受用，更发誓不为曹操献一计。

## 5 三顾茅庐

刘备与徐庶分开，引众将回至新野后，立即准备厚礼，同关羽、张飞前去南阳请孔明。刘备率关羽、张飞一连两次来到隆中，均没有见到徐庶所言的诸葛亮。

光阴荏苒(rěn rǎn)，又是一个早春来到，刘备选择吉日，斋戒(zhāi jiè)三天，沐浴更衣后，与关羽、张飞再次同往隆中请诸葛亮。

这一次，关羽有些不情愿地说道：“兄长两次亲往拜谒(yè)，其礼太过了。诸葛亮可能是有虚名而无实学，所以避而不敢见。兄长没必要太相信别人了！”

“不行，过去齐桓(huán)公欲见东郭野人，往返五次才见一面。何况我是拜见大贤大智之人呢！”

张飞也帮着关羽说道：“哥哥差矣。量此村夫，何足为大贤，今番不须哥哥去，他如不来，我只用一条麻绳把他捆来！”

刘备一听，呵斥(hē chì)道：“你难道没听说过周文王拜谒姜(jiāng)子牙之事？文王尚且如此敬贤，你又为何无礼！这次你不要去，我与云长去。”

“既然两位哥哥都去，小弟如何落后！”张飞笑了笑。

刘备嘱咐道：“你若同往，不可失礼。”张飞答应了。

于是三人乘马引从者再次前往隆中。离草庐半里之外，刘备便下马步行，正遇诸葛均。刘备忙施礼，问道：“令兄在庄上吗？”

诸葛均回答道：“昨晚才回。将军今日可与他相见。”说完，飘然而去。

刘备舒了一口气，说道：“今天终于可以见到先生了！”

三人来到庄前叩(kòu)门，童子走出来问他们三人的来意。

刘备双手一拱，说道：“有劳仙童转报：刘备专程来拜见先生。”

童子难为情地说：“今日先生虽在家，但此时仍在草堂上睡觉，还没有醒。”

刘备望了望里面，继续说道：“既然如此，且休通报。”然后吩咐关、张二人，只在院门外等着。刘备徐步而入，见先生仰卧于草堂几(jī)席之上。刘备拱立阶下，约有半天时间过去了，先生仍未醒。

关、张两人在外等了许久，不见动静，连忙走进院子，看见刘备恭恭敬敬地站在屋外。

张飞大怒，对关羽说道：“这先生为何如此傲(ào)慢！见我哥哥侍立阶下，他竟高卧，推睡不起！等我去屋后放一把火，看他起不起！”关羽再三劝住。刘备仍命二人出院门外等候。

这时，先生翻了一下身，忽又朝里面睡下了。童子欲喊先生，刘备赶紧示意不要惊动他。就这样，又过了一个时辰，孔明才醒过来。他翻身问童子：“有客人来吗？”

童子轻轻地说道：“刘皇叔在此，立候多时。”

孔明一听，立刻起身，责怪道：“何不早报！我这就去换衣裳。”说完就转入后堂换衣去了。

待孔明整好衣冠(guān)出来，刘备上下打量一番，见孔明身高八尺，面如冠玉，头戴纶(guān)巾，身披鹤氅(chǎng)，飘飘然有神仙之概(gài)。刘备立刻下拜道：“汉室末(mò)胄、涿郡愚夫，久闻先生大名，如雷贯耳。前两次拜谒，不得一见，已书贱名于文几，不知先生看了没有？”

孔明说：“南阳野人，疏懒性成，屡(lǚ)蒙将军枉(wǎng)临(lín)，不胜愧(kuì)赧(nǎn)。”

二人叙礼毕，分宾主而坐，童子献茶。孔明喝了一口茶后，说道：“昨观书意，足见将军忧民忧国之心；但恨亮年幼才疏，有误下问。”

“司马德操之言，徐元直之语，岂是虚谈？望先生不要嫌弃鄙(bǐ)人之贱，曲赐教诲。”刘备拱手说道。

孔明笑了笑，说道：“德操、元直，世之高士。亮乃一农夫，怎敢谈天下事？”

“大丈夫抱经世奇才，岂可空老于林泉之下？愿先生以天下苍生为念，开备愚鲁而赐教。

孔明拱手笑道：“愿闻将军之志。”

刘备环顾四周无人后，对孔明说道：“汉室倾(qīng)颓，奸臣窃(qiè)命，备不量力，欲伸大义于天下，而智术浅短，到现在一无所成，只有依靠先生帮助才能成就一番事业！”

孔明听后与刘备分析起当前的局势来。孔明说完后，命童子取出一轴(zhóu)画，然后指着这幅画对刘备说：“此西川五十四州之图也。将军欲成霸业，北让曹操占天时，南让孙权占地利，将军可占人和，先取荆州为家，后取西川建基业，以成鼎足之势，然后可图中原也。”

刘备听后，立刻拜倒于地，连连称谢，说道：“备虽名微(wēi)德薄，愿先生不弃鄙贱，出山相助，备当拱听明诲。”

孔明缓缓地说道：“亮久乐耕(gēng)锄(chú)，懒(lǎn)于应世，不能奉命。”

刘备哭着说道：“天下人都盼着先生出山相助呀！”言毕，泪沾袍袖，衣襟尽湿。

孔明见其意甚诚，就说道：“将军既不相弃，愿效犬马之劳。”刘备大喜，遂命关、张二人进来，拜献金帛礼物。孔明一一推辞。自此诸葛亮开始辅佐刘备匡扶汉室。

刘备得诸葛亮如此神人，能否与曹操抗衡？张飞与关羽能服他吗？首战又如何呢？欲知后事如何，且听下回分解。

# 一一　运筹帷幄之中，决胜千里之外

主要人物：刘备、诸葛亮、关羽、张飞

主要地点：新野

主要事件：诸葛亮火烧博(bó)望坡

## ❶ 俗话记忆

“运筹帷幄之中，决胜千里之外。”这句话本意是在小小的军帐中作出的战略部署，能决定千里之外战场上的胜负。它比喻有才智的人无须亲自上阵，只需做好前期的战略部署，就能够让事情获得成功，形容此人具有雄才大略。

《西游记》中，孙悟空也曾惊讶道：“古人云，‘运筹帷幄之中，决胜千里之外！’这非凡本领，好哉！”

《三国演义》中，诸葛亮首次布阵派兵，关羽、张飞认为这不公平，其他人都在外拼杀，而他自己却在帐中“享福”。刘备告诉他俩：“岂不闻运筹帷幄之中，决胜千里之外。”告诫他俩有才智的人只要做好了前期的战略部署，就能让事情获得成功。这里赞扬了诸葛亮的雄才大略。

## ❷ 孔明首次调兵

话说刘备请诸葛亮出山后，一起回到新野。刘备以师礼待之，关、张二人不高兴了，说道：“孔明年幼，有什么才学可言。兄长太看重他了！”

刘备感叹道：“我得孔明，如鱼得水。你们就不要多说了。”

一日，曹操听说刘备得到诸葛亮的辅佐，并且每日操练军士阵法，急令夏侯惇引兵十万，杀向新野。

消息很快传到新野，张飞得意地对关羽说：“可以派孔明去迎敌了。”话音刚落，刘备就派人召二人商议。

张飞一进帐就对刘备说：“哥哥何不派‘水’去迎敌？”显然，他说的这个“水”不是别人，是刘备形容“如鱼得水”中的“水”，也就是孔明。

“智慧依靠孔明，勇猛还是得靠二弟、三弟。”刘备知道他兄弟二人对孔明有意见，估计他们暂时也没有御敌的办法。于是请孔明进账商议，让他兄弟二人暂时退下。

孔明见关张二人从刘备帐中出来，脸色怪异，就对刘备说出了自己的顾虑（gù lǜ）。他说：“我担心关、张二人不肯听我的号令。主公若想要我指挥，需借主公的宝剑和印绶才行。”

刘备一听，连连点头称是，于是把他的佩剑及印绶交给孔明。孔明立即召集众将听令。

张飞悄悄地对关羽说：“且听令去，看他如何调度。”

孔明等众将来齐之后，开始下令了。令：“博望之左有山，名叫豫（yù）山；右有林，名叫安林：可以埋伏军马。关云长可引一千军往豫山埋伏，等敌军至，先放他们过去；其辎重粮草，必在后面，但看南面火起，可纵兵出击，焚烧其粮草。翼德可引一千军去安林背后山谷中埋伏，只看南面火起，便可出击，向博望城旧屯粮草处纵火烧之。关平、刘封可引五百军，预备引火之物，于博望坡后两边等候，至初更兵到，便可放火矣。”

又命：“樊城赵云为前部，不要赢，只要输。主公引一军为后援（yuán）。各位须依计而行，不得有任何闪失。”

关羽听完后，笑着对孔明说道：“我等皆出迎敌，未听见军师做何事？”

“我只坐守县城。”

张飞大笑道：“我们都去厮杀，你却在家里悠闲地坐着，好自在！”

“剑印在此，违令者斩！”孔明严肃地说道。

刘备在旁赶紧对关、张说道：“岂不闻‘运筹帷幄之中，决胜千里之外’？二弟不可违令。”

张飞冷笑一声后，与关羽一同离去。关羽一边走，一边轻声地对张飞说道：“我们且看他的计应不应，那时再来问他未迟。”

众人虽然不知道孔明的才华到底如何，但剑印在此，也都不得不听命于他。

## ③ 孔明首战告捷

孔明见众将领命去后，来到刘备面前，说道："主公今日便可引兵在博望山下屯驻。来日黄昏，敌军必到，主公便弃营而走；只要看见火起，就立即回军掩杀。亮与糜竺、糜芳引五百军守县城。"

安排用兵之后，孔明又命孙乾、简雍准备好庆功筵(yán)席，安排好功劳簿(bù)。这时，站在旁边的刘备见此也有些疑惑不解了。

却说夏侯惇与于禁等引兵至博望，分一半精兵作前队，其余都护粮车而行。此时秋高气爽，各商旅人马往来频(pín)繁。就在这些人马旁边，忽然尘土渐起。

夏侯惇令于禁、李典压住阵脚，亲自出马阵前。遥望军马来到，夏侯惇忽然大笑起来。

笑声刚落，赵云率领军马到了曹军阵前。

夏侯惇一见赵云，就骂道："你跟随刘备，就像孤魂随鬼呀！"

赵云大怒，纵马来战。两马相交，没战几个回合，赵云诈败而走。

夏侯惇以为赵云胆怯，紧跟其后，追赶赵云十余里仍不放弃。赵云随后又拨转马头，与夏侯惇战几个回合，又走。

"赵云诱敌，恐有埋伏。"这时，韩浩拍马追过来提醒夏侯惇。

"敌军如此，虽十面埋伏，我何惧哉！"夏侯惇根本不听韩浩提醒，继续往前追至博望坡。忽然，山后一声炮响，刘备率领一支军马冲将过来，与夏侯惇迎头开战。

夏侯惇笑着对韩浩说道："此即埋伏之兵也！吾今晚不到新野，誓不罢兵！"于是继续催军前进。刘备、赵云趁机往后退去。

这时天色已晚，浓云密布，又无月色；昼(zhòu)风既起，夜风越来越大。夏侯惇只顾催(cuī)军赶杀。于禁、李典也到狭窄(xiá zhǎi)处，两边都是芦苇。

李典对于禁说道："欺敌者必败。南道路狭，山川相逼。树木丛杂，倘(tǎng)他们用火攻，该怎么办？"

于禁一听，吓出一身冷汗，连忙说道："你说的对。吾当往前告诉都督，说明情况；君可止住后军。”

李典便勒住马，大叫一声：“后军慢行!”此时人马走动，岂是想拦就能拦得住的？于禁一边使劲往前拍马，一边大叫：“前军都督且住!”

夏侯惇正走之间，见于禁从后军奔来，便问何故。于禁说道：“南道路狭，山川相逼，树木丛杂，应防火攻。”

夏侯惇猛然醒悟，立即调转马头，令军马勿进。话还没说完，只听背后喊声震起，随后两边芦苇全部燃起大火。

霎时，四面八方，全都是火；又值风大，火势越来越猛。曹家人马，自相践踏，死者不计其数。赵云回军赶杀，夏侯惇只得冒烟突火而走。

且说李典见势头不好，急奔回博望城时，火光中被一军拦住。当先大将，乃关羽也。李典纵马混战，夺路而走。于禁见粮草车辆都被火烧，便投小路奔逃而去。

夏侯兰、韩浩来救粮草，正遇张飞。没战几回合，张飞一枪刺夏侯兰于马下。韩浩夺路走脱。两军直杀到天明，才各自收兵。只见博望坡尸横遍野，血流成河。随后，夏侯惇只好收拾残军回许昌。

“孔明真英杰也!”得胜而归的关、张二人情不自禁地说道。

兄弟二人边走边赞叹着孔明，没走多远，就看见糜竺、糜芳引军簇(cù)拥着一辆小车。车中端坐一人，正是孔明。关羽、张飞下马拜伏于车前。

不一会儿，刘备、赵云、刘封、关平等也都到了。众人一起班师新野，无不感叹孔明乃神人也!

## 4 孔明再用火攻

曹操见夏侯惇兵败回许昌，立即再起兵五十万，分成五队，向新野进发。

孔明知晓后，向刘备说道：“主公且宽心。前番一把火，烧了夏侯惇大半人马；今番曹军又来，必教他再中这条计。我等在新野住不得了，不如早到樊城去。”一面派人四处张榜，告知居民：“无论男女老幼，愿从者，即于今日皆跟我往樊城暂避，不可自误。”一面派孙乾往河边调拨船只，救济百姓，派糜竺护送各官家眷到樊城。

孔明按照计策安排诸将任务后，与刘备登高瞭望，只候佳(jiā)音。

却说曹仁、曹洪引军十万为前队，前面已有许褚引三千铁甲军开路，浩浩荡荡，杀奔新野而来。曹仁领军士至新野城下时，只见四门大开。曹兵冲入，并无阻挡，城中也不见一人，竟是一座空城了。

曹洪高兴地对左右说道："此是势孤(gū)计穷，尽带百姓逃窜(cuàn)去了。我军权且在城安歇，来日天明进兵。"这时各军士都已饥肠辘辘，得令后都去夺房造饭。曹仁、曹洪也在衙内安歇。初更以后，狂风大作。守门军士飞报火起。

曹仁不以为然地说道："此一定是军士造饭不小心，遗漏(lòu)之火，不可自己吓自己。"话音刚落，就接连获得几次飞报，西、南、北三门都起火了。曹仁这下急了，赶紧令众将上马。待他们走出衙门时，只见满县城到处是熊熊烈火，上下通红。这里的火，比上次在博望坡烧的火还大。

曹仁只得带领众将士突烟冒火，寻路奔走。听说东门无火，他们就急急奔出东门。奔逃中，军士自相践踏，死者无数。

曹仁等人刚脱离火险，忽然又听到背后一声喊起，赵云引军追赶过来。曹军各逃性命，谁也不肯回身厮杀。正奔逃时，糜芳引一军至，冲杀一阵后，刘封又引一军来截杀一阵。

到四更时分，曹军人困马乏，军士大半焦头烂额；逃至白河边，幸亏河水不深，人马都下河喝水，河水中一片混乱。

原来，这里的河水本要比现在深得多，此时是因为关羽在上游用布袋将河水堵住了。这时，关羽在上游听得下游人喊马嘶，急令军士一齐搬走布袋，顿时水势滔天，囤(tún)积的河水全部往下游冲去。曹军人马来不及撤离，都溺于水中，死者极多。

曹仁引众将侥幸(jiǎo xìng)地往水势低慢处夺路而走，行到博陵渡口，又听喊杀声大起，一军拦住了去路，当先大将，正是张飞。只听他大叫一声："曹贼快快交出命来！"曹军全部大惊失色，尽力而逃。

欲知曹仁性命如何，且听下回分解。

# 一二　负薪救火

主要人物：孙权、张昭、诸葛亮

主要地点：江东

主要事件：诸葛亮舌战群儒

## 1 俗话记忆

“负薪救火”的本意是背着柴草去救火，比喻用错误的方法去消除灾难祸事，结果起到相反的效果。负薪救火的近义词有抱薪救火、浇油灭火等。

《三国演义》中，东吴重要谋臣张昭听说孙权要兴兵抗曹后，认为孙权是中了孔明的计谋，于是再次劝孙权要投降曹操，不能与曹操争锋。他说如果听孔明的话去抗曹，就像是“负薪救火”。孙权低头不语。

## 2 刘备带军民大撤离

话说孔明出山后，首战大败曹军，赢得了关羽、张飞等人的崇拜，称他是“真英杰”。后诸葛亮再次用计谋让来犯的曹军死伤无数，大败而逃。

曹仁收拾残军留守新野，曹洪回许都禀报曹操，尽述失利之事。曹操听后，大怒，再次派大军兵分八路，向刘备驻守之地樊城进发。

“可离开百姓，迅速撤离樊城，暂时去襄阳。”孔明向刘备谏言道。

刘备点了点头后，立刻又摇了摇头，无助地说道：“百姓跟我许久，我怎能忍心弃之不顾呀！”

孔明回答道：“可以提前告诉百姓，有愿意一同离开的，就一起撤离，如果不愿意的，就可以留下来。”

就这样，刘备带着十余万军民，大小车数千辆，扶老携幼，提包挑担一同往襄阳退去。然而襄阳刘琮(cóng)早已降曹，刘备不得已率领众人又往江陵而去。

## ③ 赵云单枪救阿斗

刘备率领的十余万军民行至当阳县景山时，遇狂风大起，尘土冲天，只好下令就此驻扎休整。此时，正直秋末冬初，凉风透骨。天快要黑了，百姓中忽然又传来阵阵哭声，顿时哭声响彻(chè)云霄(xiāo)。

刘备彻夜难眠(mián)，就在天快要亮时，只听西北方向传来喊杀声。刘备大吃一惊，迅速组织本部精兵二千余人迎敌。

曹兵瞬间就冲进了刘备军中，势不可当。刘备、张飞、赵云等人且战且退，战到天亮时，刘备等人才摆脱曹军。这时，刘备往身后一看，精兵只剩下百余人。

赵云与曹军厮杀到天亮后，突然发现刘备不见了，其老小也失踪了，心想：主公将甘、糜二夫人与小主人阿斗，托付在我身上，如今不见了，叫我怎么有脸面去见主公？不如去决一死战，一定要找到他们的下落。

赵云左右看了一下，身边只有三四十骑跟随。但他一想到小主人阿斗和两位夫人后，也顾不得许多，重新在乱军中一边厮杀，一边寻找他们的下落。

寻找中，曹操的背剑之将夏侯恩提着铁枪，背着曹操那口青釭(gāng)剑，带着十几人杀将过来。赵云也不说话，迎上去朝他一枪刺过去，枪到人倒，夏侯恩滚下马去。

赵云立马折回，下马夺走了夏侯恩背的那把青釭剑。原来曹操一共有两口宝剑，分别是倚天、青釭剑。曹操自己佩带倚天剑，青釭剑则由夏侯恩背着。青釭剑砍铁如泥，锋利无比。

赵云插好青釭剑，提起枪又重新杀入曹军中。赵云此时再回顾左右，发现早已只剩下他一人了。

找了许久，赵云忽然看见一处被烧坏的土墙下，糜夫人抱着阿斗，坐在一口枯井旁哭泣。赵云连忙下马跪拜在他们前面。

糜夫人哭诉道："将军来了，阿斗就有救了。望将军怜惜他父亲飘荡半世，如今只有这点骨肉了，肯请将他交给他父亲。"

“夫人受难，乃云之罪过。不必多言，请夫人上马。云力保夫人冲出重围。”赵云连忙催促道。

“不可！将军岂能无马！妾已重伤，死何足惜！望将军速抱此子前去，不要让妾连累他了。”

“追兵已至，请夫人速速上马！”

“妾实在难去，休得两误！”说完，就把阿斗递给赵云。

赵云再三恳请夫人上马，糜夫人始终不肯。这时，四面喊杀声越来越近了。赵云大声喊道：“夫人不听我的话，曹军到了怎么办？……”

赵云话还没说完，糜夫人突然望了一眼阿斗，翻身就投入到旁边的枯井里去了。

赵云见糜夫人已死，担心曹军盗尸，于是将土墙推倒在枯井之上，然后解开束腰带，放下护心镜，将阿斗抱在怀中，重新绰枪上马。

赵云刚拨转马头，曹洪部将晏（yàn）明率一队人马冲了过来，不过被赵云一枪就刺下马去。赵云杀散曹军，继续往前冲去，迎头曹军大将张郃又出现在面前。赵云也不说话，挺枪就刺。两人拼杀十余回合后，赵云不敢恋战，夺路而出。张郃拍马赶来，再战。赵云快马加鞭，不贪恋拼杀，只寻路奔走，忽然，只听“砰（pēng）”一声，连马带人跌（diē）入一个土坑里。张郃随之赶到后，挺枪就刺。

就在这危急时刻，一道红光呼地从土坑中升起，赵云的坐骑凭空一跃，竟然连人带马跳出了坑外，疾走而去。张郃见了，大吃一惊，他的坐骑也差点被吓翻。

“赵云休走！”忽然从赵云的背后传来一声喊叫。赵云回过头来一看，背后曹军两员大将纵马追了过来。赵云准备置之不理加快突围时，前面又出现了曹军两员大将。瞬间，赵云就被曹军四员大将围在了中间。

赵云情急之中拔出青釭剑向四周一顿乱砍，手起剑落，衣甲平削，血如涌泉。

“真是一员虎将！我们应该活捉他。”在景山顶上观战的曹操情不自禁地说道，并且传令下去，不许放冷箭，要活捉赵云。

赵云怀抱阿斗，枪刺剑砍，杀死曹营名将五十余人，鲜血溅（jiàn）红了战袍，终于突破重围来到长坂坡。

张飞站在长坂坡桥上，威风凛凛，身后的树林中尘土飞扬。赵云和张飞打过招呼后，就继续前往刘备处。

## ❹ 张飞吼杀曹兵

一会儿，曹军就追赶了过来。

曹军文聘(pìn)首先来到长坂坡处。他看到张飞倒竖虎须，圆睁环眼，手绰蛇矛，立马于桥上。从身后树林扬起的尘雾中，文聘隐隐约约看见士兵林立，便勒住马，不敢向前，怀疑张飞身后有伏兵。

没多久，曹仁、李典、夏侯惇、夏侯渊、许褚等十几位曹军大将也赶了过来，但看见张飞的架势也担心是孔明之计，都不敢靠前，只是压住阵脚，一字儿摆在桥头，并且派人向曹操报告。曹操听后，立即赶到阵前。

张飞看到曹操也过来了，于是大声喊道："我是燕人张翼德！谁敢与我决一死战？"其声如巨雷。曹军听见后，都不由自主地哆嗦起来。

"我以前听云长说，翼德于百万军中，取上将之首，如探囊取物。今日相逢，不可轻敌。"曹操环顾左右后，立即叫人去掉其伞盖。其他人听后更不敢说话。

张飞见他们都不动，又大声喊道："燕人张翼德在此！谁敢来决一死战？"

曹操见张飞如此气概，开始动摇起来，准备退军了。

"战又不战，退又不退，这是为什么？"张飞望见曹军队伍开始有些骚(sāo)乱，于是挥舞着手中的蛇矛再次吼道。

吼声传到曹军那里，只见曹操身边的夏侯杰口吐胆水，"哼"了一声就倒下马，死了。

曹操见此，赶紧调转马头，往队伍后面纵马而去，其他军将也纷纷拨转马头一起后退了。曹操在纵马时，仓皇急切，竟然冠簪(zān)尽落，披发奔逃了一阵后，才被张辽等人稳住。

张飞见曹操退兵，赶紧拆掉长坂坡桥，集齐树林中十几匹军马，退回到刘备处，与众人会合。

曹操镇定下来后，听说张飞已拆掉长坂坡桥时才醒悟过来：原来上了张飞的当，于是赶紧追击张飞。

刘备听张飞断桥一事后，料定曹操会继续追来，就令关羽等人断后，自己率领众人往江夏而去。

曹操见关羽在前面拦截后，认为这里有孔明之计，也不敢继续追他们了，另朝江陵奔去。荆州邓义、刘先率荆州军民投降，引曹操入城。

## 5 诸葛亮舌战群儒

刘备与孔明等人到了江夏后，就开始商议与孙权联手抗曹了。孔明受刘备委托与前来探听曹操情况的鲁肃一同到了江东孙权处。

孙权虽有抗拒曹操的想法，但江东主战与主和之人都非常多，其中重要谋臣张昭就是主和的代表。当初孙策临死前告知孙权，内事不知怎么判断时可以问张昭。如今他见曹操兵多将广，势力大增，力主孙权求和，确保江东平安，而黄盖等老臣则力主以战求平安。

鲁肃拱了拱手，向孙权谏言道："如果将军降曹，最多得一个封侯之名，车不过一乘，马不过一匹，随从不过几个人而已。其他人劝降都是为了自己的前程，你可以不听他们的话。"

孙权犹豫不决。

孔明来到江东孙权等人面前，尽管数十人对孔明展开言语攻击，但孔明都能一一机智应对，逐一分析，赢得了孙权的认可，稳固了孙权以战求江东安全的决心。

"中了孔明之计了！"张昭知道孙权决定兴兵抗曹后，立刻与众人商议，并且来到孙权处继续劝阻。

"主公认为自己与袁绍比，如何？曹操以前兵微将寡，尚能打败袁绍。如今拥有百万之众，挥师南下，我们难道可以轻视？"张昭一见面就再次与孙权比较分析起来。他说，"你如果听孔明的话，随意兴兵，这就是负薪救火！"

孙权听后，只是低头不语。武将要战，文官要降，张昭再次劝他，他也不得不再三思呀！

正当孙权陷入决策困难时，其母亲吴国太提醒他：当初大哥孙策临终时说过，内事不决问张昭，外事不决问周瑜。孙权听后大喜，连忙派人去请周瑜来商议。

周瑜来后，他的主张是战还是降呢？欲知后事如何，且听下回分解。

# 一三　物必归主

主要人物：周瑜、鲁肃、诸葛亮

主要地点：荆州

主要事件：火烧赤壁

## ❶ 俗话记忆

“物必归主”的意思是物品应该归还给原来的主人，也有写成“物归旧主”“物归原主”的。与它相似的成语有“完璧归赵”，用来比喻事物完好无损地归还给本人。

《三国演义》中赤壁一战，孙权大胜曹操。孙权与刘备都想借机拿下荆州、襄阳、南郡等地。孔明与周瑜协议，先由周瑜攻城，夺取南郡等地。若周瑜一时拿不下来，孔明再夺。然而，孔明乘周瑜与曹军夺城之机，用计先占领了荆州九郡。

后来，周瑜派鲁肃索要荆州九郡。孔明告诉鲁肃，荆州九郡原是刘景升的基业，属于汉室刘家的，如今只是又回到刘家而已，所谓“物必归主”。

## ❷ 周瑜主战求安

话说孙权犹豫不决时，其母吴国太提醒“外事不决可以问周瑜”。还没过几天，周瑜不请自到，他与孙权、鲁肃有同样的想法：以战求和，保孙权的地位和百姓的安全。

一天，周瑜邀请孔明入帐共饮。周瑜笑着说道：“我昨日想到一个攻曹计策，不知可否？请先生指教。”

孔明也笑着说：“都督先不说，我们各自写在手心，看是不是一样。”

周瑜一听，非常高兴，立即叫人取来笔墨，在手心写下计策后，将笔递给孔明。孔明在手心也写下自己的计策。两人相视一笑后，同时伸出手心。看完，两人不由得哈哈大笑起来。原来两人写的都是一个“火”字，真是英雄所见略同呀！

## ③ 周瑜暗使苦肉计

“敌众我寡，宜早图之，不妨用火攻之。”一天晚上，老将黄盖也来到周瑜帐中说出了自己的想法。

周瑜面露难色地说道：“我也有此意。我想利用军中曹操派来诈降的蔡中和蔡和给我通风报信，可是我这里缺少一个行诈降计的人，以确保火攻成功。”

“我愿行此计！”黄盖上前一步，坚定地拱手说道。

周瑜走到黄盖身边，拍了拍他的肩，沉重地说道：“可能要你受些苦，才能让蔡氏兄弟相信，让曹操相信！”

“我受孙氏厚恩，即使肝脑涂地，也无怨无悔。”黄盖由衷(zhōng)地说道。

周瑜听后，真诚地在黄盖面前深深一拜，说道：“君若肯行此苦肉计，则江东之万幸也。”

次日，周瑜召集众将在帐下议事。孔明也端坐其中。

周瑜说道：“曹操引百万之众，绵延(mián yán)三百余里，非一日能破。今令诸将领三个月粮草，准备御敌……”

“莫说三个月，就是三十个月，也不济事！要破曹操，就在这个月，否则就依照张昭之言，降曹为好。”黄盖还没等周瑜说完，就在下面喊了起来。

周瑜一听，脸色大变，吼道：“我奉主公之命，在此督兵破曹，早就说明有言降者要斩。你竟敢出此言，慢我军心，不杀你，难以服众。”说完，就喝令左右将黄盖拖出去斩首。

“我自跟随孙将军以来，纵横东南，已经历三世，你算什么？”黄盖边走边骂道。

周瑜听后，立即下令速斩。

“公覆乃东吴旧臣，望宽恕之。”甘宁连忙谏言道。

“你竟敢在此多言，坏我的法令！”周瑜喝令左右将甘宁乱棒打出。

“黄盖罪故当诛(zhū)，但于军不利。望都督宽恕。”众官一起下跪求他。

周瑜见此，余怒仍未消，说道："今天就看众官的面子，暂且免死，拖出去打一百棍。"

众官心想黄盖年老，怎么能受得了这一百军棍呀。于是，又继续求饶。周瑜突然用力掀(xiān)翻案桌，大声斥退众官，继续喝令立即责打黄盖一百军棍。

刑罚军士将黄盖的衣服剥掉后，将他拖翻在地，严格按周瑜指令责打黄盖。众官都不忍离去，见黄盖挨了五十军棍后，早已皮开肉绽(zhàn)。众官赶紧又苦苦哀求。

周瑜用手一指黄盖，喝道："你还敢小看我吗？今暂且寄下五十棍！如有怠慢，二罪俱(jù)罚。"众官无不流泪，扶起黄盖回帐休息。

鲁肃来到孔明住处，责怪道："先生怎么不劝阻一下周瑜呀！"

"难道你看不出这是苦肉计吗？"孔明笑着说道，"不用苦肉计，怎能瞒过曹操。这是做给蔡中、蔡和看的，让他俩回去报告给曹操听。"

## 4 连环计

果然，蔡中、蔡和将此情况连夜报告给曹操。黄盖也依计向曹操发出了投降信。曹操知晓后将信将疑，又派蒋干前往周瑜处探听虚实。

蒋干是周瑜旧友，周瑜上一次故意留书一封，让曹操杀了部将蔡瑁、张允，帮助周瑜除掉了曹军训练水军之人。现在听说蒋干又来了，他又心生一计，以保护蒋干为名，安排他与庞统见面。庞统借机连夜与他来到曹军处，为曹操献连环计：将所有战船连起来，让不熟悉水战的曹兵在战船上能如履平地，如同在旱(hàn)地上作战一般。

曹操听后连连点头，说道：有了先生的良策，不愁不破东吴。

## 5 火烧赤壁

一天，周瑜来到山顶，遥(yáo)望对岸的曹军水寨，只见江北战船犹(yóu)如浓密的芦苇，布满长江沿岸，心中涌起一股愁绪。忽然，一阵大风吹来，周瑜心中一惊，大叫一声，口吐鲜血，往后倒了下去，不省(xǐng)人事了。随从赶紧扶他回帐休息。

众官见此情景，都担忧起来：倘若曹兵此时过江，后果将不堪设想。

鲁肃见周瑜卧病在床，忧闷不已，只好来到孔明住处，向他说明了周瑜突然发病的情况，寻求应急对策。

孔明听完后，笑着说道："周瑜的病，亮也能医治。"

鲁肃连忙请孔明前往周瑜帐中探视医治。周瑜见孔明入帐，连忙请人扶他坐起来。

孔明笑着说："连日不曾来见君，为何贵体不安呀？"

周瑜叹了一口气，说道："人有旦夕祸福，岂能自保？"

"天有不测风云，人又岂能料乎？"孔明笑着应道。

两人聊了一会儿后，周瑜问道："我应当吃什么药呢？"

孔明笑着说："亮有一方，可以医治都督。"说完，就请来纸笔，写道："欲破曹公，宜用火攻；万事俱备，只欠东风。"

周瑜一见，大吃一惊，心中暗想："孔明真神人也！早已知我心事！"于是，周瑜将实情告知于他。

孔明说道："亮虽不才，也曾求学异人，知奇门遁(dùn)甲天书，可呼风唤雨，亮能借三天三夜东南大风，助都督用兵，如何？"

周瑜听后非常高兴，心病已解除，身体自然也就恢(huī)复了，于是开始安排部署夺取曹军水寨。

一天晚上，孔明设坛(tán)做法果然引来东南风。黄盖闻令带着二十只假扮的粮船向曹军进发。待曹操醒悟过来时，为时已晚，那二十只船已变成火船向曹军水寨顺风而来，瞬间点燃了曹军船只。此时曹军船体相连，无法将燃烧的战船分开，没多久所有的战船都被引燃起来。江上火光映红了赤壁上空，曹军大败，损失惨重。

最后，曹操只带着少部分随从逃到华容道上。

## 6 曹操败走华容道

轰——，随着一声巨响，华容道两边突然涌出五百名刀手，中间一员大将提着青龙刀，身跨赤兔马，截住了曹操的去向。曹操仔细一看，原来这员大将是关羽，心中不禁一惊，想这可如何是好？

原来孔明早知道曹操可能会从华容道逃走，于是派关羽去守华容道，并且与他立下军令状：不得私放曹操。

曹军看见关羽和五百军士，有些亡魂丧胆，面面相觑（qù）了。曹操说道：“既然到了这里，就只好决一死战了。”

众将胆怯（qiè）地说道：“即使我们可以鼓起勇气再战，但马已经很疲倦（pí juàn）了，怎能再战呢？”

这时程昱走到曹操身边，说道：“我知道云长傲（ào）上而不忍下，欺强而不凌（líng）弱；恩怨分明，以讲信义著称。丞相以前有恩于他，今天你只要亲自告诉他，就可以逃过此难。”

曹操只好如此了，纵马来到关羽面前，欠了欠身子，问候道：“将军别来无恙（yàng）！”

关羽也欠了欠身子答道：“关某奉军师将令，等候丞相多时了。”

“曹操兵败，到此已经无路可走，望将军以昔日之情为重。”曹操恳请道。

“昔日关某虽蒙丞相厚恩，可是已经通过斩颜良，诛文丑，解白马之围来回报了。今日之事，岂敢以私废公？”

“你是否还记得过五关斩六将之事？”

关羽是个义重如山之人，想起当日曹操许多恩义，特别是后来过五关斩六将之事，怎能不动心？如今曹军衣不蔽（bì）体，狼狈不堪，让关羽泛起不忍之心，拨转马头，对自己的军士说道：“四散摆开。”

曹操见关羽拨转马头，连忙和众将拍马疾走。忽然，关羽大喝一声，曹操部将吓得都赶紧下马，哭着拜倒在地上。关羽见此更加不忍，这时张辽纵马而至，关羽见了越发念起故旧之情，长叹一声，就放他们走了。

## 7 物必归主

曹操回到许昌，嘱咐曹仁等人保全南郡。

关羽私放曹操违反与孔明签订的军令状，甘愿受罚。幸亏刘备念桃园结义之情，恳求孔明网开一面，将功赎（shú）罪。孔明见刘备乞求，方才饶过关羽。

周瑜见曹操大败，于是亲自前往刘备处，劝其放弃夺取南郡，否则先杀刘备等人。

刘备依照孔明的计策回答周瑜说：“我们是来援助都督夺取南郡的，如果都督不夺南郡，我们就来夺取它。”

周瑜笑着说道：“我若取不到，那时任由公取。”

周瑜派甘宁等人率五千精锐军马进发南郡。首战大败而回，周瑜亲率精兵迎战曹军，不幸中了毒箭。周瑜带伤与曹兵大战，最终迫使曹兵不得不弃城往襄阳方向逃去。

孔明乘周瑜与曹军大战之机，设计夺下了荆州九郡。

“我费尽心机，损兵马，费钱粮，他却图现成，岂不可恨！”周瑜听说后十分恼怒，愤恨地对鲁肃说道，“我欲兴兵讨伐刘备与孔明，重新夺回荆州！”

鲁肃劝道：“容我先见过刘备后，再动兵不迟。”随后，带领几位随从来到荆州。

鲁肃向刘备、孔明说明来意后，孔明说道：“常言道，物必归主。荆襄九郡，并不是东吴的，而是刘景升的基业。我主公是刘景升的弟弟，当今皇叔。虽然景升死了，但其子还在。现在荆州是叔叔辅佐侄子，有什么不对吗？”随后，景升之子刘琦走了出来。

鲁肃哑（yǎ）口无言。

鲁肃本来是要劝刘备把荆襄九郡交给东吴，如今鲁肃反而哑口无言。周瑜知道后会认同孔明说的吗？孙权会同意吗？欲知后事如何，且听下回分解。

# 一四　若要不知，除非莫为

主要人物：孙权、吴国太、乔国老、周瑜、刘备、赵云
主要地点：东吴
主要事件：周瑜暗施美人计

## 1 俗话记忆

“若要不知，除非莫为。”这句话的意思是，不想让人知道，除非自己不做。它告诉人们做了坏事终究会隐瞒不住。后来这句话演变为“若要人不知，除非己莫为”。

《三国演义》中，吴国太责怪孙权，未经过自己的允许，就将女儿许给刘备。孙权说没有这回事。吴国太听后引用了这句——“若要不知，除非莫为”，说满城的百姓都知道了，唯独她不知道。

## 2 刘备借荆襄九郡

话说周瑜派鲁肃到刘备处，要刘备把荆襄九郡还给东吴。孔明认为荆襄九郡是“物必归主”，刘备只是辅佐侄子刘琦管理，荆襄九郡是汉室宗亲的地盘，不属于东吴。

不过，双方还是签下了待刘琦离世后再把荆襄九郡交给东吴的一纸协议。

刘琦是一个多病体虚之人，没过多久就离世了。一天，鲁肃依约定信心十足地来取荆襄九郡。孔明见鲁肃后又说，今暂借荆州，待刘备取西川后，再将荆州交给东吴，并由刘备亲笔写成文书，孔明和鲁肃都在上面签字画押。

“子敬中诸葛亮的计策了！他名义上是借，实际上是耍赖（shuǎ lài）。你是老实人，刘备枭（xiāo）雄之辈，诸葛亮奸猾之徒，我不能怪你！”周瑜看了看鲁肃带回来的文

书，大失所望，顿足叹道。

## ③ 周瑜欲使美人计

一天，周瑜知晓甘夫人去世，刘备已无妻室后，非常高兴地对鲁肃说道："我有计策让刘备束手就擒，荆州可得也。"

"什么好计？"鲁肃问。

"刘备丧妻，必将续娶。主公有一妹，极其刚勇，平时都带刀进出，房中摆满军器。"周瑜兴奋地说道，"我今上书主公，教人去荆州为媒，劝说刘备来入赘（zhuì）（即上门女婿），然后逼他交出荆州。"

周瑜分析后就派鲁肃禀报孙权。孙权知悉周瑜的想法后，点头暗喜，于是派吕范前往荆州说媒。

吕范把入赘一事说给刘备听后，刘备缓缓地说道："中年丧妻，已经是大不幸了，夫人尸骨未寒，怎敢谈婚？"

"人若无妻，如屋无梁。我主吴侯有一妹，不仅美丽，而且贤惠（xián huì）。若两家共结秦晋之好，则曹贼不敢正视东南也。此事请皇叔不要迟疑。"吕范喝了一口茶后，继续说道，"但我国太吴夫人深爱幼女，不肯远嫁，请皇叔到东吴成婚。"

刘备推辞道："我年已半百，鬓（bìn）发斑白；吴侯之妹，正当妙龄，恐不般配呀！"

"吴侯之妹经常说，她要嫁天下英雄。今皇叔名闻四海，正所谓淑（shū）女配君子，怎能受制于年龄呢？"吕范说完后，就到驿（yì）馆歇息等候刘备的消息。

晚上，刘备与孔明商议该如何处理。孔明告诉刘备，这是大好之事，可以应承。

刘备担心地说道："这是周瑜的计谋，他是要加害于我，我怎能轻易去危险之地呢？"

孔明大笑起来，说道："周瑜用的计谋，岂能超出我的预料？我略施小计，就不但能让主公得到吴侯的妹妹，还能确保荆州万无一失。"随后，孔明安排赵云随同刘备前往东吴结亲，并且给赵云三条锦（jǐn）囊妙计。

## ④ 乔国老贺喜

建安十四年（209）的冬天，刘备与赵云、孙乾带领随从五百余人离开荆州，来到东吴结亲，他们将依计行事。

首先刘备拜见乔国老。乔国老是“二乔”的父亲，即孙策、周瑜的岳父。众军士披红挂彩，购买结亲物品，向城中百姓宣告刘备入赘东吴之事。

乔国老见刘备仪表堂堂，气宇轩昂，有帝王之相，非常高兴，随后就到吴国太处贺喜。

“有何喜事？”吴国太笑着问道。

“令爱已许给刘玄德为夫人了。今刘备已到，何故相瞒？”乔国老反问道。

“老身不知此事！”吴国太大吃一惊，便立即请吴侯来问虚实，同时派人到城中探听。派出去的人很快就回来报告：“确有此事。女婿已在馆驿安歇，五百随行军士在城中买猪羊果品，准备成亲。”

吴国太来不及多问，一看见孙权走进来，立刻问道：“你招刘玄德为婿，如何瞒我？男大须婚，女大须嫁。我是女儿的母亲，也是你的母亲，这件事应当禀报于我！”吴国太显然有些生气了。

孙权故意吃惊地问道：“没有这件事，母亲从哪儿听到的？”

“若要不知，除非莫为。满城百姓，哪一个不知？你倒瞒我！”吴国太一脸的怒色。

一旁的乔国老见此，就笑着对孙权说道：“老夫已知多日了，今特来贺喜。”

孙权见隐瞒不住了，只好说道：“此是周瑜之计，因要取荆州，故以结亲为名，请刘备来，然后拘囚在这里，逼迫他用荆州来换；若其不从，先斩刘备。这是计策，不是真心要结亲。”

吴国太一听，更加生气了，骂道：“你做六郡八十一州大都督，不去兴兵夺取荆州，却用我女儿使美人计！如果杀了刘备，我女儿便是望门寡，今后再怎么说亲？这岂不是耽误我女儿一世！”

乔国老也在旁边说道：“若用此计，便得荆州，也会被天下人耻笑。此事如何行得！”

孙权只得默默地埋头听着，不敢作声。

“事已如此，刘皇叔乃汉室宗亲，不如真招他为婿，免得出丑。”乔国老继续劝道。

吴国太骂了一通周瑜后，叹了一口气，说道："我没见过刘皇叔，明日约在甘露寺相见，如不中我意，任从你们行事；若中我的意，我会把女儿嫁给他！"

孙权是大孝之人，见母亲这样说，也就答应下来。随后暗令贾华安排刀斧手，藏在甘露寺，见机行事。

## 5 吴国太保刘备

次日，吴国太、乔国老先在甘露寺方丈室坐定。刘备内披细铠，外穿锦袍，来到甘露寺，与孙权见过后，就来到方丈室见吴国太。

吴国太见了刘备后，非常高兴，对乔国老说："真可以做我的女婿！"

"刘备有龙凤之姿，天日之表；更兼仁德布于天下，国太得此佳婿，真是可庆可贺呀！"乔国老说道。

刘备拜谢后，与他们一起在方丈室里饮茶。聊着聊着，赵云带剑走了进来，轻声对刘备说：房内有刀斧手，可告知国太。刘备听后一惊，脸色顿时煞(shà)白。

"国太救我！"刘备赶忙跪倒在吴国太面前，说道，"若杀刘备，请现在就杀。"

"何出此言？"吴国太一脸的疑惑，问道。

刘备低头说道："廊(láng)下暗伏有刀斧手，难道他们不是杀刘备的吗？"

吴国太大怒，责骂孙权："今日玄德既为我婿，就是我的儿女，为何要埋伏刀斧手在廊下！"

孙权装作不知道，找来吕范问。吕范又推说是贾华。吴国太唤来贾华，狠狠地责骂一通后，喝令斩之。刘备连忙劝道："若斩大将，于亲不利，备在此也难以久住。"乔国老也好言相劝。吴国太方叱(chì)退贾华。刀斧手皆抱头鼠窜而去。

## 6 锦囊妙计救刘备

几天后，孙权不得不大摆筵席，让刘备与自己妹妹完婚，结下秦晋之好。从此，刘备整日与孙夫人尽享荣华富贵，全不想荆州之事。赵云及五百军士也终日无事，只去城外射箭走马。

很快就到了年末，眼看新的一年就要来临。一天，赵云突然想到孔明吩咐“年终时，开第二个锦囊”。赵云打开锦囊后，迅速来到刘备处。

“今早孔明使人来报：曹操要报赤壁之仇，起精兵五十万，杀向荆州，请主公速回。”赵云故意慌慌张张地说道。

刘备在赵云的几番催促下，黯(àn)然神伤地来到孙夫人面前。孙夫人此时也已听到赵云所言，说道：“妾已嫁给你，听从你的安排。”孙夫人与刘备商议好后，于建安十五年（210）正月元旦之日，借祭祖之名拜别吴国太，离开南徐，前往涿郡，与赵云等随从会合。

次日，孙权闻知刘备已离开东吴，急忙召集文武商议。

张昭首先说道：“今日走了此人，早晚必生祸乱。可急追之。”

孙权立即令陈武、潘璋(pān zhāng)选五百精兵，不分昼夜，务必赶上他们拿回刘备。二将领命而去。

程普再谏言道：“郡主自幼喜爱舞枪弄棒，性格刚强，各位将领都害怕她。此时，她一定与刘备同心而去。所追之将，若见郡主，岂肯下手？”

孙权一听，沉思片刻后，立刻抽出自己的佩剑，放在案上，令蒋钦、周泰拿着这把宝剑去取孙夫人和刘备的头来。二将领命后，再率一千精兵而去。

刘备当夜只在路边歇息两个更次后，便慌忙继续前行，好不容易来到柴桑(chái sāng)界首时，忽然后面尘土大起，有人说追兵来了。刘备慌忙问赵云怎么办？

“主公先行，某愿当后。”赵云说完就带领部分军士走在队伍的后面保护刘备继续前行。他们刚转过一个山脚，忽然前面被一队军马截住了。原来周瑜早料到刘备会逃走，因此派人在重要关口扎营等候。

“前有拦截之兵，后有追赶之兵，前后无路，如之奈何？”刘备惊慌勒马问赵云。

“主公休慌。这里有军师第三条妙计，”赵云想起孔明的锦囊妙计，打开锦囊后说道，“请主公哭诉着告诉孙夫人实情，取得孙夫人同情，让孙夫人护送。”

刘备立即纵马来到孙夫人车前，依计告诉孙夫人实情。孙夫人一听生气道：“我兄既然不认我这个亲骨肉，我们还有何面目相见？今天的事，我来解决。”说完驱车来到堵兵大将徐盛、丁奉处，大声喝道：“你二人要造反吗？”

徐盛、丁奉见此，慌忙下马，放下兵器。孙夫人将周瑜痛骂一顿后，依旧往涿郡前行。

后来尽管所有的追兵在蒋钦、周泰的带领下追到江边，但刘备等人早已被孔明接上船离开江岸了。正当刘备等人的船在江上行走时，忽然鼓声大震，只见无数战船跟了过来。帅字旗下，周瑜矗(chù)立其中，左边黄盖，右边韩当。战船势如飞马，疾似流星。

善于水战的周瑜能否拿得下刘备呢？欲知后事如何，且听下回分解。

# 一五　人无远虑，必有近忧

主要人物：孙权、吕蒙、赵云、张飞
主要地点：东吴
主要事件：孙夫人回东吴

## ❶ 俗话记忆

“人无远虑，必有近忧。”中“虑”的意思是担心、顾虑，“忧”则为忧愁、担忧。这句话一般指即使未来没有担心、顾虑，但近期也会有一些担忧。它告诫人们做事应该有长远的眼光，周密的考虑，要未雨绸缪（chóu móu），不要只看眼前，要着眼于未来。这句话也有这样的说法：“人无近忧，必有远虑。”

《三国演义》中，当四十万曹兵欲报赤壁之仇时，孙权求策于诸将。吕蒙建议在水边筑城堡以拒曹兵，其他将领则认为，不需要筑城堡。孙权听后，告诉大家“人无远虑，必有近忧”。他认为吕蒙有长远的眼光，考虑问题比较深远。

## ❷ 周瑜纵马逃命

话说周瑜率战船追击刘备、孔明等人。孔明见周瑜过来后，立即下令船只往北岸靠去。刘备、孔明等人没多久就到达北岸，上岸后迅速离开。

周瑜追上岸后，没走多远就遇到了前来接应刘备的关羽、黄忠、魏延等人。两军厮杀一阵后，周瑜纵马逃命，吴兵大败，上船而回。

关羽的军士在岸上兴奋地大喊：“周郎妙计安天下，赔了夫人又折兵！”

周瑜回到东吴后，上书孙权，请兴兵雪恨。孙权谋臣顾雍（gù yōng）谏言用反间计令曹操、刘备互相攻击，然后东吴乘机拿下荆州。孙权依计派华歆（xīn）前往许都，说刘备已得荆襄九郡，请封刘备为荆州牧。

## ③ 周瑜再中孔明之计

曹操听说刘备得荆襄九郡后，投笔于地，惊慌地对程昱(yù)等人说："刘备，人中龙也，过去是没有人做依靠，现在得到荆襄九郡后，是困龙入大海矣。"

程昱说道："我有一计，能使孙、刘两家拼杀，丞相可乘机夺取荆州，令二敌皆破。"

曹操依计令周瑜为南郡太守，程普为江夏太守，华歆留在许都，任大理少卿。

周瑜得令后，非常高兴，便开始寻思报仇，于是上书吴侯，令鲁肃去讨要荆州。

刘备听说鲁肃的来意后，便依孔明的计谋，开始大哭起来。那哭声真是伤心欲绝，悲痛无比。鲁肃是一个宽仁的人，见刘备如此哀伤，又有孔明在旁解释刘备伤心的原因，只好答应荆州之事从长计议。

"子敬又中诸葛亮之计也！"周瑜听完鲁肃的汇报后，无可奈何地说道，"我想一计，让诸葛亮无计可施。子敬再去荆州。"

周瑜告诉鲁肃，如果刘备不忍心去攻打西川，那么东吴就去打，东吴将西川作为嫁妆送给刘备，然后让刘备把荆州还给东吴。不过，东吴派兵进西川经过荆州时，刘备必然出城劳军，为东吴兵马补充粮草。那时东吴乘机杀进城去，夺取荆州雪耻恨。

"周瑜死期到了！这等计策，小儿也瞒不过！"孔明知道后，对刘备大笑道，"此乃假途灭虢(guó)之计也。虚名收川，实取荆州。"

"怎么办呢？"刘备小心翼翼地问道。

孔明笑着说道："主公宽心，准备好弓箭以擒猛虎。等周瑜到来，他即使不死，也会伤九分。"

## ④ 周瑜英年早逝

刘备按照孔明的计策，全部答应了周瑜的要求。

周瑜听后，非常高兴地对鲁肃说道：“原来他们这么容易就中了我的计谋!”

周瑜向吴侯禀报后，亲自率领水陆大军五万，往荆州而来。在船上，周瑜想起此番孔明中了他的计谋，就不由自主地笑了起来。

周瑜顺利地来到荆州城外时，发现城上不见一个人影，觉得奇怪，就到城下叫开门。刚开始喊，赵云就出现在城墙上。

“孔明军师已知都督假途灭虢之计，故留赵云在此。”赵云在城墙上大声说道，“吾主公有言：他与刘璋(zhāng)都是汉室宗亲，他怎能背信弃义取西川呢?”

周瑜一听，勒马便回，还没走多远，前面就有人报告：有四路人马杀将过来，不知有多少人，喊杀声震动百余里，都说要捉周瑜……

报告者话还没有说完，周瑜在马上大叫一声，箭疮(chuāng)复裂，坠(zhuì)于马下。

周瑜回到船上后，军士又说：刘备、孔明在前面的山顶上饮酒取乐。

瞬间，周瑜火冒三丈，咬牙切齿道：“我一定要取到西川给你们瞧!”

周瑜再行不远，孔明送来一封信。孔明在信中以好友身份好心劝周瑜，不要轻易进西川，否则后果很严重，不仅取不到，还有可能让曹操乘虚夺江南。

“既生瑜，何生亮!”周瑜看完信，长叹一声，给吴侯留下一份推荐信后，连叫数声而亡，终年三十六岁。

## 5 刘备真仁义也

周瑜死后，孙权依据他的推荐，命鲁肃担任大都督。西川的刘璋也自知无力抗曹，意欲联合刘备共同欲敌。庞统等人建议刘备进西川乘机取代刘璋，而刘备认为“若以小利而失信义与天下，不忍心也”。

在庞统等人的多次劝说下，刘备率马步军五万，令庞统为军师，往西川而行。

刘璋拒不听从黄权、李恢(huī)、王累等人的死谏，热情招待刘备。刘备、刘璋见面后，交谈甚欢。刘璋部下继续恳请刘璋要防备刘备有二心。同时，庞统等人也劝刘备下令杀刘璋。

刘璋笑着说其部下多虑了，刘备乃真仁义之人也。刘备也认为自己与刘璋同族同宗，不忍心取之。

## ⑥ 江中抢阿斗

刘璋、刘备相安无事后，各自散开。这时，早有细作把刘备和刘璋的情况告知吴侯。吴侯召集众文武商议。顾雍谏言道："刘备分兵远涉西川，此时可以断其归路，一鼓作气拿下荆襄之地。"

吴侯听后，点头道："此计很好！"说完就安排周善前往荆州请回孙夫人与阿斗，准备用阿斗换回荆州。

周善来到荆州后，故意神色慌张地告诉孙夫人，说吴国太病危，要她迅速回东吴，稍慢一点，就怕见不到人了。

孙夫人听后，见情况紧急，加上周善的催促，孙夫人来不及向孔明辞行就带上阿斗上船回东吴。

"且休开船，容与夫人践行！"船还没来得及离岸，忽然岸上传来赵云的声音。原来赵云巡哨回来，听到消息后，立即带四五骑兵士，旋(xuàn)风般沿江赶来。

周善在船头上手拿长矛，大喝道："你是何人，敢挡主母！"说完，就喝令军士放下兵器，一起用力开船。船顺水顺风，随流而去。

赵云沿江一边追赶，一边喊道："任夫人离去，云只有一句话要说。"

周善根本不理睬，只催船快行。赵云追到十多里时，忽然看见江边有一只渔船，立即弃马拿枪，只与一位随从跳上渔船，两人奋力划船追赶。

周善发现后，赶紧叫军士们放箭。赵云用枪将箭一一拨开，箭纷纷落入江中。渔船很快就靠近了孙夫人的船，眼看赵云就可以跳上去时，周善又令军士们用枪乱刺。

赵云只好放下长枪，用手中的青釭剑拨开一条缝隙后，乘机往吴船上一跳。赵云登上吴船后，吴兵们都惊呆了。

孙夫人见赵云走进来，喝道："为什么如此无礼？"

赵云望了望孙夫人怀中的阿斗，拜道："主母为什么不让军师知晓，就抱小主人回吴？"

"我母亲病危，来不及了。"孙夫人说道，"阿斗是我的孩子，我离开后，无人照看。"

"主公一生，只有这点骨肉，小将当年在长坂坡于百万军中救出，不容擅自离开。"

“你只是帐下一武夫，怎敢管我家事!”孙夫人见赵云如此说，也有些生气了。

“夫人要去便去，只留下小主人。”赵云冷冷地说道，“若不留下，纵然万死，小将也不敢放夫人去。”

孙夫人令旁边的侍女向前驱赶赵云。赵云立刻将她们推倒在船，迅速冲向前，从孙夫人怀中夺回阿斗，抱在手中，立到船头。赵云想回到岸上，可是又没有帮手，想杀将起来，又没有理由。正在进退两难时，孙夫人再令侍女夺阿斗。

赵云一手抱着阿斗，一手举起青釭剑，众人都不敢靠近。

周善见此情景，知道赵云孤立无援，难成大事，就在后面令军士稳住船舵。船顺水顺风，激流而去。赵云孤掌难鸣，只得护住阿斗，随船而行。

赵云正在船上不知所措时，船的下游处从旁边使出十余只船来，船上摇旗呐喊，赵云心中暗暗叫苦：“今天中了东吴之计了!”再定睛一看，赵云立刻心中暗喜，原来是张飞巡哨得知孙夫人要带阿斗回东吴，急忙到此截吴船。

张飞迅速提剑跳上吴船，周善提刀来迎，却被张飞一剑砍倒。随后张飞割下他的头，扔到孙夫人面前。

“叔叔为什么如此没有礼貌?”孙夫人大吃一惊。

“嫂嫂不以俺哥哥为重，私自归家，这才是无礼!”张飞喝道。

孙夫人见张飞一脸的怒气，只好说道：“我母亲病重，非常危急。若等你哥哥回来，肯定会误事。如果你不放我回去，我情愿投江而尽。”

张飞遂与赵云商议后，说道：“俺哥哥大汉皇叔，也不辱没嫂嫂。今日相别，若思哥哥恩义，望早早回来。”说完，和赵云带着阿斗回到自己的船上，放孙夫人回东吴去了。

## 7 人无远虑　必有近忧

孙夫人回东吴后，将路上之事告知孙权后，孙权大怒，说道：“现在我妹妹已回，与他们不是亲戚了，杀周善之仇，不能不报!”说完，立刻召众文武商议兴兵攻取荆州之事。正在商议时，又听说曹操起军四十万来报赤壁之仇。孙权不得不放下荆州，商议拒曹之事。

吕蒙谏言道：“曹操兵来，可在濡(rú)须水口筑城以拒之。”

诸将却说：“我们在船上与敌人决战，用不着筑城。”

吕蒙说道：“兵器有不锋利的时候，战也并不会全胜。如果遇敌人突然来犯，我们还来不及上船，怎么战胜敌人?”

孙权听后，望了望大家，说道：“人无远虑，必有近忧。子明（吕蒙）是有远见的人呀。”随后下令在濡须口筑城。

有备而来的四十万曹军到达濡须后，能否报当年的赤壁之仇呢?欲知后事如何，且听下回分解。

# 一六　至诚之道，可以前知

主要人物：刘璝(guī)、张任、紫虚上人

主要地点：景屏山

主要事件：刘备取西川

## ❶ 俗话记忆

“至诚之道，可以前知。”这句话的意思是人达到了一定的境界，就可以提前知道未来的一些事情。“前知”就是可以提前知道或预测事物未来的情况。

《三国演义》中，刘璋部将刘璝（意同“瑰”，古代用于人名，今无此写法）在经过锦屏山时，对同行的泠(líng)苞、张任、邓贤建议，此山上有一个能知人生死贵贱的紫虚上人，他们应该请他告知此次行动的吉凶。张任认为大丈夫行军打仗，怎能问山野之人呢？刘璝说道：“不然。圣人云，至诚之道，可以前知。”意思是紫虚上人虽是“山野之人”，但他也是得道之人，他能够提前知道事物的因果。

## ❷ 孙权一言退曹兵

话说曹操起兵四十万，向东吴报当年的赤壁之仇。两军对阵已经一个多月了，虽战了数场，但各有胜负。

曹军起兵时是寒冬腊月，如今已是正月，春雨绵绵，江水上涨，地面潮湿，军士都在泥水之中行走生活，困苦异常。曹操此时已有退兵之意。众将中也有想退兵的。

正当曹操犹豫不决时，东吴送来一封书信，信中说道：“孤与丞相都是汉朝

臣子。丞相不思报国安民，乃妄(wàng)动干戈(gē)，残虐(cánnüè)生灵，这难道是仁人之所为吗？现在江水开始上涨了，你们应当速速离去。如其不然，复有赤壁之祸矣。公宜自思焉(yān)。”书信的反面另写了两行字：“足下不死，孤不得安。”孙权在反面直言不讳(huì)地表达了自己的想法，说曹操不死，他就不能安心生活。

曹操看毕，大笑道：“孙仲谋不欺我也。”就这样，曹操率军回许昌去了。孙权亦收军回秣陵(mòlíng)。

## ③ 庞统献三计取西川

一天，孙权与众将商议：“曹操虽然北去，刘备尚在葭萌(jiāméng)关未还。何不引拒曹操之兵，以取荆州？”张昭献计道，写书信两封，一封给刘璋，告诉他刘备欲联合东吴共取西川，另一封给张鲁，让他兴兵取荆州。这样刘备顾不上首尾受敌，我们就可乘机取之。

其实，早在刘备听说曹操兴兵进攻东吴时，其就有夺取西川之意。刘璋部将杨怀、刘巴等人纷纷劝阻刘璋结好刘备，此时帮助刘备等同于“把薪助火也”。刘备军师庞统这时也为刘备夺取西川献上、中、下共三计。

刘备取其中计。刘备依计假意回荆州，途经涪(fú)城时，请杨怀、高沛(pèi)出关送别。此时杨怀、高沛二将已得到刘璋的军令：严守关卡，不许放走荆州一人一骑。

杨怀、高沛商议后，身藏利刃，前往刘备帐中辞行。非常不幸，刘备先下手为强，敕(chì)令左右将杨、高二人捉住后，斩于帐下。随后大军兵不血刃，拥入涪城。

刘璋听说此事后，大吃一惊，说道：“没想到今日竟然有这样的事情。”于是，立即聚集文武官员，商议退兵之策。黄权说道：“可连夜遣兵雒(luò)县（今四川广汉市），塞住咽喉(yānhóu)之路，刘备虽有精兵猛将，也不能过。”

刘璋听后，派刘璝、泠苞、张任、邓贤点五万大军，星夜奔往雒县，阻挡刘备。

## ④ 求问紫虚上人

第二天，刘璝对张任等人说：我听说锦屏山中有一道人，号紫虚上人。他能知人生死贵贱。我们今日行军，正从锦屏山过。何不试着问问我们此次出征的结果？”

张任不屑地说道：“大丈夫行兵拒敌，岂可问山野之人乎？”

刘璝说：“不然。圣人云，‘至诚之道，可以前知。’我们问高明之人，可以
qū　bì
趋吉避凶。”

四人来到锦屏山，见过紫虚上人后，向他求问前程之事。

紫虚上人淡淡地说道：“贫道乃山野废人，岂能知道？”

刘璝再三拜问后，紫虚上人才命道童取来纸笔，写下八句言语，交给刘璝。这八句话是“左龙右凤，飞入西川。雏凤坠地，卧龙升天。一得一失，天数当然。见机而作，勿丧九泉”。

刘璝继续问道：“我四人气数如何？”

紫虚上人看了看眼前的四个人，说道：“定数难逃，何必再问！”

当刘璝还想再问时，紫虚上人眉垂目合，恰似睡着一般，也不答应。四人只好下山，路上，刘璝若有所思地说道：“仙人之言，不可不信。”

ào
“就是一个狂傲的老人而已，听了没什么好处。”张任说道。

后来，正如紫虚上人说的，凤雏在落凤坡被乱箭射死，凤雏就是刘备的军师庞统。刘备知晓后，悲痛欲绝。黄忠谏言道：“赶紧请诸葛军师来商议收川之计。”

## ⑤ 张飞义释严颜

诸葛亮收到刘备书信后，立即率张飞、子龙等人往西川奔来，与刘备商议收川之计。

张飞率先来到巴郡。巴郡太守严颜乃蜀中名将，年纪虽高，精力旺盛，善开

硬弓，使一把大刀，有万夫不当之勇。此前严颜听说刘璋请刘备入川时，就曾提出不同意见："此所谓独坐穷山，引虎自卫者也。"后来，听说刘备占了涪城后，严颜更是恼怒不已。现在他看见张飞在离城十里处安营下寨，还下了劝降书后，气愤地割掉使者的耳鼻，以此羞辱张飞一番。

张飞见此大辱，立刻披挂上马，引数百骑来到巴郡城下搦(nuò)战。城上众军士只是百般痛骂。张飞性急，虽冲到吊桥边，但又被乱箭射回。

第二天早上，张飞又引军搦战。严颜在城上让军士一箭射中张飞头盔。张飞指着严颜，狠狠地说道："若拿住你这老匹夫，我要吃你的肉！"

第三天，张飞引军沿城叫骂无果后，下令马军下马，步兵就座，引他们出城。可是他们仍然闭门不出。

后来，张飞想了想，灵机一动，叫三五十个军士去城下叫骂，其他人等不动。他们一连又骂了三天，守城军士仍然不动。

张飞再一想，想了一个办法：叫军士到处去砍柴草，寻找路径，熟悉路线，不来搦战了。

严颜在城中，连日不见张飞动静，心中也疑惑起来。于是，派十多个小军扮作张飞砍柴的军士，悄悄混入张飞军中，一起去砍柴，打听情况。

"严颜老匹夫！气煞(shà)我也！"张飞知晓后坐在军帐中顿足大骂。

这时三四个小军走到帐前，说道："将军不必心焦，这几日我们打探到一条小路可以通过巴郡。"

"既有这个去处，何不来早说？"张飞故意大声说道。说完后，立即下令："二更造饭，乘三更月明，拔寨前行。"附近的人很快都知道这个消息了。

严颜派出的细探知道后，立即回到城中，报告给严颜。严颜听后，高兴地也下令二更造饭，三更出城，于咽喉小路处伏击张飞。

三更过后，严颜欲擒张飞时，忽然被另一个张飞依计活捉了，并顺利夺取了巴郡城。原来严颜欲擒的张飞是军士假扮的。

张飞坐在大厅上，严颜不肯下跪。张飞怒睁圆眼，咬牙切齿道："大将到此，为何不降，还敢拒敌？"

严颜全无惧色，回斥道："你等无义，侵我州郡！只有断头将军，没有投降将军！"

张飞大怒，喝令左右斩之。

"贼匹夫！砍头便砍，为什么发怒！"严颜喝道。

张飞见严颜声音雄壮，面不改色，打心底里开始欣赏他了。于是斥退左右，亲自给他松绑，扶他坐在正中座椅上，低头拜道："刚才话语冒犯，请不要见怪。我素知严将军乃豪杰之士也。"

严颜见张飞如此，也就投降于他。

## 6 刘备自领益州牧

没几日，张飞、孔明、子龙就与刘备等人会合，并夺取了雒城，张任被孔明所杀，刘璝被其部下张翼砍翻。刘璋只得聚集文武众官商议退兵之事。益州太守董和向刘璋谏言道：请到汉中张鲁处借兵。

刘璋此时也只好向张鲁求救。不过随着刘璋部下李恢及张鲁部下马超归顺刘备后，刘璋只好打开益州城门迎接刘备，以救满城百姓。

"不是我不仁义，是形势所迫呀！"刘备握着刘璋的手，深情地说道，眼中不禁流下了泪水。

晚上，孔明对刘备说道："今西川已定，难容二主，可以将刘璋送到荆州去。"

"我刚得蜀郡，不能马上令他远去。"刘备难为情地说道。

孔明说道："刘璋之所以失掉基业，都是因为他太软弱了。主公如果怀妇人之仁，临事不决，恐怕此地也难以长久呀！"

刘备听后立刻宴请刘璋，并请刘璋收拾财物，佩领振威将军印绶，去南郡公安住歇，即日起行。

刘备自领益州牧后，安抚文武百官及降将，令百姓安居乐业，赏罚分明，恩荣并济，上下有节。

东吴孙权得知消息后，想起以前刘备的承诺：取西川，还荆州。刘备如今已得西川，他是否会兑现承诺，将荆州还给孙权？欲知后事如何，且听下回分解。

# 一七　不入虎穴，焉得虎子

主要人物：黄忠、严颜、张郃
主要地点：葭萌关
主要事件：黄忠在建奇功

## 1 俗话记忆

“不入虎穴，焉得虎子。”中的“焉”为疑问代词，意思是“怎么”。这句话本意是不进入老虎窝，怎能捉到小老虎，比喻不亲历险境就不能获得成功。后来也比喻不经历艰苦的实践，就难以取得真知。

《三国演义》中，黄忠与严颜受命去破张郃，连夺其部将夏侯尚和韩浩的营寨后，黄忠继续追击至天荡山。刘备派来的督军刘封建议：军士困乏，需要休整。黄忠告诉他：“不入虎穴，焉得虎子?”天荡山不仅是曹兵粮草之所，也紧挨着曹兵另一处屯粮之地——米仓山。如果刘备能得到这两处，就能令曹兵不战自退，汉中自然归刘备。

## 2 曹操得东川

话说刘备取得益州后，不仅东吴意欲收回荆州等地，曹操也想兴师收吴灭蜀。

一天，夏侯惇向曹操谏言道：“不用急于攻吴和蜀，应先取汉中张鲁，再以得胜之兵取蜀，可一鼓作气得它。”

“正合我意!”随后曹操兵分三路向汉中进发，与汉中张鲁、张卫兄弟相拒五十多天后，张鲁被迫投降，张卫被许褚斩于马下。曹操顺利得到东川。

西川百姓听说曹操已得东川，料定他必定会来取西川，西川百姓无不惊恐。

诸葛亮赶紧向刘备献计道：“把江夏、长沙、桂阳三郡给东吴，然后派人劝说东吴起兵袭击合淝（féi）（今天的合肥）的曹兵，让曹操勒兵南下救援，西川就安全了。”

孙权听说后，一边派鲁肃收取江夏、长沙、桂阳等地，一边亲率吕蒙、周泰等人前往濡须口、合淝等地攻打曹兵。

## ③ 周泰三番救主

一天，孙权与曹操亲率的四十万大军在濡须江口相遇。江上忽然狂风大作，白浪掀天，波涛汹涌。江中孙权部将董袭所乘战船被风吹翻，董袭竟然被淹死了。岸边吴兵和曹兵混战在一起。

孙权、周泰带领一部分军士与曹军厮杀时，不幸被曹军围困了起来。曹操在高处看见后，立刻派许褚纵马持刀杀入军中，让吴兵无法靠近孙权。

周泰奋力从曹军包围圈中杀出，来到江边时，发现孙权不见了，于是赶紧调转马头，又杀进包围圈中，到处寻找孙权。东吴兵告知周泰，孙权还处在曹兵的包围中，说人多的地方就有孙权。

周泰毫不犹豫地挺身纵马，从外面杀进人群中，发现孙权后，大声喊道：“主公可随泰杀出。”于是周泰在前拼杀，孙权紧跟其后。两人一起拼命厮杀一阵后，周泰又率先冲出重围来到江边，等他回头一看，还是不见孙权。于是，二话不说，又纵马冲向重围，到处寻找孙权。

“他们弓弩齐发，出不去，怎么办?”孙权看见周泰后，大声喊道。

“主公在前，我在后，可以冲出包围。”周泰乘机喊道。

孙权骑马在前，周泰左右遮护，最后身中数枪，箭透重铠，将孙权救出重围。两人来到江边后，正好遇到前来接应的水军吕蒙。吕蒙马上令船上的军士用箭射退曹兵。

曹操见孙权要走，立即亲自策马驱兵赶到江边与吕蒙对射。正当吕蒙抵挡不住时，孙策的女婿陆逊带领十万军士赶来，曹操抵挡不住，大败而回。

孙权回到帐中后，深感周泰救护自己有功，于是设宴款待他。孙权端起盛满酒的酒杯，走到周泰面前，拍拍他的肩膀，泪流满面地说道：“卿两番救我，不惜性命，被枪刺中几十下，铠甲尽毁，真是我的功臣，孤应当与卿共荣辱，同休戚。”说完，将手中酒一饮而尽。

孙权喝完酒后，令周泰解开衣服与众将看，只见周泰身上到处都是伤痕。周泰身上的每一处伤，他都能说出是被谁所伤。孙权每指一处，就赐一杯酒给周泰。周泰当场大醉。

后来，孙权赐给他青罗伞，出入都可以使用，以显示其身份。

## 4 曹操封王

孙权与曹操在濡须口相持了一个多月，都不能取胜。东吴的谋臣们谏言：久攻不下，不如求和，安民为上。孙权听从了大家的建议，派使者前往曹营求和，答应每年进贡。

孙权在濡须口只留下蒋钦和周泰驻守。待孙权等人撤回后，曹操也班师回朝。自此曹吴相安无事。

建安二十一年（216）夏，曹操回到许昌后，文武众臣向汉献帝表奏：魏公曹操平天下功不可没，应晋爵为王。汉献帝随即下诏，册立曹操为魏王。

曹操上书三次请辞封王。汉献帝三次下诏书，命曹操受魏王之爵。曹操不得已接受王爵称号，享受王爵地位：冕(miǎn)十二旒(liú)，乘金根车，驾六马，用天子车服銮(luán)仪，出警入跸(bì)，于邺郡盖魏王宫，议立世子。

曹操与卞(biàn)氏生有四子：长子曹丕(pī)，余下依次是曹彰(zhāng)、曹植、曹熊。曹操之妻丁夫人因没有生孩子，所以曹操封卞氏为魏王后。

此时，在曹操的心目中，曹植极聪明，举笔成章，颇(pō)有才华，心中有立他为后嗣(sì)的想法。而长子曹丕，对此心中早有察觉。

曹丕为此求教于中大夫贾诩。贾诩告知曹丕如何应对。自此后，凡是曹操出征，诸子送行时，曹植每次都是歌功颂德，出口成章地赞扬曹操，只有曹丕每次辞别父亲时，总是泪满衣襟，无比伤感，难舍难分。慢慢地，曹操认为曹植过于乖巧，心不如曹丕诚恳。同时，曹丕买通了曹操身边的近臣，他们时常说曹丕德行好。这些都让曹操犹豫不决，不知该选谁为后嗣了。

一天，曹操问贾诩："我欲立后嗣，应当立谁？"

贾诩摇了摇头，不说话。

曹操奇怪地问道："为什么不说呢？"

贾诩再次沉思了一会儿，慢慢地说道："我还在思考呢，不能马上给出答案呀！"

"你思考什么呢？"曹操问道。

"我在思考袁本初、刘景升他们的父子情况呢！"

曹操一听，恍然大悟地大笑起来。于是，曹操下定决心立长子曹丕为世子。原来，袁本初和刘景升当时立世子时，都没有立长子为世子，后来引发兄弟相残的悲剧。

## 5 黄忠骄兵之计

一天，西蜀张飞、魏延战胜曹军张郃，夺取瓦口关。张郃等人戴罪攻取葭萌关，牵动西蜀各处兵力，确保了汉中的安全。孔明欲再派张飞去保护这一重地。西蜀黄忠、严颜老将不服，也想借此立一战功。

黄忠、严颜来到葭萌关后，守城的孟达、霍峻(huò jùn)见了，脸上表情很不自然，心中也笑孔明欠考虑，这般要紧处，怎么派两个老头来救援。

黄忠见他们的表情，轻轻地对严颜说道："你看见他们的表情了吗？他们是在笑我二人年老呢！我们一定要建奇功，让他们心服口服。"

严颜连连点头称是。

黄忠和严颜两人商议后，黄忠先引军下关，与张郃对阵。张郃见了黄忠后，笑道："你这么大年纪了，真不知羞耻，还出战呀！"

"你小子欺我年老！我手中的宝刀并不老！"黄忠说完，就拍马向前，与张郃决战。二马相交，大概战了二十多回合，忽然张郃的阵后，响起一阵喊杀声。原来是严颜从小路抄到张郃的军后。两军夹击，张郃大败，连夜退去八九十里。

两军对峙(zhì)后都按兵不动。黄忠、严颜乘机探得曹操屯粮积草之地，名叫天荡山。

严颜对黄忠说道："我们如果取得天荡山，断其粮草，汉中就是我们的了。"

黄忠说道："将军之言，正合我意。"

黄忠依计引一支军马与夏侯尚、韩浩来战。黄忠力战二将，战十几回合后，败走扎营调整。二将追赶到黄忠营前，黄忠再次力战二将，又败，只好弃寨而逃。如此，连续几天，黄忠连败至葭萌关。

孔明知道后，赞赏道：“这是黄忠老将的骄(jiāo)兵之计呀！”

刘备随后派刘封来关上接应黄忠。刘封说：“父亲得知将军数败，特意派我来接应。”

黄忠笑着说道：“这是老夫的骄兵之计也。今夜我就要收复各营，夺取粮食马匹。”

深夜二更天时，黄忠引五千军士从关上直冲而下。原来夏侯尚、韩浩二将连日见黄忠守关不出，军士早已全部懈怠(xiè dài)。此时，面对直冲而下的黄忠军马，他们来不及穿铠甲，来不及给马套上马鞍，二将只好各自逃命去了。曹兵军马自相践踏，死伤无数。

## 6 不入虎穴，焉得虎子

黄忠大获全胜后，准备继续前进，夺取天荡山、米仓山。

刘封劝道：“军士们已经筋疲力尽了，应该好好歇歇！”

黄忠说道：“不入虎穴，焉得虎子？”他与严颜坚持继续前进。

张郃与夏侯尚、韩浩会合在一起后，商议道：“天荡山是粮草之所，旁边还有存放粮食的米仓山，这里是汉中军士养命之源，不能有任何闪失。不过，定军山有夏侯渊把守，距离米仓山也不远。”他们商议后，一起往天荡山聚集。

黄忠、严颜很快就跟至天荡山。两位老将几乎不费什么工夫，出其不意地夺取了天荡山。张郃、夏侯尚只好往定军山投奔夏侯渊去了。

虽然黄忠、严颜两位老将取得了天荡山，立了奇功，但距离不远的定军山守将夏侯渊是否会坐视不管呢？黄忠还能一帆风顺地夺取定军山吗？欲知后事如何，且听下回分解。

# 一八 初生之犊不惧虎

主要人物：关羽、关平、庞德

主要地点：樊城

主要事件：樊城之争

## ❶ 俗话记忆

“初生之犊（dú）不惧虎”中的“犊”指小牛，“惧”是害怕。这句俗话的本意是刚出生的牛，因为不知道老虎的厉害，所以不怕老虎。一般用来比喻涉世不深的青少年敢说敢干，无所畏惧。也有“初生牛犊不怕虎”“初生之犊不怕虎”“初生之犊不畏虎”的说法。

《三国演义》中，曹操部将庞德带着棺材，誓与关羽在樊城决一死战。关羽与庞德战了一百回合之后，感叹庞德刀法熟练，是他真正的对手。关羽的义子关平见过他们的拼杀后，对关羽说道：“俗话说，初生之犊不惧虎。父亲纵然斩了此人，只是斩了西羌（qiāng）的一名小卒而已。”

## ❷ 曹操开始犹豫

话说刘备部将黄忠、严颜不服老，在天荡山烧毁了曹军粮草，取得了奇功。张郃、夏侯尚投奔定军山夏侯渊处。黄忠再次领命夺取定军山。曹操听说后，亲率大军，兵分三路驰援定军山。

夏侯渊在曹操来临之前，主动出击，迎战黄忠，不幸被黄忠一刀斩于马下，曹兵大败。张郃只好将米仓山的粮草转移至北山寨中囤积。

没多久，曹操所率大军与蜀兵相遇后，退守阳平关。张飞乘机夺取曹军的粮草车辆，随后两军僵(jiāng)持起来。

曹操见两军相持已久，对自己没什么好处，于是心中犹豫起来，开始思考要不要回许都了。

## ③ 杨修因才而死

一天，夏侯惇到曹操帐中问当晚值班口令。

“鸡肋(lè)！鸡肋！”曹操正看着碗中的鸡肋出神，听夏侯惇问，就随口说了一句。

夏侯惇得令后，将当晚全军值班口令设为“鸡肋”。行军主簿杨修听令后，告诉身边的军士，可以提前收拾行装，准备回许都了。

“你为何收拾行装?”夏侯惇听说杨修在收拾行装，于是请他立即到帐下来询问。

杨修淡淡地说道：“我是根据今晚的口令知晓的。鸡肋食之无味，弃之可惜。丞相现在是进不能获胜，后退又怕人耻笑，他一定在想：与其在这里耗着，不如早点回去。”

夏侯惇一听感叹道：“你太了解魏王了!”于是他也收拾起行装来。没多久，夏侯惇军营上下都开始收拾行装，准备班师了。

夜深了，军营也开始安静下来了。曹操心乱，睡不着，就一个人提着钢斧，围着营寨走。当走到夏侯惇营寨时，看见有几个军士在整理行装，再仔细一看，发现其他军士的行装大都已准备好了。曹操急忙回到帐内问夏侯惇。

“主簿杨修预先知道大王有班师的想法，我们才如此。”夏侯惇只好如实禀报。

曹操一听，立即喝令把杨修找来。杨修把自己对口令“鸡肋”的理解说了出来。曹操怒从心起，大骂道：“你怎么敢造谣，乱我军心!”骂完后，就喝令刀斧手将杨修推出去斩首示众。

原来杨修恃才傲物，以为自己有才华，已多次让曹操不满。有一次，曹操建造了一座花园。曹操认为花园门宽了一点，也不说话，只在门楣上写了一个“活”字。其他人都不知是什么意思，只有杨修说这是曹操认为门宽了一些。

还有一次，塞北一位官员送给曹操一盒酥糖。曹操在盒子上写下“一合酥”

后，就放在案桌上。杨修看见了，竟用勺子将酥糖分给大家吃。曹操问他为什么如此。杨修回答道："丞相在盒子上写明了一人一口酥，我岂能违抗丞相的命令呢？"曹操听后，脸上虽然露出了笑脸，但心里开始讨厌起杨修来了。

后来，在曹操欲立曹植为世子的过程中，他也怀疑杨修在其中操纵，因此也就开始有了要杀杨修的想法。

当天晚上口令"鸡肋"一事，曹操只是借惑乱军心之罪，将杨修杀死。杨修终年三十四岁。曹操杀掉杨修后，也假意要斩夏侯惇。在其他人的劝阻下，曹操斥退了夏侯惇，并下令来日进兵。

次日出兵后，曹军大败，刘备部将魏延拈弓射箭，射中曹操人中，拆掉其门牙两颗。曹操被庞德救回后，放弃夺取汉中的想法回许都去了。

## 4 庞德带棺材死战

曹操回到许都后不久，刘备在孔明等众文武的推动下，向汉献帝启奏封他为汉中王。曹操知晓后，决定联合孙权讨伐荆州攻打刘备。

刘备令关羽都督荊襄九郡。而此时的樊城、襄阳等地由曹兵驻守。关羽得令后，很快就拿下了襄阳，逼着曹军退守樊城。关羽在城外扎营，准备夺取樊城。

一天，关羽正坐在帐中喝茶，忽然听到探马来报："曹操派于禁为将，庞德为先锋来支援樊城。庞德在军前还抬了一口棺材，誓与将军决一死战。"

关羽一听，脸色大变，美髯飘动，大怒道："天下英雄，听到我的名字，没有不服的。庞德小人，竟敢藐视我！让我去取他的脑袋！"

关平在旁边说道："父亲没必要以泰山之重，与顽石争高下。我愿意代父亲去战庞德。"

"你可以先去会一会，我随后就来接应。"关羽想了一会儿说道。

关平出帐后，提刀上马，领兵迎战庞德。

只见曹兵阵前竖起一面皂旗，上书"南安庞德"四个白字。旗下，庞德青袍银铠，钢刀白马，立于阵前。背后五百军兵紧随其后，数名军士抬着一口棺材。

"背主之贼！"关平首先骂道。原来庞德先是马超手下的猛将，后降曹操。如今马超在汉中，降了刘备。

庞德不认识关平，就问旁边的军士。有人告诉庞德，他就是关羽义子关平。

"我奉魏王旨意，来取你父亲的头！我不杀你，快喊你父亲来！"庞德喊道。

关平见庞德小瞧他，非常生气，纵马舞刀，冲向庞德。庞德横刀来迎。两人战三十回合不分胜负后，两家各自回阵。

没多久，关羽听说情况来到阵前。关羽随即横刀出马，大叫道："关云长在此，庞德何不早来受死。"

庞德随着一阵鼓声，纵马来到阵前，喊道："我奉魏王旨，特来取你的头！我已经为你备好了棺材。你若怕死，就赶紧下马投降！"

"量你一匹夫，有何能耐？斩你这样的鼠辈真是委屈了我的青龙刀！"关羽说完，就纵马舞刀，冲向庞德。

庞德抡刀来迎。二将拼了一百余回合后，不但分不出胜负，而且都越战越有精神。两阵的军士都看呆了。正当两将拼得忘我时，两军都鸣金收兵了。

庞德回到营寨后，对于禁说道："大家都说关公是英雄，今天我信了。"

于禁说道："将军战关公一百余回合还没有得到便宜，不如先退军躲避他。"

庞德一听，不高兴地说道："魏王命我为大将，为什么要躲避？我来日与关公决一死战，绝不躲避！"

关羽回寨后，对关平说道："庞德刀法娴熟，是我真正的对手呀！"

"俗话说，初生之犊不惧虎，父亲纵然斩了此人，只是斩了西羌的一名小卒而已。不过，父亲一旦有疏忽，会有负伯父的重托呀！"关平担心地说道。

"我不杀此人，誓不为人。"关羽斩钉截铁地说道。

第二天，关羽上马引兵来搦战。庞德又带着棺材出现在关羽面前。两人都不说话，见面后就出马交锋。当两人斗到五十回合时，庞德拨回马头，拖刀而走。关羽随后追赶过去。关平见此，担心父亲有闪失，就赶紧跟了上去。

"庞贼！竟然想使拖刀计，我难道怕你吗？"关羽开口骂道。

庞德假做拖刀的姿势，却把刀挂在马鞍上，然后偷偷地摸出雕弓，抽出一支箭搭在弓上，猛地朝关羽射来。

"贼将休放冷箭！"关平眼快，发现庞德拽弓箭，立刻大喊一声。

关羽睁眼一看，弓响处，箭已飞出，关羽躲闪不及，箭正中左臂。关平随后赶到，把父亲救了回来。

庞德正准备乘胜追击时，后阵恰好传来一阵锣声。庞德以为是后军遭袭击，赶紧勒马而回。原来是于禁担心庞德抢了功劳，故意鸣金收兵的。

## ⑤ 关羽再中一箭

关羽回到营寨后，拔了箭头，幸亏箭射得不深，用药敷治后，箭疮很快愈合了。

庞德因于禁鸣金，失去了战胜关羽的最佳机会，最终被关羽部将周仓所擒。于禁和庞德带来的军士死的死，降的降。于禁欲降关羽，反被关押。庞德誓死不降，被关羽斩首后，再被厚葬。

关羽战胜于禁和庞德后，威震天下。一天，关羽率军攻打樊城。他立马在樊城北门口，扬起手中的马鞭，指着守门军士，喝道："你们这些鼠辈，不早来降，更待何时?"

这时，樊城守将曹仁在楼上，看见关羽身上没穿铠甲，只披一件护心甲，身着绿色袍服，于是立即召集五百弓弩手，一齐向关羽放箭。

关羽见箭如雨下，立即拨转马头往回撤。在他转身时，一支箭射中了他的右臂，关羽被迫翻身下马。曹仁立即引一队军士杀出城来。幸亏关平及时赶到，才把关羽救了回来。

关平拔出箭一看，立刻呆住了：这是一支毒箭，箭头的毒已经进入骨头。关平看着父亲的右臂青肿起来，并且不能动了，他心中焦急万分。

关羽再中一箭，他是否能像上次一样很快痊愈吗？他能否顺利度过这一关呢？欲知后事如何，且听下回分解。

# 一九　死生有命

主要人物：刘备、诸葛亮、孙权、吕蒙
主要地点：蜀中
主要事件：关羽被杀

## ❶ 俗话记忆

“死生有命”，是古代一种迷信的说法，指人的生死都是由天命决定的。后来也形容事情的发展形势不可违背，人力不可挽回。常与“富贵在天”合用。它的近义词是“命中注定”。

《三国演义》中，汉中王刘备听说关羽父子遇害后，哭倒在地，伤心欲绝。孔明劝刘备，自古道“死生有命”，关羽父子之死是他们刚愎（bì）自用，才导致过早离世的。

## ❷ 关羽刮骨疗毒

话说曹仁下令弓弩手放箭，一枝毒箭射中了关羽的右臂。毒箭拔出后，毒已到了骨头，整个右臂青肿了起来。关羽中毒后，关平请来了名医华佗，为他治疗。

治疗时，关羽一边和马良下棋，一边让华佗为他刮骨疗毒。华佗用剪刀剪开皮肉后，用刀细心地刮掉骨头上已被毒液感染的部分。旁边的军士听到刮骨的声音都十分难受，他们的脸几乎都变了形。关羽却在那儿喝酒下棋，全无痛苦之色。

华佗清理完中毒的骨肉，敷上药，用线很快就缝好了皮肉。关羽伸了伸右手，大笑道：“此臂又伸收自如了，并无痛苦。先生真是神医呀！”

华佗也叹道："我一生行医，还没有见过这样的病人。君侯真天神也!"

关羽因箭伤还没有痊愈，其军士围在樊城外，按兵不动。

## ③关羽收受礼品

"江东陆口守将吕蒙病危，孙权已派陆逊为将，代替吕蒙把守陆口。今陆逊派人拜见。"关羽一听，连忙召见陆逊来使。来使将陆逊书信及礼品送上后，说道："陆将军呈书备礼，一来与君侯作贺，二来求两家和好。"

关羽看完后，仰面大笑，令左右收了礼物，吩咐使者回去。关羽开始还有些担心吕蒙率兵袭击荆州，现在代替吕蒙的陆逊并没有多大的名声，关羽根本没有把他放在心上，认为孙权用他为将是见识短浅。

关羽随后放心地从荆州调一大部分军士过来助其围攻樊城，准备等自己箭伤痊愈后，就开始攻城。

孙权见关羽调走了部分荆州守军后，再次与吕蒙商议。派吕蒙任大都督，总领江东各路军马，从中点三万军士及八十余只快船准备夺取荆州。

吕蒙让会水的军士都穿白色衣服，扮成商人模样，站在船上摇橹撑船，其他军士埋伏在船舱里。另外，派韩当、蒋钦等七员大将率军往荆州方向挺进，其余人员随吴侯接应。安排妥当后，一边派人告知曹操，令其袭击关羽，一面派人告知陆逊。

白衣人得令后，立即驾驶快船往荆州方向划去，他们昼夜兼行，很快抵达北岸。

"你们是干什么的?"烽火台上的关羽守军见有如此多的白衣人及船只靠岸，立即盘问道。

"我们都是客商，因江中有风浪，暂时到这里避风。"白衣人一边说，一边将船中财物送给守烽火台的军士。军士们见江中风浪渐起，加上有财物相送，也就让他们靠了岸，并不去搭理他们。

## ④关羽失荆州

天渐渐暗下来后，军士们更放松了对他们的监视。大约二更天时，烽火台下一片寂静，潜伏在前面船舱中的吴兵一起悄悄地来到烽火台，将台上的哨兵放倒后，其他人迅速将各处的烽火台上的守军全部活捉到船上，一同前往荆州。

吴兵对他们好言相劝，给他们许多钱物，想让他们配合叫开荆州城门后，进入到城内放火。

不知不觉，吕蒙等人就到了荆州城外。那些之前守烽火台的关羽部下军士按照吕蒙的指令来到城下叫门。守城的军士都认得这些荆州出去的军士，就这样这些军士顺利地进了城，随后，还在城里放起火来。吴兵乘机拥入，从而使吕蒙很快就拿下了荆州城。

吕蒙进城后，传令各处，不得乱杀一人，不能抢百姓物资，不许任何人侵扰关羽家属，违者军法论处，各大小官员依旧履行旧职。

## 5 关羽被俘

吕蒙夺得荆州后，立刻安抚投降的将士，善待关羽部下军士家属，但凡有从关羽军中回来的军士，吕蒙都以礼相待。等关羽回来率军再取荆州时，其部下只剩三百余人。关羽、关平只好退守麦城。

关羽等人在麦城独守几天后，粮草没有了，援军又遥遥无期，只好让周仓、王甫坚守麦城，他和关平从小路冲出重围。

天黑后，关羽沿着小路摸黑前行，刚走到二十余里时，忽然山坳(ào)处金鼓齐鸣，喊声大震，东吴大将朱然挺枪喊道："云长休走！趁早投降，免得一死！"

关羽大怒，拍马抡刀冲了过来。朱然回身便走，关羽乘势追杀。没走几步，鼓声再次响起，四周涌出许多伏兵。关羽不敢恋战，只好往旁边小路逃去。潘璋又率兵舞刀杀来。关羽只好挥刀再战，还没到三回合，潘璋又败走。

朱然此时并不追赶。关羽回过头来一看，只剩下十几个人跟随了。走着走着，他们来到一个山坳里，山边到处是芦苇败草，树木丛杂。忽然，四周响起了喊杀声，山坳里出现了几百人的伏兵。关羽的马一下子就被他们绊倒，就这样关羽被东吴部将马忠所擒获。

关平知道父亲被俘后，火速赶了过来，也被潘璋、朱然等人四下围住。关平孤身独战，终无力战胜，也被擒住了。

## ⑥ 关羽被杀

孙权听说关羽父子被擒，心中万分高兴，召集众将于帐下迎接关羽。

“我久慕将军盛德，欲结秦晋之好，为什么不肯呢？公以往自以为天下无敌，今日为何被我所擒？今日服孙权吗？”孙权见到关羽后，笑着问道。

“碧眼小儿，紫髯鼠辈！我与刘皇叔桃园结义，誓扶汉室，岂能与你叛汉之贼为伍。我今误中奸计，有死而已，何必多言！”关羽怒道。

孙权回过头问众将：“云长世之豪杰，我深爱他。今欲以礼相待，劝他归降，如何？”

大家沉默片刻后，主簿左咸说道：“不可。昔日曹操得此人后，封侯赐爵，非常厚爱，即使过五关斩六将也不问其过，最后还是留不住。”

孙权在帐前来回走了几步，沉思片刻后，说道：“你说的有道理。”于是下令将关羽父子推出去斩首。时年建安二十四年（219），关羽终年五十八岁。

关羽被杀后，孙权将其坐骑赤兔马赐给马忠骑坐。数天后，赤兔马绝食而死。关羽部将王甫、周仓见关羽父子首级后，一个坠城而死，一个自刎而亡。麦城也归属东吴。

## ⑦ 关羽附身吕蒙

孙权随后在帐前为吕蒙举行庆功宴。酒过几巡后，孙权亲自走到吕蒙面前，为他斟满酒。吕蒙将酒一饮而尽。忽然，吕蒙将杯子使劲往地上一摔，一把抓住孙权，大声叫骂起来：“碧眼小儿！紫髯鼠辈！还认识我吗？”

在场的每一个人一下子目瞪口呆，正准备上去劝解时，吕蒙一把推倒孙权，大步走到孙权的座位前，然后坐了上去，两眉倒竖，双眼圆睁，大声喝道：“我自破黄巾以来，纵横天下三十余年，今被你用奸计害我，我生不能吃你的肉，死了要追吕贼的魂魄！我是汉寿亭侯关云长。”

孙权吓得直哆嗦，慌忙率大小将士，跪倒在他面前。孙权还没拜完，只见吕蒙倒在了地上，七窍流血而死。

众将看见后都十分恐惧。孙权慌忙下令安葬好吕蒙尸首，赠他为南郡太守、孱（chán）陵侯，让他的儿子吕霸承袭爵位。

孙权随后召集众将商议，讨论如何处置关羽人头。后来，孙权根据张昭建议，将关羽人头奉送给曹操。

曹操根据司马懿的建议，用香木雕刻关羽的身躯后，与其首级一起，以大臣之礼厚葬，赠他为荆王。

汉中王刘备听说关羽父子遇害后，大叫一声，昏厥于地，半晌才醒。孔明劝道："王上不要过度忧伤。自古道'死生有命'。关公平日刚愎自用，所以才有今天的结局。王上应保养尊体，以后再去报仇。"

刘备边哭边说道："我与关、张二弟桃园结义时，誓同生死。今云长已亡，我岂能独享富贵呀！"就这样，刘备一日痛哭三五次，滴水不进，泪湿衣襟。孔明等人再三劝解，他仍然只顾痛哭不已。

刘备一旦清醒过后，会向谁开战呢？其结果将如何呢？欲知后事如何，且听下回分解。

# 二〇　天无二日，民无二主

主要人物：曹丕、华歆、汉献帝
主要地点：许昌
主要事件：汉献帝禅位

## ❶ 俗话记忆

“天无二日，民无二主。”中的“天无二日”是指天上没有两个太阳，“民无二主”是指旧社会百姓家里或团队组织不能有两个“主人”，一般只能有一个做主的人。古代用来比喻一国不能同时有两个国君，现在一般比喻凡事应统于一。这句话也有“天无二日，民无二君”之说。

《三国演义》中，魏王曹丕受八般大礼，登帝位，建大魏国。华歆谏言“天无二日，民无二主。……立一帝，废一帝，古之常道”后，曹丕降旨封汉献帝为山阳公，曹皇后即曹丕的姐姐为山阳公夫人。据《三国志》记载，汉献帝九岁即位，终年五十四岁。

## ❷ 刘备伺机报仇

话说孙权处死关羽父子后，刘备整日以泪洗面，誓死讨伐东吴，为关羽报仇。孔明见刘备如此伤心难过，劝道：“现在的形势是曹操希望我们讨伐东吴，东吴又希望我们讨伐曹操。不如我们等待东吴和曹魏不和后，再出击讨伐。”在众官的劝谏下，刘备暂时不说讨伐一事。

刘备在汉中整日焦躁地等待着东吴和曹魏闹不和，想乘机报仇雪恨。忽然，有一天从许昌传来消息：曹操已死，曹丕继位，并且其威逼天子比曹操更厉害。

## ③ 刘备悔恨致病

刘备听说后，大吃一惊，立即召集众官说道：“我想先讨伐东吴，以报云长之仇，再讨伐中原，以除乱贼……”

“关公父子被害，是刘封、孟达的罪过，应先将此二人处死。”刘备话还没有说完，廖化就走出来，哭倒在地，向刘备诉道。原来当初廖化受关羽指派，前往刘封、孟达处求援，刘封、孟达二人置之不理，并且冷眼相待，拒不出兵。

刘备听说后，恨不得立即处死刘封、孟达二人。气愤中，刘备准备下令派人去捉拿他俩。

“不可。”孔明立即站出来说道，“如果这时去擒拿，他俩在一起一定会反叛。现在可以先给他们升职，分开他俩后，再议擒拿。”

刘备下令给刘封升职并派去守绵竹。

孟达获知刘备的用意后，立即向曹丕投降。刘备借此派刘封追击孟达。曹丕派孟达迎战刘封。两人相见，孟达仍劝刘封弃蜀投魏。刘封拒不投降，但又无力战胜孟达，待他失败而回后又被刘备问斩。刘备后来知道刘封不但撕毁孟达的劝降书信，而且还斩杀了他的信使，因此悔恨自己不该杀了刘封。如此，加上他对关羽的哀痛，刘备终于病倒了，为关羽报仇的事只好暂时搁置了起来。

## ④ 汉献帝被逼禅位

曹丕借机会又夺得上庸和房陵两城。那年八月，有人报各地出现凤凰、麒麟、黄龙等种种瑞征，大家认为这到了汉帝将天下禅让给魏王的时候。于是中郎将李伏、太史丞许芝与华歆、王朗等四十余文武官僚，来到汉献帝面前，奏请禅位于魏王曹丕。

汉献帝听后，半天没有说话。

华歆等人再奏道：“希望陛下效仿尧、舜之道，将山川社稷禅让给魏王，这是上合天心，下合民意的事情。”

汉献帝望了望眼前的文武百官，泪水瞬间流了下来，哭道：“朕想高祖提三尺剑，斩蛇起义，平秦灭楚，创造基业，相传到此，四百年了。朕虽不才，也无罪恶，安忍将祖宗大业，弃之不顾也。望众官再从公议。”

王朗奏道："自古以来，有兴必有废，有盛必有衰，岂有不亡之国、不败之家乎？汉室相传四百余年，延至陛下，气数已尽，宜早退避，不可迟疑，迟则生变矣。"

汉献帝早已无话可说了，只好一边哭一边朝后殿走去，身后传来文武百官的笑声。

第二天，文武百官在大殿聚集后，令宦官请出汉献帝。汉献帝知道他们是为禅让天下而来，根本不敢出来，他也不想出来。

曹皇后见此，关心地问道："百官请陛下设朝，陛下为何不去呀？"

汉献帝听曹皇后一说，眼泪又忍不住流了下来，说道："汝兄欲篡(cuàn)位，令百官相逼，朕才不出呀！"

"吾兄奈何为如此乱逆之事？"曹皇后先是一愣，然后气愤地说道。

曹皇后还想说什么时，曹洪、曹休带剑从外面走了进来，请汉献帝到大殿议事。曹皇后见他俩进来，更是气愤，骂道："都是你们这些乱贼，贪图富贵，共同谋反。吾父功盖寰(huán)宇，威震天下，都没有篡夺天下。吾兄继位没几天，就想篡汉了。"说完，就泣不成声，回内宫去了。旁边的侍者都掩袖哭泣。

汉献帝不得已只好更换好朝服来到大殿。

"陛下可依臣等昨日之意，免遭大祸。"华歆首先奏道。

汉献帝立刻泪如雨下，说道："卿等都是食汉禄之人，其中还有许多汉朝世代功臣子孙。你们为何要做出如此不臣之事呀！"

"陛下若不从我们的话，我担心会萧(xiāo)墙祸起，届时就不能说我们不忠于陛下了。"华歆说道。

"谁敢弑(shì)杀朕？"汉献帝几乎吼了起来，眼中又散发出许多无奈。

华歆厉声说道："天下大乱，都是因为你无能。如果不是魏王，要杀陛下的人何止一个。陛下不知以恩报德，真想让天下人都来讨伐陛下？"

汉献帝吓得赶紧拂袖而起，准备回内殿。王朗立即给华歆使了一个眼色。华歆迅速向汉献帝走去，一把扯住他的龙袍，厉声喝道："许与不许，早发一言！"

汉献帝吓得直哆嗦，哪能说得出话来。曹洪、曹休拔出宝剑大喊道："符宝郎何在？"

"符宝郎在此！"祖弼(bì)应声答道。

曹洪伸出手，向他索要玉玺。

祖弼大声斥道："玉玺乃天子之宝，岂能擅自索要！"

曹洪喝令武士将祖弼推出去斩首。祖弼一边走一边大骂而去。

汉献帝站在台阶上，不停地颤抖，最后不得不哭道："朕愿意将天下禅于魏王。"

贾诩说道："魏王必不会负于陛下。陛下可迅速降诏，安抚大家。"

汉献帝只好依照华歆等人的意见，将天下禅让给了魏王。

## 5 汉献帝禅位曹丕

魏王曹丕受完八般大礼后，登了帝位，改年号为黄初元年（220），国号大魏。曹丕传旨，大赦(shè)天下。华歆在受禅大典上谏言道："天无二日，民无二主。汉献帝既然禅让了天下，应该退位穿藩服。"

汉献帝只好跪在殿下听旨。曹丕下旨封汉献帝为山阳公，即日便行。

华歆一手按剑，一手指着汉献帝，厉声道："立一帝，废一帝，古之常道。今日便行，非宣召不得入朝。"

汉献帝泪流不止地骑马而去。在场的人见了，无不伤感。

## 6 刘备称帝

刘备听说曹丕登帝位以及传言汉献帝被杀后，又开始整日痛哭不已，忧郁成疾，不能理事，大小事务都交给孔明料理。

几天后，孔明与众官入朝，请汉中王来到大殿。

许靖奏道："今汉天子已被曹丕所杀，王上不即帝位，兴师讨贼，是不忠不义。今天下都希望王上为君。"

刘备含泪说道："我虽是景帝之子孙，但并没有施恩于百姓。如果今天自立为帝，与篡权夺位有什么区别？"孔明等人苦劝数次，刘备皆不答应。孔明只好称病不上朝，不理事。当刘备来问候时，说自己忧心如焚，生命不长了。刘备连问是什么事，让孔明忧患成疾。孔明说，如果刘备不为帝，灭魏兴刘，文武众官都会涣散。一旦吴、魏来攻，两川难保。

刘备只好答应了孔明等人的请求，受众官称万岁，改年为章武元年（221），立吴氏为皇后，长子刘禅为太子，大赦天下。两川军民，无不欢喜。

刘备为帝后，他还会为关羽报仇吗？张飞听说关羽死后，会怎么做呢？欲知后事如何，且听下回分解。

# 二一　兼听则明，偏听则蔽

主要人物：刘备、张飞、张苞(bāo)、孙权、马良

主要地点：东吴城下

主要事件：刘备伐吴

## 1 俗话记忆

“兼听则明，偏听则蔽。”其大意为听取多方面的意见，才能明辨是非；听信单方面的话，就分不清是非。它告诉我们要同时听取各方面的意见，才能正确认识事物；反之则会犯片面性的错误。现在人们也常说“兼听则明，偏听则暗。”

《三国演义》中，刘备报完关羽、张飞之仇后，对马良等人说，孙权也是他的仇人，决心要先灭东吴，再去讨伐曹魏。随后，刘备亲率大军与东吴大都督陆逊对峙一段时间后，陆逊只是按兵不动。马良谏言刘备把布防图给孔明阅览，刘备责怪道：“朕亦颇知兵法，何必又问丞相?”马良劝道：“古人云，兼听则明，偏听则蔽。”他希望刘备能多听一下他人意见，以防不测。

## 2 报仇雪恨

话说刘备为帝后，不顾众臣建议，坚持亲率七十万大军为关羽报仇。张飞听说关羽被害，也是整日号哭不已，每天喝酒喝到乱醉。酒后又对身边的将士怒骂鞭打，甚至出现士兵被张飞打死的现象。

当刘备宣召准备兴兵报仇时，张飞立即赶往成都，申请打头阵。张飞从刘备处得令后，回到自己的营寨，下令限定三日内造好白旗白甲，三军挂孝出征，为其二哥关羽报仇。

“白旗白甲，一时难以办好，须宽限些日子。”置办旗甲的末将范疆、张达

二人第二天就来到张飞帐下，哭丧着脸请求道。

“我急着想报仇，恨不得明日便到逆贼之境，你们怎敢违我将令！”张飞一下子火冒三丈，骂完他们后又喝令武士将他二人绑在树上，每人各抽打五十下。打完后，用手狠狠地指着他俩说道：“来日一切都要准备好！若超过了期限，我会立即杀你二人示众！”

## ③ 张飞被害

范疆、张达二人被打得满口出血，衣甲开裂。两人回到营中后商议道：“我们被打成这样，怎么办呢？张飞性暴如火，如果三天内完不成任务，你我还是要被杀！”

张达愤愤不平地说道：“与其他杀我，不如我杀他。”

范疆沉思了一会儿，说道：“怎样才能杀他呢？”

两人商议后，准备当晚就行动。

晚上，张飞在帐中行坐不安，恍恍惚惚。部将取来酒水予张飞痛饮，不知不觉张飞又喝醉了。部将把他扶到榻上睡下后就离开了。

夜深至初更天时，范疆、张达两人各藏一把尖刀，悄悄地潜入张飞帐中。他们发现张飞两眼圆瞪，胡须一动一动的，吓得不敢动手。正当他们准备磕头求饶时，发现张飞并没有说话，从榻上传来的只是如雷的鼾(hān)声。

两人相视一笑后，站了起来。原来张飞睡觉是不闭眼的，此时的鼾声让他俩放心地走到张飞面前，迅速掏出尖刀，使劲往张飞的腹部插去。瞬间，张飞大叫了一声就不动了。

他两人赶紧割下他的头，连夜投奔东吴去了。张飞当年五十五岁。

张飞被杀的消息，又让刘备再次陷入痛哭流涕(tì)之中。待张飞之子张苞、关羽之子关兴来到刘备处要替父报仇后，刘备更加坚定了他要御驾亲征东吴的决心。

孙权见刘备亲率七十万大军往东吴而来，心中开始担心害怕起来。先派诸葛瑾到刘备处求和。待诸葛瑾无功而返后，再派赵谘(zī)前往曹丕处称臣。

此时，曹丕封孙权为吴王，并对众臣说道：“朕今既不帮助吴，也不帮助蜀。看他俩如何交兵，若灭一国，就只存一国，那时我再行动就不难了。”

# 4 子报父仇

没多久，刘备大军与孙权先锋孙桓(huán)相遇。张飞之子张苞、关羽之子关兴头戴银盔，身穿白甲，骑着白马，身后白旗飘飘。

张苞用父亲的丈八点钢矛指向孙桓，首先骂道：“孙桓竖子！死到临头，还敢抗拒天兵！”

孙桓冷笑两声后，回骂道：“你父亲已经是无头之鬼了。如今你又来讨死，实在是愚蠢至极！”

张苞没等他说完，纵马挺枪，直奔孙桓而来。孙桓背后的谢旌(jīng)见此，迅速冲到前面，向张苞迎去。

两将战到三十余回合，谢旌败走，张苞乘胜追了过去。孙桓部将李异连忙抡起蘸(zhàn)金斧冲了上去。

张苞与他战了二十余回合后，不分胜负。忽然，一枝冷箭从吴军中射向张苞的坐骑，那马疼痛不已，往回逃去，没跑多远就两腿一软，栽倒在地，张苞也被顺势掀下马来。

李异乘机冲上去，抡起大斧，往张苞脑袋上砍去。就在这时，一道红光射向天空，红光下面，李异头早已落地。张苞转过头来看时，关兴的白马已出现在身边，他手中的大砍刀上正滴着李异的血。

关兴救下张苞后，兄弟二人乘势杀入孙桓阵中。孙桓大败而回。

第二天，孙桓又引军前来与张苞、关兴对阵。孙恒与关兴大战三十余回合后，气力明显接不上来了，退回阵中。张苞与关兴随即率兵追杀至阵中。张苞将谢旌一矛刺死后，吴兵被杀得四散逃走。

就在张苞得胜回走时，发现关兴不见了。他焦急地喊了一声：“安国有失，我不独生！”一边喊，一边又绰枪上马，到处寻找起来。还没找多远，就看见关兴一手提刀，一手夹着一员大将，纵马走了过来。

“此是何人？”张苞问道。

“我在乱军中，发现了这个昨日射冷箭的仇人，所以就活捉过来了。”关兴笑着说道。

张苞一看，高兴极了，立即同他回到寨中，将射死其坐骑的仇人斩首，祭了白马。

张苞与关兴率军一鼓作气，大败吴军，不但报了杀父之仇，而且还夺回了关羽的青龙偃月刀，取回了张飞的首级。

“二位兄弟的仇已报，仇人已诛杀，其恨已雪了，如今可以与东吴结盟为好，共同灭魏了。”刘备部将马良向刘备奏道。

“朕切齿仇人，乃孙权也。”刘备怒道，“今若与之结盟，是有负于两位结义兄弟。今先灭吴，后灭魏。”

## 5 初来乍到

孙权见不能求和于刘备，只好再议如何应对。

阚(kàn)泽奏道：“现有一擎(qíng)天之柱，可以一用。”

“何人?”孙权连忙问道。

“现有陆伯言（即陆逊）在荆州。此人虽是读书人，但有雄才大略。”阚泽看了看众人，继续说道，“以臣之见，其才不在周郎之下。前面破关公的谋略，就是出自伯言。”

孙权顿时信心十足，说道：“若不是阚泽之言，孤差点误了大事。”

张昭一听，连忙奏道：“陆逊乃一书生，他怎能是刘备的对手？恐怕不能用吧！”

“陆逊年幼，又没有威望，我担心大家会不服他，不服就会生乱。”

“逊的才能只能治理小郡而已，不适合担当重任！”

大家你一言我一语，纷纷向吴王孙权表达自己的担心，说明陆逊不可用。

阚泽往前走了一步，向孙权奏道：“主上若能用他，蜀必破。若不用，东吴休矣！臣愿以全家性命担保他。”

孙权看了看文武之臣，说道：“孤也知道陆伯言乃奇才也！我意已决，卿等勿言。”

陆逊奉召而至，参拜完毕后，奏道：“江东文武，都是大王的故旧之臣，臣年幼无才，担当不起！”

“阚泽以全家性命担保，我也知道你的才能，所以才拜卿为大都督，卿不要推辞。”孙权和蔼地说道。

“如果文武之臣不服，怎么办呢?”陆逊奏道。

孙权似乎早有准备，他取下自己的佩剑，放在案桌上，说道："如有不听号令者，先斩后奏。"

随后，孙权依照阚泽的建议，召集文武大臣后，当着大家的面，由孙权将剑赐给陆逊，拜他为大都督，掌六郡八十一州兼荆楚诸路军马。

吴王恳切地嘱咐陆逊，说道："门槛以内，我做主，门槛以外，将军决定。"

大家听后都感到吃惊，认为一个书生怎能指挥军马，做总兵，大堂内外仍然多有不服的人。陆逊下令各军不许轻敌，先牢守关防，按兵不动，以静制动。东吴上下虽有不服者，但陆逊剑印在手，不得不遵令。

## 6 布防七百里

刘备大军绵延七百里布防，前后共计扎四十个营寨，阵势浩大。他们在吴军城下相守多日后，仍不见吴兵出战，心中开始焦躁不安起来。刘备见天气逐渐炎热起来，于是布兵到山林茂盛处，兵分三路诱敌出城。

部将马良见此后，着急地向刘备奏道："陛下可否将布防图交给丞相阅览？"

"朕亦颇知兵法，何必又问丞相？"刘备不以为然地说道。

"古人云，兼听则明，偏听则蔽。"马良继续说道，"望陛下明察。"

"卿可以自己去画，画好后自己送给丞相吧。如有不便，可以急来报知。"刘备说完，就去林木隐蔽处避暑去了。

诸葛亮看到图纸后会说些什么呢？陆逊能否让东吴人心服口服呢？欲知后事如何，且听下回分解。

# 二二　国不可一日无君

主要人物：孔明、刘禅、曹丕

主要地点：成都

主要事件：刘禅继位

## 1 俗话记忆

“国不可一日无君”的意思是说一个国家不可以一天没有君王。这句话常与“家一日不可无主”合用，意思是指无论国家或家庭每一天都不能没有一个做主的人，一般泛指一个团体、单位或家庭必须有主事的人。另有“天不可一日无日，国不可一日无君”的说法。

《三国演义》中，刘备死后，其灵柩(jiù)运回成都，众臣宣读完刘备的遗诏后，孔明说道，“国不可一日无君，请立嗣君，以承汉统”。随后川蜀太子禅即皇帝位，改年号为建兴元年（223）。

## 2 刘备兵败

话说刘备报了结拜兄弟之仇后，仍然不退兵，要灭吴。

孙权拜陆逊为大都督。陆逊按兵不动，逼着刘备躲进树林避暑后，火烧其营寨。刘备在张苞和关兴等人的护卫下逃往白帝城，所带蜀兵死伤无数。

临近白帝城时，刘备又遇到陆逊率领的大军从山谷中杀了出来，幸亏赵子龙及时赶到，将刘备救出。刘备等人到达白帝城时，只剩下百余人了。

陆逊大获全胜后，率领得胜之兵来到鱼腹浦。陆逊发现这里有一个石阵，陆逊进入石阵后，正准备离开，忽然，石阵内飞沙走石，遮天盖地，军士虽在近前，但也只闻其声，不见其人，阵中似有万千锣鼓与喊杀声。

“不好！我中诸葛亮的计谋了。”陆逊突然醒悟道，可是已经迟了，他们怎么也找不到出口，无路可走了。

这时，一位老者出现在他的眼前，笑着说道：“将军想出此阵吗？”

陆逊连忙说道：“是的。请长者引出。”

在老人的引导下，他们走出了石阵。老人告诉陆逊，他是诸葛亮的岳父黄承彦，这个阵是当初诸葛亮入川时布下的。诸葛亮曾说过会有东吴大将迷于此阵，希望其岳父大人到时不要引他出来。

可是，黄承彦平生好善，不忍心看着被困之人走不出来。于是，他违背了诸葛亮的意愿把陆逊等人引了出来。

陆逊拜谢诸葛亮的岳父后，回到营寨里，感叹道：“孔明真卧龙也，我不及他！”于是下令班师回吴。

## ❸ 刘备托孤

刘备退回到白帝城后不久，马良就从孔明处回来。马良将孔明对刘备屯兵七百里，军士进树林等做法的评说意见告知了刘备。

刘备听后早已后悔不已，叹道：“朕早听丞相的话，就不会有今天的惨败了！我没有脸面回成都见群臣了。”说完就下旨在白帝城驻扎，将馆驿改成永安宫。

刘备住在永安宫内，整日思念关羽、张飞二人，以泪洗面，一病不起，不仅两眼昏花，不愿见人，还常无故喝退身边的侍卫之人。

一天，刘备知道自己已走到生命的尽头，就派人到成都去叫丞相孔明、尚书令李严等人，星夜来永安宫，准备交代遗诏。

孔明等人来到永安宫后，见刘备病危，慌忙走到龙榻前，俯首就拜。

刘备用手示意孔明坐到龙榻的一侧，用手抚摸着他的背，喃(nán)喃地说道：“朕有了丞相的辅佐，才得到川蜀之地，继承汉统。只怪我才疏智浅，不听丞相的话，导致了今天的惨败。朕后悔成疾，死在旦夕。嗣子年幼，朕不得不以大事相托。”说完，泪如雨下。

孔明也边哭边奏：“臣愿陛下善保龙体，不辜(gū)负天下之希望。”

刘备歇了一会儿，喘了一口气，扫视了一下孔明身后的群臣，叹道：“朕本想和卿等同灭曹贼，共扶汉室，不幸中途而别。烦请丞相将诏交给太子禅，望他凡事向丞相请教。”

孔明等泣拜于地说道：“愿陛下善保龙体！臣等尽施犬马之劳，以报陛下知遇之恩。”

刘备命内侍扶起孔明，一手擦眼泪，一手拉着他的手，说道：“朕今死矣，有心腹之言相告！”

“有何圣谕(yù)！”孔明往前靠了过去。

刘备哭着说道：“君之才能十倍于曹丕，必能安邦定国，终定大事。若嗣子可辅，则辅之；如其不才，君可自为成都之主。”

孔明听毕，汗流遍体，手足失措，连忙退下，泣拜于地，奏道：“臣安敢不竭(jié)股肱(gōng)之力，尽忠贞之节，继之以死乎！”说完，使劲叩头，顿时血从额头渗出。

刘备又请孔明坐于榻上，唤鲁王刘永、梁王刘理近前，吩咐道：“你们都记下朕言：朕亡之后，你们兄弟三人，都要以父事丞相，不可怠慢。”言罢，遂命二王同拜孔明。

二王拜完后，孔明奏道：“臣虽肝脑涂地，也不能报知遇之恩！”

刘备对众官说道：“朕已托孤于丞相，令嗣子以父事之。卿等都不可怠慢，莫负朕望。”说完又叫赵云走到前面来，说道：“朕与卿于患难之中，相从到今，不想于此地分别。望卿念朕之情，早晚照看吾子，勿负朕言。”

赵云连忙也拜跪在地，奏道：“臣怎敢不效犬马之劳！”

刘备最后望了望众官，说道：“卿等众官，朕不能一一嘱咐，希望大家自爱。”话音刚落，就永远地闭上了眼睛，驾崩了。在场的文武官员无不哀痛。

刘备终年六十三岁。

## 4 曹丕出师未捷

孔明率众官择一吉日奉刘备的梓宫回到成都。太子刘禅出城迎接先主灵柩，安于正殿之内。举哀行礼后，孔明宣读遗诏。

宣读完后，孔明对众官说道：“国不可一日无君，请立嗣君，以承汉统。”太子刘禅随后即皇帝位。

建兴元年（223），曹丕知晓刘备新亡后，调集五路兵马来取西川。孔明都一一化解了曹军的进攻，并与东吴实现结盟。

曹丕见东吴与蜀汉结盟，非常气恼，决定御驾亲征，造龙舟十艘，每艘长二十余丈，可容两千余人，另准备战船三千余只，于魏黄初五年（224）秋，汇集大小将士三十余万人马，直奔江南东吴之地。

魏主曹丕驾龙舟来到东吴广陵。大江之上，船帆遍布，五色旌旗铺满了江面。曹丕见对岸的东吴没有什么动静，不免有些担心起来。

这时有臣向魏主曹丕奏道，可能是东吴胆怯，望风而逃。曹丕听后心中虽有些暗喜，但仍担心是计谋，于是下令观察几天再议。当夜月黑，军士都手拿灯火照明，江北魏营顿时如同白昼一般。遥望江南，并不见半点儿火光。

第二天，天亮后江面大雾迷漫，对面什么都看不见。曹丕正在帐内踱（duó）步，忽然有人来报："南岸沿江一带，直至石头城，一连数百里，城郭舟车，一夜之间就连绵不绝。"曹丕大惊，连忙走出船舱。此时雾散云收，曹丕向江对岸一望，只见江南一带果真连城数里，城楼上枪刀闪闪发光，城墙上插满了五颜六色的旌旗。

原来东吴徐盛用芦苇扎成人形。这些"士兵"穿青衣，执旌旗，立于假城疑楼之上。江对岸的魏兵分辨不清，以为是东吴的军士。魏兵看见后都十分惊奇，曹丕见了，也不禁叹道："江南，不能图也！"

正当曹丕惊讶时，忽然狂风大作，白浪滔天，江水溅湿龙袍，曹丕所乘的龙舟差一点翻掉。曹真吓得赶紧让文聘撑小船前来救驾。龙舟不停地晃荡，无法站人。文聘跳上龙舟，将曹丕背到小船上。

这时，曹丕还没站稳，一军士来报："赵云引兵出阳平关，直取长安。"曹丕一听，大惊失色，便立即下旨各自回撤。

当龙舟将要撤入淮（huái）河时，突然鼓角齐鸣，喊声大震，从旁边杀出一队吴兵，魏兵抵挡不住，淹死者不计其数。

魏将奋力救出魏主曹丕。曹丕沿着淮河行不到三十里，经过一处芦苇地时，芦苇突然起火，劈劈啪啪，火势顺风而下，顿时大火烧到曹丕所乘的龙舟前面，烟雾缭（liáo）绕，火焰（yàn）袭人。

曹丕乘坐的小船刚到岸边，曹丕回头再看龙舟时，只见龙舟早已被大火烧着。曹丕慌忙上马，旁边又杀来一队吴兵。就在这千钧（jūn）一发之际，幸亏魏将张辽、徐晃来救。

魏兵大败而回，自此曹丕没有再兴兵犯东吴了。

## ⑤南蛮孟获造反

赵云引兵出阳平关后的第二天，就接到丞相孔明的书信，说益州雍闿勾结南方地区蛮(mán)王孟获，起十万蛮兵，侵掠四郡，因此令赵云回军，令马超坚守阳平关，丞相想自己去南征。

赵云得令后急忙收兵而回。此时孔明在成都集合军马，准备亲自南征。

孟获统治的地方森林密布，潮湿多雨，山谷幽深，多有剧毒。孔明亲自出马，能否剿灭孟获，得胜回成都呢？欲知后事如何，且听下回分解。

# 二三 利于水者必不利于火

主要人物：孔明、孟获、兀(wù)突骨

主要地点：南蛮

主要事件：七擒七纵孟获

## ❶ 俗话记忆

“利于水者必不利于火”，这句话的意思是对水有利的事物，肯定对火不利。俗话也说“水火不相容”。一般油浸过的物品可以防腐防水，但不防火。

《三国演义》中，孟获被孔明六擒六纵后，心中仍不服孔明。他回去后，到乌戈(gē)国请来三万藤(téng)甲军协助攻打蜀兵。藤甲兵所穿藤甲不怕刀砍枪刺，也不怕水，在水上能当船用。孔明说道：“我听说‘利于水者必不利于火’。”这些藤甲不怕水，那么就怕火，于是孔明采取火攻的方式，烧死藤甲兵若干。

## ❷ 三洞主被活捉

话说魏主曹丕亲自率领的大军在淮河口惨败后，退回到长安。

孔明亲率大军平定南方来犯之敌孟获。马谡(sù)曾说过，心战为上，兵战为下。此次孔明大军南下就是要让孟获心服口服。待平定南蛮后，孔明还想用南蛮之兵来北伐(fá)曹丕。

孔明与马谡等人率军来到南蛮之境。孟获见孔明亲率大军南来，于是召集三洞洞主商议，兵分三路迎战蜀兵。

孔明因得吕凯献图，摸清了周边的地理环境。一天晚上，月明星稀，蜀兵乘着月色悄悄地来到孟获兵营外。

天快亮了，孟获军士开始做早饭，还没等他们做好早饭，赵云、魏延等人就带着蜀兵杀进了军营，蛮兵顿时大乱。

等到天完全亮后，蛮兵死的死，逃的逃。没多久，孟获的三个洞主一人被赵云枭首，二人被蜀兵活捉。

孔明见了二位洞主后，解开他们的绳索，赐给酒食衣服等物，让他们各自回去了。

## ③ 一擒孟获

“明日孟获必然亲自引兵来厮杀，那时我们再活捉他。”孔明高兴地对各将说道。

第二天，孟获果真亲率大军来与蜀将王平对阵。王平横刀立马，只见孟获骑着一匹卷毛赤兔马，头戴一顶镶嵌着宝石的紫金冠，身披缨络(luò)红锦袍，腰上系着玉狮带，脚下穿着一双鹰嘴抹绿靴，双手各执一柄宝剑，威风凛凛地立在数百蛮兵之前。

孟获看了看王平，回头对后面的人说道：“谁敢去擒拿蜀将，以振军威?”

孟获话音刚落，身后一位名叫忙牙长的人挥舞着一口截头大刀砍了过去。二将交锋，没斗几个回合，王平便走了。孟获立即带兵追赶，没追多远，碰到了关索迎战。关索没斗几回合，也退了回去。

孟获正得意地往前追赶时，从后面的两翼各杀出一路军马截断了他们的退路。这时前面的王平、关索调转马头，往回杀了过来。

孟获只得向锦带山逃去，刚走一会儿，就遇到了等候在此的赵子龙。孟获此时只剩下数十人跟在他身后。

孟获望了望身后的几十人，然后往山谷之中逃去。前面的路愈来愈狭窄了，孟获等人只好放弃了马匹，开始徒(tú)步前行。

刚到山谷中，只听到一声鼓响，随着鼓声，魏延按孔明指示在此向孟获奔袭而来。孟获抵挡不住，被魏延活捉了。

孟获被押送到孔明面前时，孔明早已杀牛宰羊，设好宴席等他了。孔明令全部解开被俘军士的绳索，让他们入席喝酒，并诚恳地说道：“你们都是好百姓，你们的父母、兄弟、妻子都在盼着你们平安回去。如果你们战死了，他们一定会痛苦万分，伤心不已。你们吃完饭后就回去吧，别让他们伤心了。”

然后，他走到孟获面前，亲自解开他身上的绳索，问道：“先帝待你很好，你为何要造反呢?”

孟获冷笑两声，说道：“两川之地，本不是刘备的，可是被他霸占了。我们世代都生活居住在这里，你却要侵占我们的领土，怎么说我们造反呢?”

孔明平和地说道：“我今天活捉了你，你服气吗?”

“不服，”孟获说道，“山路狭窄，我是不小心被你抓来了。”

“你既然不服，我放你回去，如何?”孔明笑着说道。

孟获一听，愣了一下，也不知孔明心里在想什么，就说道：“你放我回去，我会再集合军马与你决一雌雄。你若再能活捉我，我就服气了。”

## 4 再擒孟获

孟获从孔明处回到营寨后，又集合了十多万人马，准备与孔明决战。

孟获还没出发，令他没想到的是，自己竟然被帐下两员守卫大将在洞主董荼(tú)那的指使下，乘他大醉，将他捆了起来送到孔明处。

“你前面曾说过，如果再被活捉，你就服气。今天如何呢?”孔明见到孟获后，问道。

孟获淡淡地说道：“这次又不是被你们活捉的，是我手下人自相残害，才让我到这里的。我怎么服气呢!”

“我今天再放你回去，如何?”

“若放我回去，我还会再来和你决胜负!”

“我自从出茅庐以来，战无不胜，攻无不取。你蛮邦之人，为什么就不服呢?”

孟获无言以对，在孔明处饮用酒食后回营寨去了。孟获一回到营寨就将董荼那、阿会喃两人杀死，以报被活捉之仇。

孟获与其弟孟优再次与孔明决战后，又被孔明活捉了。后来，又一连三次与孔明决战，都被他活捉了。

第六次被放回后的孟获虽然集合千余残兵，但已无营寨，无处安身了。

## 5 七擒孟获

孟获与带来洞主商议该怎么办时，带来洞主建议道："距离此地东南七百里的地方有一个乌戈国。其国主兀突骨，身高一丈二，不吃五谷，专生吃蛇兽之类动物。身上有鳞甲，刀枪不入。其手下军士，都穿藤甲。藤甲经过油浸后，过河可以当船用，水打不湿，刀枪砍不进。世人称之为藤甲军。如果能请他们来支援，一定能战胜蜀兵。"

几天后，乌戈国主兀突骨率领一支藤甲军与魏延在桃花渡口相遇。魏延见藤甲军士，样子奇丑无比，身上被藤甲包裹得非常严实。于是先下令用弩箭射击，藤甲军毫不惧怕，那些弩箭遇到藤甲都被挡到了地上。

魏延大旗一挥，蜀兵挥刀舞枪冲向藤甲军。可是蜀兵的刀枪根本无济于事，刀砍枪刺都不能伤到藤甲军士。反而，藤甲军手中的利刀钢叉，将蜀兵打得连连败退。

藤甲军见退了蜀兵，也不追赶，而是退回渡口。他们将藤甲解下后，人坐在藤甲上，如同划船一般回到对岸。

魏延回到营寨后，向孔明汇报了与藤甲军相遇的情况。孔明知道后，立即来到桃花渡口查看地形。视察完后，孔明安排各路将领各司其职，严格执行他擒拿孟获的方案。

孟获与乌戈国主兀突骨商议后，兀突骨派部将二俘长率领藤甲军与魏延交战。还没战几个回合，魏延就败走了。藤甲军怕有埋伏，也不追赶。

次日，魏延又奉命来到渡口，藤甲军也继续与之厮杀。又没战几个回合，魏延又败走了。此次藤甲军追杀了过去，追了十多里，忽然遇到蜀兵的一个营寨，营寨内悄无一人。藤甲军见魏延等人已逃走，也就在营寨里驻扎了下来。然后，请乌戈国主兀突骨来到营寨相告此事。

兀突骨次日亲自率领藤甲军再追击魏延，魏延依然和前面一样，没战几个回合就败走，让藤甲军占领自己的营寨。魏延且战且走，连败了十五场，让了七个营寨。

"果然不出大王所料。"在新占领的蜀兵营寨中，兀突骨高兴地对孟获说道。

孟获也高兴地大笑起来，说道："诸葛亮的计谋被我识破了！蜀兵望风而走，诸葛亮已是黔（qián）驴技穷了。我们再往前走一步，胜局就定了。"

兀突骨听后，连连点头称是，整日喝酒为乐，把蜀兵完全不放在眼里了。

第二天，魏延带着自己的残兵又来与藤甲军对阵。兀突骨头戴狼须帽，身披金珠璎珞，两肋露出鳞甲，眼中似有光芒，骑着大象来到阵前。兀突骨并不开战，而是先大骂魏延。魏延也不开战，听他骂完后，拨转马头便撤。兀突骨随后追杀过去。

兀突骨一路追了过来，见山上并无草木，料想也不会有埋伏，也就放心地继续追杀。来到山谷中时，忽然，被前面数十辆黑油柜车挡住了去路。

兀突骨以为是蜀兵留下的运粮车，十分高兴，继续前行，没行多远，又遇到大小车辆若干，车上装满了干柴。还没等他明白是怎么回事时，干柴瞬间燃烧了起来，后面也传来火药爆炸、木柴燃烧的声音。

原来孔明在此设置了埋伏，待藤甲军进来后，前后都烧起火来。正当藤甲军不知所措时，两边的山谷上滚下许多巨石横木。顿时，兀突骨率领的三万藤甲军在这里全被砸死，烧死，互相践踏而死。

孔明望见后，不禁流下了眼泪。

dài

藤甲军失败后，孟获又成了孤军了。没多久，孟获又被马岱活捉到孔明处。孔明此时回到寨中，众将拜伏在孔明帐下，说道：“丞相天机，鬼神莫测也！”

孔明微笑着说道：“我听说‘利于水者必不利于火。’藤甲因为被油浸过之后比较硬，所以刀枪不进，但它怕火，见火必着。于是我想到用火攻的策略。”众将都赞叹不已。

孔明再次叫军士解开孟获身上的绳索，安排好酒好菜招待他。饭后，孔明派人告知孟获，说不忍再与他相见，请他自己回去，再招人马来决胜负。

孟获知道后，竟然哭了起来，说道：“七擒七纵，自古没有这样的事。我也不好意思了。”孟获说完就带领兄弟妻子以及身边的人，跪在孔明的帐下，说道：“丞相天威，南人不再造反了。”

“你今天服气了吗？”孔明在里面问道。

孟获哭着说道：“我子子孙孙都感恩不尽，我们心服口服了！”

孔明听后，赶紧请孟获进账，热情相待，令他永为洞主。此前所占之地，全部归还。

孔明班师回蜀后，听说曹丕已死，于是兴兵讨伐新魏。孔明能否顺利灭魏呢？欲知后事如何，且听下回分解。

# 二四　置之死地而后生

主要人物：孔明、马谡、王平、司马懿
主要地点：街亭
主要事件：马谡失街亭

## 1 俗话记忆

“置之死地而后生”，本意指作战时，把军队部署在无法退却、只有战死的境地，兵士就会奋勇前进，杀敌取胜。后来比喻下定决心，断绝退路，勇往直前，争取胜利。

《三国演义》中，马谡与王平受命驻守街亭时，马谡根据兵法“凭高视下，势如劈竹”决定在山上安营扎寨。王平认为不行。马谡借用春秋时期军事家孙子的一句话来解释自己的用兵之道。马谡说：“孙子云，置之死地而后生。如果魏兵果真绝我汲(jí)水之道，蜀兵岂不死战?”

## 2 诸葛亮再伐曹魏

话说孔明让孟获心服口服，永不造反，收复了南蛮之地后，回到了成都。

没多久，魏主曹丕去世。其死时只有四十岁，在位七年。曹丕去世前，请曹真、陈群、司马懿(yì)三人来到寝宫，期望他们能辅佐其子曹睿(ruì)治理大魏。

孔明在成都听说曹丕已死，新魏主曹睿只有十五岁，认为此时是最佳灭魏时机，于是亲自率兵伐魏。

诸葛亮亲率三十余万大军讨伐曹魏，顺利拿下南安、安定、天水等地后，安抚军民，秋毫无犯，赢得百姓的支持。

## ③ 马谡失街亭

一天，孔明率三十余万大军与司马懿的二十万大军在街亭相遇。

“今司马懿一定想夺取街亭，截断我们的咽喉之路。”孔明说完，就问各位蜀将，谁可以守住街亭。

“我愿意。”旁边的马谡马上答应道。

孔明见马谡答应了，语重心长地说道：“街亭虽小，关系甚重。如果街亭失守，我们的大军就都完了。你虽深通谋略，但此地没有城墙，又无险阻，守之极难。”

马谡站起来，双手抱拳说道：“我自幼熟读兵书，颇知兵法。难道连一个街亭都守不住吗?”

孔明再次提醒说：“司马懿非等闲之辈，加上先锋张郃是魏之名将，恐怕你不能取胜。”

“不要说司马懿、张郃，即使是曹睿亲来，又有什么可怕的！若有差失，乞斩全家。”

“军中无戏言!”

“愿立军令状!”马谡毫不犹豫地答道。

孔明接过马谡的军令状后又吩咐王平，要他小心谨慎配合马谡，一定要在要道处安营扎寨，并及时向他汇报地形及兵力部署图。

二人拜辞引兵而去。孔明寻思，恐二人有失，又吩咐高翔，要他驻守在街亭东北处的列柳城。如果街亭危急，可以迅速增援。

待高翔走后，孔明又担心高翔不是张郃的对手，于是又派魏延去街亭的后方驻扎。此时，孔明才放下心来，自己与赵云、邓芝各领一支军马备战去了。

马谡、王平二人率兵按时来到了街亭。两人察看了地势后，马谡笑着对王平说：“丞相何故多心也？此山如此偏僻，魏兵如何敢来!”

王平提醒道：“虽然魏兵不敢来，我们还是应该在五路总口下寨，这是魏兵进出的要道。”

马谡不以为然地说道：“当道岂是下寨之地？此处侧边一山，四面皆不相连，且树木极广，此乃天赐之险也，可就山上屯军。”

“若屯兵当道，筑起城垣，十万以上的贼兵肯定不能轻易通过；今若弃此要道，屯兵于山上，倘魏兵四面围定，我们怎么办呢?”王平再次提醒道。

马谡一听，大笑几声，用手指了指侧边的山上，说道：“你这真是女子之见！兵法云：‘凭高视下，势如劈竹。’若魏兵到来，我教他片甲不回！”

王平有些着急了，继续劝道：“我跟随丞相多年，每到一处，丞相都会告诉我用兵之道。我今观看此山，是绝地呀！如果魏兵断掉我们的汲水之道，军士会不战自乱。”

马谡见王平搬出孔明来，于是也回道：“你不要乱说！孙子云，‘置之死地而后生。’如果魏兵果真绝我汲水之道，蜀兵岂不死战？那时则一可当百也。我素读兵书，丞相诸事尚问于我，你为何阻止我呢？”

最后，马谡分给王平五千军马，王平自到十里之外安营扎寨，与马谡形成掎（jǐ）角之势。王平连夜将地形及兵力部署图送往孔明处。

司马懿听说马谡将兵驻守在山上时，非常高兴，亲自率领军马，一拥而进，把山四面围定。马谡在山上看见魏兵漫山遍野，旌旗队伍，甚是严整，心中一惊。蜀兵见之，尽皆丧胆，不敢下山。

马谡将红旗招动，下令出击，没想到各军士你推我挤，竟然无一人敢动。马谡大怒，处死两位将士后，众军士才勉强下山来冲魏兵。还没战多久，蜀兵又退上山去。马谡见势不妙，只好教军士紧守寨门等外应。

王平见魏兵到，引军杀来，正遇张郃，战有数十余合，王平力穷势孤，只得退去。令马谡没想到的是半夜时分，山上的蜀兵因缺水，纷纷下山向魏兵投降。司马懿又令人沿山放火，山上蜀兵更乱。马谡料守不住，只得驱残兵杀下山逃奔而去。

虽然魏延、王平、高翔都来相救，但也无济于事，街亭早已被司马懿夺得。

孔明接到王平星夜送来的地形兵力部署图后，大叫一声：“马谡无知，街亭要失守了！”于是立即派杨仪去补救，可是还没等杨仪出发，孔明就接到街亭、列柳城都被司马懿夺走了。

## 4 孔明唱空城计

“大事去矣！此是我的过错呀！”孔明急忙召唤关兴、张苞、马岱等人各率人马领命而去。又密令天水、南安、安定三郡军民回汉中，自己则引五千兵士退到西城搬运粮草。

“司马懿引大军十五万，往西城蜂拥而来。”就在孔明分出二千五百兵士去运粮草后不久，就接到军士的报告。孔明身边的官员一听都吓得脸色大变。西城里此时只剩下二千五百军士和一些文官大臣们。

孔明登上城楼，只见远处尘土飞扬，魏兵分两路正往这边飞奔而来。

“将旌旗尽皆隐匿（nì），诸军各守城铺，如有妄行出入，及高声讲话者，斩之！大开四门，每一门用二十军士，扮作百姓，洒扫街道。如魏兵到时，不可擅动，我自有计。”孔明察看完毕后，立即下令道。

孔明自己则披鹤氅，戴纶巾，引二小童携琴一张，于城楼上，凭栏而坐，焚香操琴。

司马懿前军哨来到城下，见孔明如此模样，皆不敢进，急报与司马懿。司马懿笑而不信，遂止住三军，自飞马远远望之。果见孔明坐于城楼之上，笑容可掬（jū），焚香操琴。左有一童子，手捧宝剑；右有一童子，手执麈（zhǔ）尾。城门内外，有二十余百姓，低头洒扫，旁若无人，司马懿看毕大疑，便到中军，教后军作前军，前军作后军，望北山路而退。

次子司马昭（zhāo）说：“莫非诸葛亮无军，故作此态？父亲何故退兵？”

司马懿说道：“诸葛亮平生谨慎，不曾弄险。今大开城门，必有埋伏。我兵若进，中其计也。你们岂可知道？宜速退。”于是两路兵尽皆退去。

孔明见魏军远去，拊掌而笑。

众官无不害怕，乃问孔明曰：“司马懿乃魏之名将，今统十五万精兵到此，见了丞相，便速退去，何也？”

孔明说道：“此人知道我向来谨慎，必不弄险；今见如此模样，疑有伏兵，所以退去。我这一招是不得已才用的呀！”

众官听后，都不得不叹服，说道：“如果是我们决策的话，就会选择弃城而走。”

孔明继续说道：“我们只有二千五百兵士，如果弃城而走，必不能走远。到时，还是会被司马懿所擒。”说完，又拍手大笑起来。

大笑过后，孔明接着说道：“我若为司马懿，必不退也。”说完后立即下令，教西城百姓，随军入汉中。司马懿一定还会回来的，我们必须趁他还未回来之前回汉中去。天水、安定、南安三郡官吏军民，陆续尾随而来。

## 5 司马懿自愧不如

司马懿后来知道情况后，悔之不及，仰天长叹道："我不如孔明也!"随后安抚好重新夺回的天水、安定、南安三郡官民后，率兵回长安，朝见魏主曹睿去了。司马懿向曹睿请兵再兴兵收川蜀。

孔明回到成都后，根据马谡立定的军令状，将马谡军法论处了。随后，向后主刘禅奏道，要再次出兵灭魏兴汉。

孔明与司马懿都表示要剿灭对方，他们谁能获胜呢？欲知后事如何，且听下回分解。

# 二五　小不忍则乱大谋

主要人物：孔明、司马懿

主要地点：祁山

主要事件：祁山之战

## 1 俗话记忆

“小不忍则乱大谋”，它的本意是小事忍不了就会坏了大事，一般用来告诫人们遇事要学会克制，从容应对。还有俗话说“万事从缓”，指在突发事件来临时，要冷静处理，不宜冲动。

《三国演义》中，蜀将魏延拿着司马懿的金盔到司马懿阵前叫骂。魏将都很愤怒，纷纷表示要出去决一死战。司马懿笑着说：“圣人云，小不忍则乱大谋，现在坚守为上策。”他告诉大家此时需要冷静，最好的应对措施就是坚守不出。

## 2 孔明联吴伐魏

话说孔明和司马懿都要剿灭对方，各自进行了充分准备。

孔明回到汉中后，体恤(xù)军民，组织将士习武练兵，修造攻城渡水的器具，积聚粮草，时刻准备伐魏。

蜀汉建兴六年（228），孙权在东吴群臣的谏言下登皇帝位，将东吴黄武八年（229）改为黄龙元年（229）。孙权应孔明的建议，与蜀汉一起兴兵伐魏。

陆逊受孙权指令后，也开始训练人马，择日兴师。

孔明顺利夺下陈仓城后，又过了几年，经过休整司马懿领兵与孔明在祁山相遇。

## ③ 司马懿忍小谋大

一天，司马懿引兵支援郭淮，走到一个山谷中时，只听山上一声炮响，从山上冲下两队蜀兵，蜀兵的大旗上各书写着汉将张翼、廖化之名。顿时，喊杀声响彻山谷。司马懿一见，大吃一惊，立即掉转马头往密林中逃去，其他魏兵更是乱作一团，也都各自逃窜了。

司马懿单枪匹马，在树林里转了一会儿，把自己的金盔丢在东边树下后，然后往西边跑去。追过来的廖化捡拾起司马懿的金盔，继续往东追了一程后，不见其踪影，就挑着司马懿的金盔回营寨报功去了。

司马懿逃回营寨，心中非常郁闷。这时，营外传来了朝廷魏主的旨意：东吴分三路入侵，令司马懿坚守勿战，听候命令。司马懿听令后开始修筑防御工事，坚守不出了。

孔明夺取祁山后，下令让蜀兵与魏民和谐(xié)相处，共同种田，秋收后，军士得少部分粮食，大部分粮食归魏民所有。孔明更不允许军士有任何侵犯魏民的行为，让魏民安居乐业。

“蜀兵劫去我许多粮米，今又令蜀兵与我民相杂屯田于渭滨，这是他们的长久之计。此真为国家大患。父亲何不与孔明约期大战一场，以决雌雄？”司马懿儿子司马师向其父亲建议道。

司马懿严肃地说道：“吾奉旨坚守，不可轻动。……”

司马懿的话还没有说完，帐外就有人报告说，蜀将魏延挑着司马懿遗失的金盔在寨外骂战。在场的魏将听后都非常愤怒，纷纷表示要出战。

司马懿笑着说道：“圣人云，小不忍则乱大谋，现在坚守为上策。”说完下令诸将不必理会，任其叫骂。

魏延辱骂了许久后，见魏兵仍然无动于衷(zhōng)，也只好回营了。

## ④ 司马懿父子命悬一线

孔明见司马懿不肯出战，于是密令马岱造木栅将营寨围起来，在营寨里挖掘许多深沟，在里面放满易燃烧的干柴。另外，在周围的山上，搭起许多营房，里面也用干柴草假扮床铺，在这些假营房内外都埋设一些地雷。

待马岱完成任务后，孔明又悄悄地吩咐起来："可在葫芦谷中暗伏一支人马，若司马懿追到，待他们入谷后，便将地雷干柴一齐点燃。"

随后，孔明吩咐魏延道："你可引五百兵士去魏寨讨战，务必要引诱司马懿出战，并且不可取胜，只可诈败。只要引司马懿入葫芦谷内，我自有捉他之计。"

孔明逐一安排妥当后，自己引一支军士在上方谷安下营寨。

一连数天，蜀兵连败数阵，粮草被魏兵劫去大半，蜀兵数百人被魏兵所抓。

"你们为何与魏民一起种田，不与我们厮杀呢？"司马懿问被抓的蜀兵。

"孔明见都督坚守不出，只好命令我们屯田，积聚粮草，做长久打算。"蜀兵说。

一日，又抓到蜀兵数十人，司马懿问道："孔明现在何处？"

"他不在祁山，在上方谷下营安寨。"蜀兵回道。

司马懿问完后，就放走了蜀兵，然后，令大队人马前往祁山夺取蜀兵大营，自己率领一支人马前往上方谷。

孔明在山上望见魏兵或三五千一行，或一二千一行，队伍前后绵延数里，心想此一定是夺取祁山大寨去了。于是再令蜀将乘机夺取魏寨渭南。

"司马懿不要走！"司马懿率军刚到上方谷口，就听到一声大喊。蜀将魏延带来数十人马向他冲来。司马懿挺枪迎了上去。两人没战几回合，魏延回马往山谷中奔去。司马懿随即追了过去。司马师与司马昭一左一右，和父亲司马懿一起杀进了山谷。

进到山谷后，司马懿看见草房内外都是干柴，前面魏延也不知哪里去了，心想，虽是蜀兵聚集粮草的地方，但也是危险之地。

"如果有人将山谷口截断，我们怎么办？"司马懿对两个儿子说道。

还没等司马师和司马昭回答，山谷里就已经响起了喊杀声，许多火把从山上丢了下来。顿时，山谷口被大火截断了。

还没等魏兵反应过来，山上又射来无数火箭。草房内的干柴遇火瞬间燃烧起来，火势冲天，地雷也不断地爆炸。霎时间，山谷里烟雾弥漫，地雷声、惨叫声伴随着烈火燃烧的声音，让整个山谷变得惨烈无比。

司马懿此时也手足无措，下马与两个儿子抱在一起痛哭道："我父子三人都要死在这里了！"火越来越大，烟雾滚滚，司马懿父子三人毫无办法，只抱在一起不停地痛哭。

忽然，山谷里狂风大作，烟雾瞬间被吹散了，天上响起了一阵炸雷。这时，天下起了倾盆大雨，满山谷的大火眨眼之间全部被大雨浇灭了，魏兵顿时又欢呼起来。

司马懿看了看周围，高兴地大声喊道："不在此时杀出，更待何时！"

司马懿奋力杀出山谷后，发现渭南营寨已被蜀兵所占，只好回到渭北营寨。

## 5 孔明军中亡命

"渭南营寨已被蜀兵所劫，各位就不要再说出战了。违令者斩！"司马懿有些生气了。诸将听后，再也不提出战谏言了。

孔明多次派人到渭北魏兵营寨前继续叫骂，魏兵仍然坚守不出。

一天，孔明给司马懿送了一份礼盒，盒中盛有女人的衣服物品，并附上一封信件。信中说司马懿和女人一样，贪生怕死。

司马懿看完后，心中虽然燃起一股强烈的怒火，表面却装作不以为然地笑道："孔明说我是女人呢！"司马懿不但接下了这个礼盒，还热情招待了送礼盒的使者。

"孔明吃饭睡觉以及做事情况如何呀？"司马懿笑着问使者。

使者说道："丞相大小事情一般都要亲自处理，吃饭饮食倒不多。"

司马懿一听，环顾了一下左右之人，说道："孔明吃得少，事情却繁杂，这样下去，他能坚持多久呀？"

使者回去后，将自己在渭北营寨里的所见所闻告诉孔明。孔明听后，叹了一口气，说道："司马懿非常了解我呀！"自此，孔明神思不宁起来。

几天后，孔明旧病复发。蜀汉建兴十二年（234）八月二十三日，孔明安排好撤军及继任者后，离开了人世，终年五十四岁。

当天晚上，天愁地惨，月色无光，司马懿夜观天象，见天上那颗红色、光芒闪亮之星从东北方向滑向西南方向，在蜀营中坠落。司马懿惊喜道："孔明死了！"随后立即下令冲击蜀兵营寨。

司马懿刚出寨门，忽然又疑惑起来：孔明会六丁六甲之法，如今见我不出战，故意用此妖术诈死，引诱我出战。想到这，立即勒马回营，只令夏侯霸悄悄带领数十骑去探听消息。

没多久，夏侯霸就引兵而回。

"蜀兵已全部后撤了。"夏侯霸向司马懿说道。

司马懿听后，后悔道："孔明真死了！我们可以迅速追击！"

夏侯霸赶紧说道："都督不可轻易出战追击，先让我去探探情况。"

"此番必须是我在前面追击。"司马懿说完，就同两个儿子率领人马杀向蜀兵。

司马懿与两个儿子能否报上方谷之仇呢？他们能乘孔明已死的机会，战胜蜀兵吗？欲知后事如何，且听下回分解。

# 二六　君使臣以礼，臣事君以忠

主要人物：曹睿、董寻

主要地点：许昌

主要事件：曹睿大兴土木

## ① 俗话记忆

“君使臣以礼，臣事君以忠。”这句话的意思是君主要以礼待臣子，臣子侍奉君主时应该忠诚勤勉。

《三国演义》中，蜀汉刘禅建兴十三年（235），魏主曹睿青龙三年（235），吴主孙权嘉禾四年（235），三国各不兴兵。魏主曹睿大兴土木，民力疲困，怨声不绝。司徒董寻向魏主冒死谏言，说明大兴土木的危害，借用了这句话表明自己对魏主的忠心以及君臣之间应存在良好的关系原则。他说：“孔子云，君使臣以礼，臣事君以忠。”

## ② 孔明显神威

话说司马懿听说孔明已死后，于是亲自率军作为先锋杀向蜀寨。他们来到蜀寨时，蜀寨早已空无一人，于是继续往蜀兵撤退的方向追去。

当司马懿来到一个山脚下，望见蜀兵后，立即快马加鞭赶了过去。

轰隆隆——忽然，山后传来一声炮响，喊杀声立刻从山林里传了出来，前面的蜀军都向后转了过来，山上树林里飘出中军大旗，上面写着“汉丞相武乡侯诸葛亮”几个大字。司马懿一见，大惊失色，再定睛一看，中军中数十员大将簇拥着一辆四轮车，车上端坐着头戴纶巾，手拿羽毛扇的孔明。

“不好！孔明尚在！我轻入重地，中了他的计谋了！”司马懿惊慌地喊道，迅速调转马头，往回奔走。

“贼将休走！你中了我丞相之计了！”蜀将姜维在后面大喊一声。

魏兵被这一喊吓得魂飞魄散，丢盔弃甲，各自逃命去了。逃命时，他们又自相践踏，死伤无数。

司马懿奔走了五十多里路后，两员魏将才赶了上来，扯住司马懿的马嚼环，喊道：“都督不用惊慌！”

司马懿所骑的马被部将拉住后，他用手摸了摸自己的头，惊恐地问道：“我的头还在吗？”说完后喘息了许久，才安定下来。这时才发现身边的两位部将原来是夏侯霸和夏侯惠。歇息片刻后，三人集合魏兵回魏营去了。

## ③ 曹睿大兴土木

两天过去了，司马懿知道孔明确实已死，前两天见到的只是木头雕刻的孔明人像后，叹了一口气说道：“我能料其生，不能料其死。”

此后，蜀汉刘禅建兴十三年（235），魏主曹睿青龙三年（235），吴主孙权嘉禾四年（235），三国各不兴兵。

魏主封司马懿为太尉，总督军马，在洛阳驻守。魏主曹睿在许昌、洛阳大兴土木，建盖宫殿。征集天下能工巧匠三万余人，民工三十余万，不分昼夜施工。老百姓苦不堪言，怨声载道。

一天，曹睿突然又提出建造方林园，要各位官员都来填土栽树。司徒董寻看不下去了，冒死劝谏道：“过去征战死人无数，所剩之人大都是老弱病残。陛下所住的宫殿即使要扩大也要因时而异，不能妨碍农活。何况当前建造的是一些无用之物。陛下如果尊重群臣，就要让群臣与普通百姓有区别。现在陛下竟然要让群臣去挑土栽树，这些都不太好呀。孔子云，‘君使臣以礼，臣事君以忠。’无忠无礼，国家靠什么治理呢？臣知道我言出必死。如果活在世上不能对别人有好处，死了也不会损失什么？不过，臣有八个儿子，臣死后，希望陛下不要伤害他们。”

曹睿有些生气了，说道：“你真不怕死？”曹睿身边的几位宠臣见曹睿生气了，都说应斩董寻。

曹睿沉思片刻后，说道：“董寻一向有忠义之心，今暂时不斩，但要贬为庶人。今后再有类似的言论，一律斩首！”

## 4 曹芳登皇帝位

听不进劝谏的魏主曹睿后来一病不起。一天，魏主曹睿知道自己将不久于人世后，令太子曹芳、太尉司马懿、大将军曹爽及侍中刘放、孙资等一同到御榻前。

曹睿拉着司马懿的手，缓缓地说道："昔日刘玄德在白帝城病危，将幼子刘禅托孤于诸葛孔明，孔明因此竭尽忠诚，至死方休。小国尚如此，何况大国乎？朕幼子曹芳，年才八岁，不堪掌理社稷，辛苦太尉及宗兄元勋旧臣，竭力相辅，不要辜负朕之心！"说完又命太子曹芳来到榻前，曹芳一下子抱住司马懿。曹睿继续说道："太尉不要忘了幼子今日相拥之情！"说完，潸然泪下。

司马懿听后，连忙退后两步，一边哭一边叩头。没多久，魏主两眼已无力睁开，也说不出话来，只是用手再指了指太子曹芳后，手就垂了下来，头一歪，死了。魏主曹睿寿三十六岁，在位十三年。

随后，太子曹芳在司马懿、曹爽等人的扶持下登皇帝位。司马懿和曹爽共同辅政。曹爽自幼进出入宫中，深得曹睿的信任和喜欢。刚开始时，曹爽大小事等都会告知司马懿，后来，在其门客何晏的谏言下，不再与司马懿商量，并且有了独揽大权的想法。

## 5 司马懿"患病"

一天，曹爽向魏主曹芳奏道："司马懿功高德重，可以加为太傅。"太傅是一个荣誉称号，是一个虚职。曹芳听从曹爽的谏言后，下旨令司马懿将兵权交给曹爽，司马懿任太傅。

自此，曹爽掌握了兵权，开始独揽大权，为所欲为了。

司马懿见此，称病在家不上朝了，其两个儿子也辞退官职，居家休闲。

不过，曹爽还是担心司马懿不会就此罢休。于是，派自己的心腹李胜借外出任荆州刺史到司马懿家辞行之机，打探一下司马懿的病情。

李胜刚到太傅府的大门，司马懿就已经知道李胜要来打探情况了。司马懿随即去掉冠，散开头发，让两个婢(bì)女在旁边扶着他抱着被子坐在床上。

李胜走进来，拜道："一向没有看见太傅，没想到太傅病得如此严重。今天子命我任荆州刺史，特来拜辞。”

“并州靠近北方，好为之备！”司马懿故意将荆州说成并州。

李胜一听，笑着说道：“是荆州刺史，不是并州。”

司马懿接着笑道：“你刚从并州来？”

“汉上的荆州。”李胜解释道。

司马懿故意恍然大悟道：“哦，你从荆州来。”

李胜心中暗喜，却故意回顾左右，叹了一口气，说道：“太傅怎么病成这样了？”

左右侍者低头说道：“太傅耳朵不太好，听不清了。”

李胜想了想，向侍者取来纸笔，写下了自己要说的话。

司马懿看了看，不好意思地笑着说道：“我病得耳朵聋了，你这一去要多保重呀！”说完，用手指了指口，侍女们立即送来了药汤。

司马懿略微前倾喝药，药汤一半喝进去了，一半顺着嘴角流到衣服被子上。喝完药汤后，故意又抽泣地说：“我现今老了，不中用了，病得也厉害，不知什么时候就要离开人世了。我两个儿子还需要你教导。你如果看见曹大将军，告诉他，请他多关照他俩。”说完，倒在床上喘起气来。

随后，李胜立刻来到曹爽处，将自己所见到的情况，向他如实禀报。曹爽一听，高兴地说道：“此老若死，我就无忧了！”

司马懿见李胜一走，也立即起身对司马师和司马昭说道：“李胜回去后一定会把我生病，活不长久的消息告诉曹爽。曹爽今后肯定不会把我放在心上了。我们只等他出城打猎之时，就可以拿下他。”

## ⑥ 司马懿病亡

几天后，曹爽请魏主曹芳去祭祀先帝，大小官吏随驾出征，然后去围猎。司马懿知道后，十分高兴，立即令司徒高柔、太仆王观等人占据曹爽兄弟掌管的兵营，然后引诱曹爽兄弟三人回家，请魏主曹芳回驾，并将曹爽兄弟三人斩头示众，并且灭其三族，没收其家产财物。

魏主曹芳只好封司马懿为丞相，加九锡尊爵，令其父子三人同领国事，处理朝政大小事务。

几年后，司马懿感染疾病，日益严重。

一天，他叫司马师、司马昭到榻前，嘱咐道：“我事魏多年，官授太傅，人臣之位极矣；许多人怀疑我有夺位之心，我经常担心有人会暗算我，所以我为人小心谨慎。我死之后，你二人善理国政，也要慎之又慎！”说完就死了。

魏主曹芳随后封司马师为大将军，总领尚书机密大事，司马昭为骠(piào)骑上将军。

司马懿死后，蜀汉会兴兵灭魏吗？欲知后事如何，且听下回分解。

# 二七　胜败乃兵家之常

主要人物：司马望、邓艾、姜维
主要地点：祁山
主要事件：再战祁山

## ①俗话记忆

“胜败乃兵家之常”与“胜败乃兵家常事”意思相同，它们的本意是胜利或失败都是带兵打仗的人经常会遇到的事情。它告诉我们不要把偶然一次的胜利或失败看得太重，一次失败了不要紧，只要吸取教训，总结经验，就一定会成功！

《三国演义》中，蜀将姜维八次兴兵伐魏，虽有大胜魏兵之战，但仍没有突破祁山。蜀汉景耀五年（262），姜维再次兴兵伐魏，欲取洮(táo)阳。降蜀后的夏侯霸被魏兵乱箭射死，姜维大败。蜀兵此时开始动摇起来，姜维对众将说道：“胜败乃兵家之常，今虽损兵折将，不足为忧。”他鼓励各位蜀兵将士准备新的战斗，鼓起勇气夺取胜利。

## ②蜀兵大败

话说司马懿染病去世，魏主曹芳封司马师为大将军，总领尚书机密大事，司马昭为骠骑上将军，承袭其父的爵位。蜀汉延熙十六年（235）秋，姜维率军二十万出阳平关伐魏。

蜀兵与司马昭率领的魏兵在董亭相遇。魏将徐质首先挥舞着开山大斧，出马挑战。蜀军廖化出阵迎战。两人没战几个回合后，廖化只得拨转马头，拖刀败回阵来。

蜀将张翼见此情况，立即拍马冲了上去，举枪刺向徐质。他也没战几个回合，也败下阵来。徐质立即下令全体魏兵冲向蜀兵阵营。蜀兵大败，后退三十里安营下寨。

## ③ 司马昭兵困铁笼山

姜维在中军帐中与夏侯霸商议道：“徐质非常强悍，我们采取什么对策捉拿他呢?”

夏侯霸说道：“来日诈败，以埋伏之计胜之。”

“司马昭是司马懿的儿子，难道他不知兵法?”姜维摇了摇头，思考了片刻后，继续说道，“我发现魏兵多次通过断我们的粮道取胜，现在我们也可以用这个办法引诱他们，然后再斩徐质。”随后，他对廖化、张翼等人说了想法后，令他们依计而行。

尽管徐质每天在阵前叫战，蜀兵还是坚守不出，依然每天安排二百余人，在铁笼山后用木牛流马运送粮草。

司马昭知道后，对徐质说道：“以前之所以能战胜蜀汉，都是因为断了他们的粮道。现在蜀兵在铁笼山后运粮，你可以在今天晚上引兵五千，断其粮道，蜀兵就不战自退。”

当天夜里初更时分，徐质引兵朝铁笼山奔来，果然看见蜀兵二百余人正驱(qū)百余头木牛流马装载粮草而行。魏兵齐喊一声“杀”，徐质率先拦住蜀兵。蜀兵尽弃粮草而走。

徐质分兵一半押送粮草回寨，自引兵一半追击蜀兵。追不到十里，被蜀兵车仗挡住了去路。徐质令军士下马挪(nuó)开车仗，让徐质没想到的是这时两边忽然火起，他只好拨转马头往回走。当来到后面道路狭窄处时，又遇到了拦路的车仗，并且立刻火光四起。徐质等冒烟突火，纵马而出。他们刚走出烟雾，又听见一声炮响，两路军马随之杀来：左有廖化，右有张翼，大杀一阵，魏兵大败。

徐质奋死只身而走，人困马乏，正奔走间，前面一支军士杀到，为首的人正是姜维。徐质惊慌失措，被姜维一枪刺中座下，徐质跌下马来。众军士一拥而上，将徐质乱刀砍死。

徐质所分的那一半押粮兵，亦被夏侯霸所擒后全部投降了。

夏侯霸将魏兵衣甲令蜀兵穿了，马匹令蜀兵骑坐，打着魏军旗号，从小路奔向魏寨来。魏军见本部兵回，立刻开门放入。蜀兵乘魏兵毫无防备，立刻拼杀起来。

司马昭大惊，慌忙上马走时，遇到了廖化杀来，只好往后退去。可没退几步，姜维引兵从另一条小路杀了过来。司马昭见四下无路可走，只得率兵逃到铁笼山据守。

铁笼山自古只有一条路可以上去，四下险峻，无法攀登，易守难攻。不过，山上只有一个泉眼，每天流出的泉水只够百人饮用，此时司马昭有六千军士在山上。司马昭坚守了几天后，泉水供应不上魏兵的需要，人马都喝不上水了。

姜维在山下困住魏兵，对众将说道："昔日丞相在上方谷，不曾捉住司马懿，我今天一定要捉住司马昭。"

魏军将士们口渴不能饮，饥不能食，逐渐心生怨言。营寨里不时传来战马因干渴而发出的焦躁不安的嘶鸣声。司马昭见此状况，情不自禁地仰天长叹道："我将死于此地呀！"

主簿王韬(tāo)听后，提醒道："以前耿(gěng)恭受困，拜井而得甘泉。将军为何不效仿他呢？"

司马昭听后，决定试一试，于是来到山顶泉眼旁，焚香拜道："昭奉诏来退蜀兵，若昭合死，令甘泉枯竭，昭自当刎颈，教部军尽降；如寿禄未终，愿苍天早赐甘泉，以活众命！"说来奇怪，司马昭话音刚落，泉水就喷涌而出，哗啦啦地流了出来。因此，人马不渴，给魏兵坚守带来了希望。

郭淮听说司马昭被困于铁笼山上，迅速率兵来救。郭淮趁三更天黑，率兵冲入蜀兵营寨。蜀兵毫无准备，只得各自逃生。姜维走得慌乱，来不及带兵器，更没有将箭放进箭壶里，匆忙中骑上一匹战马就往山中逃去。郭淮看准了姜维，也催马追了过去。

姜维见郭淮追了过来，连忙举起腰间的弓，虚发十几响。郭淮一连躲了数次后，发现是空的，并没有箭飞过来，就放心地拍马而行，取出自己的弓箭，拉弓射箭。一支箭迅速飞向姜维，姜维顺手一接，接住了郭淮射来的箭。

姜维趁郭淮没注意，将这支箭扣在自己弦上，然后故意放慢了脚步，待郭淮靠近时，突然举起弓箭，朝郭淮脸上射去。

郭淮被射下来后，姜维拨转马头准备杀郭淮，这时魏兵从后面赶到了。姜维只好夺走了郭淮的枪逃走了。魏兵也不追赶，救下郭淮后，和从山上冲下来的司马昭等人一起回到营寨里。魏兵拔出郭淮脸上的箭头后，郭淮血流不止，最终死了。

## 4 司马昭废髦(máo)立奂

姜维和夏侯霸回到了汉中。司马昭率军也回到了洛阳。自此魏、蜀、吴三国之间暂时无战事。

不过，司马师、司马昭兄弟二人开始在曹魏为所欲为。不久，司马师将魏主曹芳废掉了，重新立曹髦为帝，改年号为正元元年（254）。由此引起魏将不满，引发战争，司马师在拼杀中眼疾未愈，导致一病不起，在正元二年（255）二月死亡。自此，司马昭开始独自掌握曹魏内外大事。

蜀将姜维听后，不顾其他人的反对，想“攻其不备，出其不意”，再出祁山。没想到，邓艾率领的魏兵早有准备，姜维只得又退回汉中，屯兵于钟提处。魏兵也在狄(dí)道城外安营。

一次，姜维接到后主刘禅的旨意，回朝去了。司马昭想乘机讨伐蜀汉，听说魏主曹髦意欲降罪自己，他一怒之下，派贾充及成倅(cuì)、成济率数千铁甲兵，与曹髦相遇，成济将曹髦杀死。

贾充劝司马昭称帝。司马昭冷静地说道：“当初曹操不肯受禅于汉，我也不能受禅于魏呀！”贾充听了这句话已知道，司马昭意欲让位给其子司马炎，因此也就不再劝说了。

随后不久，司马昭立曹璜(huáng)为帝，年号改为景元元年（260），曹璜更名为曹奂(huàn)。

“我今日有理由伐魏了。”蜀将姜维听司马昭废帝立新后，高兴地说道。很快向后主奏明后，约吴国一起兴兵向司马昭问弑君之罪。姜维再次与廖化、张翼一起兴兵十五万，向祁山进发。

## 5 姜维问弑君之罪

祁山魏兵营寨里，邓艾与司马望听说姜维又兴兵来犯，两人立刻商量如何退敌。

司马望说道："姜维诡(guǐ)计多端。这次可能会虚取洮阳，实取祁山。"

邓艾摇了摇头，说道："不一定，这次姜维是冲着洮阳而来。"

司马望看着邓艾，问道："你怎么知道呢？"

"姜维以前都是先取我们存储粮草的地方，洮阳没有粮草。他料定我们只守祁山，不守洮阳。如果他们这次得到洮阳，就可以长期驻扎了。"

"我们可以撤掉祁山的军士，分两路去救洮阳。"邓艾说道。

果然，姜维令夏侯霸为先锋，率军来攻打洮阳。他们来到洮阳城外，望见城楼上没有一杆旌旗，城门大开。夏侯霸担心有诈，不敢进城。军士走到城门口打听后，原来里面的老百姓听说蜀兵来了，就都弃城逃出去了。夏侯霸将信将疑地纵马到城南察看，发现城外果然有许多老百姓往西北方向逃去。

"果然是空城呀！"于是率军杀进城去。他们刚到瓮(wèng)城，忽然听到一声炮响，接着城上鼓角齐鸣，旌旗遍地。夏侯霸大叫一声，"我们中计了！"连忙往后面退，这时哪有出口活命呀！可怜夏侯霸及其所带的五百军士都被魏兵从城墙上丢下的石头砸死了。

司马望和邓艾此时一起率军从不同的方向杀向蜀军，随之而来的姜维也被魏兵杀得晕头转向，大败而逃。

姜维只好率领蜀兵退二十多里安营扎寨。蜀兵此时开始动摇起来了。姜维对众将士说道："胜败乃兵家之常，今虽损兵折将，不足为忧。"说完就开始与张翼商量如何进取祁山。

祁山的魏兵已兵分两路救援洮阳，此时祁山的魏兵已经很少了，加上守寨之将师纂(zuǎn)远不如姜维。这样的好机会，姜维能否把握得住，从而顺利夺下祁山呢？欲知后事如何，且听下回分解。

# 二八　兵贵神速

主要人物：邓艾、田续
主要地点：江油城
主要事件：取涪城

## ❶ 俗话记忆

“兵贵神速”，表示在用兵作战时行动迅速特别重要。其近义词有：速战速决、事不宜迟；反义词有：犹豫不决、优柔寡断。

《三国演义》中，魏将钟会、邓艾等人深知“兵贵神速”。邓艾部将田续考虑到军士刚刚披荆斩棘，如同天兵下凡一般夺下了江油城，希望他们能休息一下，再去攻打涪城。他对邓艾说：“我军克服了许多困难，才到达这里，一路非常辛苦劳顿，应该多休养几日，再攻取涪城。”邓艾一听非常生气，对他骂道：“兵贵神速，你怎敢乱我军心！”

## ❷ 姜维退出祁山

话说蜀将姜维中了魏将邓艾、司马望的计谋后，率兵前往兵少将寡的祁山。正当蜀兵在张翼的率领下即将攻破祁山魏营时，邓艾率兵赶到，将蜀兵冲散，断掉了张翼的后路。

就在张翼绝望时，姜维杀了过来，与张翼形成夹攻之势，将邓艾逼进祁山魏营。随后，姜维下令将其营寨围了起来。

当天晚上，姜维接到了成都后主刘禅的旨意：立即回成都见后主。姜维不得不连夜与张翼等人徐徐后退。

天亮时，魏兵见到蜀兵留下的空营寨，以为有诈，也不敢轻举妄动，仍然坚守不出。

## ③ 姜维沓中屯田

姜维回到成都面见后主，哭着说道：“臣困邓艾于祁山，陛下连降三旨，召臣回朝，臣不知何意?”

后主只是沉默，不言一语。

姜维见后主如此，又上奏道：“黄皓（hào）耍奸弄巧，如同灵帝时期的十常侍，必须要除掉此人，朝廷才能清新平静，中原才能恢复。”

后主这时才笑着说道：“黄皓只是一个宦官小臣，即使专权，也没有什么危害。”

姜维见后主如此说，忍不住痛哭起来，说道：“陛下今日不杀黄皓，离灾难就不远了。”

后主继续笑着说道：“喜欢他的人，不想让他死；不喜欢的人希望他早点死。卿为什么不能包容一个宦官呢?”说完就让在隔壁的黄皓与姜维见面，让他向姜维施礼相拜。

黄皓哭着向姜维说道：“我每天侍奉皇上，并不干涉朝政。将军不要听信他人，如果将军要杀我，我的命就是将军的，望将军饶恕。”

姜维十分恼怒地走了出来。第二天，姜维效仿武侯诸葛亮，率领八万军士去沓（tà）中种麦（mài）屯田去了。姜维将八万军士分成四十多个营寨，如同长蛇一样分布在沓中。

## ④ 姜维败走雍州

“姜维屡（lǚ）犯中原，一直剿灭不了他，实在是我的心腹大患。”司马昭听说姜维屯田的消息后，对其部将邓艾、钟会说道。

魏景元四年（263）秋，钟会、邓艾受命率军兵分两路伐蜀。钟会率领十万大军来取汉中。汉中阳安关守将蒋舒趁主将傅佥出城与魏军厮杀之际，降了魏兵。

钟会率军所到之处秋毫无犯，汉中各地百姓都主动出城拜迎魏军。就这样，钟会顺利拿下了汉中阳安关、乐城、汉城等地。

姜维在沓中得知魏兵来犯后，立即传令廖化、张翼、董厥(jué)提兵接应，自己首先与魏兵对阵。

一天夜里，姜维率兵与魏杨欣相遇。姜维纵马冲向杨欣，只一回合，杨欣就逃跑了。姜维取出弓箭从后面射向他，一连三箭都没有射中。姜维十分生气地把弓箭扔掉，挺着枪就赶了过去，就在快要追到时，忽然自己所骑战马往前一扑，把姜维掀翻在地。

杨欣立即拨转马头，准备杀姜维。姜维一跃而起，向杨欣一枪刺去，刺中了他坐骑的头。那马因痛往前一侧，把杨欣掀了下来。姜维再举枪往杨欣身上刺时，后面的魏兵纵马赶了过来，将杨欣救走了。

姜维立即骑上随从的马准备追赶时，不远处传来阵阵喊杀声。姜维一看，又来了不少魏兵，中军大旗下魏将邓艾威风凛凛。姜维只好率兵往雍州方向撤去，与张翼、廖化汇合。

## 5 天降奇兵取江油

一天，邓艾一面派人报告司马昭，一面召集将士商议。

邓艾对众将说道："钟会将军拿下了汉中，我们如果能拿下成都的话，其功劳将会更大，诸位将军将有不朽的功名。"

"愿遵军令，万死不辞！"众将异口同声地回应道。

邓艾吩咐其子邓忠引五千精兵，不穿衣甲，每个人都携带斧头、镰刀、铲子等开山修路。他们一边走一边修路架桥，铲平道路。邓艾自己则选三万军士，各自带好干粮绳索，紧随其后。每走一百多里，就留下三千军士安营扎寨。

他们从阴平出发，一路行走在崇山峻岭、高山峡谷等无人居住之地。走了二十多天，七百多里后，邓艾率领剩下的两千人马来到摩(mó)天岭。

这时，马已经行走不便了，邓艾决定率领军士徒步上岭。没走多远，就看见邓忠与开路壮士都在那里哭泣。

邓艾迅速走到邓忠面前，问道："怎么回事？为何都在此哭泣？"

邓忠用手指了指前面，说道："此岭西全是悬崖峭壁，我们无路可走了。想起将要前功尽弃，大家心里难受。"

“我们一路行走到这里，已走了七百余里，过了这岭便是江油，岂可退却?”邓艾严肃地说道，“不入虎穴，焉得虎子? 我与你们来到这里，若得成功，富贵共之。”

“愿从将军之命。”众将士见邓艾如此说，立即应答道。

邓艾走到前面，察看了一下地形后，令众将士先把各自的兵器及开路用具丢到悬崖下，然后像他一样纵身滚下去。

吩咐完后，邓艾取出毛毡缠裹好自己的身体，率先滚下悬崖。随后只见有毛毡的都用毛毡裹身滚下，没有毛毡的用绳索捆住自己的腰，绳索的另一头拴在树上，依次攀树而下。

就这样，邓艾、邓忠以及军士们都顺利地越过了摩天岭，神不知鬼不觉地来到了江油城下。

江油城守将马邈(miǎo)见到从天而降的魏兵，惊吓不已，慌忙出来投降。

邓艾在江油集合各路军士后，准备攻取涪城。

这时，部将田续劝道：“我军克服了许多困难，才到达这里，一路非常辛苦劳顿，应该多休养几日，再攻取涪城。”

“兵贵神速，你怎敢乱我军心!”邓艾一听，非常生气，立即就要将他推出去斩首。众将苦苦相劝，邓艾才没有杀他。

邓艾率领魏兵在马邈的引导下，很快来到涪城。城内无论是官员，还是百姓，看到这些从天而降的魏兵，就立刻投降了。

## 6 诸葛遗像显神威

马邈将涪城到成都的路线图画好后，邓艾率领大军依照路线图继续前往成都。

还没到成都，他们就遇到了一队蜀兵。只见蜀兵列成八阵，阵前数十员大将簇拥着一辆四轮车，车上端坐一人：纶巾羽扇，鹤氅方裾。车旁展开一面黄旗，上书：“汉丞相诸葛武侯”。

邓忠与师纂一看，立刻惊吓出一身冷汗，看了看周围的军士，语无伦次地说道：“原来孔明尚在，我等休矣!”话音还没有落，就调转马头，急令后撤。

蜀兵乘乱追杀过来，一直追了二十多里看见邓艾的援兵到了，才停下来。

“你二人不战而退，何也?”邓艾见邓忠慌慌张张地回来，生气地吼道。

邓忠、师纂此时还没有完全镇定下来，见邓艾如此怒问，就只好说道：“我们看见蜀阵中是诸葛孔明领兵，就害怕而回了。”

邓艾一听，更加生气了，用手指着他们，骂道：“纵使孔明再生，我们又有什么可怕的！你们这样轻易地败下阵来，该以军法论处！”

众将一听，纷纷跪下来，苦苦哀求，才让邓艾息怒。邓艾立即派人去打探情况：原来车上坐着的人是木头雕刻的孔明遗像，遗像旁边的蜀兵大将为孔明之子诸葛瞻（zhān），先锋为诸葛瞻之子诸葛尚。

邓忠、师纂二人又引一万兵士来到蜀兵阵前。诸葛尚匹马单枪，抖擞（sǒu）精神，很快就战退二人。诸葛瞻指挥蜀兵冲出，直入魏阵，左冲右突，往来杀有数十回，魏兵大败，死者不计其数。师纂、邓忠带伤而逃。

邓艾见二人都受伤而回，这次并没有责怪他们，而是与众将商议如何取胜。

邓艾商议结果如何呢？诸葛瞻与诸葛尚父子俩是否能保住绵竹、成都，挽救蜀汉呢？欲知后事如何，且听下回分解。

# 二九　天下不如意事，十常八九

主要人物：邓艾、姜维、刘禅、司马炎、羊祜（hù）、陆抗、孙皓
主要地点：襄阳
主要事件：大晋灭吴

## 1 俗话记忆

“天下不如意事，十常八九。”这句话的大意是：天下事情，十件中常常有八九件不如意。它告诉我们要正视所遇到的困难或挫折，要保持一颗平常心。它常用来劝慰遭遇到困难的朋友，希望他们鼓起生活的勇气，勇敢面对生活中的不如意。

这句话也有“世上不如意事常十居七八”的说法。后来也有人在它的后面加上了“可与人言无二三”，表示不称心如意的事不少，但能够讲给他人听的却不多，形容有难言之隐。

《三国演义》中，晋襄阳太守羊祜听说晋帝司马炎没有同意其伐吴，他叹了一口气，说道：“天下不如意事，十常八九。现在如果不乘机灭吴，真是太可惜了。”咸宁四年（278），羊祜入朝辞官回乡养病时，司马炎向其请教安邦治国之策，羊祜再次提出要乘机灭吴。

## 2 邓艾攻克绵竹

话说邓艾见邓忠、师纂大败而回，决定亲自率兵，将绵竹城围了起来。蜀将诸葛瞻见援兵迟迟未到，只好率兵杀出城门。

诸葛瞻奋力拼杀一阵后，中箭下马，站在混战将士中，他大喊一声“我尽力了，只剩下以死报国了！”然后拔出宝剑自刎而死。

其子诸葛尚在城墙上看见父亲已死，赶紧冲了出来，最终也死于阵中。

没多久，邓艾率军攻克了绵竹城。

## ③ 刘禅降魏

后主刘禅在成都听说绵竹失守，邓艾率军已接近成都城后，慌忙召集文武大臣商议。

“我们如今兵微将寡，难以迎敌，不如放弃成都，到南方与蛮兵汇合。”许多官员谏言道。

光禄(lù)大夫谯(qiáo)周说道：“不行！南蛮人早就想反，他们靠不住。”

“蜀、吴早已结盟，可以到他们那里去。”有大臣说道。

光禄大夫谯周向后主刘禅继续谏言道：“我认为魏能吞吴，吴不能吞魏。如果向吴称臣，还不如向魏称臣。向魏投降后，还能保住一片土地给陛下，上对得起祖宗，下可以保黎(lí)民百姓，愿陛下慎重考虑！”

后主刘禅听从了谯周的谏言，向邓艾投降，并且下令姜维也早日投降。

十二月初一，后主刘禅率太子等六十多人，各自捆绑好后，走出成都城，到邓艾营前投降。邓艾扶起后主，解开他身上的绳索，自此蜀汉灭亡。

姜维得后主投降令后，与众将商议，先暂时投降于魏将钟会，并且诱劝他对抗邓艾。钟会向司马昭谏言邓艾有反叛之心。就这样，司马昭令钟会将邓艾父子抓了起来。

钟会与姜维密谋反叛曹魏不成，被魏将乱箭射死。姜维拼杀一阵后，心口疼痛，仰天大叫一声“我的计谋不成功，无法救蜀汉，这是天命呀！”随后自刎而死。时年五十九岁。后来邓艾也被原部将田续乘机杀死，邓艾之子邓忠也死于乱军之中。

## ④ 乐不思蜀

后主刘禅来到洛阳后，司马昭与他见面时，斥责道：“你荒淫无道，废贤失政，理应该杀。”

后主见司马昭如此，早已吓得面如土色，不知该如何是好。

文武众官都赶紧劝道："蜀主属于主动投降，可以宽赦。"

司马昭笑了笑后，下令封刘禅为安乐公，赐住宅，按月给用度，赐绢万匹，僮(tóng)婢(bì)百人。

第二天，后主刘禅亲自到司马昭府下拜谢。司马昭设宴款待时，故意在刘禅面前展示了蜀乐舞戏。其他蜀汉人看见后，不由得伤感起来，暗自垂泪，只有后主刘禅面露笑容，显得十分高兴。

司马昭转过头，笑着对旁边的魏将贾充说道："一个人若没有情感，就是刘禅这样的。即使诸葛孔明在，也不能帮他保全蜀汉，何况蜀汉只剩下姜维？"

司马昭看着后主刘禅，似笑非笑地问刘禅："你想蜀汉吗？"

"这里很快乐，我干吗思念蜀汉呢？"刘禅立刻笑着答道。

## 5 曹奂禅位

一天，朝中大臣纷纷向魏主曹奂奏明：司马昭收川蜀有功，可以封司马昭为晋王。司马昭封晋王后，没多久就病死了。其子司马炎继承晋王位。

司马炎安葬完其父后，召贾充等人商议，要效仿曹丕受禅于汉献帝，让魏主曹奂禅让帝位。

商议后，司马炎带剑直入后宫，来到曹奂面前。曹奂见司马炎进来，慌忙下榻迎接。

"魏之天下，谁之力也？"司马炎直接开口问道。

"都是晋王父祖辈赐给的。"曹奂颤(chàn)颤巍(wēi)巍地答道。

"我观陛下，文不能论道，武不能安邦。帝位为什么不让给有能力的人呢？"司马炎笑着说道。

曹奂一听，身体一下子瘫(tān)软在地上，说不出话来。

"晋王之言差矣！"忽然从旁边传来一个声音。黄门侍郎张节听见司马炎的话后立刻走了进来说道。他继续说道："曹魏天下是魏武祖皇帝曹操，南征北战，东征西讨，好不容易得到的，怎么是晋公一家呢？现在天子有德无罪，为何要禅让于人呢？"

司马炎大怒道："此社稷原本是大汉的。曹操挟天子以令诸侯，自立为王，篡(cuàn)夺汉室而已。四海皆知我司马三代辅佐魏王，曹魏能有天下也是靠我司马家族之力。”

“你想让陛下禅位，就是篡国之贼。”张节也激动地喊道。

“我替大汉报仇，有什么不可以的?”司马炎说完，就喝令武士将张节一顿乱棒打死在宫内。

曹奂早已吓得大哭起来，只好答应了司马炎。司马炎看也不看曹奂一眼，离开后就安排贾充建筑受禅坛，准备受禅去了。

十二月甲子日，曹奂手捧着传国玉玺(xǐ)，站立在受禅坛前，请司马炎登坛受禅让大礼。随后，司马炎端坐在坛上，曹奂下坛跪于坛下称臣。在文武百官的万岁呼喊声中，司马炎改国号为大晋，改元为泰始元年（265）。

魏自此灭亡。

## 6 东吴换君

司马炎受禅建立大晋的消息很快传到东吴。吴主孙休深知司马炎必将来讨伐东吴，每天为此忧虑不已，卧床不起，没多久，就病入膏肓(gāo huāng)，还没来得及立下新君，就撒手而去。丞相濮(pú)阳兴与群臣商议准备立太子为新君时，被左典军万彧否定。

左典军万彧说道：“太子太小不适合，乌程侯孙皓才识明断，可以为帝王。”

丞相濮阳兴犹豫不决，启奏朱太后。朱太后说道：“我一个寡妇，怎知道社稷大事呢?你们定吧。”濮阳兴只好立孙皓为新君。

孙皓即东吴皇帝位后，改元为元兴元年（264）。第二年又改为甘露元年（265）。第三年又改为宝鼎元年（266）。孙皓在皇帝位上越来越任性、凶暴，并且沉溺于酒色之中，老百姓痛苦不堪。不仅如此，还大兴土木，建造宫殿，老百姓不够使唤了，就让文武百官都到山上去伐木搬石头。

## 7 羊祜失望而死

一天，孙皓请来一位占卜之人，听他说庚子年进兵洛阳，可以得胜。于是令老将丁奉带兵，以图伐大晋，为蜀汉报仇。再令陆抗在江口安营扎寨，先取襄阳。

早有伐吴之心的晋主司马炎令羊祜集合军马，准备迎敌。襄阳自羊祜镇守以来，组织军民开荒种地，如今粮食丰足，民心安稳，还有许多逃亡过来的军民也在这里安居乐业。

羊祜得令后，每天在营寨里照常训练军士，时常带领将领在晋地打猎，与东吴陆抗率领的军士秋毫无犯。不仅如此，羊祜还与陆抗互赠礼物。一次，羊祜知道陆抗有病在身，于是赠给他治疗药物。陆抗服用后的第二天病就痊愈了。

吴主听说后，立即收回了陆抗的兵权。吴主孙皓越来越暴怒无常，前后十余年，杀忠臣四十余人，连丞相万彧、将军留平等人因直言苦谏，也被杀了。自此群臣恐怖，但也无可奈何。

羊祜听说后，认为此时是灭吴的最好时机。于是赶紧派人到洛阳向晋帝司马炎奏请伐吴。

司马炎阅读完羊祜的奏书后，高兴地立即点头同意。贾充等人则提出不可伐吴。司马炎见反对者众多，也就收回成命。

羊祜知道后，感叹道："天下不如意事，十常八九。现在如果不乘机灭吴，真是太可惜了。"几年后，羊祜到洛阳向晋帝司马炎辞官回乡养病时，司马炎向其请教安邦治国之策，羊祜再次提出要乘机灭吴。

羊祜说道："孙皓残暴至极，其上下都怨声载道，民心涣(huàn)散，军士无心无力，这时若伐吴，可以不战而胜。如果孙皓去世，东吴另立贤德之人为新君，那时就难以攻克了。"

司马炎恍然大悟道："卿现在就提兵去讨伐如何？"

羊祜缓缓地说道："臣年老多病，不堪此任。"

当年十一月，羊祜病危，司马炎亲自到他家探望。司马炎来到羊祜病榻前，羊祜感动不已，哭道："臣万死不能报效陛下！"

"朕后悔没有听卿伐吴的谏言。现在不知谁可以接替卿呢？"司马炎伤心地说道。

"右将军杜预可以接任。"羊祜喘了一口气，就去世了。

## 8 三国归晋

后来晋帝司马炎依羊祜所言，派杜预率兵十万讨伐东吴。吴主孙皓面对蜂拥而至的晋兵，也效仿刘禅向晋兵投降称臣。

自此，魏、蜀、吴三国都归于大晋。蜀汉刘禅、东吴孙皓、曹魏曹奂先后寿终正寝。

正如俗话所说，“天下大势，合久必分，分久必合”。

# 参考文献


[1] 金圣叹. 水浒传的政治与谋略 [M]. 海口：三环出版社，1992.

[2] 罗贯中. 三国演义 [M]. 长沙：岳麓书社，2016.

[3] 吴承恩. 西游记 [M]. 长沙：岳麓书社，2016.

[4] 施耐庵. 水浒传 [M]. 长沙：岳麓书社，2016.

[5] 曹雪芹，高鹗. 红楼梦 [M]. 长沙：岳麓书社，2016.

[6] 刘仁圣，陈信陵，吴晓龙. 水浒文化大观 [M]. 南昌：百花洲文艺出版社，1997.

[7] 杨子华. 水浒民俗文化 [M]. 北京：华艺出版社，1998.

[8] 贺准城. 解读三国话诸葛 [M]. 苏州：苏州大学出版社，2004.

[9] 金圣叹（批评），施耐庵（著）. 金圣叹批评本《水浒传》：上 [M]. 长沙. 岳麓书社，2006.

[10] 金圣叹（批评），施耐庵（著）. 金圣叹批评本《水浒传》：下 [M]. 长沙. 岳麓书社，2006.

[11] 毛宗岗（批评），罗贯中（著）. 毛宗岗批评本《三国演义》：上 [M]. 长沙：岳麓书社，2006.

[12] 毛宗岗（批评），罗贯中（著）. 毛宗岗批评本《三国演义》：下 [M]. 长沙：岳麓书社，2006.

[13] 易中天. 品三国：上 [M]. 上海：上海文艺出版社，2006.

[14] 易中天. 品三国：下 [M]. 上海：上海文艺出版社，2007.

[15] 邹晓丽. 解语析言说红楼 [M]. 沈阳：沈阳出版社，2007.

[16] 吴越. 品水浒：品人篇 [M]. 北京：东方出版社，2007.

[17] 吴越. 品水浒：品事篇 [M]. 北京：东方出版社，2007.

[18] 薛国安. 正说军师 [M]. 北京：华艺出版社，2007.

[19] 曹雪芹，高鹗. 红楼梦 [M]. 北京：中华书局，2007.

[20] 盛巽昌，李子迟. 水浒传：毛泽东品读版 [M]. 北京：中央编译出版社，2013.

[21] 罗贯中. 三国演义 [M]. 北京：中华书局，2007.

[22] 吴承恩. 西游记 [M]. 北京：中华书局，2007.

[23] 施耐庵. 水浒传 [M]. 北京：中华书局，2007.

[24] 陈建平. 水浒戏与中国侠义文化［M］. 北京：文化艺术出版社，2008.
[25] 十年砍柴. 闲看水浒：字缝里的梁山规则与江湖世界［M］. 太原：山西人民出版社，2010.
[26] 董志新. 毛泽东读《红楼梦》［M］. 沈阳：万卷出版公司，2011.
[27] 董志新. 毛泽东读《西游记》［M］. 沈阳：万卷出版公司，2011.
[28] 高语罕.《红楼梦》宝藏六讲［M］. 北京：首都经济贸易大学出版社，2012.
[29] 柯继红. 换种方式品水浒：水浒传里的那些人［M］. 北京：农村读物出版社，2013.
[30] 李奇. 和孩子一起成长：《西游记》中的家教智慧［M］. 北京：中国轻工业出版社，2013.
[31] 完颜亮. 毛泽东读古典名著［M］. 北京：当代中国出版社，2014.
[32] 沈家仁，沈忱. 趣味水浒：江湖社会众生相［M］. 郑州：河南文艺出版社，2014.
[33] 蒋勋. 微尘众：《红楼梦》小人物（1）［M］. 北京：中信出版社，2014.
[34] 蒋勋. 微尘众：《红楼梦》小人物（2）［M］. 北京：中信出版社，2015.
[35] 蒋勋. 微尘众：《红楼梦》小人物（3）［M］. 北京：中信出版社，2015.
[36] 向荣华. 趣读生慧：与你分享“西游”“三国”［M］. 南宁：广西师范大学出版社，2017.
[37] 罗贯中. 三国演义［M］. 北京：人民文学出版社，2018.
[38] 吴承恩. 西游记［M］. 北京：人民文学出版社，2018.
[39] 施耐庵，罗贯中. 水浒传［M］. 北京：人民文学出版社，2018.
[40] 曹雪芹，无名氏. 红楼梦［M］. 北京：人民文学出版社，2018.
[41] 亦舒. 红楼梦里人［M］. 长沙：湖南文艺出版社，2018.
[42] 向喆，向荣华，刘勇. 闲读鉴美：与你分享“水浒”“红楼”［M］. 长沙：湖南大学出版社，2018.

# 附 录

**《三国演义》中引用的部分俗话**

1. 刘备对孔融说：自古皆有死，人无信不立。
2. 陈宫对刘备说：强宾不压主。
3. 刘备对张飞说：兄弟如手足，妻子如衣服。
4. 郭嘉对曹操说：法不加于尊。
5. 郭嘉对曹操说：一日纵敌，万世之患。
6. 卢植对董卓说：有伊尹之志则可，无伊尹之志则篡也。
7. 关羽对郭常说：知子莫若父。
8. 李肃对吕布说：良禽择木而栖，贤臣择主而事。
9. 孙策母亲对孙策说：鬼神之为德，其盛矣乎。
10. 周瑜对孙权说：得人者昌，失人者亡。
11. 许攸自己叹道：忠言逆耳。
12. 曹操对许攸说：岂不闻兵不厌诈。
13. 刘备对刘表说：废长立幼，取乱之道。
14. 典韦对曹仁说：知彼知己，百战百胜。
15. 曹操对刘备说：外君子而内小人。
16. 王允对董卓说：有道伐无道，无德让有德。
17. 州平对刘备说：顺天者逸，逆天者劳。
18. 刘备对关羽、张飞说：运筹帷幄之中，决胜千里之外。
19. 孔融儿子对家人说：破巢之下，安有完卵。
20. 孔明对孙权说：强弩之末，势不能穿鲁缟者也。
21. 张昭对孙权说：负薪救火。
22. 孔明对周瑜说：天有不测风云，人有旦夕祸福。
23. 孔明对关羽说：兵法虚虚实实。
24. 曹操对诸将说：虚则实之，实则虚之。

25. 孙静对孙策说：攻其无备，出其不意。
26. 孔明对鲁肃说：物必归主。
27. 伊籍对刘备说：马氏五常，白眉最良。
28. 吕范对刘备说：淑女配君子。
29. 吴国太对孙权说：男大须婚，女大须嫁，古今常理。
30. 吴国太对孙权说：若要不知，除非莫为。
31. 韩遂对马超说：兵半渡可击。
32. 法正对刘备说：逐兔先得之语。
33. 王累对刘璋说：良药苦口利于病，忠言逆耳利于行。
34. 孙权对众臣子说：人无远虑，必有近忧。
35. 邓艾对田续说：兵贵神速。
36. 刘璝对张任等人说：至诚之道，可以前知。
37. 黄忠对刘封说：不入虎穴，焉得虎子。
38. 吕常对满宠说：军半渡可击。
39. 关平对关羽说：初生之犊不惧虎。
40. 庞德对成何说：勇将不怯死以苟免，壮士不毁节而求生。
41. 诸葛瑾对关羽说：识时务者为俊杰。
42. 孔明对刘备说；生死有命。
43. 华歆对曹丕说：天无二日，民无二主。
44. 孔明对刘备说：名不正则言不顺。
45. 马良对刘备说：兼听则明，偏听则蔽。
46. 姜维对众将说：胜败乃兵家之常。
47. 刘备遗诏孔明说：鸟之将死，其鸣也哀；人之将死，其言也善。
48. 刘备遗诏刘禅说：勿以恶小而为之，勿以善小而不为。
49. 孔明对群臣说：国不可一日无君。
50. 羊祜自己叹道：天下不如意事，十常八九。
51. 马谡对孔明说：攻心为上，攻城为下；心战为上，兵战为下。
52. 孟获对杨峰说：兔死狐悲，物伤其类。
53. 孔明对众将说：利于水者必不利于火。
54. 王朗对孔明说：顺天者昌，逆天者亡。
55. 邓艾对卫瓘说：将在外，君命有所不受。
56. 马谡对王平说：凭高视下，势如劈竹。

57. 马谡对王平说：置之死地而后生。
58. 司马懿对张合说：归师勿掩，穷寇莫追。
59. 司马懿对诸将说：小不忍则乱大谋。
60. 孔明独自叹道：谋事在人，成事在天。
61. 董寻对曹睿说：君使臣以礼，臣事君以忠。
62. 伦直对公孙渊说：国家将亡，必有妖孽。
63. 夏侯令之女对其家人说：仁者不以盛衰改节，义者不以存亡易心。
64. 费祎对姜维说：知彼知己，百战百胜
65. 廖化对姜维说：将在外，君命有所不受。
66. 李恢对马超说：日中则昃，月满则亏。
67. 邓忠对邓艾说：小不忍则乱大谋。
68. 作者写道：天下大势，合久必分，分久必合者也。

# 后　记

我的书柜里不仅有六套以上各出版社的四大名著版本，还有若干本关于四大名著研究成果的著作。其中大部分著作，都留下了我阅读的痕迹，或圈点，或批注，有的著作因阅读多次，而“伤痕累累”。

每读一次，就收获一次新的感受，我乐此不疲。在读的过程中，我也一直在思考怎样才能让孩子们喜欢四大名著的文字，怎样传承好其中所承载的中国传统文化。

我感谢广西师范大学出版社及湖南大学出版社的编辑老师，让我出版了四大名著的读写系列之《趣读生慧——与你分享“西游”“三国”》《闲读鉴美——与你分享“水浒”“红楼”》。该系列书籍通过“读名著，学作文”的方式，引领广大青少年感受名著的文字魅力，学习写作技巧，体会表达乐趣。

现在，我又用四大名著中的“俗话”，串起一个个名著故事，完成了“知俗话，悟名著”的名著阅读欣赏系列图书。这里再次感谢湖南大学出版社编辑朋友，让我有机会用独特的方式与大家分享名著故事，感受俗话的能量，享受阅读名著的乐趣。

在“俗话”四大名著的过程中，我经常被其中的文字所感染，被其中的人物形象所吸引，与其中部分事件中的人物产生了些许情感共鸣。

为了让本套书更符合当前读者的阅读习惯，我将篇幅缩短，精减长篇大段，将众多人物语言改编成了教科书式的多种表达形式，利于中小学生学习。编写时，我仍少量地保留了原著的语言句式及文风，让学生能够适当了解文言文及感受原著的魅力。在此基础上，还丰富了原著的人物描写、环境描写、事件描写的形式与内容，以使文本更加贴近中小学生的实际。

回顾过往，我彷徨过，迷茫过，但最终在领导、朋友、同仁、家人的鼓励与

帮助下走了过来，收获了许多，并且感到很充实，很快乐。这也为自己的教师职业生涯增添了许多色彩，在此向所有关心、支持我的各位表示衷心的感谢。

本套书成稿后，熊英、黄利婷、徐美娟、邓萍丽、刘勇、钟红娜、陈学军等老师完成了试读，并及时发现了一些问题，提出了一些宝贵的意见，在此一并感谢！

我衷心希望能有更多的人喜爱四大名著，常读常悟，一起守护和传承好中华民族优秀传统文化。

感恩，一路有你！

**向荣华**

2022 年 1 月 22 日

# 西游记

◎吴承恩 原著
◎向荣华 改编

西

湖南大学出版社·长沙

**图书在版编目（CIP）数据**

俗话四大名著．西游记/向荣华改编．—长沙：湖南大学出版社，2022.4
ISBN 978-7-5667-2367-3

Ⅰ.①俗…　Ⅱ.①向…　Ⅲ.①阅读课—中小学—教学参考资料
Ⅳ.①G634.333

中国版本图书馆 CIP 数据核字（2022）第 027142 号

# 俗话四大名著·西游记

SUHUA SI DA MINGZHU · XI YOU JI

**改　　编：**向荣华
**责任编辑：**饶红霞
**印　　装：**长沙市宏发印刷有限公司
**开　　本：**710 mm×1000 mm　1/16　**印　　张：**41.25　**字　　数：**780 千字
**版　　次：**2022 年 4 月第 1 版　**印　　次：**2022 年 4 月第 1 次印刷
**书　　号：**ISBN 978-7-5667-2367-3
**定　　价：**158.00 元（全四册）

**出 版 人：**李文邦
**出版发行：**湖南大学出版社
**社　　址：**湖南·长沙·岳麓山　**邮　　编：**410082
**电　　话：**0731-88822559（营销部），88821343（编辑室），88821006（出版部）
**传　　真：**0731-88822264（总编室）
**网　　址：**http：//www.hnupress.com
**电子邮箱：**749901404@qq.com

# 说说四大名著中的俗话

俗话，又称俗语。一般是指流行通俗的语句，它不但包括群众喜闻乐见的民间谚语、词语，还包括流传下来通俗易懂的古代圣人君子所说的及经典著作中所蕴含的富有哲理的话，比如，孔子、孟子、老子等人所说的广为流传的话语，《孙子兵法》中大家熟知的兵法策略，以及《增广贤文》等传统蒙学中经典的语句，等等。

俗话之所以能流传下来，是因为它不仅揭示了一定的人生哲理和客观规律，而且还具有通俗易懂的特性，使老百姓一听就能明白，并且运用起来方便易行，往往能脱口而出。

我在阅读四大名著时，发现其中引用了大量的俗话，读起来特别亲切，感觉打通了我与历史的脉络。经过较长时间的整理后，我发现四大名著中引用的俗话，主要有以下三种形式：

其一，用“自古云”“自古道”“自古说”等方式，引出一句俗话，以告知他人自古以来就有这样一句话来表明事理，言下之意就是这样的事理早有古人说清楚了。比如，《西游记》中描写唐太宗“死”后，朝廷大臣魏征说太宗还会活过来，但有一个叫许敬宗的大臣则引用俗话“自古云，泼水难收，人逝不返”，告诉他人死了是不能复生的。《红楼梦》中贾府私塾老师贾代儒提醒贾宝玉要认真读书时，说：“自古道：成人不自在，自在不成人。”贾代儒引用俗话告诫贾宝玉读书需要勤奋，成长是需要付出的。这句俗话在《水浒传》中，宋江也

曾引用过。

其二，用“常言道”“兵书云”等形式来引用。比如，《西游记》中，唐僧师徒遭遇红孩儿一难后，唐僧面对黑水河，心中不免泛起一丝思乡之情。孙悟空笑着对唐僧说：“常言道，功到自然成哩！”劝唐僧继续前行，不要怕苦难，待取经后，就可以回到大唐了。《三国演义》中，单福初次帮助刘备在新野大败曹军，杀死吕旷、吕翔二将。曹军部将曹仁找李典商量应对之策，李典认为虽然要报“二吕”被杀之仇，但还不知对方虚实，此时只能按兵不动，等禀报曹操后，再奏请曹操兴兵才能战胜刘备。曹仁则认为新野是小地方，无须曹操带兵相助。李典听后，连忙引用兵法策略，告诉曹仁“兵法云，知彼知己，百战百胜”。李典担心自己不知道对手实力，就难确保胜利。

其三，直接引用俗话。比如，《红楼梦》里，薛蟠从林黛玉的家乡带了一些土特产。林黛玉见后告诉薛宝钗，以前在家时根本不理会它们，如今则不同了，这些是稀罕物了。薛宝钗笑着说：“这就是俗话说的‘物离乡贵’。”《三国演义》中，孙权刚掌管江东之事，问周瑜如何守护江东，周瑜说：“自古得人者昌，失人者亡。”周瑜借用俗话告诉孙权应邀请高明有远见的人来辅佐，并向他推荐了鲁肃。《三国演义》中也有多处用“岂不闻”的句式直接引用兵书兵法之言。

据初步统计，四大名著的作者在名著中，通过各种形式共引用俗话四百六十条以上，其中有的俗话出现在人物的语言里，有的以作者自述的方式引用。不管是哪一种方式，都十分恰当地展示了人物个性，达到了渲染的目的。

四大名著中引用俗话数量最多的是《西游记》，其中孙悟空是引用俗话最多的人物，他引用俗话六十条以上。孙悟空机智勇敢，聪明伶俐，善于表达。他不仅说“圣人言”“常言道”，还说“古人云”

“俗语云”，以及直接在语言中引用俗话内容，等等。孙悟空有时对师父说，“山高自有客行路，水深自有渡船人”“欲求生富贵，须下死功夫”“好处安身，苦处用钱”“望山走倒马”等等。有时提醒师弟，其中又以说给八戒听为多，如，“物有几等物，人有几等人”“放屁添风”“穷寇勿追”“瓜熟蒂落”等。有时他也对其他人物说，另外他还在自言自语时引用。引用的这些俗话不仅符合对话时的情景，还增添了故事的趣味性。

《水浒传》中的阎婆惜虽在书中的故事情节不多，但她引用了五条俗语。阎婆惜的父亲去世后，家里没有钱买棺材，她母亲找到宋江求助。后来她母亲为了感谢宋江，请宋江将阎婆惜纳为小妾。一次，阎婆惜将梁山晁盖给宋江的一封感谢信藏起来，准备要挟宋江。她心里想“井落在吊桶里”，认为抓住了宋江私通梁山贼寇的证据就能将宋江治罪，从而她也就可以与私通的张三公开地做夫妻了。阎婆惜在和宋江的争吵中，为了伤害宋江，她连珠炮似的，一口气说出了四条俗话。如“公人见钱，如蝇子见血”“哪个猫儿不吃腥”“阎罗王面前，须没放回的鬼”“棺材出了，讨挽歌郎钱”等，把及时雨宋江说成了贪钱不讲信用的小人。最后宋江一怒之下，将阎婆惜杀了。

诸葛亮被誉为《三国演义》中的“智慧之神”，是三国时期著名的政治家、谋略家、军事家。自刘备三顾茅庐，诸葛亮出卧龙冈后，他们共同缔造了川蜀政权，与曹魏、孙吴形成了鼎足之势。如此聪慧之人，说话时引经据典是非常自然的。《三国演义》中诸葛亮引用俗话十条以上。纵观诸葛亮引用的俗话，不仅有圣人君子之言，也有“兵法”常用之策，还有民间谚语，等等。

《红楼梦》里的王熙凤被大观园里的人称为“凤辣子”，她有着火辣的性格，不见其人先闻其声。她在《红楼梦》里引用俗话约十三

条，是《红楼梦》里引用俗话最多的人。王熙凤没读过什么书，不会吟诗作对，每次参加大观园里的聚会，表演的都是说笑话。不过，大观园里的人都喜欢听她说笑话。她说笑话时，门内门外常挤满了人，连旁边做事的人都会停下来听她说笑话。她不但管理才能突出，而且语言表达能力也令人叹服。

有的俗话还分别出现在多部名著中，分别被不同的人物引用。比如“兔死狐悲，物伤其类”之类的俗话，就先后在四大名著中被引用。“天有不测风云，人有旦夕祸福”分别被《三国演义》《红楼梦》所引用，《西游记》则引用过“福无双降，祸不单行”等俗话。另外，《西游记》中孙悟空对猪八戒说：“温柔天下去得，刚强寸步难移。”《水浒传》中的潘金莲对西门庆也说：“柔软是立身之本，刚强是惹祸之胎。”这两句话的含义都是指待人处世应柔软一些，不要刚强，因为柔软能立身，刚强易惹灾祸。

一句俗话就是一个故事。本套书就是从四大名著中挑选出部分有趣的俗话，将名著中的内容情节各自串起来，以俗话为每一章节的标题，通过故事改编，让读者既能理解俗话，又能了解名著中的故事。

《俗话四大名著 · 西游记》《俗话四大名著 · 水浒传》《俗话四大名著 · 三国演义》三册书中的每个章节既独立，又相连。每个章节的最后“欲知后事如何，且听下回分解”，将内容完整地连成一个整体，使故事一环套一环。《俗话四大名著 · 红楼梦》则是通过聚焦几个有个性的主要人物，采取“以一带多”的方式，让读者来感知其中的人物与故事。

**向荣华**

# 目 次

# 一　官差吏差，来人不差

主要人物：孙悟空、阎王

主要地点：阴府

主要事件：悟空勾销生死簿

## 1 俗话记忆

“官差(chā)吏(lì)差，来人不差(chā)。”这句话的意思是即使官吏有差错，也不是被官吏派来的人的过错。

《西游记》中，阴府认为孙悟空阳寿已尽，于是派两个勾死人将孙悟空捉到幽冥(yōu míng)界。冥王见孙悟空厉害，就说是勾死人找错人了。孙悟空十分生气地说：“胡说！胡说！常言道：‘官差吏差，来人不差。’你快拿生死簿(bù)来！”悟空认为来勾他的人没有错，错在生死簿里有他的名字。

悟空为何如此厉害，敢在冥王面前生气？勾死人真错了吗？结果如何呢？

## 2 悟空删猴类生死簿

话说孙悟空从菩(pú)提祖师那里学成回来，拥有了七十二般变化，习得了长生不老术，能腾云驾雾，一个筋(jīn)斗翻十万八千里。

随后，他在东海龙王那里借得定海神针一枚。那定海神针叫作如意金箍(gū)棒，虽有一万三千五百斤重，但可大可小，孙悟空非常喜欢。

一天，孙悟空被捉到阴间地府后，用如意金箍棒打得阴间地府的牛头鬼东躲西藏，马面鬼南奔北跑，众鬼卒(zú)奔上森罗殿(diàn)，慌慌张张地向冥王们报告：“大王，祸事！祸事！外面一个毛脸雷公打将来了！”

冥王们惊慌失措，他们还从来没有见过如此大胆之人，敢大闹地府。十个冥王在森罗殿堂上，看见孙悟空相貌凶恶，知道这不是等闲之辈，赶紧按顺序排好整齐的队伍，连声喊道：“上仙留名！上仙留名！”

孙悟空一听，更生气了，大喝道：“你们既认不得我，怎么差人来勾我？”

“不敢！不敢！想是差人错了。”那整整齐齐的十个冥王纷纷解释道。

“我本是花果山水帘洞天生圣人孙悟空。你等是什么官位？”孙悟空叉着腰，站在这十个冥王面前，骄傲(jiāo ào)地说道。

“我等是阴间天子十代冥王，”冥王们战战兢兢(jīng)地说道，“我们依次是秦广王、楚江王、宋帝王、仵(wǔ)官王、阎罗王、平等王、泰山王、都市王、卞(biàn)城王、转轮王。”

孙悟空耐着性子听完介绍后，生气地说道：“你们既然都是有王位之人，为什么不知好歹(dǎi)？我老孙是修道之人，已是与天齐寿，超乎三界之外，跳出五行之中了，为什么还派人来勾我？”

“上仙息怒，”冥王们连忙解释道，“普天下同名同姓的人有很多，可能是派出去的勾死人走错地方，勾错人了。”

“胡说！胡说！常言道：‘官差吏差，来人不差。’你快拿生死簿来！”孙悟空十分生气地吼道。

冥王们见来者不善，赶紧命负责保管生死簿的判官取出全部文簿。判官先迅速翻过虫类、人类、飞禽类，里面都没看到叫孙悟空的。

孙悟空想到自己虽是人像但可能仍是猴类。于是，他迅速在一本猴类文簿中找到“孙悟空”三个字，只见上面写着：孙悟空，乃天产石猴，阳寿三百四十二岁，善终。

孙悟空见真有其事，赶紧叫判官拿笔来。那判官吓得连忙把蘸(zhàn)好墨的笔递给孙悟空。孙悟空拿过笔，把猴类中的名字全部画掉。画完后，扔下生死簿，高兴地说道：“好了，从此以后我们不属你们管了。”

就这样，猴类在以后的打打杀杀中，都不会被打死了，阴间地府无法根据生死簿勾他们入冥界了。

## ③ 冥王状告孙悟空

孙悟空回到花果山后，把自己在阴间地府勾销猴类的事情告知了那里的猴子们。猴子们开心极了，他们从此也都可以长生不老了。

可是，幽冥界的冥王们不高兴了，他们把孙悟空告上了天庭。冥王们向玉皇大帝告状说，妖猴孙悟空逞(chěng)恶行凶，打死阴间官吏，大闹地府，戏弄十代冥王，把猴子们的生死簿都勾掉了，从此猴子们就无生死了。

在天庭上，玉皇大帝不仅收到了冥王们的投诉，而且还收到了东海龙王的状纸：妖猴孙悟空欺负东海，索要兵器、衣冠，弄得东、南、西、北四海都无安宁。

玉皇大帝看完这两个奏章后，询(xún)问各位文武仙人怎么办。大家议论纷纷，有的说要将妖猴捉拿归案，以绝后患；有的说要宣他上天，安抚为上。最后，玉皇大帝听从了太白金星的建议：下一道圣旨，请孙悟空上天界担任一个小官职，将他安排在天上，便于管理。如果他服从管理，以后再升职；如果不服从，有违天命，就一举拿下。

太白金星奉旨来到花果山水帘洞。孙悟空一听有玉皇大帝派来的使者到来，连忙穿衣戴冠，走出洞外，高兴地说道："我这两天正想到天上走走，没想到马上就有玉皇大帝派来的使者来请。"孙悟空安排好水帘洞猴子们的生活后，随同太白金星升上云霄(xiāo)之中。

在天庭上，武曲星君告诉玉皇大帝，目前天宫里各宫各殿，各方各处都不缺管理者，只是御(yù)马监(jiàn)缺一个正堂管事。

玉皇大帝听后，立即下旨安排孙悟空到御马监做弼(bì)马温，负责喂养天马。

## 4 孙悟空回花果山

孙悟空担任弼马温后，昼(zhòu)夜不睡，细心喂养马匹。那些天马被他养得肉肥膘(biāo)满，天马见了他，泯(mǐn)耳攒(zǎn)蹄，非常顺从。

一天，御马监的官员们安排酒席，为孙悟空接风贺喜。他们一边吃一边饮酒，几杯酒下肚后，孙悟空忽然放下杯子，问：“我这个弼马温是个什么官衔(xián)？”

大家笑着说：“只是个官名罢了。”

“这个官是几品呢？”孙悟空着急地再问道。

大家一齐摇了摇头，说：“没有级别。”

孙悟空一听，高兴地说：“没有级别，那就是很大，大到没有级别了。”

大家一听，也乐了，你看看我，我看看你，说道：“不是大，是没有入流。”

“什么？”孙悟空大吃一惊，说道，“什么叫没有入流？”

大家见孙悟空一脸惊愕(è)的样子，赶紧解释道：“这是最小的官，小到只能看马养马。你现在把马养得这么膘肥体壮的，也只能得个好评而已。如果没养好，就会受到责罚(fá)；如果让马受到损伤，那就会被问罪。”

“这般藐(miǎo)视老孙！”孙悟空听他们这样一说，心头火起，咬牙切齿道，“我老孙在花果山，称王称祖，怎么就哄我来替他养马。养马的人，都是后生小辈们做的事，怎能是我做的？不做了！不做了！”话没说完，一把推翻桌子，取出金箍棒，一路打出御马监，冲出南天门，回到了花果山。

回到花果山后的孙悟空会怎么做呢？天庭就会如此罢休吗？欲知后事如何，且听下回分解。

# 二　皇帝轮流做，明年到我家

主要人物：孙悟空、太白金星、如来佛祖

主要地点：天庭

主要事件：大闹天宫

## 1 俗话记忆

“皇帝轮流做，明年到我家。”这话的意思是皇帝应该轮流做，谁有本事谁就做。这是封建社会里朝代更替的一种现象。

《西游记》中，孙悟空对如来佛祖说：“常言道：‘皇帝轮流做，明年到我家。’只有玉皇大帝将天宫让给我，我才善罢甘休，否则就让他不得安宁。”

## 2 悟空自封“齐天大圣”

话说孙悟空回到了花果山，在两个独角鬼王的建议下升起了“齐天大圣”的大旗。

玉皇大帝闻讯后，降旨捉拿妖猴孙悟空。托塔李天王率巨灵神和哪吒三太子出战，都败阵而归。

天庭上，太白金星上奏道：“依然像上次那样，降旨招安，叫他做个齐天大圣，只是给他一个空头衔，有官无禄(lù)而已。”

玉皇大帝认为似乎有道理，就问：“什么是有官无禄？”

太白金星解释道：“齐天大圣只是一个名誉，不叫他管事，不给他工资俸(fèng)禄，并且养在天地之间，收复他的邪(xié)心杂念，不让他生事，让大家都清静。”

在太白金星的努力下，孙悟空在天上当上了齐天大圣。孙悟空每天到处闲游，与天上各星宿(xiù)谈天说地，云里来云里去，广交朋友，行踪不定。

## 3 悟空搅乱蟠桃会

一天，有人认为孙悟空长此以往，恐闲中生事，还是应该要交给他一件事管，免生事惹祸(rě huò)。于是孙悟空开始管理蟠(pán)桃园。

蟠桃园里的蟠桃与人间的桃子不能比，它时开时结千年熟，无夏无冬万栽迟。这些树都是王母娘娘自己栽培的。

孙悟空看见那熟透的蟠桃，忍不住要想方设法地偷吃。直到有一天，孙悟空知道王母娘娘办蟠桃会竟然没有请他，于是就想去大闹瑶(yáo)池。

那天，孙悟空摇身变作赤脚大仙模样，来到瑶池，走进宝阁。

只见宝阁内琼(qióng)香缭绕(liáo rào)，到处张灯结彩，艳丽缤(bīn)纷。五彩描金桌上，千花碧玉盆里，龙肝凤髓(suǐ)，熊掌猩(xīng)唇，山珍海味，异果佳肴(jiā yáo)，应有尽有。

参加蟠桃会的宾客还没有到，孙悟空正准备偷食时，忽然闻到一阵扑鼻的酒香，急忙转过头去，发现在右边的长廊下，几个造酒的仙官，正在倾倒玉液琼浆(jiāng)。从那里散发出来的香气实在诱(yòu)人。

孙悟空止不住口角流涎(xián)，但又碍(ài)于他们都在这里。于是他想了个办法，拔下几根毫毛，丢入口中，嚼(jiáo)一嚼，然后喷将出去，念声咒(zhòu)语，喝叫一声“变”，毫毛立刻变成了几个瞌(kē)睡虫，飞到那几个仙官的脸上。

没多久，倒酒的仙官就手软头低，闭眉合眼，丢下手中的工具，都睡觉了。

孙悟空乘机拿了些百味八珍、佳肴异品，走到酒缸边上，放开肚子，狂饮一番。喝着喝着，孙悟空忽然自言自语道：“不好，再过一会儿，王母娘娘请的客人到了，会怪罪于我。现在赶紧回齐天大圣府睡觉去。”

## ④ 悟空醉酒回花果山

孙悟空摇摇晃晃，深一脚浅一脚，不知不觉就来到了兜率(dōushuài)宫。兜率宫的主人是太上老君。

孙悟空整了整衣服，撞进门来。兜率宫里空无一人。孙悟空来到太上老君平时炼丹的房间里。他发现了炼丹炉旁边放着五个葫芦，葫芦里放的都是炼好的金丹。

孙悟空心里暗喜：此物是仙家宝物，今日有缘，趁老君不在，我尝一尝吧。他把那葫芦里的金丹全倒在手上，嘎(gā)巴嘎巴，像吃炒豆一样全部吃掉了。

吃完了金丹，孙悟空这时酒醒了不少，发现自己闯祸了，想：“不好，这场祸比天还大，若惊动玉帝，性命难保，赶紧溜走，下界为王去。”

回到花果山，孙悟空把自己在天庭所犯之事一一说给众山大王听。众山大王听得如痴(chī)如醉(zuì)，纷纷表示想品尝(cháng)一下天庭的美味佳肴。所谓“美不美，乡中水；亲不亲，家乡人”。孙悟空再次上天庭，来到瑶池宫阙(què)，把蟠桃会上的佳肴美酒带下来了一些给花果山的猴子猴孙们吃。

就在孙悟空“今朝有酒今朝醉，莫管门前是与非”时，玉皇大帝派来捉拿他的天兵天将来到了花果山。不过，托塔李天王率领四大天王及五方揭谛(jiē dì)都没能捉到一只猴子，他们为了完成圣旨，只好在花果山水帘洞前安营扎寨，另想办法。

## ⑤ 二郎神捉拿孙悟空

二郎神奉命来到花果山，与孙悟空斗了三百余回合后，仍分不出胜负。

孙悟空不敢恋(liàn)战，跑到一个洞口时，没想到有天兵天将把守。孙悟空慌了手脚，把金箍棒变作绣花针，藏在耳内，摇身一变，变作一只麻雀，在树梢上停住。

二郎神圆睁凤眼，仔细观看，忽然发现旁边的树上有一只与众不同的麻雀，心里想这应该是孙悟空变的，于是放下手中的兵器，摇身一变，变成一只饿鹰，展开翅膀，扑向树上的那只麻雀。

孙悟空看见了，吓得“嗖”的一声飞走了，在天上又变成了一只大鹚(cí)鸟，冲天而去。

二郎神赶紧追了过去，变成一只大海鹤(hè)，飞上云霄，准备吃孙悟空。

孙悟空又只好扎进涧(jiàn)水中，变成一条鱼儿。二郎神追到涧边，不见孙悟空的踪(zōng)影，心中暗想：“这猢狲(hú sūn)必然下水去了，一定变成鱼虾之类的，等我也变一个拿他。”瞬间，二郎神变成一只鱼鹰，站在涧边，等待孙悟空。

孙悟空正游着，忽然发现旁边有一只鱼鹰，就想这一定是二郎神变的，于是急转头，打个水花就走。

二郎神立即冲过去，猛地啄(zhuó)一嘴。那孙悟空蹿(cuān)出水面，变成一条水蛇逃走了。二郎神立刻变成灰鹤。孙悟空变成花鸠(jiū)，此时二郎神认为太低级了，就直接现出原形，拿出弹弓，一下子就打中了花鸠。

孙悟空只好也现出原形，乘着机会滚下山崖。孙悟空在山崖下，变成了一座土地庙。大张着的口，变了个庙门，牙齿变作门窗，舌头变作菩萨，眼睛变作窗棂(líng)，尾巴变成庙前的旗杆。不过，很快就被二郎神识破了。

后来在太上老君的协助下，孙悟空被押往天庭见玉皇大帝，听候发落。玉皇大帝传旨，将孙悟空押至斩妖台剁(duò)碎。

孙悟空被绑在降(xiáng)妖柱上，刀砍斧剁，枪刺剑砍，都无法伤及其身。

见此情况，太上老君说道：“那猴吃了蟠桃，饮了御酒，又盗了仙丹，已经炼成了金刚之躯。不如让我带去，放在八卦(guà)炉内，以文武火锻炼，炼出我的丹后，他身子就会为灰烬(jìn)。”

不过，孙悟空在八卦炉内不仅没受到伤害，反而还炼出了火眼金睛。在太上老君开炉时，孙悟空乘机冲出来，挥舞着金箍棒，推倒炼丹炉，一直打到灵霄殿外。

## 6 佛祖指压孙悟空

玉皇大帝见众神仙一时无法制服孙悟空，就赶紧派游奕(yì)灵官同翊(yì)圣真君上西方请如来佛祖降伏他。

一会儿，如来佛祖来到天庭。孙悟空说：“常言道：‘皇帝轮流做，明年到我家。’我有长生不老之术，拥有七十二变的本事，会筋斗云，我要做皇帝。”

如来佛祖听后，笑着说：“我与你打一个赌，如果你一个筋斗能跳出我的右手掌，就算你赢，然后叫玉帝搬出灵霄殿，让你做主天宫。如果跳不出，你就下界为妖，再修炼修炼。”

孙悟空一听，乐了，你的手心有多大，再大也就是荷叶大小。他自信地收好金箍棒，抖擞(sǒu)了一下神威，将身一跳，跳向佛祖的手心。那手心顿时变得像个巨大的荷叶。孙悟空站在佛祖的手心里，大喝一声：“我出去了。”

孙悟空一路云光，瞬间无影无形了。他腾云驾雾，来到一处有五根肉红柱子的地方面前，只见这里泛起一股清气。他想，这也许就是天边了。这时回去，天宫就是我的了。又一想，等我做个记号，好与如来说话。于是，他拔下一根毫毛，吹口仙气，叫声“变”，一支浓墨毫笔出现在手上。他提笔在中间柱子上写了一行大字“齐天大圣到此一游”。写完后，孙悟空收好了毫毛，又在第一根柱子根下撒下一泡猴尿，然后高兴地驾起一朵云，回到天庭如来面前。

“我跳出了你的手掌心，如今你叫玉皇大帝搬出去吧。”孙悟空大声地对如来说道。

如来不紧不慢地说道：“你这个猴精，你还没有离开我的手掌呢。”

孙悟空也笑着说：“我走到了天的尽头，看见了五根肉红柱子，我在那里还做了一个记号，你敢和我同去吗?”

“哈哈，不用去，你自己低头看一下就可以了。”

孙悟空睁圆火眼金睛，低头一看，原来佛祖右手中指上写着“齐天大圣到此一游”，大拇指处还有一些猴尿味。孙悟空吃了一惊，怎么回事？孙悟空见势不妙，赶紧往上一跳。

可是，孙悟空没有机会了，佛祖翻掌一扑，就把他推出西天门外，将五指化作金木水火土五座山，把孙悟空压在山下。这一压就是五百年，那山就叫作五行山。

后来孙悟空又是怎样从五行山下出来的呢？欲知后事如何，且听下回分解。

# 三　福无双降，祸不单行

主要人物：三太子、孙悟空、观世音菩萨

主要地点：鹰愁涧

主要事件：唐僧收徒

## ❶ 俗话记忆

“福无双降，祸不单行”是指福不会接连而来，灾祸却会接踵(zhǒng)而至。

在《水浒传》中，宋江也曾引用过类似的一句话。他对押送他的两个公差说：“却是苦也！正是‘福无双至，祸不单行’。”

《西游记》中，这句话是敖闰(áo rùn)龙王玉龙三太子心中所想的一句话。当时，他把唐僧的白马吃掉后，孙悟空就把他所在的涧水搅(jiǎo)得如同黄河水一般浑(hún)浊(zhuó)。三太子心想，自己才脱了死难，如今又来个泼魔(mó)害他，对于他来说真是“福无双降，祸不单行”呀。

## ❷ 唐僧身世

话说孙悟空被如来佛祖压在五行山下，一压就是五百年。当时如来就说了，届时自有人来相救。

这个人就是唐朝的僧人玄奘(xuán zàng)，他受命往西天雷音寺如来佛祖处，替唐朝皇帝取回真经，教化百姓，教人向善。唐朝皇帝赐(cì)他唐姓，并称三弟，俗称唐僧。

唐僧是如来弟子金蝉(chán)子转世，一心向佛，但需要历经数劫(jié)方可取回真经，修成正果。观世音菩萨(sà)根据如来佛令，赠予玉钵(bō)、禅杖(chán zhàng)、锦鸾袈裟(luán jiā shā)，安排孙悟空、下界天蓬(péng)元帅猪悟能及卷帘大将沙悟净为徒，敖闰龙王玉龙三太子白龙马提供脚力，各自归顺唐僧，保其一路平安，修成正果。

## 3 唐僧收悟空为徒

“师父，救我!”唐僧正与猎户刘伯钦(qīn)分别时，忽然从五行山下传来呼救声。唐僧和刘伯钦沿着声音来到孙悟空面前，依照观世音菩萨给的咒语，孙悟空顺利地从山下跳到唐僧面前。就这样，孙悟空开始了保护唐僧西天取经的征途。

唐僧师徒二人与刘伯钦分别后，来到了蛇盘山鹰愁(chóu)涧。一股清泉从上而下，倾泻(qīng xiè)入池水，溅起碎玉千万。一轮冬日的暖阳斜进山谷，升腾起如烟云雾。

唐僧正勒(lè)马观看时，忽然从水底钻出一条青龙，在空中盘旋之后，冲向唐僧。吓得孙悟空丢下行李，连忙把师父抱下马，扭(niǔ)头就走。那条龙赶不上，就把唐朝皇帝赠送给唐僧的白马一口吞下肚里，又迅速潜入水底。

孙悟空把师父送到安全地方后，赶紧回来取行李和白马。不过，涧边只剩下一担行李，白马却不见了。孙悟空跳向空中，眨了几下他的火眼金睛，四下里察看一番，断定马已被那条龙吃了。

唐僧见孙悟空只取回行李，于是难过地说：“没有马，我怎么去西天啊？一路上万水千山，我怎么走呢?”说着，泪如雨滴。

## 4 悟空索马

“师父莫哭，你坐着，等我老孙去找那龙，叫他还马来。”孙悟空见师父这样难受，也伤心极了。他安排好师父后，扎(zhā)好棉(mián)布直裰(duō)，撩(liāo)起虎皮裙子，挺着金箍棒，精神抖擞地来到涧边，高声叫道：“泼泥鳅(qiū)，还我马来！还我马来！”

那条吃了唐僧马的龙，伏在涧底，修身养性，忽然听到有人索要马匹，他按捺不住心中的怒火，纵身跃出水面，跳将上来，吼道：“是哪个敢在这里张口骂人？”

孙悟空见了他，大喝一声：“休走，还我马来！”抡起铁棒，劈头就打。

那龙不甘示弱，张牙舞爪来抓。只见龙舒利爪，猴举金箍棒。那个须垂白玉线，这个眼恍(huǎng)赤金灯。那个须下明珠喷彩雾，这个手中铁棒舞狂风。来来往往，相战多时，盘旋良久，不分胜负。

不过，渐渐地，那条龙已经力软筋麻，抵挡不住孙悟空的铁棒了，只见他转身就钻入水底，再也不出来了。任凭孙悟空语言相欺，也装作没听见。

忽然，孙悟空想到一个让那条龙出来的办法。只见他跳到涧边的一个悬(xuán)崖上，把那如意金箍棒插入涧中，使出翻江倒海的神通，使劲地搅动起金箍棒来。顿时，原本清澈(chè)的水，已变成九曲黄河中的水一般混沌(hùn dùn)，掀起的波浪都快越过周围的悬崖了。

那条龙在涧底开始坐卧不安了，心中暗自想道：“这真是‘福无双降，祸不单行’呀。我才脱了死罪，还不到一年，本想好好随缘(yuán)度日，却又碰上这个泼魔来害我！”他越想越恼火，再也受不了孙悟空这样搅来搅去，咬着牙，跳将出去，骂道：“你是哪里来的泼魔，要这样欺负我？”

孙悟空见他出来了，也吼道：“你别管我是哪里来的，你只要还了马，我就饶了你！”

“你的马已让我吃了，怎么吐得出来呢？”那龙说道，“如果不还给你，你还能怎么样呢？”

“不还马，就看棍！把你打死，偿我马的性命！”

他们俩话还没说完，又打在一起了。那条龙仍打不过，就将身一晃，变成一条水蛇钻入草丛中，不见了。

## 5 白龙马成唐僧坐骑

这时，孙悟空把这里的土地和山神请了出来。孙悟空把情况跟两位小神一说，小神对孙悟空道："这不需要孙悟空发怒，要擒(qín)拿此物，只需请观世音菩萨来就可以了。"

孙悟空一听完，连忙安排小神保护师父，他自己准备前往南海观世音菩萨处。

孙悟空还没出发，受观世音菩萨安排，一直暗中保护唐僧的金头揭谛就自告奋勇地说，他前往南海，请观世音菩萨帮忙。

没多久，南海观世音菩萨驾着祥(xiáng)云来了。原来这条龙是敖闰龙王玉龙三太子，是有罪之身。观世音菩萨启奏玉帝，要他在此专等唐僧，为唐僧做个脚力。唐僧取经路上，路途遥远坎坷(kǎn kě)，必须要这样的龙马才能走到西天，取回真经。

"敖闰龙王玉龙三太子，你出来，有南海菩萨在此。"那条龙听到咒语，赶紧翻波跳浪，跳出水面，变成一个人像，站在云头上，在空中向观世音菩萨施礼。

观世音菩萨用手指了指孙悟空，亲切地说道："这就是取经人的大徒弟。"

玉龙三太子看了看孙悟空，说道："菩萨，这是我的死对头。我昨天腹中饥饿，吃了他们的白马，他就不依不饶(ráo)，欺负我。他始终没有提一个取经的字样来。"

孙悟空辩解道："你又没问我姓甚名谁，我怎么说呢？"

观世音菩萨见他们俩又争吵起来，就劝住他们俩，对孙悟空说道："你以后，还会遇到归顺我佛的，若有问时，你要先提取经的事，这样你在保护唐僧取经时就会顺利很多。"说完，就拿出沾(zhān)了甘露的柳枝，往玉龙三太子身上轻拂了一下，吹口仙气，喝声"变"，玉龙三太子就变成了一匹白马，与唐朝皇帝送给唐僧的无两样。“你要用心还孽障(niè zhàng)，功成后，你超越凡龙，还你金身正果。”观世音菩萨说完就驾云而去。

观世音菩萨说唐僧师徒二人后面还会遇到归顺之人，会是谁呢？他们见面时又会怎样呢？欲知后事如何，且听下回分解。

# 四　善猪恶拿

主要人物：孙悟空、猪八戒

主要地点：高老庄

主要事件：唐僧收猪八戒为徒

## 1 俗话记忆

“善猪恶拿”，其大意为即使是已经驯（xùn）服的猪，也要用狠劲去捉，以防它反口咬人。比喻对付敌人不能手软。

《西游记》中，孙悟空在捉拿猪悟能见唐僧时，说：“轻不成，顾你不得！常言道，‘善猪恶拿’。只等见了我师父，果有真心，方才放你。”

## 2 高老庄有妖怪

话说观世音菩萨告诉孙悟空，路上还会碰到归顺之人，首先将碰到的是猪悟能。他是天蓬元帅犯错被贬（biǎn）下人间，投错胎到猪一族，得了一个猪的外形。

观世音菩萨点化他，要他在此等待取经之人，然后尽心保护取经之人，完成取经任务，自己修成正果。

一天，唐僧与孙悟空师徒二人在观世音菩萨的帮助下，从黑熊怪那里取回袈裟，拜别观世音禅院后来到高老庄。

高老庄树木葱郁（cōng yù），溪边杨柳依依，园内花开香馥（fù）馥。夕阳西下，炊烟袅（niǎo）袅，竹林处茅屋重重，鸡鸭成群，是一处好地方。

师徒二人走着走着，遇到一个少年，头裹(guǒ)棉布，身穿蓝袄(ǎo)，脚踏一双三耳草鞋，气鼓鼓地往村外走去。

孙悟空一把抓住他，一打听，原来他是高家的仆(pú)人，叫高才。高老庄主刚训斥(xùnchì)他没有请到能治妖的法师，要他出去继续找。

孙悟空一听，有妖怪在高老庄，他就乐了，笑哈哈地对高才说：“我们有些捉拿妖怪的手段。你告诉你家主人，我们是唐朝圣僧去西天拜佛求经的，擅(shàn)长降妖捉怪。”

高才看了看他们，也只好把他们带到高太公面前。高太公一听有唐朝来的圣僧，就连忙换了衣服，系着乌绫(líng)巾，穿一领葱白蜀(shǔ)锦衣，踏(tà)一双糙(cāo)米皮的犊(dú)子靴(xuē)，系一条黑绿绦(tāo)子，高兴地迎了出来。

见面后，高太公难过地说道：“我不曾有儿子，只有三个女儿。老大、老二都嫁给了本庄人家，老三叫翠兰，我想找个女婿(xù)，指望他与我们一起生活，我也好养老。可是三年前，一个汉子，模样儿倒也精致，他说是涪(fú)陵山上人家，姓猪，上无父母，下无兄弟，愿意到我家做上门女婿。一开始，一切都好，可是后来他就变成了像猪一样的人，肥头大耳，一顿饭要三五斗米，一个早餐都能吃一百多个烧饼。如今把我女儿翠兰关在后院里，我们有半年没见面了。他又会弄风，云来雾去，飞沙走石，吓得左邻右舍都不得安生。”

“容易！容易！等天黑之后，就能知道结果了。”孙悟空一听，就立马答应了。

## ③ 悟空戏弄妖怪

天黑后，孙悟空随着高太公来到后院，用金箍棒撬开妖精住处的铜锁，把翠兰先救了出来。等翠兰走后，孙悟空变成了翠兰的模样，在那里等候妖怪的到来。

没多久，一阵风吹来，还伴随着飞沙走石。风过之后，只见半空中还真出现了一个妖怪，它果然生得丑陋(chǒulòu)，黑脸短毛，长嘴大耳，穿一领青不青、蓝不蓝的梭(suō)布直裰，系一条花布手巾。

孙悟空一看，暗笑道：“长得真像个妖怪。”孙悟空假装身体不舒服，躺在床上，不停地呻吟(shēnyín)。

那妖怪不知有诈，走到床边，就要亲她。孙悟空心想：让我逗他一逗。等他过来时，孙悟空乘机让妖精扑个空，摔倒在地。那妖怪不知是计，还娇滴滴地说：“姐姐，是不是我回来迟了，你生气了？”

孙悟空故意说道：“不生气，不生气！我今天身体不舒服呢。你脱衣先睡吧。”

那妖怪听完，真个先脱衣睡下了。

孙悟空继续和他说道：“我父亲请了一个五百年前大闹天宫，姓孙的齐天大圣来拿你呢！”

“真有此事？”那妖怪一听齐天大圣，就跳了起来，显然有些害怕了，“既然这样说，那我就走了，我们做不成夫妻了。”

“为什么？你要走？”孙悟空假惺(xīng)惺地问。

“你不知道，那闹天宫的弼马温有些本事，我弄不过他，输了不好看。”那妖怪套上衣服，开了门，就要往外走。

## ④ 妖怪不敌悟空

还没走出去，就被孙悟空一把扯住了。孙悟空用手一抹自己的脸，现出原形，大喝一声：“好妖怪，哪里走，抬头看看我是谁？”

那妖怪转身一看，看见孙悟空龇(zī)牙咧(liě)嘴，双眼冒火，跟个活雷公似的，吓得他手软脚麻，哗啦一声，挣破衣服，化成一股狂风脱身而去。

孙悟空随即跟上。他们一前一后来到一座高山上。那妖怪在一个叫云栈(zhàn)洞的洞口现了本像，从洞里取出了九齿钉耙(dīngpá)与孙悟空对战。两人就在那半山之中开始打斗起来。一个金睛似闪电，一个环眼似银花；这一个口喷彩雾，那一个气吐红霞。

不过，那妖怪终不能迎敌，败阵而逃，化成一股风躲进了云栈洞，再也不出来了。

## 5 唐僧收悟能为徒

孙悟空稍稍休息后，再次来到妖怪住的洞口，一顿铁棍乱挥，将两扇洞门打得粉碎。那妖怪只得出来应战。两人骂一阵子，又打一阵子。

那妖怪问道："你这猴子，我记得你大闹天宫时，家住在东胜神洲傲(ào)来国花果山，如今，你怎么到这里来欺负我来了?"

孙悟空笑了笑，说道："我老孙已经改邪归正了，弃道从僧，保护一个东土大唐驾下御弟，叫作三藏法师，往西天拜佛求经。我们路过高老庄借宿，那高老儿请我们救他女儿，灭你这个笨货。"

"那取经人在哪里?"妖怪一听"求经"二字，赶紧丢下钉耙，施了个礼道，"麻烦你引见引见。"

孙悟空奇怪地问："你为什么要见他?"

"我本是观世音菩萨劝善，受了他的戒行，在这里吃斋(zhāi)吃素，叫我跟着那个取经人往西天拜佛求经，将功折罪，修成正果，"那妖怪抱怨道，"这几年我一直都没听到消息，你既然做了他的徒弟，为什么不早说取经的事情，只顾逞凶，上门打我呢?"

孙悟空笑着说："我怎么知道你是不是真心呢?你对天发誓，我才带你去。"

那妖怪说："只要你带我去见取经人，我都答应你。"妖怪不但发了誓，还一把火将云栈洞烧掉了。

孙悟空见此，拔下一根毫毛，变成一条三股绳，将那妖怪反手捆了，揪(jiū)着他的耳朵前往唐僧处。

在路上，妖怪哼道："你轻一点，你的手重，把我的耳朵都揪痛了。"

孙悟空笑着说："轻不成，顾你不得!常言道，'善猪恶拿'。"

来到高太公家后，那妖怪一下子扑到唐僧面前，双膝(xī)跪下，背着手对唐僧

kòu
叩 头道："师父，弟子失迎。早知如此，我早来拜接，不必费许多波折。"

唐僧奇怪地问道："悟空，你怎么降得他来拜我？"

孙悟空把那妖怪的情况跟唐僧说一遍后，唐僧笑着说："好！好！你师兄叫悟空，你叫悟能，符合我法门宗派。我给你取个别名吧，就叫八戒。"从此，那妖怪也叫猪八戒了。

天蓬元帅下界后，归顺佛门，变成了猪八戒随同唐僧取经。接下来还会有谁归顺呢？场面又如何呢？欲知后事如何，且听下回分解。

# 五　近朱者赤，近墨者黑

主要人物：孙悟空、猪八戒、沙悟净
主要地点：流沙河
主要事件：唐僧收沙悟净为徒

## 1 俗话记忆

“近朱者赤，近墨者黑。”这句话的意思是靠近朱砂的物体会变红，靠近墨石的物体会变黑。一般比喻与人相处时，接近好人则可以使人变好，接近坏人则会使人变坏。后来也指客观环境对人有很大的影响。

《西游记》里，孙悟空解释沙悟净为什么知水性时，对唐僧说：“常言道，近朱者赤，近墨者黑。那怪住在这里，断知水性。”

## 2 流沙河遇阻

话说猪悟能拜唐僧为师，成为了孙悟空的大师弟，唐僧为其取别名猪八戒。

一日，他们师徒三人向西来到一马平川之地，一条大河横在了他们的面前。河水波涛汹涌，水流湍(tuān)急，宽阔无比。唐僧在马上惊呼道：“徒弟，如此宽的河流，为何不见船只行走，我们怎么过去呢？”

猪八戒在旁边也叫道：“果真宽阔，还真没有看见船只。”

孙悟空跳到空中，用手搭个凉篷，四下里张望一下，心也凉了半截，道：“师父啊，这真是一难呀！若论老孙的话，只要扭一下腰就可以了，可是师父你就难行呀！”

正当师徒三人焦急万分时，唐僧忽然发现河边有一块碑石，上面写着：“流沙河，八百流沙界，三千弱水深。鹅毛飘不起，芦花定底沉。”

唐僧还没有读完，河中就传来浪涌如山倒的声音，顺着声音望去，河中间突然冒出了一个妖精，十分凶丑：蓬松的头发像火焰，两只圆圆的眼睛像亮着的两盏灯；一张不黑不青的脸，发出的声音像打雷，又像敲鼓；身上披着一领鹅黄衫(shān)，腰上束着白色的藤条；脖子上挂着九个骷髅(kūlóu)头；手上拿着一把宝杖。那妖精风一般地跑到了岸上，直奔唐僧，吓得孙悟空赶紧抱住师父，跑向高处。

那猪八戒放下担子，抽出钉耙，朝妖精扑打了过去。

妖精使出宝杖，拼命架住。两人你来我往，在河岸上大战二十余回合，不分胜负。

孙悟空在旁边看猪八戒与那妖怪交战，在旁边咬牙切齿，摩(mó)拳擦掌，忍不住冲了过去，抡起铁棒就打。

那妖精急忙转身，慌慌张张躲过铁棒，钻入流沙河里去了。

## 3 悟空难以制胜

孙悟空和猪八戒见妖精逃走了，就搀(chān)着手，有说有笑，乐呵呵地来到唐僧面前。

唐僧问道："可曾捉得妖怪?"

孙悟空回道："那妖怪不经打，一下子就钻到河里去了。"

唐僧说："徒弟，这妖怪长期住在这里，知道河的深浅。我们怎么过河呢?"

孙悟空说道："常言道，近朱者赤，近墨者黑。那怪住在这里，断知水性。我们如今只有抓住他，不打死他，只要让他送师父过河，再做打算就可以了。"

猪八戒一听，笑着说："哥哥不必迟疑，你先去抓他，我在这里保护师父。"

孙悟空也笑着说："老弟呀，其他事情我都可以，只是这水里的事情，老孙不大熟悉。"

猪八戒望了望孙悟空，又看了看流沙河，说道："老猪虽然曾经总管过天河，掌管了八万水兵，知道些水性，不过我还是怕打不过他，反而被他抓走了。"

孙悟空想了想，说道："你先下水把他引出来，只许败不许胜，出来后，我来抓他。"

猪八戒见孙悟空如此说，就连声说："好，好，好，我去。"话音刚落，就脱掉青锦直裰，脱了鞋，双手舞动钉耙，分开水路，使出当年的手段，跃浪翻波，撞将进去。

没多久，两人就一前一后从水中打将上来。一个降妖宝杖头上抡，一个九齿钉耙快如飞。两人打斗又有两个时辰，不分胜败，只听得波翻浪滚似雷轰，日月无光天地怪。真是铜盆逢铁帚（zhǒu），玉磬（qìng）对金钟。猪八戒虚晃一耙，佯（yáng）输诈（zhà）败，转头往岸上走。

孙悟空绕到那妖怪后面，举棒就打。那妖怪招架不住，又钻到流沙河里去了。

第二天一早，孙悟空又和猪八戒商议，由猪八戒引那妖怪出来。不过，这次那妖怪再也不上岸来了，只在河里吵闹。

孙悟空见不上岸，急得心焦性暴，恨不得把他捉上岸来。

## 4 沙悟净拜师

师兄弟二人见那妖怪就是不肯上岸，捉拿不了他，难为情地回到唐僧处。

“如此艰难，我们怎么过河呢?”唐僧说完，就满眼是泪了。

忽然，孙悟空想到了一个办法，去南海观世音菩萨那里寻求帮助。大家一听，连连称是。

孙悟空一路筋斗云，不到半个时辰，就到了普陀（tuó）山，来到了观世音菩萨住处紫竹林。孙悟空把在流沙河的情况如实告诉了观世音菩萨。观世音菩萨告诉孙悟空：“那流沙河里的妖怪，是卷帘大将下凡，也是我劝化的信徒，要他保护取经之人。你只要说出东土取经人，他就不会与你争斗了，也会归顺我佛的。”

观世音菩萨派遣（qiǎn）惠（huì）岸尊者，随同孙悟空前往流沙河，协助唐僧师徒。

“悟净！悟净！取经人在此久矣（yǐ），你怎么还不归顺?”惠岸尊者一来到流沙河畔（pàn），就立即厉声高喊。

那妖怪惧（jù）怕孙悟空，躲在水底，正在水下休息，只听到有人叫他法名，又听说“取经人在此”，他也不怕了，直接翻出河面，见是惠岸尊者，连忙笑盈（yíng）盈地施礼道：“尊者失迎，菩萨在哪儿呢?”

“我师父未来，他派我来吩咐你早跟唐僧做个徒弟。要求你把脖子上挂的骷髅骨与我手上的葫芦(hú lu)，按九宫结在一起，变成一只法船，渡他们过河。”惠岸尊者一手举着葫芦，一手指着孙悟空，逐一介绍起来：“这是孙悟空，那是猪八戒，他们都是唐僧的徒弟，也是菩萨劝化的。那是你的师父唐僧。”

悟净连忙丢下宝杖，整了整衣服，跳上岸来，对着唐僧双膝跪下道：“师父，弟子有眼无珠，不认得师父的尊容，多有冲撞，万望恕(shù)罪。”

唐僧见此，也高兴地叫道：“悟空，取戒刀来，与他落发为僧。”随后也为他取了个别名，叫沙和尚。

从此唐僧师徒四人一路向西到西天取经去了。一路上他们又会遇到哪些苦难呢？欲知后事如何，且听下回分解。

# 六　仁义值千金

主要人物：孙悟空、猪八戒、清风、明月

主要地点：五庄观(guàn)

主要事件：偷吃人参果

## 1 俗话记忆

“仁义值千金”它常与“钱财如粪土”合用，两句话连在一起的意思是金钱和财物就像粪土一样没什么价值，仁爱和正义要比金钱可贵。

《西游记》中，唐僧对镇元大仙的徒弟明月说：“常言道：‘仁义值千金。’叫他赔礼道歉(qiàn)，便罢了。”唐僧要偷吃人参(shēn)果的徒弟向明月赔礼道歉。

## 2 唐僧不敢吃人参果

话说唐僧师徒来到万寿山，走进了五庄观。

听观主镇元大仙的徒弟清风、明月介绍说，师父镇元大仙接到元始天尊的帖(tiě)子后，带着其他四十六位徒弟上天听道去了，留下他们二人接待唐僧。

两名道童安排好唐僧四人后，一人手拿金击子，一人手拿丹盘，来到人参果园里的人参果树下。清风爬上人参果树，用金击子朝人参果轻轻地敲了一下，果子就掉到明月的丹盘里。他们俩敲下两个人参果，用盘子端着来到唐僧面前。

“唐师父，我们这里荒凉偏僻(piān pì)，没有东西可以奉上，现在献上两个素果，只当是解渴吧！”清风、明月说道。

“善哉(zāi)！善哉！今年风调雨顺，也算是丰收年，你们这里怎么吃人呀？”唐僧低头一看，吓得跳到三尺之外，战战兢兢地说道，“这个是还没满三朝的孩童，怎么与我解渴呢？”

原来，五庄观里有三千年一开花，三千年一结果，再三千年才熟、可吃的人参果，也叫草还丹。人参果的样子像三朝未满的小孩，四肢俱(jù)全，五官皆(jiē)有。

人闻一下人参果，就能活三百六十岁；吃一个，就能活四万七千年。清风和明月虽是徒弟、童子，但也有一千二百岁以上了。五庄观里本有三十个人参果，现只剩下二十八个了。镇元大仙安排童子摘两个给故友唐僧吃。

无论清风、明月怎么解释，唐僧始终不吃。这两个童子只好端着人参果回房去了。这个人参果不像普通的水果那样，可以放置，摘下来后必须要吃掉。于是两人悄悄地商议一下后，就一人吃了一个。

## 3 猪八戒想吃人参果

猪八戒在厨房里烧火做饭，正好听到了他们俩的对话，知道他们怎样去摘人参果，又怎样吃人参果，听得他心里痒痒的，口水直流，心想：“无论如何我们也要去摘一个尝尝。”猪八戒无心烧火做饭了，悄悄地溜(liū)了出去，找到了孙悟空。

“猴哥，观里有一件宝贝，你知道吗？”猪八戒故意神秘地说道。

“什么宝贝？”孙悟空见猪八戒如此神秘，就好奇地问道。

猪八戒笑了笑，望了望四周，凑到孙悟空的耳边说道：“说给你听，你也不曾见；拿给你，你也不认得。”

孙悟空也笑着说：“你这呆子笑话我老孙见识少？我老孙五百年前，访仙问道时，也曾云游海角天涯，什么没见过？”

猪八戒看了看身后，发现没人，就轻轻地说道：“猴哥啊，人参果你曾见过吗？”

“这个真不曾见过。只听人说过，如今哪里有？”孙悟空惊讶地问。

猪八戒把自己在厨房里听到的对话和自己的想法告诉了孙悟空。

## 4 孙悟空打人参果

孙悟空听后，立即悄悄地来到童子的房间，顺利地拿到了金击子，飞奔到人参果园门口，轻轻地一推开门，就看见了正中间那棵人参果树。只见人参果树非常高大，有千余尺高，叶子像芭蕉(bājiāo)叶，树干腰围有七八丈。孙悟空站在树下往上一望，只见树枝之间露出一个人参果，真个就像孩童一般。一阵风吹来，人参果在树叶中间晃动，就像小孩在呵呵笑呢。

孙悟空自言自语道：“真是好东西啊，果然罕(hǎn)见，果然罕见。”说完就爬到树上去了。

孙悟空一爬上去，就迫不及待地用金击子敲了一个，那果子“扑通”一声落降下去，孙悟空赶紧跳下来寻找，可是四处都没找到。那果子落下来后，地上竟然没有任何痕迹(hén jì)。

孙悟空摸摸脑袋，说：“怎么回事呢？真是蹊跷(qī qiao)了，难道它有脚会走？即使走，也跳不出墙呀？难道是果园里的土地神吃了？”他立刻念了一个口诀，土地神随后就出来了，对孙悟空施礼道：“大圣，有何吩咐？”

孙悟空说：“我当年偷蟠桃，盗御酒，窃(qiè)灵丹，都不曾有人跟我一起分着吃。我今天偷他一个果子，你还要拿去。我才打下一个，你就捞(lāo)了去吗？”

土地神无可奈何地说：“大圣，你错怪小神了。这宝贝我不敢拿，就连闻一闻的福气也没有。”

“没拿，”孙悟空有些生气了，“那如何打下来就不见了？”

土地神先把人参果的特点说了一遍，再告诉孙悟空，打人参果要用东西接住，否则它就会落地不见。

孙悟空照着土地神的方法，打下了三个人参果，用衣服接住，然后来到厨房，叫猪八戒、沙僧一起享用。猪八戒贪吃，一口就吞下去了，还没尝出味道，一个人参果就没有了。他独自坐在那里絮絮叨叨(xù dāo)的，没想到被清风和明月听见了。

## ⑤ 发现人参果被盗

清风、明月急忙来到人参果树下，一数，发现人参果只有二十二个了，少了四个，吓得他们俩赶紧来到唐僧处，生气地说道：“你手下的人偷吃我家的人参果了！”

“你们莫嚷嚷，等我问他们，如果真是他们偷吃了，我叫他们赔你。”唐僧说道。

“赔？这个就是有钱也买不到！”明月大声说道。

“即使有钱也没处买，但常言道，‘仁义值千金’。我叫他们赔礼道歉就是了，”唐僧想了想，说，“现在还不知是不是他们偷的呢。”

唐僧把三个徒弟叫到面前，问道：“你们中的哪一个是不是偷了人参果？”

“师父，我老实，不晓得，不曾见。”猪八戒首先说道。

“就是他，就是他不停地说还想吃人参果。”清风一听，马上说道。

孙悟空在旁边忍不住笑了起来。

明月马上说道：“笑的这个人也吃了。”

孙悟空见明月这样说，有些生气了，大声喝道：“我老孙生来就是这副笑脸，难道你家果子不见了，就不允许我笑。”

“徒弟息怒，我们是出家人，不能打诳(kuáng)语。如果吃了他家的果子，给他赔礼道歉就可以了，不必耍赖(shuǎ lài)。”唐僧双手合十，慢慢地说道。

孙悟空见师父说得有理，就对师父说了实话。他们师兄弟一人吃了一个。

明月听了，生气地说道：“明明是偷了四个，还不承认？”

猪八戒本来就没吃够，这会儿听说打了四个，却只拿来三个，他有些坐不住了，抱怨起孙悟空来。孙悟空也受不了了，气得咬牙，怒睁火眼，把金箍棒弄来弄去，大声说道：“干脆，我把那些人参果全部打下来，一个也不留。”说做就做，孙悟空拔了一根毫毛，留下假身，真身飞往果园，将人参果一顿乱打，一会儿就将果子全部打下来。最后孙悟空还不解气，竟然把那棵人参果树连根拔起，丢在那里。

孙悟空发泄完后，回到了唐僧面前。清风、明月也骂够了，就去果园清点人参果去了。

清风、明月来到果园一看，被眼前的景象吓得魂(hún)飞魄(pò)散，站都站不稳了。

只见那棵古树倒在地上，树叶落了一地，剩下的那些人参果都不见了。

“这怎么办呀？这怎么办呀？这是断了我们的仙苗呀！我们怎么跟师父说呀？”清风大叫道。

“师兄莫嚷，一定是那个毛脸雷公和尚做的。我们要想想怎么办？现在不可打草惊蛇。”明月镇定了下来。

两个人商量了好后，将唐僧师徒锁将起来后，把偷吃人生果和推倒人参果树的事全骂给唐僧听，然后才去睡觉。

## ❻ 人参果又回来了

唐僧师徒第二天一早，悄悄地就离开了五庄观，孙悟空给了清风、明月两只沉睡不起的瞌睡虫。

“清风、明月，你们在哪儿呢？”没多久，五庄观里响起了呼喊声。原来是镇元大仙带着徒弟们回来了。他们没看见这两人，就四处喊。

两人被镇元大仙施法弄醒后，立即将唐僧师徒四人在五庄观的所作所为告诉了大仙。大仙一听气急了，立即率领众徒弟捉拿唐僧师徒四人。

没过多久，大仙就把他们四人捉回到五庄观。所幸镇元大仙只要求他们把人参果树救活，复活人参果就放行。

要救活人参果树，孙悟空想到“古人云，方从海上来”。孙悟空连忙来到了蓬莱(lái)仙境寻求帮助，他找到了寿星、福星、禄星一起来到五庄观，不过这三人也救不活人参果树，后又找到了太上老君也医治无方。

孙悟空来到瀛(yíng)洲海岛，在九老处求方不成，只好去南海观世音菩萨处了。观世音菩萨早就看到孙悟空过来了，连忙派守山神黑熊迎接他。

孙悟空把在五庄观及他到处找方救人参果树没有成功的情况一说，观世音菩萨就说道：“你怎么不早来见我，而去到别的地方求救树良方呢？”观世音菩萨说完就带着他的甘露水和杨柳枝，随同孙悟空一起来到万寿山五庄观。

被孙悟空拔倒的人参果树终于又重新生根发芽了，并且树上剩下的二十二个人参果在枝叶间又晃动了起来。

唐僧师徒四人与镇元大仙告别后，又往西天出发了。取经路上，他们又会遇到怎样的人呢？会有妖怪出现吗？欲知后事如何，且听下回分解。

# 七　事不过三

主要人物：孙悟空、唐僧、白骨精

主要地点：白虎岭

主要事件：三打白骨精

## 1 俗话记忆

“事不过三”的意思是同样的事物或现象不能够连续出现多次。这个“三”是虚指，泛指数量多。

《西游记》里，孙悟空面对唐僧坚定地要驱(qū)除自己时，想到自己三打白骨精，已被撵(niǎn)了两次，现在是第三次撵了，就说道：“事不过三。我若不去，真是个下流无耻之徒。”

白骨精是唐僧西天取经路上遇到的第一个要吃他的妖怪。孙悟空为了保护唐僧打死了白骨精，唐僧为什么又坚定地要驱除他呢？

## 2 悟空去找食物

话说唐僧师徒离开五庄观，来到一处崇(chóng)山峻(jùn)岭之间。他们听到从远处不断传来虎啸(xiào)狮吼声，看见地上有一群狼的脚印，山上到处荆(jīng)棘(jí)相连，岭上松楠(nán)秀丽，古树参天，心中不免有些紧张起来。

不知不觉，大家行走了一天，都已感到饥饿。孙悟空将身一纵，跳上云端，手搭凉篷。放眼望去，只看见郁郁葱葱的森林，没看到一丝炊(chuī)烟，更无任何人家。忽然，他发现了远处葱郁之间有一点红色。他高兴地回到地面，告诉唐僧：“这里虽没有人家化斋饭吃，但南边有一片红色，估计是熟透了的山桃，我去摘几个来，给你充饥。”

“出家人有桃子吃，那是福分。快去吧！”唐僧欢喜道。

## 3 白骨精来了

常言道，山高必有怪，岭峻确生精。这座山上真有一个妖精。

几年前，这个妖精就听说东土来的和尚要从这里去西天取经。和尚是如来佛祖的二徒弟金蝉子转世化身，有十世修行的身体。如果能吃上他的肉，就可以长生不老。

这个妖精在天上见孙悟空去摘桃，就摇身一变，变作一个拥有花容月貌的女子，左手提着一个青砂罐(guàn)儿，右手提着一个绿瓷(cí)瓶儿，从西往东，直奔唐僧。

“猪八戒、沙僧，你们看，”唐僧一抬头，就远远地看见了这个女子，赶紧叫了起来，“刚才悟空还说这里没有人家，那不是来了一个人吗？”

“师父，你和沙僧坐着，等老猪去看看。”猪八戒听师父一叫，再一看，远处果真来了一个青年女子。他赶紧放下钉耙，整了整衣服，装作一个斯文人，摇摇摆摆地迎面而上。

猪八戒走近一看，这个女子如同仙女一般，柳眉积翠黛(dài)，杏眼闪银星，体似燕藏柳，声如莺(yīng)转林。猪八戒见她如此漂亮，动了凡心，忍不住胡言乱语起来，叫道：“女菩萨，往哪里去？手里提的是什么东西？”

那女子娇滴滴地说道：“长老，我这青砂罐里装的是香米饭，绿瓷瓶里盛的是炒面筋，特意来给你们吃的。”

猪八戒没有火眼金睛，认不出她是妖怪。一听是来送饭的，他就满心欢喜，连忙转身，跑出了猪颠(diān)风，兴奋地告诉唐僧，还当着师父的面责怪孙悟空：“那猴子不知道到哪里摘桃子去了，说不定自个先吃上了，吃饱了还玩去了。”

唐僧连忙向那女子合掌问道：“女菩萨，你住在哪里？是什么人家，为什么要给我们送吃的？”

那女子想了想，花言巧语道：“师父，我住山下，我父母乐善好施，经常为云游僧人送水送饭。他们只生了我一个女儿，如今招了一个女婿在家，专门为他们养老送终。”

唐僧一听，奇怪地问道：“女菩萨，圣人云，父母在，不远游，游必有方。你既然有父母在堂，又给你招了夫婿，你为什么一个人在山上行走呢？这是不遵妇道呀。”

“师父，我丈夫在山北凹(āo)里，带几个人在田里干活呢，这是我给他们送午饭去吃的。父母年老了，家里没人，我就只好亲自来了。忽然遇到你们几个，就想到父母乐善好施，就把饭给你们吃。”那妖怪继续说道。

“善哉，善哉，我徒弟摘果子去了，我不敢吃，也不能吃。”

猪八戒一听，努着嘴，埋怨道：“到嘴的饭菜，三个人不吃，非要等到猴子回来，等到四个人分吃。”想着想着，就顾不上那么多了，他一嘴就把那个罐子拱倒，就要动口吃上了。

## 4 首打白骨精

“猪八戒，别动！”就在这时，孙悟空摘桃子回来，看见猪八戒准备吃妖怪给的饭菜，连忙喊道。孙悟空远远地就用他那火眼金睛发现这女子是妖怪。话音刚落，孙悟空的金箍棒就下来了。

吓得长老连忙用手扯住孙悟空，说：“悟空，他是山中有善心的女子。”

孙悟空指着这个女子说道：“师父，她是个妖精，她在骗你。”

无论孙悟空怎么解释，唐僧就是不信。孙悟空只好说道：“师父，你是不是看上她了，动了凡心？”

唐僧本是一个软善之人，听孙悟空这样一说，他的耳根子都红了。孙悟空趁此机会，再次举起金箍棒，向那妖怪打去。那妖怪也有些手段，使了个解尸法，留下一具假尸首，自己抖擞一下精神逃走了。

长老一看尸首，吓得战战兢兢，口中不停地念道：“这猴子真是无可救药，屡劝不听，无故伤人性命。”

孙悟空说道：“师父，莫怪我。你现在来看这个罐子里装的是什么吧！”

沙僧扶着唐僧走近一看，这里面哪里是香米饭呀，是一堆拖着尾巴的蛆(qū)虫，另外一个罐子里也不是面筋，而是几只青蛙和癞蛤蟆(lài há ma)在那儿跳呢。

唐僧这时才有三分相信了。猪八戒心不甘了，又在那里嘀咕(dí gu)道：“这是猴子怕你念紧箍咒使法子变的。”

唐僧本来就只有三分相信，听猪八戒这样一说，立即念起紧箍咒来，并且决定不留孙悟空做徒弟了。

孙悟空被紧箍咒念得满地打滚，只得哀(āi)求唐僧：以后再也不打死人了。唐僧见孙悟空哀求，也就原谅了这一次。

## 5 二打白骨精

妖怪在云端远远地看着唐僧师徒，心中想，孙悟空虽有本事，但也不能阻止我吃唐僧肉。她又摇身一变，变作个年满八十的老妇人，老态龙钟，拄着一根歪头拐杖，一步一声地哭着朝唐僧师徒走来。

猪八戒见了，大惊道：“师父！不好了，那女人的妈妈找人来了。”

“找什么人？”唐僧也吃惊道。

“师弟，莫胡说，”孙悟空知道，这又是妖怪来了，“你们想一想，那女子约十八岁，这个老妇有八十多岁，怎么可能呢？老妇人六十多岁还能生孩子？等我过去看看。”

孙悟空很快就走到了老人面前。老太太真是很老，两鬓斑白(bìn bān)，脸枯如菜叶，颧(quán)骨翘(qiào)得很高，满脸皱(zhòu)纹，不过这些都掩盖不了她是妖怪，逃不了孙悟空的火眼金睛。孙悟空二话不说，就举起金箍棒照头就打。铁棒还没落下，那妖怪就抖擞了一下精神，又丢下一个假尸首，逃走了。

在不远处的唐僧一看，从马上摔了下来，坐在那里，气得他立刻念起了紧箍咒，翻来覆(fù)去，足足念了二十遍。

可怜那孙悟空的头被那金箍勒(lēi)得像个葫芦，疼痛难忍，滚到唐僧的前面苦苦哀求：“师父莫念了，有什么话就说吧！”

唐僧怒骂道：“我如此劝化你，可是你只管行凶，把平民百姓打死一个，又打死一个。这怎么说？”

孙悟空双手摸着头，辩解道："她们是妖精呀！"

唐僧继续骂道："你这个猴子在胡说！哪有这么多妖精呢？你就是个无心向善之辈，有意作恶之人，你走吧！"

经过孙悟空多次求情，唐僧只好说道："我再饶你这一次，以后可不能再行凶了。"

## ⑥ 三打白骨精

孙悟空答应了唐僧。妖怪在云端见孙悟空痛得满地打滚，又听了他们师徒的对话后，心中暗喜：这次我必须要成功吃上唐僧肉。她又摇身一变，变成了一个老爷爷：白发苍苍，手拄拐杖，手里不停地转动着一串珠子，边走边念着什么。

猪八戒远远地望见了，阴阳怪气地对唐僧说道："师父，这是找人来了，他来找他女儿和妻子。猴子打死了她们俩，他会找我们报仇的。"

孙悟空见此后，赶紧走到老爷爷面前，一看一问，果真是假扮寻找女儿和老太婆的妖怪。

孙悟空正准备拿出金箍棒打过去时，忽然又停下来了。他想："如果我打死了他，师父这次肯定会开除我，如果不打，他就会把师父抓走。我要找个好办法。"

孙悟空想了一会儿后，把土地神和山神都请了出来，说："这个妖精三番来戏弄我师父，这一次我一定要把他打死。我请你们帮我做个证明，不许走。"孙悟空安排好后，举起金箍棒，手起棒落，瞬间就把妖怪打死了。那妖魔终于彻底断绝了灵光。

唐僧在马上见此情景，早已吓得口不能言，半天说不出话来。

猪八戒在旁边又笑道："好悟空，只走了半天路，就打死了三个人！"

唐僧一听，又准备念紧箍咒，刚要张嘴，孙悟空就走到马前，说道："师父，莫念，你看被打死的是妖怪。"唐僧顺着孙悟空的手指一看，真是一堆骷髅（kūlóu），骷髅中间还有一行字："白骨夫人。"

这次有土地神、山神的证明，唐僧相信了孙悟空的话。

没想到猪八戒又在旁边说道："师父，这是他怕你念紧箍咒，故意变化的。"

唐僧一听又念起了紧箍咒。孙悟空疼得再次跪在唐僧面前哀求。

唐僧念完紧箍咒后，冷冷地对孙悟空说道："你回去吧！"

孙悟空委屈道："师父错怪了我，这个分明是妖怪，她要害你，我打死了她，替你除害，你却不认得，反信了那呆子馋(chán)言冷语，多次赶我走。常言道，事不过三。我若不去，真是个下流无耻之徒。我去我去！"

尽管唐僧不接受孙悟空的拜别，但孙悟空为了感谢师恩，从身上拔出三根毫毛变出三个一模一样的孙悟空，四个孙悟空四面围住唐僧下拜，最后不得不离开了唐僧。

离开大徒弟孙悟空的唐僧会遇到妖怪吗？猪八戒、沙和尚又能否保护唐僧西天取经呢？欲知后事如何，且听下回分解。

# 八　不看僧面看佛面

主要人物：孙悟空、猪八戒、黄袍怪

主要地点：波月洞

主要事件：降伏黄袍怪

## ❶ 俗话记忆

“不看僧面看佛面”这句话的字面意思是，不看和尚的面子，但要看佛祖的面子。一般形容要给他人情面，宽容某人或某事。与它相近的是“不看金面看佛面”。

《西游记》中，唐僧被黄袍怪妖术所困，变成了一只老虎。在猪八戒的劝说下，孙悟空前来将黄袍怪制服，但不愿意将唐僧变回本相。这时，沙僧跪在孙悟空面前说：“古人云，不看僧面看佛面。兄长既然到了这里，还请救他一救。”

## ❷ 三公主致信父王

原来，孙悟空离开后，唐僧带着猪八戒、沙僧来到黑松林，并派猪八戒出去化斋饭。猪八戒一去好多时辰（chén）也不见回来。沙僧去找猪八戒时，饥饿的唐僧只好一个人强打起精神散步解闷，走着走着，走进了黄袍怪的住所，就这样他被黄袍怪给抓住了。

唐僧一个人被关在妖洞里，他从来没有像现在这样孤独、害怕过。他越想越怕，情不自禁地痛哭起来。

这时一位妇人走过来说，她是三百里外宝象国的三公主，被妖怪抢来有十三年了。如果唐僧愿意帮她带一封求救信给父王，她就想办法放唐僧出去。唐僧一听，连忙答应了。

在这位三公主的帮助下，唐僧逃了出来，与猪八戒、沙僧会合。几天后，师徒三人来到了宝象国，面见国王，把三公主的信件呈了上去。

国王接过信件，看到信封上有平安二字，一下子就手发软，拆不开信来了，只好叫翰(hàn)林院大学士读信。

“不孝女百花羞，顿首百拜大德父王万岁……”

大殿之上文武百官，后殿的后妃宫女，无不侧耳倾听，听着听着，开始呜(wū)咽(yè)声声。国王眼眶里眼泪直打转。

“伏望父王垂悯(mǐn)，遣上将早至碗子山波月洞捉黄袍怪，救女回朝，深为恩念。草草欠恭，面听不一。逆女百花羞再顿首顿首。”那读信的大学士刚读完，国王再也忍不住了，嚎(háo)啕(táo)大哭起来，殿前殿后，无不滴泪伤情，哀怜痛哭不已。

哭过之后，大家建议要唐僧的徒弟猪八戒和沙僧去波月洞降妖救公主。

## ③ 黄袍怪捉住沙僧

没多久，猪八戒和沙僧来到波月洞口，猪八戒拿出钉耙，往波月洞门上使劲一打，在洞门上留下了两个巨大的窟(kū)窿(long)，吓得守门的小妖赶紧向黄袍怪禀(bǐng)报。

“我饶了你师父，你们怎么又来打我的门?”黄袍怪气鼓鼓地走出来，挥舞着钢刀，大声喝道。

猪八戒也大声喊道：“你把宝象国公主骗来，强占为妻，如今，我奉国王的旨意，特来抓你。你赶快自己绑起来，免得老猪动手。”

黄袍怪一听，气得头发都竖了起来，咬牙切齿，圆睁环眼，举起刀就往猪八戒这里冲过来。猪八戒侧身躲过，用钉耙向他横扫过来。妖怪刚躲过，沙僧就举着宝杖冲上来就打。波月洞外，一猛怪，二神僧，来来往往不消停。这个说：“你骗国王理该万死!”那个道：“你管闲事不应该!”

他们打打骂骂近十个回合后，猪八戒体力跟不上了，于是找了个理由退出了战斗，钻进荆棘葛藤(gěténg)里，管不上疼痛，顾不上沙僧，一个人在那里就躺下了。孤立奋战的沙僧，最后被黄袍怪捆住了。

黄袍怪回到洞里，心中暗想，宝象国王派人来找公主，可能是公主托信求救。想到这里，就找到公主，要杀她，幸亏沙僧与公主的机智，既(jì)保护了公主，又让沙僧对公主感恩不尽，在心里默念："真是与人方便，自己方便呀！"

## 4 黄袍怪认亲

后来，黄袍怪安抚好公主后，换了一身鲜亮的衣服，取了一口宝刀，佩在腰间，跪在公主面前，一边抚摸着她的手，一边说："浑家，结婚这么多年，我还没认过亲。现在趁唐僧在那里，我得好好去认个亲。"

"你这样去，会吓坏我父王他们的。"公主一听就急了。

"我变个俊俏(jùnqiào)的模样吧！"说完，黄袍怪摇身一变，变成了一个典雅、健壮的男子。变完后，黄袍怪来到宝象国，走到了国王面前。

面对国王的询(xún)问，黄袍怪花言巧语，对答如流，说他是一名猎户，那天看见一只斑斓(lán)虎驮着一名女子，他就打伤老虎，救下女子。他本来要杀掉老虎，是因为女子说老虎是他们之间的婚姻媒人，就饶了它的性命，放它走了。他如今知道女子的身份后，前来认亲。

国王说："你认识那老虎吗？"

黄袍怪思索了片刻，指着唐僧说道："他就是那只老虎，现在他又假借唐僧之名来害人。"

"何以见得？你既然认得，你可叫他现出本相来。"国王顺口说道。

黄袍怪取来一碗水，走到唐僧面前，使了个黑眼定身法，念了一个咒语，将一口水喷向唐僧，同时叫声"变"，那唐僧真的就变成了一只斑斓猛虎。

这只虎白额圆头，花身电目，锯牙包口，尖耳连眉。大家一看，胆小的吓得东躲西藏，国王也早已魂飞魄散。几个胆大的武将冲上去，一顿刀砍斧劈(pī)，幸亏唐僧有诸(zhū)神护佑(yòu)，兵器皆不能伤。国王只好下令把老虎活捉起来，锁在铁笼子里，关进牢房。

国王见来此认亲的三驸(fù)马才貌双全，非常高兴，当即留在宫中款待。不过，黄袍怪深夜里喝了几杯酒后，现出了原形，抓住旁边的一个宫娥开始吃起来。

## 5 白龙马救人受伤

白龙马在驿(yì)站的马厩(jiù)里静静地吃草，忽然听到外面传闻唐僧是虎精时，就感觉不对，加上猪八戒和沙僧至今未回，他越发觉得事情不妙。于是现出本相，使出小龙王的本领前去打探。他来到殿内，看见一个大汉正在一边吃人，一边喝酒，就知道这不是好人，可是经过一番拼杀，无力胜他，只好带着伤痕回到了驿站，伏在槽(cáo)下等待。

猪八戒在荆棘葛藤里睡了一觉后，才慢悠(yōu)悠地回到驿站。他在驿站寻找师父时，发现白龙马受伤了，心里有些纳闷。忽然，听到有人喊他："师兄！"吓了他一跳，他赶紧走了出去，待他来到白龙马身边时，白龙马扯住他衣服说道："哥啊，莫怕，是我。"

"兄弟，你今天怎么说起话来了？"猪八戒战战兢兢地说道，"你说起话来，肯定有大祸事。"

"师父有难了，我去找了一圈没找到，受伤回来了。"白龙马伤心地说道。

"这样正好，我们散伙吧！"猪八戒笑着说，"反正师父不见了，沙僧也不见了，我们也救不了，管不了了。"

"师兄，不能这样说！要救师父，你只要请一个人回来就可以了。"白龙马说道。

"谁呀？"

"你去花果山，请大师兄孙悟空来。"白龙马轻轻地说道。

"兄弟，另请一个人还可以，那个猴子与我有些不和，"猪八戒继续说道，"前一段时间，在白虎岭上，他打死了白骨夫人，怪我要师父念紧箍咒，其实我也只是好玩而已，只是没想到那老和尚当真念了起来，还把他赶走了。他现在不知怎样恨我呢，我去喊他，他肯定不来，说不定还要打我。他那金箍棒，很重的，弄不好，打到我身上，你说我还活得成不？"说完，猪八戒连连摆手，脑袋转得像个大拨浪鼓似的。

白龙马真诚地说道：“他绝不会打你，他是一个有仁有义的猴王。你见了他莫说师父有难，而说‘师父想你呢’，把他哄来，到了这里，他就不怨你了，肯定会和那妖精比拼，拿住妖精，救出师父的。”

猪八戒见白龙马这样说，也只好答应了，他说：“你有这等苦心，我若不去，就显得我不尽心了。”

猪八戒收拾好钉耙，整了整衣服，跳将起来，踏着一朵云彩，往东去花果山了。猪八戒来到花果山，最后用激将法，将孙悟空带到波月洞。当孙悟空了解到黄袍怪是天上之物后，就立刻上天庭请玉帝将他收回。

原来黄袍怪是天上的奎(kuí)木狼星宿。宝象国三公主是思凡下界的披香殿侍香的玉女托生，都是前世姻缘的事。

## 6 悟空重回团队

孙悟空重新回到波月洞，找到公主，将黄袍怪的身世告诉她后，就与她一起回到宝象国。

在宝象国的牢房里，孙悟空来到老虎前，只见师父被妖术所困，不能行走，心中明白，只是口眼难开。孙悟空笑道：“师父啊，你是个好和尚，怎么也弄出这个模样来了？”

“哥啊，救他一救吧。”猪八戒在旁说道。

“你凡事教唆(suō)，是他得意的好徒弟，你不救他，又找我怎么的？原与你说好的，降了妖怪，报了骂我之仇就回去的。”

沙僧一听，赶紧跪下，道：“哥啊，如果我们能救他，也不会跑老远地请你来呀。古人云，不看僧面看佛面。兄长既然到了这里，还请救他一救。”

孙悟空用手搀起沙僧道：“我岂有安心不救之理？快取水来。”

猪八戒见此，连忙飞一般地跑回驿站，取了行李马匹，将紫金钵盂(yú)取出，盛半盂水，递给孙悟空。

孙悟空接过水，念动真言，朝那虎劈头喷了一口，退了妖术，解了虎气。唐僧现了原身，定睛一看，认出了孙悟空，一把扶住，激动万分地说道：“悟空，你从哪里来的？”

沙僧把前后经过对师父说了一遍。唐僧感慨万分，说道：“贤徒，多亏了你呀，多亏了你呀。这一路取经，你的功劳第一。”

就这样，孙悟空又成为唐僧的大徒弟，回到了取经团队。

孙悟空回来了，猪八戒和孙悟空又会有怎样的故事呢？欲知后事如何，且听下回分解。

# 九　乍入芦圩，不知深浅

主要人物：孙悟空、猪八戒

主要地点：莲花洞

主要事件：八戒巡山睡觉

## 1 俗话记忆

“乍(zhà)入芦圩(wéi)，不知深浅。”这句话的本意是刚到一处芦苇地，一般不知道里面的深浅。比喻初到某地，须小心行事。

《西游记》里，暗中保护唐僧的值日功曹提醒孙悟空前面有妖怪。孙悟空在思考处理办法时，想到了这句俗话。他说，常言道：乍入芦圩，不知深浅。他认为不管是什么情况，还是小心谨慎为好。

## 2 值日功曹提醒有妖怪

话说唐僧师徒四人离开宝象国，一路夜宿(sù)晓行，不知不觉又是一个阳春三月，清风拂柳绿如丝，春日暖花芳自来。他们走着走着，前面又出现了一座大山。

唐僧说：“徒弟们看仔细啦，前遇高山，可能有虎狼阻挡。”

孙悟空一边走，一边挥舞着金箍棒，说：“师父，你莫生忧虑(yōu lǜ)，只要有老孙在，就是塌(tā)下天来，也可保你无事，怕什么虎狼呢？再说‘不受苦中苦，难为人上人’。”

唐僧听后，心里似乎也有底了，带着徒弟们，一路策马，走上山来。走到半山腰时，唐僧环顾四周，不觉打了一个寒战(zhàn)。这时，山下传来哗哗的水声，似蛟(jiāo)龙翻身戏水，山上层峦(luán)叠(dié)嶂(zhàng)，古树参天，密密匝(zā)匝，采药人都难以行走。山上还有几处悬崖峭(qiào)壁，险峻无比，就是打柴的人也是避而走之。

忽然，从远处传来说话声："那西进的长老，暂停片刻，我有一言奉告。"

唐僧被这一喊声吓得魂飞魄散，战战兢兢，差点从马上掉下来，还没有坐稳就对着孙悟空喊："悟空，你去那儿，打探一下具体情况。"

大家都循(xún)着声音，发现不远处的丛林里有一个老樵(qiáo)夫，头戴一顶蓝色斗笠(lì)，身穿一件毛皂(zào)衲(nà)衣，手持钢斧，在那里砍柴呢。

孙悟空迈开大步，走到他跟前，说道："大哥，你要奉告我们什么呢？"

樵夫说道："翻过这座山，再过六百里，有一座平顶山，山中有一洞，叫莲花洞。洞中有两个魔头，他们要吃唐朝来的和尚。只要是与唐朝有关的和尚，都别想过去。"

孙悟空不以为然地说道："我们就是唐朝来的，看他们能咋(zǎ)地？"

樵夫提醒道："和尚，你不要自大呀，那妖怪有五件宝贝，神通极大极广，需要小心为是呀！"说完就不见了。

孙悟空四下里张望了一下，哪有樵夫的影子，再往上看云端处，看到暗中保护唐僧的值日功曹站在那里，就跳上云端，骂道："你怎么有话不直说，要变成樵夫欺负老孙？"

吓得那值日功曹连忙施礼道："大圣，报信来迟，不要怪罪，不要怪罪。那妖怪确实神通广大，变化多端。你要多动动脑筋，小心保护师父，如果稍不谨慎，西天路就别想去了。"

## 3 悟空智激八戒巡山

孙悟空斥退值日功曹后，反复琢(zhuó)磨他的话："我该不该把功曹说的实情告诉师父呢？说实话，师父会被吓哭，猪八戒又要说散伙了；不说实话，只带着他们走，常言道：乍入芦圩，不知深浅。如果被妖魔抓走，又要我老孙费心去救。"

想着想着，忽然他就想到了一个办法：让猪八戒先去试探，然后再根据猪八戒与妖怪打斗的情况来定。想好后，孙悟空迎着风，把眼揉(róu)了一揉，挤出些眼泪来，伤心地来到了师父身边。

猪八戒看见孙悟空流着眼泪过来，连忙叫道：“沙和尚，卸(xiè)下担子，拿出行李来，我们两个分了吧！”

“二哥，怎么啦？”沙僧茫(máng)然道。

“分了吧，你回流沙河做妖怪，我老猪到高老庄当女婿去。把白马卖了，买口棺材，给师父送老，大家散伙，不用去西天了。”猪八戒唧(jī)唧歪(wāi)歪道。

“你这个笨货！怎么又在胡说了？”唐僧听见后，马上生气地对猪八戒说道。

猪八戒望了望孙悟空，说道：“不是我胡说，你没看见孙悟空哭了吗？他是个钻天入地、斧砍火烧、下油锅都不怕的好汉，如今却也戴了个愁帽，泪汪汪地在那里哭，肯定那山上的妖怪凶狠，像我们这样软弱的人，怎么过得去呢？”

唐僧看了看流泪的孙悟空，轻声问道：“悟空，你怎么了？有话就说呀，别吓(xià)唬(hu)我。”

孙悟空只好把实情告诉唐僧，并且告诉他，如果只靠他一个人的能力，是难以过去的。即使猪八戒答应他两件事，打赢(yíng)妖怪的胜算也只有三成，如果不依，半分胜算都没有。

猪八戒在旁边，一听就急了，连忙说：“师兄不去，就散伙吧，不要靠我。”

唐僧立即说道：“八戒，你先听听师兄要你做什么。”

孙悟空看了看猪八戒，又看了看师父，说这两件事就是看守师父和巡山，要猪八戒选一件即可。

猪八戒选择了第二件事去巡山，任务是：弄清楚山是什么山，山上有什么洞，洞里有多少妖怪。猪八戒听完任务后，收起衣裙，挺着钉耙，雄赳(jiū)赳，气昂(áng)昂地奔上大路去巡山了。

## ④ 八戒巡山睡觉编谎

孙悟空在旁边看了，忍不住笑出声来。唐僧骂道：“你这个泼猴！全无师兄弟爱怜之意，常怀嫉妒（jí dù）之心。你巧言令色，让他去巡山，又在这里笑话他。”

“师父，八戒不会去巡山的，他不敢见妖怪，说不定会躲在哪里睡觉，然后再编个谎话来应付我们。”孙悟空笑着说。说完就变了个蟭蟟虫儿跟在猪八戒后面。这种虫儿如同蚊子一般大小，飞行速度很快。一会儿孙悟空就赶上了猪八戒，跟在他耳朵后面观察他。

那呆子只管走路，走了七八里路后，把钉耙放下，回过身来望着唐僧停留的方向，指手画脚地开始骂了起来：“你这个软弱的老和尚，捉掐（qiā）的弼马温，面弱的沙和尚，你们都在那里自在休息，捉弄我老猪来探路，大家取经，都想成正果，可是偏偏叫我来巡什么山。明知有妖怪，却要我寻他，我才不去呢，等我睡一觉，再含含糊糊地编几句，随便说就可以了。”

猪八戒骂完后，找了个山凹，一头钻进草丛中，用钉耙平整了一块地方，顺势一躺，伸了个懒腰，说道：“快活！即使是那弼马温，也不见得像我这样自由自在。”

孙悟空在他耳根后，每一句话都听得清清楚楚。孙悟空听后十分气愤，忍无可忍地飞出去，变成一只啄木鸟。

待那猪八戒倒头睡着后，孙悟空乘机在他的嘴唇上啄了一下。那呆子疼得立即爬将起来，口里乱嚷道：“有妖怪，有妖怪！”

猪八戒伸手摸了摸嘴唇，发现手上有血，就自言自语道：“咋回事呢？我又没什么喜事，怎么嘴上还挂了红呢？”扭头向四周看了看，没发现什么动静，继续自言自语道：“又没什么妖怪，怎么就挨了一枪了？”

忽然，猪八戒抬头一看，发现有一只啄木鸟在半空中飞。那呆子一看就来气了，骂道：“弼马温欺负我就算了，你也来欺负我。我知道了，你是把我的嘴当成一棵枯树，以为我嘴里有虫子，你是想给我治病呢。”说完，猪八戒就把嘴藏在怀里，让它啄不到，然后又安心地睡下了。

孙悟空再次飞到他的耳朵后面，朝他的耳根又啄了一下。呆子疼得只好又爬起来，自言自语道：“算了，可能他又把我的耳朵当成了它的窝了。得了，不睡了，省得它总是在这里啄我。”说完又上路去了。

孙悟空在后面暗喜，想：“这个笨货，睁着眼睛不认识自家人。”他又变成蟭蟟虫儿跟着猪八戒往前走。

那呆子来到山中，看到山坳(ào)中有三块桌面大的四四方方的青石，就放下耙，对着石头施礼后，自言自语道：“我回去后，就告诉他们，这里是石头山、石头洞。洞中进门后有三层。如果要问门上钉子有多少，就说老猪记性不好，记不住。就用这些来哄那弼马温吧！”说完，就拖着钉耙往回走了。

孙悟空在猪八戒之前就先回到师父那里，把他见到的听到的都告诉了师父。唐僧将信将疑。

一会儿，猪八戒也回来了。师父开始问猪八戒了，没想到真和孙悟空说的一样。

唐僧说道：“八戒，悟空刚才说你编谎，我还不信，如今还真是这样。不过如今要过这座山，需要人手，暂时就不打你了。”

孙悟空也说道：“古人云，顺父母言情，呼为大孝。师父说不打，我就饶你这次，不打你了。如果下次再去巡山，你说谎误事，我一定不饶你。”

猪八戒想着他那金箍棒的威力，吓得赶紧说：“不敢了！”就这样，猪八戒老老实实再去巡山。看着路上的一切，猪八戒都以为孙悟空又在那里看着，反而也就不再惧怕了。

猪八戒独自一人去巡山，遇到妖怪了吗？欲知后事如何，且听下回分解。

# 一〇　人逢喜事精神爽，闷上心来瞌睡多

主要人物：金银大王、孙悟空
主要地点：莲花洞
主要事件：悟空巧胜金银王

## ❶ 俗话记忆

“人逢喜事精神爽，闷上心来瞌睡多。”这句话的意思是，人遇到喜庆的事，便觉得精神清爽，轻松愉快；心情愁闷时会感觉疲惫(pí bèi)，总是瞌睡。这两个短语可以单用，也可以一起用。一起用时，主要是突出后面的“闷上心来瞌睡多”，形容遇到烦闷不顺心时，会没精打采，甚至总想打瞌睡。

《西游记》中，金银大王中的大哥看到自己住的莲花洞被孙悟空打得乱七八糟，小妖也没剩下几个了，心中烦闷，回到洞中后，他竟然昏昏沉沉睡着了。作者在描写他此时的状况时，写道：“这正是人逢喜事精神爽，闷上心来瞌睡多。”

## ❷ 金银大王想吃唐僧肉

话说猪八戒一个人再次去巡山，让大家没想到的是他竟然被妖怪抓走了。这个妖怪就是莲花洞的二妖怪银角大王。金银两个妖怪商议，认为必须把唐僧和孙悟空等人一起抓来，并制服了孙悟空，才能好好享(xiǎng)用唐僧肉。

二妖怪银角大王用计骗得唐僧的信任，使用一个移山倒海的魔法，将孙悟空压在了须弥(mí)山、峨(é)眉山、泰山三座大山的下面，并随后轻松地抓获了唐僧、沙僧等人。

老妖怪金角大王说：“把孙悟空压在山下还不行，要拿来一起蒸(zhēng)着吃了。”

二妖怪银角大王想了想，说道：“我派两个小妖用宝贝金葫芦和玉净瓶把他收回来，贴上太上老君的帖儿就可以了。”这个金葫芦非常厉害，比太上老君的炼丹炉要厉害多了。如果喊一个人的名字，这个人答应了，就会被吸进葫芦里，无论再厉害的人都将化成水。

小妖精细鬼和伶俐(líng lì)虫按金银大王的吩咐拿着那两件宝贝去收孙悟空。

## ❸ 悟空打小妖

不过，孙悟空此时已经被保护唐僧的五方揭谛和山神土地神联合救下了。孙悟空远远地看见两个小妖向这边走来，于是摇身一变，变成一个道人，手持渔鼓筒，专门在路边等那两个小妖。等小妖靠近后，用金箍棒一横，两个小妖就被扑倒在地上。他们俩向孙悟空装扮的道人看了一眼，说道：“我们若不是看在你也是道人的面子上，我们一定不饶你。”

孙悟空赔笑道：“不用怪罪，道人见道人，都是一家人。”原来孙悟空是用计想要他们俩身上的宝贝，这是在套近乎呢。

孙悟空经过和小妖的一番交流后，借助日游神、夜游神等神的力量，使了一个“葫芦装天术”，骗走了小妖们的两件宝贝。

小妖们没有办法只好回到莲花洞，将孙悟空骗走两件宝贝的实情告诉了两个大王。

老妖怪金角大王急了，说道：“没有宝贝，怎么办?”

二大王不急不慢地说道：“我们一共有五件宝贝，骗走了两件，还有三件呢。这三件都可以拿住孙悟空。”另外三件是，七星剑、芭蕉扇和幌(huǎng)金绳。幌金绳在压龙山压龙洞其母亲那里收藏。

二大王见金角大王仍然有些着急，就继续说道：“我们现在就派人去母亲那里，请她过来吃唐僧肉，顺便把幌金绳带过来。”说完，就叫自己的亲信小妖巴山虎和倚海龙前往压龙洞去请母亲，同时要把幌金绳带来。

巴山虎和倚海龙就没有精细鬼和伶俐虫幸运了，孙悟空知道这两人的任务后，就一棒将他们打成肉饼，然后变化成他们俩的模样去压龙洞请妖怪的母亲去了。

## ④ 悟空假扮老妖

孙悟空一看到妖怪的母亲，不知怎的竟然哭了起来。为什么呢？他下油锅都没有怕过，更没有哭过，怎么见了妖怪的母亲就哭起来了呢？原来，他想起唐僧为了取经一路走来，所受的苦恼，眼泪就不自觉地流了出来。他今天为了唐僧，必须要想办法战胜困难。

他为了让妖怪的母亲相信自己的话，不仅磕(kē)头，还极其亲热地喊她一声奶奶。孙悟空是一个好汉，到现在为止，他还只拜了三个人，一个是西天佛祖，一个是南海观世音菩萨，第三个就是师父唐僧。如今为了唐僧，只好拜眼前这个老妖，喊她一声奶奶了。

孙悟空按照老妖的要求，用轿子抬着她往莲花洞方向走去。走了大概五六里路，孙悟空用计将小妖和老妖怪打死了。孙悟空一看老妖的尸首，笑着说道："原来是一只九尾狐狸。你叫奶奶，那我就是上太祖公公呢！"然后变成老妖的模样，拔出几根毫毛，变作抬轿子的小妖，顺利地来到了莲花洞。

"大王，不好了，孙悟空把奶奶打死了，他化装成奶奶的样子来了。"就在孙悟空与两个大王聊家常时，几个巡山的和守门的小妖，跌(diē)跌撞(zhuàng)撞地冲到金银大王面前。

二大王一听，不容分说，举起七星宝剑，往孙悟空头上劈来。好在孙悟空将身一晃，早已不见了踪影。老魔头见此情景，早已吓得魂飞魄散，赶紧说道："兄弟，把唐僧与八戒、沙僧等都还给孙悟空吧，免生祸事呀！"

二大王说："哥哥，我们费了那么多的辛苦，施了各种计策，才把唐僧抓来。你怕孙悟空，我不怕。我去会他一会。"说完，穿好披挂，手执宝剑，快步走出洞外。

"孙悟空，哪里走？快还回我的宝贝和母亲来，否则，我打死你！"

孙悟空一听，也怒吼道："怪物，快还我师父师弟来，再打发我们一点盘缠，否则就自己用绳子捆住，免得我动手。"

两人恶言相向一会后，二大王跳上云端，与孙悟空开始打了起来。一个用宝剑来刺，一个用铁棒来迎，你来我往，从空中打到地上，再从地上打到空中。金箍棒离顶门只隔三分，七星剑向心窝唯争一碾，都有千般解(xiè)数，也都无半点放松。那个威风逼得斗牛寒，这个怒气胜如雷电险。他们两个战了有三十余回合，仍不分胜负。

## 5 悟空智救师父

孙悟空见一下子不能取胜，忽然想到他们的宝贝幌金绳在自己手里，于是就一边招架，一边拿出幌金绳，向妖怪抛去。

绳子刚套上妖怪，就反向孙悟空飞来，并很快地紧紧套住了孙悟空。原来是物随主便，那绳子有“松绳咒”和“紧绳咒”，孙悟空抛过去时，妖怪念“松绳咒”，然后抛向孙悟空，念上了“紧绳咒”。孙悟空想挣脱，越挣越小，绳子最后变成了一个金圈子套在了脖子上。

那妖怪将绳子一扯，然后用七星宝剑猛砍几剑。不过，孙悟空头皮都没红一点。妖怪道：“你这猴头硬，稍后再打你，你先把那两件宝贝还给我。”说完，从孙悟空身上搜出金葫芦和玉净瓶，牵着孙悟空就回到了莲花洞，拉到金角大王面前。

孙悟空在莲花洞里，又用计换走了幌金绳后逃到洞外，在门口再次大声喊道：“者行孙到了，要为兄弟报仇。”

二大王听后，拿着金葫芦，走向孙悟空，大声说道：“我叫你一声，你敢应吗？”

孙悟空心想：“我若是应了，就会装进去。”

“你怎么不答应我？”

“我有些耳背，听不见，你再大声一点。”孙悟空故意说道。

“者行孙。”那妖怪再次喊道。

孙悟空想：“这是我的假名字，答应真名字会装进去，答应假名字就不会了。”想着想着，就忍不住答应了一声。只听“嗖”的一声，孙悟空被吸进金葫芦里了。

那妖怪赶紧用太上老君的帖儿封上盖子。孙悟空进到葫芦里，只见里面乌黑的一片，密不透风，不见光。他把头往上一顶，根本顶不动，瓶口也塞得非常严实，孙悟空开始有些焦躁起来了：太上老君的炼丹炉都拿我没办法，难道今天这个葫芦要把我化了？

“哥哥，我把孙悟空拿住了。”二大王高兴地对大哥说。

“好，先不动，等葫芦里有水，能够摇响再揭开。”大王欢喜道。

孙悟空在里面听到后，高兴极了，很快就想了个办法，让二大王相信自己已被化了。孙悟空趁他们打开葫芦时，一下子变成一只蟭蟟虫儿飞了出去，然后迅速变成小妖倚海龙。孙悟空利用两个大王喝酒之际，偷走了葫芦。

孙悟空溜出洞外后，又变回原形，在门口大叫起来：“精怪开门，我是行者孙，来救兄弟了。”

二大王想故伎(jì)重演时，哪知孙悟空手里的更好，反被孙悟空用计将二大王收到葫芦里去了。小妖们一见，赶紧跑回到洞里禀报。金角大王一听，吓得骨软筋麻，扑通一声跌倒在地上，放声大哭起来。全洞大小妖也跟着哭起来。

哭过一会儿后，金角大王说道：“小的们，查一查还有几件宝贝。我们去为老二报仇。”

金角大王拿着七星宝剑与孙悟空拼打二十回合后，又拿出芭蕉扇，一扇子下去，地上火光焰(yàn)焰，气急的金角大王连扇七八下，只见满山赤焰。山上火树成片，山中走兽到处逃命，林中飞鸟逃得快的带着烟雾离开，逃得慢的火烧羽翼，跌下火海。山下溪水早已蒸发，留下火红的石头。

孙悟空赶紧借机进入洞中解救师父，窃了玉净瓶离开。

金角大王提着宝剑，拖着扇子回到洞中，看到洞口尸横满地，不禁仰天长叹：“苦哉，悲哉！”然后独自坐在石凳上，将宝剑靠在旁边，扇子插在肩后。不知什么时候，这位大王竟然伏在石桌上昏昏沉沉地睡着了。正是“人逢喜事精神爽，闷上心来瞌睡多”。

最后孙悟空救下了师父等人，与猪八戒、沙僧一起战胜了大王和其他的妖怪，一同前往西天，继续拜佛求经去了。原来那两个金银大王是太上老君身边的金银二童子下界的。

唐僧师徒在以后的取经路上，又会遇到怎样的磨难呢？欲知后事如何，且听下回分解。

# 一一　鬼也怕恶人

主要人物：唐僧、僧官、孙悟空

主要地点：敕(chì)建宝林寺

主要事件：五百和尚迎接唐僧师徒

## ① 俗话记忆

“鬼也怕恶人。”这句话大意为，人会怕恶人，鬼也会怕恶人。当然，鬼不是客观存在的，这句话一般指面对凶恶之人，要能保护自己。

《西游记》中，唐僧对猪八戒说：“你这个呆子，好不晓礼！常言道，鬼也怕恶人哩。”这次他们碰到的“鬼”是什么，“恶人”又是谁呢？

## ② 唐僧借宿受阻

一天傍晚，唐僧师徒来到“敕建宝林寺”借宿。

唐僧放下锡(xī)杖，解下斗篷(péng)，整了整衣服，双手合十，走进山门。一走进山门，两边的金刚雕塑(diāo sù)让唐僧长叹了一句：“如果我大唐也能如此信奉菩萨，我也不需要上西天取经了。”只见两边的红漆栏杆内，一对金刚高坐着：一个铁面钢须，挥舞着铁拳；一个眉眼玲珑(líng lóng)，竖着铁掌。金甲连环光灿烂，明盔(kuī)秀带映飘风。

二层山门后面的四棵乔松翠盖蓬蓬，就像四把巨大的雨伞。唐僧穿过山门走进大雄宝殿后，连忙合掌皈(guī)依，舒身下拜。这时，从里面来了一个道人。唐僧把来意告诉他后，道人把他带到方丈门外。

这里的方丈是一个僧官，他听说有人到此后，按了按毗(pí)卢帽，披上袈裟，走出门一看，只见一个和尚光着头，上身穿着达摩衣，足下穿着一双拖泥带水的达公鞋，就对寺内传话的道人骂道：“你是不是欠打了？你难道不知道，我只迎接来这里烧香的官府之人吗？他一个云游来的和尚，我不接待。”

唐僧听说后，心想：“人将礼乐为先，我还是得问候他一声，说明来意。”

那僧官听后，仍然坚持不留宿，并冷冷地说：“再走四五里，就有卖饭人家，你去那里住宿吧，我这里不方便。”

唐僧双手合十，再次恳请：“院主，古人云，庵(ān)观寺院，都是我方上人的馆驿，见山门就有三升米分。你怎么不留我？”

那僧官一听，大声骂道：“你这个和尚怎么如此不讲道理？”

唐僧见此情景，只好回到徒弟们那里，把情况一一告诉了他们。

## 3 悟空危言借宿

孙悟空听后一想：“常言道，即在佛会下，都是有缘人。既然大家都是和尚，为什么不给予方便？你且坐，等我进去看看。”孙悟空说完，就拿着铁棒径(jìng)自来到大雄宝殿。

“我们是来自大唐去往西天取经的和尚，想要在此留宿一晚，赶快来人接待，否则，我将一顿乱棍，把这里打得稀乱。”孙悟空大声喊道。

旁边一个值晚班烧香的道人，看见孙悟空后，早已吓坏了，慌乱地上了几炷香后，连滚带爬地跑入方丈室汇报去了。

那僧官将信将疑地正准备开门去看看是怎么回事，孙悟空就到门口了。僧官刚一开门，就只看到一张七高八低的脸上有两只黄色的眼睛，獠(liáo)牙在外面，全脸都是毛。僧官从没见过这样的脸，吓得他赶紧把门关上。

孙悟空怒火中烧，掏出铁棒，猛地将门打破，大声吼道：“赶紧打扫一千间屋子，给我老孙睡觉。”

“他长得如此丑陋，还会说大话，”僧官躲在方丈室一个角落里，战战兢兢地对道人说道，“我这里连方丈、佛殿、钟鼓楼等一起，总共也没有三百间房子，他却要一千间，这怎么办呢?”

那道人连忙说道：“师父，我也被他吓坏了，随你怎么办吧。”

僧官十分恐惧地对孙悟空说道：“那借宿的长老，我这小荒山不方便，你们到别处去住宿吧。”

“和尚，若不方便，你就搬出去!”孙悟空一手叉腰，一手扶着铁棒。铁棒此时也变得脸盆般粗细，直直地竖在天井里。

“我们从小就住在这里，都是师父一代一代传下来的，我们怎么能搬呢?”僧官小声地说道。

“老爷，我们搬出去吧，那铁棒打下来可不好了。”旁边的道人见天井里的铁棒又粗又高，赶紧劝那僧官。

“胡说，”僧官怒道，“我们这里有四五百名和尚，往哪里搬呢?搬出去也没地方住呀?”

这句话不想被孙悟空听到了，孙悟空大声喝道：“和尚，如果没处搬，就找一个人出来挨打。”

道人和僧官都躲在方丈室里不敢出来。孙悟空看见旁边有一个石狮子，就手起棒落，“砰(pēng)”的一下，石狮子就被打得粉碎。那僧官通过门缝看见了，早已吓得骨软筋麻，一个劲地往床下钻。那道人也吓得往角落里挤，口中不停地说：“方便方便!”

## 4 众僧迎接师徒

孙悟空这时笑着说：“和尚，我不打你，但你告诉我这有多少和尚?”

那僧官颤抖着说：“前后共有二百八十五间房，一共有五百个有度牒(dié)的和尚。”

“你快去把那五百个和尚都喊出来，穿好长衫，排着整齐的队伍，把我那唐朝的师父接进来，就不打你了!”

那僧官半信半疑地说道：“爷爷，只要你不打，就是把唐朝的师父抬进来也可以。”

“趁早去!”

“道人，别说你吓破了胆，就算你吓破了心，也要把五百个和尚全部找齐，然后按照他们的要求去接唐僧老爷来。”那僧官对着旁边的道人说道。

那道人只好从后面的狗洞子里钻将出去，跑到正殿，东边打一下鼓，西边撞一下钟，把全体和尚召集了起来，准备迎接唐朝和尚。

孙悟空押着他们，走出山门，在唐僧面前跪下。那僧官在队伍最前面大声喊道：“唐老爷，请方丈室里坐。”

猪八戒看见如此场景，奇怪地说道：“师父是老大，他进去不管用，受委屈而回。师兄怎么就能让他们磕头来迎接呢?”

唐僧笑着说道：“你这个呆子，好不晓礼！常言道，鬼也怕恶人哩。”唐僧见他们磕头礼拜，心里有些过意不去了，连忙上前说道：“列位请起。”

众僧磕头道：“老爷，只要你徒弟不打我们，我们跪一个月也可以。”

唐僧赶紧对孙悟空说道：“悟空，莫要打他们。”

“不曾打，不曾打。如果打了的话，早就把他们全打没了。”

那些和尚听后，连忙站起身来，牵马的牵马，挑担的挑担，抬着唐僧，拖着猪八戒，挽着沙僧，簇(cù)拥着唐僧师徒走进了山门。在方丈室里，僧官让唐僧师徒坐下后，又礼拜再三，长跪不起。

唐僧道：“院主请起，再不必行礼，作践贫僧，我和你都是佛门弟子。”

这时，那僧官才率众僧起身，并开始为唐僧师徒安排茶饭。

唐僧师徒吃完饭后，那僧官又安排僧人服侍唐僧等人就寝(qǐn)。就在唐僧入睡后，发生了一幕奇怪的现象，在唐僧面前出现了一个人。那人是谁呢？他们接下来又会遇到怎样的事情呢？欲知后事如何，且听下回分解。

# 一二　国正天心顺

主要人物：孙悟空、乌鸡国王、唐僧
主要地点：乌鸡国
主要事件：乌鸡国王复活记

## ① 俗话记忆

“国正天心顺”一般后面还有半句“官清民自安”，意思是国家端正稳定，官员清正廉明，则上天的一切安排都会顺心顺意，人民就会安居乐业。

《西游记》中，唐僧听完乌鸡国王的自我介绍后，说：“陛(bì)下啊，古人云：国正天心顺。”乌鸡国王见唐僧误会了他的意思之后，就详细地介绍了他为什么深夜来访。

## ② 乌鸡国王求救

话说唐僧在敕建宝林寺睡下不久，睡梦中听见风声过后，从禅堂外传来一声“师父”。睡梦中唐僧抬头一看，门外站着一条汉子，浑身上下，水淋淋的，眼中垂泪，口里不住地叫“师父”。

唐僧吓得两眼紧闭，浑身颤抖，连忙问道：“你是谁？我的徒弟可厉害了。你为什么来这里？”

只见那人说道：“我是乌鸡国王，家住在四十里外。”

唐僧这时才睁开眼细看，只见眼前的国王头戴一顶冲天冠，腰束一条碧玉带，身穿一领飞龙舞凤赫(hè)黄袍，足踏一双云头袖口无忧履(lǚ)，手执一柄列斗罗星白玉圭(guī)。

国王继续说道，五年前开始，乌鸡国连年干旱(hàn)，寸草不生，民皆饿死。国王说到这里，唐僧也忍不住哭了起来，说道：“陛下啊，古人云：国正天心顺。不过，即使遭天灾，你也可以打开粮仓，放粮给百姓，悔过前非，让自然天心和合，祈祷(qí dǎo)风调雨顺。”

乌鸡国王把自己的遭遇伤心地告诉唐僧，希望他和孙悟空能拯(zhěng)救自己，铲(chǎn)除妖道，让自己回到家人身边。原来他是被一个妖道推到水井里淹死的。在水井里，幸亏有龙王的保护，他才有请求唐僧师徒相救的机会。妖道如今变成他的模样享受着国王的生活。国王的妻子和太子虽和先前有不一样的感受，但也找不出其中的原因，甚至太子也无法和母亲相见。

## ③ 太子获知冤情

唐僧听完国王的冤(yuān)情后，立刻与徒弟们商量如何救国王。孙悟空决定借太子外出打猎的机会开始实施营救国王的计划。

一天，太子出来打猎，孙悟空摇身一变，变作一只白兔在太子面前乱跑。太子看见了，非常高兴，拿起箭，拽(zhuài)满弓，朝那只白兔射去，箭稳稳地插在了白兔的身上。白兔虽然被射中了，但仍然在太子面前奔跑着。原来是孙悟空眼疾手快，当箭快到身上时，立即用手抓住箭，再往前走。

太子见射中了白兔，也高兴地追了过来。不知不觉，白兔就把太子引到宝林寺的山门前。孙悟空现出了原形，把那支箭插在门上，然后依计划又变成一个小和尚，钻进盛放着国王信物白玉圭的盒子里。

太子来到山门，发现了门上插着那支箭，可是兔子不见了，就非常好奇地走进了宝林寺。当太子刚来到唐僧面前时，他还盛气凌(líng)人地责备唐僧等人傲慢无礼，没有接驾(jià)。后来听唐僧和孙悟空一起介绍他父王的冤情后，在其父王的白玉圭面前，他相信了唐僧说的话，并按照唐僧师徒的建议去见其母亲，再次确认了当下的国王乃妖道所变。

## 4 还魂丹救活国王

等太子走后，孙悟空和猪八戒一起，把国王的尸体捞了上来。

唐僧见那国王容颜未改，如同活的一般，不知怎的，忽然哭了起来，说道：“陛下，你冤死在他人手上，抛(pāo)妻别子，那些文武大臣还不知道，众人也不知晓。可怜你的妻子啦。”

猪八戒在旁边笑道：“师父，他死了，与你何干？又不是你家祖父，你干吗要哭呢？”

唐僧语重心长地说道：“徒弟啊，出家人慈悲为怀，方便为门，你不能如此心硬呀！”

猪八戒笑着说：“师父，不是我心硬。师兄说，他能把国王救活，不必哭泣了。”

唐僧一听，连忙对孙悟空说道：“悟空赶紧把他救活吧！”

孙悟空安排好师父后，一个筋斗云就来到了离恨天兜率宫中，去找太上老君。他从太上老君那里借了一粒还魂金丹去救国王。

有了这样一粒金丹，那国王果然活了过来。宝林寺的僧人们见国王被救活了，赶紧准备洗澡水，让他洗澡洗面，把那身国王服装脱了，换成普通僧人衣服。

孙悟空笑着对国王说：“陛下，看你这身打扮，跟着我们走，是否亏待了你呀？”

“师父，你是我重生父母一般，我愿服侍老爷去西天取经呢！”那国王慌忙跪下道。

“不要你去西天，你和我们一起进城，待捉了那妖道，你还是做你的国王，我们还是取我们的经。”孙悟空笑着说。

## 5 悟空力战妖道

唐僧一行穿过乌鸡国的城门，来到金銮(luán)殿。那国王看见文武百官，不敢说话，不停地用衣襟擦拭眼泪。唐僧师徒来到这里也不拜，朝上的官老爷个个不知所措。

那妖道见此，大怒道："何方来的和尚，敢如此大胆无礼！拿下这些野和尚。"随即，旁边的武将围了过来。

孙悟空见他们冲过来，赶紧大喝一声，用手一指，使了个定身法，把他们定在那里不动了。

那妖道急忙跳下龙座，准备亲自来捉拿。忽然，太子从旁边来了，他担心会伤到唐僧等人，就使了个计策，让孙悟空说出妖道的本来面貌。

那妖道见孙悟空说出了自己三年前所犯之事，自觉脸上无光，急忙抽身，夺走了身边一名镇殿将军的腰刀，驾起一片云逃走了。

孙悟空收回定身法，让文武百官、太子及皇后来拜见真国王，把三年前的真实情况告诉大家后，就去追妖道去了。

那妖道见孙悟空跟得紧，急忙掣(chè)出宝刀，高叫道："孙悟空，我占别人的帝位，与你无关。你为什么非要来打抱不平，泄露我的机密？"

孙悟空呵呵笑道："你这个大胆的泼怪，难道国王只许你做？你既然知道我老孙，就应该隔(gé)远一点。你现在想跑却没那么容易了！"说完就冲上去一棒。

那妖道侧身躲过，挥着宝刀就上来。两个在天上打了数个回合后，妖道抵挡不住猴王，他瞅准一个机会，原路返回城里，撞入朝堂上，摇身一变，变成一个假唐僧与真唐僧并肩站在一块儿。

孙悟空赶上了，朝其中一个唐僧举棒就打。

"徒弟莫打，是我！"

孙悟空一听不得不赶紧收回铁棒，又朝另外一个唐僧打去。

"徒弟莫打，是我！"

孙悟空面对两个一模一样的唐僧，也不知所措了，只得停手，叫来猪八戒、沙僧相问："哪一个是妖道，哪一个是师父？指出来，我好打他。"猪八戒和沙僧都摇了摇头。

孙悟空此时灵机一动，教六丁六甲、五方揭谛及土地神、山神一起来认，他们也认不出来。孙悟空着急起来。

忽然，猪八戒笑着说道："哥啊，可以用紧箍咒来识别。让师父念紧箍咒，就知道真假师父了。"

这一招果然灵验。假唐僧一下子就显露出来了。三个和尚围住妖道一阵猛打。

## ⑥ 妖道现出原形

就在这时，东北角上一朵彩云里传来一声："悟空，且休下手。"孙悟空扭头一看，原来是文殊菩萨来了。

文殊菩萨笑呵呵地对孙悟空说道："悟空，我来替你收这个妖怪。"话未说完，菩萨从袖中取出照妖镜，罩住了那妖道。大家往镜子里一看，竟是一只青毛狮子。

文殊菩萨接着说道："乌鸡国王本来好善斋僧，佛祖派我度他归西，可是他不识我，我劝他几句，就把我捆了起来，浸泡在御河里三天三夜。后来，我就让这只狮子来到此处，让乌鸡国王也浸泡三年，以报三日水灾之恨。"

孙悟空生气地说道："你报了三日水灾之恨，但却害了许多人。"

"这只狮子到这里后，并没有害人，反而让这里风调雨顺，国泰民安，"文殊菩萨继续说道，"他也没有玷(diàn)污(wū)王后娘娘。"

猪八戒在旁边听了，笑着说："这妖精真是个糟鼻子不吃酒——枉担其名了！"这妖道假国王只是与王后做了三年的名义夫妻罢了。

随后，文殊菩萨坐上青毛狮子，踏着祥光往五台山方向走了。

唐僧师徒救下乌鸡国王后，也继续往西天取经去了。西行的路上又将遇到什么苦难呢？欲知后事如何，且听下回分解。

# 一三　识得时务者，呼为俊杰

主要人物：红孩儿、孙悟空、观世音菩萨
主要地点：火云洞
主要事件：孙悟空大战红孩儿

## ❶ 俗话记忆

“识得时务者，呼为俊杰”。这句话的意思是能认清时代潮流、形势，紧跟时代的人会成为出色的人物。

《西游记》里，猪八戒对孙悟空说道：“哥啊，你被那妖精说着了，果然不达时务。古人云，识得时务者，呼为俊杰。那妖精不想和你有亲，你强要认亲。他还和你打斗，放出那无情的火来，你又不走，还要和他继续相战哩！”

## ❷ 红孩儿两骗唐僧

话说唐僧师徒从乌鸡国出来，正值秋去冬来的时节，走过一段大道后，眼前出现一座高山。唐僧嘱(zhǔ)咐(fù)大家要仔细观察，注意不要被邪物侵扰。他们师徒策马加鞭，奔向崇山峻岭。山上红梅翠竹，绿柏青松，山间黑雾缠绕，天上白云朵朵。

他们走着走着，忽然，山坳里升起一朵红云，直往上冒，到半空中形成一团火气。孙悟空大吃一惊，连忙把唐僧保护起来，大喊道：“兄弟们，不要走了，妖怪来了。”慌得猪八戒急掣钉耙，沙僧抡起宝杖，把唐僧围护在中间。

这一团红气里，确实有一个妖怪，他叫红孩儿，住在这山涧中的火云洞。他听说唐僧是金蝉长老转生，十世修行的好人，吃了他的一块肉就能延生长寿，与天地同生死。他早就想吃唐僧肉了。

被孙悟空这样一喊，红孩儿就没有机会抓住唐僧了，只好驱散红光，撤走了。红孩儿撤到山坡的另一面，摇身一变，变成一个七岁的孩子，赤裸(chì luǒ)着上身，用麻绳捆了手脚，吊在一棵松树上，口里不停地喊着："救人！救人！"

唐僧听见了，对孙悟空说："是什么人叫？"

孙悟空上前道："师父，只管走路，别想轿不轿的。这地方，即使有轿，也没人抬你。"

唐僧严肃地说："不是抬轿的轿，是叫唤的叫。"

孙悟空笑了笑，说道："我知道呢，我们不管那闲事，我们走我们的路。"

红孩儿见这样叫唤三四次都没起作用，唐僧他们又绕开了。于是，他又在距离唐僧最近的地方变成小孩童，被赤条条地捆吊在树上，不断地呻吟。

这次唐僧看见了，立即兜住马，对着孙悟空大声喝道："你这猴头，没有一点善心，眼前不是一个小孩吊在那里喊救命吗？这哪里是妖怪呀？"

孙悟空尽管知道这是妖怪，但又担心师父认为自己滥(làn)杀无辜(gū)，还要念紧箍咒，只好低头不语。

唐僧来到树下，指着树上的小孩问道："你是哪里的孩子？为什么被吊在这里呢？说出来，我就救你。"

红孩儿眼中噙(qín)泪道："我住在山西古松涧旁边的一个村庄里，是被强盗绑在这里的。强盗抢走了我母亲，杀死了我们一家，……。"

他话还没有说完，在旁边的孙悟空骂道："我知道你是一个妖怪，你编的这些谎话也太假了，前后矛盾。"

红孩儿见自己说的不够，就继续编造(biān zào)，尽量做到自圆其说。说完后，唐僧竟然相信了，要猪八戒把他放下来，让孙悟空背他。

走着走着，红孩儿使了一个重身法压住孙悟空，自己乘机来到唐僧头上，在半空中弄了一阵旋风，走石扬沙，将唐僧抓走了。

## 3 悟空首战失利

孙悟空背着千斤重的红孩儿假身，没走几步，就生气地把他往旁边的石头上甩(shuǎi)，将红孩儿的假身弄得四分五裂。当孙悟空来到唐僧处时，只见白龙马嘶(sī)叫着，猪八戒躲在悬崖下呻吟，沙僧蹲(dūn)在山坡后呼喊着师父，唯独师父不见了。

孙悟空十分焦急，将身一纵，跳上那山头，大喝一声“变”，变成三头六臂，将金箍棒也变作三根，噼里啪啦，一阵乱打。一下子，就把这里的六十名土地神及山神召集起来。他们告诉孙悟空，这里的妖怪叫红孩儿，是牛魔王的儿子，曾在火焰山修行三百年，如今炼成了神通广大的三昧真火。

## 4 悟空认亲无效

孙悟空一听是牛魔王的儿子，就高兴地对大家说：“原来这妖精和我有亲呢！真是常言说的，一叶浮萍归大海，为人何处不相逢！”随后，孙悟空高兴地带着猪八戒来到了火云洞。

红孩儿派小妖们推出五辆小车，按金、木、水、火、土的顺序放好，然后自己拿着一杆丈八长的火尖枪，也不需要盔甲，只是在腰间系一条锦绣(jǐn xiù)战裙，赤着双脚站在中间。

孙悟空笑着走上前，说道：“贤侄，前面我好心好意背你，你怎么弄阵风把我师父抓来了。看在你我叔侄(zhí)的份上，你把师父还给我，免得你父亲知道了，说我老孙以长欺幼。”“谁是你的贤侄了？”红孩儿吼道。

“你不知道，当年我和你父亲做兄弟时，你还没出生呢！”孙悟空笑了笑，说道，“我是五百年前大闹天宫的齐天大圣孙悟空。当年大闹天宫前，在花果山与你父亲牛魔王等七人，结为兄弟。你父亲是大哥呢！”

红孩儿根本不相信，举起手中的火尖枪就刺向孙悟空。

孙悟空闪过枪头，抡起铁棒，骂道：“你这小畜(chù)生，不识高低！看棍！”

孙悟空和红孩儿大战二十回合后，不分胜负。猪八戒赶紧加入进来，红孩儿只好回到那五辆小车前。只见他左手举着火尖枪，右手捶(chuí)了两拳，念了个咒语，口里喷出火来，鼻子里浓烟迸(bèng)出，眼前一团烈火点燃了那五辆车子。红孩儿连喷了几口，只见那红艳艳的大火把火云洞口烧得通红，烟雾到处弥漫，并且越来越浓。

猪八戒见此，赶紧逃了出来。孙悟空虽然不怕火烧，在烈火中继续寻找红孩儿，但烟雾让他不得不抽身跳了出来。

孙悟空来到猪八戒面前喝道：“你这呆子，全无人气！你如此惧怕妖火，败走逃生，却把老孙丢下，幸亏我有些本事。”

猪八戒笑道：“哥啊，你被那妖精说着了，果然不达时务。古人云，识得时务者，呼为俊杰。那妖精不想和你有亲，你强要认亲。他还和你打斗，放出那无情的火来，你又不走，还要和他继续相战哩！”

沙僧听完后，就建议用相生相克的办法，取水来灭火。

## 5 悟空再次失利

孙悟空一想，沙僧说得有道理，就连忙来到东海去找老龙王借水。老龙王召集了其他三海龙王，一起带上四海之水来助孙悟空。

孙悟空和龙王们一起来到火云洞，引出红孩儿。红孩儿故伎重演，排出了五辆车，用三昧真火来战孙悟空。

孙悟空大叫一声：“龙王何在?”那龙王四兄弟听后，立刻朝着火光喷雨。起初雨如拳头大小，后来如盆倒，没多久山中到处都是雨水了。可是妖精的火势没减小一点，好像火上浇油一般，雨越大火也越大。

孙悟空救师心切，不顾一切地冲进火海烟雾中找到红孩儿，抡起铁棒就要打。忽然红孩儿将一口烟喷向孙悟空，孙悟空来不及躲避，被熏(xūn)得眼冒黑金，忍不住泪落如雨。

红孩儿乘机再向孙悟空喷了一口烟，孙悟空再也抵挡不住了，只好跳到溪涧中。孙悟空被涧中的冷水弄得火气攻心、三魂出舍、魂飞魄散了，慌得四海龙王赶紧收了雨水，告诉猪八戒与沙僧赶紧去救孙悟空。

孙悟空被他们俩救醒后，只好商量去请观世音菩萨帮忙。这一切都被红孩儿看见了，就在猪八戒去请观世音菩萨的路上，红孩儿假扮观世音菩萨，将猪八戒也捆了去。

幸亏孙悟空及时发现，混到火云洞中，知道他们要请牛魔王来一起吃唐僧肉。于是，孙悟空变成牛魔王的样子，被小妖们请到火云洞里。

不过，没多久，孙悟空假扮的牛魔王就被红孩儿识破了。孙悟空只好离开火云洞，亲自到南海普陀山找观世音菩萨帮忙。

## ⑥ 红孩儿皈依佛门

来到普陀山，孙悟空把自己营救唐僧的经过告诉了观世音菩萨。菩萨说："他的三昧真火，神通广大，你怎么去请龙王，不来请我呢？"

观世音菩萨知道情况后，带上自己的净瓶，装下三江五湖、八海四渎(dú)、溪源潭洞之水，借托塔李天王的三十六把钢刀变了一座千叶莲台，随同孙悟空来到火云洞。

观世音菩萨叫土地神山神把火云洞外的生物都请到山顶之上，以免水淹至死。

孙悟空依照菩萨的计策，将红孩儿引出后，假装败走到观世音菩萨的神光影里。红孩儿看见一座宝莲台儿，很好玩，就学观世音菩萨，盘手盘脚地坐了进去。

就在这时，观世音菩萨一声"退"，只见那莲台花彩都没有了，红孩儿坐在了三十六把钢刀上。红孩儿立即挣扎想逃，可是越挣扎钢刀插得越深，顿时皮开肉绽(zhàn)。红孩儿忍着痛，丢了长尖枪，用手乱拔钢刀。

观世音菩萨见此，再念一声咒语，把那天罡(gāng)刀变成有倒钩的，如同狼牙一般，红孩儿一时也拔不出来。

"菩萨，饶我性命，我再也不敢作恶了，愿入法门戒行。"红孩儿终于痛苦地说道。

"你既愿受我戒，就到我这里做善财童子吧！"观世音菩萨说完，就叫声"退"，退下了童子身下的天罡刀。

那红孩儿还想再次反抗，被观世音菩萨用五个箍子紧紧地套住了脖子、手脚，如同孙悟空头上的紧箍一样。红孩儿从此规规矩矩地做起了观世音菩萨的善财童子。

唐僧师徒目送观世音菩萨和善财童子后，继续一路向西而行。他们一路上还会遇到什么困难呢？欲知后事如何，且听下回分解。

# 一四　功到自然成

主要人物：小鼍(tuó)龙、孙悟空、沙僧、西海龙王

主要地点：黑沙河

主要事件：小鼍龙想吃唐僧肉

## ❶ 俗话记忆

“功到自然成”的意思是做事情只要下足了功夫，这件事自然就会有成效。这句话一般用来激励他人勤奋用功。

《西游记》中，孙悟空对师父笑着说：“若要那三三行(xíng)满，有何难哉？常言道，功到自然成哩。”三三行是指三行，佛学里指福行、罪行、无动行。这里说的是只要唐僧念佛用功到一定程度时，三行自然就达成了。

## ❷ 唐僧黑沙河遇难

话说唐僧师徒离开火云洞，一路往西走了一个多月后，忽然听见水声震耳。唐僧大惊道：“徒弟呀，这是哪里的水声呢？”

孙悟空笑着说：“师父，你多心了，我们都没听见水声呢。你忘了《多心经》了。”

唐僧听孙悟空这样一说，低下头说道：“自离开唐朝皇帝七八年了，一路走来，不知何时才能满足三三行，取得如来佛祖的经文呢？”

“师父你只是思乡了。若要那三三行满，有何难哉？常言道，功到自然成哩。”孙悟空听完师父的话，忍不住鼓掌大笑起来说道。

师徒们正说话间，就看到一条黑水滔天的大河挡住了他们的去路。大河约有

十里宽，十分浑黑，远远望去，如同被倾倒了许多墨汁，把整个江水都浸透了。大河上下死气沉沉，不见牛羊鸦雀饮水。

正在师徒们讨论怎样过河时，忽然前方出现了一只小船。唐僧高兴地说道：“徒弟，有船来了，叫他渡我们过去。”待船近了，唐僧一看，这只船儿只有一个舱口，仅能容下两个人。

猪八戒想了想，说道：“我先保护师父过河，悟净和大哥稍后再过。”

那呆子扶着唐僧，艄(shāo)公划桨，一直往河中心划去。船快要行到河中间时，只听得一声响，河面卷浪翻波，天空刮起了一阵狂风，随风卷起了千层巨浪，两岸飞沙走石。只见猪八戒、唐僧与船一起往下沉，瞬间就不见了。

## ③ 沙僧救师失利

岸上的孙悟空看后，大叫一声：“不好！师父又有难了！”

“等我下水去寻找。”沙僧见此，连忙说道。

孙悟空立刻制止道：“这水色不正，你不能去。”

沙僧毫不犹豫地说道：“这水比我那流沙河的水如何？去得！去得！”说完，就脱下了衣服，抡起降妖宝杖，“扑通”一声，分开水路，钻入黑波，跑了进去。正寻找着，忽然听到有人说：“今日终于得到这个十世修行的好人了，能吃他一块肉，就能做长生不老人。”

沙僧循声望去，只见一个怪物坐在亭台之上，台门外有“衡(héng)阳峪(yù)黑水河神府”，怪物有一个巨大的鲜红的卷唇，几根丝线一样的胡须在那里飘荡，头上还顶着红色的乱发。

沙僧一听怒火中烧，举起宝杖将门一阵乱打，边打边骂道：“泼物，快送我师父唐僧和师兄八戒出来。”待门破后沙僧冲了进去，与那怪物大战三十回合。

一个是黑水河中千年怪，一个是灵霄殿外旧时仙，三十回合后，仍不分胜负。沙僧就想把他引出去，让大师兄去打他。于是虚晃一招，拖着宝杖就走。那怪物却不跟过来，还说了句：“你去吧，我不与你斗，我去写请帖请我舅舅来吃唐僧肉。”

## 4 孙悟空求助西海龙王

沙僧气呼呼地跳出水面，把刚才的经历告诉了孙悟空。这时黑水河神也来到孙悟空面前，告诉他这里的妖怪是西海龙王妹妹的第九个儿子鼍龙，他即将请西海龙王来吃唐僧肉。

孙悟空还没听河神说完，就驾云来到西洋大海，念了避水诀，分开波浪，走向西海龙宫。走着走着，就撞见一个黑鱼精捧着一个浑金的请书匣子，从下面似箭如梭地钻将上来，被孙悟空扑了个满面，孙悟空一铁棒就把他打死，然后揭开匣子，发现里面果然是一张妖怪请二舅爷敖顺吃唐僧肉的请柬（jiǎn）。

孙悟空来到龙宫，龙王敖顺亲切地接见了他。孙悟空说，“我不曾吃你的茶，你倒先吃了我的酒？”

龙王笑着说：“大圣一心皈依佛门，不动荤（hūn）酒，几时请我吃酒来？”

“你即使不去吃酒，只怕也惹下一个吃酒的罪名了。”孙悟空怒气冲冲地说道。

龙王吃了一惊，奇怪地问道：“小龙为何有罪？”

孙悟空从衣袖中取出妖怪给他的请柬，递给龙王。龙王见了，吓得魂飞魄散，慌忙下跪，叩头，连忙把那妖怪的身世给孙悟空说了一遍。

孙悟空听后，笑道：“一夫一妻，令妹怎么生了这几个杂种？”

“此正谓龙生九种，九种各别。”龙王听完孙悟空的要求后，立即叫太子摩昂（áng）带领五百虾鱼壮兵，将外甥（shēng）小鼍龙捉来问罪，救出唐僧和猪八戒。

## 5 小鼍龙被捉

摩昂得令后与孙悟空来到黑水河，唤出小鼍龙。

小鼍龙出水后，看到海兵扎营在那里，表兄摩昂正襟（jīn）危坐，心想，我本来是请二舅来吃唐僧肉的，怎么表兄带着兵来了，并且还不进我家，只在这里驻守。

小鼍龙走到表兄前，问道：“我本来是请二舅来的，现在表兄来了也好。不过，为何兴师动众，不进水府呢？”

摩昂喝道：“你这厮(sī)十分鲁莽(lǔ mǎng)，难道你不知道唐僧有几个十分厉害的徒弟吗？其中大徒弟孙悟空更是了得，他是五百年前大闹天宫的齐天大圣。你现在赶紧放了唐僧和猪八戒，否则不仅你有杀身之祸，还会波及我们家族。”

小鼍龙一听，这不是长别人志气，灭自己威风吗？“我不怕他，他如果有能耐，就到我水府门前大战三回合，我就放唐僧，如果打不过我，我就自自在在享受唐僧肉。”小鼍龙怒吼道。

摩昂一听，也发怒道：“你这泼邪果然无救，你只要能打过我，就依你。”说着两人就开打了。不过没打几个回合，小鼍龙就被摩昂打倒在地，虾兵一拥而上，用绳子将他捆住押到孙悟空面前，说道：“大圣，小龙子捉住妖鼍，请大圣定夺。”

“既如此，你领他去吧，多多拜上令尊，感谢他的相助。”孙悟空救师父心切，见小鼍龙已被捉，也就原谅了他，和沙僧一起救唐僧和猪八戒去了。

唐僧师徒在黑水河神的帮助下渡过了黑水河，又一路向西，往西天取经去了。取经路上还会遇到什么呢？欲知后事如何，且听下回分解。

# 一五　鸡儿不吃无工之食

主要人物：孙悟空、八戒、金鱼怪、陈家兄弟、观世音菩萨
主要地点：通天河
主要事件：唐僧师徒救陈家童子

## ❶ 俗话记忆

“鸡儿不吃无工之食。”这句话的意思是，生活中公鸡吃食后会打鸣，母鸡吃食后会下蛋，它比喻人不能不劳而获，也借喻不能白得人家的好处。这里的鸡儿不是指鸡仔，而是泛指鸡。

《西游记》中，孙悟空对猪八戒说：“贤弟，常言道，鸡儿不吃无工之食。你我进门，吃了别人的斋饭，怎么就不与人家救些患难（huàn nàn）？”孙悟空要猪八戒一起回报车迟国会元县的陈清一家。

## ❷ 师兄弟假扮童男女

一天，唐僧师徒来到车迟国会元县的通天河边。

河边上有一块石碑（bēi），石碑上篆（zhuàn）刻着三个大字“通天河”，十个小字“径过八百里，亘（gèn）古少人行”。河中浪千层，茫然浑似海。通天河一望无边，深不可测。唐僧师徒又陷入了渡河困境，不知道怎样才能过这通天河。就在他们想方设法时，远处传来做法事的鼓钹（bó）声。

唐僧师徒循着声音来到做法事的人家里。唐僧向这家主人说明来意后，主人告诉唐僧，他叫陈清，他家正在为即将离开人世的一对年龄很小的儿女做法事。

孙悟空奇怪地问道：“还是童年的孩子，怎么就要死去呢？”

陈清哭诉道：“这里有一个能呼风唤雨的妖怪，每年要吃一对童男童女，才能保证这里风调雨顺。今年轮到他们家献出家里的童男童女。”陈清说完，把童男陈关保叫到孙悟空跟前。这男孩哪里知道自己快要死呀，只管自己吃着果子，蹦(bèng)蹦跳跳地玩着。

孙悟空看了后，决定帮助他们，就默默念声咒语，摇身一变，变成与关保一模一样的男孩。陈清二老顿时惊得目瞪(dèng)口呆，分不清哪一个是孙悟空，哪一个是自家男童。

“我这样可以代替你家令郎吗？”孙悟空现出原形后说道。

“可以！可以！”陈清只管磕头相谢。

旁边的陈澄(chéng)是陈清的哥哥，他这次要献出他家的女儿。他见关保有人替代了，而自己的女儿却还是要去死，就靠在那门框上，心中涌起无限痛苦。

孙悟空看见后，走上前，扯了扯他的衣服说道：“老大，你是舍不得你女儿吧？”

“是舍不得，也请老爷救救我的女儿。”陈澄立刻跪在地上，对着孙悟空磕头。

“起来吧，你赶快去做上五斗米的斋饭，做些素菜给我那长嘴师弟吃，叫他变成你的女儿，我们一起去到妖怪那里，就可以了。”孙悟空指了指猪八戒，笑着说。

“哥哥，你怎么不管我的死活，要扯上我呢？”猪八戒惊讶地说道。

孙悟空拍拍猪八戒肩膀说道：“贤弟，常言道，鸡儿不吃无工之食。你我进门，吃了别人的斋饭，怎么就不与人家救些患难？”

“哥啊，不是我不肯，是我变得不好呢！”

孙悟空叫陈澄请来他家女儿，猪八戒照着她的样子变化，瞬间把大家逗乐了：猪八戒变化的丫头面部、穿着都与陈家女儿一样，戴着一个八宝垂珠的花翠箍，穿一件红闪黄的纻(zhù)丝袄，腰间系一套大红花绢裙，脚下踏一双虾模头浅红纻丝鞋，只是猪八戒变的那个丫头的肚子很大，鼓囊(gǔnáng)囊的，像个皮球。

猪八戒一看大家的笑脸，就知道哪儿不对了，赶紧把肚子再收一收，孙悟空也对着他吹了一口仙气，等猪八戒再转过身来时，那模样就和陈家的小童女一模一样了。陈澄立即下跪磕头拜谢。

## ❸ 金鱼怪掳走唐僧

陈家按照妖怪的要求准备好“童男童女”等东西后，孙悟空和猪八戒就来到了妖怪吃童男童女的地点。没多久，妖怪就来了。那妖怪正准备享用时，忽然发现童男童女不同以前的样子，心里已经有了几分害怕。

正当他伸手捉“童女”时，猪八戒“扑通”一声，跳了下来，现出原形，拿出钉耙，顺手就往那怪物身上一搭。

那怪物收回手，赶紧逃出门外。只听“哐当(kuāng dāng)”一声，地上留下两片盘子大小的鱼鳞(lín)。孙悟空也现了原形，跟了出去。

那怪物在空中叫道：“你们是哪方和尚？到此欺人，破我的香火，坏我名声！”

孙悟空怒吼道：“你在这里假号灵感，一年要吃两个童男童女，你这几年一共吃了多少男女，一个个还出来，我就饶你死罪！”

那怪物一听，知道来者不善，就赶紧化成一阵狂风，钻入通天河去了。回到水底的怪物，闷闷不乐，原想在这里坐等吃唐僧肉，没想到他的徒弟如此厉害，差点儿伤了自家性命。

“大王，要捉唐僧，我这里有一办法。”一个斑衣鳜(guì)婆，走上前对那怪物说道。

那怪物低头一看，说道：“只要能捉到唐僧，我与你拜为兄妹，共同吃唐僧肉。”

鳜婆在怪物的耳朵边上嘀嘀咕咕说了一通。那怪物听完，高兴地笑了起来。笑完后开始施法，唤来一阵阵风雪。顿时，到处白雪皑皑(ái)，河面全部结冰了，上面只有几个怪物施法变化而来的人在行走、推车等。

唐僧师徒取经心切，他们看见户外柳絮(xù)漫桥，梨花盖舍，闻知江面有行人后，就告辞陈家往河对岸走去。待他们快走到河中间时，突然听到一声冰裂的声音，还没等大家反应过来，唐僧就沉到水底被妖怪抓走了。徒弟们捞完行李，再看师父时，早已不见唐僧的踪影。

## 4 观世音菩萨收走金鱼怪

三个徒弟只好再入通天河，开始寻找师父。没多久，孙悟空就发现了师父被关押的地点，知道了他们正准备吃师父。

孙悟空和猪八戒、沙僧商议道：要把妖怪引到岸上去打，这样才能彻底打败他。

猪八戒和沙僧依计开始挑战妖怪了。可是无论两人怎样激他，他就是不肯跳出通天河。他负伤后，就干脆闭门不出了。

孙悟空在岸上干着急一阵后，只好去找观世音菩萨询问一下这个妖怪的情况，然后找到他的家属、四邻，以此来擒拿他，救出师父。

孙悟空来到普陀岩观世音菩萨处，众神告诉他，菩萨早就知道唐僧被谁抓走了，现在正在准备呢。

就在孙悟空焦急的时候，观世音菩萨不坐莲台，不妆(zhuāng)饰，提着一个紫竹篮就出来了，见面就说道：“我们现在就去救你师父。”

话音未落，二人就来到通天河。菩萨立即解下一根束袄的丝绦(tāo)，将竹篮拴(shuān)住，提着丝绦，半踏云彩，抛向河中，口中连续念了七遍“死的去，活的住，死的去，活的住”，然后提起竹篮，只见那篮子里出现一条亮闪闪的金鱼。

## 5 河神老龟感恩送唐僧

菩萨随即说道：“悟空，快下水救你师父去！”

“还没捉住妖怪呢？”孙悟空奇怪地问。

“这个妖怪就是竹篮里的金鱼，”菩萨笑着说道，“他是从我莲花池里逃出去的。我今早去看时，发现他不在池里，估计是到这里来害你师父了，所以我来不及梳(shū)妆，赶紧编了这个竹篮来捉他。”

孙悟空一听恍(huǎng)然大悟，于是和猪八戒、沙僧立即到河里救师父去了。

唐僧师徒上岸后，这里的庄客们看到除了妖怪，以后再也不需要献童男童女了，十分高兴，都愿意为唐僧师徒过河出钱出力。

“大圣，不要造船了，我送你们师徒过河。”忽然从河里传出一阵喊声。大家发现从河里又钻出了一只怪物，都吓得躲到孙悟空后面去了。

孙悟空举起铁棒就要开打。那怪物道：“我感大圣之恩，好心送你们过河，为什么要打我呢?”

原来，那怪物是通天河里的河神老龟，被观世音菩萨收走的金鱼下河霸(bà)占了他的住宅，如今金鱼走了，他又住回去了，所以认为大圣有恩于他。

大家听完他的介绍，都松了一口气。

唐僧师徒在河神老龟的帮助下，顺利地渡过了通天河，一路向西取经去了。下一回唐僧师徒又会遇到什么麻烦呢?还能顺利往西走吗?欲知后事如何，且听下回分解。

# 一六　一物降一物

主要人物：悟空、青牛、水火星君

主要地点：金兜洞

主要事件：众神大战青牛精

## 1 俗话记忆

“一物降(xiáng)一物”，是指出现一种事物，就会有另一种事物来制服它，比喻宇宙万物是相生相克，生生不息的。

《西游记》里，天将(jiàng)许旌(jīng)阳对孙悟空说：“此一时，彼一时，大不同也。常言道，一物降一物哩。”孙悟空不能拿下金兜山金兜洞的妖怪，只知道妖怪是天上下来的，不知名和姓，就到天庭求助。许旌阳提醒孙悟空天界自有办法。

## 2 唐僧被困金兜洞

一天，天气寒冷，唐僧师徒冒雪行走了一天后，又冷又饿。孙悟空安排好唐僧休息就去化斋饭。没多久，唐僧听从了猪八戒的主意，没有坚守孙悟空的要求，他们仨来到了一座楼阁之处。

这是一座没有人的楼阁。他们仨穿过厅堂，被厢房里的几件锦绣棉衣吸引住了。猪八戒和沙僧赶紧各拿起一件穿上。

霎(shà)时，他们两个就被衣服反绑了双手，全身都动弹不得，吓得唐僧连忙跑过来松解，他边解边哭喊着。没多久，他们仨就被一个妖怪带到了一个山洞里，那楼阁也早已不见了。

“你们是哪方和尚，竟敢偷我的衣服穿？”一个粗皮黑肉、独角舌长的妖魔坐在高台上，大声喝道。他每说一句话，就把舌尖伸向鼻孔刮一下，奇丑无比。

唐僧战战兢兢地说道：“贫僧是东土大唐钦差(qīn chāi)往西天取经的。天寒地冻，两徒弟试穿了几件衣服，没想到一下子就被捆住了。望大王慈悲(cí bēi)，放我等去西天取经。”

“我常听人讲，吃了唐僧肉，可以白发变黑，牙齿掉了还可以长出新牙齿。你们今日自己送上门来，我不会饶你。哈哈！”那妖魔大声笑道。

孙悟空化完斋回来，不见唐僧等人，心里焦急万分。

“大圣，大圣，”这时两位老翁从地下冒了出来，小心翼(yì)翼地对孙悟空说道，“我们是这里的山神土地，在此等候大圣。这座山叫金兜山，山前有个金兜洞，洞中有个独角金兜大王，你师父和师弟就是被他抓走的。”

## ③ 悟空首救失利

孙悟空一听，拽起虎皮裙，拖着金箍棒，直奔那妖洞而去。孙悟空沿途顾不上欣赏风景，直接来到妖洞门前，高声叫道：“我是唐僧大徒弟齐天大圣孙悟空，快快还我师父来。”

门口的小妖赶紧跑进洞里告诉妖魔。妖魔披挂好自己的战袍，用他那焦筋蓝靛(diàn)之手，提着他的钢枪冲了出来。

孙悟空走上前，举起金箍棒，对着妖魔喊道：“你孙外公在这里也！趁早还我师父。若听到半个‘不’字，我教你死无葬身之地！”

那魔王喝道：“你师父偷盗我的衣服，被我抓住了，我正要把他们蒸着吃掉呢！”

“我师父乃忠良正直之僧，怎会偷你的衣服？分明是你故意为之。”

“少废话，你有本事就来吧，能赢我，我就放了他们！”那魔王有些等不及了。

“吃我一棒！”孙悟空大喝一声后，举起金箍棒就打。那妖魔挺起钢枪劈面迎来。一棒一枪，如电掣金蛇，似龙离黑海。正是英雄对好汉，都武艺高强，棋逢对手。他两个战经三十回合，不分胜负。

那魔王见孙悟空棍法整齐，全无破绽，连声赞道：“好猴儿！好猴儿！不愧有大闹天宫的本事！”

孙悟空见他的枪法右遮左挡，很有套路，也叫道：“好妖精！好妖精！应该是一个偷丹的魔头！”

两人又斗了一二十回合。那魔王喝令小妖们一起上来，把孙悟空围在中间。孙悟空不甘示弱，大喝一声“变”，一条金箍棒变成千百条，条条好似飞蛇走蟒(mǎng)，从空中乱打下来，那伙妖精见了，一个个魂飞魄散，抱头鼠窜，尽往洞中跑去。

那妖魔见这招不行，只听他冷笑两声，从袖中取出一个亮闪闪的圈子，往空中一抛，呼啦一下，就把金箍棒套走了。

孙悟空被弄得措手不及，赤手空拳怎能打妖怪？只好翻个筋斗逃走了。

## 4 悟空求助天庭

逃出来的孙悟空，仔细回忆着与妖魔拼杀的过程。忽然，他回忆起妖魔曾说“大闹天宫”的事，心想这个妖怪应该是天上的凶星，下界为妖，否则怎么会知道那些事？我到天庭上去走一回，查一查他是哪里来的妖魔，就好办了。

想到做到，孙悟空急忙翻身驾起祥云来到天庭。玉皇大帝听说后，立即降旨查询此物。不一会儿，负责查询的可韩司回奏：满天星宿不少，各方神将皆存，并无思凡下界者。

玉皇大帝听后，再下一旨：着孙悟空挑选几员天将，下界擒魔。孙悟空心想，能打得过我的天兵天将不多，那妖魔本领不在我之下，天将去又有何用？

站在旁边的天将许旌阳似乎看出了孙悟空的心思，就对孙悟空道：“此一时，彼一时，大不同也。常言道，一物降一物哩。玉皇大帝派天将帮你就很好了，不要迟疑耽误(dānwu)事。”

孙悟空只好挑选了托塔李天王与哪吒太子等下界与那妖魔一战，若能擒住他，是老孙的幸运，若不能，那时再另做打算。

顷刻之间，他们来到金兜山金兜洞外。哪吒把自己的六般兵器变成千万个，如骤(zhòu)雨冰雹(báo)一般抛向妖魔时，妖魔竟然一点都不畏惧，从容地从袖中取出那银晃晃的圈子，往空中一抛，又是“呼啦”一声，把那些成千上万的兵器都套了下来，慌得那哪吒太子赤手逃生去了。

## ⑤ 悟空自请水火星君

孙悟空见哪吒的兵器也被圈走了，就与李天王商议道：这妖魔神通广大，那个银圈确实厉害，有什么兵器不会被收走呢？

天王沉思了片刻，说道：“套不去者，唯水火最利。常言道，水火无情。”

孙悟空一听，觉得有道理，说：“你且在这里稳坐，待老孙再上天走走来。”说完就直奔南天门上彤(tóng)华宫，准备请火德星君来此放火。一把火要么直接把妖魔烧死，要么把他的银圈烧成灰烬(jìn)。

火德星君随孙悟空来到金兜山金兜洞外，孙悟空把妖魔引出洞后，火德星君站在高峰上，传出号令，教众部火神一起放火。

顿时，只见那半空中火鸦飞噪(zào)，满山遍野火马奔腾。那妖魔竟然全无恐惧，不慌不忙将那圈子往空中一抛，又是“呼啦”一声，把这火龙火马、火枪火箭等放火器具全部收走了。火德星君手执一杆空旗，无可奈何地对孙悟空说道：“大圣呀，这个凶魔真是罕见，如今我的放火器具也没有了，不知如何是好啊？”

孙悟空一想，常言道，水能克火。我可以请水德星君施布水势，往他洞里灌水，把魔王淹死，同时取出物件还给大家。

水德星君应邀来到金兜山金兜洞外，把自己白玉盘里的水往下面一倒，盘里所装的黄河之水尽往低处流，水波荡漾(dàng yàng)，撞在岩石上，激起千层浪。

“不好，水漫四野，还不见灌进妖洞里，反而淹了许多良田，怎么办？”孙悟空大叫道，“赶紧收水！”

“小神只会放水，不会收水，”水德星君也慌了神，不知所措地喊道，“常言道，泼水难收。”

孙悟空急得只好赤手空拳，冲向妖洞与那妖魔拼打起来。两人打了十余回合后，孙悟空见占不到妖魔的便宜，灵机一动，拔下一把毫毛，变成三五十个小猴，与之厮杀。只见那些小猴抱腿的抱腿，扯腰的扯腰，抓眼的抓眼。那妖魔急忙把那银圈拿出来，“呼啦”一声把那三五十个毫毛变的小猴收为本相，套入洞中，得胜而回。

## 6 如来支招救唐僧

孙悟空和诸神再次商议道：要想战胜那妖魔，必须先把套去的兵器偷回来，再战，才有可能。孙悟空随即偷偷地溜进金兜山金兜洞里，先后把金箍棒和各天兵天将的兵器偷了出来。不过再战时，又被那妖魔全部套走了。

在毫无办法的情况下，孙悟空想到了佛法无边，想请佛祖如来看看那妖魔生在哪里，那银圈是件什么宝贝。众神道："既有此意，不须久停，快去快去！"

没多久，孙悟空就来到如来佛祖面前。

"悟空，你皈依我佛，保唐僧来此取经，今天怎么独自到此？有何事呀？"如来问道。

孙悟空把在金兜山遇到的妖魔说了一遍，最后问道："那妖魔使用一个银晃晃的圈子，把我们的兵器全都套去了。我们战胜不了他。"

如来说道："我虽然知道那妖魔是谁，但我不能告诉你。如果我说出来了，他就会直接到我这里来打闹了。不过我会助你一臂之力。"说完，就派十八罗汉取十八粒"金丹砂"与孙悟空助力。

那十八个罗汉来到金兜山金兜洞外，可是还没怎么出手，那十八粒"金丹砂"又被那妖魔用银圈套走了。稍后，有两个罗汉悄悄地走到孙悟空边上，轻轻地告诉他：佛祖建议去太上老君处寻找那妖魔的踪迹。

孙悟空一听，纵一道筋斗云，瞬间就到了离恨天兜率宫处，不问不答，到处查找起来。走过几层廊宇后，他忽然看见那牛栏边有一个童子在睡觉，而牛栏中的青牛不见了。孙悟空大叫道："老官儿，牛不见了！牛不见了！"

"这孽畜(chù)几时走的？"老君听见后，大吃一惊。

原来那童子在丹房里拾到一粒丹，吃了就睡着了。那青牛见无人看管，就悄悄地下界去了。下界时，还偷走了老君的金刚琢。

孙悟空看了看老君，恍然大悟道："原来他用的宝贝就是老官的金刚琢。"

"这孽畜现在在哪儿？"

"现在金兜山金兜洞。他捉了我唐僧师父，抢走了我的金箍棒，伤了天兵天将，夺走了火德星君的火具。"孙悟空一一告诉了老君。

太上老君与孙悟空立刻来到金兜山上，孙悟空把那妖魔引了出来，冲到那妖魔面前打了他一耳光，骂道："你这泼魔，吃我一掌。"随即躲到老君身后去了，那妖魔抡枪便追。

“那牛儿还不归家，更待何日？”只听到山峰上传来一声喊叫。那妖魔抬头一看是太上老君，扭头就跑。老君随后念了一声咒语，用扇子轻轻一扇，收回了那银圈，再一扇，那妖魔现了本相，原来就是那头青牛。妖魔就这样被收服了，老君横跨在牛背上辞了众神，驾起彩云回宫去了。

孙悟空顺利地救出了师父和师弟，众神也取回各自的兵器回天庭了。

唐僧师徒又行走在取经的路上，他们在接下来的路程里，又会遇到什么呢？欲知后事如何，且听下回分解。

# 一七　瓜熟自落

主要人物：孙悟空、八戒、如意真仙道人

主要地点：西梁女

主要事件：唐僧师徒意外怀孕

## ❶ 俗话记忆

“瓜熟自落”的本意就是瓜熟透了之后，自己会落下来，比喻某件事或某人经过努力，在时机、条件成熟后，就能成功。也称“瓜熟蒂(dì)落”，意思是瓜熟了，蒂就会自然脱落，瓜蒂就是瓜与藤连接的部分，蒂脱落了，瓜还能不掉吗？

《西游记》中，孙悟空笑着对猪八戒说：“古人云，瓜熟自落。若到人出生的时节，一定从胁(xié)下裂个窟窿(kūlong)，钻出来也。”猪八戒怀孕(yùn)了，担心孩子没有地方出来。孙悟空就告诉他，孩子会从腋(yè)窝下面钻出来。

## ❷ 唐僧八戒怀孕了

话说唐僧师徒风餐露宿，一路向西而行，不知不觉又是一个春天来临。满地鲜花如布锦，遍山叶翠似毯(tǎn)绿。岭上青梅结豆，崖前古柏(bǎi)留云。他们走着走着，一条小河就出现在眼前，河水清澈见底，河边柳树垂绿，远处几间茅(máo)屋掩映(yǎnyìng)其中。

孙悟空遥指茅屋方向，说道：“那里的人家，一定是摆渡的。”

“摆渡的，撑(chēng)船过来！”猪八戒朝着那茅屋使劲连喊了几遍。

一会儿，一条船从那河边柳荫下慢慢地过来了。“过河的，来上船吧！”船上一位老艄婆说道。老艄婆头上缠着锦丝绒帕(róng pà)，身穿百纳锦裆袄，腰束前镇裙布衫，足踏皂丝鞋。手腕(wàn)皮粗筋力硬，眼花眉皱面容衰(shuāi)。

“你是摆渡的？”孙悟空奇怪地问道，“艄公如何不在，却要你来撑船？”

那妇人说：“是。”然后笑而不答。将唐僧师徒渡过河后，她就独自回家了。

唐僧和猪八戒见此清澈之水，顿觉得口渴，要喝水。猪八戒取出僧钵，舀(yǎo)了一钵，递给师父先喝，然后自己再一饮而尽。

走着走着，不到半个时辰，唐僧在马上呻吟道：“肚子痛。”猪八戒也随后叫道：“我肚子也有些痛。”

沙僧在旁边说道：“可能是吃了冷水的缘故。”话音还未落，他们两人的肚子渐渐地大了起来，用手一摸，好像有血团肉块，不断地在里面动。

孙悟空急忙四下打探，发现前面的路旁有一个村舍，树梢头上挑着两个草把。孙悟空安慰师父道：“师父，前面有个卖酒的店家，我们去那里化些热汤，再找点药治你们的肚子痛。”

他们来到这家村舍，一位老婆婆在门口织麻布。孙悟空走上去，诚恳地说道：“婆婆，贫僧是东土大唐来的，我师父和师弟吃了东边的河水，觉得肚子疼，想化点热汤。”

老婆婆一听就乐了，笑呵呵地说道：“那条河叫子母河。我们这里叫西梁女国，国内全是女人，没有男人，我们就是靠喝那里的水来生孩子的。他们这是怀孕了。”

## ③ 怀孕痛苦不堪

“徒弟啊，这如何了得呀？”唐僧一听，大惊失色。

猪八戒则扭腰撒胯(kuà)起来，哼道：“爷爷呀！要生孩子，我们却是男身，如何生出来呢？”

孙悟空开心地跳了起来，认为这事真好玩，就笑道：“古人云，瓜熟自落。

若到人出生的时节，一定从胁下裂个窟窿，钻出来也。”

“罢了，罢了！死了，死了！”猪八戒听孙悟空这样一说，仿佛现在就会在腋窝下裂个窟窿一般，开始疼痛起来。

沙僧在一旁看了，也笑着说：“二哥，莫扭莫扭！别弄乱了肠子，得个胎前病。”

那呆子赶紧停下来，越发慌张了，眼中噙着眼泪，扯着孙悟空，哭道：“哥哥，你问问这婆婆，看能不能多找几个产婆，从中选一个下手轻一点的。”话还没说完，忽然猪八戒疼得扭来扭去，大叫了起来：“快要生了，快要生了，现在动得厉害了。”

沙僧又笑了起来：“二哥，你知道快要生了，就别动了，否则会挤破孩子的脑袋。”

一旁的唐僧忍着疼痛，轻轻地对那婆婆说道：“婆婆啊，你这里可有医家，叫我徒弟去买一剂打胎药吃了，把孩子打下来。”

“药不管用的。我们这有一座解阳山，山中有一个破儿洞，洞里有一眼打胎泉。若想打胎，只有那里的泉水管用，”婆婆笑着说道，“如今取水不方便了。去年来了一个叫如意真仙的道人守在那里，不肯轻易给水。要泉水的人，必须要给丰厚的礼物，才能求得一碗。你们没有带礼物，是得不到泉水的。”

## 4 悟空取打胎水无功而返

孙悟空一听，满心欢喜道：“有救了，我去去就来。”一眨眼的工夫，孙悟空就来到解阳山破儿洞前。

那道人一听说是孙悟空来求水，顿时怒从心起，连忙站起来，脱了素衣，换好道衣，取出一把如意钩子，跳出大门，大吼一声：“孙悟空何在？”

孙悟空定睛一看，这个道人凶神恶煞(shà)一般，眉如烈火，凤眼倒竖，钢牙尖利，手中舞动着一把如意钩子。孙悟空见了，合掌作礼道：“贫僧便是孙悟空。”

那道人将信将疑，问道：“你真的是孙悟空，不是假冒的吗？”

孙悟空笑着说道：“你看先生说话，常言道，君子行不更名，坐不改姓。我便是悟空，岂有假冒之理？”

那道人恶狠狠地道：“你可认得我？”

“我不认得。我师父和师弟误喝了子母河的水，怀了孩子。今天我只想从这里拜求一碗打胎的泉水，解救师父和师弟。”孙悟空笑着说道。

“我告诉你吧，”那道人迫不及待地说道，“我是火云洞红孩儿的叔叔，牛魔王的兄弟。你把红孩儿害了，我正要找你报仇呢。”

“先生差了，”孙悟空越发开心地笑起来了，说道，“红孩儿随着观世音菩萨，做了善财童子，令侄比我们都好呢。另外，我和牛魔王以前也是结拜兄弟，你找我报什么仇呢？”

那道人喝道：“你这猢狲，还卖乖呢！我侄儿做自由自在的妖王更好。少废话，吃我一钩。”说完，扬起如意钩子就打。

孙悟空赶紧使出铁棒架住，说道：“先生不要打，我只要些泉水就走。”

那道人根本不听，继续挥舞着如意钩子，朝孙悟空打来。一个因救师心切求水，一个为侄儿不给泉水，如意钩子强如蝎(xiē)毒，金箍棒狠似龙巅(diān)。一个棒打，一个斜钩，那道人力战孙悟空十多回合，仍战胜不了他。

孙悟空挥舞着一条如意金箍棒对着那道人一顿猛打，那道人只好拖着如意钩子，逃到山上去了。

孙悟空也不去追赶，直接来到打胎泉边取水。那道人见孙悟空要取水，赶紧用钩子钩他的脚。孙悟空一取水，他就钩脚，如此反复，孙悟空一个人没有办法取到泉水。最后一次，那道人把孙悟空钩住了，一拖，孙悟空一不小心摔倒在地，取水的吊桶也掉了下去。

## 5 调虎离山取打胎水

孙悟空想这样也不是办法，必须找个帮手来，才能取到泉水。孙悟空回到村舍，叫出沙僧，把自己遇到的情况和想法一一告诉他。说完两人就带着水桶来到打胎泉边。

孙悟空叫出那道人，道人手舞足蹈地走出门来喝道：“泼猢狲，你又来做甚？”

孙悟空依然乐呵呵地说道：“我来只是取水。”

那道人冷冷地说道：“泉水乃我家之井，就算是帝王宰(zǎi)相来，也要交礼物，方能取得。何况你是我的仇人！”

孙悟空道：“你真的不给？”

“不给，不给，不——给！”

“泼孽障，既然不给水，就看棍。”孙悟空说完，就提起金箍棒朝那道人打去。那道人侧身躲过，使出钩子还击。顿时两人打得飞沙走石乾坤(qián kūn)暗，播土扬尘日月愁。狂风滚滚催林木，杀气纷纷过斗牛。他们两个从门外打到山上，从山上又打到山下。

沙僧见他们打得如此焦灼(zhuó)，就提着水桶，趁机闯进门去，放下吊桶。待取出泉水后，驾起云雾，高声喊道，“大哥，我已取了泉水了，饶了他吧！饶了他吧！”

孙悟空听见后，停住金箍棒，对那道人说道：“你听我老孙说，我本想斩(zhǎn)尽杀绝，但看到你不曾犯法，并且又是牛魔王的兄弟，就暂且饶了你。我刚才使了个调虎离山之计，哄你出来争战，让我的师弟取水。凭我的本事，莫说你一个什么如意真仙，就是再多几个，也会被我打死。正是打死不如放生，且饶过你，以后如果有取水的，切不可勒索(lè suǒ)他。”

那道人还不服输，举过钩子要再战。孙悟空闪过后，夺过钩子，折为四段，扔在地上，喝道：“泼孽畜，还敢无礼不?”那道人终于低头无语，瘫(tān)坐在地上。

孙悟空纵着祥光，赶上沙僧，两人欢欢喜喜回到村舍。唐僧和猪八戒喝完水后，顿觉得肚子里稀里哗啦起来，没多久，两人就恢复了正常。

那老婆婆也捧着剩下的泉水，高兴地说：“我有了这剩下的泉水，可以用它来换些家用钱了。”随后把这些水用瓦罐装好，埋在地下备用。

唐僧师徒在这里留宿了一夜后，次日谢了婆婆，就继续西行取经去了。后来他们在西梁女国里又遇到了什么趣事呢？欲知后事如何，且听下回分解。

# 一八　千里姻缘似线牵

主要人物：西梁女国王、孙悟空、唐僧
主要地点：西梁女国首府
主要事件：唐僧将计就计假做君

## ❶ 俗话记忆

“千里姻（yīn）缘（yuán）似线牵。”这句话的意思是指只要有缘分，彼此距离再远，也能成亲。“千里”这里是虚指，形容距离远。“似线牵”说的是，月老将命中注定是夫妻的人用红线拴在一起。月老是中国传说中专门负责人世间婚姻的人。现在人们常说“千里姻缘一线牵”。

《西游记》中，孙悟空假意对唐僧说：“依老孙说，你在这里也好。自古道，千里姻缘似线牵哩。”孙悟空是想让西梁女国王快速给他们盖好通关文牒，利于他们西行取经。

## ❷ 唐僧师徒惊艳西梁首府

话说唐僧师徒别了村舍人家，一路西进，约四十里后，来到西梁女国的首府。他们准备向国王递交通关文牒，盖章后继续西行。

唐僧在马上指着前面的城池说道：“前面是西梁女国的城池，你们要谨（jǐn）记我佛规矩，切不可放荡自己。”唐僧三徒弟连忙称是，谨遵师命。

唐僧师徒一走进城门，就传来阵阵掌声与欢呼声：“人种来了，人种来了！”顿时街上挤满了人，个个长裙短袄，粉面油头，不分老少，全是妇女。唐僧师徒在人群中寸步难行。

“呆子，赶紧把你的嘴脸露出来。”孙悟空眼见无法驱(qū)赶，就对猪八戒说道。猪八戒顺从地把头摇了摇，竖起他的蒲(pú)扇耳，扭动他那莲蓬(lián peng)般的嘴唇，发一声喊，一下子就把那些妇女们吓得跌跌撞撞，跑开了。不过她们躲在远处对着唐僧啧啧(zé zé)赞叹。

唐僧师徒不知道经过了几道弯，忽然被一位女官拦住了，那女官高声叫道：“远方来的客人，不能再往前走了，要在本馆驿登记，待下官奏明国王后，方可再行。”

唐僧听后，立即下马，往旁边的衙门上一看，上面写着“迎阳驿”三个字。唐僧走到女官面前，说道：“我等乃东土大唐王驾下钦差上西天拜佛求经的，一行连马五口，随身带有通关文牒，在此想盖章通行。”

那女官记录下唐僧所言后，前往城中五凤楼，向女王禀报。

## 3 女王欲与唐僧成亲

女王听完迎阳驿馆女官汇报后，满心欢喜，对众文武官员道：“寡(guǎ)人昨日梦见金屏生彩艳，玉镜展光明，乃是今日之喜兆(zhào)也。”

女王继续说道：“东土大唐来的男人，乃唐王御弟。我国自建国以来，历代帝王，都不曾在此见过男人。今天唐王御弟来临，应是天赐我也。寡人愿意以一国之富，招他为王，我为后，和他一起阴阳配合，繁衍(fán yǎn)子孙后代，永传帝业。”

众女官听后，无不欢悦。

迎阳驿馆女官再报：“唐僧相貌堂堂，丰姿英俊，是上等男儿。可是他那三个徒弟，却面貌狰狞(zhēng níng)，如同妖怪。”

女王笑道：“既如此，就给他们的关文上盖好章，打发他三个徒弟西行而去。”说完就安排太师、驿馆女官等人前往驿馆说媒定亲去了。

太师等人来到驿馆，向唐僧恭喜道：“御弟爷爷，万千之喜了！我王愿以一国之富，招你为夫。你当帝王，我王为帝后。”

唐僧听后，低头不语。猪八戒听后说道："我师父乃修行得道的罗汉，不爱你们的托国之富，给他换个关文，让他去西天取经，我留下来，如何？"

太师仔细一看，胆战心惊，吓得连话都说不出来了。

驿馆女官冷冷地说道："你虽是男身，但形象丑陋，不合我王之意。"

孙悟空听后，用手指了指猪八戒，说道："呆子，不要胡说，听师父的意见。"

唐僧来到孙悟空旁边，轻声说道："悟空，依你怎么办呢？"

孙悟空心中早已有了主意，故意大声说道："依老孙说，你在这里也好。自古道，千里姻缘似线牵哩。哪里再有这般好处？"

唐僧有些生气了，恼怒道："徒弟，我们在这里贪图富贵，谁去西天取经呢？岂不违背了我大唐帝王的愿望吗？"

太师听后，连忙说道："我王早有旨意，御弟留下成亲，其他三徒弟倒换关文后，继续西行取经。"

"太师说得有理，我师父情愿留下来，与你王为夫，快换关文，打发我们西去。"孙悟空赶紧说道。

太师与驿馆女官欢天喜地地回奏女王去了。

## 4 女王迎接唐僧入宫

唐僧待她们走后，一把扯住孙悟空，骂道："你这猴头，弄杀我也！你怎么说出这般话来？让我在此成婚，你们去西天拜佛，我就是死也不敢呀！"

孙悟空严肃地说道："师父放心，老孙怎能不知道你的性情呢？只是我们到了此地，遇到了此人，不得不将计就计。"

"你如果不答应她，到时阻挡我们西行，不给我们盖章，倒换关文，我们怎么办呢？她们又不是妖怪，我又不能打，到时麻烦岂不是更大？"孙悟空继续说道。

唐僧听后，点点头道："你这样也好，只是那女王把我招去，要行夫妇之礼怎么办？岂不败坏了佛家德行？"

孙悟空笑着说道："师父放心！等她们盖好章，倒换好关文后，我会想办法把你带走的，那时她们就没有一点办法了。"

唐僧听后，如醉方醒，似梦初觉，乐以忘忧，称谢不尽，说道："深感贤徒高见。"师徒四人开始商量怎样获得关文，离开西梁女国了。

西梁女国按照皇帝大礼，来到迎阳驿馆迎接唐僧。那女王走到唐僧面前，一把扯住唐僧，轻轻地，娇滴滴地说道："御弟哥哥，请上龙车，和我同上金銮宝殿，匹配夫妇去。"

唐僧一听这声音，如醉如痴，都快站不住了。孙悟空在旁边轻声说道："师父只管跟着去就是了，争取快点倒换关文，好去西天取经。"

唐僧情不自禁地流下两行眼泪来，不敢回话，只是照着做，擦干眼泪，强露笑脸，移步上前，与女王同携素手，共坐龙车。

那些文武官员，见女王与唐僧同登凤辇(niǎn)，并肩而坐，一个个眉开眼笑，回到城中五凤楼。

## 5 女王中计送唐僧西去

在五凤楼外，猪八戒依计叫唤，要吃喜酒再成亲。唐僧也告诉女王，应先安排酒席，盖好国印，与他们倒换好关文，让他们往西天取经后，再成亲为好。

女王不知是计，全部依照唐僧的要求做。

唐僧见徒弟们倒换好关文，于是双手合十，高兴地对女王说道："敢烦陛下和贫僧一起送他三人出城西去，我嘱咐他们几句话，教他们好好西去，我就回来和陛下永受荣华，无牵无挂。如何？"

女王一听，以为唐僧真心留下来，便传旨与御弟师徒一起出城。不多时，他们就出城到了西关之外。孙悟空、猪八戒和沙僧来到女王和唐僧面前，厉声高叫道："女王不必远送，我等就此拜别。"

唐僧也漫步走下龙车，对女王拱手道："陛下请回，让贫僧取经去吧！"

女王闻言，大惊失色，立即走下车来，扯住唐僧道："御弟哥哥，我愿将一国之富招你为夫，明日就高等宝位，你当君王，我当王后。你怎么又变卦了？"

猪八戒听完，发起疯来，把嘴乱扭，耳朵乱摇，走到女王前面，嚷道："我们和尚家怎么能和你们做夫妻呢？快放我师父。"

那女王见他如此撒泼弄丑，吓得魂飞魄散，奔向龙车，走了。

沙僧把唐僧扶上马。唐僧还没坐稳，只见路旁闪出一个女子，喝道："唐御弟，哪里走？"话音未落，那女子就使一阵旋风，"呜"的一声，把唐僧掳(lǔ)走了。

唐僧被弄到哪里去了，有没有性命之忧呢？欲知后事如何，且听下回分解。

# 一九　黄金未为贵，安乐值钱多

主要人物：蝎子精、孙悟空、八戒、昴日星官
主要地点：琵琶洞
主要事件：蝎子精强逼唐僧做夫妻

## 1 俗话记忆

“黄金未为贵，安乐值钱多。”这句话的意思是黄金不一定是最珍贵的东西，平安快乐比黄金更值钱，比喻平安快乐的人生才最有意义、最有价值。

《西游记》中蝎子精对唐僧说：“常言黄金未为贵，安乐值钱多。且和你做回夫妻，耍一耍也。”蝎子精见唐僧软硬不吃，就引用了这句俗话，继续好言相劝。

## 2 为保身，唐僧假意

话说唐僧走下西梁女国的龙车，上马准备西行时，就被一阵旋风带走了。孙悟空师兄弟三人跟着旋风来到“毒敌山琵琶洞”外。

孙悟空显了个神通，念了一句咒语，摇身一变，变成一只蜜蜂，从门缝处钻了进去。孙悟空飞过了两层门后，看见一个庭院中间的亭子上坐着一个女妖怪，旁边有几个穿着彩衣绣服的丫鬟女童，都在那里兴致勃(bó)勃地谈论着什么。

一会儿，两个丫鬟女童端上来两盘热腾腾的面食，对女妖怪说道：“奶奶，这一盘是人肉馅的荤馍(mó)馍，那一盘是豆沙馅的素馍馍。”

“好，小的们，赶紧搀出唐御弟来。”那妖怪笑道。

一会儿，唐僧就被几个女童扶了出来。那唐僧面黄唇白，眼红泪滴，孙悟空

见了暗暗叹道："不好，师父中毒了！"

那妖怪走下亭子，露出春葱一般的纤(xiān)纤十指，扯住唐僧，说道："御弟宽心，我这里虽不是西梁女国的宫殿，但也清闲自在，正好念佛读经。我与你做个伴，一起活到百岁。"

唐僧紧闭双眼，不言语。

"我这里有荤素两盘面食，随你享用。"那妖怪继续说道。

唐僧心想，如果我一直不说话，可能会立即引来杀身之祸，不如先稳住她，等待徒弟来相救。

"我吃素的面食吧。"唐僧轻轻说道。

## ③ 救师父，悟空被扎头

那妖怪把一个素馍馍分成两半，递给唐僧。唐僧又把一个荤馍馍递给妖怪。

两人一来二去，都被孙悟空看见了。孙悟空心想，师父会不会乱了真性，坏了佛规呀。孙悟空忍不住，现出本相，拿出铁棒，大喝一声："孽畜无礼！"

那女妖怪见了，口中喷出一道烟光，把亭子罩住，吩咐丫鬟女童护好御弟，自己拿一柄三股钢叉，跳出亭门，指着孙悟空骂道："泼猴！怎么敢私入我家，偷窥(kuī)我容貌？不要走，吃老娘一叉。"随后，举起钢叉冲了过来。

孙悟空使出铁棒架住，且战且退，很快两人就打出洞外。猪八戒、沙僧正在门外等候，慌得猪八戒赶紧举起钉耙冲上去就帮忙。

那妖怪见猪八戒过来，她又"呼"的一声，从口鼻中喷出一股烟火，把身子抖了一抖，举着三股叉迎面冲向猪八戒。三人在洞门外打了多时，仍不分胜负。忽然，那女妖怪将身一纵，使出个倒马毒刺，趁孙悟空不备，在孙悟空头皮上狠狠地扎了一下。

"疼！疼！"孙悟空惨叫一声，手摸着痛处败阵而走。猪八戒见势不妙，拖着钉耙往后退去。那妖怪见他们俩败退了，就收了钢叉进洞去了。

"哥哥，你怎么打着打着就叫苦连天地走了？"猪八戒走到孙悟空跟前，奇怪地问道。

孙悟空抱着头，愁眉苦脸地只叫："疼！疼！厉害！厉害！"

沙僧也走过来关心地问："是不是你头风发作了。"

孙悟空摇摇头，跳了起来："不是！不是！"

猪八戒问道："哥哥，我不曾见你受伤，却喊头疼，为什么？"

"了不得，了不得，"孙悟空强忍着疼痛道，"不知什么兵器，在我的头上扎了一下，头就开始疼起来了。"

猪八戒笑道："你不是说你的头是修炼过的吗？今天怎么就受不住这一下呢？"

沙僧说道："二哥不必说玩笑了，大哥伤了头，也不知师父怎样了？"

孙悟空一听师父两字，赶紧忍着疼痛把在洞里看到的情况一一说给师弟们听。猪八戒一听，就嚷嚷着要去索战。沙僧听了，建议等第二天再去理会。

那女妖怪回到洞中后，高兴地安排女童收拾卧房，点灯焚香，请出唐僧。那女妖怪看见唐僧后，故意露出十分娇媚(jiāo mèi)的姿态，扶着唐僧，甜言蜜语道："常言黄金未为贵，安乐值钱多。且和你做回夫妻，耍一耍也。"

那唐僧咬定牙关，大气都不敢出，又担心她伤害自己性命，只好痴痴地随她走向香房。唐僧目不斜视，心中不停地念"阿弥陀佛"，根本就不理会妖怪所说所做的。

那女妖怪见唐僧不从，恼怒道："小的们，拿绳来，把他绑起来！"

## 4 救师父，八戒再被扎

第二天一早，孙悟空醒来摸了摸头，发现不疼不麻了，只是有些痒，于是立即叫醒猪八戒，准备一起救师父去。

他们来到洞前，猪八戒举起钉耙就将洞门打破了。

那女妖怪听见声音立即跑了出来，举着三股叉骂道："泼猴！野猪！你们竟敢打破我的门。"骂完，就抖擞身躯，如同前面的战法一样，口鼻中喷烟冒火，举起钢叉就刺猪八戒。

猪八戒侧身躲过，反手举起钉耙就战。孙悟空也使出铁棒并力相助。那妖怪又使出神通，也不知有几只手，左右遮拦，交锋三五回合后，不知那妖怪用什么兵器在猪八戒嘴唇上狠狠地扎了一下。

那呆子大叫一声，拖着钉耙，捂着嘴，往后逃了。孙悟空见此，也有些惧怕了，虚晃一棒，败阵走了。那妖怪得胜而回，叫小妖们重新筑门。

猪八戒捂着嘴，不停地叫唤着回到沙僧面前。沙僧连忙说道："二哥，你怎么啦?”猪八戒哼道：“了不得！了不得！疼，疼，疼!”

一会儿孙悟空也来了，笑道：“好呆子，昨日笑我，今日你也弄了个嘴肿痛了吧!”

“难受，难受！疼得厉害！厉害！厉害!”

## 5 救师父，星官来相助

三人正不知怎么办时，观世音菩萨变身为一位老妈妈来到他们跟前，告诉他们三人：这里的妖精是蝎子精，那三股叉是她的两只钳(qián)脚，扎人的是她尾巴上的一个钩子，叫作倒马毒。她还曾在如来佛祖的大拇指上扎了一下，如来也是疼痛难忍，如来还要派人捉拿她呢。你们要救师父，就去东天门里的光明宫，请出卯(mǎo)日星官才行。

孙悟空谢过菩萨后，立即来到光明宫，向昴日星官行礼后，把蝎子精的情况告诉了他，请他前去救唐僧。

昴日星官和孙悟空来到琵琶洞前，猪八戒和孙悟空叫出蝎子精，与之相斗。正当那蝎子精要使出倒马毒时，孙悟空大叫一声“星官何在”，只见那星官站在山坡上，变成了一只双冠子大公鸡，昂着头，足有六七尺高。他对着蝎子精叫了一声，那蝎子精就回到了本相，一只琵琶大小的蝎子精趴在山坡下。星官再叫一声，那怪就浑身酥(sū)软，死在那里不动了。

孙悟空等三人拜谢昴日星官后，不但救出了师父，还把妖精抓来的女子赶回了家。他们师徒四人寻大路继续往西取经去了。取经路上又会遇到怎样的情况呢？欲知后事如何，且听下回分解。

# 二〇　德者本也，财者末也

主要人物：孙悟空、沙僧、六耳猕猴、如来
主要地点：雷音寺
主要事件：真假美猴王

## 1 俗话记忆

“德者本也，财者末也。”这句话的意思是做人最根本的要求是要有道德，钱财是身外之物，是最后的追求。这句话简称为“德本财末”。

《西游记》中，孙悟空对几个山间毛贼说：“古书云，德者本也，财者末也，此是末事。”几个毛贼要打劫唐僧师徒，抢劫他们的钱财。孙悟空表示，只要不打师父，身上的财物都可以给他们。

## 2 悟空再次被驱逐

话说那几个毛贼非要孙悟空给财物，孙悟空放下包袱道：“……切莫打我师父。古书云，德者本也，财者末也，此是末事。”后来，孙悟空不得已打死了其中两个头目。

天黑后，唐僧师徒没走多远就来到了一户农家借宿。这户农家的儿子竟然是前面打劫他们的一个毛贼。这伙毛贼发现唐僧师徒后，想继续谋财害命。幸亏农家主人及时相救，叫唐僧师徒赶快离开。不过，这伙强盗还是追了上来，要害唐僧师徒的命。孙悟空一怒之下，又打死了不少人，其中还有那农家的儿子。

唐僧见孙悟空打死许多人，于是又念起了紧箍咒。孙悟空被那金箍勒得耳红面赤，眼胀头晕，疼得在地下不断地打滚，只叫：“莫念！莫念！”

唐僧依然不管不顾地念了十余遍，还不停下来。孙悟空痛得翻筋斗，竖蜻蜓，直叫唤：“师父饶我吧，有话便说，莫念了！”

唐僧终于住口了，说道：“没什么再说了，你走吧，我不要你了!”

孙悟空知道，这次师父又下定决心要赶自己离开了。这次他没有回花果山，而是去了南海观世音菩萨处，请他帮忙解除头上的金箍儿。

观世音菩萨听完孙悟空的讲述后，没有帮他解除金箍，而是用自己的慧眼遥望一下未来后，缓缓地说道：“你师父即将受难，不久便有人来寻你，你只在这里，我届时送你去唐僧身边，继续西行。”

## 3 沙僧向观世音状告悟空

四天后，果真沙僧来到了南海，进门就倒身下拜。沙僧拜完观世音菩萨后，正准备汇报唐僧所遭遇的事情时，忽然发现了孙悟空站在旁边，气得他拿起降妖宝杖就朝孙悟空劈头盖脸地打过来，边打边骂道：“我打你这个十恶不赦（shè）的泼猴，你还到这里来欺瞒菩萨。”

孙悟空被沙僧的行为弄得不知所措，只好侧身躲过他的宝杖。

菩萨喝道：“悟净不要动手，有什么事先和我说。”

沙僧把那孙悟空打唐僧，夺走取经的通关文牒及行李，在花果山假变取经人马的事一一向菩萨汇报。

菩萨听后，严肃地说道：“悟净，不要赖人，悟空到这里已经四天了，他不可能另变唐僧，自己去取经的。”

孙悟空一听，明白了沙僧为什么如此生气了，原来竟然有人假冒自己打唐僧和要独自去取经，他心里也十分生气，拜辞了观世音菩萨后，与沙僧同往花果山一探究竟。

## 4 观世音难辨真假悟空

一会儿，两人就来到花果山。孙悟空在洞外细看，果然看见另一个孙悟空高坐在石台之上，与群猴饮酒作乐。模样与自己无异：黄发金箍，金睛火眼，腰系虎皮裙，手中一条金箍铁棒，足下也踏着一双麂（jǐ）皮靴，同样也是毛脸雷公嘴。

孙悟空见此，怒发冲冠，撇下沙僧，纵身向前，举起铁棒，骂道：“你是何等妖邪，敢变我的相貌，占我儿孙，擅居我仙洞，在此作威作福?”

那孙悟空见了，不答话，也举起铁棒相迎。两个孙悟空开始一顿乱打。从山洞打到洞外，从洞外打到空中，从空中打到九霄云上。沙僧在旁见此争斗，真假难辨，想拔刀相助，可是又怕打错了，伤及真师兄。

两个孙悟空，且行且斗，打到了观世音菩萨处。潮音洞的护法诸天向菩萨禀报："菩萨，果然有两个孙悟空打过来了。"

菩萨出门喝道："你们且放手，两边站好，等我再看。"

他们俩停手后，在两边站立。这边说："我是真的！"那边说："他是假的！"

菩萨吩咐木叉与善财童子上前，悄悄说道："你一人看一个，我暗念紧箍咒，哪个疼哪个就是真的，不疼的就是假的。"说完，就开始默念紧箍咒。

两个孙悟空竟然一起喊疼，都抱着头，在地上打滚，口里只叫唤："莫念！莫念！"菩萨停住后，他们两个又打在一起。菩萨无计可施，也不知要帮谁，又担心伤及真身，不敢下手。

菩萨喊一声"孙悟空"，他们两人一齐答应。

菩萨最后只好说道："悟空当年大闹天宫，许多神将应该认得你，你们到上界去分辨吧！"

## 5 天地之神也难辨真假

菩萨说完后，这孙悟空谢恩，那孙悟空也谢恩。两人拉拉扯扯，又来到天庭，众天神看多时也不能分辨，玉皇大帝拿出照妖镜，也分辨不出来，只好勒令他们退出天庭。

"我和你见师父去！"

"我和你见师父去！"

两人又来到唐僧面前。沙僧也早已把两个孙悟空的情况告诉了唐僧和猪八戒。沙僧道："我和猪八戒一人看一个，师父念紧箍咒，那个疼的人就是师兄。"

唐僧开始念紧箍咒，那两个孙悟空又一齐叫苦道："别念了，很痛！"唐僧本心慈善，赶紧住口，不过除了这个方法外，也别无他法。

他们两个又开始打了起来，打着打着，这个孙悟空道："兄弟们，你们保护好师父，等我与他打到阎王那里去辨别一下。"那个孙悟空也如是说。两人抓抓打打，忽然就不见踪影了。

真假猴王来到了阎王地府，吓得那满山鬼战战兢兢，躲躲藏藏。有先跑的，撞入阴司门，来到森罗宝殿，向阎王报告："大王，背阴山上，有两个齐天大圣打来了！”慌得地府诸王纷纷相传。霎时间，地府十个大王与地藏王聚齐，在森罗殿上点聚阴兵，等擒真假。

两个孙悟空一翻一滚，打到了森罗殿下。阴君走上前，拦住两人道：“大圣有何事，闹我幽冥？”

这孙悟空把情况一一向阴君做了汇报。那孙悟空也照样说了一遍，毫无二异。

地藏王菩萨听后，说道：“且住！且住！我派谛听听个真假出来。”谛听得令后伏在地上听了一会后，对地藏王说道：“我已听出怪名，但不可当面说破，也不能助力擒他。”

“为什么？”地藏王奇怪地问道。

“当面说出来，恐妖精发恶，骚扰宝殿，导致阴府不安宁，”谛听停了一下，继续说道，“妖精与孙大圣一样神通广大，我们都打不赢他。”

地藏王菩萨一听，赶紧对两个孙悟空说道：“你两个长得一样，本领也一样，如果要分辨清楚，还需到如来佛祖那里去。”

## 6 假悟空难逃如来法眼

“说的是！说的是！我们去佛祖那里辨别。”两人一齐嚷道。你看那两个孙悟空，飞云奔雾，打上了西天，很快就来到了雷音寺前。这孙悟空将自己所做之事及假冒孙悟空所犯之事一一禀报。那孙悟空也一模一样地都说了一遍，大家都分辨不出真假。

如来佛祖对刚刚赶来的观世音菩萨及众神说道：“我观假悟空乃六耳猕(mí)猴也。此猴若立一处，能知千里之外之事。善聆听，能察理，知前后，万物皆明，与真悟空同相同音。”

那猕猴见如来说出他的本相，胆战心惊，急忙纵身想逃。如来立即领众神一齐围住。猕猴早已毛骨悚(sǒng)然，估计难以脱身，连忙摇身一变，变成一只蜜蜂，往上飞去。

如来从身边拿起一只金钵盂，抛向天空，将蜜蜂盖在地上。等大家揭起钵盂时，那蜜蜂现了本相，果真是一只六耳猕猴。

孙悟空忍不住，冲上前，抡起铁棒，劈头一下就把他打死了。

如来语重心长地说道："悟空，今后要继续保护唐僧取经，皈依我佛，修成正果。我叫观世音送你去，唐僧会继续收留你为徒弟。你要尽心保护他到灵山取走真经。"

观世音菩萨领着孙悟空回到唐僧处，告诉唐僧前面打他的是假孙悟空，此事是六耳猕猴所为。

"谨遵教旨。"唐僧叩头谢道。

这样，孙悟空又回到了唐僧身边，保护他一路向西而行。在接下来的取经路上，唐僧师徒又会遇到怎样的磨难呢？欲知后事如何，且听下回分解。

# 二一　得胜的猫儿欢似虎

主要人物：孙悟空、罗刹(chà)女、牛魔王

主要地点：芭蕉洞

主要事件：三借芭蕉扇

## 1 俗话记忆

“得胜的猫儿欢似虎。”这句话的意思是获得胜利后的猫，开心得像老虎一般神气十足。形容由于取得了胜利而得意忘形，自以为了不起。

《西游记》里，孙悟空扛着好不容易从罗刹女那里骗来的芭蕉扇，高兴地走在返回的路上。《西游记》中描写道：“这大圣果然欢喜，古人云，得胜的猫儿欢似虎。”此时的孙悟空就是这只猫儿。此时，罗刹女的丈夫牛魔王变作猪八戒追了上来，孙悟空此时已经得意忘形了，都分不清来的猪八戒是真是假了。

## 2 罗刹女拒借芭蕉扇

话说唐僧师徒刚经过炎炎夏日，又走进了三秋之时。不过唐僧师徒并没有越走越觉得凉爽，反而越走越热。原来，他们是进入了传说中的火焰山了。

孙悟空听附近的庄稼人说，火焰山附近有一座翠云山，山上有一个芭蕉洞，洞里住着铁扇公主，名叫罗刹女，是牛魔王的妻子。她有一把芭蕉扇，这把扇子虽然形状可大可小，但能一扇熄火，二扇生风，三扇下雨。

孙悟空听完后，喜忧参半。喜的是有办法降火焰山的温，唐僧师徒可以顺利通过；忧的是观世音菩萨收走了罗刹女与牛魔王的孩子红孩儿，他们一家把仇恨都记在了他的头上。

“牛大哥，开门！开门！”孙悟空为了唐僧能顺利通过火焰山往西天取经，

不得不用自己的智慧来试一试。

洞门“吱呀”一声开了，里面出来了一个女子，手中提着花篮，肩上背着锄(chú)头。孙悟空走上前去，合掌道：“女童，麻烦你通知公主一声，我是取经的和尚孙悟空，过不了火焰山，特来拜借芭蕉扇一用。”

“这泼猴！今日可来了！”罗刹女一听是孙悟空来了，怒从心起，迅速取了披挂，拿起两口清风宝剑，疾步走出洞外，高叫道：“孙悟空何在？”

孙悟空走上前，躬(gōng)身施礼道：“嫂嫂，老孙在此有礼了！”孙悟空把自己幼时与牛魔王结拜兄弟和红孩儿被观世音菩萨收为善财童子的事一一告诉了她。

“你这泼猴，不要废话，伸过头来，等我砍上几剑！若受得了，就借扇给你，否则，就直接见阎王去。”罗刹女毫不理会孙悟空的话，仍然怒气冲冲。

孙悟空叉手向前，笑道：“嫂嫂切莫多言，任你砍多少都行，只要你把扇子借给我用用。”

那罗刹女不容分说，双手抡剑，照着孙悟空的头乒乒乓乓砍了十多下。孙悟空毫发无伤，罗刹女害怕了，赶紧回头要走。

“嫂嫂，哪里去？快把扇子借给我吧！”

“我的宝贝原本就不轻易外借的。”

“既不肯借，就吃你老叔一棒。”好猴王，一只手扯住罗刹女，一只手从耳朵里掏出铁棒，晃一晃。罗刹女趁机举起宝剑来迎。两个人你来我往，在洞前开打起来。一个要为儿报仇，一个要为师父借扇。罗刹女用剑乱砍，猴王手下留情要借宝扇。

## ③ 孙悟空借得假芭蕉扇

罗刹女见斗不过孙悟空，就取出芭蕉扇，朝着孙悟空用力一扇，把他扇得无影无踪。

“好厉害的扇子！”那孙悟空双手抱住一块巨石，才稳住自己。孙悟空查看了一下周围，发现自己到了小须弥山。小须弥山的灵吉菩萨曾帮助孙悟空降伏过黄风怪。孙悟空把自己在火焰山遇到的情况告诉了灵吉菩萨。灵吉菩萨将如来给他的一粒定风丹送给了他。

孙悟空重新回到芭蕉洞前借扇。罗刹女再次拿出芭蕉扇，想扇走孙悟空。没想到孙悟空岿(kuī)然不动，还站在那里笑吟吟地对罗刹女说道："这次不同了，随你怎么扇了，老孙动一动，就不算汉子！"罗刹女又扇了两扇，孙悟空仍然不动。罗刹女慌忙收起宝贝，回到洞中。

孙悟空也立即变成一个蟭蟟虫儿，从门缝里钻了进去，乘机进入罗刹女的肚子里。

"嫂嫂，借扇子给我使使！"孙悟空在肚子里现了原形，厉声叫道。

罗刹女听后大惊失色，四处寻找起来，一边找一边叫道："你在哪里？"罗刹女身边的女童齐说道："在你身上呢。"

这时，孙悟空在她肚子里，打拳，蹬脚，顶头。霎时间，那罗刹女面黄唇白，痛得在地上打滚，不停地求饶："孙叔叔饶命！"

孙悟空听见饶命，也就停住了手脚，说道："你才认得叔叔呀！我看在牛大哥面上，且饶你性命，快将扇子拿来给我使使。"

罗刹女叫女童拿出扇子，孙悟空从她的口中飞了出来，现了原形，说道："我刚才有不是，请原谅，谢谢你借给我扇子！"

孙悟空扛着扇子高兴地回到师父那里，把自己借扇的过程说给师父和师弟们听。有了扇子，他们兴高采烈地来到火焰山前。孙悟空举起扇子，使劲一扇，那山上"轰"的一声腾起万丈火焰，再扇，火焰更高，又一扇，火焰朝孙悟空飞来，烧掉了他两股毫毛。

这时土地神钻出来，告诉孙悟空："这是假扇子。如果要得真扇子，还需借助牛魔王。"

## 4 牛魔王再拒孙悟空

孙悟空在土地神的指引下，来到了牛魔王的新住处积雷山摩云洞。

"长兄，还认得小弟么？"孙悟空看见牛魔王出来，立即整了整衣服，走上前，深深地唱个大喏(nuò)道。

牛魔王斜着眼睛问："你就是齐天大圣孙悟空？"

孙悟空回道："正是，正是，一向久别未拜，见谅见谅！"孙悟空把自己的经历及借扇过火焰山的情况跟牛魔王一点不少地说了。

牛魔王听说借扇子一事后，心如火发，咬响钢牙，骂道："你忒(tuī)无礼了，为了借扇子，你欺人太甚。常言道，朋友妻，不可欺；朋友妾，不能灭。你先吃我一棍！”

孙悟空说：“哥要说打，我不怕，我真心只借宝贝，万分乞(qǐ)求借给我使使。”

“你若三回合打赢我，我就要妻子罗刹女借扇子给你，打不过，我就打死你，以此来报仇雪恨。”牛魔王说完，就举起铁棍劈头就打。

孙悟空不得不举棒相迎。两人打斗了百多回合，仍不分胜负。忽然有人在山峰上高声喊请牛魔王去吃饭。牛魔王听后，丢下一句话“等我吃完饭后，再来与你打”，就去吃饭了。

孙悟空心想，牛魔王与谁吃饭呢？随后他变作一阵清风跟上牛魔王。牛魔王骑着辟水金睛兽来到乱石山碧波潭，与蛟精、老龙精及龙子龙孙龙婆龙女们一起吃饭喝酒。

孙悟空灵机一动，不如变作牛魔王，去骗取芭蕉扇。想到做到，孙悟空摇身一变，变作牛魔王，骑着他的辟水金睛兽，来到芭蕉洞前。

## 5 孙悟空骗得真扇

芭蕉洞的门童看见“牛魔王”来了，赶紧向罗刹女报告。罗刹女听后，忙修整了一下头发，出门迎接。

罗刹女把孙悟空借扇一事告诉了“牛魔王”，“牛魔王”假惺惺地怒道：“可惜可惜，夫人怎么就把这宝贝借给那猢狲呢？气死我了！”

罗刹女笑道：“大王息怒，我给他的是假扇子。”

“真扇子何在?”“牛魔王”关心地问道。

罗刹女笑嘻嘻地从口中吐出真扇子，“牛魔王”接过来一看，真扇子只有一个杏叶儿大小，心想：“这小小的扇子，怎能扇灭山火呢？会不会又是假的?”

罗刹女见“牛魔王”看着宝贝沉思，就说道：“亲亲，想什么呢?”

“这么小的扇子，怎么能扇得了八百里火焰呢?”“牛魔王”借机问道。

罗刹女见“牛魔王”问，她也没多想竟然把扇子的秘诀告诉了他。“牛魔王”一试果然灵验，高兴得他把扇子放进嘴里，把脸一抹，现了本相，厉声高叫道：“罗刹女，看看我是谁?”

罗刹女一见是孙悟空，慌得推倒桌席，跌落在地，气得大叫：“你这个泼猴，真是气煞我了！气煞我了！”

## 6 牛魔王骗回真扇

孙悟空拽开大步，径自走出芭蕉洞，将身一纵，踏祥云，跳上高山，把扇子吐出来，试念口诀，扇子果然长了一丈二尺长。孙悟空拿在手上，翻来覆去，仔细看了又看，确实和前面的假扇子不同。忽然，孙悟空想起，还没来得及问变小的口诀，就这样扇子无法回到口中了，于是孙悟空只好扛着扇子往回走。

走着走着，忽然身后传来一声："师兄，我来也！"孙悟空回过头一看，原来是"八戒"。古人云，得胜的猫儿欢似虎。此时的孙悟空就是这只猫儿，高兴得来不及看清来人是真猪八戒，还是假猪八戒。

"师弟，哪里去呀？"孙悟空高兴地问道。

"猪八戒"哼着说："师父见你许久不回，怕你斗不过牛魔王，就派我过来迎接你。"

"不必费心，我已经得手了，瞧——"孙悟空兴奋地晃了晃手中的扇子。

"猪八戒"好奇地问："你是怎么得手的？"

孙悟空把自己如何跟踪牛魔王，如何假扮牛魔王，怎样从罗刹女口中骗得扇子的经过说了一遍。

"猪八戒"假惺惺地说道："哥哥太劳碌(lù)了，可否把扇子给我拿着？"孙悟空早已得意忘形，不假思索地把扇子递给了他。

"猪八戒"拿过扇子，立即念了句口诀，将扇子丢进口中，现了本相，骂了一句："泼猢狲，还认得我吗？"原来"猪八戒"是牛魔王变化的。

## 7 众神相助借扇子

孙悟空见了，心中懊悔(àohuǐ)不已，气得暴跳如雷，拿出铁棒，劈头就朝他打去。这一个，金箍棒起无情义；那一个，双刃青锋有智慧。顿时扬尘天地暗，飞沙走石鬼神藏。

尽管牛魔王有七十二变，武艺也与孙悟空一样，但最后在如来佛祖及玉皇大帝的旨意下，经过托塔李天王、哪吒及四大金刚围剿，牛魔王也不得不皈依佛门，罗刹女交出宝扇。

孙悟空来到火焰山前，挥舞宝扇，熄火降温，去除了火焰山的火根。孙悟空交还扇子后，与唐僧、猪八戒、沙僧一起继续西行。罗刹女也隐姓修行，后来也修成正果。

唐僧师徒在西行取经的路上，又将会遇到什么灾难呢？欲知后事如何，且听下回分解。

# 二二　人不可貌相，海水不可斗量

主要人物：孙悟空、唐僧、祭(jì)赛国王、九头驸马
主要地点：祭赛国金光寺
主要事件：祭赛国里救众僧

## ❶ 俗话记忆

“人不可貌相，海水不可斗量。”这句话的意思是判断一个人的标准，不能只根据相貌、外表，如同海水不可能用斗来计量，比喻不能以貌取人。斗是古代一种盛酒的器具，也指计量粮食的工具，后来引申为单位。

《西游记》中，祭赛国王见唐僧有非凡的外表，而徒弟相貌则不堪入目，就怀疑孙悟空不能捉妖夺回舍利子。孙悟空见此，就对国王说道：“陛下，人不可貌相，海水不可斗量。”

## ❷ 受屈和尚求助唐僧

话说唐僧师徒穿过火焰山，不知不觉就行走了八百里，又值秋末冬初，新梅吐蕊，松竹凌寒色更青，山间池塘偶有薄冰，悬崖处枯藤高悬，走着走着，就来到一座城池——祭赛国。

说话间，他们走进城门，只见街道商铺林立，人们服饰华丽，川流不息。忽然，人群中出现十多个和尚，一个个衣衫褴褛(lán lǚ)，披枷(pī jiā)带锁，沿街乞讨。唐僧叹道：“兔死狐悲，物伤其类。悟空，你上前问他一声，为何这等遭罪？”

那些僧人突然跪在孙悟空面前，说道：“爷爷，我们是金光寺受屈的和尚。这里不便细说，我们带你到寺院去详说吧。”

唐僧师徒随这些僧人来到金光寺。走进一看，檐(yán)下到处都是蜘蛛网，佛前的香炉灯烟冷，宝殿上的陈设也落满了灰尘。唐僧走进正殿，奉上新香后，发现檐柱上还锁着六七个小和尚。

众僧把唐僧等人带到方丈室后，一起跪下，问道：“列位老爷，相貌不一，可是东土大唐来的？”

孙悟空笑道：“这些和尚有未卜(bǔ)先知之法呀，我们正是，你们怎么认得？”

众僧说道：“爷爷，我们没有未卜先知之法。我们是被冤枉(yuān wang)的，昨日，我们都做了一个同样的梦。梦里说有个东土大唐来的圣僧，可以救我们的性命。”

众僧说，四周国家原本每年都进贡(gòng)给祭赛国，可是三年前，这里下了一场血雨后，金光寺里的黄金塔被污染了，塔中所保存的镇寺之宝舍利子不见了，从此周边国家也不来进贡了。一些赃(zāng)官认为是我寺里的和尚偷走了舍利子，造成了外国不进贡。于是把我们抓去千般拷(kǎo)打，万样追问。我寺三辈和尚被打死了两辈，如今我辈戴上枷锁乞讨为生。

“老爷在上，我等怎么敢欺心盗取塔中之宝呢？万望爷爷可怜我们，方以类聚，物以群分，舍大慈大悲，广施法力，拯救我等性命。”众僧磕头说道。

唐僧听后，心中不免伤感，点了点头，说道：“既然你们是因塔起祸，我今晚就去扫塔吧。”

## ③ 师徒扫塔擒小妖

众人用完斋饭后，唐僧与孙悟空一起去扫黄金塔。黄金塔共有十三层，唐僧扫到第十层时，有些犯困了，孙悟空对师父说道：“师父先且坐下，等我老孙替你扫完吧！”

孙悟空抖擞精神一会儿就扫到了第十二层。忽然听到塔顶上有人说话。孙悟空觉得奇怪极了，就跳出黄金塔，踏上云头观看，只见第十三层塔心里坐着两个妖精。他们正在那里一边猜拳一边喝酒呢。

孙悟空一看，火冒三丈，大喝一声：“好怪物，偷塔上宝贝的原来是你们！”

两个怪物被这一喊，吓坏了，赶紧丢下酒壶菜碗就跑。不过，还是没有孙悟空的铁棒快，孙悟空用棒拦住他们，说道："我若打死你们，就没有了证人。"

那两怪物贴着墙壁，动弹不得，口里只叫："饶命！饶命！不关我事，不是我们偷的。"孙悟空把这两人带到师父那里，唐僧惊喜道："这是在哪儿抓的？"

"他们俩在塔顶上喝酒，被我抓住了。"孙悟空高兴地说道。

那两怪物战战兢兢只喊饶命。原来他们俩是乱石山碧波潭万圣龙王派来巡塔的。一个是鲢（lián）鱼怪奔波儿灞（bà），一个是黑鱼精灞波儿奔。前年，万圣龙王与九头驸马显法力，下了一阵血雨，弄脏了宝塔，偷走了塔中的佛宝舍利子。公主还偷去了王母娘娘的九叶灵芝草。把这两个宝贝放在一块，养在潭底下，金光霞彩，昼夜光明。近日听说孙悟空会经过这里，要他们俩巡拦他。

"那孽畜（chù）这等无礼，难怪前些日子他们请牛魔王赴会。原来他们是一伙的，专干不良之事。"孙悟空冷笑道。

## 4 八戒反被抓潭底

第二日，唐僧派猪八戒和沙僧看守两个妖贼，自己和孙悟空来到祭赛国金銮殿，先把通关文牒捧上，说明来意，然后陈述昨日擒拿了偷佛宝舍利子的妖贼一事。

"妖贼何在？"国王大喜道。唐僧不急不慢地说道："现被小徒锁在金光寺里。"

"着锦衣卫快到金光寺取妖贼来，寡人亲审。"国王迫不及待道。

唐僧说道："万岁，虽有锦衣卫，还得小徒去方可。"然后用手指了指旁边站立的孙悟空。这时国王才注意到孙悟空，一看，大吃一惊，说道："圣僧如此丰姿，高徒怎么这等相貌？"

"陛下，人不可貌相，海水不可斗量。若爱丰姿者，如何捉得妖贼也？"孙悟空在一旁打了个喏说道。

如此，国王也不管那么多，就立即派人和孙悟空一起去带妖贼。那两妖贼很快就被带到金銮殿。国王亲审他们俩后下旨：免除金光寺众僧的枷锁，宴请唐僧师徒，并请圣僧捉拿贼首。

孙悟空和猪八戒带着那两妖贼来到乱石山碧波潭，让他们俩回到潭底龙宫去报信：要他们归还佛宝舍利子。

九头驸马听说后，穿好披挂，挺着一把月牙铲，分开水道，步出龙宫，立在水面上叫道："是什么齐天大圣？快上来交命！"

孙悟空和猪八戒立在岸边，一看来者真是不同一般，远看是一头一面，近看则是四面皆人。前有眼，后有眼，八方通见；左有口，右有口，九口言论。

他见无人回答，又叫了一声："哪个是齐天大圣？"

"老孙便是！"孙悟空按一按头上金箍，抖一抖手中铁棒，大声喝道。那怪物指着孙悟空问道："你为何伤我头目，还到我这里索要佛宝？"孙悟空挥舞着铁棒，骂道："你这盗贼，偷他人宝贝，弄脏他人宝塔，让僧人受委屈，罪不可赦！""这与你何干？"那怪物说完，举起月牙铲就扑向孙悟空。

他们两个来来往往，斗经三十余回合，不分胜负。猪八戒立在山前，瞅（chǒu）准一个空档，举起钉耙，朝妖精背后一打。那怪物有九个头，眼睛多，虽然是背后，但也看得明白，见猪八戒从背后扑来，用铲柄架住钉耙，用铲头抵着铁棒。三人又打了几回合，那怪物终于抵挡不住，就地打了个滚，腾空而起，现了本相——一只九头虫。忽然，从半空中伸出一个头来，张开血盆大口，咬住猪八戒的鬃（zōng）毛，半拖半扯，把猪八戒捉到潭底去了。

## 5 金光寺改名换新

孙悟空随后也变成一只螃蟹（páng xiè）潜入潭底救猪八戒。这潭底，孙悟空以前跟踪牛魔王时来过，所以很快就找到了关押猪八戒的地方，把猪八戒救了出来。

后来，孙悟空和猪八戒在途经此地的二郎神、梅山六兄弟的帮助下，战胜了九头虫等妖贼，夺回了佛宝舍利子和王母娘娘的九叶灵芝。

自此，金光寺佛塔整旧如新，霞光万道，瑞（ruì）气千条，依然八方共睹，四国同瞻（zhān）。孙悟空最后建议将金光寺改为伏龙寺。国王立即命人换了字号"敕建护国伏龙寺"，悬上新匾（biǎn）。

唐僧师徒拒绝国王的相赐之物后，继续西行。取经路上他们又会遇到什么困难呢？欲知后事如何，且听下回分解。

# 二三　人未伤心不得死，花残叶落是根枯

主要人物：黄眉大王、孙悟空、弥勒佛
主要地点：小雷音寺
主要事件：弥勒佛笑收假如来

## 1 俗话记忆

“人未伤心不得死，花残叶落是根枯。”这句话的意思是人没有伤到心就不会死，花凋叶落是由于根干枯的缘故。比喻人的心最为紧要，伤心如同花木的根干枯一样，一旦心脏受到伤害，人就难以存活。

《西游记》中，作者描写黄眉怪时写道：“那怪虽是肚腹绞(jiǎo)痛，还未伤心。俗语云，人未伤心不得死，花残叶落是根枯。”虽然孙悟空在其肚子里，让他疼痛不已，但毕竟没有伤到其心，他不至于死去。弥勒佛和孙悟空也不会让他死。

## 2 唐僧受困小雷音寺

话说唐僧师徒面对几个树精，不战而胜后，来到一座山前。只见那山林木茂翠(màocuì)，涧底水声潺潺(chánchán)，千沟万壑(hè)，即使鸦雀也难以飞过。唐僧不禁打了一个寒战。

唐僧师徒走着走着，刚翻过一座小山岭，眼前忽然祥光闪耀，彩雾纷纷，一座楼台殿阁映在其中，悠扬的钟磬声飘飘渺渺(miǎomiǎo)，传入耳中。

孙悟空仔细一看，对师父说：“那是一座寺院，奇怪的是，禅光瑞霭(ǎi)中怎么有些杀气呢？”

唐僧师徒一行带着疑惑（huò），来到山门前。唐僧一见“雷音寺”三字，慌得赶紧滚下马来，跌倒在地上。

孙悟空笑道：“师父莫急，这是小雷音寺呢！”

“就算是小雷音寺，也必定有佛祖在内。”唐僧抬头一看，山门果真是“小雷音寺”，可他还是一脸严肃地说：“古人云，有佛有经，无方无宝。有佛的地方自然有经书，有佛宝。我们进去看看吧！”

“不可进去，此处凶多吉少！”孙悟空忽然觉得不妙，大声说道。

“唐僧，你自东土大唐来拜见我佛，为什么还这么慢腾腾呢？”这时，一个声音从山门里传了出来。

唐僧听见后不觉一震，顾不得孙悟空的提醒，带着猪八戒和沙僧一步一拜，向莲台走去。

“那孙悟空见如来怎么不拜？”莲台上的那个人厉声高叫道。

孙悟空睁开火眼金睛，仔细往上一看，并不是真如来，于是放下马匹，拿出金箍棒，喝道：“你这伙孽畜，十分胆大，竟然假扮起佛祖，败坏如来的清德！看打！”冲上去便打。

“哐当”——孙悟空还没冲上去，就被空中一副金铙（náo）连头带足，合在其中了，慌得八戒沙僧连忙挥舞起耙杖，但为时已晚，旁边的人迅速围过来，将他师徒三人捉住，绑了起来。原来，莲花座上假扮佛祖的是一个妖王，其他的罗汉等人都是一些小妖所变。

妖王现出了妖身，命把孙悟空合在金铙之中，搁（gē）在宝台上，等三昼夜化为脓（nóng）血后，再蒸唐僧师徒。

金铙里，四周都是黑洞洞的，没有任何缝隙（fèng xì）可以出去，孙悟空热燥得满身流汗，急得用铁棒一顿乱打。孙悟空打一阵后，金铙没任何变化，于是他想通过自己身体长大一些，用力撑开金铙。可是，他长大一点，金铙也长大一点，他变小一点，金铙也变小一点。用金箍棒撑也撑不开，用梅花头五瓣钻也钻不动。孙悟空只好念声口诀，召集来保护唐僧的揭谛等人。

揭谛根据孙悟空的要求，来到灵霄宝殿上，向玉帝奏明了情况。玉帝立即派二十八星宿去救孙悟空等人。

## ③ 众星宿反被妖魔所擒

众星宿趁夜来到金铙外，与孙悟空商议后，由亢（kàng）金龙用角尖儿拱（gǒng）进去救出孙悟空。亢金龙把身体变小，用他那像针尖一样细的角尖儿，顺着金铙缝口伸将进去。他用尽千斤之力，方才穿透进去。亢金龙叫："长！长！长！"角长有碗口来粗，那铙口像皮肉长成的，紧紧地与角粘住，没有一点缝隙。

孙悟空在里面摸着星宿的角，喊道："你忍着点痛，我想办法出去。"孙悟空立即将金箍棒变成一把钢钻儿，在星宿的角尖上钻了一个孔，把自己的身子变得如同一粒油菜籽一般大，钻进那个钻孔里，叫道："把角扯出去！把角扯出去！"经过星宿的努力，孙悟空终于被救出来了。

孙悟空现出原形后，掏出金箍棒，大叫一声"哎"，只听见"哐当"一声，那金铙就被孙悟空打碎了。

那一声如崩倒铜山，惊醒了老妖王。老妖王挥舞着狼牙棒，怒气冲冲来到孙悟空及众星宿面前。孙悟空这时才看清妖王的真面目：蓬头，光眼，黄眉，悬鼻，四方口，尖牙齿，像兽又不像兽，非人又像人。

孙悟空挺着铁棒道："你是什么怪物，敢假扮如来，虚设小雷音寺？"

那妖王叫道："此处叫小西天，我修行得了正果，天赐我宝阁珍楼。我名叫黄眉老佛，也叫黄眉大王、黄眉爷爷。我知道你们的事，我就是要诱（yòu）惑你师父进来，把你们一网打尽后，我去见如来，替大唐取回真经。"

孙悟空笑道："你有本事就来吧！"那妖王挥起狼牙棒来打孙悟空，孙悟空架起铁棒一挡。两人棒来棒去，打斗了五十回合后，仍不见输赢。山门内外众妖精摇旗呐喊，鸣锣擂鼓，煞是热闹。玉帝派来的天兵神勇，各拿兵器，与孙悟空一起把那魔头围在中间。

只见老妖魔立在中间，不慌不忙应战，一只手挥动狼牙棒抵挡众兵，另一只手去腰间解下一条旧白布搭包儿，往上一抛，"哗"的一声，把孙悟空、二十八星宿及其他天兵神勇，全部装了进去，然后，老妖魔把包挎在肩上，十分得意地回家去了。

半夜里，孙悟空使了一个缩身法，挣脱了绳索，悄悄地把白布搭包装来的师徒及星宿等人全放了。在孙悟空取行李时，不小心吵醒了妖怪。那妖怪又使出旧白布搭包儿，将唐僧师徒及星宿等人再一次装了进去。幸亏孙悟空及时跳在九霄之中，才得以逃脱。

## ④ 众神将无能为力

孙悟空无计可施了，纵起一朵祥云，驾一个筋斗，来到太和宫，寻求真武祖师的帮助。真武祖师知道孙悟空在小灵山遇到的麻烦后，立即派龟蛇二将及五大神龙相助。遗憾的是他们也被那妖怪的旧白布搭包儿装进去了。

孙悟空见此情况，不禁落泪，说道："我如今愧(kuì)对上天，羞(xiū)临南海。怕菩萨说我无用，不敢觐(jìn)见佛祖如来。"

这时一直暗中保护唐僧的神将功曹提醒孙悟空，说道："还有一个大圣国师王菩萨，你可以请他相助。"

孙悟空听后，立刻转悲为喜，说道："你且去保护师父，我去请大圣国师王菩萨去。"

待孙悟空赶到时，国师王菩萨早已知晓此事，不等孙悟空开口，就派他徒弟小张太子和四大神将随孙悟空来救唐僧等人了。

小张太子和四大神将与那妖怪征战多时，仍不分胜负。就在那妖魔掏出那旧白布搭包儿时，孙悟空还没来得及提醒，小张太子等人又全被收走了。

## ⑤ 弥勒佛收黄眉童儿

旁边观战的孙悟空纵起筋斗云，立于山坡上，悲痛欲绝。正当孙悟空痛哭流涕时，忽然西南方向上出现一朵彩云，满山头下起了大雨，大雨中传来一声："悟空，还认得我吗?"孙悟空走近一看，只见这人大耳、大腹，一脸笑盈盈，两眼炯(jiǒng)炯有神。原来是弥勒笑和尚来了。孙悟空连忙下拜道："东来佛祖哪里去?"

"我专为这小雷音寺的妖怪来的，"弥勒佛笑着说道，"他是我面前司磬的一个黄眉童儿。一天，他把我的几件宝贝偷来为非作歹。那个大包儿是我的袋子，叫人种袋。那条狼牙棒是个敲磬的槌(chuí)儿。"

孙悟空一听，高叫一声道："好你个笑和尚，你那童儿害人不少呀！"

"悟空别急，我来就是要收他回去的，"弥勒佛笑着说道，"你去和他交战，假装失败，把他引到我这里来。"弥勒佛告诉孙悟空，他会把这里变成一片西瓜地，然后请孙悟空变成一个熟西瓜，妖怪吃下这个熟西瓜后，就好办了。

孙悟空依计把那妖怪带到西瓜地。那妖怪果然口渴，要吃瓜。弥勒佛变成一个种瓜人，把孙悟空变的那个熟西瓜送给了他。妖怪接过来张嘴就啃(kěn)，一会儿就吃完了。

孙悟空进入他的肚子后，就开始手抓脚踢，在里面翻起跟斗来，那妖精疼得眼泪汪汪，满地打滚，把整个西瓜地都几乎滚平了，口中直叫唤："痛啊！痛啊！谁来救救我？"

这时弥勒佛现了本相，乐呵呵地叫道："孽畜，认得我吗？"那妖怪抬头一看，慌忙跪倒在地，双手揉着肚子，磕头道："主人公！饶我命吧！我再也不敢了！"

弥勒佛走上前，一把揪住他，解了他的袋子，夺了他的敲磬槌，叫道："悟空，看我面子上，饶他性命吧！"

孙悟空十分痛恨，在他的肚子里又来个左一拳，右一脚，继续在里面乱掏一阵。那妖怪疼痛难忍，又倒在地上了。

俗语云，人未伤心不得死，花残叶落是根枯。妖怪虽然被孙悟空弄得肚子疼痛，但还未伤及到心。孙悟空听弥勒佛说饶了他，就从妖怪的口中跳了出来。孙悟空现了本相后，还想打妖怪一顿，幸亏弥勒佛把妖怪装进了布袋子里。

弥勒佛带着妖怪去莲台上取金铙，孙悟空则去救唐僧师徒和那些援助降妖之众。

唐僧师徒送走了帮助他们降妖的二十八星宿、乌龙二将、小张太子及四将后，宽住了几日，喂饱了白马，收好行囊，又向西而行。西行中，他们还会遇到什么情况呢？欲知后事如何，且听下回分解。

# 二四　药不执方，合宜而用

主要人物：孙悟空、朱紫国王

主要地点：朱紫国

主要事件：朱紫国王受难记

## ❶ 俗话记忆

“药不执方，合宜而用。”是指用药应该根据病情对症下药，药方不能一成不变，治病需要合适的药方。相同的病，病人不一样，医生开出的药方也可能不完全相同。

《西游记》中，孙悟空对太医官说道：“古人云，药不执方，合宜而用。”他要求太医官，把药铺里的药全部拿三斤，方便他制药用。孙悟空说这是为了保密，其实用不了那么多，这是不让太医官知道他用了哪些药。

## ❷ 孙悟空为朱紫国王治病

一天，唐僧师徒来到朱紫国。他们一走进皇城，眼前一亮，高耸(sǒng)的门楼下，人流如织，密密匝匝(zā zā)的店铺里商品玲琅(líng láng)满目。街上的行人气宇轩(xuān)昂，衣冠整齐。皇城里的景象堪比大唐盛世。

唐僧师徒来到会同馆。听这里的馆使说，平时皇上因病不上朝，今日是黄道吉日，皇上才在宫中与文武官员议事。唐僧连忙独自一人来到宫中，找皇上为通关文牒盖章。

朱紫国王一听有唐朝高僧来朝，非常高兴，立即下旨安排光禄寺设斋饭，并与高僧一起进膳(shàn)。

正当国王与唐僧用斋饭时，孙悟空也来到了这里。原来国王久病不愈(yù)，今日张贴了求医文榜。这个文榜被孙悟空揭下来后，他就被朱紫国的众太监校尉请到了国王面前。

孙悟空经过望、闻、问、切后，告诉众臣：国王得的是双鸟失群之症，正遭受惊恐忧思之苦。国王在里面一听，满心欢喜，打起精神高声应道：“神僧厉害，朕(zhèn)的病就是如此！请赶紧开药吧！”众臣听后，甚是好奇，不知这双鸟失群之症为何意。

孙悟空笑着说：“双鸟失群就是有雌雄二鸟，原在一处同飞同憩(qì)，忽然有一天被暴风骤雨惊散了，雌雄不能相见，他们互相思念对方，从而患病。”

“真是神僧！真是神医！”众臣听后，称赞不已。

医官问道：“既然已查明病情，就请神僧赶紧开药吧！”

孙悟空严肃地说道：“古人云，药不执方，合宜而用。我需要将皇城里每一种药材各找来三斤，并同制药的工具一起送到会同馆里。”

孙悟空回到会同馆后，猪八戒指着一堆中药材，笑着对孙悟空道：“师兄，你这是在做无本生意呀！你是不是要在这里开药铺呢？”

“莫胡说！医好国王的病，我们就去取经，哪里要开药铺？”孙悟空喝道。

“这里有八百多味中药，每味三斤，一共有二千四百多斤呢。治疗一个人，能用多少药材呀？这么多药材要吃多少年才能吃完呀？”猪八戒不解地问。

孙悟空看了看四周，悄悄地对猪八戒说：“用不了这么多。这样是为了防止那些太医院的愚钝(yú dùn)医生们知道我是用的哪几味药。”

猪八戒听后，笑着点了点头。

孙悟空、猪八戒、沙僧三人吃完晚饭后，就忙开了。猪八戒和沙僧他们俩在孙悟空的安排下，把大黄、巴豆这两味中药材分别碾碎(niǎn suì)，磨成粉末。猪八戒又从锅底刮取黑色的锅底灰二两。待他们俩将这三样混合搅拌后，孙悟空递给猪八戒一个盏(zhǎn)子，要他从龙马那里接半盏马尿。

猪八戒一听急了，赶紧说道：“要马尿干吗呀？”

沙僧在旁边听了，也笑着说：“哥哥，这不是闹着玩吧？马尿腥臊(xīng sāo)，体虚的人一闻就吐，如果再喝点巴豆、大黄，就会弄得人上吐下泻，这怎么能做药呢？”

孙悟空笑着说：“你们不知道。我们那匹马不是凡间的马，他本是西海龙身，若能得到他的尿液，不管你有什么病，都能尿到病除。不过很难得到呀！”

猪八戒听后，拿着盏子就到龙马那里接尿去了。不一会儿，他拿着空盏子回来了，沮丧(jǔ sàng)地对孙悟空说：“哥啊，不要急着给国王治病，我们那匹马不能尿尿了！”原来猪八戒一走到龙马那里，就用脚把睡觉的龙马踢醒，然后一声不吭地用盏子接尿，接了半天也没有。

孙悟空和俩师弟来到龙马这里。龙马跳了起来，竟然说出了人话来：“师兄，你们难道不知道我的尿很珍贵吗？”

孙悟空轻轻地对他说：“兄弟谨言，我们是为治疗国王的病，治好了他，大家都光荣，治不好，我们就难以离开此地去西天取经呀！”

龙马似乎明白了道理，叫了一声“等着”，身子先往前一扑，然后往后蹲了一蹲，把牙齿咬得嘎(gā)嘎响，使出浑身力气，将身子又站立起来。

孙悟空赶紧叫猪八戒用盏子接尿。一会儿，那盏子里就有了半盏尿。孙悟空连忙喊道：“够了，够了！”

孙悟空三人将取到的马尿和先前的三味中药混在一起，搓(cuō)成了三个核(hé)桃般大的药丸(wán)。孙悟空给它取了个名字叫“乌金丹”。

第二天，国王用无根水（没有落地的雨水）服下了这三个“乌金丹”，一会儿就上吐下泻，把肚子里的一团糯(nuò)米饭，完整地吐了出来。吐完后，国王顿时觉得心胸开阔，气血调和，精神抖擞了。

## ③ 孙悟空救回金圣宫娘娘

常言道：“一人有福，带挈一屋。”孙悟空治好了国王的病，唐僧师徒都受到国王的感谢。国王设宴款待他们，特意为他们准备了僧人可吃的素酒。

君臣开心地吃了一阵之后，国王走到孙悟空前面，一边擎(qíng)着大盏酒一边说道："神僧对朕恩重如山，朕感恩不尽。朕这里还有话要说。"

孙悟空笑道："我虽治好了你的病，但你的心病依然存在。请说出来吧！"

"古人虽云，家丑不可外谈，但神僧是有恩于朕，朕还是想说，"国王擦了擦眼泪，继续说道，"朕的金圣宫娘娘，三年前被一个妖怪抢走了。从那时起妖怪每年都要抢走两名宫女。朕因此惊恐忧思不息，所以得此疾病。"

孙悟空一听有妖怪，非常兴奋，就将手中的素酒一饮而尽，笑道："原来如此！你可否想要金圣宫娘娘回来？"

国王一听孙悟空如此说，就立即下跪道："朕日夜思念，岂有不要她回来之意？若救得她回，朕愿意把江山让给神僧！"

俗话说，说曹操，曹操到。他们正在说妖怪时，只见一阵风吹来，吹得灰尘四起，树叶沙沙作响，慌得那国王赶紧往里面逃，众官齐声哀怨。孙悟空立即跳到半空，只见半空里闪出一个耳朵大似蒲扇，四个钢牙又尖又长，蓬头红眉，腰间系一条豹皮裙子的妖怪。

孙悟空手里一挥金箍棒，大喝一声："你是哪里来的邪魔，为什么如此猖獗(chāngjué)？""我是麒麟(qí lín)山赛太岁大王爷爷部下先锋，今奉大王令，来此取宫女两名。你是何人，敢来问我？"

"我是齐天大圣孙悟空！……"

那妖怪还没等孙悟空说完，不知好歹地举着长枪就来刺他。孙悟空举起铁棒迎面还击。那妖怪特不经打，他的长枪一下子就被孙悟空的铁棒打成两截，慌得他只顾逃命而去。

孙悟空见他逃走后，找到国王问道："那妖怪住在哪里？"

国王还没有从惊恐中醒悟过来，颤抖地说道："往南，约三千里的地方有一个山洞……"

孙悟空还没听完，就立即前往那个山洞。孙悟空利用自己的智慧很快将山洞妖王赛太岁的宝贝铃铛偷走了，正当要打死他时，观世音菩萨出现了。原来这个妖王是观世音菩萨的坐骑金毛吼。他趁牧童睡觉，疏于管理，咬断铁锁后，私自下界，为朱紫国王消灾来了。

观世音菩萨收走金毛吼后，金圣宫娘娘也平安回到朱紫国王身边，娘娘告诉国王，这几年妖王并没有伤害到她。

朱紫国王对唐僧师徒感激不尽，用龙车送他们出城。唐僧师徒又向西而行，路上又会有怎样的艰难险阻呢？欲知后事如何，且听下回分解。

# 二五　一打三分低

主要人物：蜘蛛精、蜈蚣精、孙悟空

主要地点：盘丝洞

主要事件：蜈蚣精想吃唐僧肉

## 1 俗话记忆

“一打三分低。”这句话的意思是争吵时，先动手打人的一方，无论有没有道理，就先输了三分。它告诉我们即使有理也用不着动武，一旦动手打人，身份就降低了，所谓“君子动口不动手”。

《西游记》中，蜘蛛精吃了孙悟空等人的亏后，建议其师兄打唐僧，她们会帮忙一起打。蜘蛛精的师兄说道：“不用打，不用打！常言道，一打三分低。”

## 2 唐僧被困盘丝洞

又是一个春天，唐僧师徒行走在西去的路上，一边踏青一边行走，唐僧远远地就望见一处庵林。唐僧说：“今日我去前面化一顿斋饭吧。”大家目送师父往前走去。

唐僧来到这户人家前一看，真是人间仙境一般。这里古树高耸入云，树下有一座高高的石桥，潺潺的流水从桥下穿过，树林中不时传来阵阵鸟鸣声。那户人家就掩映在树林之中。庭院的窗前有四个女子在做针线活，旁边有一座木香亭，亭子的边上有三个女子在踢气球。

唐僧走到院门口，双手合十，高声说道：“女菩萨，贫僧欲在这里随缘化些斋吃。”

那些女子听了，一个个欢笑着抛下气球，撇开针线，都来迎接唐僧，争先恐后地把他引到房间里。

唐僧一走进房间，顿时觉得有一股冷气浸入到体内。他抬头一看，这里铺设的都是石头，那些石桌、石凳显得格外阴冷。他心里默念道：“这里凶多吉少，不能久留。”

正当唐僧想要离开时，这里所有的女子，一共七个人都围了过来，一把扯住唐僧，将他按到地上，用绳子捆了起来，悬在房梁上。

七个女子各自露出肚脐眼，从中吐出许多丝来，将整个院门用丝缠得密不透风。最后她们把唐僧用丝牢牢地固定到房梁上后，就说说笑笑地去洗澡了。其中一个女子说道：“姐姐，等我们洗了澡就去蒸了胖和尚吃。”

## 3 蜘蛛精不敌孙悟空

这句话正好被前来寻找师父的孙悟空听见了。孙悟空从这里的土地神那里知道了这些女子是盘丝洞里的蜘蛛精。孙悟空想，如果直接去打这些妖怪，恐怕弄脏了棍子，再说常言道，男不与女斗。于是他想了个办法，变成一只老鹰，把这七个女人洗澡时放在岸上的衣服全部叼走。

这时猪八戒也赶过来，不顾一切地冲进池塘去打那些女子。七个女子见猪八戒举起了钉耙，赶紧从肚脐眼中吐出丝线，织了一个大帐篷，将猪八戒困在中间。然后急急忙忙地跑回洞中，喊出她们的七个儿子，去迎战猪八戒。猪八戒此时早已从那个大帐篷里找到一个缝隙钻了出来。

蜘蛛精的七个儿子是七条不一样的虫子。他们来到孙悟空等人的面前，大声说道：“我们是七仙姑的儿子，你们欺负了我们的母亲，还敢上门来打我们，我们要报仇！”

孙悟空仔细一看，也乐了。原来这些虫子虽有人形，但都很矮小，长的只有二尺五六寸，重的也只有八九斤。

这些虫子手舞足蹈，一顿乱打过来。猪八戒举起钉耙也一顿乱打。那些虫子见猪八戒凶猛，就变回了本相，飞将上去，叫声“变”，瞬间天上有了上万条飞虫。孙悟空见此情况，拔出一把毫毛，嚼得粉碎，往天上一喷，变成了这些虫子的天敌七种老鹰。鹰在天上，一口一条虫，一会儿就把这些虫子消灭了。

孙悟空三兄弟迅速来到洞里，只见师父吊在房梁上正哭呢。孙悟空赶紧救下师父，那七个蜘蛛精早已溜走。

## 4 唐僧师徒中毒

唐僧师徒四人化斋不成，还差点丢了唐僧的性命。他们只好继续往前行，走着走着，又发现了一处庵观寺院。寺院的东廊下坐着一个道士正在那里制药丸。

道士见有和尚过来，连忙停下手中的活，非常客气地请他们喝茶。原来，盘丝洞里的蜘蛛精是这个道士的师妹。那七个蜘蛛精早已来到这里请师兄帮忙来了。

蜘蛛精告诉道士："唐僧是十世修行的真体，如果能吃他一块肉，就能延寿长生。"蜘蛛精还把孙悟空与猪八戒如何欺负她们的事一一说了。

那道士听后，脸上的颜色立即变了，怒道："这些和尚原来这般无礼！你们放心，等我来收拾他们。"

那七个女子立即谢道："师兄如果动手，我们都来给你帮忙。"

道士笑了笑道："不用打，不用打！常言道，一打三分低。你们都跟我来。"

七个女子随同道士来到一间房内，迅速配制了四杯毒黑枣茶。

那道士将四杯茶端给了唐僧师徒四人。猪八戒一见有枣茶喝，就一股脑儿地喝下了，唐僧与沙僧随后也很快地喝了下去。孙悟空一见枣的颜色特别黑，就要与道士换一杯喝。

唐僧在一旁看见后，立马对孙悟空说道："悟空，道士的盛情，你就不必推辞了。"孙悟空只好收回那杯茶，不过，他用手按着，并不急着喝，两眼注意观察他们喝茶后的脸色。

没多久，猪八戒的脸色就开始变了，沙僧也满眼流泪，唐僧开始口吐白沫了。瞬间，他们倒在了地上，不省人事了。孙悟空知道这是毒性发作了。此时只见孙悟空气愤地把手中的毒茶砸向那道士，骂道："你一个道人，为什么要给我们下毒？"

wǔ rǔ

那道士也大声喝道："你们在盘丝洞侮辱我师妹，是何道理？"

## 5 唐僧师徒获救

孙悟空一听盘丝洞的事，就知道他们是一伙的，立刻从耳朵里掏出金箍棒，劈头就打向那道士。那道士急忙转过身，抽出一把宝剑，朝孙悟空刺来。

那七个蜘蛛精也都冲了过来，露出肚脐眼，朝孙悟空吐起丝来。这些丝将孙悟空围困了起来。孙悟空见势不妙，立即念了一声咒语，跳了出去。

孙悟空在空中瞧准了那七个蜘蛛精，抓起两把毫毛，先后变成七十个小孙悟空和七十根双交叉棒子，他们一起发力将那蜘蛛丝网绞破，把那七个蜘蛛精拖了出来。孙悟空举起铁棒就要打，那七个蜘蛛精赶紧求饶，高声对那道士说："师兄，赶紧放了他们的师父吧！救救我们！"

"我要吃唐僧肉，不能救你们！"那道士冷酷地说道。

孙悟空一听，气愤不已，手起棒落，将这七个蜘蛛精全部打死。

那道士见孙悟空把师妹打死了，再次举剑冲了过来。孙悟空举棒相迎，不甘示弱。两人大战五六十回合不分胜负。那道士乘机解开衣带，脱了长袍，双手抬起，露出胁下那一千只眼。瞬间，那一千只眼发出耀眼的光芒，散发出漫天的黄色雾气。

孙悟空一下子慌了手脚，在金光黄雾中乱转，向前不能举步，向后不能动脚，就像在一个桶里一样。他急忙往上一跳，却如同撞向铜壁铁墙一般，跌了下来，顿时头痛不已。忽然，孙悟空灵机一动，变作一只穿山甲，从地下钻了二十多里才逃了出来。

就在孙悟空孤立无助时，黎山老姆扮成一哭孝妇女提醒孙悟空，要降此道士，可以找毗蓝婆。毗蓝婆来到盘丝洞先解除了唐僧、猪八戒、沙僧的毒，救活了他们三人，然后轻松地降服了那道士。原来那道士是蜈蚣（wú gōng）精。毗蓝婆是昴日星官的母亲，昴日星官是公鸡，鸡是蜈蚣的克星。就这样，这只蜈蚣精被毗蓝婆带回去为她守门去了。

唐僧师徒又踏上了西去取经之路。路上又会遇到什么情况呢？欲知后事如何，且听下回分解。

# 二六　放屁添风

主要人物：青狮、白象、大鹏、孙悟空
主要地点：狮驼洞
主要事件：三巨魔落网

## ① 俗话记忆

“放屁添风”比喻某事物在发生时得到其他力量的助威助力。

《西游记》中多次用到这句俗话。其中，有一次是孙悟空战三巨魔之前，请猪八戒协助时对他说：“兄弟，你虽无甚本事，好歹也是个人。俗话云：‘放屁添风。’你也可壮我些胆气。”还有一次是孙悟空战无底洞的金鼻白毛老鼠精时，沙僧对猪八戒说：“都是大家有益之事，虽说不济，却也放屁添风。”前一次是孙悟空希望猪八戒出一点力，协助打三巨魔，后一次是沙僧请猪八戒出力和孙悟空一起去打无底洞的妖怪。

## ② 孙悟空巧遇小钻风

话说唐僧师徒一路行走，来到一座高山前，此时已是夏尽秋初。梧桐树叶开始泛黄，少数梧桐叶经不起秋风缠绵，飘飘洒洒地降落在地上。河边的柳树叶开始枯黄，夏日蝉鸣声也已远去。

孙悟空在此跳上半空，来到山岭上打探情况。忽然，远处传来一阵叮叮当当、乒乒乓乓的梆（bāng）铃声。他立即摇身一变，变成一只苍蝇，飞到打梆铃的小妖的帽子上。

“大王要我来巡山，各人要谨慎提防孙悟空：他会变苍蝇!”这个小妖一边敲着梆，摇着铃铛，一边口里念道。

孙悟空听后，心中一惊：难道被他看见了，他还知道我的姓名和本事！孙悟空赶紧飞到他身后不远处，再摇身一变，变成与他一样的模样，也敲着梆，摇着铃铛，背上插一面三角旗，口里也念着那句话。

“走路的，等我一等。”孙悟空追上那小妖。

那小妖扭过头来，奇怪地问道：“你是哪里来的?”

“好人呀！一家人也不认得?”孙悟空道，“我是烧火的。”

小妖笑着说：“我家大王家法甚严，烧火的只管烧火，巡山的只管巡山。”

孙悟空思考了一下，立马说道：“你不知道，大王见我火烧得好，就升我来巡山了，并且还专门管巡山的人呢!”

小妖一听，半信半疑地问道：“我们都有牌，你有吗?”边说边拿出了自己的牌，牌上写着小钻风。

孙悟空见了这个牌后，悄悄地拔出一根毫毛，变出一个和他一样的牌，上面写着总钻风。

小妖没见过总钻风的牌，奇怪地问孙悟空：“总钻风是什么意思?”

孙悟空笑着说：“总钻风的职责是专门管理小钻风的。”

小妖听后，连忙敬个礼，笑道：“长官，长官，刚才有得罪的地方，请原谅!”

孙悟空乘机与他一起巡山，一边走，一边打听情况。原来这里有三个大王，大大王和二大王住在狮驼岭狮驼洞，三大王住在狮驼国。三大王知道有唐僧师徒将经过这里去西天取经，吃了唐僧肉可以长生不老。他又担心自己打不过唐僧的大徒弟孙悟空，于是与大大王和二大王结为兄弟，一起捉拿唐僧师徒。

孙悟空听完小钻风的话后，气得牙齿嘎嘎响，忍不住拿出铁棒，一棒就把他打死，取下了他的小钻风牌挂在腰上，继续前往妖洞，打探情况。

## ③ “小钻风”被识破

很快，孙悟空就来到妖洞内。走进三层门后，孙悟空偷眼看到对面高坐着三个老妖，十分狰狞。中间那个凿牙锯齿，圆头方面，鼻子朝天，红眉赤发，是老魔金大王青毛狮怪；左边那个凤眉金睛，黄牙粗腿，鼻长身壮，是二大王黄牙老象；右边那个金翅鲲(kūn)头，星睛豹眼，它就是小钻风说的三大王大鹏雕。

“小钻风，你来了?”三个大王都发现了孙悟空，都笑呵呵地问道。

孙悟空赶紧应声道："来了。"

"你去巡山，打听到孙悟空的下落了吗？"

"大王在上，"孙悟空想了想，道，"我巡山时，看见一个有十多丈高的人站在那里磨棍子，一边磨，一边口里念着要打大王呢！我由此知道他就是孙悟空。"

那老魔一听，吓得浑身冒汗，颤抖着对另外两个大王说道："兄弟，我说别惹唐僧。他徒弟神通广大，如今还做好了准备，这怎么办呢？"说完就要小妖们都进来，关闭大门，做好防守。

孙悟空见此情景，继续说道："大王，孙悟空还说要剥您的皮，刮二大王的骨头，抽三大王的筋。你们若关了门，他也会变成苍蝇飞进来。"

"兄弟们，仔细看有没有苍蝇，如果有，那一定是孙悟空。"孙悟空的话音还没落，老魔就嚷道。

孙悟空心里暗笑不已，决定变一个苍蝇吓唬他们一下。孙悟空从脑后拔了一根毫毛，对着它悄悄地吹了一口气，叫声"变"，一只金苍蝇就直接飞向金大王，在他的脸上碰了一下。

"兄弟，不好了，那孙悟空已经进来了！"金大王大声叫道。吓得那大小妖怪，都上前来乱扑苍蝇。看得孙悟空忍不住笑出了声，露出了猴子的嘴脸。

旁边的三大王发现了小钻风是假冒的，立刻冲了下来，一把就抓住孙悟空，大声喊道："哥哥，我们被他骗了！他不是小钻风，是孙悟空！他在哄骗我们呢！"

孙悟空也慌了，赶紧对金大王说道："大王，我是小钻风。"

金大王看了看，笑着说："兄弟，他是小钻风。他一天在我面前报到三次，我认得他。"金大王要孙悟空把身份牌拿出来。

孙悟空揭开衣服，拿出牌子，在三个大王面前晃了一下，说道："你们看我的牌子。"

三大王继续说道："哥哥，我刚才看见他笑的时候露出了雷公脸。等我抓住他时，又变回了小钻风的样子。"说完，带领小妖们把孙悟空捆了起来。捆的时候，孙悟空还是露出了身上不可变的黄毛和红屁股。

金大王看见红屁股后，兴奋地说道："果然是孙悟空，如今把他拿下了，我们不但可以喝酒，还可以吃唐僧肉了。"

"小的们，拿我的宝瓶来，把孙悟空放进瓶子里去！"原来三大王有一个宝瓶，人放进去后，如果在里面动弹，很快就会化成水。

孙悟空在里面伸手不见五指，他长宝瓶也长。孙悟空在里面忍不住落下泪来。忽然，他想到观世音菩萨曾经给过他三根救命毫毛。于是，伸向脑后，把那三根硬邦邦的救命毫毛拔了出来，分别变成一把金刚钻、一根竹片、一条棉绳。用这三样东西组成了一个木工用的钻子，没多久，就把这个宝瓶钻了个眼，他从里面逃出来了。

## 4 孙悟空制服两妖魔

等到金大王发现时，孙悟空已逃出洞外，现出原形回到了唐僧身边。孙悟空把自己变成小钻风在妖洞内遇到的情况一一告诉了师父和两师弟。

唐僧听完后，着急地问道："这怎么办呢？你还能保护我过这座山吗？"

孙悟空笑道："常言道，单丝不线，孤掌难鸣。那魔王有三个，小妖有万千，我一个人的力量也有限呢！"

唐僧点点头，说道："你一个人也挺难的，毕竟寡不敌众。猪八戒和沙僧也都去，助你一臂之力。"

孙悟空沉吟片刻，说道："沙僧留下保护师父，八戒跟我去吧！"

猪八戒一听，跳了起来，说道："我不去，我没什么本事，帮不上。"

孙悟空笑了笑，说道："兄弟，你虽无甚本事，好歹也是个人。俗话云：'放屁添风。'你也可壮我些胆气。"

猪八戒只好随孙悟空再次来到妖洞前。金大王首先出战。

金大王抖抖威风，双手举刀往孙悟空头顶上砍来。孙悟空也不挡，把头往上一迎，只听"咔嗒（kādā）"一声，刀歪了，孙悟空的头皮红都不红。金大王接连又砍了几刀，孙悟空依然没事。

孙悟空见他砍了几刀后，举起铁棒，就开打。金大王赶紧举起刀抵挡。两人从洞前打到半空，经历了二十余回合，不分输赢。

那猪八戒在旁边看得急了，就冲过去帮忙。那老魔头见一时难以取胜，就败下阵，丢下大刀就走。

孙悟空和猪八戒赶紧追过去，金大王见他们俩追了过来，突然转过身来，趁他们没有注意，猛地张开大嘴，一下子就把孙悟空吞了下去。

孙悟空在金大王的肚子里折腾来折腾去，金大王疼得直求饶。孙悟空见金大王答应用轿子送唐僧了，于是就钻出来饶了他性命。

二大王听了金大王所说的情况，不甘心到手的唐僧肉又没了。他点上三千小妖，向孙悟空发出挑战。

孙悟空笑着对猪八戒说：“我已降服了老魔，现在二妖怪出来，烦劳八戒出场收服他吧！”

猪八戒神气十足地说道：“去就去，我怕他怎的？”猪八戒举起钉耙就向二大王冲了过去。“妖精出来，与你猪祖宗打一仗！”

二大王与猪八戒打了不到七八回合，就把猪八戒绑进了山洞。孙悟空随后冲了过来，将猪八戒救了出来。随后在与二大王打斗时，用金箍棒插进他的鼻孔里，接着用手牵住他的鼻子。二大王疼痛不已，只好也答应了用轿子送唐僧师徒。

金大王和二大王一起，用轿子送唐僧师徒向西取经去了，一路上殷勤照顾，每三十里就用斋饭，一天除了三餐饭外，还有宵夜。

## 5 三巨魔落网

走着走着，他们来到一座城池。没想到这座城池早已被三妖王霸占。一进城，唐僧师徒四人先后又被三妖王擒住，捆了起来，准备清蒸。

孙悟空使了个脱身之计，请北海小龙敖顺保护唐僧等人不受蒸笼伤害。在半夜里，孙悟空悄悄丢了几个瞌睡虫给烧火的小妖，待小妖睡着后，悄悄地救下了师父和师弟们。

可是还没等他们逃出去，就被妖怪们发现了。除了孙悟空外，其他人又被抓了进去。三个魔王把唐僧藏在一个铁柜子里，并放出谣言说唐僧已被他们夹生吃掉了。

猪八戒和沙僧听说后，痛苦不已。孙悟空听后也情不自禁地失声痛哭，心如刀绞，泪似泉涌。哭着哭着，就想到了佛祖如来。

如来佛祖请来文殊菩萨、普贤菩萨，随同自己一同前往狮驼国。文殊菩萨收了金大王青狮，普贤菩萨收了二大王白象。原来他们是两菩萨的坐骑下凡伤人。三妖王大鹏雕被如来收走，教他做了护法。

孙悟空和师弟们找到师父后，又一路前行，往西天取经去了。西去的路上，他们还会遇到什么呢？欲知后事如何，且听下回分解。

# 二七　一日为师，终身为父

主要人物：地涌夫人、唐僧、孙悟空、李天王、哪吒
主要地点：无底洞
主要事件：地涌夫人被擒

## ❶ 俗话记忆

“一日为师，终身为父。”这句话的意思指即使是只教过自己一天的老师，也要一辈子当作父亲看待。比喻对待老师要像对待父亲一样敬重。

《西游记》里，孙悟空在唐僧病后说道：“常言道，一日为师，终身为父。我们做你的徒弟，就是儿子一般。”唐僧的徒弟们在镇海寺里一连三天悉心照顾师父，没想到妖怪在这里偷偷吃了六个和尚。唐僧知道后，令孙悟空去擒妖。

## ❷ 唐僧患病

话说唐僧师徒从比丘国出城，一路行走到一片黑松林里，以慈悲为怀的唐僧不顾孙悟空的劝告，将捆绑在树上的女子救下，并一起同行到镇海禅林寺。

在寺内用过晚餐后，唐僧在方丈室住下，那女子被引到天王殿后睡下，孙悟空三师兄弟在师父的嘱咐下，也早睡了。

第二天一早，孙悟空和师弟们收拾行囊后，走到师父面前轻轻地喊了几声“师父”。唐僧把头抬了一下，又躺下去了。孙悟空着急地问：“师父怎么啦?”

唐僧有气无力地说：“我怎么有些头晕眼胀，浑身不舒服了。”

猪八戒听后，赶紧走过来，伸手摸了摸师父的额头和手，笑着说：“我晓得了，这是昨晚师父多吃了几碗饭的缘故。”

唐僧继续有气无力地说道：“是我半夜起来解手，不曾戴帽子，可能是受凉了。”

“还能走路不?”孙悟空关心地问。

唐僧伤心地告诉孙悟空，担心因自己生病会耽误取经的行程。孙悟空轻轻地说道：“师父说哪里话？常言道，一日为师，终身为父。我们做你的徒弟，就是儿子一般。我们会照顾你的，好好休息几天，不碍事!”

唐僧师徒及他们救的那女子在镇海禅林寺住了下来。孙悟空及师弟们悉心照顾师父，轮流陪护，一刻也不曾离开。

## 3 和尚被妖精所害

三天后，唐僧病好了，孙悟空去为师父打水时发现镇海禅林寺的和尚们个个眼睛通红，伤心欲绝。一打听，才知道禅林寺里近三天每天都失踪两个和尚，一共失去了六个和尚。孙悟空知道一定是妖精所为。

孙悟空把这件事告诉唐僧，唐僧听后，伤心地说道：“兔死狐悲，物伤其类。他既然吃了寺内之僧，我也是僧人，你就抓了他吧。”

孙悟空见师父同意后，当晚就假扮成寺里的和尚，去天王殿敲钟准备擒妖。孙悟空来到天王殿，刚敲完钟鼓，妖精就出现了。

只见一个美貌女子，缓步来到佛殿，一把搂住假扮寺庙和尚的孙悟空，带他来到后花园。孙悟空知道她就是那个吃人的妖精，于是先下手为强，跳了出去，现出本相，掏出金箍棒，抡起就打。那妖精大吃一惊，仔细一看，原来是唐僧的大徒弟孙悟空，立即举起双股剑迎住，冲上去就打。

只见后花园阴风四起，残月无光，两人你来我往，打斗了一会儿，那妖精估计打不过孙悟空，眉头一皱计上心来，抽身便走。

## 4 妖精再次捉走唐僧

那妖精走时丢下一只花鞋，让花鞋变成自己的模样继续与孙悟空厮杀，真身却化成一阵清风，来到方丈室，将唐僧抓到自己的居所——陷空山无底洞。原来这个妖精就是唐僧所救的女子，她想要和唐僧拜堂成亲。

没多久，孙悟空一棍就把那虚假的妖精打成了原形——花鞋。孙悟空发现上当后，立即来到方丈室，发现师父已被妖精抓走了。

孙悟空在土地神的帮助下，和猪八戒、沙僧一起很快就找到了陷空山无底洞。孙悟空叫猪八戒和沙僧守住洞口，他只身一人来到了无底洞。

孙悟空变成一只蟭蟟虫儿，来到唐僧耳朵边上，告诉他，要他假装和妖精亲热，到后花园摘桃子给她吃，孙悟空就假扮那个桃子，待妖精吃下那桃子后，就能救出唐僧了。

唐僧依计邀请那女子来到后花园，吃下了孙悟空变的那个桃子。孙悟空在妖精的肚子里开始拳打脚踢，几乎把妖精的肚皮都弄破了。那妖精疼痛不已，倒在那里，面容改色，口里不停地哼哼着，只好对着旁边的小妖说道："快！快！快送那和尚出去！"

孙悟空继续在肚子里叫道："你亲自背唐僧出去，否则，我继续在肚子里打闹。"

那妖精只好强忍着痛，背起唐僧就往外走。她刚走到洞口，猪八戒和沙僧正准备开打。唐僧赶紧说道："不要打了，我出来了。"

唐僧出洞后，孙悟空也跳了出来，举起铁棒就朝妖精打去。那妖精立刻舞动双股剑挡住。猪八戒与沙僧也来帮忙。妖精败走的时候，发现唐僧在那里独自一人坐着，就化成一阵清风，又顺手把唐僧抱住，抢走了。

猪八戒一耙打下去，竟然又是一只花鞋。孙悟空这时发现师父又被那妖精抢走了。

## 5 孙悟空发现妖精秘密

孙悟空毫不犹豫地再次进入洞中。洞内静悄悄的，孙悟空在洞中寻了个遍，也没有发现妖精和师父的踪迹。找着找着，孙悟空在一个不起眼的小洞里发现了两个大小不一的金字牌，大金字牌上面写着"尊父李天王之位"，小金字牌上面写着"尊兄哪吒三太子之位"。孙悟空如获至宝地把这两个牌子拿走了。

出洞后，孙悟空对着猪八戒、沙僧大声笑道："有了，有了！"

猪八戒和沙僧迎着孙悟空，见他如此高兴，奇怪地问道："哥哥，这么高兴，难道救出师父了？师父呢？"

孙悟空笑道："不需要我们救他，我们只管问李天王、哪吒要人即可。"说完，用手扬了扬手中的金字牌。

"这是什么意思呢？"猪八戒和沙僧更糊涂了。

孙悟空笑道："这两块牌说明妖精是李天王的爱女，是哪吒的妹妹！我现在就去玉帝那里告状去，等我的好消息吧！"

## ⑥ 孙悟空救出唐僧

孙悟空来到天庭状告李天王和哪吒。李天王知道后，大发雷霆，问道：“我何罪之有?”

哪吒一看孙悟空的状纸，悄悄告诉父王：“父王息怒。您的确是有一个女儿在下界呢。”

李天王从塔座上取下黄金宝塔，托在手上，奇怪地问哪吒：“孩儿，我只生你姊妹四个，哪里还有女儿呢?”

“父王，那女儿原是个妖精，三百年前成怪，在灵山偷吃了如来的香花宝烛，如来派我们父子率领天兵，将她捉住。当时，我们根据如来佛令，饶了她性命。她感激我们的不杀之恩，就在下界设我们俩的牌位。如今她又成精了，据守在陷空山无底洞内，陷害唐僧。”

李天王听哪吒这样一说，顿时想起来了，说道：“孩儿，我真忘了，她叫什么?”

“她有三个名字，本名叫金鼻白毛老鼠精，因偷香花宝烛后，改名半截观音，饶她不死后，又改为地涌夫人。”哪吒说道。

玉帝知道后，立即派李天王和哪吒父子率领天兵去捉拿地涌夫人，救出唐僧。

哪吒和孙悟空奉令在洞内东南角落里找到一个小洞，从小洞进去后，看到一间矮矮的小屋，小屋前栽了几种花，种了几根竹子，原来妖精把唐僧藏到这里来了。那妖精看见哪吒三太子，只喊饶命。就这样，他们救出了唐僧。

李天王和哪吒带着妖精回天庭复命去了。唐僧师徒又走上了西天取经之路。一路上还会遇到什么呢？欲知后事如何，且听下回分解。

# 二八　十日滩头坐，一日行九滩

主要人物：孙悟空、灭法国王

主要地点：灭法国

主要事件：灭法国王变和尚

## ❶ 俗话记忆

“十日滩头坐，一日行九滩”。这句话本意是十天坐在滩头休息，养精蓄锐，等待天气转好后，一天就可以走九个滩头。一般用来比喻做事时，通过观察分析，找准时机，会达到事半功倍的效果。

《西游记》中有多次引用，其中灭法国一店主女儿对店主赵寡妇说：“母亲，常言道，十日滩头坐，一日行九滩。如今天气炎热，虽然没有什么买卖，但到了秋天，生意就自然来了。”女儿安慰母亲，夏天没有生意，不要紧，等天气转凉后，生意就会好起来的。还有一次是唐僧师徒首次取得经书后，在通天河处，孙悟空对沙僧等人说：“俗语云，十日滩头坐，一日行九滩。”

## ❷ 假扮俗人

话说唐僧师徒一路西行，不觉又是一个夏天到来，沿路绿树成荫，鸟雀纷飞，池塘荷花盛开，翠绿的竹林里不断传出蝉鸣声。

他们来到一个叫灭法国的城外，打听到这里的国王两年前许下了一个恶愿：要杀一万个和尚。如今只差四个和尚，就“圆满”了。

唐僧、猪八戒、沙僧听说后，都吓了一跳：他们正好是四个！

孙悟空却笑道：“你们不用怕，妖精我们都不怕，何况这只是一个凡人呢？”孙悟空安排好两师弟保护师父后，独自一人变成一只扑灯蛾儿来到城中。

孙悟空飞进城中王小二店里，待客人睡下后，又变成了一只老鼠，“吱吱(zī)”地叫了几声后，就来到客人放衣服的地方，将四个客人的衣服偷走了。

孙悟空带着客人的衣服回到唐僧面前，轻轻地说道：“师父，要过灭法国，我们不能说自己是和尚，要扮成俗人。这里的国王见和尚就会抓起来，杀掉。”

沙僧见孙悟空如此说，也在旁边说道：“师兄说的是，就依他的办法吧！”

唐僧只好脱了和尚服，去了僧帽，穿了孙悟空带来的俗人衣服，戴了俗人的帽子。沙僧也换了一套。猪八戒的头大了一些，俗人的帽子小了，孙悟空就变了些针线，把头巾扯开，两顶缝作一顶。

孙悟空等大家都换好后，嘱咐道：“列位，我们在城中不能说师父徒弟四个字了。要以兄弟相称，师父就叫唐大官儿，猪八戒叫朱三官儿，沙师弟叫沙四官儿，我就叫孙二官儿。住店时，你们都不说话，只让我来说就可以了。”

唐僧师徒四人穿戴好俗人服装后，来到城中王小二店对面的赵寡妇店住下了。

孙悟空神气地喊道：“店家，我们要最好的房间，最好的服务。”

店主赵寡妇一听，生意来了，也高兴地喊道：“好茶好酒侍候。宰鸡杀鹅，上等米饭准备。”

唐僧一听，赶紧对孙悟空道：“悟空，这样的饭菜，还是不妥吧？”

孙悟空灵机一动，想想师父说得有理，就赶紧走到赵寡妇面前说道：“今日别杀生，我们今日斋戒，上些素菜即可。”

赵寡妇见他们尽吃些素菜、素酒，坐在那里情不自禁地叹起气来。她女儿抱着孩子走过来说道：“母亲，常言道，十日滩头坐，一日行九滩。如今天气炎热，虽然没有什么买卖，但到了秋天，生意就自然来了。”

赵寡妇唉声叹气地说道：“这四个贩马的兄弟一进店就要最好的服务，我本指望从他们这里多赚点钱，没想到他们竟然只吃斋，也就没机会多赚了。”女儿继续安慰起母亲来。

## ③ 被迫睡大柜

吃过晚饭后，唐僧贴在孙悟空耳朵边上，悄悄地问道：“我们在哪里睡呢？”

“在楼上客房睡呀！”孙悟空随口说道。

“不稳妥！”唐僧谨慎地说道，“我们都很辛苦，可能睡得比较沉，第二天店家进来收拾屋子，说不定会看见我们的光头，认出我们是和尚，嚷嚷起来，就麻烦了！”

孙悟空一听，赶紧找到赵寡妇，说他几个兄弟怕光、怕风，需要一间不见光，不通风的房间睡觉。

店家好不容易为他们找到了一个密不透风的大柜子，四尺宽，七尺长，三尺高，能容下六七个人睡觉。

唐僧师徒四人进去后，摘了头巾，脱了衣服，你挨着我，我挤着你。天气炎热，他们又没有扇子，只好用僧帽在那里噗(pū)噗扇着，直到二更时分，他们才睡着。

孙悟空在里面一会儿就醒了，醒来后，故意在门边说道：“我们原本有五千两银子，前面马卖了三千两，如今这包里现有四千两，现在这群马还可以卖三千两，我们这一趟可以赚不少呀。”

他说话的声音虽不大，但被外面店里的伙计知道了。原来他们都是与强盗一伙的。他们听见孙悟空在里面这样说，赶紧溜了出去，到外面喊了二十多个贼，把这张大柜抬走了。

猪八戒先醒了，迷迷糊糊地说道：“哥哥，睡吧，摇什么呢？”

孙悟空把食指往嘴上一放，轻轻地说道：“别说话，没人摇。”

唐僧、沙僧此时也醒了，说道：“是什么人抬着我们呢！”

“别叫，别叫，让他们抬！把我们抬到西天去，省得我们走路！”孙悟空高兴地说道。

没多久，这伙贼人杀了守城的士兵，还没逃出多远就被官军抓了，让他们抬着柜子到了总兵府，准备第二天转奏国王。

“你这个猴头，害死我们了！明天去见灭法国王，岂不是送死呀？”唐僧开始在里面抱怨起来。

孙悟空心想，这样被困在柜子里也不是办法，应出去想个办法才行。

## 4 官员被剃头

夜深了，孙悟空摸出铁棒，吹一口仙气，叫声“变”，铁棒变成了一个三尖头的钻儿。孙悟空用它在柜角处轻轻地钻了一个眼，自己则变成一只蚂蚁钻了出去。

出了柜子的孙悟空，悄悄地来到王宫里，他先拔下右臂上的毫毛，吹口仙气，毫毛都变成瞌睡虫。又请出土地神，领着瞌睡虫去王宫内院，五府六部，各衙门大小官员宅内，只要是有品级和职务的官员，都送一个瞌睡虫，让他们人人安睡，不许翻身。

然后，将左臂上的毫毛也拔下若干来，吹口仙气，叫声“变”，毫毛变成了数个小孙悟空。接着，再变出若干把剃(tì)头刀儿，让每个小孙悟空都拿一把剃头刀儿给熟睡的大小官员，王宫内院的人全部剃成了光头。

剃完头后，孙悟空收回毫毛，重新回到大柜里。

第二天一早，王后起床后，发现自己没有了头发，再看旁边睡着一个和尚，吓得尖叫起来，尖叫声把国王惊醒了。国王看看王后，再摸摸自己的头，连忙爬起来，惊骇(hài)地问道：“这是怎么回事?”

正惊慌时，门外传来众多后宫王妃、大小太监等人的哭诉声：“主公，我们有罪，昨晚都做了和尚!”国王忽然明白了什么，流泪说道：“可能是朕杀害和尚太多的报应呀!”

来到朝上，大小官员纷纷上奏道：“主公，望赦免臣等失仪之罪。臣等一夜之间，头发都没了，都成了和尚了!”

国王走下龙椅，露出自己的光头，对群臣说道：“我和宫内的所有人等也都如此。”

君臣互相看了看，伤心地说道：“从此以后，我们不能再杀和尚了!”

## 5 国王拜师

感叹完后，总兵和东城的兵马使向国王上奏道：“从贼寇(zéi kòu)手中获得大柜一个，白马一匹，柜内有人，请国王过目。”

国王大喜道：“把柜子呈上来。”

唐僧顿时紧张了起来，颤抖地说道：“徒弟们，这一到国王面前，该如何说呀?”

孙悟空笑了笑，说道：“不要怕，我已处理好了，他们打开柜子就会拜我们为师呢!”

没多久，唐僧师徒就被抬到国王面前。柜子打开后，孙悟空扶着唐僧，猪八戒、沙僧拿着行李先后走了出来。他们四人穿着和尚服站在朝堂上，唐僧双手合十，向国王行礼道：“贫僧是东土大唐皇帝差往西天大雷音寺拜佛取经的和尚。”

国王一听是东土来的和尚，赶紧说道：“老师是天朝上国高僧，朕有失远迎呀。朕因三年前有和尚诽谤(fěibàng)朕，所以许下天愿要杀一万名和尚。昨夜没想到我们也都皈依，成为和尚。望老师不要嫌弃，收下我们为徒吧！”

猪八戒在旁边乐呵呵地说道：“既然要拜师，就要有拜师礼！”

国王笑着说道：“老师若答应，朕愿意将国中的财宝都献上。”

“莫说财宝，我和尚是有德之僧，”孙悟空走上前来说道，“你只要把关文盖好送我们出城，我们就保你国土永固，福寿长臻(zhēn)。”

国王听后，立即下旨将关文盖好章，安排筵(yán)席，好好招待唐僧师徒。席上，国王请求唐僧为其改换国号。孙悟空在一旁随口说道：“笔下‘法国’之名很好，就是一个灭字不妥(tuǒ)，建议将灭法国改为钦法国。”随后国王亲自送唐僧四人出城西去。

唐僧辞别国王后，在马上高兴地对孙悟空说道：“悟空，你这次处理得非常好，记大功一件。”孙悟空笑了笑，把自己如何给他们剃头的事从头说了一遍。

大家高兴得哈哈大笑，继续往西取经去了。后来的取经路是否平安呢？欲知后事如何，且听下回分解。

# 二九　事从缓来

主要人物：孙悟空、豹子精、猪八戒

主要地点：隐雾山

主要事件：豹子精梦中遭殃

## 1 俗话记忆

“事从缓来”的意思是事情必须从容地办，不可性急。俗话说，“心急吃不得热豆腐”，“胖子不是一口气吃出来的”，做事应该遵循它的客观规律。

《西游记》中，一小妖对老妖豹子精说道：“常言道，事从缓来。若要吃唐僧，等我定个计策拿他。”豹子精听从了他的计策，捉住了唐僧。

## 2 八戒试探妖精

话说唐僧师徒四人高兴地来到隐雾山前。山上怪石嶙峋（lín xún），山峰突兀（wù），山间白云飘荡，阵阵山风迎面而来。他们走着走着，不知什么时候山底升腾起团团云雾，日影全无，山间变成了混沌一片。

唐僧心惊胆战起来，孙悟空赶紧说道：“且莫忙，请师父下马，你兄弟二人在此保护，我去看看凶吉。”

孙悟空把腰一躬，跳到了半空中，把手搭在眉上，睁开他的火眼金睛，向下观望，果然发现在远方一处悬崖边上坐着一个妖精：身上彩斑朵朵，尖牙如钢钻，利爪似玉钩，银须倒竖鬼神愁。妖精的旁边还有三四十个小妖，在那里操练。

孙悟空心想，先让猪八戒去会会这个妖精，如果他能打倒妖精，自然算他立了一功。如果被妖精抓了，我再去救他。不过，懒惰（lǎn duò）的猪八戒，肯定不会主动去的，要哄他去才行。

“师父，我没有看到妖怪，”孙悟空回到师父跟前，大声地说道，“我看见一个村庄，庄里人家都好善乐施，专门给和尚蒸白米干饭和白面馍馍呢！刚才的雾气都是蒸馒(mán)头的烟雾。”

猪八戒在旁边听孙悟空这样说，赶紧走过来，把他扯到一边，悄悄地说：“哥哥，你是不是先吃了那里的斋饭？”

孙悟空故意说道：“吃了点，不多，因为菜蔬太咸(xián)了。”

“哦，咸一点没关系，我喜欢。”

孙悟空又故意慢吞吞地说：“你想吃？”

“正是，我肚子有些饿了。”

孙悟空心里暗笑道：“兄弟莫急，古书说得好，父在，子不得自专。师父在这里，谁敢先去呢？”

猪八戒笑道：“你不说，我自己去就可以了。”说完，他就来到师父面前，行了个礼道：“师父，你们先在这里坐坐，我去给马寻些嫩草，然后去找一家好人家化点斋饭来。”

唐僧奇怪地笑道：“好啊！快去快回吧！”

猪八戒摇身一变，变个矮胖和尚，手里敲个木鱼就来到了一个大路口。那妖精早已在这里摆了一个圈子阵，专等过路客。霎时，那呆子就被群妖围住了，有的扯他的衣服，有的扯他的腰带，群妖都不说话，只是在那里推推搡(sǎng)搡。

猪八戒以为他们是邀请他的庄里人家，笑着说道：“不要扯，不要急，等我一家一家地来吃。”

“你这和尚，你要吃什么？”

猪八戒笑着说：“你们这里对和尚很好呀！我是来吃斋饭的。”

“你这傻和尚，我们是等你，要把你抓回家后，蒸着吃你呢！”

猪八戒一听此话，立即明白了，心中不禁害怕起来，开始抱怨孙悟空了：“这个弼马温，专门害我呀！”他见形势不妙，立即显出原身，扯出钉耙，一顿乱打。

那些小妖赶紧去告诉老妖。老妖立刻抡起一条铁杵(chǔ)，走到猪八戒面前，大喝道：“你是哪里来的，叫什么名字？”

猪八戒笑道："你不认识你猪祖宗了？我曾经是天蓬元帅，如今是唐僧的徒弟。"

那妖精听说是唐僧的徒弟，高兴地说道："我知道唐僧肉好吃。今天你送上来了，我不会放过你。"

两人一个钉耙，一个铁杵，在山坳里翻飞乱舞。孙悟空拔根毫毛变作本身模样，陪着沙僧、唐僧，真身则来到猪八戒和妖精打斗的半空中，大声对猪八戒说："八戒不要怕，老孙来了！"猪八戒听到孙悟空的声音，越发威风，对这妖精一顿猛打。妖精抵挡不住，只好逃回去了。

## 3 妖精用计捉唐僧

猪八戒也气呼呼地回到了唐僧这里。唐僧见猪八戒口边泡沫横生，惊讶地问道："八戒，你去化斋，怎么这么狼狈(lángbèi)地回来了？"

"师兄捉弄我！这山上有妖精，我跟妖精苦战了一会，好不容易把他打跑了。"猪八戒气鼓鼓地说道。

孙悟空笑着说："我这是给八戒立功的机会呢！"

孙悟空让猪八戒走在前面，师徒四人继续前行。

那妖精被打败后，坐在那石崖上发呆。

小妖们奇怪地问："大王为何烦恼？"

妖精难过地说道："今天碰到一个对头了。我本想吃唐僧肉，延年益寿。没想到他手下徒弟这等厉害。"

这时一个小妖走了上来，大胆地说："唐僧肉吃不得！他有三个徒弟，大徒弟是孙悟空，三徒弟是沙和尚，刚才和大王交手的是二徒弟猪八戒。孙悟空的本领比猪八戒大多了。"

妖精惊讶地看着这个小妖，奇怪地问道："你怎么知道的？"

"我当初在狮驼岭狮驼洞里住，那里的大王不知好歹，要吃唐僧肉，被孙悟空打败了，幸亏我逃得快。"小妖不好意思地说道。

妖精一听，大惊失色，不知所措地挥了挥手，要他离开。这时，另一个小妖走了上来，大声地说道："大王莫怕，常言道，事从缓来。若要吃唐僧，等我定个计策拿他。"

"你有何计？"妖精赶紧问道。

“我有个分瓣梅花计，”小妖骄傲地说道，“用三个小妖依次扮成大王的模样，一个一个地出击，让唐僧三徒弟每个人都去对付一个，最后大王趁机亲自出战，把唐僧捉走。”

“此计绝妙！绝妙！”妖精一下子兴奋了起来，高兴地叫道，立马封这个小妖为先锋。

妖精用此计果真得手，把唐僧抓到了自己所在的洞府里——隐雾山折岳连环洞。孙悟空见唐僧被抓走了，猛然醒悟这是妖精使用了分瓣梅花计。但为时已晚，师父已经被抓走了。

## 4 妖精设计唐僧已死

孙悟空和师弟赶到洞府，猪八戒用钉耙将洞门打烂。孙悟空在外面开始大骂起来。

正当妖精害怕之时，先锋又献计道：“孙悟空是宽宏大量的猴头，也是好奉承之人，我们拿个假人头哄一哄，奉承他几句。我们说他师父已经被我们吃了，看他怎么办？如果他走了，我们就吃唐僧，如果不走，我们就再想办法。”先锋说完，就开始用柳树根做假人头，用来哄骗唐僧的徒弟们。

小妖们把做好的假人头递给孙悟空，说道：“你们的师父已经被我们吃了，这是他的人头。”

猪八戒一看，就哭了起来：“可怜啊！师父就这么没了！”

孙悟空仔细一看，原来是个假人头，抡起铁棒一棒就打破了。小妖们一见，赶紧向妖精报告去了。妖精忽然想到剥皮亭里有吃剩下的人头，要小妖们拣一个新鲜的人头送给孙悟空。

孙悟空一见送来的真人头，一下子放声痛哭起来，猪八戒、沙僧也跟着大哭起来。

猪八戒噙着眼泪，边哭边用钉耙筑起一个坟冢（fén zhǒng），把人头埋了。孙悟空一边哭一边要沙僧守着坟冢，自己和猪八戒去报仇。沙僧一边哭，一边说道：“你们两个一定要小心，我在这里看守师父。”

孙悟空和猪八戒冲到洞府门口，一边砸门一边喊：“还我活唐僧来！还我活唐僧来！”很快门就破了。

先锋见此情景，对妖精说道：“古人说得好，手插鱼篮，避不得腥。我们只好去拼杀一番了。”

孙悟空见群妖出来，立即拔下一把毫毛，在口中嚼一嚼，喷出去，叫声“变”，变成了无数个小孙悟空，个个挥舞着金箍棒，瞬间将小妖们打得各自逃生。那个先锋也被孙悟空一棒，打出了原形——铁背苍狼怪。那妖精再次逃回了洞中，把门封好。

## 5 豹子精梦中遭殃

孙悟空收好铁棒，转过一个山坡，忽听得水响，循着声音望去，发现有一个暗沟，沟中流出许多红水来。他心想这应该是妖精洞的后门了。于是，他迅速变成一只水老鼠，“嗖”的一声蹿(cuān)了过去，从那出水的沟中，钻到洞里面来了。

进到洞里后，孙悟空又变成了有翅膀的蚂蚁，无声无影地飞到妖洞的大堂里，看见那妖精正烦恼地坐在那里。忽然，一个小妖从后面跳将着来到妖精面前，高兴地说道：“大王万千之喜了！”

“喜从何来?”妖精不耐烦地问道。

“我看到孙悟空、猪八戒、沙和尚都在那里拜坟痛哭，他们把那个人头当成了唐僧的头葬下了。”小妖兴奋地说道。

孙悟空一听，内心高兴极了，暗想：原来师父还活着！连忙飞走，去找师父去了。找着找着，忽然一阵哭泣声若隐若现地从一棵树下传了出来。他迅速朝那棵树下飞了过去。

“师父！”孙悟空突然叫了起来，忍不住现了原身。

“悟空！快救我！”唐僧泪水一下子就奔涌而出。

“师父！等我把妖精弄倒，再来救你！”孙悟空忍痛说道。说完还变成那只会飞的蚂蚁来到大堂上。孙悟空听见群妖们正在商议如何吃唐僧肉，心中大怒，随即拔了一把毫毛，口中嚼碎，把他们都变成了瞌睡虫儿，往妖怪们的脸上抛去。

瞌睡虫儿一个个钻入他们的鼻子里，小妖们不一会就睡倒了。那个妖精两只手揉头搓(cuō)脸，不住地打喷嚏(tì)，捏(niē)鼻子。孙悟空又拔一根毫毛，变作两只瞌睡虫，抛向他的脸上，钻到他的鼻孔里，两只虫儿，一只从左边进入，一只从右边进入，顿时，妖精伸了伸懒腰，打了两个呵欠后，就呼呼地睡下了。

孙悟空高兴地又现出原身，跑到树下，救出了师父。

后来，猪八戒把妖精一钉耙就打死了。妖精死后，现出了原形，原来是一只
ài　　　bào
艾叶花皮豹子。

唐僧师徒又一路西行，往大雷音寺取经去了。路上他们又会遇到什么呢？欲知后事如何，且听下回分解。

# 三〇　穷寇莫追

主要人物：金毛狮子、三王子、孙悟空

主要地点：天竺国玉华县

主要事件：孙悟空师兄弟兵器被盗

## ❶ 俗话记忆

“穷寇莫追”是指不追无路可走的敌人，以免敌人情急反扑，造成自己的损失，比喻不可逼人太甚。

《西游记》中，妖精乘风逃走时，孙悟空对猪八戒说道：“且让他去，自古道，穷寇莫追。”

## ❷ 三王子拜师学艺

话说唐僧师徒一路畅行来到天竺(zhú)国玉华县。该县城主玉华王为天竺国皇室宗亲，为人忠厚，敬重僧人道士，爱护黎民百姓。唐僧师徒来到王府，说明来意后，玉华王安排了斋饭。不过，唐僧三个徒弟的表现和长相，让玉华王有些不高兴。

“别动！你们是人还是妖怪？尽早说出来，否则交命来！”唐僧师徒正在吃斋饭时，突然冲出三个小伙子，每人手上举着一件兵器。大的拿着齐眉棍，小的挺着乌黑的一根棒子，中间那个抡着一把九齿钉耙。原来这三个小伙子是玉华王的儿子，他们一个个都喜欢耍枪弄棒，学了些武艺。他们见父亲不高兴，就挥舞着兵器闯了进来。

“贫僧是东土大唐来的和尚，是人，不是妖怪。”唐僧一见这阵势吓得脸色苍白，丢下饭碗，立即站了起来，躬身说道。

“你还像个人，其他三个样貌如此丑陋，一定是妖怪。”三个王子大声喝道。

“我们都是人，面虽丑，但心善良。”孙悟空和沙僧齐声说道。

猪八戒加速扒了几口饭后，丢下饭碗，也站了起来，盯着三个小王子，笑道：“小殿下，你们都拿着兵器，难道是要与我们打架吗?”

二王子退了一步，摆开架势，双手挥舞着钉耙，就要来打猪八戒。

猪八戒一看，笑嘻嘻地说道：“你的那只钉耙能做我钉耙的孙子了!”说着，就揭开衣服，从腰间取出钉耙，在二王子面前晃了一晃，顿时眼前出现万道金光，把二王子吓得不敢做声了。

大王子见二王子不做声了，他就挥舞着那根齐眉棍，跳来跳去。孙悟空也从耳朵里掏出金箍棒，得意地在他们面前挥舞一番后，让它长大到一丈多长，碗口来粗，往地下一放，竟然入地三尺，竖在那里不动了。

孙悟空笑着说道：“我把这根棍子送给你。”大王子听后，马上丢掉自己的齐眉棍，去取那铁棒。虽然他用尽了力气去拔，但那棒丝毫不动，再去摇它，铁棒竟如同生根了一样，一动不动。

最小的那个王子挥舞着乌油杆过来打沙僧，沙僧轻松避让。沙僧掏出降妖宝杖，往地上一放，吓得那些人一个个呆若木鸡。

孙悟空、猪八戒、沙僧得意地收回兵器。那三个小王子一同走到他们三人面前，齐刷刷地拜道：“神师！我等凡人无见识，请允许我们拜你们为师吧!”

孙悟空、猪八戒和沙僧同小王子等人来到院子里，各自舞动起兵器，展示了自己的看家本领。那三个王子看后急匆匆地回到父亲那里，高兴地说道：“父王万千之喜！今有莫大之功也!”

三个小王子把自己看到的都告诉父王。那父王来到唐僧师徒这里，希望唐僧徒弟能传些武艺给三个王子，好为保护家园助一臂之力。

第二天，三个小王子就开始向孙悟空三师兄弟学习武艺了。没多久，三个王子就像脱胎换骨一般，大王子就拿得动金箍棒，二王子能抡九齿钉耙，三王子举得起降妖宝杖了。

## ③ 孙悟空三师兄弟兵器被盗

一日，三个小王子为了把兵器使用得更好，命工匠照孙悟空等人的兵器样子，仅消减一点重量制造。孙悟空、猪八戒、沙僧三人就把各自的兵器放在兵器制作间里，供工匠模仿。

工匠们连续工作了几天后的一个早上，忽然发现孙悟空等人的兵器不见了。工匠们连忙紧张地向玉华王报告。玉华王听后，也吓得面无人色，沉吟了片刻后，说道："神师兵器，不同凡响，不是一般人能拿得动。望神师再想想。"

孙悟空笑道："不用再想，也不必责怪工匠。我问殿下，你们这里有什么山林妖怪吗?"

王子道："城北有一座豹头山，山中有一个虎口洞，那里可能有妖怪。"

孙悟空一听，独自打探到确实有妖怪后，就带领猪八戒和沙僧一起来到妖怪所在地。他们三人混进洞内后，发现洞内的二层大厅里，放着他们的兵器。猪八戒一看到他的钉耙，就兴奋地跳了起来，现出原形冲了上去，拿起钉耙就开始打妖怪。孙悟空和沙僧也迅速奔到兵器前，拿起它们就开始一顿乱打。

那洞里的老妖渐渐地抵挡不住了，这时他忽然向沙僧飞起一铲，喊了一声："看铲!"沙僧连忙闪过，老妖乘机逃走了。

猪八戒拽开大步准备去追赶，孙悟空连忙扯住猪八戒，说道："且让他去，自古道，穷寇莫追。我们只需要断他的归路。"说完就来到洞口，用火烧死了洞里的那些小妖们。

孙悟空自信地说道："那逃走的妖精是一只金毛狮子，如今他去找九灵元圣去了。九灵元圣是他的祖宗，住在万灵竹节山九曲盘桓(huán)洞。"

## 4 唐僧等人被捉

那妖精果真逃到盘桓洞，把受到的"委屈"告诉了九灵元圣。老妖九灵元圣告诉他，那唐僧的三个徒弟都是有些本事的，特别是大徒弟孙悟空更是神通广大。随后，老妖九灵元圣带着一群杂毛狮子精，在金毛狮子精的引导下，来到了玉华城外。顿时，城内外风滚滚，雾腾腾，到处飞沙走石，城外的人拖儿带女，顾不得家私物品，都往城中跑去。

孙悟空、猪八戒、沙僧见此情景，赶紧来到城头察看。

"偷宝贝的贼怪，你找来这几个毛贼想再抢我们的兵器吗?"猪八戒站在城头高叫起来。

金毛狮子精咬牙切齿道："秃驴(tū lǘ)，昨天你们三个打我一个，我败了，你们得意了吧！你们特狠毒，烧了我的洞府，损坏我的山场，杀了我的人员，我和你们仇深似海！不要走，吃你老爷一铲！”说完，他举起铁铲就冲向猪八戒。

猪八戒也不说话，举起钉耙就迎上去。

两人打了几个回合，不见输赢，那些杂毛狮子精就一起围上来打猪八戒。孙悟空和沙僧见了，也冲了上去。城外一群妖怪与孙悟空三人，战斗到了日落。猪八戒渐渐地抵挡不住，被两个杂毛狮子精捆了起来。沙僧也慢慢地力不从心了，孙悟空见此，立即拔下一把毫毛，嚼碎后喷了出去，叫声“变”，变成了百多个小孙悟空向那些狮子精围了过去，很快就拿住了其中的两个杂毛狮子精。

老妖九灵元圣见吃了败仗，马上带其他妖精退了下来。

孙悟空也带着那两个狮子精回到城内，对大家说：“今天看好这两个狮子精，我们明天用他们换回八戒！”

第二天一早，那群妖精在老妖九灵元圣带领下来到城下挑战。孙悟空跳上城头，厉声骂道：“贼泼怪，快将我师弟猪八戒送还给我，饶你性命！不然，我要你们都粉骨碎尸！”

那些狮子精不容分说，一起向孙悟空和沙僧奔来。霎时间，城外黑雾漫天，狂风大作，沙石乱飞。那老妖九灵元圣乘机驾着黑云越过城头，吓退城上的文武百官及守城人员，张口把唐僧及玉华王父子全部噙出。

原来这个老妖九灵元圣有九个头九张口，如今他一口噙着唐僧，一口噙着猪八戒，一口噙着玉华王，另有三口分别噙着大王子、二王子、三王子。老妖六口噙了六个人后，发出一声喊叫：“我先去也！”那些狮子精，见他们的祖宗抓了这么多人，一个个越发来劲。

孙悟空这时也发现中了他们的计谋，连忙告诉沙僧要小心，自己迅速拔下一把毫毛，变成千百个小孙悟空，一起攻打那些狮子精，很快就把黄狮精打死，把另外的几只狮子精全部捆了起来。孙悟空回到城内，吩咐道：“把那只打死了的黄狮精剥了皮，看好另外六只狮子精，明天我们再去救人。”

孙悟空和沙僧第二天去救人时，故意让老妖九灵元圣抓走。孙悟空在洞里解开沙僧的绳索后，猪八戒大喊了一声：“哥哥，我的手脚都捆肿了，为什么不先救我？”猪八戒这一喊惊醒了老妖九灵元圣。老妖九灵元圣走过来后，又把沙僧捆了起来。孙悟空只好打破几重门逃了出来。

## 5 九头狮被降服

孙悟空一出来，受观世音安排一直暗中守护唐僧的丁甲也出来现身了，他说："大圣，那老妖有些法力，你要救出圣僧的话，不妨去东极妙岩宫，请他的主人来。他人别想擒他。"

孙悟空随即来到东极妙岩宫，见到了宫主太乙救苦天尊。原来那九头妖怪是妙岩宫里狮子房里的九头狮，他趁看守他的狮奴酒后沉睡，三天前偷偷溜出来下界为妖。

天尊随同孙悟空到了九曲盘桓洞口后，顺利地降服了九头狮。孙悟空立即来到洞中救出了被九头老妖抓走的唐僧等人。

次日，孙悟空叫人把那六只狮子杀掉，把肉分发给城内外军民人等。玉华王谢过之后，唐僧师徒四人又继续西行，去灵山雷音寺拜佛求经去了。路上还会有怎样的艰难险阻呢？欲知后事如何，且听下回分解。

# 三一　停留长智

主要人物：唐僧、犀牛精、四木禽星、孙悟空

主要地点：青龙山玄英洞

主要事件：大战犀牛精

## ❶ 俗话记忆

“停留长智”是指事情搁置久了，或者经过一段时间的思考后，可能会多出一些情况或者效果。

《西游记》中，孙悟空吃完晚饭后要睡觉，准备第二天去擒拿犀牛精。沙僧劝道：“常言道，停留长智。那妖精倘若今晚不睡，把师父害了，如何是好呀？”沙僧和猪八戒都担心师父被犀牛精连夜害了，他们劝孙悟空必须现在就去救师父，否则夜长梦多，时间长了，说不定就会生出许多事来。

## ❷ 唐僧参拜假佛爷

话说唐僧师徒来到天竺国金平府慈云寺，时值上元佳节前夕。上元节也就是元宵节。慈云寺里大小和尚都以能托生到中华大地为福，如今见到东土大唐来的圣僧就显得格外热情，留唐僧师徒一起观看元宵节的灯会。

元宵节当天，唐僧依愿扫完佛塔后，与众人一起去城里看灯会。

三五良宵节，上园春色和；花灯喧闹市，齐唱太平歌。城里的大街小巷到处都是点亮的花灯，把夜空照映得如同白昼一般。天空中那轮明月与闹市里各种各样的灯上下呼应着。荷花灯、羊儿灯、兔儿灯、青狮灯、虾儿灯，姿态万千，形态各异。唐僧师徒走在大街上，不时传来阵阵笙箫（shēngxiāo）琴声，歌咏（yǒng）欢笑声。

走着走着，他们就来到金灯桥上。金灯桥乃上古留传，桥上有三盏金灯。每

盏灯下面如同百姓家里盛水的瓦缸，约有三尺宽，缸内盛满了香油。每只缸内有四十九根灯草和丝绵混在一起扎的灯芯(xīn)。这些灯连续点亮三天，每天晚上有佛爷降临，来此收灯，油尽灯灭，来年就风调雨顺、五谷丰登，否则就干旱成灾。这里的人都愿意有佛爷来此收灯。

孙悟空好奇地问："这么多油，怎么一个晚上就没有了呢？"

猪八戒在一旁笑道："可能是佛爷把油都收走了。"

慈云寺的和尚们笑着说："只要风调雨顺，大家都愿意捐油。"

正当大家说笑间，忽然听到半空中呼呼风响，惊得所有看灯的人都离开了，那些和尚们也赶紧催促(cuīcù)道："老师父，我们回去吧，风来了，应该是佛爷来收灯了。""既然是佛爷来了，我们念佛之人应就此拜一拜呀！"唐僧固执地说道。

不一会儿，那风中果然现出三个佛身，走到灯前，慌得唐僧赶紧跑上桥顶，倒身下拜。孙悟空一看，一边冲上去，一边喊道："师父，那是妖邪！"

孙悟空的声音还没落下，唐僧就被那三个佛身抱了起来，随风而去。孙悟空安排好众人回寺后，腾起筋斗云，升在半空，沿着那股妖风，往东北方向追去。

原来这三个佛身就是三个妖精，分别是辟寒大王、辟暑大王、辟尘大王。他们在青龙山玄英洞已住千年了。他们自幼就喜欢吃香油，每到正月十五时，就变成佛像来收油。他们发现唐僧是圣僧，就顺便把他捉了，准备用香油煎着吃。

## ❸ 三妖怪战退孙悟空

三个妖怪异口同声地问唐僧："你是哪方来的和尚，为何见佛像不躲，还冲到我们面前来？"

唐僧吓得不停地哆嗦(duōsuo)，向他们磕完头后，说道："贫僧是东土大唐来的，去西天拜佛求经。在金灯桥上看见你们的佛身，贫僧就上前敬拜。"

"你们几个人来的？"三个妖怪继续问道。

唐僧说道："我有三个徒弟，大徒弟姓孙，名悟空，也叫行者，曾经自称齐天大圣；二徒弟姓猪，名悟能，也叫八戒，是天蓬大元帅转世；三徒弟姓沙，名悟净，也叫沙和尚，是卷帘大将下凡……"

三个妖怪还没等他说完，早已胆战心惊，脸色发白，叫道："幸亏还没有吃掉他，小的们，把唐僧用铁链锁在后面，等我们捉了他三个徒弟后，再来吃！"

辟寒大王挺着一把钺(yuè)斧，辟暑大王舞着一把大刀，辟尘大王抓着一根藤棍，三妖怪披挂整齐后，带着一群牛精，各持兵器走出山洞。

孙悟空在洞门口见他们出来，立即跳到高处，大声吼道："泼贼怪！认得老孙吗？"

那妖怪也喝道："你就是那个大闹天宫的孙悟空？正是闻名不如见面，见面羞杀天神！你原来是这样的一个猢狲！"

孙悟空大怒，骂道："打你这个偷灯油的贼！快还我师父！"说完，冲上去，抡起铁棒就打。那三个妖怪各自举起兵器来挡。乒乒乓乓只听刀斧响，噼里啪啦唯有棍棒声。孙悟空与三个妖怪大战一百五十回合，一直打到天将黑，仍不见输赢。

辟尘大王虚晃一下，跳了出去，举起一杆旗帜，摇了一摇，旁边那伙牛精见后，蜂拥而至，将孙悟空围在中间，各抡兵器，一阵乱打。

孙悟空见势不妙，立即纵起筋斗云，跳到半空中，败阵而走。

## 4 两师弟被妖怪所擒

孙悟空回到慈云寺，把自己救师父的经过说了一遍。他们师兄弟三人吃完晚饭后，孙悟空对大家说道："依老孙看，那三个妖怪都是犀牛成精。今天先睡觉，明天我们再去救师父！"

"哥哥说哪里话？常言道，停留长智。那妖精倘若今晚不睡，把师父害了，如何是好呀？不如现在就去，打他个措手不及！"沙僧担心地说。

猪八戒听后，也精神抖擞起来："沙兄弟说得是！我们要趁此月光去降魔！"

孙悟空只好与俩师弟一起去玄英洞救师父。

他们来到玄英洞后，孙悟空摇身变成一只火焰虫儿，飞了进去。此时妖怪们都已熟睡，鼾(hān)声如雷。孙悟空边飞边找那三个老妖怪，找着找着，忽然听到一阵轻微的哭泣声，他沿着声音飞过去，看到师父被锁在后方的檐(yán)柱上正低头哭呢。他一边哭一边后悔自己没有看清佛像的真假，希望自己的高徒能来救他。

孙悟空一听，满心欢喜，赶紧展开翅膀，飞到师父面前。

这时，唐僧也发现了眼前的这只火焰虫儿，心里奇怪，自言自语道："正月里，天这么冷，怎么会有火焰虫飞呢？"

“师父，是我，我来救你来了！”孙悟空忍不住现了本相。

“小的们，紧闭门户，小心火烛，”忽然从里面传出一个老妖的声音，“怎么没听到值班巡逻的梆铃声呢？”原来这些小妖们，忙碌了一天一夜，早都睡着了。老妖怪这样一喊，把所有的小妖们都叫醒了。

唐僧和孙悟空还没走多远，就被他们发现了。那三个老妖怪一骨碌(gú lu)爬起来，拿起兵器就扑了过来。唐僧吓得走不动了，孙悟空也顾不得师父了，一路用铁棒打出几重门，冲出洞外。

孙悟空又把洞中的情况告诉给在门口等待的沙僧和猪八戒。三人商议道：“必须趁早救师父，否则师父就被他们害了。”商议完，猪八戒先举起钉耙把洞门砸坏，然后对着洞里大声喝道：“偷油的贼怪！快送我师父出来！”

那三个妖怪披挂还来不及放下，又不得不拿着各自的兵器走了出来。洞外三僧对三怪，顿时飞沙走石，云雾漫天，打斗多时，仍不见输赢。

忽然，那辟寒大王大喊一声：“小的们上来！”霎时，旁边那些小妖们都拿着兵器冲到猪八戒身边，把猪八戒绊倒在地。几个水牛精走上来，将猪八戒捆住，拖进洞里去了。

沙僧见猪八戒被抓，越发愤怒，可是一群牛精也死死地把他围住，绊倒后，捆起来也拖进去了。孙悟空见他们两个都被抓了，只好纵起筋斗云，脱身而去。

## 5 四木禽星助力救唐僧

孙悟空思来想去后，决定去天上搬救兵救师父和师弟。孙悟空来到天庭，把唐僧师徒在玄英洞遇到的情况告诉了玉帝。玉帝根据太白金星的提示，派四木禽(qín)星随同孙悟空去降妖。

他们来到玄英洞外，那三个犀牛精看见四木禽星，各自逃命去了。孙悟空乘机进洞救出了师父和师弟。

后来那三个犀牛精都被处死了。孙悟空也告诉金平府的官员和百姓，元宵节里来偷油的三个佛像是犀牛精所变，以后，再也不需要劳民伤财，贡献香油了。

金平府的官员和百姓为了感谢唐僧师徒，大摆素筵，为他们竖碑刻文，流传千古。第二天一早，唐僧师徒就悄悄地起来，继续向西而去。在西行的路上，接下来他们还会遇到什么困难呢？欲知后事如何，且听下回分解。

# 三二　打不断的亲，骂不断的邻

主要人物：玉兔精、天竺国王、唐僧师徒

主要地点：天竺国

主要事件：公主招亲

## ❶ 俗话记忆

“打不断的亲，骂不断的邻”是指与亲戚、邻居虽难免有矛盾，但不会断绝往来。

《西游记》中，唐僧责备孙悟空等徒弟在天竺国王面前大呼小叫后，猪八戒笑着说：“没事没事！我们与他亲家礼道的，他便不好生怪。常言道，打不断的亲，骂不断的邻。”意思是唐僧被天竺国公主绣球抛中，按当时规矩应结为夫妻，因此唐僧师徒与天竺国王是一家人了，他们不好怪罪的，吵闹一点不要紧的。

## ❷ 唐僧被绣球砸中

话说唐僧师徒受孤布金寺老僧委托，在天竺国倒换关文盖章的时候，打听该国公主之事。

那天午后，孙悟空陪同唐僧去朝堂倒换公文盖章。路上，大家都在说着“看抛绣球去也”，原来这里的公主正在十字街头的彩楼上抛绣球，以绣球招驸马。唐僧听后，轻轻地对孙悟空说：“我俗家先母也是通过抛打绣球与先父结的姻缘。”

孙悟空提醒师父说：“师父，孤布金寺老僧要我们了解这里的公主情况，我们借此机会去彩楼看看。”说着他们就来到了彩楼处。

彩楼上有六七十个娇艳的女子，公主见唐僧走过来了，就从旁边女子的手中拿过绣球，亲手罩在唐僧的头上。绣球把唐僧的帽子都打歪了，吓唐僧一跳，他连忙双手去扶那球，那球竟然一下子又滚进他的衣袖里面。

彩楼上的女子不约而同地大声叫了起来："打着一个和尚了！打着一个和尚了！"话音刚落，彩楼前的人都开始朝唐僧奔过来，要抢这个绣球，人流把唐僧推挤到了一个角落里。

孙悟空见状，立即大喝一声，把腰一躬，人立马长到三丈高，露出一个鬼脸来，吓得那些人纷纷后退，不敢靠前了。

霎时，围观的人就散了，孙悟空也变回了本相。那楼上的人纷纷过来对唐僧下拜行礼道："贵人！贵人！请入朝堂贺喜！"随后，他们就簇(cù)拥着唐僧，欢欢喜喜回朝堂去了。

## ③ 国王招唐僧为驸马

唐僧一边走，一边扭过头来埋怨孙悟空不该带他来彩楼处。孙悟空告诉他："师父，你放心，你先去朝堂，如果公主招你，你就对国王说，要招徒弟们来，你有事要安排。我们到朝堂后，自有安排。如果不招，你就只要倒换关文盖章就好了。"唐僧听后，才勉强让孙悟空离开。

国王看见公主搀着一个和尚进来，心中有许多不悦(yuè)，意欲赶退，却又不知公主之意，只好含笑道："僧人从哪里来，怎么遇到朕女抛球并被抛中了呢？"

"贫僧从东土大唐来，去西天拜佛求经，路遇彩楼，不料被公主绣球抛中，贫僧不敢，只求倒换关文盖章去西天拜佛求经。"唐僧说道。

国王看了看公主，问道："绣球抛中僧人，朕虽不高兴，但还是听公主的意见，公主意下如何？"

"父王，常言道，嫁鸡随鸡，嫁犬随犬。女儿今日绣球打中圣僧，就是前世之缘，不能更改。我愿招他为驸马。"公主叩头道。

国王听后，点头同意了女儿的想法，随后要官员选择日期，昭(zhāo)告天下。

唐僧听了，赶紧把孙悟空说的话告诉了国王。国王立刻宣旨召见孙悟空等人。

孙悟空、猪八戒、沙僧一到朝堂，就差点吓坏了国王。孙悟空随后向国王说明了自己和两位师弟的前世今生。国王虽然有些胆战心惊，但从心底也开始佩服唐僧收下了如此厉害的高徒。随后，国王多次邀请唐僧到御花园赏花吟诗，其乐融融。

孙悟空三人见唐僧和国王在一起游玩，心中不免有些担心。猪八戒呆性发作，在旁边喊道："好快活！好自在！"沙僧笑道："二哥特没修养！"

唐僧待与国王分别后，就责怪起孙悟空三人来："你们这笨货，这是什么地方，只管大呼小叫，就不怕得罪国王，难道就不怕他伤害我们的性命？"

猪八戒笑着说道："没事没事！我们与他亲家礼道的，他便不好生怪。常言道，打不断的亲，骂不断的邻。大家好玩的嘛，他不会伤害我们的！"

唐僧听了，一边举起禅杖，一边说道："把呆子拿住，打他二十禅杖！"

旁边的人赶紧劝住，猪八戒突然故意趴到地上，嚷道："好贵人！好驸马！还没成亲，就开始动起王法来了。"

孙悟空赶紧劝猪八戒："莫胡说，快去睡觉吧！"

## 4 玉兔回广寒宫

第二天，孙悟空等人得到国王的倒换公文后，准备离开。不过孙悟空发现了公主不是好人，是妖怪后，就唤出土地神和山神，问出了公主就是玉兔精。

孙悟空很快找到玉兔精，正准备将她一棒打死时，只听空中传来一声："大圣，莫动手，棍下留情！"孙悟空回头一看，原来是太阴星君。孙悟空赶紧收回铁棒，躬身施礼。

太阴告诉孙悟空，玉兔精是广寒宫捣（dǎo）玄霜仙药的玉兔。国王的公主是天上的素娥下凡投胎的。十八年前，素娥在天上打了玉兔一巴掌，玉兔怀恨在心，预报那一掌之仇，就溜出广寒宫，把素娥投胎的公主送到荒野。

太阴星君和孙悟空带着玉兔回到王宫中，把公主的事情一一告诉了国王，帮助国王找回了自己的公主。

唐僧师徒又继续西行，欲知后事如何，且听下回分解。

# 三三　留得在，落得怪

主要人物：寇员外、强盗、唐僧师徒
主要地点：同台府地灵县
主要事件：寇员外善待唐僧师徒

## 1 俗话记忆

“留得在，落得怪。”这句话的意思是人家热情留你住下来，你就不要走，以免人家见怪，比喻主人家热情、好客。

《西游记》中，唐僧师徒在善待僧人的寇员外家住了半个月后，寇员外的妻儿还想留唐僧师徒再多住些日子，可是唐僧坚持要走，猪八戒就对师父说：“师父，常言道：留得在，落得怪。我们且住一个月吧，了了他们母子的心愿也罢了。”

## 2 寇员外盛情接待

话说唐僧从天竺国王宫出来，已是春暖花开，万象更新了，一路走来到处鲜花似锦，绿草青青，娇莺啼唱。唐僧师徒在说说笑笑中，来到了同台府地灵县。

在路人的指点下，唐僧师徒来到了寇员外家。寇员外家是当地有名的斋僧人家，家门口挂着一面大牌，上面写着“万僧不阻”四个大字，意思是，只要是僧人，他家都欢迎。

寇员外听说有四个异样的僧人进了家门，赶紧丢了拐杖，走出来迎接。看见他们的样子后，也不觉得丑恶，更不害怕，连连说道：“请进，请进！”

唐僧师徒随着寇员外来到佛堂，唐僧穿上袈裟，洗了手，点燃一炷香，叩头拜佛后，与寇员外再行礼致谢。

寇员外高兴地说道：“弟子名叫寇洪，字大宽，今年虚为六十四岁。自四十岁开始，就许下心愿，要斋万名僧人，今已有九千九百九十六位，只差四位就可以圆满了。今日天降四位老师，让我斋僧圆满。我还请四位老师在这里住上一个月，参加斋僧圆满的仪式。再说这里距离灵山只有八百里路了。”

唐僧一听，距离灵山雷音寺不远了，十分高兴地答应住下来。

半个月后，寇员外的斋僧仪式圆满完成了。唐僧一心想着雷音寺，仪式完成后就迫不及待地找员外辞行。

寇员外见唐僧如此心急，就说道：“是不是因为这几日我们没有照顾好老师，怠(dài)慢了老师，让老师见怪了？”

唐僧说道：“不是。贫僧打扰尊府，不知以何为报，怎敢言怪呢？贫僧从东土大唐往西天拜佛求经，向唐王承诺的是三年就回，如今贫僧出来已有十四年了，贫僧得抓紧时间了，不能再耽误了。”

“师父特不近人情！老员外如此好客就多住几日吧！”猪八戒在旁边听后，忍不住高声叫了起来。

唐僧对着猪八戒喝道：“你这笨货，只知道吃！明天我自己去西天好了！”

孙悟空见师父变了脸，立即揪住猪八戒的耳朵，再打了他一拳，骂道：“呆子真不知好歹，惹得师父生气了！”

沙僧笑着说：“打得好！打得好！惹人嫌，还插嘴。”

正说话间，寇员外的妻子和儿子寇栋(dòng)兄弟都过来了，他们也希望各位老师能再多住半个月。

唐僧坚定不移地说道：“我们已经在这里住了半个月了，此时应该去西天取经，不敢再打扰你们了。”

寇员外的妻子和儿子见唐僧坚持要走，就有些生气了，说道：“我们好意留他，他要走就走吧，不用废话了！”

“师父，常言道：留得在，落得怪。我们且住一个月吧，了了他们母子的心愿也罢了。”猪八戒在旁边又忍住不开口说道。

唐僧瞪了他一眼，那呆子赶紧自己打了两下嘴巴后，故意说道：“叫你别作声，你又作声了！”

寇员外见唐僧师徒烦恼了起来，就不再劝留了，说道：“老师不必争吵了，我们明天就为老师送行。”

第二天，寇员外置办了盛宴，热热闹闹地欢送唐僧师徒。

## ③ 夺回寇家财物

待唐僧师徒走后，地灵县城内有一伙强盗趁着天黑来到寇员外家抢劫。寇员外在保护财产时，被强盗踢死了。寇家人顿时痛哭流涕。

寇员外的妻子认为这与唐僧师徒有关，于是故意把寇员外的死说成是被孙悟空打死的，杀人放火、抢劫都是唐僧师徒所为，要儿子寇栋兄弟状告他们。

天亮后，寇栋、寇梁按母亲的意见向同台府刺史递交了状纸。刺史闻讯后，立即派人追拿唐僧师徒四人。

唐僧师徒四人与寇员外分别后，一路高兴地往西而行。当夜幕降临时，一阵狂风带来阵阵春雨，他们只好在一间破屋里休息。

第二天雨过天晴，抢劫寇员外家的那伙强盗，正在山坳里私分从寇员外家里抢来的金银财宝。忽然，他们发现了从远处走来的唐僧师徒四人，又高兴了起来。一个强盗笑着说："来得好！来得好！这些和尚从远处来，又在寇家住了很久，身边一定有许多好东西，我们再抢劫一次！"

那伙强盗再次拿起兵器，呼啸一声，在路上一字摆开，为首的一个强盗叫道："和尚，不要走！快留下买路钱，饶你性命，否则，一刀一个，绝不留存。"

唐僧吓得在马上颤抖起来，沙僧与猪八戒面面相觑(qù)，对孙悟空说道："这是怎么啦？刚经历过半夜雨天，又遇到了强盗抢劫，真是祸不单行呀！"

"师父别怕，师弟也不要担心，等我老孙过去问一下。"孙悟空笑着说道。

孙悟空束一束虎皮裙子，抖一抖棉布直裰，走到那几个强盗面前，双手往胸前一抱，说道："列位是做什么呢？"

强盗大声喝道："你真是胆大，还敢来问我？你不认得我是大王爷爷吗？快将买路钱留下来！"

孙悟空一听，满面笑容地说道："大王！大王！我是乡村中的和尚，不会说话，冲撞你们了，别见怪。你如果要买路钱，只问我就可以了，放他们三个过去，我是管账的，钱物都在我身上。"

那伙强盗听完后，说道："这个和尚倒是实在，既如此，就饶了你们的性命，教那三个丢下行李，放他们过去。"

孙悟空赶紧回头，对着唐僧他们使了个眼色，让他们放下行李担子，先陪同师父牵着马走过去。

待他们走过去之后，孙悟空低头打开包袱，就地抓一把尘土，往上一撒，念个咒语，大喝一声“住”，对着强盗使出一个定身法。瞬间，那伙强盗个个都咬着牙，睁着眼，撒着手，直直地定在那里，不能说话，也不能动。

孙悟空随后招呼唐僧师徒回来，让猪八戒和沙僧用绳子将那伙贼捆绑起来，然后等他们苏醒过来后，一起审问他们。

经过审问，让唐僧师徒大吃一惊：他们竟然在寇家放火打劫，把打劫到的财物藏在了山坳里。

唐僧师徒见他们退回了财物，也就释放了他们。唐僧师徒拿着夺回来的寇家的财物准备还给寇员外家。

## 4 真相大白，功德圆满

走着走着，忽然他们看见了一群拿着兵器迎面而来的人。原来这些人是刺史派来捉拿唐僧师徒的官兵。他们见唐僧师徒带着寇家财物，不容分说就把唐僧师徒捆了起来。

他们被抓进监牢后，孙悟空等到四更天时，变成一只蜢虫儿，从房檐瓦缝里飞了出去，准备飞往寇员外家打探情况。在经过街西一户亮着灯光的人家时，他听到一个老头对一个老太婆说，寇员外四十岁后，坚持向善，斋了万僧，没想到昨夜被强盗踢死了。可怜呀，真是好人没有好报。

孙悟空来到寇员外家，只见那堂屋里摆着一副棺(guān)材，棺材前点着灯，摆着香烛花果。寇员外的妻子在旁边不停地啼哭。两个儿子也在那里拜哭。

孙悟空飞到棺材的一角上，故意装成寇员外的声音，与他们对话。

从他们的对话中，孙悟空知道是寇员外的妻子故意说是唐僧师徒抢劫杀人的。立刻，孙悟空假扮成寇员外的声音吓唬道：“是你们故意陷害唐僧师徒，让他们好人受难。那唐朝四位老师，路遇强盗，把财物夺回来，准备归还给我们。可是你们告假状，害得他们被关进监牢了！如今阎王派我过来，要你们趁早去官府，求官府放了他们。否则我会在家里闹一个月，让你们一个都不能活命!”

寇员外妻子和儿子听后，害怕极了，第二天一早就来到官府，把昨晚灵堂上发生的事情和寇家被抢，寇员外被杀死的真相都说了出来。刺史连忙将唐僧师徒放了出来。

孙悟空出来后，安排猪八戒、沙僧保护师父，他独自来到了幽冥地界，为寇员外挣得了十二年的阳寿。

寇员外苏醒过来后，对着唐僧师徒磕头谢恩："师父！寇洪死于非命，承蒙师父到阴间说情，把我救活，此为再造之恩。"随后，他又向各位说明了自己是被一个强盗踢死的，与四位老师无关。

寇员外一家又一次设宴感谢唐僧师徒和刺史等官府之人，在大门口再次挂出斋僧牌。

唐僧师徒拜佛心切，继续西行。在雷音寺山门外，经历了第八十一难——经书无字后，唐僧师徒终于取到了真经，回到了大唐。唐玄奘、孙悟空、猪悟能、沙悟净、白龙马也各自修成正果，功德圆满。

# 参考文献

[1] 金圣叹. 水浒传的政治与谋略 [M]. 海口：三环出版社，1992.
[2] 罗贯中. 三国演义 [M]. 长沙：岳麓书社，2016.
[3] 吴承恩. 西游记 [M]. 长沙：岳麓书社，2016.
[4] 施耐庵. 水浒传 [M]. 长沙：岳麓书社，2016.
[5] 曹雪芹，高鹗. 红楼梦 [M]. 长沙：岳麓书社，2016.
[6] 刘仁圣，陈信陵，吴晓龙. 水浒文化大观 [M]. 南昌：百花洲文艺出版社，1997.
[7] 杨子华. 水浒民俗文化 [M]. 北京：华艺出版社，1998.
[8] 贺准城. 解读三国话诸葛 [M]. 苏州：苏州大学出版社，2004.
[9] 金圣叹（批评），施耐庵（著）. 金圣叹批评本《水浒传》：上 [M]. 长沙. 岳麓书社，2006.
[10] 金圣叹（批评），施耐庵（著）. 金圣叹批评本《水浒传》：下 [M]. 长沙. 岳麓书社，2006.
[11] 毛宗岗（批评），罗贯中（著）. 毛宗岗批评本《三国演义》：上 [M]. 长沙：岳麓书社，2006.
[12] 毛宗岗（批评），罗贯中（著）. 毛宗岗批评本《三国演义》：下 [M]. 长沙：岳麓书社，2006.
[13] 易中天. 品三国：上 [M]. 上海：上海文艺出版社，2006.
[14] 易中天. 品三国：下 [M]. 上海：上海文艺出版社，2007.
[15] 邹晓丽. 解语析言说红楼 [M]. 沈阳：沈阳出版社，2007.
[16] 吴越. 品水浒：品人篇 [M]. 北京：东方出版社，2007.
[17] 吴越. 品水浒：品事篇 [M]. 北京：东方出版社，2007.
[18] 薛国安. 正说军师 [M]. 北京：华艺出版社，2007.
[19] 曹雪芹，高鹗. 红楼梦 [M]. 北京：中华书局，2007.
[20] 盛巽昌，李子迟. 水浒传：毛泽东品读版 [M]. 北京：中央编译出版社，2013.
[21] 罗贯中. 三国演义 [M]. 北京：中华书局，2007.
[22] 吴承恩. 西游记 [M]. 北京：中华书局，2007.
[23] 施耐庵. 水浒传 [M]. 北京：中华书局，2007.

[24] 陈建平. 水浒戏与中国侠义文化［M］. 北京：文化艺术出版社，2008.

[25] 十年砍柴. 闲看水浒：字缝里的梁山规则与江湖世界［M］. 太原：山西人民出版社，2010.

[26] 董志新. 毛泽东读《红楼梦》［M］. 沈阳：万卷出版公司，2011.

[27] 董志新. 毛泽东读《西游记》［M］. 沈阳：万卷出版公司，2011.

[28] 高语罕.《红楼梦》宝藏六讲［M］. 北京：首都经济贸易大学出版社，2012.

[29] 柯继红. 换种方式品水浒：水浒传里的那些人［M］. 北京：农村读物出版社，2013.

[30] 李奇. 和孩子一起成长：《西游记》中的家教智慧［M］. 北京：中国轻工业出版社，2013.

[31] 完颜亮. 毛泽东读古典名著［M］. 北京：当代中国出版社，2014.

[32] 沈家仁，沈忱. 趣味水浒：江湖社会众生相［M］. 郑州：河南文艺出版社，2014.

[33] 蒋勋. 微尘众：《红楼梦》小人物（1）［M］. 北京：中信出版社，2014.

[34] 蒋勋. 微尘众：《红楼梦》小人物（2）［M］. 北京：中信出版社，2015.

[35] 蒋勋. 微尘众：《红楼梦》小人物（3）［M］. 北京：中信出版社，2015.

[36] 向荣华. 趣读生慧：与你分享“西游”“三国”［M］. 南宁：广西师范大学出版社，2017.

[37] 罗贯中. 三国演义［M］. 北京：人民文学出版社，2018.

[38] 吴承恩. 西游记［M］. 北京：人民文学出版社，2018.

[39] 施耐庵，罗贯中. 水浒传［M］. 北京：人民文学出版社，2018.

[40] 曹雪芹，无名氏. 红楼梦［M］. 北京：人民文学出版社，2018.

[41] 亦舒. 红楼梦里人［M］. 长沙：湖南文艺出版社，2018.

[42] 向喆，向荣华，刘勇. 闲读鉴美：与你分享“水浒”“红楼”［M］. 长沙：湖南大学出版社，2018.

# 附 录

**《西游记》中引用的部分俗话**

1. 石猴对众猴说：人而无信，不知其可。
2. 美猴王对东海龙王说：愁海龙王没宝。
3. 花果山崩、芭二将对大圣说：美不美，乡中水。
4. 孙大圣对花果山众妖说：亲不亲，故乡人。
5. 孙悟空对七十二洞妖王并四健将说：今朝有酒今朝醉，莫管门前是与非。
6. 大圣对花果山四健将说：胜负乃兵家之常。
7. 大圣对花果山四健将说：杀人一万，自损三千。
8. 大圣对如来说：皇帝轮流做，明年到我家。
9. 龙王看完陈光蕊的尸体后说：恩将恩报。
10. 龙子龙孙等人向泾河龙王启奏道：过耳之言，不可听信。
11. 徐敬宗对魏征说：泼水难收，人逝不返。
12. 敖闰龙王三太子的心思：福无双降，祸不单行。
13. 孙悟空对三藏说：人没伤虎心，虎没伤人意。
14. 孙悟空对高老庄高才说：与人方便，自己方便。
15. 观世音菩萨对猪悟能说：若要有前程，莫作没前程。
16. 猪八戒对孙悟空说：要知山下路，须问去来人。
17. 猪八戒对孙悟空说：龙能喷云暖雾，播土扬沙。
18. 猪悟能对观世音菩萨说：依着官法打杀，依着佛法饿杀。
19. 孙悟空对猪悟能说：善猪恶拿。
20. 孙悟空对黄风怪说：留情不举手，举手不留情。
21. 猪八戒对孙悟空说：和尚是色中饿鬼。
22. 三藏对孙悟空说：珍奇玩好之物，不可使见贪婪奸伪之人。
23. 东海龙王对大圣说：运筹帷幄之中，决胜千里之外。
24. 三藏对童子说：鹭鸶不吃鹭鸶肉。

25. 孙悟空对黑熊怪说：君子不念旧恶。
26. 孙悟空说：日久见人心。
27. 孙悟空对师父说：鸟尽弓藏，兔死狗烹。
28. 作者描写呆子：当家才知柴米价，养子方晓父娘恩。
29. 黄袍怪对小妖们说：蛇头上苍蝇，自来的衣食。
30. 唐僧被黄袍怪抓住时的描述：既在矮檐下，怎敢不低头？
31. 宝象国的臣子们对国王说：来说是非者，就是是非人。
32. 沙僧心理活动：与人方便，自己方便。
33. 孙悟空对宝象国公主说：尿泡虽大无斤两，秤砣虽小压千斤。
34. 孙悟空装公主对黄袍怪说：男子无妻财没主，妇女无夫身落空。
35. 沙僧求孙悟空救师父时说：不看僧面看佛面。
36. 孙悟空对师父说：不受苦中苦，难为人上人。
37. 孙悟空暗想：乍入芦圩，不知深浅。
38. 长老对悟空说：寡不可敌众。
39. 孙悟空对八戒说：顺父母言情，呼为大孝。
40. 孙悟空对小妖精细鬼说：仙体不踏凡地。
41. 孙悟空自言自语：物随主便。
42. 唐长老在宝林寺自言自语：人将礼乐为先。
43. 三藏对庵观寺院主说：见山门就有三升米分。
44. 僧官对唐僧说：老虎进了城，家家都闭门。
45. 孙悟空对唐僧说：既在佛会下，都是有缘人。
46. 老和尚对道人说：养军千日，用军一朝。
47. 唐僧对八戒说：鬼也怕恶人。
48. 唐僧对国王说：国正天心顺。
49. 沙僧提示唐僧：不信直中直，须防仁不仁。
50. 孙悟空对唐僧说：拿贼拿赃。
51. 孙悟空对师父说：一家无二主。
52. 孙悟空对乌鸡国王说：上邦皇帝，为父为君，下邦皇帝，为臣为子。
53. 八戒笑对菩萨：糟鼻子不吃酒——枉担其名。
54. 作者描写乌鸡国王：朝廷不可一日无君。
55. 孙悟空对长老说：脱得去，谢神明，切不可听他。
56. 沙和尚对孙悟空说：三年不上门，当亲也不亲。

57. 孙悟空对沙和尚等人说：一叶浮萍归大海，为人何处不相逢。

58. 八戒笑答孙悟空：识得时务者，呼为俊杰。

59. 龙王对悟空说求雨：龙无云而不行哩。

60. 孙悟空对沙僧说：人逢喜事精神爽。

61. 孙悟空对师父说：功到自然成。

62. 八戒对孙悟空说：背凡人重若丘山。

63. 敖顺对孙悟空说：龙生九种，九种各别。

64. 唐僧骂徒弟：不教而善，非圣而何；教而后善，非贤而何；教亦不善，非愚而何。

65. 八戒对孙悟空说：斋僧不饱，不如活埋。

66. 唐僧哭献童男童女者：黄梅部落青梅落，老天偏害没儿人。

67. 孙悟空对八戒说：鸡儿不吃无工之食。

68. 沙僧对师父说：千日吃了千升米。

69. 沙僧喊金鱼精：口说无凭，做出便见。

70. 孙悟空自言自语：走三家不如坐一家。

71. 孙悟空暗想：道化贤良释化愚。

72. 作者讲述：公取窃取皆为盗。

73. 天将许旌阳说：一物降一物。

74. 天王对孙悟空说：水火无情。

75. 水伯对孙悟空说：泼水难收。

76. 孙悟空对众神说：胜败兵家之常。

77. 孙悟空对八戒说：瓜熟自落。

78. 孙悟空对如意真仙说：君子行不更名，坐不改姓。

79. 众官对孙悟空说：姻缘配合凭红叶，月老夫妻系赤绳。

80. 八戒对驿丞说：粗柳簸箕细柳斗，世上谁见男儿丑。

81. 孙悟空对唐僧说：千里姻缘似线牵。

82. 呆子对沙僧说：造弓的造弓，造箭的造箭。

83. 孙悟空对男子说：不冷不热，五谷不结。

84. 牛魔王对孙悟空说：朋友妻，不可欺；朋友妾，不可灭。

85. 罗刹女对牛魔王说：男儿无妇财无主，女子无夫身无主。

86. 罗刹女对牛魔王说：妻者齐也，夫乃养身之父。

87. 作者描写大圣：得胜的猫儿欢似虎。

88. 八戒对土地说：大海里翻了豆腐船，汤里来，水里去。
89. 作者描述：行不由径，岂可转走。
90. 三藏叹道：兔死狐悲，物伤其类。
91. 祭赛国金光寺众僧齐说：方以类聚，物以群分。
92. 三藏对帝王：差之毫厘，失之千里。
93. 大圣对陛下说：人不可貌相，海水不可斗量。
94. 二郎对八戒说：征不待时。
95. 孙悟空对八戒说：穷寇勿追。
96. 龙婆说：好死不如恶活。
97. 唐僧对孙悟空说：有佛有经，无方无宝。
98. 描写黄眉怪人：人未伤心不得死，花残叶落是根枯。
99. 孙悟空对师父说：好处安身，苦处用钱。
100. 孙悟空对太监说：药不跟卖，病不讨医。
101. 孙悟空对太医说：药不执方，合宜而用。
102. 孙悟空对唐僧师徒说：众毛攒裘。
103. 朱紫国王对孙悟空说：家丑不可外谈。
104. 沙僧对八戒说：一人有福，带挈一屋。
105. 孙悟空说：断送一生惟有酒，破除万事无过酒。
106. 金圣宫娘娘对妖精说：皇帝身上也有三个御虱。
107. 孙悟空对唐僧说：一日为师，终身为父。
108. 八戒说：有事弟子服其劳。
109. 蜘蛛精对唐僧说：远来的和尚好看经。
110. 孙悟空对蜘蛛精说：男不与女斗。
111. 八戒对孙悟空说：宁少路边钱，莫少路边拳。
112. 蜘蛛精对八戒说：七年男女不同席。
113. 八戒对蜘蛛精说：曾着卖糖君子哄，到今不信口甜人。
114. 作者描述：禽有禽言，兽有兽语。
115. 道士对蜘蛛精说：一打三分低。
116. 孙悟空对道士说：在家不是贫，路上贫杀人。
117. 孙悟空对毗蓝婆说：好事不出门，恶事传千里。
118. 孙悟空对师父说：山高自有客行路，水深自有渡船人。
119. 孙悟空对八戒说：放屁添风。

120. 三怪说：好汉千里客，万里去传名。

121. 八戒对孙悟空说：说谎不瞒当乡人，就来弄虚头捣鬼。

122. 孙悟空对师傅说：欲求生富贵，须下死功夫。

123. 唐僧对孙悟空说：不信直中直，须防仁不仁。

124. 八戒对孙悟空说：远路没轻担。

125. 唐僧对孙悟空说：马行千里，无人不能自往。

126. 孙悟空对唐僧说：土乃五行之母，水乃五行之源。无土不生，无水不长。

127. 众僧对孙悟空说：莫信直中直，须防仁不仁。

128. 喇嘛僧对众僧说：公子登筵，不醉便饱；壮士临阵，不死即伤。

129. 唐僧对孙悟空说：遇方便时行方便，得饶人处且饶人。

130. 孙悟空暗想：先下手为强，后下手遭殃。

131. 沙僧对孙悟空说：单丝不线，孤掌难鸣。

132. 沙僧对孙悟空说：大湖海的亲兄弟，上阵须教父子兵。

133. 孙悟空对八戒说：温柔天下去得，刚强寸步难移。

134. 唐僧自言自语：人将礼乐为先。

135. 唐僧自言自语：人离乡贱。

136. 沙僧对八戒说：放屁添风。

137. 八戒对孙悟空说：事无三不成。

138. 八戒对孙悟空说：告人死罪得死罪。

139. 太白金星对孙悟空说：万事从宽。

140. 孙悟空对太白金星说：死了莫与老头同墓，干净会揭挑人。

141. 天王对孙悟空说：不入虎穴，安得虎子。

142. 唐僧问路老母：海阔从鱼跃，天高任鸟飞。

143. 孙悟空对店主说：货有高低三等价，客无远近一般看。

144. 大圣对沙僧说：十日滩头坐，一日行九滩。

145. 孙悟空对八戒说：父在，子不得自专。

146. 小妖对老妖说：事从缓来。

147. 先锋对老妖说：手插鱼篮，避不得腥。

148. 孙悟空对八戒说：物有几等物，人有几等人。

149. 孙悟空教王子武艺：训教不严师之惰，学问无成子之罪。

150. 作者描述：十日滩头坐，一日行九滩。

151. 孙悟空对八戒说：穷寇莫追。
152. 毗妖王说：闻名不曾见面，见面羞杀天神。
153. 沙僧对孙悟空说：停留长智。
154. 公主对天竺国王说：嫁鸡随鸡，嫁犬随犬。
155. 孙悟空对师父说：望山走倒马。
156. 八戒对沙僧说：吃了饭儿不挺尸，肚里没板脂。
157. 八戒对唐僧说：打不断的亲，骂不断的邻。
158. 寇员外对唐僧说：齐头容易结梢难。
159. 寇栋兄弟对唐僧师徒说：公修公德，婆修婆德，不修不得。
160. 八戒对唐僧说：留得在，落得怪。
161. 沙僧对八戒说：珍馐百味一饱便休。
162. 孙悟空对师父说：只有错拿，没有错放。

# 后　记

我的书柜里不仅有六套以上各出版社的四大名著版本，还有若干本关于四大名著研究成果的著作。其中大部分著作，都留下了我阅读的痕迹，或圈点，或批注，有的著作因阅读多次，而“伤痕累累”。

每读一次，就收获一次新的感受，我乐此不疲。在读的过程中，我也一直在思考怎样才能让孩子们喜欢四大名著的文字，怎样传承好其中所承载的中国传统文化。

我感谢广西师范大学出版社及湖南大学出版社的编辑老师，让我出版了四大名著的读写系列之《趣读生慧——与你分享“西游”“三国”》《闲读鉴美——与你分享“水浒”“红楼”》。该系列书籍通过“读名著，学作文”的方式，引领广大青少年感受名著的文字魅力，学习写作技巧，体会表达乐趣。

现在，我又用四大名著中的“俗话”，串起一个个名著故事，完成了“知俗话，悟名著”的名著阅读欣赏系列图书。这里再次感谢湖南大学出版社编辑朋友，让我有机会用独特的方式与大家分享名著故事，感受俗话的能量，享受阅读名著的乐趣。

在“俗话”四大名著的过程中，我经常被其中的文字所感染，被其中的人物形象所吸引，与其中部分事件中的人物产生了些许情感共鸣。

为了让本套书更符合当前读者的阅读习惯，我将篇幅缩短，精减长篇大段，将众多人物语言改编成了教科书式的多种表达形式，利于中小学生学习。编写时，我仍少量地保留了原著的语言句式及文风，让学生能够适当了解文言文及感受原著的魅力。在此基础上，还丰富了原著的人物描写、环境描写、事件描写的形式与内容，以使文本更加贴近中小学生的实际。

回顾过往，我彷徨过，迷茫过，但最终在领导、朋友、同仁、家人的鼓励与

帮助下走了过来，收获了许多，并且感到很充实，很快乐。这也为自己的教师职业生涯增添了许多色彩，在此向所有关心、支持我的各位表示衷心的感谢。

本套书成稿后，熊英、黄利婷、徐美娟、邓萍丽、刘勇、钟红娜、陈学军等老师完成了试读，并及时发现了一些问题，提出了一些宝贵的意见，在此一并感谢！

我衷心希望能有更多的人喜爱四大名著，常读常悟，一起守护和传承好中华民族优秀传统文化。

感恩，一路有你！

**向荣华**

2022 年 1 月 22 日

# 红楼梦

◎曹雪芹 原著
◎向荣华 改编

红

湖南大學出版社·长沙

**图书在版编目（CIP）数据**

俗话四大名著. 红楼梦/向荣华改编 .—长沙：湖南大学出版社，2022. 4
ISBN 978-7-5667-2367-3

Ⅰ. ①俗… Ⅱ. ①向… Ⅲ. ①阅读课—中小学—教学参考资料
Ⅳ. ①G634. 333

中国版本图书馆 CIP 数据核字（2022）第 027143 号

# 俗话四大名著 · 红楼梦

SUHUA SI DA MINGZHU · HONG LOU MENG

**改　　编**：向荣华
**责任编辑**：饶红霞
**印　　装**：长沙市宏发印刷有限公司
**开　　本**：710 mm×1000 mm　1/16　　**印　　张**：41. 25　　**字　　数**：780 千字
**版　　次**：2022 年 4 月第 1 版　　**印　　次**：2022 年 4 月第 1 次印刷
**书　　号**：ISBN 978-7-5667-2367-3
**定　　价**：158. 00 元（全四册）

**出 版 人**：李文邦
**出版发行**：湖南大学出版社
**社　　址**：湖南 · 长沙 · 岳麓山　　**邮　　编**：410082
**电　　话**：0731-88822559（营销部），88821343（编辑室），88821006（出版部）
**传　　真**：0731-88822264（总编室）
**网　　址**：http：//www. hnupress. com
**电子邮箱**：749901404@ qq. com

# 说说四大名著中的俗话

俗话，又称俗语。一般是指流行通俗的语句，它不但包括群众喜闻乐见的民间谚语、词语，还包括流传下来通俗易懂的古代圣人君子所说的及经典著作中所蕴含的富有哲理的话，比如，孔子、孟子、老子等人所说的广为流传的话语，《孙子兵法》中大家熟知的兵法策略，以及《增广贤文》等传统蒙学中经典的语句，等等。

俗话之所以能流传下来，是因为它不仅揭示了一定的人生哲理和客观规律，而且还具有通俗易懂的特性，使老百姓一听就能明白，并且运用起来方便易行，往往能脱口而出。

我在阅读四大名著时，发现其中引用了大量的俗话，读起来特别亲切，感觉打通了我与历史的脉络。经过较长时间的整理后，我发现四大名著中引用的俗话，主要有以下三种形式：

其一，用“自古云”“自古道”“自古说”等方式，引出一句俗话，以告知他人自古以来就有这样一句话来表明事理，言下之意就是这样的事理早有古人说清楚了。比如，《西游记》中描写唐太宗“死”后，朝廷大臣魏征说太宗还会活过来，但有一个叫许敬宗的大臣则引用俗话“自古云，泼水难收，人逝不返”，告诉他人死了是不能复生的。《红楼梦》中贾府私塾老师贾代儒提醒贾宝玉要认真读书时，说：“自古道：成人不自在，自在不成人。”贾代儒引用俗话告诫贾宝玉读书需要勤奋，成长是需要付出的。这句俗话在《水浒传》中，宋江也

曾引用过。

其二，用“常言道”“兵书云”等形式来引用。比如，《西游记》中，唐僧师徒遭遇红孩儿一难后，唐僧面对黑水河，心中不免泛起一丝思乡之情。孙悟空笑着对唐僧说：“常言道，功到自然成哩！”劝唐僧继续前行，不要怕苦难，待取经后，就可以回到大唐了。《三国演义》中，单福初次帮助刘备在新野大败曹军，杀死吕旷、吕翔二将。曹军部将曹仁找李典商量应对之策，李典认为虽然要报“二吕”被杀之仇，但还不知对方虚实，此时只能按兵不动，等禀报曹操后，再奏请曹操兴兵才能战胜刘备。曹仁则认为新野是小地方，无须曹操带兵相助。李典听后，连忙引用兵法策略，告诉曹仁“兵法云，知彼知己，百战百胜”。李典担心自己不知道对手实力，就难确保胜利。

其三，直接引用俗话。比如，《红楼梦》里，薛蟠从林黛玉的家乡带了一些土特产。林黛玉见后告诉薛宝钗，以前在家时根本不理会它们，如今则不同了，这些是稀罕物了。薛宝钗笑着说：“这就是俗话说的‘物离乡贵’。”《三国演义》中，孙权刚掌管江东之事，问周瑜如何守护江东，周瑜说：“自古得人者昌，失人者亡。”周瑜借用俗话告诉孙权应邀请高明有远见的人来辅佐，并向他推荐了鲁肃。《三国演义》中也有多处用“岂不闻”的句式直接引用兵书兵法之言。

据初步统计，四大名著的作者在名著中，通过各种形式共引用俗话四百六十条以上，其中有的俗话出现在人物的语言里，有的以作者自述的方式引用。不管是哪一种方式，都十分恰当地展示了人物个性，达到了渲染的目的。

四大名著中引用俗话数量最多的是《西游记》，其中孙悟空是引用俗话最多的人物，他引用俗话六十条以上。孙悟空机智勇敢，聪明伶俐，善于表达。他不仅说“圣人言”“常言道”，还说“古人云”

“俗语云”，以及直接在语言中引用俗话内容，等等。孙悟空有时对师父说，“山高自有客行路，水深自有渡船人”“欲求生富贵，须下死功夫”“好处安身，苦处用钱”“望山走倒马”等等。有时提醒师弟，其中又以说给八戒听为多，如，“物有几等物，人有几等人”“放屁添风”“穷寇勿追”“瓜熟蒂落”等。有时他也对其他人物说，另外他还在自言自语时引用。引用的这些俗话不仅符合对话时的情景，还增添了故事的趣味性。

《水浒传》中的阎婆惜虽在书中的故事情节不多，但她引用了五条俗语。阎婆惜的父亲去世后，家里没有钱买棺材，她母亲找到宋江求助。后来她母亲为了感谢宋江，请宋江将阎婆惜纳为小妾。一次，阎婆惜将梁山晁盖给宋江的一封感谢信藏起来，准备要挟宋江。她心里想“井落在吊桶里”，认为抓住了宋江私通梁山贼寇的证据就能将宋江治罪，从而她也就可以与私通的张三公开地做夫妻了。阎婆惜在和宋江的争吵中，为了伤害宋江，她连珠炮似的，一口气说出了四条俗话。如“公人见钱，如蝇子见血”“哪个猫儿不吃腥”“阎罗王面前，须没放回的鬼”“棺材出了，讨挽歌郎钱”等，把及时雨宋江说成了贪钱不讲信用的小人。最后宋江一怒之下，将阎婆惜杀了。

诸葛亮被誉为《三国演义》中的“智慧之神”，是三国时期著名的政治家、谋略家、军事家。自刘备三顾茅庐，诸葛亮出卧龙冈后，他们共同缔造了川蜀政权，与曹魏、孙吴形成了鼎足之势。如此聪慧之人，说话时引经据典是非常自然的。《三国演义》中诸葛亮引用俗话十条以上。纵观诸葛亮引用的俗话，不仅有圣人君子之言，也有“兵法”常用之策，还有民间谚语，等等。

《红楼梦》里的王熙凤被大观园里的人称为“凤辣子”，她有着火辣的性格，不见其人先闻其声。她在《红楼梦》里引用俗话约十三

条，是《红楼梦》里引用俗话最多的人。王熙凤没读过什么书，不会吟诗作对，每次参加大观园里的聚会，表演的都是说笑话。不过，大观园里的人都喜欢听她说笑话。她说笑话时，门内门外常挤满了人，连旁边做事的人都会停下来听她说笑话。她不但管理才能突出，而且语言表达能力也令人叹服。

有的俗话还分别出现在多部名著中，分别被不同的人物引用。比如“兔死狐悲，物伤其类”之类的俗话，就先后在四大名著中被引用。“天有不测风云，人有旦夕祸福”分别被《三国演义》《红楼梦》所引用，《西游记》则引用过“福无双降，祸不单行”等俗话。另外，《西游记》中孙悟空对猪八戒说：“温柔天下去得，刚强寸步难移。”《水浒传》中的潘金莲对西门庆也说：“柔软是立身之本，刚强是惹祸之胎。”这两句话的含义都是指待人处世应柔软一些，不要刚强，因为柔软能立身，刚强易惹灾祸。

一句俗话就是一个故事。本套书就是从四大名著中挑选出部分有趣的俗话，将名著中的内容情节各自串起来，以俗话为每一章节的标题，通过故事改编，让读者既能理解俗话，又能了解名著中的故事。

《俗话四大名著·西游记》《俗话四大名著·水浒传》《俗话四大名著·三国演义》三册书中的每个章节既独立，又相连。每个章节的最后“欲知后事如何，且听下回分解”，将内容完整地连成一个整体，使故事一环套一环。《俗话四大名著·红楼梦》则是通过聚焦几个有个性的主要人物，采取“以一带多”的方式，让读者来感知其中的人物与故事。

**向荣华**

# 目次

## 王熙凤



## 晴　雯



## 贾探春



## 鸳　鸯



## 香　菱

### 刘姥姥



### 史湘云



### 薛宝钗



### 平　儿



### 贾迎春

# 红楼引子

《红楼梦》是中国文学史上最优秀的小说之一，也是世界文学史上经典的文学著作。它通过一个个故事，塑造了几百个鲜活的人物形象，其中贾宝玉、林黛玉、王熙凤、贾探春、史湘云、薛宝钗、袭人、晴雯、刘姥姥等更是有血有肉。《红楼梦》虽“满纸荒唐言，一把辛酸泪”，但其中仍有许多欢声笑语，读起来别有一番滋味。

# 一　百足之虫，死而不僵

主要人物：冷子兴、贾(jiǎ)雨村、葫芦僧

主要地点：金陵

主要事件：葫芦僧判葫芦案

## ❶ 俗话记忆

“百足之虫，死而不僵。”这句话的本意是有一百只脚的虫子，它死了以后在较长的时间内仍不会僵(jiāng)硬。一般用来比喻被打倒或镇压的反动或敌对势力，还会存在一定的残余势力，如不彻(chè)底处理，他们还会兴风作浪。

《红楼梦》中，这句话是冷子兴说给贾雨村听的。冷子兴说，贾府本身是“钟鸣鼎(dǐng)食之家、翰(hàn)墨诗书之族”，令人遗憾(yí hàn)的是如今的儿孙，已经一代不如一代了。

冷子兴引用这句俗语，是告诉贾雨村：贾府虽然当前不如以前那样富足兴旺，但比普通的官宦(huàn)人家还是要强得多。贾府内部虽然无太多的优秀人才，但在外界看起来还是一个享有荣华富贵的人家，毕竟贾府是金陵四大家族之一，这四大家族又有亲戚关系，就更不容易衰(shuāi)落腐(fǔ)化了。

## ❷ 故事引子

冷子兴是谁呢？

冷子兴是《红楼梦》中主要人物之一贾宝玉母亲陪房周大嫂子的女婿(xù)。《红楼梦》的作者曹雪芹(qín)借他之口介绍故事里的重要人物及贾府家庭背景。

贾雨村又是谁呢？

他的名字是“假语存”的谐(xié)音，他是曹雪芹用来统帅全文，并且以“假语村言”提醒读者，《红楼梦》所描写的人物和故事都是虚构的。这是曹雪芹为了避免朝廷借《红楼梦》问罪于他。

贾雨村名化，字时飞，别号贾雨村，他说的话是“假语村言”。贾雨村原系湖州人氏，生于仕宦人家，后来到他这一代时，家境逐渐衰败，只剩下他一人。他想进京求取功名，无奈囊(náng)内空空，只得暂寄姑苏城葫芦庙(hú lu miào)中安身，每日卖字作文为生。后因另一人物甄(zhēn)士隐相助，他才有钱继续进京，考中进士后，做了知府。不久因贪污徇(xùn)私被革职，受聘(pìn)至林如海家，任林黛(dài)玉的启蒙教师。

林黛玉的母亲是贾母之女，贾宝玉的姑姑。林黛玉自母亲死后，身体越发虚弱，其父亲林如海暂时不让她学习。贾雨村无所事事，闲居在林家。

## 3 同宗同族之亲

一日，贾雨村郊游后想喝几杯小酒，他刚进入一小酒庄，就碰到了昔(xī)日好友冷子兴。

冷子兴一见贾雨村进来，大笑着从座位上站起来，走到他面前说道：“奇遇，奇遇。”

贾雨村原来就比较欣赏冷子兴，认为他是一个有作为有本领的人。冷子兴也觉得贾雨村拥有文人墨客的气质，是一个斯文人。

两人寒暄(xuān)一阵后，贾雨村问道：“近日京城可有新闻？”

冷子兴两眼扫视了一下周围，说道：“新闻没有，倒是与你同宗的家里出了一件小小的异事。”

贾雨村笑道：“弟家族中无人在京城，怎么会有怪异之事呢？”

冷子兴若有所思地笑道：“你们同姓，难道不是同宗。”

贾雨村问是谁家。冷子兴说道：“荣国府、宁国府中的贾家，也不算玷辱先生的门楣。”

贾雨村笑道：“原来是他家。若论起来，可能同宗谱，但他家那等荣耀(yào)，我们不便去攀扯(pān chě)，以前没交往，现在就更疏(shū)远，更难认了。”

冷子兴叹了一口气，说道：“老先生不要如此说。如今的这宁荣两门也都萧(xiāo)疏了，比不上以前的光景。”

“当日宁荣两宅(zhái)的人口也极多，如何就萧疏了?”贾雨村奇怪地问道，“宁国府和荣国府二宅相连，占了大半条街。去年我从他们的宅门前经过时，大门前虽冷落无人，但隔着围墙一望，里面厅殿楼阁，也都还峥嵘轩峻(zhēng róng xuān jùn)；就是后面的园子里，树木山石，也都还有繁茂(fán mào)之气，不像个衰(shuāi)败之家!”

## 4 贾府奇异之事

冷子兴举起酒杯与贾雨村喝了一口，再斟(zhēn)满，笑着对贾雨村道：“亏你是进士出身，你不知古人有云，‘百足之虫，死而不僵。’如今虽说不似先年那样兴盛，较之平常仕宦之家，到底气象不同。如今安富尊荣者尽多，运筹(chóu)谋划者却没有；其日用排场，又不能将就省俭(jiǎn)。如今外面的架子虽未倒塌，内部消耗(hào)却是越来越大。这还是小事，更有一件大事。谁知这钟鸣鼎食之家，翰墨诗书之族，如今的儿孙竟一代不如一代了。”

“这样的诗礼之家，岂有不善教育之理。别的不知，只说这宁荣两宅，在教育子女方面是最重视的，并有方法的。”贾雨村听说后有些纳闷了。

冷子兴叹道：“正说的是这两门呢。我告诉你，当日宁国公与荣国公是一母同胞的弟兄。宁国公的重孙贾珍和贾珍之子贾蓉都是不肯读书，游手好闲之人。

我说的怪异之事是荣国府里的。”

原来，荣国公的孙子贾政与夫人王氏，头胎生的公子名叫贾珠，十四岁进学，不到二十岁就娶了妻，生了一子，一病死了。第二胎生了一位小姐，生在大年初一这一天就奇了。不想第二年又生了一位公子，说来更奇，他出生时嘴里竟然衔(xián)着一块五彩晶莹(jīngyíng)的玉，上面还有许多字迹，因此被取名为贾宝玉。

贾雨村笑道：“果然奇异。只怕这人来历不小。”

冷子兴喝了一口酒，继续说道：“便是贾府中现在三个小姐也不错。政老爹的长女名元春，现因贤孝才德，选入宫中作女史去了。二小姐是赦(shè)老爹之妾(qiè)所出，名迎春。三小姐乃政老爹之庶(shù)出，名探春。四小姐是宁府珍爷的胞妹，名叫惜春。她们都在贾宝玉的祖母史老夫人这边一处读书，听说个个不错。”

……

不知不觉两人酒喝了不少，话也聊了很多，贾雨村看看窗外，夜色也降临了，于是说道：“真是只顾说话，竟多吃了几杯。”

冷子兴笑道：“说着别人家的闲话，正好下酒，就算多吃几杯又何妨(fáng)。”

贾雨村也笑着说道：“天晚了，仔细关了城门。我们慢慢进城再谈吧。”于是二人起身，结算酒账后，一同进城去了。

## 5 京陵护官符

后来，林黛玉的外祖母思念林黛玉，其父林如海便委托贾雨村陪同林黛玉前往荣国府，并给时任工部员外郎的贾政写了一封推荐(jiàn)信。贾政是林黛玉的舅舅，是一个礼贤下士、济弱扶危的人。他见贾雨村相貌伟岸，言语不俗，加上有妹夫林如海的推荐，就非常喜欢贾雨村。因此，贾雨村很快就得到了金陵应天府的职位。

贾雨村到应天府上任以后，接手的第一个案子就是冯渊(féng yuān)的命案。冯渊是一个普通的小乡绅(shēn)，他从人贩(fàn)子手中买英莲为妻，而薛家少爷薛蟠(xuē pán)也看中了英莲，人贩子分别答应了冯渊和薛蟠他俩的要求，并收了他俩的钱财。薛蟠在和冯渊争抢英莲时，将冯渊打死了。

当贾雨村听冯家的仆人说告了一年的状，竟无人做主的时候，他不禁大怒，拿起令签(qiān)就要发签拿人，要抓凶手。就在令签要抽出时，贾雨村旁边的一个门子，咳嗽(késou)了一声，给他使了个眼色。贾雨村连忙收手，随后宣布退堂，进入衙(yá)门密室，留下那个门子问话。

原来这个门子是贾雨村以前寄住的葫芦庙里的小和尚，如今在这个衙门里谋生。

贾雨村再次询(xún)问案情后，便问其方才何故使眼色，不让发签拿人。

这门子奇怪地说道："老爷既荣任到这一省，难道就没抄一张本省的'护官符'?"

贾雨村忙问："何为'护官符'? 我竟不知。"

"这还了得！连这个都不知，您的官怎能做得长远！如今凡做地方官者，皆有一个私单，上面写的是本省最有权有势极富极贵大乡绅的名姓，各省皆(jiē)然。倘(tǎng)若不知，一时触犯了这样的人家，不但官爵(jué)，只怕连性命都保不成呢。所以这就叫'护官符'。"那门子故意神秘地说道，"方才所说的这薛家，老爷如何惹得他。他这件官司并无难断之处，皆因都碍(ài)着情分脸面，所以如此。"

门子一面说，一面从口袋中取出一张抄写的"护官符"，递给贾雨村看。

贾雨村在心中默念道："贾不假，白玉为堂金作马。阿房宫，三百里，住不下金陵一个史。东海缺少白玉床，龙王来请金陵王。丰年好大雪，珍珠如土金如铁。"

贾雨村看完后，眉头不禁皱(zhòu)了起来，抬头看了看窗外。后来又细问门子，并故作镇定地说："这怎么讲呢?"

这门子道："这里提示了贾家、史家、薛家、王家这四家不能惹(rě)，他们皆联络(luò)有亲，一损皆损，一荣俱荣，扶持遮饰皆有照应。刚才这个案子的被告人姓薛，就是'丰年好大雪'中的'薛'。他不单靠这三家，他的世交亲友在京都、其它省为官的都不少。老爷如今去拿谁?"

## ⑥ 葫芦僧判葫芦案

贾雨村听他如此说，便笑问道："据你这样说来，却怎么了结此案？"

门子笑道："老爷当年何其明决，今日为何成了个没主意的人了！小的听说老爷补升此任，也是依靠了贾府和王府之力。该案中的被告人薛蟠就是贾府的亲戚，老爷何不顺水行舟，做个人情，将此案了结，日后也好见贾王二公的面。"

贾雨村沉思一会儿，说道："你说的何尝不是。但事关人命，蒙皇上隆恩，起复委用，实是重生再造，正当殚(dān)精竭(jié)虑图报之时，岂可因私而废法，我实在是不忍呀。"

门子听了，冷笑道："老爷说的有道理，但你说的这个在如今的世上是行不通的。岂不闻古人云，大丈夫相机而动。大丈夫应该找准对自己有利的时机，采取相宜的行动才行。还有俗话所言，趋吉避凶者为君子。依老爷的话，你不但不能报效朝廷，亦且自身不保，还是请老爷三思为妥(tuǒ)。"

贾雨村低了半日头，方说道："依你看应当怎么做？"

门子道："小人已想了一个极好的主意在此，老爷明日坐堂，只管虚张声势，动文书，发签拿人，元凶自然是拿不来的。如果原告冯家仆人非要拿元凶，老爷就拿几个薛家族中的奴仆来拷(kǎo)问。小的在暗中调停，让他们说薛蟠已'暴病身亡'，让他们写一张证明即可。那冯家也无甚紧要的人，不过为的是钱。老爷判薛家赔点银子就可以了。冯家奴仆见有了银子，想来也就无话了。老爷想想，此计如何？"

贾雨村笑道："不妥，不妥。等我再斟酌(zhuó)斟酌。"

第二天，贾雨村在公堂上依照昨晚的计策徇情枉法，胡乱判断了此案。冯家得了许多烧埋银子，也就没什么话说了。贾雨村断了此案后，连忙写了两封书信分别呈给贾政和京营节度使王子腾，告诉他们"令甥(shēng)之事已完，不必过虑"，让他们放心为好。

此案皆由葫芦庙内沙弥(mí)出身的门子所断，所以《红楼梦》里有了"葫芦僧乱判葫芦案”一说。贾雨村又担心门子对人说出当日他在葫芦庙里的经历，因此心中大不乐意，一心想着将他撵(niǎn)走。终于有一天贾雨村找到了这个门子的不是，将他发配到远处去了。

贾雨村在官场上几起几落，后来官至大司马，协理军机参赞朝政，不过《红楼梦》里没有交代他的最后结局。

# 贾宝玉

《红楼梦》男一号，贾母的孙子、“心肝宝贝”，贾政与王夫人的儿子。他认为男人是浑浊的，女子才是清澈的。他出生时口里衔有一块玉，因此取名“宝玉”。他与其姑姑的女儿林黛玉青梅竹马，并深深地爱恋着她，两人一起读书，一起葬花，一起谈琴，有时也常为爱拌嘴，但最终还是没有能结合在一起。贾母让其姨妈的女儿薛宝钗嫁给了他。最后，贾宝玉随一僧一道三人离开了贾府。

# 二 编新不如述旧，刻古终胜雕(diāo)今

主要人物：贾宝玉、贾政
主要地点：“大观园”
主要事件：贾政试贾宝玉才情

## 1 俗话记忆

“编新不如述旧，刻古终胜雕今。”这句话的意思是有时采用重新编撰(zhuàn)的内容有时不如沿用旧的，有时直接引用古人的经典会更好。这说明古人的智慧不容忽视。另外，这句话也表明我们要具体问题具体分析，新旧须运用得当。

《红楼梦》中，大观园即将竣(jùn)工，贾政带领大家参观，并准备为园内的亭台山水景观题词，撰写对联。在这个过程中，贾宝玉借用了这句话为自己的题词找到一个理由。

## 2 曲径通幽

他们首先来到“大观园”的正门，只见正门五间，上面筒瓦泥鳅(qiū)脊梁，白色墙壁下铺有虎皮石。

推门而入，迎面出现一座小山，山不高，挡住众人视线而已。山上绿树成荫，怪石嶙峋(lín xún)，如鬼怪，如猛兽，姿态不一。山下绿树丛中，一条羊肠小径若隐若现。

众人沿着羊肠小径前行，在山口处，大家抬头看见镜面白石一块。贾政首先笑道：“各位，在这块镜面白石上题什么词好呢？”

众人听说后，纷纷发言。有的说“叠翠”，有的说“锦嶂(jǐn zhàng)”，也有的说“赛香炉”，还有说“小终南”的，大家你一言我一语，说了几十个。原来，大家都知道，贾政今天要试一试贾宝玉的才学，所以他们都只随意说出若干非常俗套的内容，他们也期待贾宝玉的表现，没多久就都把脸转向贾宝玉。

贾政听完大家的题词，也转过头来要贾宝玉拟一个。

贾宝玉若有所思地说道：“尝闻古人有云：‘编新不如述旧，刻古终胜雕今。’这里不是此园的主要景点，只是去主要景观处的道路而已，本来不需要题词。”

贾宝玉看了看父亲严肃的脸，接着说道：“如果一定要题的话，不如直接借用古代诗句‘曲径通幽处’，也显得大方气派。”

“曲径通幽处”出自唐朝诗人常建的五言律诗《题破山寺后禅(chán)院》。全诗内容如下：

“清晨入古寺，初日照高林；曲径通幽处，禅房花木深。山光悦鸟性，潭(tán)影空人心。万籁(lài)此都寂(jì)，但余钟磬(qìng)音。”

大家听后都啧(zé)啧赞叹不已。贾政也笑道：“不可谬(miù)奖，他还小，不过是以一知充十用罢了。”

## 3 沁芳

众人随后穿过一个石洞，来到一座白色石桥前。石桥上有一个亭子，桥下有一潭池水，四周花木繁茂(fán mào)，一股清流从旁边的两座山峰之间倾泻(qīng xiè)而下，水流溅在溪流怪石之上，顿时白雪纷飞。

贾政与众人走上石桥，在亭子中间驻足观望后，坐了下来。贾政问道：“诸位，这里可以题写什么呢？”

“欧阳修在《醉翁亭记》中写道‘有亭翼然’，这里可以写‘翼然’。”有人答道。

“‘翼然’虽然不错，但这座亭子是在水上，应该突出水才好。”贾政笑道，

“依我拙(zhuō)见，欧阳公在《醉翁亭记》中说‘泻出于两峰之间’，其中一个‘泻’字用得非常好，这里我认为借用‘泻’字比较好。”

“就题‘泻玉’如何？”有人立即附和道。

贾政听后，没有立即搭话，而是摸着自己的胡子，想了一会儿，抬头看见贾宝玉，就笑着要他拟一个。

“老爷方才所说很好。不过，欧阳修当时题酿泉(niàng quán)用‘泻’字还可以，但用在这里似乎并不妥(tuǒ)当。这里是贵妃(fēi)省亲用的场所，要符合朝廷制度，不能用粗陋(lòu)不雅之词。”贾宝玉说道。

贾政听完贾宝玉的话，笑着对众人说：“你们认为呢？”还没等众人说话，他又对贾宝玉说道：“刚才大家编一个新的题词，你认为不如借用古人的；现在我们借用古人的，你又说粗陋不好。你不妨说说你的用词！”

贾宝玉望了望那股清泉，自信地说道：“用‘泻玉’不如用‘沁芳’！”

贾政点了点头，没说话。其他人听后，不约而同地赞叹起来。

贾宝玉应父亲的要求为此亭再拟写了一副七言对联：“绕堤柳借三篙(gāo)翠，隔岸花分一脉香。”

贾政听后，情不自禁地笑了。众人也拍手叫好。

## 4 有凤来仪

众人走出亭子，沿路欣赏这里的山山石石，处处都赞不绝口。在各景观处，他们驻足谈论，题词说文，无不快乐，大家对贾宝玉的才情更是赞赏有加。

贾宝玉先后随众人一边观景一边留下了“有凤来仪”“稻香村”等题词及对联。

从“稻香村”出来，大家来到一间茆(máo)堂。茆堂里纸窗木榻富丽堂皇之气象一洗而尽，贾政一见就格外喜欢，高兴地问贾宝玉：“此处如何？”众人见贾政如此高兴，赶紧提示贾宝玉说点好听的，别扫老爷的兴。

“比不上‘有凤来仪’。”贾宝玉并没有理会众人的意思，应声说道。

“无知的蠢(chǔn)物！你知道什么！你根本不懂清幽之气。这都是你不读书的结果呀！”贾政有些生气了。

贾宝玉又似懂非懂地说道：“老爷教训的是。但古人常说‘天然’二字，不知怎么解释呢？”

众人见贾宝玉如此不能察言观色，还反问“天然”之意，有人开始为他担心起来。

“你别的都知道，怎么连‘天然’都不知道了。天然就是天之自然而有，非人力之所成也。”有人赶紧说道。

“我们现经的这处景观，有多少是自然生成的？古人说‘天然图画’，现在这里把不是地的地方变为地，不是山的地方变成山，这样的修饰(shì)难道合乎天然吗……”

“拖出去！”贾政还没等贾宝玉说完，气得大叫。贾宝玉刚出去，他又喝道：“回来！再为此处撰一副对联，如果不通顺，一并打嘴！”

贾宝玉见父亲如此生气，也就不敢造次了，赶紧说道：“新涨绿添浣葛(huàn gé)处，好云香护采芹人。”

贾政听了，虽然摇了摇头，但终究没有再下令打贾宝玉，而是引着众人继续前行。他们转过一个山坡，穿过柳树丛林，顺着一条小溪前行，一出芭蕉坞(bā jiāo wù)，就听见一阵潺潺(chán chán)的水声。

## 5 蓼汀花溆(liǎo tīng xù)

众人循(xún)着水声，只见一座山洞出现在眼前。洞不大，上面有萝藤(luó téng)倒垂，四周绿树成荫。众人不由得叫道：“好景！好景！”

贾政说道：“各位，这里可以题什么名字呢？”

众人道：“再不必多想了，这合乎‘武陵源’三个字。”

贾政笑道：“显得陈旧了些。”

“要不就用‘秦人旧舍’四字如何？”

贾宝玉这时说道：“‘秦人旧舍’是说避(bì)乱之意，怎么能用在这贵妃省亲的地方呢？不如取‘蓼汀花溆’四字。”

“胡说！”贾政一听，似乎又要生气了。

贾政说完，继续带领众人往前走去。他们一行不知不觉就把园内其它景观赏析完毕，并题写了许多匾额(biǎn é)对联，其中贾宝玉题有“蘅芷(héng zhǐ)清芬”“红香绿玉”等。

贵妃省亲时，当得知园内所有亭台轩(xuān)馆所用的题词都是贾宝玉所为后，遂(suì)对贾宝玉大加赞赏，高兴地说道：“果然是进步了！”

## 6 贵妃赐(cì)名

贵妃欣赏完园中之景后，劝其父亲贾政道：“以后不可太奢(shē)华，园内设施景观都显得奢华过度了！”后贵妃应贾政的要求，拿起笔选择几处自己喜欢的地方赐上新的名字：“有凤来仪”赐名“潇(xiāo)湘馆”，“红香绿玉”改作“怡(yí)红快绿”，赐名“怡红院”，“蘅芷清芬”赐名“蘅芜苑(héng wú yuàn)”，“杏(xìng)帘在望”赐名“浣(huàn)葛山庄”，整个省亲的芳园赐名“大观园”，随后又修正了十多处景观名。

贵妃回宫后，下旨将大观园内的房屋分给贾宝玉和他的姐妹们住：贾宝玉住怡红院，林黛玉住潇湘馆，薛宝钗(chāi)住蘅芜苑，李纨(wán)住浣葛山庄，等。

贾宝玉和其他几个姐妹入住大观园后，他们在那里一起玩耍，一起吟(yín)诗作对，不过也有拌(bàn)嘴不开心的时候。

大观园里有诗词歌赋(fù)的韵(yùn)味，有青春少年的天真，也有人世间的悲欢离合，《红楼梦》里的故事大都与大观园有关。

# 三　羊群里跑出骆驼来了，就只你大

主要人物：贾母、贾宝玉、李纨
主要地点：贾母处
主要事件：贾兰有出息了

## 1 俗话记忆

“羊群里跑出骆驼来了，就只你大。”骆驼自然比羊要大得多。羊群里的骆驼也如同鹤立鸡群一般。骆驼从羊群中跑出来，比喻平庸(yōng)的群体里出现了杰出的人物。

这句也是歇后语，可以写成“羊群里跑出骆驼来——就只你大”。俗话还说，“瘦死的骆驼比马大”，表明不管什么时候，骆驼都比马大，比喻强大的事物始终强大。

《红楼梦》里，贾宝玉告诉贾母自己替贾环对对子，让贾环得到了老师的表扬。贾母表扬贾宝玉如今会作文章了，就说：“如今你还了得，‘羊群里跑出骆驼来了，就只你大’。”贾宝玉、贾环、贾兰在贾府私塾(shú)学习，老师是贾代儒(rú)。

## 2 宝玉孝敬老太太

一天，天气晴朗，一抹冬日暖阳照进了贾母的房间，睡完午觉的贾母正与李纨(wán)打双陆，鸳鸯(yuānyāng)在旁边不时抿(mǐn)着嘴儿笑。

“宝二爷来了。”鸳鸯首先发现贾宝玉从外面走了进来。只见他乐呵呵的，手中提着两个细篾(miè)丝做的小笼(lóng)子，笼内有几只蝈(guō)蝈儿。

“我听说老太太夜里睡不着，我给老太太送个解闷的玩意儿。”

“你别看你老子不在家，就只管淘气。”贾母一边说，一边继续和李纨打双陆。

贾宝玉一边把两个小笼子放在双陆棋的旁边，一边笑着说：“我没有淘气。”

“你没淘气，这时不在学房里念书，为什么又弄这个东西呢？”贾母看了旁边笼子一眼，轻轻地说道。

贾宝玉挨着贾母坐下来，笑着对贾母说：“不是我自己弄的。今儿上午师父叫环儿和兰儿对对子，环儿对不来，我悄悄地告诉了他。他说后，师父喜欢，夸了他两句。他为了感谢我，就买了这个来孝敬我。我又拿来孝敬老太太。”

“他没有天天念书么，为什么对不上来！对不上来就叫你儒大爷爷打他的嘴巴子，看他臊(sào)不臊。”贾母一边摇色(shǎi)子，一边说道。

“好色子！”贾宝玉见贾母摇到了一个“六”，正好让贾母的一个“马子”走到最好的位置，他情不自禁地叫了出来。

贾母抬头看了一眼贾宝玉，继续笑着说道：“你忘记了你老子在家时，一叫你作诗作词，就吓得像个小鬼儿似的。那环儿小子更没出息，也不害臊，长大了还不知是个什么东西呢。”说得满屋子人都笑了。

## ③ 贾兰会有出息的

贾母和李纨打了一会儿双陆后，突然又问道：“兰小子呢，对子对上来了没有？这该轮到环儿帮他了。他又比环儿小，是不是？”

贾宝玉笑道：“兰儿倒是他自己对的。”

贾母又看了一眼贾宝玉，笑着说：“我不信。是不是你也帮忙对的。如今你还了得，‘羊群里跑出骆驼来了，就只你大’。”

“真是他自己作的。师父还夸他明儿一定有大出息呢。老太太不信，就打发人叫他来当面试试，老太太就知道了。”

贾母意味深长地说道：“果然这么着我才喜欢。我不过怕你撒谎(sā huǎng)，既是他自己作的，这孩子明儿大概还有一点儿出息。”说完又看了看李纨，似乎想起了什么，对着李纨说道：“这也不枉你大哥死了，你大嫂子拉扯他一场。日后也替你大哥顶门壮户。”说到这里，贾母不禁流下泪来。

李纨听了这话，鼻子一酸，把头扭到一边去，掏出手绢擦了擦眼角。想到贾母已经伤心流泪，自己连忙忍住，笑着劝贾母：“这是老祖宗的余德，我们是托老祖宗的福罢了！只要他应得了老祖宗的话就是我们的造化了。宝玉、兰儿能对对子，会作文章，老祖宗看着应该高兴呀，怎么伤起心来呢。”

李纨安慰完贾母，又回头对贾宝玉说：“宝叔叔明儿别这么夸他，他多大孩子，知道什么。你不过是爱惜他，他若知道就好，若不知道，一来二去，让他眼大心肥，骄傲起来就不会长进。”

“你嫂子说的是，他还太小呢，也别逼紧了他。小孩子胆儿小，一时逼急了弄出点子毛病来，书倒念不成，把你的工夫都白糟蹋(zāo tà)了。”贾母这时也止住泪水，深情地望着贾宝玉说道。

贾母刚说完，李纨却忍不住，眼泪扑簌簌(sù)地掉了下来。

## ❹ 贾母厚爱贾兰

这时，贾环、贾兰也都进来给贾母请安。贾兰见过他母亲后，就侍(shì)立到贾母旁边去了。

贾母拉住贾兰的手说道：“我刚才听见你叔叔说你对得好对子，师父夸你来着。”

贾兰也不言语，只管抿(mǐn)着嘴儿笑。贾母看了非常欣慰。

阳光渐渐离开了屋内，到了吃晚饭的时间了。待饭上来后，贾母叫李纨、贾兰一起吃饭。贾宝玉、贾环各自回家去了。

几年后，贾兰与贾宝玉一起参加考试，不负贾府上下的期待，更没有辜(gū)负母亲李纨含辛茹(rú)苦的付出，考了第一百三十名，其叔叔贾宝玉考了第七名。他俩因此受到皇帝的关注，并让皇帝想起了贾妃，随后皇帝赦免了贾府之人的罪过，赏还了所抄没的家产。

# 四　不是冤家不聚头

主要人物：贾宝玉、林黛玉、袭人

主要地点：潇湘馆

主要事件：两冤家拌嘴

## ❶ 俗话记忆

“不是冤(yuān)家不聚头”，形容两人的相遇是有缘(yuán)由的，“冤家”本是仇人的意思，但这里是指贾宝玉、林黛玉。“聚头”指聚会，在一起。

《红楼梦》中，这句话是贾母借用的。贾母是贾宝玉的祖母、林黛玉的外婆，也是贾府中威望最高的老人。她听说贾宝玉和林黛玉拌嘴了，就说道：“我这老冤家是哪世造下的孽障(niè zhàng)，偏生遇见了这么两个不省事的小冤家，没有一天不叫我操心。真是俗话说的，‘不是冤家不聚头’了。”

这句语传到贾宝玉和林黛玉那里后，他们各自仔细琢磨着这句话的含义，想着想着，都在各自的房间里潸(shān)然泪下。

## ❷ 宝黛拌嘴

让我们一起来看看他们当时拌嘴时的情景吧——

那天，贾宝玉听说林黛玉生病了，心里放不下，饭也懒(lǎn)得吃，就来到林黛玉的住处——潇湘馆。

“你不去看戏，来我这里做什么？”林黛玉见贾宝玉过来，立马说道。

原来，昨日贾宝玉、林黛玉、薛宝钗陪同贾母看戏时，贾宝玉从打发给演员的物品中挑了一个玉麒麟(qí lín)留给自己。虽然贾宝玉对林黛玉说，他回家后，会把林黛玉送给他的穗(suì)子吊在玉麒麟上面，但当时林黛玉就把头一扭(niǔ)，生气道："我不稀罕(xī han)！"

"我白认得你了！"贾宝玉见林黛玉还在生气，加上前些日子，张道士要给自己提亲，介绍婚事，他就十分恼火地说完这一句话就不动了。

林黛玉见贾宝玉不说话，低着头在那里，便冷笑两声道："你白认得我了吗？我哪里能够像人家一样，有和你相配的玉。我这里也没有你喜欢的麒麟，我怎么配得上你呢？"原来史湘云也有一个玉麒麟。

贾宝玉一听，立即站起来，走到她前面委屈地说道："你这么说话，岂不是咒(zhòu)我天诛(zhū)地灭吗？"

林黛玉一时答不上话来，坐在那里，把头扭向房间里面。

贾宝玉继续说道："你以前也咒我几次，今天又咒我。我如果被天诛地灭了，你又能得到什么好处？"

林黛玉听贾宝玉说完，想起以前对他说的话，发现自己说错了，脸霎(shà)时变得绯(fēi)红，又急又愧(kuì)，一下子哭了起来。

"我如果要成心咒你，我也会天诛地灭。我有这个必要吗？"林黛玉一边哭一边说道，"我知道，张道士为你说亲，你怕挡了你的好姻缘(yīn yuán)，你心里难受，到我这里来使性子。"

"好姻缘？"贾宝玉听见这三个字，心里更难受，这不是他想要的姻缘，更谈不上好。在贾宝玉的心里，林黛玉是他所有见过的女孩中最美最喜欢的。自从林黛玉小时候来到贾府，贾宝玉就与她"青梅竹马"。不过，他仍看不透林黛玉的心思，所以经常故意用"嬉笑怒骂"的方式，变着花样来暗中试探林黛玉的内心。

贾宝玉见林黛玉哭了起来，也坐在那里不做声了。他心里想："别人不知道我的心还可以理解，难道你看不出我的心里眼里都只有你吗？你不能为我解除烦恼，反而拿话来堵(dǔ)我，难道你心里没有我？"

贾宝玉越想越生气，口里也不说，赌(dǔ)气地从脖子上抓下通灵宝玉，咬咬牙，狠命地往地上一摔，说道：“什么东西，我把你砸了，就万事大吉了！”

那块通灵宝玉，在地上蹦(bèng)了一下，就躺在地上不动了。这块玉石不愧是通灵宝玉，竟然没有碎，甚至连裂痕(liè hén)都没有。

贾宝玉见了，又冲上去，捡起那块玉，四处寻找硬东西，准备再次砸它。

林黛玉见贾宝玉如此冲动，坐在那里越发哭得厉害起来，边哭边说道：“何必呢？你对那个不会说话的东西，又摔又砸的。你要砸它，就不如砸我！”

两人争吵的声音越来越大。吵闹声引来了在院子里的紫娟、雪雁两人。她们赶过来后，紫娟忙着劝林黛玉，雪雁忙着从贾宝玉那里抢通灵宝玉。贾宝玉根本不听雪雁的，非要找东西来砸通灵宝玉。

“赶紧去喊袭人来帮忙！”雪雁对紫娟喊道。袭人是贾宝玉的丫鬟(huan)，比贾宝玉大两岁，贾宝玉也比较心疼她。

## ③ 袭人救场

没多久，袭人来到潇湘馆，一下子就从贾宝玉手中夺下通灵宝玉。

贾宝玉见通灵宝玉被夺走了，两眼痴(chī)痴地望着袭人，冷笑道：“我砸我的东西，与你们有什么相干呀！”

袭人从来没见过贾宝玉如此生气，脸气得发黄，眼睛眉毛都变了形。于是，她赶紧拉住贾宝玉的手，笑道：“你和妹妹拌嘴，也犯不着砸通灵宝玉。如果砸坏了，她心里会不好受的，叫她怎么办呢？”

袭人一番话说到了林黛玉心坎(kǎn)里去了。她想，贾宝玉连袭人都不如，想着想着，又开始伤心痛哭起来。哭着哭着，把刚吃的解暑汤吐了出来。

“虽然生气，姑娘到底也该保重些。这一吵嘴，刚吃的药又吐出来啦。如果再犯病，宝二爷又怎么想呢？”紫娟连忙过来一边劝说，一边用手绢(juàn)接住。雪雁不停地轻轻捶着林黛玉的背。

紫娟的话也说到贾宝玉的心里去了。贾宝玉心想，林黛玉还不如紫娟了解我的心呢。贾宝玉抬头看了看林黛玉，只见林黛玉脸涨(zhàng)得通红，一边轻声哭泣，一边喘(chuǎn)气，眼泪刷刷地往下流，显得那么无助。贾宝玉又后悔起来，不该和她吵嘴。这时他也帮不了她，不觉又伤心起来，眼泪也情不自禁地往下流。

袭人见他俩哭得伤心，止不住心也酸了，走到贾宝玉面前，拿起贾宝玉的手，正准备安慰几句，劝他不要哭，可是又担心贾宝玉有什么委屈憋(biē)在心里，怕他更难受，还担心林黛玉有想法。她又只好放下贾宝玉的手，走到门口，独自流泪去了。

紫娟收拾完林黛玉的呕(ǒu)吐物后，又拿出一把扇子替林黛玉轻轻地扇着。潇湘馆内四人都没有说话，只听到阵阵哭泣声。

不知过了多久，袭人走到贾宝玉旁边，勉强笑道："你不看别的，你看看这玉上穿的穗子，也不该同林姑娘拌嘴。"

林黛玉一听，也不顾自己的病，冲过去一把从袭人手上夺走了穗子，顺手抓起一把剪刀就开始剪。等袭人、紫娟反应过来去抢时，穗子已经被剪成几段了。

"我也是白费力，他也不稀罕，自有别人替他再穿好的去。"林黛玉剪完后，扔到桌上，哭了起来。

袭人一边取回通灵宝玉，一边说道："何苦呀，只怪我刚才多嘴了！"

"你只管剪，我横竖都不戴它，也没有什么！"贾宝玉又生气了。

## 4 贾母来了

"怎么回事？你们怎么服侍他们的呢？"忽然，从门外传来贾母的声音。原来潇湘馆里的老婆子们见贾宝玉和林黛玉吵得不可开交，担心会出现什么不好的事情，她们就悄悄地去向贾母、王夫人报告了。贾母和王夫人听后连忙赶了过来。

贾母和王夫人来后，贾宝玉、林黛玉也都不做声了。贾母对着袭人、紫娟，严厉训斥道："为什么你们不小心服侍呢？她们闹起来你们也不管！"

贾母等人带走贾宝玉后，潇湘馆才安静下来。

贾母回到自己的住处，想到贾宝玉和林黛玉俩生气拌嘴的情景，难过地自言自语道："我这老冤家是哪世造下的孽障，偏生遇见了这么两个不省事的小冤家，没有一天不叫我操心。真是俗话说的，‘不是冤家不聚头’了。几时我闭了这眼，断了这口气，随你们两个冤家闹上天去，我眼不见心不烦，也就罢了。”

这话传到贾宝玉和林黛玉处，两人仔细地想着这句话的滋味，都不觉地潸然泪下。

后来，贾母不放心他两人，就派王熙(xī)凤去察看。没多久，王熙凤就笑着对贾母说：“我说他们不用人费心，自己就会好的。老祖宗不信，一定叫我去说合。等我到那里，谁知这两个人在一块互相赔不是，有说有笑的，就像是‘黄鹰抓住了鹞(yào)子的脚，两个都扣了环了’，哪里还要人去说合呢！”

在贾府，贾母最信任的人是王熙凤。王熙凤能干、泼辣，做事雷厉风行，善于察言观色，深得贾母的喜爱。她不到十五岁就开始掌管贾府内务，即使在生病期间，不能掌管大小事务时，贾母也将贾宝玉的婚姻大事交给她办理。不过遗憾的是她因积劳成疾，英年早逝。

# 五　单丝不成线，独树不成林

主要人物：贾宝玉、贾母、甄（zhēn）宝玉、史湘云

主要地点：怡红院

主要事件：俩宝玉神遇

## ① 俗话记忆

“单丝不成线，独树不成林。”它的本意是一根丝捻（niǎn）不成一根线，一棵树成不了一片树林，比喻人少势孤，成不了大事。

在《水浒传》中曾有此俗语，乐和“见解珍、解宝是好汉，有心要救他们，只是单丝不成线，孤掌岂能鸣，只报得他一个信。”意思是乐和想救解珍、解宝，但是凭他一个人是不行的。

在《西游记》中也有，沙僧说：“兄长说哪里话！无我两个，真是单丝不线，掌孤难鸣。”沙僧也是想说，仅凭悟空一人，也如同单丝一般，孤掌一个，成不了气候，保护不了唐僧。

在《红楼梦》中，史湘云借用这句俗话，是告诉贾宝玉使性子时，就到南京和他相仿的“宝玉”处去玩，那样会好玩一些。她说：“你放心闹罢，先是‘单丝不成线，独树不成林’，如今有了个对子，闹急了，再打狠了，你到南京找那一个去。”“那一个”指的就是甄宝玉。

## ② 贾宝玉的“对子”

南京的那个“宝玉”是啥样的呢？“对子”本来是指对仗工整，平仄协调，字数、结构都相同的两句话。为什么说南京的“宝玉”是贾宝玉的对子呢？他

们有哪些相同之处呢？

春节后，因王熙凤身体不适，王夫人安排李纨、贾探春、薛宝钗三人共同协理荣国府大小事宜。一晃两个月过去了，正值阳春时节，大观园内鸟语花香，风和日丽，可是林黛玉又犯病了，史湘云也因时气所感，在蘅芜苑卧床休息。

一天，江南甄府奉旨进京朝贺，甄家先派四个女人到贾府送礼请安。贾母命李纨、贾探春、薛宝钗收好礼品后，一起接见那四个女人。

那四个女人看上去都是四十多岁，穿戴比普通的丫鬟仆人好。一阵寒暄后，贾母问道："你家老太太跟前有一个哥儿，几岁了，上学了吗？"

那四人笑道："他叫宝玉，今年十三岁，自幼异常淘气，天天逃学，老太太非常心疼他，老爷、太太也不敢十分管教。"

"也叫宝玉！"贾母吃惊地看了看李纨，笑着说道。

李纨忙欠身，也笑道："从古至今，同时隔代重名的很多。"

那四人也笑了，说："老太太给他取了这个名后，我们也觉得家里的亲戚里似乎也有叫这个名的。只是有十多年没到京城了，都不太清楚罢了。"

"那是我孙子，我孙子也叫宝玉。"贾母乐呵呵地说道，"来人，去把宝玉叫来。"

没多久，贾宝玉就进来了。他与各位亲朋打完招呼后，就站在旁边望着大家。

那四人见了，都站了起来，笑着对贾母说："刚才吓我们一跳。如果不是在府里相见，倘若(tǎngruò)在其它地方见到，我们还会以为是我们家的宝玉跟着来到京城了呢！"说完，都走到贾宝玉面前，拉起他的手，开始问长问短。

贾宝玉根本不知道她们在说什么，但还是微笑着任由她们拉着手，上下打量。

贾母笑着说道："与你们家的宝玉相比，如何呀？"

"我刚才听四位妈妈一说，就知道他两人应差不多。"李纨笑着说道。

"哪有这样巧的事情？"贾母奇怪地说道。

"如今依我们来看，他们的模样是一样的。再根据老太太的语气，我们猜想，他俩也一样的淘气，不过这位哥儿比我们家的那位好些。"那四人笑着说道。

贾母一听，好奇地问道："怎么见得呢？"

那四人接着说道："刚才我们拉这位哥儿的手说话，他没有反对。要是我们那位，就会说我们糊涂，甭(béng)说拉手，就是动一下他的东西，都不允许。他所使唤的人也都是女孩子……”

四人话还没说完，李纨等人互相看了看，都情不自禁地笑了起来。贾母也笑着说：“其实像我们大户人家的孩子，不管多淘气，在外人面前都是识大礼的。如果孩子一味地没大没小，没里没外，不给大人争光，都是该打死的。如果我们的人到你家去，拉着那哥儿的手，他也会很有礼貌的。”

“老太太这话说的是。虽然我们那位哥儿有些淘气，但见了客人，规矩礼数比大人还有趣呢！我们都喜欢他。不过有时也有淘气、无法无天的时候，老爷、太太也很恼火。”那四人笑着说道。

那四人在贾母处与大家聊了一阵后，就来到王夫人处。在她那里又说些家务事，稍坐片刻就离开了。

贾母听说江南甄府竟然有一个和宝玉一样的“宝玉”，十分开心，逢人就说。可是其他人认为这不是什么稀罕（xī han）事，天下之大，同名的人也很多。祖母溺（nì）爱孙子更是常情。贾宝玉却有与众不同的想法，他认为这是甄府那四个人为了讨好贾母说的玩笑话。

## ③ 单丝不成线，独树不成林

一天，贾宝玉去蘅芜苑看生病的史湘云。史湘云对他说：“你放心闹罢，先是‘单丝不成线，独树不成林’，如今有了个对子，闹急了，再打狠了，你到南京找那一个去。”

“你也相信那四个人说的话？”贾宝玉吃惊地问道。

“难道你不知道列国有一个蔺（lìn）相如，汉朝也有一个司马相如吗？”

“这是同名。模样怎么会一样呢？他们说我和甄府的宝玉一样呢！”

史湘云想了想，说道：“为什么匡（kuāng）人看见孔子后，把孔子当成阳虎呢？”

贾宝玉笑着说道：“孔子与阳虎虽然长相相似，却不同名；蔺相如与司马相如，虽同名，却不同貌；可是我和他两样都相同呀！”

史湘云一下子不知怎么回答，就笑着说道：“你这是胡搅蛮缠（jiǎo mán chán），我不和你争执（zhí）了。有也罢，无也罢，与我无干。”说着，便睡下了。

## ④ 贾宝玉梦中见“对子”

贾宝玉心中疑惑起来，一个人闷闷不乐地回到怡红院，在榻上默默地盘算，不知不觉竟然来到了一座花园。

贾宝玉刚进入花园，就碰到了几个丫鬟。他诧异(chà yì)地问道：“你们是谁？我怎么从未见过！”

那些丫鬟笑道：“宝玉，你怎么跑到这里来了！”

贾宝玉见他们喊自己的名字，更奇怪了，笑着说道：“我第一次来这里，能带我去玩玩吗？”

“原来不是咱们家的宝玉！”那几个丫鬟说道，“不过他长得还干净，嘴也挺乖的。”

贾宝玉听了，连忙说道：“姐姐们，难道你们这里也有一个宝玉？”

“‘宝玉’二字是老太太取的，不允许你乱叫，你赶紧走吧，免得挨(ái)打！”那些丫鬟们说完便朝外面走去了。

贾宝玉越发纳闷了，心想：难道这里真有一个和我一样的宝玉？宝玉一面想，一面顺步就走进一座院子里，踏上台阶，进入屋内。在屋内，贾宝玉看见榻上一个少年在睡觉，旁边有侍女在做针线，也有侍女在玩耍。

忽然，榻上的少年叹了一口气，旁边一个丫鬟笑着说道：“宝玉，你不睡觉又叹什么气呢？想必是为你妹妹病了，你又胡思乱想了吧！”

贾宝玉一听，心中更加奇怪了。

这时那榻上少年两眼望着房顶，喃(nán)喃地说道：“我听见老太太说，京城也有一个宝玉，和我一样的性情，我不相信这事，刚才我做了一个梦，竟然梦中去了一趟京城，在那里先遇到几个姐姐，后来还进入到那人的房间里，发现他在睡觉，不过，只有他的肉体在那里。”

“你就是宝玉！我就是来找你的。”贾宝玉见他这样说，立刻说道。

榻上的少年一听，立即下炕，朝贾宝玉走来，抓住贾宝玉的手说道：“原来你就是宝玉？这难道不是在梦里？”

“这怎么是梦呢？我就是宝玉。”

忽然，门外传来一声：“老爷叫宝玉。”吓得两人都慌张不已。一个宝玉要走，一个宝玉大喊：“宝玉快回来！宝玉快回来！”

“宝玉在哪里？”袭人好奇地问贾宝玉。此时贾宝玉也睁开了眼睛，神情恍惚（huǎnghū）地望着门外，用手指了指门外，说道：“才去不远。”

“你刚才做梦了！”袭人笑着说道。

贾宝玉与甄宝玉只是在梦中见过短暂一面。虽然在《红楼梦》里，作者对甄宝玉的描写非常少，但从江南甄府里的人口中得知，这两个“宝玉”有太多太多的相似之处，甚至是有相同之处。

# 林 黛 玉

《红楼梦》女一号，贾母的外孙女，林如海的女儿。她聪明、漂亮、伶牙俐齿，是大观园中公认的才女。她多愁善感，身患疾病，深深地爱恋着贾宝玉，认为自己可以嫁给他。但因“不是长寿之人”，在贾宝玉成婚的那天病情加重，孤独死去。

# 六　三日不弹，手生荆棘

主要人物：林黛玉、贾宝玉

主要地点：潇湘馆

主要事件：林黛玉说琴

## 1 俗话记忆

“三日不弹，手生荆棘。”其中“弹(tán)”的意思是指用手拨弄，弹琴。荆棘(jīng jí)则是多刺丛生的灌木(guàn)。这句话，本意是三天不弹琴，手就像长了荆棘一样不灵活，比喻一旦停止练习，技艺就会生疏。这句话告诉我们学习要勤于练习，方熟能生巧，做事不能三天打鱼，两天晒网。

《红楼梦》中，林黛玉告诉贾宝玉，说自己以前曾学过古琴，后来没练了。她说：“这果真是‘三日不弹，手生荆棘’。”贾宝玉表示从没有听说过林黛玉会弹琴，更没有见过她弹琴。但林黛玉说琴的时候，贾宝玉听得如痴(chī)如醉(zuì)。

## 2 黛玉介绍琴谱

那天，贾宝玉在贾母处没有机会与林黛玉说话，林黛玉也没有理他就走了。于是贾宝玉随后又往潇湘馆走去。

一会儿，贾宝玉来到潇湘馆，只见林黛玉靠在桌上看书，于是走到她跟前，轻轻地说道：“妹妹早回来了！”

林黛玉发现贾宝玉来了，就笑着说道：“你不理我，我还在那里做什么呢！”

“他们人多话多，轮不上我说话，所以就没和你说话了。”贾宝玉一面笑，一面瞧着林黛玉看的那本书。不过，书上的字贾宝玉一个也不认得。有的像

“芍”字；有的像“茫”字；也有像“大”“九”“五”“六”等字的，还有的下面似乎又加了一个“木”字。

贾宝玉又奇怪又纳闷，便问道：“妹妹近日愈(yù)发进步了，看起天书来了。”

“嗤——”，林黛玉笑出声来，说道：“好个念书的人，连个琴谱都没有见过！”

贾宝玉不以为然地说道：“我怎么会不认识琴谱呢？只是你这上面的字我不认识而已。妹妹你认得吗？”

“不认得瞧它做什么。”

“我不信，我从没有听过你抚(fǔ)琴。”贾宝玉看了看屋内的四周，继续说道，“我们老爷书房里挂着好几张琴呢。前年来了一个清客先生叫做什么嵇(jī)好古，老爷请他抚一曲。他取下我家的琴后，看了一下说使不得，还说：‘老先生若高兴，改日携(xié)琴来请教。’想是我们老爷也不懂，他就不来了。你竟然还藏着这个本事？”

“我何尝真会呢。前日身上略觉舒服，在大书架上翻书，发现有一套琴谱，就来了雅趣，上头讲的琴理通俗易懂，手法说的也明白。”林黛玉指着手中的书本说道，“抚琴历来是静心养性的。我在扬州也曾学过，只是好久没弹，这技艺慢慢地就没有了。这果真是‘三日不弹，手生荆棘。’”

贾宝玉一边听，一边坐了下来。

## ③ 黛玉谈琴说知音

“究竟怎么弹好，实在也难。书上说师旷(kuàng)鼓琴能来风雷龙凤；孔圣人尚学琴于师襄(xiāng)，一操便知其为文王；高山流水得遇知音……”

林黛玉说到这里，眼皮儿微微一动，慢慢地低下头去。

贾宝玉正听得高兴，便说道：“好妹妹，你刚才说得实在有趣。只是我才见上头的字都不认得，你教我几个吧。”

“不用教的，一说便可以知道的。”

“我是个糊涂人，得教我那个‘大’字加一勾，中间一个‘五’字的。”

林黛玉听后，笑着说道：“这‘大’字、‘九’字是用左手大拇指按琴上的九徽(huī)，这一勾加‘五’字是右手钩五弦(xián)。它并不是一个字，而是一声，是极容易的。还有吟(yín)、揉(róu)、绰(chāo)、注、撞、走、飞、推等法，是讲究手法的。”

贾宝玉竟然高兴得手舞足蹈起来，说道：“好妹妹，你既明琴理，我们何不学起来。”

林黛玉见贾宝玉如此兴奋，就故作认真地说道：“琴者，禁也。古人制下，原以治身，涵(hán)养性情，抑(yì)其淫荡(yín dàng)，去其奢侈(shē chǐ)。若要抚琴，必择静室高斋(zhāi)，或在层楼的上头，在林石的里面，或是山巅(diān)上，或是水涯(yá)上。再遇着那天地清和的时候，风清月朗，焚(fén)香静坐，心不外想，气血和平，才能与神合灵，与道合妙。所以古人说知音难遇。

“若无知音，宁可独对那清风明月，苍松怪石，野猿(yuán)老鹤抚弄一番，以寄兴趣，方为不负了这琴。还有一层，又要指法好，取音好。若必要抚琴，先须衣冠整齐，或鹤氅(chǎng)，或深衣，要如古人的装束，那才能称圣人之器。然后净手，焚香，方才坐在榻边，把琴放在案上，坐在琴的第五徽的前面，两手方从容抬起，这才心身俱(jù)正。还要知道轻重疾徐，卷舒自若，体态尊重方好。”

贾宝玉听完后，叹了一口气，说道：“我们学着玩呗。没必要如此认真呀！若要这么讲究，那就难了。”

## 4 宝玉爱听琴音

两个人正说着，紫鹃进来看见贾宝玉后，笑着说道：“宝二爷今日这样高兴。”

贾宝玉笑着说道：“刚才听妹妹一番话，真叫人茅(máo)塞顿开，所以越听越爱听。”

林黛玉笑道："说这些倒也开心。我还担心你听不懂，不愿听呢！"

"横竖慢慢地自然就明白了。"贾宝玉说着便站起来说道，"明儿我告诉三妹妹和四妹妹去，叫他们都学起来，让我听。"

林黛玉笑道："如果大家学会了，你又不懂，可不是对——"那个字还没说出口，林黛玉忽然想起心上的事，便缩住口，不肯往下说了。

贾宝玉便笑着道："只要你们能弹，我便爱听，也不管牛不牛的了。"

林黛玉笑了一下，脸也不自觉地红了。紫鹃雪雁也都笑了。

在《红楼梦》里，虽然大家没见过林黛玉弹琴，但从她和贾宝玉的这一番话当中，我们能感受到她对琴艺的理解。后来一次偶然的机会，贾宝玉和妙玉经过潇湘馆时，听见里面传来琴声。那声音显露出林黛玉的内心，贾宝玉要去看，妙玉制止了，说琴声是听不是看的。

# 七　物离乡贵

人物：贾宝玉、林黛玉、薛宝钗
主要地点：薛姨妈住所
主要事件：薛宝钗赠送礼品

## 1 俗话记忆

“物离乡贵”的本意是物品离开原产地后变得珍贵起来。物品在原产地因多而价格低廉，一旦流通到外地，其价格就不一样了。

一般“物离乡贵”的后面还有一句“人离乡贱”。“人离乡贱”的意思与“物离乡贵”相反，指人离开自己的家乡后，就会遭遇到很多困难，无依无靠，独自生活，有时还会遇到被当地人欺负排斥的现象。因此，就有了“物离乡贵，人离乡贱”的说法。

《红楼梦》里，薛蟠从林黛玉的家乡江南带了许多东西，林黛玉看了格外亲切。她小时候看到这些东西却不曾理会，如今在贾府看到了，倒有些新鲜了。薛宝钗(chāi)说道：“这就是俗话说的‘物离乡贵’。”

## 2 黛玉睹物思乡

那是夏末秋初，晴空万里，秋老虎的余威还没有散去。大观园荷塘中的荷花渐渐老去，池塘旁的葡萄架下偶有人走动。

薛宝钗把哥哥薛蟠带来的江南礼物除了自己留下几件外，其它的逐一分发出去。有送笔墨纸砚(yàn)的，有送香袋、扇子、香坠(zhuì)子的，也有送脂(zhī)粉、头油的。大部分的礼物数量差不多，唯有林黛玉的与别人不同，数量加了一倍，送的东西也比其他人要好一些。

zǐ
姊妹等人收到礼物后，纷纷表达了谢意，唯有林黛玉看到这些家乡之物后，反而触物伤情，想起了父母双亡，又没有兄弟，寄居在亲戚家中。想到这里，她不禁又伤起心来了。

林黛玉的丫鬟紫娟深知林黛玉心思，但也不好说破，只在一旁说道："姑娘的身子多病，早晚服药，近几日看上去比前些日子略好些。虽说比前面精神上好了一点儿，还算不得十分大好。今儿宝姑娘送这些东西来，可见宝姑娘素日看姑娘看得很重，姑娘看了应该喜欢高兴才是，为什么反倒伤起心来。难道是宝姑娘送东西叫姑娘伤心了不成。如果宝姑娘听见，反倒脸上不好看。"

林黛玉听了，连忙说道："我自然与宝姐姐好了，她的心意我懂。"说完，朝窗外望去，两眼依然透着悲伤。

"再说，这里的太太、老太太都想着姑娘的病体，千方百计地请好大夫为姑娘配药治疗，也都希望姑娘的病快点好。"紫娟看了一眼林黛玉悲伤的神情，心里也不好受，心疼地说道，"姑娘如今才好些，又在这里哭哭啼啼，岂不是自己糟蹋自己，叫老太太看了又会添愁了。况且姑娘的病，原本就是平时忧伤过度，伤了气血造成的。姑娘的千金贵体，自己别看轻了。"

## ③ 宝玉逗黛玉

"宝二爷来了。"紫娟正在屋里劝解，只听外面小丫头喊道。

贾宝玉很快走进房里，坐到林黛玉床前。他发现林黛玉脸上有泪痕，关心地问道："妹妹，又是谁气恼你了？"

"我生什么气。"林黛玉勉强笑道。

旁边紫娟用嘴向床后桌上一努，贾宝玉会意地点点头，往那里一瞧，看见桌上堆的东西，就知道是薛宝钗送过来的，便取笑道："那里是些什么东西呀？"

林黛玉似乎没听见，依然望着窗外。

紫娟笑着道："二爷提这些东西干什么呢！因宝姑娘送了这些东西，姑娘一看就伤起心来了。我正在这里劝解，恰好二爷来了。你来得正好，替我劝劝她吧。"

贾宝玉明知林黛玉是因为这些东西的缘故，他也不敢揭穿，只得笑着说："宝姑娘送的东西，林妹妹不喜欢，或许是送的东西少了，所以生气伤心了。妹妹你放心，等我明年叫人到江南去一趟，给你带一船来，省得你伤心流泪。”

林黛玉听了这些，知道这是贾宝玉哄自己开心，也不好生气，说道：“我再怎么没见过世面，也不至于傻到这步田地，因送的东西少，就生气伤心。我又不是两三岁的小孩子，你也忒(tuī)把人看得小气了。我有我的缘故，你怎么会知道。”说完，眼泪又流下来了。

贾宝玉忙走到床边，挨着林黛玉坐下，把那些东西一件一件拿起来，边弄边递给林黛玉看，还故意问这是什么，那叫什么名字？这是什么做的，该放在哪儿？那是什么，它有什么用？……

林黛玉见贾宝玉如此，自己心里倒过意不去，便说道：“你不用在这里逗我了，咱们到宝姐姐那里去。”

贾宝玉巴不得林黛玉出去散散心，少一些悲伤，赶紧说道：“宝姐姐送咱们东西，咱们应该感谢人家去。”

林黛玉轻轻地说道：“自家姐妹，倒不必那么认真。只是薛大哥回来了，必然告诉她一些江南的事儿。我也去听听，只当是回了家乡一趟。”说完，眼圈儿又红了。

## 4 物离乡贵

没多久，他们就来到宝姑娘的住处，说道：“薛大哥辛辛苦苦地从那么远的地方带来的东西，姐姐可以留给自己使用，何必再送给我们呢？”

薛宝钗微微一笑，说道：“这又不是什么好东西，不就是一些远路来的土物儿，大家看看新鲜就是了。”

“这些东西在我小的时候一般都不去理会。但如今看见了，还真是新鲜物儿了，也觉得有些亲切。”林黛玉故意轻松地说道。

“妹妹知道，这就是俗话说的‘物离乡贵’，这些东西其实也算不得好东西。”薛宝钗脸一红，不好意思地说道。

贾宝玉听了，发现这些话正好说中了林黛玉方才的心思，怕引起林黛玉更多的伤感，连忙用其它的话岔(chà)开：“明年好歹(dǎi)大哥哥再去一趟，替我们多买一些。”

“你要，你只管说，干吗把我也拉扯上！”林黛玉瞅(chǒu)了贾宝玉一眼，说道，

“宝姐姐你瞧，宝哥哥不是给姐姐来道谢，竟又要定下明年的东西来了。”

大家听完后，都笑了起来。三人又聊了一会儿就散了。贾宝玉把林黛玉送到潇湘馆，方才回怡红院。

薛宝钗说的“物离乡贵”，虽是些“算不得好东西”的土物儿，但也承载了许多情谊。这些土物儿“物离乡贵”了，但“人离乡贱”，它勾起了林黛玉的思乡之情，让她倍感寄人篱(lí)下之苦。

# 八　留得青山在，依旧有柴烧

主要人物：林黛玉、紫娟、雪雁
主要地点：潇湘馆
主要事件：林黛玉做噩梦

## 1 俗话记忆

“留得青山在，依旧有柴烧。”这句话的本意是只要青山上有树木，就不愁没有烧火做饭的木柴，比喻只要还有生命，一切就会有希望。这句话一般写成“留得青山在，不怕没柴烧”，也有“留得青山在，不愁没柴烧”等说法。

《红楼梦》中，林黛玉从梦中醒来后，咳出了许多带血的痰。紫娟看见后情不自禁地哭了起来，林黛玉听见紫娟在哭，她也越发哀伤起来。紫娟借用这句俗话，劝林黛玉好好保养自己的身体，说：“身子是根本，俗语说，‘留得青山在，依旧有柴烧’。况且这里自老太太、太太起，哪个不疼姑娘。”林黛玉听紫娟这样说，又勾起了她对刚才梦中场景内容的回忆，眼前一黑，又吐了一口血痰，倒下去了。

## 2 噩(è)梦

那天黄昏，天开始下起了小雨。林黛玉睡觉前看见房中的荔(lì)枝瓶后，想起白天太太房中的老婆子说自己和贾宝玉是一对儿时，心中很不是滋味。

虽然太太的婆子如此说，但又不见老太太舅母公开说起过这事，眼看着自己年纪大了，身体又不好，父母又不在，千愁万绪一起堆上心来，如同车轱辘(gū lu)一般上下翻滚。林黛玉叹了一会气，掉了几点眼泪后，和衣倒下了。

不知不觉，只见一个小丫头走进来说道："外面雨村贾老爷请姑娘。"

林黛玉觉得非常奇怪，贾老爷从来没有要见她，这时要见又是为什么呢？

"你告诉老爷，我身上有病不能出来，替我请安道谢就是了。"林黛玉吩咐小丫头。

没多久，门外传来一阵说笑声，邢(xíng)夫人、王夫人、凤姐还有薛宝钗等人一起来到了门口。她们笑着对林黛玉说："我们来给林妹妹道喜来了，同时也为你送行。"

"什么？你们说什么话？"林黛玉慌忙问道。

凤姐扭动着她的腰肢，迈(mài)着大步走到林黛玉跟前，拍了拍她的肩膀，说道："你还装什么呆(dāi)呀。你难道不知道林姑爷升了湖北的粮道，娶了一位继母。现在你继母作主，请贾雨村做媒，把你续弦(xù xián)给了你继母的什么亲戚。他们马上要接你回去呢！"

林黛玉恍惚中仿佛看见了父亲做官的样子，不知怎么了，就急出了一身冷汗，奇怪地说道："没有的事，凤姐瞎说的吧。"

林黛玉说完痴(chī)痴地望着邢夫人和王夫人，看她们两人的反应。只见邢夫人向王夫人使了个眼色后，说道："她还不信呢，咱们走吧。"说完她们就跟着邢夫人发出几声冷笑后，转身就走了。

林黛玉还想再说什么，却又说不出来，堵在心里面。恍惚中，贾母又出现了。林黛玉想，这事只有求老太太了。于是赶紧跪在贾母面前，抱着她的腿，说道："老太太救我，我江南那边是死也不去的，况且那是继母，又不是亲娘。我要跟老太太在一起。"

"这事和我不相干。"贾母叹了一口气，说道，"续弦也好，还多了一副家当。再说做女人终究要出嫁的。"

林黛玉开始哭着求贾母："老太太，你向来是最慈悲的，最疼我的，可是到了紧急时候，怎么不管我了呢？虽然我是你外孙女，隔了一层，但我的娘是你的亲生女儿呀，看在我娘的份上，也该护庇(hù bì)我呀！"

贾母仍然一动不动，也不做声。林黛玉在那里痛哭不已。

不知什么时候，贾母冷冷地说道："鸳鸯，你来送林姑娘出去歇歇吧，我被她闹困了！”

林黛玉知道再求也没用了，只好自己站起来朝外面走去。路上一边走，一边想，痛恨自己没有亲娘疼爱。平时外祖母、舅母及姐妹们都是那么好，如今看起来都是假的。忽然，林黛玉自言自语道：今天怎么不见宝玉？去找找他，或许他有办法。

走着走着，贾宝玉就在面前出现了。贾宝玉高兴地来到林黛玉面前，笑嘻嘻地说道：“妹妹大喜呀！”

林黛玉一听贾宝玉竟然也这样说，越发急了，也顾不得什么了，把贾宝玉紧紧地拉住说道：“宝玉，我今天才知道你也是个无情无义之人！”

“我怎么无情无义了？你既然要出嫁了，那么咱们就各自为好了。”

林黛玉越听越气，也没了主意，拉着贾宝玉继续哭道：“你原来是答应我了的，我也是许了你的，你现在不要我了。”

贾宝玉一听，也急了，说道：“怎么是我不要你了，我的心并没有变。我让你瞧瞧我的心。”说着就拿出一把小刀，往胸口上一划，顿时鲜血直流。

林黛玉吓得连忙用手按住贾宝玉的心窝，哭道：“你怎么这样做？你先杀了我吧！”

贾宝玉好像若无其事地说道：“不怕，我把我的心拿出来给你瞧。”说完，又拿小刀在胸口上划一刀，然后用手伸进去，一顿乱抓。

林黛玉早已吓得魂(hún)飞魄(pò)散，颤(chàn)抖着，哭喊着。

“不好了，我的心没有了，我活不成了。”贾宝玉抓了一阵后，大喊一声，突然眼睛往上一翻，就倒下了。

林黛玉拼命地摇着贾宝玉，放声大哭起来，比前面显得更为凄惨(qī cǎn)。

## ③ 睡不着了

“姑娘、姑娘，你怎么啦？快醒醒！快醒醒！”林黛玉睁开双眼，看见紫娟在旁边呼喊，原来这是一场噩(è)梦。林黛玉的心还在乱跳，枕头上早已湿透了，全身上下也已汗湿，回想起梦中之事，林黛玉颤抖了一下，忽然觉得寒冷起来。

紫娟给她换好衣服后，安顿她睡下。不过林黛玉怎么能睡得着呢？在床上翻(fān)来覆(fù)去，只听外面淅(xī)淅飒(sà)飒，像风，又像雨。从窗户的缝(fèng)隙(xì)中，吹来一缕(lǚ)一缕凉风，让人寒毛都竖起来了。

不知过了多久，林黛玉正要昏昏沉沉睡去，忽然窗外传来阵阵家雀(qiǎo)儿的叫声，啾(jiū)啾唧(jī)唧，叫个不停。

林黛玉完全睡不着了。

## ④ 吐血了

不知什么时候，从窗户纸处，透过一些光亮——天亮了。林黛玉又开始咳嗽起来，把紫娟都惊醒了。紫娟连忙起来，捧过来一个痰(tán)盒。

随后，紫娟去清洗林黛玉用过的痰盒。走出房门，紫娟一看痰盒，不由自主地叫了一声："哎哟，这了不得了！"只见满盒子痰中，带了好多血。

林黛玉似乎也感觉到了，心里一酸，眼泪又流了下来。原来刚才林黛玉在咳嗽吐痰时，感觉喉咙处有些甜腥(xīng)，就已经怀疑自己吐血了。

紫娟回到屋子里，仍然用手帕不停地擦眼泪。

林黛玉故作镇定地问："大清早的，好好的为什么哭呀？"

紫娟勉强笑道："谁哭了，我刚才眼睛有些不大舒服呢。姑娘今天大概比往常醒得更早些吧。我听见你咳嗽了大半夜。"

"可不是，越想睡，越睡不着。"

紫娟心疼地看了看林黛玉，说道："姑娘身上不大好，依我说，还得自己想开一些。身子是根本，俗话说，'留得青山在，依旧有柴烧'。况且这里自老太太、太太起，哪个不疼姑娘。"

没想到这句话又勾起林黛玉昨晚的梦来。她觉得心头一震，眼前一黑，神色剧变，又吐出一口血痰来。紫娟、雪雁脸都吓黄了。紫娟看着不好，立即叫雪雁喊人去了。

# 九　老健春寒秋后热

主要人物：贾宝玉、紫娟、林黛玉

主要地点：怡红院

主要事件：紫娟试探贾宝玉

## 1 俗话记忆

“老健春寒秋后热”，这句话的意思是老年人的健康状况不稳定，他们的健康生命好比春寒秋热，都是短暂不长久的。

《红楼梦》中，紫娟借用这句俗话，提醒林黛玉要尽快告知贾母，把自己和贾宝玉的婚事办了。她说：“趁早儿老太太还明白硬朗的时节，坐定了大事要紧。俗话说‘老健春寒秋后热’。”这里的大事就是贾宝玉和林黛玉的婚事。

紫娟原是服侍老太太贾母的，林黛玉到了贾府后，老太太就派她协助随同林黛玉过来的雪雁一起照顾林黛玉。后来，紫娟照顾林黛玉比雪雁好多了，紫娟与林黛玉的感情也深多了。正如紫娟自己说的“一时一刻我们两个离不开”。

紫娟说道：“我替你担心了几年了，你又没个父母兄弟，谁是你知疼知热的人呢？倘或老太太一时有个好歹，那时只怕耽误(dān wu)了这件大事呢。……俗话说：‘万两黄金容易得，知心一个也难求。’姑娘是个明白人，要尽快拿主意呢！”

## 2 宝黛初次见面

紫娟是明白林黛玉和贾宝玉他俩心意的，也了解贾母的心思。紫娟还记得——

当初，林黛玉第一次到贾府时，贾母还没等她下拜，就把她搂入怀中，一边喊着心肝儿肉，一边痛哭起来。一时全屋上下无不掩面哭泣。哭完后，贾母对大家说："我这些儿女，所疼者独你母亲，今日她先舍我而去，连最后一面都未曾见到。现在看见黛玉，叫我怎能不伤心！"

说完，贾母又搂着林黛玉哭了起来。

晚上，吃晚饭后，贾宝玉来给贾母请安。林黛玉一见，便大吃一惊，好似在哪里见过，非常眼熟。只见贾宝玉头上戴着束发嵌(qiàn)宝紫金冠，齐眉戴着二龙抢珠金抹额(mǒ é)；穿一件二色金百蝶(dié)穿花大红箭袖，束着五彩丝攒(cuán)花结长穗(suì)宫绦(tāo)，外罩石青起花八团倭缎(wō duàn)排穗褂(guà)；蹬(dēng)着青缎粉底小朝靴(xuē)。面若中秋之月，色如春晓之花，鬓(bìn)若刀裁，眉如墨画，脸似桃瓣，睛若秋波。虽怒时而若笑，即瞋(chēn)视而有情。项上金螭璎珞(chī yīng luò)，又有一根五色丝绦(tāo)系着一块美玉。

贾宝玉看罢林黛玉，也笑着说："这个妹妹我曾见过。"贾宝玉发现，眼前这个妹妹与他以前见过的女孩子大不同，她就跟神仙似的：两弯似蹙(cù)非蹙笼烟眉，一双似喜非喜含情目。态生两靥(yè)之愁，娇(jiāo)袭一身之病。泪光点点，娇喘(chuǎn)微微。娴静时如娇花照水，行动处似弱柳扶风。心较比干多一窍(qiào)，病如西子胜三分。

贾母心疼林黛玉，看到林黛玉带过来的丫鬟雪雁还小，一团孩子气，就把自己的二等丫头鹦(yīng)哥派给她，并且改名紫娟。同时把林黛玉及服侍她的人同贾宝玉一起，都安排在自己的住处。

自此，贾宝玉与林黛玉一同在贾母的万般怜爱下，日则同行，夜则同息同止，言和意顺，两小无猜。

## ③《会真记》

一个三月天，早饭后，贾宝玉在沁芳闸(qìn zhá)桥边桃花树下的一块石头上读《会真记》，正看到"落红成阵"，忽然一阵风吹过，把树头上的桃花吹下一大半，落到身上、书上、地上。贾宝玉赶紧小心翼翼(yì)地捧起一把花瓣，洒向池中。那花瓣漂浮在水面上，飘飘荡荡，流出沁芳闸。

“你在这里做什么？”忽然，林黛玉过来了，肩上扛着花锄(chú)，锄上挂着一个花囊，手里拿着花帚(zhǒu)。

贾宝玉笑道：“来得正好，你把这些花瓣都扫起来，撂(liào)到水里去罢。我刚才撂了一些。”

林黛玉说道：“撂到水里不好，你看这里的水干净，可是流出去之后，就不一定了，还是会糟蹋花瓣了。那边一个角落里我有一个花冢(zhǒng)，可以把它们埋在那里，日久随土化了，岂不干净？”

两人会心一笑，一起把贾宝玉旁边的花瓣都埋到林黛玉那个花冢去了。

“妹妹，你说《会真记》这本书怎么样？”贾宝玉问。

林黛玉笑着点了点头。

贾宝玉笑着，继续说道：“我就是‘多愁多病’的身，你就是那‘倾国倾城’的貌。”

林黛玉听了，不觉带腮(sāi)连耳通红，不好意思地说道：“你这该死的胡说，说这些混话欺负我，我告诉舅舅、舅妈去。”说着就转身走了。

贾宝玉连忙追上去，又把她逗笑了。

## 4 紫娟试探宝玉

一日，贾宝玉高兴地对紫娟说：“林妹妹每天吃一点燕窝，连吃两三年病就会好的。”

紫娟煞(shà)有介事地说道：“在这里吃惯了，林姑娘明年回家了，哪里有这个闲钱吃这些呀！”

贾宝玉一听，大吃一惊，连忙抓住紫娟的手问道：“林妹妹要回苏州？”

紫娟故意严肃地点了点头。

“不会吧，姑父、姑母都不在世了，她回去找谁？”贾宝玉想了想，又平静了许多。

紫娟冷笑道：“你太看小了人了！难道就你们贾家人多，别人林家也是大户人家，也会有人疼林姑娘的。再说她也到了该出阁(gé)的年龄了，终不成林家姑娘一辈子待在贾家。回家的时间早则明年春天，迟则秋天。”

紫娟这一番话如在贾宝玉头顶上丢了一个炸雷，只见他两眼发直，半天不做声，继而一头热汗，满脸涨得紫红。幸亏晴雯(wén)这时过来，牵着他的手回怡(yí)红院去了。

回到怡红院后，贾宝玉越发病了，口角开始流口水，自己全然不知，扶他坐着，就坐着；给个枕头，他就躺着；给他茶喝，他就喝。李嬷嬷掐(qiā)人中也不管用，大家又开始忙乱起来了，开始有人哭了。

这时，晴雯突然想到贾宝玉是和紫娟在一起才发的病。她把这件事告诉了袭人，袭人连忙向紫娟询问。林黛玉见袭人又急又哭的，便也有些慌了，也连忙问紫娟是怎么回事。

紫娟只好把之前跟贾宝玉说的玩笑话再说一遍。袭人一听，立刻责备道：“你还不知道他呀，他这是把话当真了！”

林黛玉也说道：“你说这些干什么？现在趁早去解释，你如果解释清楚了，他就可能醒过来了。”

等紫娟和袭人到怡红院时，院内早已聚集了很多人，连贾母王夫人都来了。贾母知道情况后，也流下了眼泪，说道：“我以为有什么要紧的事，原来是这句玩笑话。”

后来贾宝玉经过紫娟的解释，加上吃了几副太医开的药，没几日就好了。

## 5 解除误会

一天，贾宝玉悄悄地问紫娟：“你那天为什么要骗我，说林妹妹要回苏州？”

紫娟看看周围没人，就轻轻地告诉他，说：“我是想测试一下你还在乎林妹妹不？如今你也大了，连亲也定下来了，过两三年，你娶了亲，林姑娘怎么办？”

贾宝玉奇怪地问：“我定了谁了？”

“过年的时候，我听见老太太说，要给你定琴姑娘呢！”紫娟说道。

“原来如此，”贾宝玉笑道，“人人说我傻，你比我更傻，那只不过是玩笑话。琴姑娘已经许给梅翰(hàn)林家了。如果真定亲了，我还是这个样子呀？”

贾宝玉一面说，一面咬牙切齿起来，说道：“如果是那样，我立刻就死！”说完，又开始流泪了。

紫娟连忙捂住他的嘴，替他擦眼泪，笑着解释道：“你不用着急，是我心里替林姑娘急，所以来试你的。”

贾宝玉听完，也笑着说道：“我告诉你一句打泵(bèng)儿的话吧：活着，咱们一处活着；不活着，咱们一处化灰化烟，如何？”

紫娟高兴地回到潇湘馆，悄悄地对林黛玉说：“贾宝玉的心倒实，听见咱们去，就那样起来了。”

林黛玉坐在那儿，默不作声。

紫娟继续说道：“趁早儿老太太还明白硬朗的时节，坐定了大事要紧。俗话说‘老健春寒秋后热’。……倘或老太太一时有个好歹，那时只怕耽误了这件大事呢。有老太太一日，你就会好些，一旦没了老太太，也就只是任人欺负罢了。”

紫娟继续劝道：“俗话说：‘万两黄金容易得，知心一个也难求。’姑娘是个明白人，要尽快拿主意呢！”

# 一〇　心病终须心药治，解铃还是系铃人

主要人物：林黛玉、紫娟、雪雁
主要地点：潇湘馆
主要事件：林黛玉离奇“病愈”

## ❶ 俗话记忆

“心病终须心药治，解铃还是系铃人。”这句话告诉我们一把钥匙开一把锁，无论做什么事，都必须有针对性，具体问题具体分析，具体问题具体解决。这句话也有“解铃还须系铃人”的说法。

《红楼梦》中，林黛玉听雪雁说外面在议论贾宝玉的婚事，于是万念俱灰，渐渐病体不支。一日，侍书来看林黛玉，又与雪雁说起贾宝玉婚事未成，老太太要亲上加亲，还要住在大观园里的。林黛玉听后心情立刻好了许多。作者叹道：“正是：心病终须心药治，解铃还是系铃人。”林黛玉此时担心贾宝玉迎娶别的姑娘。

## ❷ 亲上加亲，方才放心

林黛玉自从听到雪雁与贾探春的丫头侍书议论贾宝玉的亲事后，就开始不吃不喝，也不说话，身体渐渐出现不支的情况。时而昏睡，时而清醒，紫娟和雪雁着急起来。紫娟只好去请老太太、太太、二奶奶过来。

这时侍书过来了，她是贾探春派过来看看林黛玉情况的。侍书进来后，见紫娟不在屋里，再一瞧林黛玉，发现她躺在那里，脸色苍白，呼吸微弱，喘息不止，吓得她不敢多看。

雪雁也看到林黛玉如此喘息，以为她听不见外面说话，趁紫娟不在这里，就悄悄地拉起侍书的手走到门外，问道：“你前日告诉我说王大爷给宝二爷说亲，

是真的吗?”

“怎么不真?”侍书坚定地说道。

“什么时候定下来的?”

“好像还没有定下来。”侍书想了想说道，“他们又说，这是那些门客为了讨好老爷，才这样的。其实老太太心里早就有人了，并且就在咱们的园子里。二奶奶还说，宝玉的亲事，老太太总是要亲上加亲的，说其它的亲事，横竖不中用的”。

雪雁听完，舒了一口长气，拍了拍胸口，说道：“这怎么说呢，差一点白送了我们这一位的命了。我们这一位自从知道宝玉被说亲后，就病成这样了。”

## ③ 黛玉舒坦了一点

她俩正说话时，紫娟走了进来。三人正说着这事时，屋内传出了几声咳嗽。

紫娟连忙跑到炕沿，弯下腰，在林黛玉身后轻轻地问道：“喝口水吧?”

林黛玉微微地应了一声。雪雁端来半盅(zhōng)滚白水，“喝口水吧!”林黛玉又咳嗽了一声，林黛玉此时连喝水的力气都没有了。紫娟只好爬到炕上，跪在林黛玉旁边，试完水温后，一边扶着她的头，一边把碗送到林黛玉的唇(chún)边，让林黛玉勉强喝了一口。

紫娟刚要把水端开，林黛玉又示意还要喝一口。林黛玉又喝了一口后就摇摇头，喘了一阵子后，又躺了下去。

隔(gé)了一会儿，林黛玉微微睁开眼睛，有气无力地说道：“刚才说话的是不是侍书?”

紫娟答应道：“是的。”

站在门口的侍书连忙走到炕前来问候。林黛玉睁眼看了一下，点点头，又歇了一会儿，说道：“回去向你姑娘问好。”侍书见林黛玉这样子，以为是林黛玉嫌(xián)她烦了，就悄悄地回去了。

原来那林黛玉，虽然病重，但是心里非常明白。刚才侍书和雪雁她们说的话，她听见一半，只是装作不知，没有精神回答而已。听完她们的对话后，她心里舒坦了一点。特别是老太太为贾宝玉制定的定亲原则是亲上加亲和住在园子里的。她想这个人一定就是自己。这样一来，阴极阳生，她的心神顿觉清爽许多，连喝了两口水。

## 4 黛玉病好了些

林黛玉正想再多问一些情况时，贾母、王夫人、李纨、凤姐等人听完紫娟的话后，都赶来了。此时林黛玉心中的疑团已破，自然不像以前一样寻死了，尽管身体虚弱，精气神不够，也能勉强应答一两句了。

大家都觉得奇怪，林黛玉竟好得如此之快。作者也在此感叹：“心病终须心药治，解铃还是系铃人。”林黛玉的病因贾宝玉而起，好也因贾宝玉而好。贾母等人估计林黛玉并无大碍(ài)，也就走了。

雪雁等他们走后，好奇地对紫娟说道：“幸亏好了。不过我也很好奇，这病来的奇怪，好的也奇怪。”

“姑娘病得不奇怪，她是因为宝玉定亲才病的。好得倒很奇怪。当初宝玉听说林姑娘要回江南，也把宝玉急坏了，闹得不可开交，如今宝玉要定亲了，又把这一个弄得死去活来。这两人是不是应了这句‘是姻缘(yīn yuán)棒打不回’和‘好事多磨’的理呀。”

说完，这两人悄悄地抿着嘴笑了一会。

## 5 宝玉要娶亲

邢夫人、王夫人、凤姐等人从林黛玉那里离开后，就簇(cù)拥着贾母回到贾母屋里说闲话。

“我正要告诉你们，宝玉和林丫头是从小儿一起长大的。当初是小孩子没有多想。近几年，林丫头忽然病，又忽然好，是不是他俩有了些感觉。”贾母扫视了一下大家后，说道，“所以，我想他们还呆在一起会不成体统。你们的想法呢？”

王夫人听了后，愣(lèng)了一会儿，只得先说道：“林姑娘是个有心计的人。宝玉则是有些呆头呆脑的。如果突然把他们中间的一个分出园子，会不会露出些什么痕迹。不过俗话说，‘男大须婚，女大须嫁。’也是情理之中的。我想，老太太是不是要尽快把他们的事办了。”

贾母见王夫人这样说，立即皱(zhòu)了一下眉头，说道：“我没有把林丫头配给宝玉的想法。林丫头身子如此虚弱，她的寿不长。我觉得宝丫头最妥帖(tuǒ tiē)。”

“老太太的想法很好，其实我们也是如此。但还是要给林姑娘说个人家才好。如果林姑娘与宝玉有些私心，一旦知道宝玉定下了宝丫头，那就难以成事了。”王夫人担心地说道。

“自然先给宝玉娶亲，然后给林丫头说人家。这件事没有先外人后自己的，况且林丫头比贾宝玉小两岁。”贾母端起茶盅，喝了一口水后，继续说道，“依你们这样说，倒是宝玉定亲这件事不许叫他俩知道为好”。

凤姐转过身来立即对身边的众丫头们吩咐道：“你们听见了，给宝二爷定亲的话，不许在外面说。如有多嘴的，提防扒了他的皮。”

贾母听见凤姐吩咐后，对她说道：“凤哥儿，你如今自从身子不大好，也不大管园里的事。但我告诉你，这件事你要费点心，做得精细一些。”

凤姐立即答应了下来。后来这件事就是在凤姐的直接操作下完成的。

不过，林黛玉也在贾宝玉与薛宝钗成婚当天，含恨而死。贾宝玉后来知道后，恸(tòng)哭不已，又诱(yòu)发“呆”病复发。薛宝钗为此也时常独自伤心落泪。贾宝玉虽然答应薛宝钗考取功名，但内心早已去意已定。当考试结束后，就与同去参考的兰哥儿不辞而别。在一个风雪交加的江边，贾宝玉与父亲拜别后，就飘然而去，消失在一片白雪之中。

# 王 熙 凤

贾府最年轻的管理者，王夫人的侄女，贾宝玉的堂嫂、表姐，贾琏的太太，精明、能干、漂亮、泼辣，在大观园里虽然不会作诗，但非常会说笑话。性格开朗，经常人还没有到，就能先听到她的声音，人称“凤辣子”“凤姐”，贾母称“凤哥儿”。即使在她生病没有管理贾府的期间，贾母都要将贾宝玉与薛宝钗的婚嫁之事交给她办理。她因病早逝，留下唯一的女儿巧姐。

# 一一　能者多劳

主要人物：王熙凤、老尼、贾珍
主要地点：水月庵
主要事件：王熙凤协理宁国府

## ① 俗话记忆

“能者多劳”的意思是能干的人一般会多做一些事，形容能干的人能力强。

《红楼梦》中，这是水月庵(ān)老尼对王熙凤说的。老尼说：“这点子事，在别人跟前就忙得不知怎么样，若是奶奶的跟前，再添上些也不够奶奶发挥的。正如俗话说的，‘能者多劳’。”老尼说的奶奶就是王熙凤。她的意思就是王熙凤非常能干，这点子事情难不倒王熙凤。

老尼说的“这点子事”是指什么呢？老尼为什么如此评价王熙凤呢？

## ② 蓉大奶奶去世

原来，老尼是有“一点子事”求助于王熙凤。这点子事是指——

一天晚上，王熙凤睡梦中梦见与已经去世的宁国府贾蓉(róng)的夫人秦可卿(qīng)相见。秦可卿在梦中念道“三春去后诸芳尽，各自须寻各自门”。王熙凤正准备问是何意思时，就被二门外的云板声敲醒。二门传事用的云板连扣四下，发出的声音惊醒了王熙凤。

随着一声“东府蓉大奶奶去世了”。王熙凤吓出了一身冷汗，好一阵才缓过神来。

没多久整个宁国府陷入了悲号(háo)痛哭之中。长一辈的哭她素日孝顺，平一辈的哭她素日和睦(mù)亲密，下一辈的哭她素日慈爱，家中仆从老小则哭她素日怜贫惜贱、慈老爱幼之恩，府中上下无不哀鸣。

蓉大奶奶是宁国府贾敬的长孙媳妇，贾珍的儿媳妇。贾珍听说儿媳妇去世，哭得泪人一般，恨不能代她去死。他对前来吊唁(yàn)的人感慨(kǎi)地说道：“大家都知道这儿媳妇比我儿子强十倍，如今伸腿去了，我长房内绝灭无人了。”说完又痛哭起来。

贾敬因修道炼丹，无暇(xiá)顾及长孙媳妇的丧事，贾珍只好自己处理儿媳妇的身后事宜。

贾珍先为其挑选了一副上等棺材，再为儿子贾蓉捐了一个五品官职，在儿媳妇的灵牌书上写下“天朝诰(gào)授贾门秦氏恭人之灵位”。

## ③ 凤姐授权处理

正当贾珍安排好儿媳妇灵堂各类事务后，忽然想到自己的继配尤氏老毛病犯了，不能帮忙处理内事。贾珍又忧虑起来，担心届时前来吊唁的人多，可能会失了礼数，让人笑话。

在旁边的贾宝玉提醒道：“我推荐一个人，全权处理这里内部的大小事务，一定会非常妥当放心的。”

“是谁?”贾珍忙问道。

贾宝玉见旁边还有许多亲友，不便明说，就靠近贾珍的耳边轻轻地说了两句。

贾珍顿时愁眉舒展，连忙起身说道：“果然妥帖，如今就去。”说完，他就拉着贾宝玉，辞了众人，往上房而来。

来到上房，邢夫人、王夫人、王熙凤等人都在。

一阵寒暄后，贾珍来不及坐下，就勉强笑道：“侄儿近来有几件事想求婶(shěn)娘及大妹妹。”

“什么事?”邢夫人忙问道。

贾珍道：“婶娘知道，如今孙媳妇没了，侄儿媳妇又病倒了，我看里头需要一个人来管理，想屈尊大妹妹一个月，在我们那里料理料理。有大妹妹的料理，我就放心了。”

邢夫人听后，看了看王熙凤，又看了看王夫人，道：“原来为这个。你大妹妹现在是二婶婶家管事，你只和二婶婶说就是了。”

“她一个小孩子家，又没有经历过这事，如果料理不清，处理不好，岂不是要闹笑话，我看还是麻烦别人好些！”王夫人连忙说道。

贾珍道：“婶娘的意思侄儿猜着了，是怕大妹妹劳苦了。若说料理不好，我相信她一定能料理好的，即使错一点，别人看来都不是错的。大妹妹从小言语中都有杀伐决断之意，如今出了阁，又在府里办事，越发历练老成了。我想我家这几日，除了大妹妹再无人能管理了。婶娘不看侄儿、侄儿媳妇的份上，只看死人的份上罢！”说着脸上就滚下泪来。

王夫人怕王熙凤没有经历过丧事，担心她料理不清，惹人笑话。今见贾珍话说到这步田地，心中已有答应之意，遂把脸朝向旁边的王熙凤，想听听她自己的想法。

王熙凤平日最喜欢揽(lǎn)事做，喜欢卖弄才干。不过，虽然在这里当家理财还比较顺当，但毕竟还没办过婚丧大事，心里又一直担心有人不服她继续当家理财，她还真希望有机会处理这件事。今天见贾珍如此一来，她心中早已欢喜。她开始还担心王夫人不允许，现在看到王夫人如此看着她，她知道，王夫人已经默许了。

王熙凤微笑着说道：“大哥哥说得如此恳切，太太就同意了吧。”

王夫人低下头，悄悄地问道：“你行不？”

“有什么不行的。外面的大事大哥哥已经料理清了，不过是里头照管照管，如果有我不知道的，我就问问太太就是了。”

王夫人见王熙凤如此说，便不做声了。

贾珍见王夫人同意，王熙凤也答应了，连忙赔笑道：“我也管不得许多了，横竖要求大妹妹辛苦辛苦。我这里先与大妹妹行礼，等事情办完了，我再到那边府里去谢！”

## 4 凤姐严查迟到

王熙凤得到宁国府的对牌后，就开始工作了。这个对牌的作用相当于令牌。

有了这个对牌，就相当于有了“尚方宝剑”，王熙凤想怎样管理就可以怎样管理，要什么只管用这个牌去取，足见权力之大了。

王熙凤首先发现宁国府内有五件事必须要解决：第一件是人口混杂，遗失东西严重；第二件，事无专责，互相推诿(wěi)；第三件浪费严重，滥(làn)支冒领；第四件，事无大小，分配不合理；第五件，家人豪纵，与主人关系好的不受约束，关系不好的又没有上进的机会。

王熙凤把宁国府内的下人造好名册，按各种事项分好工，嘱咐(zhǔ fù)道：各负其责，按时管好自己的分内之事，与自己无关的事情不必过问。宁国府的人对王熙凤的威重令行早有耳闻，大家也都自觉地按照自己的职责去行事。

有一次，王熙凤按名册查点人数时，有一位迎亲送客岗位上的人迟到了，慌慌张张地跑到王熙凤的跟前。

王熙凤冷笑道：“我说是谁迟到了，原来是你！你原比他们有面子，所以才不听我的话。”

“小的天天都来得早，只有今天，醒的早一点，后来又睡着了，因此来迟了一步，求奶奶饶过这次。”

“明日他也睡着了，后日我也睡着了，如此，将来还有人吗？”王熙凤怒道，“如果头一次我原谅了你，后面就没法管理了，不如现在就严格管理。”

“带出去，打二十板子！”王熙凤立刻拉下脸来，厉声喝道，“把这事告诉来升，要减少他一个月的工钱！”随后扔出一块对牌。

众人听说后，不敢怠(dài)慢，拖人的把人拖出去责打二十大板；拿牌的去告诉管事的来升，扣除他一个月的工钱。

“明日再有耽误迟到的，打四十，后日打六十，有想挨(ái)打的，尽管迟到耽误！”王熙凤继续喝道。

窗内窗外的人听说后，赶紧散开去做事了，大家从此都不敢偷懒误事了。

## 5 凤姐答应老尼之请

到了送殡(bìn)到铁槛(jiàn)寺的时候了，王熙凤率领送灵的队伍来到铁槛寺。铁槛寺是宁国公荣国公时期修建，专门寄放逝(shì)去的人。送殡的族人也在此暂时寄宿。王熙凤嫌弃这里不方便，就带了贾宝玉、秦钟到离这里不远的馒(mán)头庵休息。

馒头庵就是水月庵，因为这里的馒头做得好，大家就给它起了这个诨(hùn)号。

馒头庵里的老尼见王熙凤身边的人都走了，正准备一个人休息时，趁机说道："我有一事准备到府里求太太，在这里我先请示一下奶奶。"

凤姐点了点头，问道："什么事呀？"

老尼看了看四周，往前走了一步，说道："阿弥陀佛！以前我在长安县善才庵出家的时候，那里有个施主姓张，是大财主。他有个女儿，小名金哥。有一次，他们到我这里来进香，不想遇见了长安府太爷的小舅子李衙内。那李衙内一眼就看上了金哥，要娶金哥为妻，打发人来求亲。可是金哥已受了原任长安守备公子的聘(pìn)礼。张家想退掉守备家的聘礼，又怕守备不依。只好对李公子说，金哥已经有了人家。

"谁知李公子非要娶金哥。张家正无计策，两处为难。没想到守备家的父母不知怎么听到了李公子要娶金哥的消息，也不管青红皂白，便来作践辱骂：'一个女儿许几家！'还偏不许张家退还聘礼，并且要打官司。

"那张家急了，只得派人上京来寻门路，赌气非要退聘礼。我想如今长安节度云老爷与府上关系最好，可以求太太与老爷说声，打发一封书去，求云老爷和那守备说一声，不怕那守备不依。若是肯行，张家倾家孝顺也都情愿。"

凤姐听了，笑道："这事倒不大，只是太太再不管这样的事。"

老尼道："太太不管，奶奶可以主张了。"

凤姐听说，笑道："我也不等银子使，也不做这样的事。"

老尼听了，半晌(shǎng)没说话，不知所措地叹道："虽如此说，张家已知我来求府里。如今府里不管这事，张家不会认为是没功夫管这事，更不会知道是不稀罕他的谢礼，倒像府里连这点子事都办不成，没有一点能耐。"

凤姐听了这话，便来了兴趣，说道："你是素日知道我的，从来不信什么是阴司地狱(yù)报应的。凭是什么事，我说行就行。你叫他拿三千两银子来，我就替他出这口气。"

老尼听说，喜不自禁，忙说："我就知道这点子事，在别人跟前就忙得不知怎么样，若是奶奶的跟前，再添上一些也不够奶奶发挥的。正如俗话说的‘能者多劳’，如今，贾府的大小事不是都推给奶奶了吗！”

原来那节度使云光，长期受到贾府的恩惠(huì)关照，这点小事岂有不允之理，自然会依照王熙凤的意思处理了。张家父母退回了守备的聘礼后，其女金哥知道后用一条麻绳自缢(yì)了。那守备之子也是个有情有义之人，听说金哥自缢后，他也投河自尽了。

王熙凤坐享了那三千两银子，一两银子都没花出去。

老尼说王熙凤“能者多劳”，在这里多是奉承她，但从《红楼梦》原著来看，王熙凤确实是一个能力很强的女人。她替太太管理贾府的日常生活，操办各种大小事务，都是井井有条。

# 一二　知人知面不知心

人物：王熙凤、贾宝玉、袭人、贾探春

主要地点：怡红院

主要事件：通灵宝玉离奇失踪

## ① 俗话记忆

“知人知面不知心”，这句话的意思是了解一个人的外在个性特征很容易，但不一定能准确知道他的内心。

如同另一句俗话所言“画虎难画骨”，画老虎的外形容易，但要画出老虎的本性，老虎的威风是有难度的。这两句俗话时常连在一起使用：画虎难画骨，知人知面不知心。

另外“人心叵(pǒ)测”“人心难测”都是形容人的内心难以探测，有时也指人心险恶。

《红楼梦》中，当王熙凤知道贾宝玉的通灵宝玉不见后，说了一句“咱们家人多手杂，自古说的‘知人知面不知心’，哪里保得住每一个都是好的?”贾府里的人员众多，每个哥儿、姐儿身边都有不同数量的姑娘丫头，每个太太、老爷身边也有不少人。这么多人，难免有人可能会把通灵宝玉藏起来。

## ② 老太太欣赏海棠花

那是一个有着小阳春天气的冬月，天气暖和，怡红院内的海棠(táng)花提前开放了。鲜艳的海棠花在这个冬月里，给怡红院，乃至贾府带来了一丝春意。这几株枯萎(kū wěi)了一年的海棠花，没有人浇灌(jiāo guàn)，竟然在这冬月里开放了。这也成为贾府的新鲜事，轰(hōng)动了大观园内外。贾母传话出来，她也要来赏花。

贾宝玉看见海棠花开，自然是喜欢得不得了。他想，晴雯死的那年海棠花也死了，如今海棠花复开，虽不能让晴雯死而复生，但它或许能让他们都能更好起来。

一天，贾宝玉穿着一件圆领皮袄(ǎo)，一会儿出来欣赏一下海棠花，一会儿回家自我伤感一番，心中泛起无数的悲欢离合来。

忽然，院门外传来一声"老太太来了！"贾宝玉便赶紧换了一件狐腋(húyè)箭袖，外罩(zhào)一件玄(xuán)狐腿外褂，跑出来迎接贾母。因为时间紧，换衣服时贾宝玉没有将通灵宝玉挂在脖子上。

贾母在怡红院一边和大家欣赏海棠花，一边和大家说笑，一直快到吃午饭时，大家才各自散去。贾宝玉也才回到屋内，换回原来穿的衣裳。

## ③ 宝玉的玉不见了

"那块玉呢？"袭人忽然大叫一声。她在给贾宝玉换穿圆领皮袄时，发现贾宝玉脖子上的玉不见了。

贾宝玉一听，笑着说道："我换衣服时，将它摘下来放在了炕桌上，我没有戴呢！"说着就指了指炕桌，让袭人去找一找。

袭人赶紧走到炕边，将炕桌上下找了一遍，都没有找到那块宝玉。袭人有些急了，自言自语道：这里没有呀！于是赶紧在四周各处都找了一遍，仍然不见踪影。顿时，袭人急得脸通红，头上开始冒汗了。

贾宝玉见袭人急成了这样，安慰道："不用着急，肯定在屋子里的，问一下其他人就知道了。"

袭人首先看到麝(shè)月在一旁，赶紧问道："你把这件东西藏在哪里了？赶紧拿出来，否则大家都活不成了！"

"这是哪里话！这事能开玩笑吗？我敢藏吗？你好好想想吧，你把它放在哪里了？"麝月转过头对贾宝玉说道。

"我记得明明是放在炕桌上了，你们再仔细找找呀！"贾宝玉也来到炕边，指着炕桌说道。

袭人随后吩咐麝月、秋纹等人在院内各处悄悄地寻找起来。她们每一个角落都翻遍了，仍然没有找到。袭人只好再嘱咐(zhǔ fù)麝月和秋纹到怡红院之外的地方去寻找，小心询(xún)问姑娘丫头们有没有捡到那块通灵宝玉。如果捡到了，无论是磕(kē)头，还是用东西换都可以，只要取回那块玉就好。

几个时辰(chén)后，二人面面相觑(qù)，无功而返。袭人急得哭了起来。怡红院的人个个吓得不敢做声，如同木雕泥塑(sù)一般。

## 4 大家搜身找玉

这时，知晓情况的姐妹们都来到了怡红院。

贾探春吩咐道："把大观园的园门关上，所有人都再继续寻找，找到了的人可以得到重赏。"

听见有重赏，大家又开始不顾命地找了起来。大观园内的大小角落，甚至连茅(máo)厕都被人翻找过，可遗憾(yí hàn)的是那块玉竟然像绣花针一般，不露痕迹。

一天过去了，通灵宝玉仍旧没有找到。李纨也急了，她说道："请所有的女人都脱了衣服检查，大家仔细搜一搜。"

大家一听，惊呆了！

"不过也好，这样一来，我们都可以洗清白自己了。"有人附和道。

贾探春坐在那里不做声。有些丫头开始宽衣了。

平儿在一旁站了起来，大声说道："先从我这里搜起吧！"在平儿的带动下，大家都开始脱了起来。

贾探春一边脱一边说道："大嫂子，你也学会用这个办法了！就算是那个人偷了玉，难道还藏在身上？这个玉在我们家里是宝贝，到了外面，不识货的还以为是废物呢！没有人会偷这个，我想肯定是有人使坏。"

大家听贾探春这样一说，觉得有道理。大家互相望了望后，不约而同地想到了一个人。

贾探春继续说道："这个人可能是环儿。"

“去，把环儿叫来问一下，悄悄地叫他来，哄(hǒng)他拿出来，然后吓唬他，告诉他不能声张。这事就完了。”

大家听完贾探春的分析后，都舒了一口气。

## 5 是不是贾环拿了

没多久，平儿带着环儿就到了怡红院。

平儿笑着哄环儿道：“你二哥哥的玉丢了，你瞧见了没有呢？”

“人家丢了东西，为什么怀疑我？我是犯过案的贼吗？”环儿一听，急得涨紫了脸，瞪(dèng)着眼睛说道。

平儿见他这样，也就不敢多问，便继续赔笑道：“不是的，我们是怕三爷拿去吓唬他们，让他们好好找一找。”

“他的玉在他身上，不见了应该问他，怎么问我呢？大家都喜欢他，他得了东西不问我，他丢了东西就来问我！”贾环气愤地走了出去。

贾宝玉此时也急了起来，说道：“都是这劳什子闹的，我不要它了。你们也不要管了。环儿一去，必定会嚷得满院子都知道了。”

“小祖宗，你认为这玉丢了你没关系，可是我们这些人就要粉身碎骨了。”说着，袭人便嚎(háo)啕(táo)大哭起来。

大家开始议论接下来该怎么办，如何告诉太太、老太太她们。

## 6 还是找不到

贾宝玉望着她们着急、难受的样子，说道：“你们也不用商议，就说是我砸了就可以了。”

“我的爷，上头要问为什么砸呢？袭人她们也是个死。倘若还要看砸破的玉渣(zhā)儿，又怎么办？”平儿一听，立刻摇头说道。

“不然就说我前日去南安王府听戏时，丢在了路上？”

“那也不妥。既然是前天丢的，为什么当天不说呢？”贾探春说道。

就在大家想尽办法的时候，外面传来了赵姨娘又哭又喊的声音：“你们丢了东西自己不找，怎么叫人私下里拷(kǎo)问环儿。……我把环儿带过来，索性交给你们，随你们杀剐(guǎ)……你就是个贼，快快招了吧……”话音未落，赵姨娘就把环儿推到了众人面前。

“太太来了。”正在大家不知怎么办时，一个丫头说道。

大家连忙起身迎接王夫人。赵姨娘只好不做声，站在那里迎接。

“那块玉真丢了吗？”王夫人见众人都有惊惶之色，就严肃地问道。

众人都不敢做声，袭人吓得连忙跪下，眼泪再次流了下来，正要张口回答。贾宝玉立即说道：“太太，这事与袭人无关，是我前日在去南王府听戏的路上掉的。”

“为什么当天不找，不说呢？”王夫人显然有些生气了，“这块玉不见了，袭人怎么早没发现？她是怎么服侍你的？”王夫人的话让贾宝玉、袭人等人不知说什么了，都不敢做声。站的站，跪的跪，抽泣的抽泣。

赵姨娘见此情况，便得意地说道：“他们外头丢了东西，也赖(lài)环儿……”

“这里在问话，你不要说那些不要紧的话！”赵姨娘的话还没有说完，王夫人望着她，瞪了一眼，喝道。

这时，李纨、贾探春走到王夫人面前，如实地把情况说了一遍。王夫人听后，也急得泪如雨下，准备去说给贾母听。

王熙凤此时也来到了怡红院。

“你也听见了，这可不是怪事吗？明明放在炕桌上的东西，怎么就找不到了！我去告诉老太太，希望认真查出来才好，不然这是断了宝玉的命根子呀。”王夫人看见王熙凤来了，连忙告诉她。

“咱们家人多手杂，自古说的‘知人知面不知心’，哪里保得住每一个都是好的？”凤姐说道，“不过，依我看，大家先不要着急，暂时不要让老太太、老爷知道，也不能让偷玉的那个人知道，否则怕他一着急，把玉给毁坏了。请太太暗中派人到各处查访，采取各种方式去找玉。”

王夫人迟疑了一会儿，然后对着环儿说：“不许你到处嚷嚷。如果你把这件事说出去，别人把玉毁(huǐ)了，我看你还怎么活！”

贾环吓得哭道：“我不敢嚷了！”赵姨娘更不敢言语。

王夫人看了一下大家，怒道：“你们也不许声张。给大家三天时间寻找，三天后找不到的话，也就瞒(mán)不住了，大家也不用过安静的日子了。”

一连几天下来，大家都没有找到。后来王夫人的兄长晋升大学士，元贵妃病亡等事情冲淡了通灵宝玉遗(yí)失一事。不过后来，王夫人不得已还是按照贾宝玉的说法，告诉老太太通灵宝玉丢了。老太太虽然非常生气，但没有责罚下人，只是要求悬赏，即使找遍全城，也要找到那块通灵宝玉。

这块玉后来由一个和尚送到了贾府，那时老太太、凤姐、赵姨娘都已经死了。

# 一三　人怕出名猪怕壮

主要人物：周大嫂子、凤姐
主要地点：凤姐房里
主要事件：紫娟申请提前支付月钱

## ①俗话记忆

“人怕出名猪怕壮”中“人怕出名”是因为出名后会招致麻烦，“猪怕壮”是因为猪长壮后就要被屠宰(tú zǎi)，所以有了这样的俗话：人怕出名猪怕壮。

与之类似的俗话还有：“枪打出头鸟”“树大招风”“出头椽(chuán)儿先朽(xiǔ)烂”“木秀于林，风必摧(cuī)之”等等。它们的大意也是告诫(jiè)人们做事要低调些，不要太张扬，否则容易招来横祸(huò)。

《西游记》中曾用到：“这正是树大招风风撼树，人为名高名丧人。”

《红楼梦》中，王熙凤借用这句话告诉周大嫂子，贾府在外人眼里，财富是相当多的。尽管现在已经大不如从前了，但做事还是必须要讲究的。她说：“咱们一日难似一日，外面还是这么讲究。俗话儿说的，‘人怕出名猪怕壮’。”

## ②凤姐的委屈

阳春三月的一个下午，林黛玉的病又犯了，这次比以往都要严重，咳出了鲜血。贾母吩咐王太医看完贾宝玉的病后，去看看林黛玉，并给她开一些药。

紫娟见林黛玉咳出痰血后，十分着急。吃药虽是贾府支付费用，无须姑娘出钱，但她有时也想手上能有点零钱，使用起来方便些。可是林姑娘从不主动向贾府要。于是紫娟想了一个办法，希望能把自己的月钱提前支取出来，方便林黛玉使用。

紫鹃自己又不能向管事的凤姐直说，于是找到了周大嫂子，希望她能跟凤姐说说。周大嫂子来到凤姐处汇报完其它事情后，说道：“我方才到林姑娘那边，看她那个病竟是不好呢。脸上一点血色也没有，摸了摸身上，只剩得一把骨头。问她也没有话说，只是淌眼泪。后来紫鹃告诉我说：姑娘现在病着，要什么自己又不肯要，她问二奶奶，可不可以提前支用一两个月的月钱。”

凤姐低了半日头，说道：“这么着罢，我送她几两银子使罢，也不用告诉林姑娘。这月钱却是不好提前支的。一个人开了例，要是都提前支起来，那如何使得呢。你不记得赵姨娘和三姑娘拌嘴了，也无非为的是月钱。况且近来你也知道，出去的多，进来的少，总绕不过弯儿来。”

凤姐继续说道：“其他人不知道的还说我家没当好，更可气的是有那一种嚼（jiáo）舌根的说我搬运到娘家去了。周大嫂子，你倒是知道的，你说我冤不冤。”

“真正委屈死人！这样大门头儿，除了奶奶这样心计儿当家罢了，别说是女人当不来，就是三头六臂的男人还撑（chēng）不住呢，还说这些个混账话。”周大嫂子怨恨道。

## ③ 金银财宝如粪土

周大嫂子又笑着说道：“奶奶你还没听见呢，外头的人说得更奇怪呢。前儿周瑞回家来，说起外头的人传闻着咱们府里如何有钱呢。也有说‘贾府里的银库几间，金库几间，使的家伙都是镶金嵌玉的。’也有说‘姑娘做了王妃，自然皇上家的东西分了一半给娘家。前儿贵妃娘娘省亲回来，他们还亲眼见她带了几车金银回来，所以家里收拾摆设的都是水晶的。

“那日在庙里还愿花了几万银子，只算得牛身上拔了一根毛罢了。有人还说，咱们门前的狮子只怕还是玉石的呢，园子里还有金麒麟，叫人偷了一个去，如今只剩下一个了。家里的奶奶姑娘不用说，就是屋里使唤的姑娘们也是一点儿不动，喝酒下棋弹琴画画，横竖有服侍的人呢。还有唱歌的，‘宁国府，荣国府，金银财宝如粪土。吃不穷，穿不穷，算来——’”

忽然，周大嫂子停着不说了。

“怎么啦?”王熙凤奇怪地问道。

原来那歌的后面是——总是一场空。周大嫂子猛然间觉得说溜(liù)了嘴，突然想起这话不好，才咽(yàn)住不说。

## 4 人怕出名猪怕壮

凤姐儿听了，也已明白必是句不好的话了，也不便追问，只说道：“那都没要紧，只是这金麒麟的话从何而来?”

“就是那庙里的老道士送给宝二爷的小金麒麟儿。后来丢了几天，亏了史姑娘捡着还了他，外头就造出这个谣(yáo)言来了。奶奶说这些人可笑不可笑。”

凤姐道：“这些话倒不是可笑，倒是可怕的。咱们一日难似一日，外面还是这么讲究。俗话儿说的，‘人怕出名猪怕壮’，况且又是个虚名儿，终究还不知怎么样呢。”

周大嫂子道：“奶奶考虑的也是。只是满城里茶坊酒铺儿都是这样说，并且不是一年了，那里捂(wǔ)得住众人的嘴。”

凤姐点点头儿，叫平儿称了几两银子，递给周大嫂子道：“你先拿去交给紫鹃，只说我给她添补买东西的。若要物品只管要去，别提这月钱的话。她也是个聪明人，自然明白我的话。我得了空儿就瞧姑娘去。”

周大嫂子接了银子，答应着离开了。

周大嫂子知道凤姐的内心，其他人不一定知道。

# 晴雯

贾府最有灵气、唯一一个留长指甲的丫鬟，漂亮又有个性，如同林黛玉一般。贾母认为她的针线活水平配得上贾宝玉。在她生病期间，不仅展示出了她的针线水平，也体现出了她对贾宝玉特殊的情感。贾宝玉对她也是格外有情，即使她被王夫人赶了出去后，也多次到外面看她。在她死后，贾宝玉每年都会祭奠她，视她为“芙蓉花神”。

# 一四　千金难买一笑

主要人物：贾宝玉、晴雯、袭人

主要地点：怡红院

主要事件：晴雯撕扇

## ① 俗话记忆

“千金难买一笑”，这句语的本意是指为博得所宠(chǒng)爱的女子一笑，不惜花费若干金钱，形容某人的笑非常难得。

《红楼梦》中，一天晚上，晴雯说她喜欢听撕扇子的声音，贾宝玉就让她一连撕了几把扇子，并且借用了这句俗话，还说“几把扇子能值几何?”能让晴雯开心，贾宝玉愿意她撕更多的扇子。

晴雯是贾宝玉比较喜欢的丫鬟之一，在贾宝玉的心里占有一定的位置。晴雯因病被贾府赶出去后，贾宝玉还偷偷地去看她。晴雯忍痛咬下指甲送给贾宝玉，贾宝玉把贴身的内衣送给晴雯。晴雯去世后，贾宝玉每年都会独自祭奠(jì diàn)她。

## ②“蠢材”晴雯

那天正是端阳佳节，大小庭院的门口都挂上了蒲(pú)条艾蒿(ài hāo)，孩童的手臂上都缝上虎符辟邪(bì xié)护身。

中午，王夫人开了酒席，请薛家母女等亲友过节。贾宝玉没精打采，林黛玉也心中不自在，其他人也都各有心思。这个节日过得没有往常热闹，大家坐一坐，就都散了。

贾宝玉闷闷不乐地回到房中，长吁(xū)短叹。

“哎呀！”这时，晴雯回来换衣裳，一不小心失手把扇子跌在地上，把扇骨子跌折了。

贾宝玉听到了，走过来一看，叹了一口气，说道：“蠢(chǔn)材，蠢材！你将来会怎么样呢？以后你自己当家立业，难道也只这样顾前不顾后的？”

“二爷近来气很大呀，动不动就给脸色看。”晴雯冷笑道，“前天打袭人，今天又来找我的不是！要踢要打随你！

“今天只是跌了一把扇子，这应该也算不了什么大事吧。以前不知弄坏了多少值钱的玻璃缸、玛瑙(mǎ nǎo)碗，都没见你发脾气。这会儿一把扇子就让你如此生气，何苦来呢！要嫌(xián)我们，就把我们都打发走，再挑好的来。我们好说好散，岂不更好？”晴雯越说越气，声音也越来越大。

贾宝玉听了这些话，气得浑(hún)身发抖，吼道：“你不用急，我们将来有散的时候！”

## 3 “醋”激袭人

袭人在一旁听见他俩吵起来了，连忙走到贾宝玉跟前，说道：“好好的，现在怎么了？是不是我说的‘要是我不到，就一定有事儿’呢？”

“姐姐真会说话，既然如此，你早就该来了，也省得我惹(rě)爷生气。”晴雯听了后冷笑道，“只有你一个人服侍的好，我们都不好。也是因为你服侍的好，昨天才挨窝心脚；我们不会服侍的，以后还不知犯什么罪呢！”

袭人听了，又恼又愧，正准备说她几句，这时发现贾宝玉已经气得脸发黄了，赶紧忍住性子，说：“好妹妹，你出去逛(guàng)逛，原本是我们的不是。”

“我们？”这岂不是说她和贾宝玉吗？晴雯不禁醋(cù)意猛添，冷笑了几声，说道，“你别忘了自己还是丫鬟呢，岂能称‘我们’？”

袭人顿时羞得脸紫涨起来。贾宝玉看了一眼袭人，对着晴雯大声喊道：“你不要生气，我明天就抬举她。”

袭人连忙拉起贾宝玉的手，说：“她是一个糊涂人，别和她争执了。你平时心胸不是很宽的吗，比这大的事情，你都能包容，今天是怎么了？”

“我原是糊涂人，哪里配和我说话！我不过是一个奴才而已。”晴雯阴阳怪气地说道。

袭人转向晴雯，说道：“姑娘是和我拌嘴，还是和二爷拌嘴呀？要是心里对我有意见，你就只和我说，没必要当着二爷的面吵；如果是对二爷有意见，那就不该这样吵。我是来劝架的，劝开了，大家都好。姑娘反而找我的不是。你如果不是烦我，又不是烦二爷，干嘛这样夹枪带棒的，不依不饶(ráo)的。我现在出去，随你们。”说完，就往外走了。

“你也不用生气，我知道你的心思。我这就回太太去，说你大了，立即让她们打发你出去好不好？”贾宝玉对着晴雯吼道。

晴雯一听要打发她出去，一下子就哭了起来，伤心地说道：“我为什么出去？要嫌我，变着法子打发我出去，我不答应！”

“我何曾遇到过这样的吵闹？一定是你自己要出去了。”说着，贾宝玉站起来就要走。

袭人连忙回身拦住贾宝玉，笑道：“到哪里去？”

“回太太去！”

“真没意思，你这时去回，不怕害了她！即使真要去，也要等气消了才去。”

“这也没什么，是她自己想出去了。”

晴雯哭得更厉害了：“我什么时候要出去了！你想用太太来压我，就只管去回。我就算一头碰死在这里，我也不出这个门。”

“这就怪了！你既然不想出去，又要闹什么？我经不起这吵吵闹闹，不如去了清净。”贾宝玉说完，再次要走。

袭人见拦也拦不住，只好跪在他的面前。这时其他几个丫鬟都一齐跑进来跪了下来。

贾宝玉忙把袭人扶起来，叹了一声，在床上坐下，叫众人都起来后，对袭人说：“叫我怎样才好？我对你们的那颗心，你们都不知道。”说完，眼泪不自觉地流了下来。

袭人见贾宝玉哭了，自己也哭了起来。

正当大家都在哭的时候，林黛玉走了进来。一会儿，林黛玉就把他们逗笑了。

## 4 晴雯撕扇

一天很快就过去了，夜幕降临，天气还是比较热，袭人去洗澡，晴雯一个人躺在枕榻(zhěn tà)上面乘凉。这时贾宝玉带着几分酒意，踉踉跄跄(liàng liàng qiàng qiàng)地走进院子，看见中间枕榻上有一个人躺在那里乘凉。他以为是袭人，就在榻边上坐下，用手推了推，问道："疼处好些了吗？"

"干吗呢？又来惹我！"晴雯见贾宝玉推她，一下子就跳了起来。

贾宝玉再一看，原来不是袭人是晴雯，不过他立即把站起来的晴雯拉下来，让她坐在旁边，笑着说道："你的性子越来越娇惯了。早上就是跌了扇子，我也只不过说了那两句，你就说了好多。"

"怪热的，你拉拉扯扯做什么？叫人看见又像什么呢？我不配坐在这里。"晴雯故意说道。

贾宝玉笑着说："你既然知道不配，干吗又睡在这里乘凉呢？"

这下子，晴雯不知说什么了，噗嗤(pū chī)一声笑了出来，说道："你不来还好，你一来，我就不配了。起来，让我去洗澡。袭人麝月她们都洗了澡，我叫她们过来陪你。"

"不，我就要你坐在这里。"

"我一个蠢材，连扇子都跌折了，不能很好地服侍你。"晴雯又故意说道。

贾宝玉听到又说扇子的事情，就笑着说道："扇子是跌折的，即使是你撕坏的也没关系。只要你高兴，就可以撕它。"

"既然这么说，你就拿扇子来给我撕，我最喜欢听撕扇子的声音了。"晴雯一听，笑了。

"给，你撕！"贾宝玉顺手把自己手上的扇子递给她。

晴雯接过来，"嗤"的一声，扇子就被撕成两半，接着又听见"嗤嗤"几声，扇子被撕成好几条了。贾宝玉在一旁笑着说道："声音好听，撕得好，再撕响些！"

## 5 千金难买一笑

正说着，只见麝月走过来，瞪了他们一眼，说道：“少作些孽(niè)吧！”

贾宝玉赶上前，一把将她手里的扇子也夺过来递给晴雯。晴雯接过来，也撕成几条，两人你看看我，我看看你，都同时大笑起来。

“你们怎么拿我的扇子开心呀！”麝月生气地说道。

“你打开扇子匣(xiá)子，看看里面还有扇子没有，或者里面还有其它什么好东西可以撕的吗？”贾宝玉对着麝月说道。

麝月笑着说：“要不把扇匣子搬出了，让她撕个够？”

“你就搬去！”

“我可不造这样的孽，要搬她自己搬去，她又不是没有手。”

晴雯靠在枕榻上，笑着说：“我累了，明天再撕吧！”

贾宝玉笑着说道：“古人云，‘千金难买一笑’，几把扇子能值几何？”说完，就喊袭人出来。

袭人洗完澡，换好衣服出来后，安排小丫头佳蕙(huì)把撕破了的扇子收拾走。随后，大家坐在一起乘凉聊起天来。

晴雯是贾府中最有个性、针线活最厉害的丫头，大家都说她无论是长相还是个性，都与林黛玉相似。贾宝玉也非常喜欢她，后来视她为“芙蓉花神”。

# 一五　病来如山倒，病去如抽丝

主要人物：晴雯、麝月、贾宝玉
主要地点：怡红院
主要事件：晴雯病中补裘衣

## ① 俗话记忆

“病来如山倒，病去如抽丝。”这句话的意思是疾病来时像山崩(bēng)一样快，而康复起来却很慢，像从蚕茧(cán jiǎn)里面抽丝一般。用“抽丝”形容很难，很慢，治病如同从蚕茧里面抽丝那样艰难，寓意生病容易，治病难，告诉我们要爱护身体。后来也泛指修复比毁坏难。

《红楼梦》里，晴雯生病吃药后，不见好转，急得她乱骂大夫，说大夫只会骗人钱。麝月笑着劝她时，借用了这句俗话。她说：“你太性急了，俗话说，‘病来如山倒，病去如抽丝。’”麝月告诉她大夫开的药又不是太上老君的灵丹妙药，一般都需要过几天才有效果呢！

## ② 晴雯病得很严重

那天是贾宝玉大舅的生日。天气阴冷，尽管还没有下雪，但公子哥们都穿上了下雪天的装束。贾宝玉一早就穿上了老太太给他的俄罗斯产的乌云豹纹裘(qiú)衣去舅舅家。

这件衣服金翠辉煌(huī huáng)，碧彩闪灼(zhuó)。贾宝玉穿上后，越发神采奕奕(yì)，王夫人笑着说：“你好好穿，爱惜一些，别糟蹋了它！这是用孔雀毛拈(niān)成线编织的。老太太说只有这一件呢！”

贾宝玉高兴地和李贵等人出角门后，一路往舅老爷家去了。

怡红院内，晴雯吃了几天的药，仍不见病退，急得乱骂大夫，说道：“大夫只会骗人钱，一剂(jì)好药也不给人吃。我的病到现在还没好！”

在一旁的麝月笑着劝道：“你太性急了，俗话说：‘病来如山倒，病去如抽丝。’他又不是太上老君，怎么会有灵丹妙药呢。你静养几天，自然病就好了。”

晴雯骂在兴头上，又开始骂小丫头们。小丫头定儿、坠儿听见骂声赶紧跑了进来。

晴雯看见坠儿进来了，叫她走近一点。待坠儿一靠近，晴雯立即伸出一只手把她的手抓住，然后迅速从枕头边拿起一丈青首饰，使劲地往她手上戳(chuō)，边戳边骂：“要这爪子干什么？拈不得线，拿不动针，只会偷东西。眼皮子又浅，爪子又轻，不如戳烂它。”

坠儿疼得直叫唤，麝月赶紧过来拉开坠儿，把晴雯扶着躺下，说道：“你才出汗，又作死呀。等你好了，要打多少打多少，这时候闹什么？”

原来晴雯听贾宝玉说，坠儿偷了平儿的金手镯(zhuó)子，虽然平儿没有让太多的人知道此事，但也影响了怡红院的形象。贾宝玉当时告诉晴雯后，嘱咐她安心养病，等病好了再处理她。

晴雯越想越气，越骂火越大，也顾不得自己身上有病，就叫人把坠儿打发出去了。

## 3 宝玉新衣坏了

天很快就黑了。晴雯这样一闹，感觉又不大舒服了，在床上翻来覆(fù)去地总是安静不了。

待天完全黑下来后，麝月把灯点上。看着这忽明忽暗的灯光，晴雯才慢慢地安静下来，躺在床上休息。

没多久，贾宝玉唉声叹气地走了进来。麝月连忙走上前问原因。

贾宝玉叹口气说道：“今儿老太太高高兴兴才给我的一件新褂子，不知什么时候后襟子上被烧了一个洞。幸亏是天黑了，老太太、太太没看见。”贾宝玉一面说，一面脱下褂子。

麝月接过来一看，后襟子上果然有一个拇指盖大小的烧眼。看着贾宝玉着急的样子，麝月安慰道：“这必定是哪个手炉里的火星溅到上面烧的。这没什么，赶着叫人悄悄地拿出去，叫个能干的织补匠补上去就好了。”说完，就用布包了褂子，交给老婆子送出去，并嘱咐道：“赶在天亮前补好，千万别让老太太、太太知道。”

老婆子去了好一会儿，回来后无可奈何地说道：“我不但问了能干的织补匠、裁缝绣花匠，还问了会缝补的普通女人，他们都不认得这是什么，都不敢补。”

“怎么办呢？要不明天不穿？”麝月望了望贾宝玉，说道。

“明天是正日子。老太太、太太说了，还要我穿这个去见她们呢。”贾宝玉有些急了。

## ④ 晴雯病中补衣

“拿来给我瞧瞧吧。”晴雯躺在床上都听见了，这时忍不住翻了个身，说道，“没福气穿就算了，这会子着急了。”

贾宝玉见晴雯醒了，连忙走过去，把那件褂子递给她。麝月也把灯拿到床前。

晴雯看了看，说道：“这是孔雀金线织的。如今咱们也拿孔雀金线织，兴许可以混过去。”

麝月一听，高兴地说道：“孔雀金线我们这里有现成的，但是除了你，谁会这个手法呢？”

“我来织吧！”晴雯低声说道。

“这如何使得！”贾宝玉心疼地喊道，“你才好一些，怎么能干活呢！”

晴雯有气无力地说道：“不用你这样蝎(xiē)蝎螯(áo)螯的，我自己知道。”说完，勉强坐了起来，用手把散开的头发挽(wǎn)好，披了一件衣裳，叫麝月帮着拈线。她就拿起一根孔雀线，放到褂子上面比对一下后说道：“这虽然不是很像，如果补上去后，也不会太显眼的。”就这样晴雯选了一根又一根，每一根都经过比对后才缝上去。补三五针后，就靠在枕头上歇一会儿。补一会儿后，停下来，喘几口气，接着又补。

贾宝玉在旁边一会儿小心地问要不要喝水，一会儿又命她休息一下，一会儿又给她披斗篷，一会儿又垫枕头。晴雯见贾宝玉忙个不停，就请求道："小祖宗，你这样熬(áo)夜，会把你的眼睛抠(kōu)出来的，明天老太太、太太看见了怎么办?"

贾宝玉见晴雯有些急了，就随便躺下，可是躺在那里睡不着。

## 5 衣服终于补好了

当，当，当，当。不知不觉，屋内的自鸣(míng)钟敲了四下。晴雯这时才舒了一口气，自言自语道："终于补完了!"然后叫麝月取来一把小牙刷，轻轻地在上面刷出些绒(róng)毛来。

晴雯还没刷几下，麝月眼睛一亮，惊叹地说道："太好了，和真的一样，如果不留心，还真看不出来。"

晴雯连着咳嗽了好几声后，把褂子递给麝月。麝月刚接过褂子，就只听"哎呦"一声，晴雯身不由己地倒下去了。

晴雯虽然将雀裘补好了，但已精疲力竭，病情又重了。贾宝玉心疼不已，连忙要小丫头们轻轻地捶她一会儿，让她尽快休息，等天一亮，立即派人去请大夫。

经过王太医的药方治疗，晴雯的病也渐渐地好了。袭人办完母亲的丧事后，也回到了怡红院。

晴雯不仅给贾宝玉补雀裘，而且贾宝玉处的针线活基本上都是晴雯完成的。贾母、王夫人也认为她的针线活是一流的。贾母当初认为只有她的针线活才配得上贾宝玉，王夫人也认为她是一个有才能的人。遗憾的是，王夫人后来越来越不喜欢她了，最终将病中的她赶出了贾府。

# 一六　女大十八变

主要人物：王夫人、贾母
主要地点：贾母处
主要事件：王夫人评说晴雯

## ❶ 俗话记忆

“女大十八变”的本意指女子长大后，外表上会有很大的变化。其中“十八”不是十八岁，而是虚指，形容变化有很多。后来形容女子在成长过程中，不仅长相会发生了很大的变化，性格、心理等方面也会发生很多变化。

《红楼梦》中，王夫人借用这句俗话来表达晴雯不是原来贾母身边时的晴雯了，她说，“女大十八变”，晴雯长大后，越来越不“听话”了，没有规矩了。晴雯当初是伺候贾母的，后来贾母把晴雯和袭人一起安排到贾宝玉身边，照顾贾宝玉的生活起居。

## ❷ 王夫人撵(niǎn)走晴雯

一天，王夫人来到贾母处，见贾母心情不错，就把自己近一段时间处理的事情向贾母汇报。

“宝玉屋里有个晴雯，她如今也长大了，越发淘气，比以前也懒多了。加上前一段时间得了女儿痨(láo)，我就把她赶出去了。”王夫人首先说到晴雯。

贾母听了，觉得很奇怪，就说：“晴雯那丫头，我看她挺好的，言谈针线都挺不错，将来我想还只有她配得上给宝玉使唤，怎么变成这样了？”

王夫人笑着说道：“老太太挑中的人原本不错，有一手好针线活。不过俗话说得好，‘女大十八变’，晴雯变得有些不一样了。”

王夫人想了想，继续说道：“据王善宝家的说，晴雯天天打扮得像个西施一样，在人跟前总是说三道西，掐(qiā)尖要强，一句话不投机，就站起来骂人。有一次，我和老太太去逛大观园，我老远发现一个水蛇腰，削肩膀，长得有点像黛玉的人，正在那里骂一个小丫头。那个人好像就是晴雯。”

在贾府，许多人都认为晴雯无论是从长相还是性格上都像林黛玉，她是众多丫鬟中最漂亮的，也是最有个性的。林黛玉姿容绝代，具有稀世俊美。晴雯眉眼之间无不如同林黛玉。即使晴雯不饰妆，不整戴，也有“清水出芙蓉”的魅(mèi)力。

不过，王夫人并不喜欢，见晴雯如此模样，时常见面就把她怒骂一顿，还怪腔怪调地说道：“真是个好美人！不过像个病西施！”

王夫人看到贾母的脸色还有些凝(níng)重，就继续说道：“我知道老太太曾想好好提携(xié)她，让她好好照顾宝玉。我三年前也开始留心这件事，也看中了她。以老太太的经历，什么人没见过呀！但凡有些本事的人，往往会趾(zhǐ)高气扬些，不大稳重。如果说稳重知大礼，还是袭人好一些。”

## 3 王夫人眼中的袭人

袭人也是贾母派过去服侍贾宝玉的丫头。模样虽然比晴雯差一些，但在丫头里面，也算是一流人才。

“袭人情况如何呀?”贾母问道。

“袭人做事大方，心地善良，这几年从未同宝玉淘过气，凡是宝玉胡闹的时候，袭人都是好好相劝，耐心开导。”王夫人兴奋地说道，“这两年我暗中观察，发现她非常不错后，就悄悄地提升了她的待遇，不按丫头发钱了，给她发高于晴雯的月钱，从我的月银里拿出二两银子来给她。”

贾母听了，似乎心情好一点了，笑道：“原来这样，这样也好。袭人本来从小就不言不语，我曾说她是没嘴的葫芦。这些事情既然是你了解之后做出的决定，也应该没有大错误。”

王夫人听后，笑着继续说其它的事情了。

王夫人说“女大十八变”，晴雯如今变得更漂亮了，是贾府里最漂亮的一个丫鬟，能与最漂亮的姑娘林黛玉相媲美。贾母说她的言谈针线都很好，很多人都不如她。

晴雯死后，一天，贾宝玉不小心露出了大红内裤，丫鬟麝月看见了感叹道：“物在人亡了！”贾宝玉这才知道晴雯去世了。这条裤子就是晴雯一针一线缝出来的。

# 贾 探 春

贾政与赵姨娘的女儿，在代理贾府的管理工作中，展现出聪明能干的一面，就连王熙凤也认为她比自己要强一些。她具有强烈的改革意识，敢于创新。在处理亲生母亲赵姨娘例钱的问题上，秉公处理，赢得了众人的叹服。

# 一七　守如处女，出如脱兔

主要人物：贾探春、贾迎春、林黛玉、王住媳妇、绣橘、平儿
主要地点：贾迎春屋内
主要事件：金丝凤冠被典当

## 1 俗话记忆

“守如处女，出如脱兔。”中“处(chù)女”是指没有出嫁的女子，“脱兔”是逃跑的兔子。这句话一般指军队未行动时像未出嫁的姑娘那样沉稳，一旦进攻就像飞跑的兔子那样敏捷，出其不意，攻其不备。也有“静若处子，动若脱兔”或“静如处子，动如脱兔”之说。

《红楼梦》中，林黛玉借用这句话是赞扬贾探春在处理贾迎春的金丝凤冠被典当一事时有谋略。她说：“这倒不是道家法术，而是三姑娘用兵如神。所谓‘守如处女，出如脱兔’，出其不备之妙策也。”贾迎春是荣国府大老爷贾赦与姨娘所生，天性懦(nuò)弱；贾探春比贾迎春小，是荣国府二老爷贾政与赵姨娘所生，精明能干。在王熙凤生病期间，贾探春曾与薛宝钗、李纨一起临时管理过贾府的大小事务。

## 2 贾母杀鸡骇猴

“拖出去，重打四十大板后撵(niǎn)出去，永远不许再入贾府！”

上午时分，随着贾母一声令下，贾府轰动多时的赌博(dǔ bó)案顺利结案。三大赌头及其他参赌人员都得到了应有的处罚。三大赌头被打了一顿后，都被撵出去

了。贾府内顿时哀嚎(āi háo)声一片。

在哀嚎声中，也有求情声。原来林黛玉、薛宝钗、贾探春等人，见三大赌头中，有一个是贾迎春的奶娘，便求情道：“这个奶妈平时不玩的，不知什么时候也参与进去了，请老太太看在二姐姐的面上，饶了她这次吧。”

“你们不知道，这些人仗着哥儿姐儿吃过她们的奶，就时常惹是生非，比别人更可恶。我正要找一个这样的案子来警示呢！你们就别管了，我自有道理。”贾母原来早有所虑(lǜ)。

林黛玉等人听后，也就不再说什么，各自回屋了。

## ③ 软弱的贾迎春

贾迎春回到自己的屋里，闷闷不乐。

丫鬟绣橘(xiù jú)怨道：“我前一段时间问姑娘，那顶金丝凤冠不知哪里去了。姑娘也不问不管。我说肯定是奶娘拿去当了银子放赌博的高利贷(dài)了。姑娘不信，只说是司棋收着呢！司棋虽然病了不能说话，但心里却清楚。我去问奶娘，你知道奶娘怎么说吗？她说在书架匣子里放着，预备八月十五戴呢！”

绣橘望了望贾迎春，见她仍没有任何反应，只是坐在那里不作声，就继续说道：“如果姑娘那时能问一下就好了，现在那顶金丝凤冠不知还能不能回来，你八月十五还能不能戴上呢？”

“不用问！我当时认为她只是借用一下，让她悄悄地拿去，然后悄悄地放回来，只是一时半晌(shǎng)的时间。哪曾想她竟然忘了，加上今天这么一闹，再问她也没有用了。”贾迎春似乎有些委屈了。

“怎么是忘记了！她是摸准了姑娘的性格，所以才这样的！”绣橘有些急了，说，“我有个主意，可以把姑娘的金丝凤冠要回来。”

贾迎春连忙说道：“算了，算了，省些事吧。我宁可没有那金丝凤冠，也不愿意再生一些事情来。”

“姑娘怎么如此软弱呀，这样怕事，以后会连姑娘都被骗了去！”绣橘恼火道。她说完就去找凤姐想办法去了。

## ④ 绣橘又气又恼

绣橘还没迈(mài)出房门，贾迎春奶娘家的玉住媳妇就冲到了她面前。原来她因婆婆被撵出去了，想请贾迎春去求情。她在门外有些时候了，听见她们正在说事，就没进来。她也知道贾迎春天性懦弱，根本就没把金丝凤冠的事放在心上。如今见绣橘要去告诉凤姐，她担心会出大事，于是赶紧拦住绣橘，面对贾迎春赔笑道："姑娘，你就别找事了。姑娘的金丝凤冠是我家老奶奶老糊涂了，输了几个钱，暂时借用一下。是主子的东西，我们肯定是要还的，如今还请姑娘看在从小吃奶的情分上，到老太太那里去求个情，让她再回来。"

贾迎春这时也发话了，说道："好嫂子，你趁早打消这个想法。要我去说情，就算是等到明年也不管用。刚才连宝姐姐、林妹妹以及大伙儿都说情，老太太都没依呢！何况是我一个人，我自己臊都臊不过来，我还去讨臊呀！"

"还金丝凤冠是一件事，说情是一件事，别混在一起。"绣橘见玉住媳妇还要请姑娘去求情，就提醒她道，"难道姑娘不去求情，你们就不还金丝凤冠吗？嫂子先还了金丝凤冠再说吧！"

玉住媳妇见贾迎春如此拒绝她，绣橘的话又尖锐(jiān ruì)到无可应答，一时脸上过不去了。她尽管知道，眼前这位绣橘是难对付的，但还是向她发起难来。

"姑娘，你也别太仗势了。你说，哪家主子的奶娘不是悄悄地得点私利？难道就让我们规规矩矩吗？姑娘时常短了这个，少了那个，不都是我们填上去的，我们也没有去向主子要。这几年算起来，少说也有三十两了，我们问谁要过吗？现在倒好，被撵了出去，那些填的银子，岂不白填了吗？"玉住媳妇故意越说越气，声音也越来越大。

不过，绣橘不理这一套，还没等她说完，就啐(cuì)了一口，反问道："你们做了什么呀？怎么就白填了三十两？我就和你算算账！你说姑娘要你买了什么？填了什么？"

贾迎春见他们吵了起来，赶紧劝道："算了算了，我也不要那金丝凤冠了。如果太太们问起，我就说是丢了，你们别吵了！"说完还吩咐绣橘上茶。

绣橘又气又急，伤心地说道："姑娘既然不要了，我还说什么？他们把姑娘的东西弄没了，反而还说姑娘用了他们的钱。如果太太们问起来，倒成了我们的不是了，这还了得！”绣橘一边说，一边哭了起来。

贾迎春见劝不住，就自己拿一本《太上感应篇》看了起来。

## 5 探春有办法

这一切都被薛宝钗、林黛玉、宝琴、贾探春等人听见了。她们见贾母撵了贾迎春的奶娘，于是一起过来安慰贾迎春来了。走到院中，就听见她们三人在拌嘴，于是干脆在门外仔细听着。

贾探春透过纱窗看见贾迎春靠在床上看书，大有局外无事人一般，忍不住笑出声来。

“姑娘们来了！”丫鬟听见后，慌忙打起帘子，轻声说道。

贾迎春连忙放下书，走下床来。那玉住媳妇见有人来，特别是看见了贾探春，就不说话，准备溜走。

贾探春一边坐，一边说道：“站住，刚才是谁在这里说话？好像谁欠了她的钱似的。”

贾迎春笑道：“没有什么，只不过是小事，不必大惊小怪。”

“我刚才听见什么‘金丝凤冠’，又是什么‘主子问奴才要钱使用’，我想知道，是谁用了奴才的钱？”贾探春笑了笑，故意望了望玉住媳妇后，又看了看贾迎春道，“难道是姐姐用了奴才的钱？”

绣橘说道：“姑娘何曾向奴才要钱。”

“姐姐既然没有问她要，那就是我们向她要了。”贾探春故意望着玉住媳妇说道。

贾迎春在一旁急了，赶紧说道：“说的不是你们呢！不必在意。”

“姐姐的事就是我的事。如果说姐姐，就是说我。我岂能不管。我们是主子，有时想向奴才要什么也是可以的。但不知那个金丝凤冠是怎么回事？”

玉住媳妇更急了，她担心绣橘说出那些事，赶紧往前走一步，抢先赔笑道：“那是误会。”

贾探春早就知道这事了，就说道：“你可以去求二奶奶，自己用钱赎(shú)回来，还(huán)给姑娘不就完了吗？”贾探春边说边给自己的丫头侍书使个眼色。侍书连忙走了出去。

玉住媳妇怎敢去二奶奶凤姐那里去呢？贾探春见她不言语，接着说道：“我不知道则罢，既然知道了，也应该替你们解决解决。”

## 6 守如处女，出如脱兔

贾探春话音还没落地，平儿就走了进来，侍书跟在她后面。

宝琴见平儿来得如此之快，不禁拍手说道：“三姐姐是不是有驱神召将的法术呀！”

林黛玉听宝琴如此说，也忍不住笑道：“这倒不是道家法术，而是三姑娘用兵如神。所谓‘守如处女，出如脱兔’，出其不备之妙策也。”

贾探春见侍书把平儿请来了，就问道：“你奶奶可好些了？最近不知怎么了，总是让我们受委屈。”

平儿连忙说道：“谁敢给姑娘气受？姑娘快吩咐我。”

一旁的玉住媳妇本已慌了手脚，如今见平儿来了又听她们这么一说，更是慌了神，不知所措，把头埋得低低的。她正准备开口说话，就被平儿骂回去了：“姑娘们说话，哪轮到你了！你如果知礼的话，就该知道在哪里伺候。”玉住媳妇只好退到房外去了。

贾探春于是把刚才大家听到的事情一一告诉给平儿。平儿问贾迎春怎么处理为好。贾迎春一个人在那里看书，竟然没有发现平儿过来。大家见此情形，都忍不住笑了。

不过贾迎春还是那个贾迎春，一切都无所谓，任由她们处置。后来，贾迎春被他父亲贾赦嫁给了一位姓孙的人，这个姓孙的人根本不把贾迎春当成夫人，时常打骂她，最后贾迎春惨死在孙家。

# 一八　擒贼先擒王

主要人物：贾探春、王熙凤、平儿
主要地点：凤姐家
主要事件：贾探春盈利除宿弊

## 1 俗话记忆

“擒贼先擒王”与成语“擒贼擒王”的意思一致，都是在敌我双方的较量中，如果把敌人的主帅擒获或者击毙，其余的兵马则不战自败，比喻在解决事情时要抓住关键，解决了主要矛盾，其它问题便可以迎刃而解。

《红楼梦》中，凤姐因病不能处理贾府事务，王夫人安排贾探春与李纨、薛宝钗协作掌管贾府。她们掌管没多久，就遇到处理赵姨娘兄弟丧葬费例钱的问题。凤姐听完平儿讲述贾探春如何处理这个例钱后，意识到贾探春为了治理贾府，可能会先从她这里开始。

凤姐知道，虽然贾探春是一个未出阁的姑娘，但心里却事事明白，比她们厉害多了。为此凤姐借用了这句俗话“擒贼先擒王”，提醒平儿不能反驳（bó）贾探春，要恭敬应对。

## 2 探春令人叹服

一个月过去了，凤姐的病情仍没有好转，王夫人只好让贾探春、李纨继续管理贾府琐碎（suǒ suì）之事，并且请薛宝钗前来协助她们监理巡视。几天下来，贾府上下都感叹贾探春的精细程度比凤姐不得差，只是言语安静，性情温和。

一天，贾探春、李纨刚在“议事厅”里坐下，吴新登媳妇就走过来问如何支付赵姨娘兄弟丧葬费的例钱。

贾探春喝了一口茶，望着吴新登媳妇说道："以前府里死了家人，是如何给例钱的？说几个看看。"

吴新登媳妇见贾探春问话，连忙赔笑道："我记不清了。不过这也不是什么大事，赏多赏少，你说了算。"

"真胡闹。依你说，我赏她一百两也可以。如果不参照以前的规矩，大家会怎么想，二奶奶会怎样看？"贾探春生气道，"你真记不清了？如果是二奶奶问，你也会这样说吗？赶紧去找来账本！"

没多久，吴新登媳妇把账本取来了。贾探春翻了翻后，说道："给姨娘二十两银子吧。"

大家在旁看到贾探春处理的有条有理，无不叹服。

## ③ 赵姨娘闹腾

吴新登媳妇刚走一会儿，赵姨娘就哭哭啼啼地冲了进来。贾探春拿出账本，翻给赵姨娘看发放例钱的清单。赵姨娘看完后，一时找不到话说。

李纨在旁边劝道："姨娘别生气。这不能怨姑娘，姑娘即使想多给，也找不到理由。"

贾探春一听，急了，连忙说道："大嫂子这也糊涂了。我怎么想多给呢？"

赵姨娘听贾探春这样说，又开始闹腾起来，说道："这死的是你的舅舅呢，你如果多给二三十两银子，难道太太还不依你？你如今是忘了本了。"

原来赵姨娘是贾探春的生母。在贾府里，姨娘生的孩子不能叫生母为母亲，只能称姨娘，要叫夫人为母亲。贾探春一听赵姨娘如此说，气得脸都发白了，也开始伤心地哭泣起来。

"贾府里，谁不知道我是姨娘生的？你有必要隔两三个月就哭闹一回，生怕别人不知道，你是故意这样的吧！"贾探春哭着说道。

赵姨娘根本不顾及贾探春的感受，继续在那里唠叨（láo dao）。贾探春伤心地流着眼泪，抽泣着。李纨急得在旁边劝了这个又劝那个。

"二奶奶打发平儿说话来了。"正当李纨不知所措时，平儿进来了。赵姨娘赶紧赔笑迎上去。贾探春也止住了哭泣。

"奶奶说，赵姨奶奶的兄弟没了，若照常例，只给二十两银子。"平儿看了看大家，笑着说道，“如今可以请姑娘决定，可以多给一点。”

“你主子想做好人！让我拿太太的钱违反常例去做好人，我不敢。她要施恩，就等她好了，想加多少就加多少。”贾探春有些生气了。

平儿见贾探春这样说，也不敢像往日一样相待了，只默默地在一边站着。

## 4 探春洗脸

因贾探春刚才流泪，有三四个丫头过来侍候贾探春洗脸，跪着的跪着，递东西的递东西，平儿见贾探春的贴身丫头侍书不在，赶紧也过去帮忙。这时一个媳妇走了进来，说关于环儿和兰哥儿上学的费用问题。

“你忙什么呢？没看见姑娘在洗脸吗？”平儿一边帮忙一边说道，“在二奶奶那里，你可不是这样的！等一下我去禀报给二奶奶，看怎么收拾你！”吓得那媳妇赶紧退了下去。

贾探春一边擦脸，一边笑着对平儿说：刚才吴姐姐也是这样的，想糊弄我。

“她们在二奶奶那里不是这样的。”平儿说完，又笑着对外面的人喊道，“你们只管这样撒野，等二奶奶好了，看怎么收拾你。”

门外的媳妇们赶紧说道：“我们不敢了。”

贾探春、李纨看了看平儿，抿嘴笑了笑。

平儿说道：“俗话说，‘旁观者清’。姑娘这几年也看到了府里的事情，如果二奶奶该添该减的地方，还请姑娘添减。这样不但对太太有好处，而且也是姑娘对我们奶奶的情义。”

李纨听后，笑着对贾探春说：“这真是一个好丫头，怪不得凤丫头偏爱她。”

贾探春也笑着说道：“我本来有一肚子气，正要拿她奶奶出气去，这时她说了这些话，叫我也没有了主意了。”

“我有一件大事想先和大家商量一下，然后再问你奶奶去。你吃完晚饭就过来。”贾探春见时间不早了，于是吩咐平儿先去吃饭。

## 5 擒贼先擒王

平儿回到凤姐身边后，向凤姐说起了贾探春如何处理赵姨娘兄弟丧葬费的例钱及在贾探春那里的见闻。

凤姐听完后，笑着说道："贾探春非常厉害。她与环儿虽是一个娘肚子里出来的，却是天悬地隔的两个人。她虽是一个姑娘家，但心里事事明白，又言语谨(jǐn)慎(shèn)，又比我知书识字，那就比我厉害多了。"

平儿在旁边仔细地听着，不时点点头。

凤姐喘口气，休息一会儿，接着说道："不过，她这样能干，有自己的主意，也非常好。我们要和她携起手来。按天理说，有她这个人帮着，咱们也省些心，对她太太也有好处。不过……"

凤姐说到这里停住了，往门外望了望，见没人过来，才接着说起来。

"她要改变一些旧例，一定会先从我这里开始，如同俗话'擒贼先擒王'一般。如果她有否定我的一些想法或者做法，你不但要恭恭敬敬地听着，而且还要说她说得好。你不能和她辩解，也不用想怕我没脸面。"

凤姐说完后，见四周仍没有人，就邀请平儿和她一起吃饭。吃完饭，平儿侍候凤姐盥(guàn)洗完毕后，就到"议事厅"去了。

## 6 探春革新

正如凤姐所言，贾探春想要改变的确实与凤姐以前的做法有关。

贾探春笑着说道："今后，取消每个月买办之事，以免姑娘们花了两份钱，却得到的东西又不合意。"

平儿笑着解释道："以前女人们各房的东西都交由买办统一买，然后放在我们那里，姑娘们要用就来拿，不用大家都去买。后来，有一半以上的姑娘们都另外花钱自行去买了。我纳闷，是不是买办报了虚数，或者是买的不是正经货。"

贾探春、李纨都笑了起来，说道："原来你也看出问题来了。"

平儿不好意思地也笑了，说道："买办确实不好，应该取消。"

后来，贾探春她们还商量了承包大观园的事情。贾探春希望借鉴(jiàn)赖(lài)大家的成功经验，将大观园里的竹子、稻田、花卉(huì)等事物都承包出去，让他们负责自我管理，并给主子上交一定数量的得利，富余部分可以自行处理。这样一来，大观园的管理不但不花钱，还能获利，并且各项工作都有人管理，更没有偷闲之人。

平儿听了之后，心想这虽然改变了凤姐管理时的旧例，但也为府里省下了不少银子。这对太太有好处。她来之前，凤姐还和她说要节约开支呢。因此她高兴地说道：“这一年下来也能省下四百多两银子。”

后来贾探春的这些改革措施引发了一些矛盾，就连贾宝玉也说这是单拿他和凤姐姐扎筏(fá)子，意思是抓住他和凤姐的过错加以惩(chéng)戒，以警众人。贾宝玉还认为贾探春是最有算计的人。

贾母虽然认为贾探春有能力，但有一些重大的事情还是对她不放心。贾母认为王熙凤是最可靠的人，尽管王熙凤处在病中，也要她亲自督办贾宝玉与薛宝钗的婚嫁大事。

# 鸳　鸯

贾母身边最能干的丫鬟，负责贾母的饮食起居及财物管理。她与她的父母亲等家人都属于贾府的“财产”，虽有机会成为贾府的“主人”，但她没有委曲求全成为贾赦的小妾。最终在贾母去世后自缢随贾母而去。

# 一九　求人不如求己

主要人物：贾琏（liǎn）、鸳鸯、王熙凤
主要地点：贾府
主要事件：贾琏变卖物品筹礼金

## ❶ 俗话记忆

“求人不如求己”，这句话的意思是求别人不如求自己，当自己有困难时，与其求诸他人，还不如靠自己努力。

《红楼梦》里，贾母八十大寿后，贾琏因手上无钱应对重阳节礼品等费用开支，想请服侍贾母的丫头鸳鸯帮忙，从贾母处“偷运”一箱物品出来变成钱。他的想法就是“求人不如求己”。其中的“己”就是鸳鸯，是贾府自己的人。贾琏没有钱用，与其向贾府外的人借，还不如向自家人寻求帮助。贾琏请鸳鸯帮忙把贾母的物品“偷运”出来，抵押变成钱，这样就无须到外面借钱了。

## ❷ 贾琏问鸳鸯

贾母八十大寿之后的一个中午，八月初的天气已经不算太热了，或许是前一阵子贾母八十大寿热闹了好几天，大家有些疲倦（pí juàn）了，太太们、奶奶姑娘们中午睡觉相对以前睡得久了点。贾府和大观园里都非常安静。

鸳鸯利用贾母休息的时候来看看凤姐，凤姐也仍在睡觉，于是坐在凤姐的炕边与平儿聊天。平儿一边收拾衣物，一边与她说着前两天听到的家常事。

正当她们聊得开心的时候，贾琏从外面走了进来。他见平儿在东屋里聊天，也就进到东屋来了。

贾琏一走到门前，忽然看见鸳鸯坐在炕上，便立即停住了脚步，高兴地说道："鸳鸯姐姐，今儿贵步幸临贱地。"

鸳鸯只是坐着，笑着说道："我来请二爷、奶奶的安，偏偏遇到不在家的不在家，睡觉的睡觉。"

"姐姐一年到头辛苦服侍老太太，我还没有去看你，怎敢有劳你来看我们。"贾琏兴奋地说道，"你来的太好了，我正好有事要找姐姐去呢。我今天穿的袍子有些厚，准备换一身袍子再过去找姐姐的，没想到天也可怜我，省得我再走一趟。"贾琏一边说，一边在椅子上坐了下来。

"又有什么事情呢？"鸳鸯好奇地问。

"有一件事，我可能忘了，只怕姐姐还记得。去年老太太生日，曾有一个外来的和尚孝敬了一个蜡(là)油冻的佛手。这次老太太生日，我翻看古董账时，账上还有这个佛手，可是我问了几个管古董的人，都说没看到，现在这个佛手不知在哪里。所以想问一下姐姐。"

## ③ 平儿质疑

鸳鸯一听，想了一会儿，说道："我记得当时摆在老太太那里，后来，老太太看厌烦了，就给你奶奶了。我记得当初是打发老王家的送过来的。你可以问一下你们奶奶和平儿。"

平儿正在给贾琏拿衣服，听见这样一说，连忙出来说道："是送过来了，现在楼上放着呢！当时奶奶打发人过去在古董账上销掉，他们不知怎么了，没记上，怎么又来说这些事了？"

"既然给了你奶奶，我怎么不知道呀！难道是你们私自留下了？"贾琏笑着说。

"奶奶告诉二爷，二爷还要送人，奶奶当时不肯，好不容易留下来的。这下子，二爷自己忘了，倒说是我们私自留下了。"平儿责备起贾琏来，继续说道，"那是什么好东西，比那强十倍的东西我们也没贪一件！"

贾琏低头含笑，想了一想，拍手道："我如今糊涂了！丢三忘四，惹人抱怨。"

鸳鸯笑着说道："也怨不得。你事情多，加上时常喝几杯酒，哪里还记得许多呀！"鸳鸯一面说，一面起身准备走。

## 4 贾琏借首饰变钱

贾琏也连忙起身，站在门口，对鸳鸯说道："好姐姐，再坐一坐，兄弟还有事相求。"说完，就对门外喊道："怎么不沏(qī)好茶来！快拿干净的盖碗，把昨天来的新茶沏一碗来。"

贾琏吩咐完后，立即又转向鸳鸯，说道："这两日因老太太的千秋，所有的几千两银子都使完了。各处的房租地租都要在九月才能得，现在我这里银子接不上了。明儿又要送南安府里的礼，要预备娘娘的重阳节礼，还有几家红白大礼要送，算下来至少要两三千两银子用。现在我一时也难借到。"

贾琏顿了顿，继续说道："俗话说得好，'求人不如求己'。想请姐姐暂且把老太太查不到的金银首饰偷着运出一箱子来，暂时抵押(dǐ yā)几千两银子应付过去。不到半年的时间，等那些银子到了，我再把金银首饰赎回来，还给老太太，不能让姐姐留不是。"

"你倒会变法子，亏你想得出来！"鸳鸯一听，笑着说道。

"不是我扯谎，除了姐姐，也还有人手里管着数千两银子，但他们都不如你明白有胆识。我若和她们一说，她们不但不理解我，反而会吓坏她们。所以我'宁撞金钟一下，不打破鼓三千'。"

还没等鸳鸯答应，这时，贾母的一个小丫头急急忙忙地走来找鸳鸯。

## 5 凤姐出面

等鸳鸯离开后，凤姐也睁开了眼睛。原来她早就醒了，刚才听贾琏向鸳鸯借当，自己不便插话，只是躺在那里听着。

贾琏送走鸳鸯回到房间里，凤姐立即问道："她同意了？"

贾琏笑着说道："虽然没有答应，但也有几成的把握。不过还需要你再去和她说一说，就有十成把握了。"

后来凤姐答应贾琏，有条件地去和鸳鸯说说这事。鸳鸯也把这事跟老太太说了，老太太没有同意，也没有反对，由着鸳鸯去做了。

鸳鸯是贾母身边管钥匙(yào shi)的人，是贾母最放心的丫鬟。贾母深知贾府的日常开支大，时常有银两周转不灵的时候，她非常理解贾琏和王熙凤的难处。

贾琏也是看准了鸳鸯的为人和能力，所以借俗话“求人不如求己”，告知鸳鸯，大家都是一家人，家里能解决的事就在家里解决了，不能在外人面前显得贾府缺金少银的。

# 二〇　牛不吃水强按头

主要人物：平儿、鸳鸯、袭人、鸳鸯嫂子
主要地点：大观园内
主要事件：贾赦要娶鸳鸯

## 1 俗话记忆

“牛不吃水强按头”，这句俗话比喻用强迫手段使别人就范。一般来说，牛在喝水、吃草时才会低头，不喝水、不吃草时，都会把头抬起来。牛的脖子粗而有力，要强行按住，让它低下头是很难的。

这句话也有一个相关的歇后语，那就是：牛不喝水强摁头——办不到。它的含义与成语“强人所难”相似。如果与“不达目的誓不休”用在一起时，有“誓不罢休”的含义，形容决心很大，不达目的决不罢休。

《红楼梦》中，平儿从凤姐处知道老爷贾赦想娶鸳鸯为妾。一天，平儿见到鸳鸯时，就开玩笑似的恭喜她即将成为姨太太。鸳鸯借用了这句俗话，表明了自己不愿意的态度。她说：“‘牛不吃水强按头’？我不愿意，难道杀了我的老子娘不成？”

## 2 贾赦想娶鸳鸯

邢夫人知道老爷贾赦想娶鸳鸯为妾后，主动到贾母处请求。鸳鸯是贾母最得力的丫头，替贾母管理她的生活起居及钱财等物。

那天，邢夫人经过鸳鸯的卧房，看见鸳鸯正在做针线活。

“做什么呢？”邢夫人笑着走了进去，一边说一边上下打量起鸳鸯来。

鸳鸯穿着一件半新的藕(ǒu)荷色绫(líng)袄(ǎo)，青缎(duàn)掐(qiā)牙背心，下面穿一条水绿裙子。蜂腰削背，鸭蛋脸面，一头乌黑的长发，高高的鼻子，两边腮(sāi)上有小小的几点雀斑(quèbān)。

鸳鸯见邢夫人如此瞧她，有些不好意思起来，心中也有些纳闷。

邢夫人喊退身边的人后，拉着鸳鸯的手笑道："我特来向你道喜来了。"

鸳鸯听了，不觉脸红了，低下头，不说话。

邢夫人继续说道："你知道你老爷跟前没有一个可靠的人，心里想要再买一个，可是又怕外面来的人来历不明，也嫌(xián)她们不干净。于是想在家里挑一个家生女儿，他选了半年，最后选择了你，认为你的模样，行事做人都是顶尖的，也温柔可靠。想讨你过去，封你为姨娘，这样又体面，又尊贵。"说着就拉起她的手，准备一起到贾母处去说。

鸳鸯红着脸，把手从邢夫人手中抽出来。

邢夫人以为她害臊不好意思，就说道："这有什么害臊的，你不用说话，只管跟着我就行了。"

鸳鸯依然只低着头，不做声，也不动。

"难道你不愿意不成？你真是个傻丫头，放着主子奶奶不做。你过去后，生一男半女就可以和我并肩了。"邢夫人见她不动，有些生气了。

鸳鸯站在那里，还是不动，也不做声。

"你倒是说话呀？有什么不称心的可以说出来，我让你称心如意就是了！"

鸳鸯把头埋得低低的，仍旧不说话。

"想必你有老子娘，你自己不说，我找她们去说。"说完，就到凤姐那里商议去了。

## ③ 再不行，就死了

平儿一个人来到大观园里逍遥(xiāoyáo)自在，忽然看到了鸳鸯。此前凤姐在家已经把贾赦老爷的想法告诉给了平儿。平儿见到鸳鸯后，看了一下四周无人，就说道："新姨娘来了。"

"难道你们串通好了来算计我？"鸳鸯听平儿这样说，脸一下子涨得通红，生气道。

平儿见鸳鸯如此，后悔说出了这些话，不好意思地连忙拉住鸳鸯坐到一棵树下的石头上，把她从凤姐那里听到的老爷和邢夫人的话都说给她听。

鸳鸯听后，气得脸都紫了，说道：“别说大老爷要我做小老婆，就算太太这会子死了，他三媒(méi)六聘(pìn)地娶(qǔ)我过去做大老婆，我也不去！”

话音刚落，就听见山石背后传来哈哈的笑声：“好个没脸的丫头，说这话不怕牙疼。”

两人听了不觉吓了一跳，赶紧起身去山石后面找人。原来，后面笑的那个人是袭人。袭人很快就笑着走到她俩面前，说道：“什么事情呀，说给我听听。”

平儿把这件事又说给袭人听。说完后，平儿再看了看周围，轻声说道：“虽然不该我们说，但这个大老爷太好色了。”

鸳鸯的脸色瞬间变青了。

平儿想了想，笑着说道：“我出个主意，你就和老太太说，要老太太把你给琏二爷，大老爷就不好要了。”

鸳鸯骂道：“什么主意！我不要！”

袭人接着笑道：“要不就说许给宝玉？”

鸳鸯听了又气又羞(xiū)，焦(jiāo)急地骂道：“你们两个都不是好东西！”

“这些方法都不管用，那怎么办呢？”平儿认真地说道，“大老爷的性子你是知道的。你虽是老太太的人，但老太太也有走的那一天。老太太走后你怎么办？”

鸳鸯说道：“如果老太太走了，他不是要守孝三年，这三年里不是也不能纳妾吗？过了三年后，情况又不知会怎样。实在不行，我就出家做姑子去。再不行，就死了，乐得干净。”

## 4 家生的怎么啦

“刚才太太还说什么要去找我老子娘，她可能会去南京找！”鸳鸯忽然又想起了太太的话来。

平儿说道：“虽然你父母在南京看守房子，但她总会让你父母知道的。再说你哥哥嫂子在这里。何况你又是家生女儿，由不得你。”

“家生女儿怎么啦？牛不吃水强按头？我不愿意，难道杀了我的老子娘不成？”鸳鸯气愤地说道。

家生女儿是没有自由的，因为他们的父母是贾府的下人，属于贾府的财产，他们的生死都在贾府的老爷手中。鸳鸯就是这样的家生女儿。

## ⑤ 嫂子碰一鼻子灰

真是“说曹操，曹操就到”。他们正说着鸳鸯家里人时，鸳鸯的嫂子就向她们走来了。

“我到处找你呢，原来你在这里。你跟我来一下，我找你说几句话。”她嫂子对着鸳鸯说道。

“什么事呀？这么急。我们正在猜谜呢？”平儿、袭人故意说道。

鸳鸯见嫂子有些神秘的样子，就直接站起来说道：“是不是大太太和你说的事？”

嫂子笑着说道：“姑娘既然知道了，那就好。这是天大的喜事。”

鸳鸯听她这样说，立刻朝着她的方向吐了一口唾(tuò)沫，指着她骂道：“这是什么喜事呀！难怪你总是羡慕(xiàn mù)人家的女儿做了小老婆，一家子人好仗着她在外头横行霸道，自己封自己为舅爷了。如果我有什么事，你们就王八脖子一缩，生死由我了。”鸳鸯一面说一面哭了起来。

她嫂子一时脸上也挂不住了，说道：“愿意不愿意，你也别这样说呀。俗话说，‘当着矮人，别说矮话’。姑奶奶骂我，我不敢还嘴。这两位姑娘没惹(rě)你，小老婆长，小老婆短的，人家怎么过呀。”

平儿连忙劝道：“你也别这么说，鸳鸯也不是说我们。她骂人自然有她骂的道理。”

她嫂子自己觉得没趣就走了。

鸳鸯气得还想骂她，平儿、袭人劝了半天，方才平息。

鸳鸯真是一位烈女，她说到做到。若干年后，贾母寿终正寝时，鸳鸯也自缢(yì)身亡，随贾母而去。贾政吩咐，“她是殉葬(xùn zàng)的人，不可作丫头论。”，要贾府小一辈的人都给她行礼。

# 香　菱

她勤奋好学的事迹在大观园成为美谈。她经过自己的努力，创作出了优秀诗作，成为大观园诗社中的一员。不过，她是《红楼梦》故事中命运最悲惨的人之一，本出身于书香家庭，小时被拐，长大后被卖。到薛家后，又被金桂所欺，好不容易成为太太，又因难产而死。香菱这个名字是薛宝钗取的。

# 二一　天下无难事，只怕有心人

主要人物：香菱(líng)、林黛玉、薛宝钗

主要地点：大观园

主要事件：香菱学诗

## ❶ 俗话记忆

“天下无难(nán)事，只怕有心人。”这句俗话的意思是只要有志向，有毅力，用心刻苦去做，没有办不到的事情。

相似的话曾出现在《西游记》里，孙悟空的第一任师父菩提祖师告诫他，说：“世上无难事，只怕有心人。”孙悟空听后，立即叩头礼拜。

《红楼梦》中，这句话是大观园的姐妹们对香菱说的。香菱把梦中所作的诗拿给大家看后，大家都高兴地笑了，说道：“这首不但好，而且新巧有意趣。可知俗话说的‘天下无难事，只怕有心人’。”这是大家发自内心的高兴与肯定。

香菱本出自书香家庭，可是命苦，三岁时就被人贩(fàn)子拐(guǎi)走了。等到十一二岁时，再被人贩子卖到薛家。

## ❷ 香菱“得陇望蜀”

香菱是薛宝钗哥哥薛蟠用钱强买的妾，也是《红楼梦》故事开始时被人贩子拐走的甄士隐的女儿英莲。香菱是薛宝钗为她取的名字。

一天，薛蟠因外出学习经商，服侍他的人都要另外安排临时住处。薛宝钗主动请母亲把香菱安排到大观园里的蘅芜苑，与她住到一起。

香菱收拾好东西后，和薛宝钗一同来到蘅芜苑。一走进蘅芜苑，香菱就兴奋

不已：迎面矗立着一根插天的大玲珑(líng lóng)山石，四面环绕着各式石块，看不见里面的房屋，并且不见一株花木，石块上有许多异草：或牵藤，或引蔓(wàn)，或垂山巅(diān)，或穿石隙(xì)，有的像翠带飘摇(yáo)，有的如同金绳盘屈，也有的如同金桂飘香，其味非同花香可比。

薛宝钗告诉香菱，宝玉曾为这里题名“蘅芷(zhǐ)清芬(fù)”，并赋对联“吟成豆蔻(kòu)才犹艳，睡足酴(yú)梦也香。”后来元妃省亲时才赐现名“蘅芜苑”。

沿着两边的游廊走进来，只见上面五间清厦连着卷棚，四面出廊，绿窗油壁，格外漂亮。

走进房间后，香菱迫不及待地笑着对薛宝钗说：“好姑娘，你能趁着这功夫教我作诗吗？”

薛宝钗也笑着说：“我说你是‘得陇(lǒng)望蜀(shǔ)’吧。我劝你还是缓一缓，今天头一天进来，先出园东角门，从老太太起，各处各人你都瞧瞧，问候一声，然后再到园内各姑娘房里走走。”

香菱按照薛宝钗的要求，出园门一一问候。晚饭过后，薛宝钗等人都到贾母处去了，香菱就一个人来到潇湘馆。此时，林黛玉身体已经好了一大半了，看见香菱住到大观园里来了，也非常欢喜。

## ③ 黛玉教诗

“我这一进来了，也得了空，好歹你要教我作诗！”香菱一见到林黛玉就说学作诗的事。

林黛玉笑着说：“既要作诗，就要先拜我为师。我虽不通，但还是能教你一二的。”林黛玉见有人向她学诗，倒也十分乐意。

“我就拜你为师，你可不许嫌麻烦！”香菱说完，立即高兴地行了一个拜师礼。

林黛玉抿嘴笑道：“这又不是什么难事，也值得学呀！只不过是起承转合，当中承转时用两副对子，平声对仄(zè)声，虚的对实的，实的对虚的。有时想到了奇妙的句子，连平仄虚实都不一定讲究。”

“难怪我曾看过一本旧诗，其中有对得工整的，也有不工整的。”香菱若有所思地说道，“我也曾听说‘一三五不论，二四六分明’。看那些古诗时，有符合的，也有不符合的，我一直就很疑惑。如今听你这样一说，原来有些规矩不是最重要的，有时词句以新奇为上。”

“正是这个道理。词句还是立意要紧，若真有意趣的词句，也不需要修饰，这就叫做‘不以词害意’。”

香菱笑着说：“我只爱陆放翁的‘重帘不卷留香久，古砚微凹(āo)聚墨多’。这句话说得非常有趣。”

“你还是少看这样浅显的诗。你一旦入了这样的格局，就学不出来了。”林黛玉谨慎地提醒道，“你听我说，如果你真心想学，我这里有《王摩诘(mó jié)全集》，你先把他的五言律诗读一百首，细心揣摩(chuǎi mó)透，揣摩熟了，然后再读一百二十首杜甫的七言律，再次读一二百首李青莲的七言绝句。肚子里先有这三个人的诗做了底子，然后再把陶渊明、应玚(yáng)、谢、阮(ruǎn)、庚(gēng)、鲍(bào)等人的作品看一看。你又是这样一个极聪明伶俐(líng lì)的人，不用一年的工夫，不愁不是诗翁了。”

香菱一边听，一边点头。听完后，立刻笑道：“既然如此，好姑娘，你就把这书给我拿出来吧，我带回去连夜念几首也是好的。”

林黛玉见香菱如此恳切，便命紫娟将王右丞的五言律诗拿来，递给香菱，接着说道：“你只看有红圈的，那些都是我选的，圈一首念一首。不明白的问你姑娘，也可以问我，我会讲给你听的。”

## 4 香菱说诗

香菱拿了诗，回到蘅芜苑中，诸事不顾，只在灯下开始一首接着一首地读了起来。

薛宝钗回来后，催(cuī)她几次睡觉，她都充耳不闻。后来一连几天都是如此，薛宝钗也就不再催她休息了。

没多久，香菱读完王右丞的诗作后，立即来到潇湘馆，要换“杜律”来读。林黛玉笑着问道：“你有什么长进呀，说来听听。”

香菱笑着告诉林黛玉：“据我看，诗的好处就是有口里说不出来的意思，仔细一想确实如此。看似无理的，一想却是有理有情。”

林黛玉也笑着说道：“你说的有些意思，但从何说起呢？”

香菱指着那本王右丞的诗作，认真地说道：“我看他《塞上》一首，里面有一句‘大漠孤烟直，长河落日圆。’我想烟如何直，这个‘直’字似乎没有道理呀！日自然是圆的，可是又是不是太俗了些。我当时合上书仔细一想，倒像见到了这番景象似的。这些景象仿佛就在眼前。如果再想找两个字代替，确怎么也找不到。另外，再有一句‘日落江湖白，潮来天地青。’中的‘白’‘青’两字，也是这样。看似用的不好，想来，只有这两个字才形容得恰当，读在嘴里，就像有几千斤重的一个橄榄（gǎn lǎn）。还有‘渡头余落日，墟（xū）里上孤烟’中的‘余’‘上’两字，……”

## 5 香菱借书

正说着，贾宝玉和贾探春也来了。他们都安静地坐下来听她讲诗。香菱刚停下来，贾宝玉就忍不住笑了起来，说道：“你可以不用再学习了，‘会心处不再远’，听你说了这两句，我就知道‘三昧（mèi）’你已得了。”

林黛玉笑道：“你说他这‘上孤烟’好，你不知道他这一句还是套用了前人的呢。”说着，便把陶渊明“暖暖远人村，依依墟里烟”翻了出来，递给香菱看。

香菱看了一下，连连点头赞叹，笑道：“原来‘上’字是从‘依依’两个字上化出来的。”

贾宝玉大笑起来，情不自禁地赞叹道：“你已得了其中的奥妙了，不用再学了。你如果开始作诗，一定是好的。”

贾探春也笑道：“明儿我补一个请柬（jiǎn），请你入诗社。”

香菱不好意思地说道：“姑娘何苦打趣我，我不过是心里羡慕，学着玩呢！”

随后，香菱逼着林黛玉把杜律借给她，还请林黛玉和贾探春给她出了个题目，让她试着作一首诗。

## 6 香菱作诗

从潇湘馆出来后，香菱高兴得不得了，一会儿苦思冥(míng)想如何作诗，一会儿又捧起杜律反复吟读几首。如此茶饭无心，坐卧不定。

“何苦自寻烦恼。你本来呆头呆脑的，再添上这个，越发弄成个呆子了。”薛宝钗有些抱怨似的了。

一天，香菱终于作出了一首诗后，赶紧拿给薛宝钗看。薛宝钗看了后，笑着说道：“这个不好！”香菱又拿给林黛玉看，林黛玉轻轻地说道：“意思却有，只是措(cuò)辞(cí)不雅。你把这首丢掉，再重新作一首，只管放开胆子去作。”

得到了林黛玉的鼓励，香菱回来后，越发痴迷了，甚至连房间都不进，只在池边树下，或坐在山石上出神，或蹲(dūn)在地上一边抠(kōu)土，一边念诗。她一会儿皱眉一回，一会儿又自笑一下，来往的人都很诧异地望着她。李纨、薛宝钗、贾探春、贾宝玉等听说后，都远远地站在山坡上瞧她的样子。

薛宝钗笑道：“这个人一定是疯了！昨夜嘟嘟(dū)囔(nāng)囔到五更天才睡下，天亮后，又起来继续念诗。”

贾宝玉也笑道：“天地至公。老天给了她勤奋。”

薛宝钗看了看香菱，又看了看贾宝玉，笑道：“你能够像她一样用心就好了，学什么哪有个不成的！”

贾宝玉不好意思了。

香菱白天如此用功，晚上又陷(xiàn)于苦思冥想。终于有一天，她在梦中得到了一首绝妙之作：精华欲掩料应难，影自娟娟魄自寒。一片砧敲千里白，半轮鸡唱五更残。绿蓑(suō)江上秋闻笛(dí)，红袖楼头夜倚栏。博得嫦(cháng)娥(é)应借问，缘(yuán)何不使永团圆。

这就是林黛玉给她出的，含十四寒的韵(yùn)，以月亮为题的诗作。

香菱起床后立即把这首诗记下来。一洗漱(shù)完毕，就立刻来到沁芳亭。这时薛宝钗、李纨与众姐妹都已到了这里，正说着她梦里作诗的事。大家见香菱过来了，纷纷要看她这首梦里作的诗。

大家看后，纷纷赞叹，众人笑道："这首不但好，而且新巧有意趣。可知俗话说'天下无难事，只怕有心人'。咱们的诗社一定要请你加入了。"

后来，香菱如愿加入了姐妹们的诗社。香菱学诗的故事也在大观园里成为佳话。

# 二二　天理昭彰，自害其身

主要人物：薛姨妈、宝蟾(chán)、薛宝钗、香菱、金桂娘

主要地点：薛姨妈家

主要事件：金桂被自己毒死

## 1 俗话记忆

“天理昭彰，自害其身。”指上天能主持公道，惩恶劝善，报应分明，那些故意陷害别人的人，终究会伤害到自己。其中“自害其身”与“使心用心，反害其身”的意思相似，都是告诉我们不要贪图利己，谋害他人。

《红楼梦》中，金桂是薛蟠娶的太太，香菱是薛蟠纳的妾。香菱是大观园姐妹们公认的“诗呆子”，为人单纯善良，又勤奋好学。她听说金桂是一位懂得作诗的小姐后，就盼着薛蟠早一点娶金桂，这样就可以和她讨论写诗了。

金桂成为薛蟠太太后，总是看香菱不顺眼，让她改名为秋菱，表面上对她好，却暗地里折磨她。一天，金桂离奇死掉了，宝蟾和金桂娘家人都怪是香菱所害，不过那时香菱在病中，喝水吃饭都费力。后来，宝蟾说出了金桂死亡前的真相，最后感叹道“天理昭彰，自害其身”。

## 2 夏金桂死了

“了不得，了不得，我家大奶奶死了！”

贾琏刚向婶娘王夫人说完贾政被降官级的事情，正准备回家，门外就传来喊叫声。薛姨妈家的一个老婆子慌慌张张地跑了进来。

死人在贾府内本不算是新鲜事了。王夫人见老婆子还没请安，就叫着要请人帮忙，又生气又好笑，就吩咐贾琏过去看看情况。

贾琏来到薛姨妈家后，给薛姨妈请了安，说明了来意。

薛姨妈伤心地回忆道：金桂本来是憎恨(zēng hèn)香菱的，自从听见薛蟠被问了死罪后，她虽然哭了一场，但哭完后却与往常大不一样了，开始擦脂抹(mǒ)粉了，开始对香菱好了，还要香菱陪伴她。前两天香菱病了，她还亲手做汤给她喝。哪知香菱没福气，金桂刚把汤送到跟前，却因烫(tàng)手，金桂把碗砸(zá)了。我以为她会对香菱发火，没想到她自己打扫好。昨晚，她又叫宝蟾做了两碗汤，她和香菱一人一碗。

薛姨妈停顿了一下，继续说道："没想到，没多久，只听见她在屋子里叫了起来，紧接着宝蟾也喊了起来，香菱也大喊了起来。我连忙跑过去，一看，只见媳妇在地上乱滚，鼻子、眼睛里都在流血。"

薛姨妈抽泣了一下，擦了擦眼角的泪水，继续对贾琏说道："看见这样的场景，我知道是她服了毒。宝蟾见我过来了，就哭着去揪(jiū)打香菱，说是她毒死了奶奶。我知道香菱不是这样的人，再说她病得连手都抬不起来，怎么会毒人呢？"

贾琏听后，向四周看了看，问道："香菱呢？"

"当时，宝蟾一口咬定是香菱所为，我也不知该怎么办，就只好喊人把香菱捆起来，交给宝蟾，把门反锁起来，我们守了一夜。"

"我们当时也不想捆香菱。这个汤是宝蟾做的，我们想捆她，却有些为难。我们更怕香菱病重受委屈，一时寻死。"薛宝钗这时也来到了这里。

"这样一来，反而帮了宝蟾，让她得意了。"贾琏想了想，说道，"现在要把宝蟾捆起来才对。"

薛宝钗见贾琏这样说，赶紧派人去捆宝蟾。宝蟾虽然有些冤枉，大喊大叫，但面对荣国府来的人也毫无办法，瞬间就被他们捆了起来。

## 3 夏家来人了

这里刚捆完宝蟾，门外就传来了一阵阵哀嚎声，夏家的干儿子先到了，随后金桂的母亲也到了。

金桂的母亲冲到薛姨妈面前，用手指着她，骂道："你们娘儿俩仗着好亲戚，嫌弃我家女儿，如今还把她毒死了。说什么是服毒！她为什么要服毒呀？"

“这位是亲家太太吧！大奶奶是服毒死的，与我家姨太太无关，你干吗这样指着她！”这时王夫人派来了解情况的周瑞家的正好看见了，连忙走上前拦住了金桂娘。

“你是谁？和你有关吗？”金桂娘哭喊着，然后又冲向薛姨妈。

薛姨妈解释道：“这是我亲戚贾府里的。”

金桂娘用手一挥，推开了前来劝阻的周瑞家的。周瑞家的一面劝说，一面用手推开金桂娘。

金桂娘的干儿子见有人推他干娘，一边喊着，一边拿起旁边的椅子就要打周瑞家的。

虽然椅子没打到人，但是旁边的人担心周瑞家的吃亏，于是一起拥上来，半劝半喝。那夏家来的人索性撒起泼来，一边喊，一边找薛姨妈拼命。

俗话说：“一人拼命，万夫莫当。”虽然薛家的人比夏家的多，但也挡不住夏家母子。幸亏此时贾琏带来的人进来了，才控制住场面。

周瑞家的此时也仗着人多，提醒金桂娘，狠狠地说：“夏太太，你太不懂事了，你家姑娘不是自己服毒死了，就是宝蟾毒死的。你怎么不问明白，又不看尸首，就想讹(é)人呀！我们难道会让薛家媳妇白死吗？现在宝蟾被捆在那里，香菱也在那里，我们就等刑(xíng)部的老爷来查验了。”

金桂娘也只好跟着周瑞家的来到她女儿屋里。金桂娘一走进屋子，只见她女儿满脸黑血，直挺挺地躺在炕上，便哭叫了起来。

## 4 宝蟾的委屈

宝蟾见夏家的人来了，也哭喊了起来：“我们姑娘好意相待香菱，和她住一起。可是香菱却想办法毒死我们家姑娘。”

“胡说，昨日奶奶喝了汤才被毒死的，这汤是不是你做的！”旁边薛家上下人等异口同声地吼道。

宝蟾委屈地说道：“汤是我做的。可是我做好之后，就走了，不知香菱起来放了些什么在里头了。”

金桂娘一听宝蟾这样说，就立即冲向香菱，幸亏众人拦住了，她才没有伤害到香菱。

薛姨妈冷冷地说道：“这是中了砒霜(pī shuāng)的毒。我家里是没有这个的。不管是香菱还是宝蟾，一定有人替他们去买。稍后刑部老爷一定会查问出来的。”

薛宝钗吩咐屋外的男人道：“你们进来，把这里女人用的东西清查一下。”

男人们还没进来，金桂娘就发现了炕褥(rù)底下有一个揉(róu)成团的纸包儿，打开一看，并没有什么，就随手一丢。

“等等，那就是证据。这个纸包我认得，是前几天家里有耗(hào)子，奶奶回家去后向舅爷要的。她拿回来后就搁(gē)在首饰匣内。一定是香菱看见后拿来毒死奶奶的。如不信，你们看看首饰匣里还有没有。”宝蟾赶紧说道。

金桂娘打开匣子，匣子里并没有，只有几只银簪(zān)子。

“怎么那么多的首饰到哪里去了？”薛姨妈看见后，非常奇怪地问道。

薛宝钗立即叫人打开房间里所有的箱子柜子，发现都是空的，便生气地问宝蟾是怎么回事。

金桂娘心虚不已，赶紧说道：“姑娘的东西她怎么知道呢？”

“宝姑娘天天和大奶奶在一起怎么会不知道呢？”周瑞家的看了宝蟾一眼。

宝蟾见瞒不过了，就只好说道：“奶奶带回去了，我管得了吗？”

金桂娘见宝蟾说了实情，更着急了，骂道：“小蹄(tí)子别嚼(jiáo)舌头了，姑娘什么时候拿东西回去了？”

宝蟾这时也不管不顾地大声说道：“如今东西是小事，给姑娘偿(cháng)命是大事！”

金桂娘见那些首饰的事情瞒不住了，心想只要治了宝蟾的杀人之罪，她再说什么都无关紧要了。于是，她用手指着宝蟾说：“这宝蟾必定是撞见鬼了，我们姑娘何尝拿过砒霜。这样看来，一定是宝蟾毒死我家姑娘的。”

“别人赖我也就算了，怎么你也赖起我来了！”宝蟾一听，急得大叫起来，“你们不是常说要姑娘别受委屈，劝她闹得他们家破人亡，到时一走了之吗？”

“这是你们自家人说的，你还赖什么？”金桂娘还没来得及说话，周瑞家的就用手指着她质问道。

“我待你不错，你为什么拿话来害我。等一下见了官，我就说是你毒死的姑娘。”金桂娘咬牙切齿道。

宝蟾更气了，她向金桂娘瞪了一眼，转过身，哭着对薛姨妈说：“请太太放了香菱吧，用不着害别人，我见刑部老爷后自有话说。”

## 5 宝蟾揭秘

薛宝钗叫人解开宝蟾身上的绳索后，说道：“你是一个爽快的人，把话说清楚就可以了。”

宝蟾也害怕见官，就把真实的情况告诉了大家：

原来，金桂叫宝蟾做两碗汤，她与香菱一起喝。宝蟾平时也不喜欢香菱，认为她不配喝自己做的汤，就在她喝的碗里多抓了一把盐，在碗上做了一个暗记。把汤一起端给奶奶后，奶奶就叫她去外头叫小子们雇(gù)车，说今晚回家去。

宝蟾安排好车后，回到金桂那里。这时她发现靠近奶奶的汤是盐多的那一碗，当时她急坏了：不能让奶奶喝那碗放了很多盐的汤。正不知怎么办时，奶奶转过身去，宝蟾趁机把两碗汤换了一下位置。

宝蟾停顿了一下后，伤心地说道：“当时她俩开始喝汤时，我看到香菱喝了盐多的那碗汤，还暗自高兴。可是还没等我多想，奶奶就中毒了。这真是‘天理昭彰，自害其身’。”

香菱听后，也把她所经历的说了一遍。大家听后，就把香菱放了，扶着她坐在床上休息。

金桂娘听完，顿时哑(yǎ)口无言，这是她女儿自作自受，只好求薛家尽快平息这件事。

薛蟠出狱(yù)后，发现了香菱的好，就将她扶为正室，提携(xié)她为自己的太太。眼看着香菱的日子渐渐好了起来，可惜她在生小孩时，因难产去世了。

# 刘 姥 姥

刘姥姥是农村老太太，比贾府贾母大几岁，她善良、聪明，幽默风趣，知恩图报。她为了女儿女婿的生活走进大观园，并在大观园里留下了开心快乐的形象，也得到了她们的大力扶持。当贾府有难时，她没有回避，而是伸出援助之手，特别是保护了王熙凤的女儿巧姐。

# 二三　与人方便，自己方便

主要人物：周瑞家的、刘姥姥、王熙凤

主要地点：贾府

主要事件：刘姥姥见凤辣子

## ❶ 俗话记忆

“与人方便，自己方便。”这句话的意思是给他人带来便利，他人也会给自己一些便利，一般指在可能的情况下互相关照。也指在方便他人的同时，也方便了自己。

这句话是《红楼梦》中周瑞的老婆周大嫂子对刘姥姥说的。她的意思是给刘姥姥一些方便，同时也是感谢当初刘姥姥的女婿狗儿曾帮周瑞解决买田地时出现的纠纷。当初狗儿帮助了周瑞，如今刘姥姥到周瑞家寻求帮助，周瑞家也应该为刘姥姥提供力所能及的方便。

周大嫂子是贾府王夫人的陪房，也就是故事引子中告诉贾雨村贾府怪异之事的冷子兴的岳母。刘姥姥是狗儿的岳母。狗儿曾经帮助周瑞家解决过田地纠纷。

“刘姥姥进大观园”是《红楼梦》中最有趣的故事之一，她为贾府带来了许多欢乐。刘姥姥进大观园要从她进周瑞家开始说起。

## ❷ 与人方便，自己方便

狗儿一家四口住在城外，以务农为生，两个小孩板儿、青儿无人照顾，就把刘姥姥接过来帮着照看他们。

狗儿一家并不富裕。一天，狗儿眼看着寒冬将至，可是家里该添置的衣物都没有着落，喝了几杯闷酒后，开始怨三怨四起来。

刘姥姥见女婿心焦不已，就帮他分析如何解决当前的困难。她告诉狗儿：

“谋事在人，成事在天。我们可以到贾府去一趟。”他俩经过一番讨论，最后决定由刘姥姥带着板儿通过周大嫂子去找王夫人。

第二天，天还没有亮，到处雾蒙蒙的，刘姥姥就带着五六岁的板儿往城里走去。

一路上，板儿和刘姥姥都十分高兴，不知不觉就来到了贾府门前。经打听，他俩来到了周瑞家。

一阵寒暄后，周大嫂子就已经猜到了刘姥姥来这里的意思，便笑着说：“姥姥放心，你大老远地来了，一定会让你见到管事的。”这个管事的就是王夫人的内侄女——王熙凤。

“原来是她！我以前见过她，当时我就认为她不错呢！”刘姥姥一听，惊奇地说道，“今天还要靠大嫂子引见，行个方便啦！”

周大嫂子笑着说：“说哪里话，俗话说：‘与人方便，自己方便。’你家狗儿以前也曾帮过我家。今天我不过是传传话而已。”说完就开始准备让刘姥姥去见王熙凤。

## 3 刘姥姥被钟声吓一跳

没多久，刘姥姥和板儿就随周大嫂子来到一处堂屋。一进屋子，刘姥姥就闻到扑鼻而来的香气，分辨不出是什么香味，吸入心肺后，只觉得身子飘起来一般。环顾四周，满眼都是铿光耀眼之物，看得她头晕(yūn)目眩(xuàn)，情不自禁地念叨一句：阿弥陀佛。

随后她们来到东边的一间屋子里，这里是王熙凤的女儿大姐儿睡觉的地方。王熙凤的贴身丫鬟平儿站在炕(kàng)沿边，打量了刘姥姥两眼，简单地打了一个招呼：请坐。

刘姥姥见平儿遍身绫(líng)罗，插金戴银，花容月貌，以为是凤姐儿了，刚准备称姑奶奶时，周大嫂子喊她一声“平姑娘”，又见平儿对周大嫂子称“周大娘”，方知眼前这个穿金戴银的不过是个有些体面的丫头。

刘姥姥和板儿上了炕。小丫头们给刘姥姥斟了茶。

茶还没喝上，刘姥姥忽然听到外面传来咯当咯当的响声，她赶紧东瞧西望，忽见堂屋中柱子上挂着一个匣(xiá)子，底下又坠(zhuì)着一个秤(chèng)砣(tuó)般的东西，还在那里不停地晃动。

刘姥姥心中想着：“这是个什么爱物儿？有啥用呢？”正呆想时，突然听得“当”的一声，像金钟铜磬一般，接着又是一连八九下。刘姥姥正准备问时，只见小丫头子们一齐乱跑，说“奶奶来了”，她只好站了起来。平儿、周大嫂子忙起身，命刘姥姥“只管坐着，到时候我们来请你”，说完，都迎了出去。

刘姥姥只好在里面屏气侧耳静听：外面传来阵阵笑声，约有一二十妇人，渐入堂屋内去了。

原来这是到了开饭时间，大家都准备用餐啦。过了一会儿，门口忽然出现两人抬了一张炕桌，放在这边炕上。桌上盘碗罗列，虽然看上去是她们吃剩的，但仍然是满满的鱼肉，有的只是稍微少了一点。板儿一见了，便吵着要吃肉，刘姥姥顺手打了他一巴掌。

这时，周大嫂子过来招呼刘姥姥去王熙凤的房间里去。

## 4 刘姥姥见王熙凤

刘姥姥从一张大红撒(sǎ)花软帘(lián)下钻了进去，一下子就被眼前的景象惊呆了：南窗下是炕，炕上有大红毡(zhān)条；靠东边板壁立着一个锁子锦(jǐn)靠背与一个引枕(zhěn)，铺着金心闪缎(duàn)大坐褥(rù)，旁边有银唾(tuò)盒。那凤姐儿戴着紫貂(diāo)昭(zhāo)君套，围着攒(zǎn)珠勒(lè)子，上面穿着桃红撒花袄，披着石青刻丝灰鼠披风，下面穿着大红洋绉(zhòu)银鼠皮裙，粉光脂艳，端端正正坐在那里，手内拿着小铜火箸(zhù)儿拨手炉内的灰。

平儿站在炕沿边，捧着小小的一个填漆(qī)茶盘，盘内一小盖盅(zhōng)。凤姐不接茶，也不抬头，只管拨手炉内的灰，慢慢地问道：“怎么还不请进来？”

刘姥姥一听声音，赶紧在地下拜了数拜，问姑奶奶安。

凤姐忙说：“周姐姐，快搀(chān)起来，不用拜了。请坐。我年轻，不大认得，可也不知是什么辈数，不敢称呼。”

周大嫂子连忙回答道：“她就是我刚才说的那姥姥了。”

凤姐点了点头。刘姥姥已在炕沿上坐下了。板儿躲在她的背后，尽管刘姥姥想方设法哄他出来作揖（yī），他就是死也不肯。

凤姐笑着说道：“亲戚们不大走动，都疏远了。知道的呢，说你们弃厌（qì yàn）我们，不肯常来。不知道的那些小人，还只当我们眼里没人似的。”

刘姥姥赶紧说道：“我们家道艰难，走不起，来了这里，没东西送，即使姑奶奶不嫌弃，那些管家们看到了也不像。”

凤姐笑道：“这话说得叫人恶（ě）心，不过借赖（lài）着祖父虚名，做个穷官儿罢了。俗语说，朝廷还有三门子穷亲戚呢，何况你我。”说着，又问周大嫂子告诉了太太没有。

周大嫂子轻轻地说道：“如今等奶奶的示下。”

凤姐道：“你去瞧瞧，要是有人有事就罢，若是她有空呢就告诉她一下，看她怎么说。”

## 5 凤姐给银二十两

周大嫂子答应着去了。没多久，周大嫂子回来向凤姐汇报，说：“太太说了，今日没有空，二奶奶处理是一样的，多谢费心想着。若她来这里是随便逛逛呢，就没关系；若有什么话，只管告诉二奶奶都是一样。”

刘姥姥道：“也没什么，不过是来瞧瞧姑太太、姑奶奶，也是亲戚们的情分。”

周瑞家的轻轻地提醒道：“没甚说的便罢，若有话，只管回二奶奶，是和太太一样的。”一面说，一面朝刘姥姥看了看。

刘姥姥会意，话没说，脸就红了，犹豫（yóu yù）了一会儿，轻轻地说道：“论理今儿初次见姑奶奶，却不该说；只是大老远地来到这里，不说又觉得……”

刘姥姥悄悄看了一下凤姐儿，见她脸色尚好，才又说道：“今日我带了你侄儿来，也不为别的，只因他老子娘在家里，连吃的都没有。如今天又冷了，思来想去也没个盼头儿，只得带了你侄儿来了。”说着，又把板儿拉出来，对着他说道：“你爹在家怎么教导你了？打发咱们作什么事来着？你就只顾吃果子咧！”

凤姐早已明白了，笑道：“不必说了，我知道了。”转过头问周大嫂子：“这姥姥不知用了早饭没有？”

刘姥姥连忙说道：“一早就往这里赶咧，那里还有吃饭的功夫呀。”

凤姐听说，忙命快传饭来。过了一会儿，刘姥姥已吃完了饭，拉了板儿过来，沾（zhān）唇抹嘴，一个劲地道谢。

凤姐见后，笑着说道：“且请坐下，我告诉你老人家。你刚才的意思，我已知道了。今儿你既老远地来了，又是头一次见我，怎好教你空手回去呢。可巧昨儿太太给丫头们做衣裳的二十两银子放在我这里还没动呢，你不嫌少，就暂且先拿了去罢。”

那刘姥姥听见给她二十两银子，高兴得浑（hún）身发痒（yǎng）起来，说道：“嗳（āi），我也是知道艰难的！但俗语说的，‘瘦死的骆驼比马大’，你老拔根寒毛，都比我们的腰还粗呢。”

周大嫂子在旁听她说得如此粗鄙（bǐ），不停地向她使眼色。

凤姐看见，笑而不睬，只命平儿把昨日那包银子拿来，再拿一吊钱来，都送到刘姥姥跟前。凤姐说道：“这是二十两银子，暂且给这孩子做件冬衣罢。”一面说，一面就站了起来。

刘姥姥拿了这二十两银子到了周瑞家后，拿出其中的一两要感谢周大嫂子，周大嫂子坚决不肯接。

很快，刘姥姥和板儿带着这二十两银子高兴地回到了狗儿家中。也是应了开头说的“谋事在人，成事在天”，狗儿家有了这二十两银子后，这个冬天已经不再寒冷了。

## 6 刘姥姥感恩贾府

后来不知过了多长的时间，一个秋收后，刘姥姥带着自家种的农田瓜果来到贾府感谢。贾府的人热情地留刘姥姥住了一晚，并且贾母还要见她，和她说说话。

刘姥姥来到贾母处，进去一瞧，满屋子珠围翠绕，花枝招展。中间一张榻上斜卧着一位老婆婆，身旁还坐着一个浑身裹纱的美人一般的丫鬟，在那里轻轻地捶老婆婆的腿。刘姥姥连忙走上去，赔着笑，鞠躬（jū gōng）道福：“请老寿星安。”贾母也欠身回礼。

刘姥姥已七十五岁了，比贾母大好几岁。贾母笑着说：“我要到了这个年纪，还不知道能不能动呢?”两位老奶奶聊得非常开心。

最后，贾母安排人带刘姥姥洗完澡后，接着请刘姥姥讲乡村荒野的故事。大观园里的人听得都信以为真。

第二天，刘姥姥随同贾母一起游大观园。她们在大观园里留下了许多欢声笑语，在红楼故事快要结尾时，更是留下了感人的一幕幕。

# 史　湘　云

贾母娘家的孙女，经常到贾府来玩，与大观园里的许多人都是朋友。她聪明，活泼可爱，伶牙俐齿，其作诗文的水平在大观园里是一流的。

# 二四　主雅客来勤

主要人物：史湘云 、袭人、贾宝玉
主要地点：怡红院
主要事件：一阴一阳两麒麟

## 1 俗话记忆

“主雅客来勤”，本意是善良的人家客人多，一般会在这句话的前面配有“人和天地阔”。“人和天地阔”的意思是和善的人朋友很多，社交范围遍及天下。这两句话一般形容好客之人。

《红楼梦》里，史湘云到怡红院赠礼物给袭人时，兴隆街的大爷贾雨村又到贾府来了。贾雨村点名要见贾宝玉。贾宝玉有些不情愿，史湘云就对贾宝玉说：“主雅客来勤。你自然有你的好处，他才会邀(yāo)你见面呢。”

## 2 史湘云来了

史湘云是贾母史太君娘家的孙女，自小就经常到贾府来做客，与贾宝玉、薛宝钗、林黛玉等公子小姐，以及他们的丫鬟们都非常熟悉，有的还成了好朋友。这不，端午节的第二天，她又来到了贾府，并且给兄弟姐妹们及其他好朋友带来了礼物。

午饭后，王夫人、薛宝钗、林黛玉等人正在贾母房中聊天，忽然从院门外传来一声——“史大姑娘来了。”随着声音，只见史湘云带领众多的丫鬟媳妇走进院子里来了。

薛宝钗、林黛玉等连忙跑出房外，来到台阶下迎接。他们有一年多的时间没见了，今天见面格外亲热，一起相拥着走进房中，来到贾母跟前，史湘云立刻向贾母请安。

贾母看见史湘云也分外亲切，看见她穿的衣服，就乐呵呵地说：“天气热，把外头的衣服脱了，不要这样正式。”

史湘云立即把外面的衣服脱了下来，边脱边说：“这是我二婶子叫我穿的，没人愿意穿这些!”

薛宝钗在一旁笑道：“你们不知道，她还喜欢穿宝兄弟的衣服呢！去年上半年她在这里住的时候，把宝兄弟的袍(páo)子穿上，靴(xuē)子穿上，额字也勒上，初看一眼，还真像宝兄弟。她在椅子后站着，哄得老太太都说：‘宝玉，你过来，小心头上挂灯掉灰呢!’在场的人都笑了起来后，老太太也笑着说：‘扮作小子样，更好看!’”

林黛玉在旁边接过话茬(chá)，继续说道：“这不算什么！前年正月里，老太太的一件新大红斗篷(péng)放在那里，谁知被她看见了，立即披上。那斗篷又大又长，她就拿了条汗巾子拦腰系上，和丫头们在后院里堆雪人，不小心摔了一跤，弄了一身泥呢!”

听完，大家都不约而同地笑了起来。大家接着你一言我一语继续说起史湘云的趣事来。

## ③ 四个戒指

说着说着，贾宝玉进来了。

“你哥哥有好东西，等着给你呢。”林黛玉首先发话了。

“什么好东西呀?”史湘云迫不及待地问道。

贾宝玉笑着说：“你不要信她。”

“袭人姐姐可好?”史湘云继续说道，“我给她带了好东西来了。”说完，就拿出一个绢(juàn)子挽着的一个包袱疙瘩(fú gē da)。

“又是什么好物件?”贾宝玉好奇地说道，“你倒不如送绛(jiàng)纹石戒指给她。”

“你看，这是什么?”史湘云一边打开，一边高兴地说道。大家一看，果然是绛纹石戒指，一共有四个。

“这四个戒指，分别给袭人姐姐、鸳鸯(yuān yāng)姐姐、金钏(chuàn)儿还有平儿姐姐。”史湘云继续说道。

“吃了茶，歇会儿后，就去瞧瞧你嫂子们吧。园子里也凉快，同你姐姐们去逛一逛。”这时，贾母在旁边发话了。

史湘云把戒指继续包好后，带领奶娘丫头看完凤姐，见过大嫂李宫裁(cái)后，便只留下翠缕(lǚ)一人一同前往怡红院找袭人去了。

## 4 万物都有阴阳

路上，翠缕看见路旁的荷塘，见荷花还没有开放，就好奇地问：“这里的荷花怎么还不开？”

“时候还没到呢！”史湘云笑着答道。

“这里的荷花和咱们家池子里的一样，是不是也叫楼子花？”

“他们这里的荷花还不如咱们的。”

翠缕又发现了远处有一棵石榴树，样子有些奇怪，兴奋地说道：“你看，那边的石榴树上有一处接连长了四五枝，真是楼子上起楼子，这也难为这树枝了。”

史湘云说道：“花草也是同人一样，气脉充足，长得就好。”

翠缕把脸扭过来，坚定地问道：“我不信这话。要说同人一样，我怎么没见过头上又长出一个头来的人呢？”

“哈哈——”史湘云听了，不由得笑出声来，“这叫我怎么回答呢？天地间都由阴阳二气所生，或正或邪，或奇或怪，千变万化，都是阴阳顺逆。”

“这么说来，从古至今，开天辟地，都是些阴阳了？”翠缕似懂非懂地问道。

“糊涂东西，越说越放屁(pì)。什么都是些阴阳！一般来说，阳尽了就是阴，阴尽了就是阳。不是阴尽了就生出个阳，阳尽了又有一个阴生出来。”

翠缕又开始糊涂了，说道：“这糊涂死我了！什么阴阳，没影又没形的。我只问姑娘，这阴阳到底是个什么样儿的？”

“阴阳能有什么样儿呀？”史湘云想了想，说道，“譬如天是阳，地就是阴；水是阴，火就是阳；日是阳，月就是阴。”

翠缕听了，笑道：“是了，是了。我今儿可明白了。怪不得大家都管日头叫‘太阳’呢，算命的管月亮叫什么‘太阴星’，可能就是这个道理吧。”

史湘云看了看翠缕的模样，也笑了：“阿弥陀佛，你总算明白了！”

走着走着，翠缕又问道：“这些大东西都有阴阳，难道那些蚊子、跳蚤(zǎo)、虱(shī)子、花儿、草儿、瓦片儿、砖头儿也有阴阳吗？”

史湘云笑了，停下脚步，用手指了指旁边的树叶，说道：“怎么没有呢？比如那树上的树叶都分阴阳呢！向上朝阳的一面是阳，背面晒不到阳光的便是阴。”

翠缕一听，点了点头，笑着说：“原来是这样，我明白了。只是咱们这手里的扇子，哪是阳，哪是阴呢？”

史湘云把扇子放到翠缕的面前，用手指着扇子的正面说道：“这正面是阳，反面是阴。”

翠缕点了点头，又想找一点物品让史湘云辨别一下阴阳，可是一下子又想不起来。低头一边走，一边想，忽然，发现史湘云宫绦上的金麒麟，便提起来，笑着问道：“姑娘，这个难道也有阴阳？”

史湘云低头一看，笑着说：“也有呢！凡是走兽飞禽，雄为阳，雌为阴。”

“那么这个金麒麟到底是公的，还是母的呢？”翠缕迫不及待地追问起来。

史湘云拿起金麒麟，左看右看，没有看出来，摇了摇头，说道：“我也不知道。”

“算了吧。不过我想问，什么东西都有阴阳，那么我们人呢？”翠缕自言自语道。

“下流的东西，好好走路，越问越奇怪了。”史湘云把脸沉了下来。

翠缕见史湘云生气了，就笑着说道：“其实，这没有什么不能说的。我自己知道，姑娘是阳，我是阴。”

史湘云一听，乐得拿起绢子掩着嘴笑了起来。

翠缕也呵呵地笑了，说道：“我说对了吧，看你乐成这样！”

## 5 一个金麒麟

她俩一边走，一边笑着，忽然，路旁蔷薇(qiáng wēi)架下一个金晃(huǎng)晃的东西跳入了史湘云的眼里。史湘云用手指着，望着翠缕说：“快看，那是什么？”

翠缕一听，赶紧俯下身子，拾起那东西，一看，笑了起来：“我能分出阴阳了。”说着，就把拾到的东西给史湘云看，自己拿起史湘云身上的金麒麟细瞧，然后说道：“姑娘快看，这个和你的一样，也是麒麟。”

史湘云举目一看，竟是一个纹彩辉煌的金麒麟，比自己佩戴的还要大，还更有纹彩。史湘云把它放在手心里，心里一震，似乎有所感应。

“你两个在这太阳底下做什么呢？还不去找袭人？”忽然，贾宝玉从后面走了过来。史湘云连忙藏起金麒麟，说道：“正要去呢！咱们一起去吧！”

说着，大家一起进入了怡红院。袭人见史湘云来了，连忙将她迎进屋子里，一面诉说情谊，一面让座。

贾宝玉也高兴地说道：“你早该来了，我得了一件好东西，专等你呢！”贾宝玉摸了摸身上后，便问袭人：“我那个东西你收起来了吗？”原来，贾宝玉要给史湘云看的金麒麟不见了。

袭人见贾宝玉没有从身上找到，就说道：“你天天带在身上的，怎么问我？难道是掉了？”

贾宝玉一听，立即起身准备去找。

“你瞧瞧，是不是这个？”史湘云一听，知道刚才拾到的金麒麟是贾宝玉遗落的，便拿出了那个金麒麟，笑着说道。

贾宝玉看后，笑道：“幸亏你拾到了，如果丢了，我就该死。”

## 6 主雅客来勤

袭人给史湘云斟了一杯茶后，大家开始聊起天来。聊着聊着，有人传话进来，说兴隆街的大爷贾雨村来了，老爷要贾宝玉去会一会。

贾宝玉听后，很不自在，但既然是老爷传话过来，还是要去的。袭人帮他穿好衣服后，贾宝玉一面蹬(dēng)着靴(xuē)子，一面抱怨道：“有老爷和他坐着就算了，干嘛回回定要见我呀！”

史湘云在旁边一边咬着扇子，一边笑道：“你能迎宾接客，老爷自然叫你去呀！”

“哪里是老爷，都是他自己要见我！”贾宝玉恼火地说道。

史湘云看着贾宝玉的样子，笑着说道：“主雅客来勤。你自然有你的好处，他才会邀你见面呢！”

贾宝玉不得已，只好又去见贾雨村了。

虽然贾雨村是林黛玉的老师，但贾宝玉一想到他是官场中人，便又多了一份隔阂。

# 薛 宝 钗

贾宝玉姨妈的女儿，比贾宝玉大两岁，后来成为他的太太。聪明、漂亮、温柔，知书达理，曾协助贾探春、李纨等人管理过贾府内部事务。

# 二五　女子无才便是德

人物：林黛玉、贾宝玉、薛宝钗
主要地点：潇湘馆
主要事件：黛玉诗评才色女子

## ❶ 俗话记忆

“女子无才便是德”，这句俗话反映了封建社会的陋习。它的本意是女子没有才华，就是有德之人。中国古代对女子要求“三从四德”，“三从”指妇女没有出嫁时服从父亲，出嫁后服从丈夫，如果丈夫死了就随从儿子；“四德”指妇德、妇言、妇容、妇功。这都说明了女人在旧社会的地位要低于男子，体现了旧社会对女子的歧（qí）视。

《红楼梦》里，薛宝钗借用了这句俗话提醒贾宝玉，不能把林黛玉的诗作给外人看。她说：“自古道‘女子无才便是德’，总以贞静为主，女工还是第二件。其余诗词，不过是闺（guī）中游戏，原可以会也可以不会。咱们这样人家的姑娘，倒不要这些才华的名誉（yù）。”

女工指的是女人手工缝补等针线活之类的事情。旧社会中，会做这些还不是最重要的，诗词歌赋之类的更是可有可无，不那么重要了，特别是像薛宝钗那样的人家，女孩子更不需要这些才华。

## ❷ 瓜果节

那天是七月瓜果节，按照习俗，家家都要上坟（fén）秋祭（jì）。林黛玉每年这个时候，都要为逝去的父母亲烧香祭祀(sì)。

林黛玉在潇湘馆的院子里，摆好香烛，朝着家乡的方向祭祀缅(miǎn)怀自己的父母亲。祭祀完毕，林黛玉的泪水已经浸湿了衣襟。院中残留着丝丝炉袅残烟。紫娟忙着收拾桌子，林黛玉也回到房间躺下了。

这时贾宝玉从外面进来了。他一进院门，闻到院中炉烛烟香，知道林黛玉已经祭祀完毕。他赶紧走到屋内，只见林黛玉面向里面歪躺着，依然病恹(yān)恹的，令人心疼。

“宝二爷来了。”紫娟连忙说道。

林黛玉慢慢地坐起来，微笑着让贾宝玉坐下。

“林妹妹这两天可好些?”贾宝玉问道，“看上去气色比前面好些了，只是为何又伤心了?”

“你是不是没话说呢。好好的，我怎么又伤心了!”

贾宝玉笑着说道：“妹妹脸上还有泪痕呢，骗不了我的。只是我想妹妹平日本来多病，凡事应当想开些，不要有过多的忧伤。如果弄坏了身子，将来我……”话说到这里，贾宝玉赶忙停了下来。

他想自己虽然和林黛玉一起长大，情投意合，又愿同生死，可都只是心领神会，两人都没有当面说出来。何况林黛玉多心，每次说话稍不注意就得罪她了。自己今天是来安慰她的，不能说错了话，否则她又恼起来，对她的病不好。想着想着，他的眼泪竟然流了下来。

林黛玉原本准备说几句贾宝玉的，怪他说话没有轻重，现在看见他流泪了，心里也泛起一种说不出的滋味，本来爱哭的她也陪着贾宝玉哭了起来。

## ③ 宝玉的发现

紫娟给贾宝玉泡了一碗茶，送过来时，发现他俩人竟然都哭了起来。他以为又是贾宝玉惹林黛玉生气了，就说道：“姑娘才好了一点，宝二爷就又来惹她生气了，到底是怎么回事呀?”

贾宝玉一面擦眼泪，一面笑道：“谁敢惹她生气呀!”说完就在房间里走起闲步来。忽然，他发现书桌砚(yàn)台下压着一张纸，就好奇地把纸拿了出来。

林黛玉看见了，连忙要起身过来抢，不过这张纸早就被贾宝玉收进怀里了。贾宝玉笑道：“好妹妹，赏给我看看吧！”

林黛玉有点恼火了，怪道：“你怎么一来就乱翻呢！什么东西都拿！”话音还没落，薛宝钗从门外走了进来，笑道：“宝兄弟要看什么呢？”

贾宝玉还没来得及看呢，自然不知道上面写的是什么？又不知林黛玉心里怎么想的，所以不敢回答，只是望着林黛玉笑。

## 4 三姐弟品诗

薛宝钗进来后，林黛玉一面让她坐下来，一面也笑着说道：“我曾见历史上许多有才色的女子，终身遭遇令人可欣可羡可悲可叹者甚多，今日饭后无事，想挑几个人出来，随便写几首诗，把自己的感悟写出来。刚才写了五首，放在那里，被二爷看见了。其实给他看也没什么，只不过，我怕他给别人看去。”

“我什么时候给别人看了？”贾宝玉有些急了，连忙说道，“昨天那几把扇子，是我喜欢的几首白海棠的作品，我自己用小楷(kǎi)写上去，便于拿在手上欣赏。我难道不知道闺阁中的诗词作品，是不能轻易往外面传的？自从你上次说了我之后，我就没有拿出园子了。”

薛宝钗看了看林黛玉，又看了看贾宝玉，说道：“林妹妹考虑的是。你既然写在扇子上，如果有一天忘记收藏好，放在书房里，被外面的人看见了，难道没有人问你这是谁写的吗？如果传开了，肯定不好。自古道‘女子无才便是德’，总以贞静为主，女工还是第二件。其余诗词，不过是闺中游戏，原可以会也可以不会。咱们这样人家的姑娘，倒不要这些才华的名誉。”

薛宝钗说着把手伸向林黛玉，笑着说道：“拿出来给我看看无妨。”

“既然如此，连你也可以不必看了。”林黛玉笑着说完后，指着贾宝玉笑道：“他早已抢了去。”

贾宝玉听了，只好从怀里取出来，举到薛宝钗面前，一起细看起来。

只见纸上写着：

**西　施**

一代倾城逐浪花，吴宫空自忆儿家。
效颦(pín)莫笑东村女，头白溪边尚浣(huàn)纱。

### 虞姬(yú jī)

肠断乌骓(zhuī)夜啸风，虞兮幽恨对重瞳(tóng)。
黥(qíng)彭甘受他年醢(hǎi)，饮剑何如楚帐中。

### 明妃

绝艳惊人出汉宫，红颜命薄古今同。
君王纵使轻颜色，予(yǔ)夺权何畀(bì)画工。

### 绿珠

瓦砾(lì)明珠一例抛，何曾石尉重娇娆(ráo)。
都缘顽福前生造，更有同归慰寂寥(liáo)。

### 红拂

长揖(yī)雄谈态自殊(shū)，美人巨眼识穷途。
尸居余气杨公幕，岂得羁縻(jī mí)女丈夫。

贾宝玉看了，赞不绝口，说道：“妹妹这诗恰好只作了五首，何不就命名为‘五美吟’。”于是不容分说，便提笔写在后面。

薛宝钗也忍不住说道：“作诗不论何题，只要善翻古人之意。若要跟在别人后面写，即使字句精工，也落后别人一步，究竟算不得好诗。如同前人所咏(yǒng)昭君之诗甚多，有悲挽昭君的，有怨恨延寿的，也有讥画美人的，各自不同。后来王荆公复有‘意态由来画不成，当时枉杀毛延寿’；永叔有‘耳目所见尚如此，万里安能制夷狄(yí dí)’。这两个诗句表达各异，不与人同。今日林妹妹这五首诗，亦可谓命意新奇，别开生面了。”

## ⑤ 黛玉的诗作水平

林黛玉的诗作水平在大观园的姐妹当中是比较高的。在海棠社初次结社作诗时，众姐妹都说林黛玉所作为上，李纨也说论风流别致，林黛玉所作为上，只是在含蓄浑厚方面，薛宝钗的作品略胜一筹（chóu）。

元妃省亲时，要贾宝玉和众姐妹每人写一首诗。林黛玉胡乱作了一首五言律诗，就获得元妃的好评：终是薛林二妹之作与众不同。其中“薛林”指的就是薛宝钗和林黛玉。当时林黛玉给贾宝玉代写了一首《杏帘在望》，贾宝玉见了喜出望外，认为这首律诗高过自己所写的十倍。元妃见了也对这首夸奖不已。

纵观《红楼梦》，其中有许多女子才华横溢（yì），不过正如薛宝钗所言，这些都是闺阁中的游戏而已，当时社会信奉的还是“女子无才便是德”。

# 平 儿

王熙凤随嫁丫鬟，漂亮、能干，是王熙凤管理贾府的得力助手。她也很善良，体贴他人，经常替王熙凤协调各种人事关系。

# 二六　得饶人处且饶人

主要人物：春燕、莺儿、袭人、平儿、春燕娘、何婆

主要地点：怡红院

主要事件：春燕挨打

## 1 俗话记忆

“得饶人处且饶人”，这句话的意思是做人要懂得适度宽恕、体谅别人，说话做事不要做绝，须留有余地。这句话如同俗话“做事留一线，日后好相见”一样，这不仅显示出宽阔的胸襟，也是一种自我保护行为。另外与之相应的还有俗话“须放手时得放手”。

这句话在《西游记》中有引用，孙悟空说自己降妖过程中，还没有遇见过对手，只要他一出手，就会赢。唐僧说道：“常言说得好：遇方便时行方便，得饶人处且饶人。”

《红楼梦》中王熙凤的贴身丫鬟平儿来到怡红院，调查处理春燕娘打春燕一事时，当得知问题已处理好后，就对袭人等人说：“‘得饶人处且饶人’，能省事就省些事也罢。”平儿是王熙凤管理贾府内部日常事务的重要助手。

## 2 莺儿编柳条花篮

春暖花开之时，林黛玉的病症又减轻了许多。莺(yīng)儿编了一个柳条花篮送给林黛玉后，还想再编一个。

那天，莺儿采了一些柳条，坐在院门外的山石上开心地编织起来。

“姐姐在织什么呢？”这时，春燕走了过来。她看到莺儿旁边放了一些柳条，就继续说道：“你折了这些嫩柳条，藕(ǒu)官还摘了许多花，待会儿被我妈妈和姑妈

看见了，又会抱怨你们的。她们照看这些东西非常谨慎小心，一根草都不许别人动的。”

莺儿望了望春燕，不高兴地说道：“别人不能摘，独我可以。”

“为什么呢？”春燕有些奇怪了。

“现在各房的姑娘头上戴的，瓶里插的，都有专人送去。我们姑娘体贴她们，说‘不用送，如果需要就去拿。’但到现在我们还没有拿过一次。”莺儿理直气壮地说道，“今天我取了这些，难道她们还会说吗？”

话音还没落下来，春燕的姑妈就拄着拐杖(guǎi zhàng)出现在她们面前。老婆子看见这些柳条，又听见藕官等摘了许多鲜花，心里很不好受，但又不好说莺儿，就只好对着春燕说道：“我叫你照看这些花草，你如此贪玩不管，还在这里乐呵！”

春燕委屈地说道：“你老既想喊我做事，又怕让我做事，这会儿反过来说我，叫我怎么办呢？”

“姑妈，这些柳条都是春燕摘取的，是她请我编一个花篮。”莺儿故意说道。

“你少添乱，你是开玩笑，她老人家却会当真的。”春燕又笑着说道。

## ③ 何婆责打春燕

那婆子本是一个不会灵活应变之人，加上年龄大了，又不太会讲情面，正无计可施时，听莺儿这样一说，就倚(yǐ)老卖老起来，举起拐杖就朝春燕身上击打了几下，边打边骂：“小蹄子，我说你，你还和我犟(jiàng)嘴。你妈恨你恨得牙根痒(yǎng)，恨不得要撕你的肉吃呢。你又和我犟！”

“莺儿姐姐说句玩笑话，你老就认真了，还打我。我妈为什么恨我？我又没有什么做得不好！”春燕又愧(kuì)又急，哭着喊道。

莺儿本是说句玩笑话，见那婆子认真了起来，连忙上去拉住她，说道：“我刚说的是玩笑，你老人家打她，我真惭愧！”

“姑娘，你别管我们的事，难道你不让我管教孩子？”那婆子继续抓住春燕要打。

莺儿见她如此说，便松开手，冷笑道：“你老人家要管，什么时候都可以管，偏偏是这个时候在这里管！我看着你管！”显然莺儿有些生气了，赌气似的在一边继续编花篮。

## ④ 春燕娘也打春燕

这时春燕娘也过来了，远远地看见春燕，就喊道：“喊你舀（yǎo）水，你在那里做什么？”

婆子便接声儿道：“你来瞧瞧，你的女儿连我也管不了了！”

春燕娘迅速走了过来，说道：“姑奶奶，又怎么了？我们姑娘眼里没妈就罢了，现在连姑妈也没有了不成？”

莺儿见春燕娘来了，只好又把事由说了一遍。

春燕姑妈也不容莺儿细说，就指着莺儿手里的柳条数落起春燕的不是来。

春燕娘听后，便走上来打了春燕一个耳刮（guā）子，骂道：“小娼（chāng）妇，你跟着那轻狂的小妇人不学好，看我怎么管你！”春燕娘骂了一通后，似乎还不解气，又拿起旁边的柳条，使劲地往她脸上抽。

春燕见没办法躲，只好哭着往怡红院里跑去。她娘赶紧追了过去。

## ⑤ 春燕躲进怡红院

春燕一进门，就遇见了袭人。春燕仿佛见了救星一样，赶紧一把抱住袭人，说道：“姑娘救我！我娘又打我了！”

袭人见春燕娘跟了过来，非常生气地说道：“你三日两头打人，打了干的打亲的，你是卖弄你女儿多呢，还是不知道王法？”

春燕娘虽然到大观园里时间不长，但也知道袭人平时不言不语，性格还不错，就说道：“姑娘你不知道，就别管我们的闲事了。”说完便又要追打春燕。

袭人气得转过身去，松开手喊道：“大家都不管，看你怎么闹！”一边说，一边使眼色给春燕。春燕会意后，立即往房内跑去。

等春燕娘跟着走进了房间后，春燕早已站在贾宝玉的面前了。贾宝玉拉着春燕的手说道：“别怕，有我呢！”春燕一边哭，一边把刚才发生事情告诉了贾宝玉。

贾宝玉听完，对着春燕娘说道：“你在这里闹，怎么连亲戚也都得罪了。”

麝月在旁边说道：“她这样闹，我们管不了，但我们可以把平儿叫过来！平儿没空，就把林大娘叫来。”旁边一个小丫头得令后，就去找平儿姑娘了。

原来平姑娘是协助王熙凤处理贾府内部事务的，众人道：“如果平姑娘心情好呢，说两句，如果翻了脸，就直接把人开除出贾府。”

说话间，小丫头就带话回来了：如果有这事，就撵她出去，并且告诉林大娘在角门外打她四十板子。

那春燕娘听后，吓得泪流满面，央告袭人等说：“我好不容易进来，况且我是个寡（guǎ）妇，家里没人，正想着全心全意在这里服侍姑娘们呢。如果出去了，不知苦到什么田地。”

袭人见她这样说，早就心软了，便说：“你既然要留在这里，就要守规矩，不能乱打人。”

春燕娘连声对大家说道：“我错了，我错了。我以后改，我以后改。”

贾宝玉见她说得如此可怜，就说道：“以后不许再闹，再闹一定撵出去！”

春燕娘听完，赶紧一一谢过，走了出去。

## ⑥ 得饶人处且饶人

没多久，平儿就来了。她知道事情的原委后，笑着说道：“‘得饶人处且饶人’，能省事就省些事也罢。”

平儿这样说，也是事出有因，最近贾府丫鬟侍女们发生了许多事，平儿要处理的事情太多，也只好“得饶人处且饶人”了。

# 贾 迎 春

贾赦与姨娘的女儿，在贾府四大姑娘中，排行第二，老实、懦弱，从不与人计较。其父贾赦不顾众人的反对，将其嫁给一孙姓人家，后被姓孙的折磨致死。

# 二七 嫁鸡随鸡，嫁狗随狗

主要人物：贾迎春、贾宝玉、王夫人

主要地点：贾府

主要事件：贾迎春回家

## 1 俗话记忆

“嫁鸡随鸡，嫁狗随狗。”这句俗话体现了封建社会落后的思想，反映了封建社会女人的地位不高，婚姻不自由。它的意思是年轻女子到了出嫁的年龄后，由父母做主，嫁给谁就是谁，不管对方是怎样的人物。这句话也有“嫁乞(qǐ)随乞，嫁叟(sǒu)随叟”的说法。

封建社会里，婚姻没有自由，都是由父母、长者做主，由媒人在男女双方家庭间沟通联络。时常出现直到结婚当天，新郎揭开新娘头上的盖头时，双方才看到对方真容的情况。

《红楼梦》里，贾府二姑娘贾迎春的婚姻就是这样的：由其父贾赦做主，将其嫁给一个大家都不赞成的孙家。在孙家，贾迎春受尽了虐待(nüè dài)，贾宝玉心疼贾迎春，为她鸣冤时，王夫人借用了这句俗话，说：“‘嫁鸡随鸡，嫁狗随狗’，……况且你二姐姐是新媳妇，孙姑爷也还年轻，各自都有性格，新来乍(zhà)到的，自然会有些别扭，过几年就好了。”

王夫人虽然如此说，但心里也是难受的，时常一个人在家叹息，脸上挂有泪痕。

## 2 迎春回娘家

贾迎春从孙家回来后，没有直接回到父亲贾赦处，而是在王夫人处待了一天。天暗下来后，房间内那点烛光照在贾迎春的脸上，让她憔悴(qiáo cuì)的脸显得更加惨(cǎn)白。

房间里寂静了一会儿后，贾迎春的泪水一下子就流了下来。

“太太，我的命好苦呀！那个孙家少爷一味好色好赌，还酗(xù)酒，时常无缘无故地打我一顿。有时打完我后，还把我赶到下房去睡，不管死活。”贾迎春一边流泪，一边抽泣着。

“他打我时，还说是我家老爷欠了他五千两银子，是我家老爷把我卖给他的。他根本就没有把我当夫人……”

贾迎春伤心地说不下去了，停了下来。王夫人也只是默默地注视着她，不知说什么好。

“他还说，他家父亲当时是看中我爷爷在世时的富贵，才与我家认识的。他本来和我家老爷是一个辈分的……如今因为和我成亲了，把他也降了一辈……他说他后悔不该认这门亲……”

贾迎春一边说，一边哭泣。王夫人和旁边的贾宝玉、姐妹们也早已泪潸(shān)潸了。

王夫人走到她身边，抱住她的头，安慰道：“你这是遇到了不懂事理的人，可又能怎么样呢？想当日你叔叔也曾劝过大老爷，不做这门亲的。大老爷执意不听。我的儿呀，这也是你的命！”

“我的命怎么就是这样的啊！从小我就没了娘，幸亏这几年在婶子这里住着，享了几年福。如今偏偏又得到这么个结果。”贾迎春在王夫人的怀里继续哭泣道。

王夫人一边劝，一边问她今晚愿意在哪里安歇。

贾迎春想了想，边哭边说道：“我还是想在园子里的旧房子里住三五天，和姐妹们在一起待几天，这样死了也甘心。我不知道下次还有没有机会再回来住了。”

王夫人弯下腰，捧着贾迎春的泪脸，说道：“快不要乱说！年轻的夫妻，斗牙斗齿是常事，不必说这些丧气的话！”说完，就命人收拾大观园里的紫菱洲房屋，也嘱咐姐妹们有空去坐坐，陪她聊一下天。最后吩咐贾宝玉，不得在老太太面前走漏风声。

王夫人知道，这事不能让老太太知道了。当初老太太听贾赦说及此事后，是十分不高兴的。孙家虽然算得上世交，但当初是孙绍祖祖父见荣宁二府有势力、地位，才拜在门下的，并不是诗礼名族之后。

这个孙绍祖一人留在京城，长得魁梧(kuí wu)，体格健壮，弓马娴(xián)熟，曾在兵部任职，再加上家境富裕(yù)，他在京城也是有名的纨绔(wán kù)子弟，吃喝嫖赌(piáo dǔ)，样样都干。

老太太虽然不称心如意，但想贾赦不一定会听，再加上儿女之事自有天意，况且这是他亲生父亲的主张，也就不再过问了。贾政也曾劝过两次，无奈贾赦根本不理会。

王夫人看见大家陪同贾迎春到大观园去后，心里想着这些，不禁又掩鼻而泣，呜咽(wū yè)起来。

三天后，贾迎春才回到邢夫人处，在那里住了两天，不得已还是回到了孙家。

## ③ 宝玉心疼迎春

贾迎春走后，邢夫人像没事人似的，倒是王夫人时常落了魂魄，在房中叹息。

一个早上，天空晴好，贾宝玉过来给王夫人请安。贾宝玉看见王夫人脸上似乎有泪痕，不知什么情况，只好在一旁站着。

“坐到炕上来吧！”王夫人见贾宝玉两眼有些发直，好像有什么话要说，便说道，“你怎么又有些发呆了？”

贾宝玉坐到炕上后，说道：“并不为什么，只是前几天听二姐姐说了她的遭遇，我心里难受，又不敢跟老太太说，这几夜没睡好。”

贾宝玉哽(gěng)咽了一下，继续说道：“我想，咱们这样人家的姑娘，哪里受过这样的委屈？况且二姐姐是个最懦弱的人，从来不会和人拌嘴，偏偏遇到这样没人性的东西，竟一点儿不知道女人的苦处。”说完，眼泪几乎要掉下来了。

“这也是没办法的事。俗话说‘嫁出去的女儿，泼出去的水’，我们又能怎样呢！”

“我昨天夜里想了一个主意：咱们索性回明了老太太，把二姐姐接回来，还叫她住紫菱洲，我们又一块儿吃，一块玩，省得受孙家那混账的气。”贾宝玉连忙说道。

王夫人听了，觉得好笑，又气恼，说道：“你又发呆气了，胡说些什么？大凡做女儿的，终究是要嫁出去的。出嫁后，只能看她们自己的命运，碰到好的就好，碰到不好的就没办法。你难道没听见人说，‘嫁鸡随鸡，嫁狗随狗’，哪里个个都像你大姐姐做贵妃娘娘。

“况且你二姐姐是新媳妇，孙姑爷也还年轻，各自都有性格，新来乍到的，自然会有些别扭，过几年就好了。你断断不许在老太太跟前提起半个字，不然我不饶你。你去吧！”

贾宝玉听后也不敢作声，憋(biē)着一肚子闷气，无精打采地往潇湘馆走去。

## 4 迎春不幸去世

后来，贾迎春病了，被一口痰(tán)堵住，孙家又不请大夫。老太太知道后，一边赶紧叫人喊大夫过去看病，一边悲叹道：“我三个孙女儿，一个想尽了福死了，三丫头远嫁不得见面，迎丫头虽苦，但或许能熬出来，没想到她年纪轻轻儿的就要死了。”

可是还没等请大夫的人出去，孙家就传话过来：二姑奶奶死了。

可怜一位如花似月之女，竟被孙家活活折磨死了。

此时又值贾母病重，大家都不便离开，更不敢告诉她，只好派贾琏去瞧看一下，容孙家草草办了丧事。

# 参考文献


[1] 金圣叹. 水浒传的政治与谋略［M］. 海口：三环出版社，1992.

[2] 罗贯中. 三国演义［M］. 长沙：岳麓书社，2016.

[3] 吴承恩. 西游记［M］. 长沙：岳麓书社，2016.

[4] 施耐庵. 水浒传［M］. 长沙：岳麓书社，2016.

[5] 曹雪芹，高鹗. 红楼梦［M］. 长沙：岳麓书社，2016.

[6] 刘仁圣，陈信陵，吴晓龙. 水浒文化大观［M］. 南昌：百花洲文艺出版社，1997.

[7] 杨子华. 水浒民俗文化［M］. 北京：华艺出版社，1998.

[8] 贺准城. 解读三国话诸葛［M］. 苏州：苏州大学出版社，2004.

[9] 金圣叹（批评），施耐庵（著）. 金圣叹批评本《水浒传》：上［M］. 长沙. 岳麓书社，2006.

[10] 金圣叹（批评），施耐庵（著）. 金圣叹批评本《水浒传》：下［M］. 长沙. 岳麓书社，2006.

[11] 毛宗岗（批评），罗贯中（著）. 毛宗岗批评本《三国演义》：上［M］. 长沙：岳麓书社，2006.

[12] 毛宗岗（批评），罗贯中（著）. 毛宗岗批评本《三国演义》：下［M］. 长沙：岳麓书社，2006.

[13] 易中天. 品三国：上［M］. 上海：上海文艺出版社，2006.

[14] 易中天. 品三国：下［M］. 上海：上海文艺出版社，2007.

[15] 邹晓丽. 解语析言说红楼［M］. 沈阳：沈阳出版社，2007.

[16] 吴越. 品水浒：品人篇［M］. 北京：东方出版社，2007.

[17] 吴越. 品水浒：品事篇［M］. 北京：东方出版社，2007.

[18] 薛国安. 正说军师［M］. 北京：华艺出版社，2007.

[19] 曹雪芹，高鹗. 红楼梦［M］. 北京：中华书局，2007.

[20] 盛巽昌，李子迟. 水浒传：毛泽东品读版［M］. 北京：中央编译出版社，2013.

[21] 罗贯中. 三国演义［M］. 北京：中华书局，2007.

[22] 吴承恩. 西游记［M］. 北京：中华书局，2007.

[23] 施耐庵. 水浒传［M］. 北京：中华书局，2007.

[24] 陈建平. 水浒戏与中国侠义文化［M］. 北京：文化艺术出版社，2008.
[25] 十年砍柴. 闲看水浒：字缝里的梁山规则与江湖世界［M］. 太原：山西人民出版社，2010.
[26] 董志新. 毛泽东读《红楼梦》［M］. 沈阳：万卷出版公司，2011.
[27] 董志新. 毛泽东读《西游记》［M］. 沈阳：万卷出版公司，2011.
[28] 高语罕.《红楼梦》宝藏六讲［M］. 北京：首都经济贸易大学出版社，2012.
[29] 柯继红. 换种方式品水浒：水浒传里的那些人［M］. 北京：农村读物出版社，2013.
[30] 李奇. 和孩子一起成长：《西游记》中的家教智慧［M］. 北京：中国轻工业出版社，2013.
[31] 完颜亮. 毛泽东读古典名著［M］. 北京：当代中国出版社，2014.
[32] 沈家仁，沈忱. 趣味水浒：江湖社会众生相［M］. 郑州：河南文艺出版社，2014.
[33] 蒋勋. 微尘众：《红楼梦》小人物（1）［M］. 北京：中信出版社，2014.
[34] 蒋勋. 微尘众：《红楼梦》小人物（2）［M］. 北京：中信出版社，2015.
[35] 蒋勋. 微尘众：《红楼梦》小人物（3）［M］. 北京：中信出版社，2015.
[36] 向荣华. 趣读生慧：与你分享“西游”“三国”［M］. 南宁：广西师范大学出版社，2017.
[37] 罗贯中. 三国演义［M］. 北京：人民文学出版社，2018.
[38] 吴承恩. 西游记［M］. 北京：人民文学出版社，2018.
[39] 施耐庵，罗贯中. 水浒传［M］. 北京：人民文学出版社，2018.
[40] 曹雪芹，无名氏. 红楼梦［M］. 北京：人民文学出版社，2018.
[41] 亦舒. 红楼梦里人［M］. 长沙：湖南文艺出版社，2018.
[42] 向喆，向荣华，刘勇. 闲读鉴美：与你分享“水浒”“红楼”［M］. 长沙：湖南大学出版社，2018.

# 附　录

**《红楼梦》中引用的部分俗话**

1. 门子对贾雨村说：大丈夫相机而动；趋吉避凶者为君子。

2. 焦大乱嚷：胳膊折了往袖子里藏！

3. 凤姐对尤氏说：天有不测风云，人有旦夕祸福。

4. 贾宝玉对众人说：编新不如述旧，刻古终胜雕今。

5. 凤姐对贾琏说：坐山看虎斗，借剑杀人，引风吹火，站干岸儿，推倒油瓶不扶。

6. 凤姐评薛蟠：吃着碗里的，看着锅里的。

7. 秦氏对凤姐说：月满则亏，水满则溢。登高必跌重。树倒猢狲散。

8. 凤姐对贾蓉说：没吃过猪肉，也看见过猪跑。

9. 贾宝玉对林黛玉说：亲不间疏，后不僭先。

10. 贾琏见凤姐时，作者说：新婚不如远别。

11. 袭人被踢后想：少年吐血，年月不保，纵然命长，终是废人。

12. 贾宝玉对妙玉说：随乡入乡。

13. 妙玉对贾宝玉说：一杯为品，二杯即是解渴的蠢物，三杯便是饮牛饮驴。

14. 作者描写贾琏：倚酒三分醉。

15. 邢夫人告诉凤姐：人去不中留。

16. 邢夫人说鸳鸯：金子终得金子换。

17. 鸳鸯嫂子说鸳鸯：当着矮人，别说矮话。

18. 贾赦说鸳鸯：自古嫦娥爱少年。

19. 贾珍说贾蓉：黄柏木作了磬槌子——外头体面，里面苦。

20. 凤姐对大家说：聋子放炮仗——散了。

21. 王大夫对贾母说贾宝玉：痰迷有别，有气血亏柔，饮食不能熔化痰迷者；有怒恼中痰裹而迷者；有急痛壅塞者。

22. 紫娟对林黛玉说：万两黄金容易得，知心一个也难求。
23. 薛姨妈对薛宝钗说：千里姻缘一线牵。
24. 众人对林黛玉说：天下老鸹一般黑。
25. 春燕娘对春燕说：不经一事，不长一智。
26. 芳官对赵姨娘说：梅香拜把子——都是奴儿。
27. 凤姐对平儿说：苍蝇不抱无缝的蛋。
28. 平儿对凤姐说：得放手时须放手。
29. 邢岫烟对贾宝玉说：闻名不如见面。
30. 作者描写史湘云等：方以类聚，物以群分。
31. 作者描写贾琏：欲令智昏。
32. 兴儿对尤二姐说：三人抬不过一个理字去。
33. 兴儿对尤二姐说：老鸹窝里出凤凰。
34. 凤姐对尤二姐说：当家人，恶水缸。
35. 凤姐骂旺儿：癞狗扶不上墙。
36. 凤姐对尤氏说：妻贤夫祸少，表壮不如里壮。
37. 林黛玉病好之后，作者感叹道："心病终须心药治，解铃还是系铃人。"
38. 小子们向凤姐诉苦：拼着一身剐，敢把皇帝拉下马。
39. 贾琏对鸳鸯说：宁撞金钟一下，不打破鼓三千。
40. 林之孝对贾琏说：一时比不得一时。
41. 平儿对贾探春说：物伤其类，齿竭唇亡。
42. 林黛玉笑众人：虎狼屯于阶陛，尚谈因果。
43. 惜春对尤氏说：善恶生死，父子不能有所勖助。
44. 贾母说：巧媳妇做不出没米的粥。
45. 王夫人戏说薛宝钗：卖油娘子水梳头。
46. 袭人笑贾宝玉：只许州官放火，不许百姓点灯。
47. 王夫人说贾迎春：嫁出去的女儿，泼出去的水。
48. 贾宝玉想林黛玉：一日三秋。
49. 贾代儒告诉贾宝玉：成人不自在，自在不成人。
50. 贾母告诉贾政：胖子也不是一口儿吃的。
51. 贾政对贾母说：莫知其子之美。
52. 贾宝玉对袭人说：和尚无儿，孝子多着呢。
53. 林黛玉对史湘云说：人是地行仙。

54. 王夫人回贾母：男大须婚，女大须嫁。
55. 薛宝钗劝薛姨妈：冤家路儿狭。
56. 作者描写夏家母子：一人拼命，万夫莫当。
57. 贾政安慰贾母：居移气，养移体。
58. 作者描写贾宝玉：悠悠生死别经年，魂魄不曾入梦来。
59. 作者描写贾宝玉与薛宝钗：二五之精，妙合而凝。
60. 贾宝玉看见和尚的心理活动：真人不露相，露相不真人。
61. 贾宝玉对薛宝钗说：一子出家，七祖升天。
62. 贾宝玉对薛宝钗说：不失其赤子之心。
63. 焙茗对大伙说：一举成名天下闻。
64. 平儿对众人说：墙倒众人推。
65. 凤姐对平儿说：不干己事不张口，一问摇头三不知。
66. 香菱笑薛蟠与金桂：情人眼里出西施。
67. 小红对佳惠说：千里搭长棚，没有个不散的筵席。
68. 鬼判对秦钟说：阎王叫你三更死，谁敢留人到五更。
69. 刘姥姥对狗儿说：谋事在人，成事在天。
70. 刘姥姥对凤姐说：瘦死的骆驼比马大。
71. 林黛玉对贾宝玉说：蟾宫折桂。
72. 作者描写薛蟠读书：三日打鱼，两日晒网。
73. 薛宝钗笑香菱：得陇望蜀。
74. 林黛玉说薛宝钗：胶柱鼓瑟，矫揉造作。
75. 贾宝玉笑紫娟林黛玉：病急乱投医。
76. 薛宝钗对林黛玉说：食谷者生。
77. 林黛玉叹道：死生有命，富贵在天。
78. 作者讲述：在路不计其日。
79. 刘姥姥对狗儿说：侯门深似海。
80. 贾芸对贾宝玉说：摇车里的爷爷，拄拐儿的孙孙。
81. 凤姐对贾母说贾宝玉林黛玉：黄鹰抓住了鹞子的脚，两个都扣了环了。
82. 薛姨妈对薛蟠说：夯雀儿先飞。
83. 柳氏骂小厮：仓老鼠和老鸹去借粮——守着的没有，飞着的有。

# 后 记

我的书柜里不仅有六套以上各出版社的四大名著版本，还有若干本关于四大名著研究成果的著作。其中大部分著作，都留下了我阅读的痕迹，或圈点，或批注，有的著作因阅读多次，而“伤痕累累”。

每读一次，就收获一次新的感受，我乐此不疲。在读的过程中，我也一直在思考怎样才能让孩子们喜欢四大名著的文字，怎样传承好其中所承载的中国传统文化。

我感谢广西师范大学出版社及湖南大学出版社的编辑老师，让我出版了四大名著的读写系列之《趣读生慧——与你分享“西游”“三国”》《闲读鉴美——与你分享“水浒”“红楼”》。该系列书籍通过“读名著，学作文”的方式，引领广大青少年感受名著的文字魅力，学习写作技巧，体会表达乐趣。

现在，我又用四大名著中的“俗话”，串起一个个名著故事，完成了“知俗话，悟名著”的名著阅读欣赏系列图书。这里再次感谢湖南大学出版社编辑朋友，让我有机会用独特的方式与大家分享名著故事，感受俗话的能量，享受阅读名著的乐趣。

在“俗话”四大名著的过程中，我经常被其中的文字所感染，被其中的人物形象所吸引，与其中部分事件中的人物产生了些许情感共鸣。

为了让本套书更符合当前读者的阅读习惯，我将篇幅缩短，精减长篇大段，将众多人物语言改编成了教科书式的多种表达形式，利于中小学生学习。编写时，我仍少量地保留了原著的语言句式及文风，让学生能够适当了解文言文及感受原著的魅力。在此基础上，还丰富了原著的人物描写、环境描写、事件描写的形式与内容，以使文本更加贴近中小学生的实际。

回顾过往，我彷徨过，迷茫过，但最终在领导、朋友、同仁、家人的鼓励与

帮助下走了过来，收获了许多，并且感到很充实，很快乐。这也为自己的教师职业生涯增添了许多色彩，在此向所有关心、支持我的各位表示衷心的感谢。

本套书成稿后，熊英、黄利婷、徐美娟、邓萍丽、刘勇、钟红娜、陈学军等老师完成了试读，并及时发现了一些问题，提出了一些宝贵的意见，在此一并感谢！

我衷心希望能有更多的人喜爱四大名著，常读常悟，一起守护和传承好中华民族优秀传统文化。

感恩，一路有你！

**向荣华**

2022 年 1 月 22 日